唐刺史考全編

（增訂本）

①

郁賢皓 著

鳳凰出版社

圖書在版編目（ＣＩＰ）數據

唐刺史考全編：增訂本／郁賢皓著. -- 南京：鳳
凰出版社，2022.12
ISBN 978-7-5506-3794-8

Ⅰ．①唐… Ⅱ．①郁… Ⅲ．①官制－考證－中國－唐
代 Ⅳ．①K242.06

中國版本圖書館CIP數據核字(2022)第215610號

書　　　名	唐刺史考全編（增訂本）	
著　　　者	郁賢皓	
責 任 編 輯	李相東　陳曉清	
特 約 編 輯	蔣李楠　王晨韻	
裝 幀 設 計	徐　慧	
出 版 發 行	鳳凰出版社(原江蘇古籍出版社)	
	發行部電話025-83223462	
出版社地址	江蘇省南京市中央路165號,郵編:210009	
照　　　排	南京理工出版信息技術有限公司	
印　　　刷	江蘇鳳凰通達印刷有限公司	
	江蘇省南京市六合區冶山鎮,郵編:211523	
開　　　本	880毫米×1230毫米　1/32	
印　　　張	117.25	
字　　　數	3264千字	
版　　　次	2022年12月第1版	
印　　　次	2022年12月第1次印刷	
標 準 書 號	ISBN 978-7-5506-3794-8	
定　　　價	1280.00圓(全六冊)	

（本書凡印裝錯誤可向承印廠調換,電話:025-57572508）

目　次

第一册

1

第二册

第六編　河東道

第三册

第七編　河北道

第四册

第十編　江南西道

第十三編　山南西道

第五册

第十四編　劍南道

附　編　開元二十九年前後廢置之州郡

京畿道

關內道

15

附　録

第六册

州（郡、府）名索引

刺史姓名索引

前　言

　　有唐一代，州郡是最重要的地方行政設置。唐朝初年，魏王李泰的《括地志》，分天下爲三百六十個州；中唐時杜佑的《通典》，則分天下爲三百二十八個郡。作爲地方行政長官的州刺史或郡太守，在唐代官僚體制中，具有重要地位，而且頻繁出現在唐代詩文和各類典籍文獻中。唐代的刺史（太守、尹），數量龐大，任職情況複雜，變動較多，却缺少完整、系統的文獻記録，給相關研究帶來很大不便。因此，確定每一個州的歷任刺史，每一個郡的歷任太守，考證他們的任職時間和年限，釐清他們的行蹤和事蹟，對整個唐代文史研究而言，都具有重要的文獻意義。

　　20世紀70年代中期，我在從事李白等唐代詩人生平事蹟及交遊的考訂工作中，深感唐刺史相關文獻的重要性，便有了撰寫《唐刺史考》的想法。在相關文獻的搜集整理過程中，我得到了卞孝萱先生的積極支持和幫助，業師孫望先生、徐復先生和學界前輩程千帆先生經常予以關心和指導。朱金城先生、傅璇琮先生和周勛初先生不斷給予鼓勵和幫助。經過一番艱苦的努力，1987年2月，《唐刺史考》由江蘇古籍出版社出版，同時，海外版也由江蘇古籍出版社和中華書局香港分局聯合推出。《唐刺史考》出版後，即受到了學術界的重視。此後的十多年裏，隨着一些新的文獻資料的發現，尤其是新出土的石刻、墓誌文獻的彙編和出版，我對原書進行了全面的修改和補充，大

1

量的新文獻，在考訂和甄別無誤後，補入原書。在這一過程中，一些學界朋友熱心幫助，或提供新的文獻，或匡正指謬，使原書內容更加豐富和完善。在新增唐刺史資料近兩千條、訂正原書訛誤一百多條之後，《唐刺史考全編》於 2000 年 1 月由安徽大學出版社出版。本次出版，還新增了當年《唐刺史考》未來得及附上的《州（郡、府）名索引》和《刺史姓名索引》，方便研究者查閱使用。

《唐刺史考全編》書名中的“全編”，還是讓我有一些顧慮的。本書出版後，一些新的文獻，尤其是墓誌，陸續出土或被整理、公佈出來，如《洛陽新獲墓誌》，其中即有多位唐代刺史的資料，《全編》未收，這些都需要增補進來。同時，我也發現書中的個別錯誤，需要修訂。根據這些新發現的唐代刺史文獻，我先後撰成《〈唐刺史考全編〉訂補》（載《南京師大學報（社會科學版）》2001 年第 3 期）、《〈唐刺史考全編〉補遺》（載《李白與唐代文學考論》，南京師範大學出版社 2008 年 1 月版），以補充、完善《全編》。其中主要包括兩方面的工作：一是增補，增補新發現的刺史姓名及其材料，增補已有刺史的重要新材料；二是訂正，訂正刺史的任職年限和名字。這次《唐刺史考全編》增訂，也被吸收進來。

《全編》出版之後，同樣受到學界的關注，也陸續刊發了一些訂補文章，一些學界朋友也提供了新的綫索，在此一併表示感謝。不過需要指出的是，個別增補刺史的材料，錯誤很多。如有學者根據黃季常墓誌中有“其先江夏太守”一句，即謂“黃季常之祖在德宗貞元間曾任江夏太守”。唐代江夏乃鄂州治所，貞元間鄂州爲節度使駐地，其時根本不稱江夏太守，而其時鄂岳節度使兼鄂州刺史，歷歷可考，黃季常之祖根本不可能插入。類似的錯誤，本書不會採納，但也不便一一指出。又如《文博》2002 年第 2 期《唐刺史考增補》一文稱：“權道璋，開元末年，郢州刺史。見《唐故神策軍先鋒特將兵馬使權季墓誌銘》。”經核查該誌，明明寫的是“詔追贈先考道璋郢州刺史”，是道璋死後的贈官，不能用來説明其生前爲刺史。類似的錯誤甚多。還有一些材料，按照本書體例，已明確説明不收。如所謂“執失州刺史”“太郡太守”等，唐代根本沒有執失州，也沒有太郡，如果有，必爲羈縻州,而羈縻州的刺史,本書《凡例》已明確說明是不收的。

隨着有關唐刺史的新出土文獻的陸續發現,《全編》仍然有繼續增補和訂正的空間。但因爲本人年事已高,心有餘而力不足。近些年來學界新發的關於《全編》的訂補文章,都已認真拜讀,但已沒有太多精力逐一核訂正誤,爲穩妥起見,本次修訂沒有收入。有熱心的朋友把這些文章做成索引,先後發在網上,亦在此感謝。胡耀飛君對相關文章做了彙總,本書也將其作爲附錄,羅列於書後,以供研究者索驥之用。此前書後所附兩種索引,以四角號碼順序排列。考慮到大多數讀者的使用習慣,現改爲以音序排序。

《唐刺史考》《唐刺史考全編》的先後出版,得到了江蘇古籍出版社和安徽大學出版社的大力支持。多年以來,相關文獻的增補和訂正,友人陶敏、陳尚君、蔣寅等諸位教授和榮新江先生,給予許多幫助,或提供新的資料,或匡正拙撰中的訛誤,讓我大受教益。近年,朱玉麒、胡可先君又幫助我找到了一些新的唐刺史資料。一些學者的補遺文章,其中有價值的合理意見也予以採納。對這些友朋的幫助,在此一併感謝!兩書出版後,受到了海內外學術界的重視,許多著名學者撰寫評介文章,給予我很大的鼓勵,讓我深爲感激和惶愧。在此,謹向這些先生表示謝意。尤其要感謝的是,傅璇琮、卞孝萱兩位先生爲《唐刺史考全編》賜序,對全書不乏溢美之詞。兩位先生已先後作古,讓人不勝唏噓。

《唐刺史考》最早由江蘇古籍出版社出版,35 年後,《唐刺史考全編》的增訂本又將由鳳凰出版社(原江蘇古籍出版社)推出,半個多甲子的歲月,一個堪稱完美的輪回。"苟日新,日日新,又日新",學術總是在不斷地進步,回顧從《唐刺史考》到《唐刺史考全編》再到此增訂本的出版歷程,讓人深感"生也有涯而知也无涯"。新的文獻會陸續發現,而本書進一步的全面增訂,以俟來者。

郁賢皓
2022 年秋於金陵

3

序 一

傅璇琮

　　郁賢皓先生二百二十萬字大著《唐刺史考》撰成於 1985 年 2 月，1987 年 2 月由江蘇古籍出版社與中華書局香港分局同時出版國内版和國際版。在這之後，郁先生仍孜孜不倦地繼續對此進行研究，經十年的苦索細研，又將其書修訂增補出版，名爲《唐刺史考全編》。這十年間，郁賢皓先生確實搜集了不少新資料，特別是新出土、新編印的唐碑墓誌，而於遍稽典籍的同時，又加細心排比，輾轉考訂，新考出兩千多個刺史的任職年代及有關情況，訂正了原書中一百多條疏誤，資料更充實，考索更細密。因此這一《全編》，實際已是一部新著，而對讀者來說，則研讀、使用更爲方便，確有眉目一新之感。

　　《唐刺史考》一書於 20 世紀 80 年代中期面世以後，即受到海内外學界的關注，除中國大陸外，臺灣、香港地區，以及日本、韓國、美國，都有學者撰文爲之介紹，并給予極高的評價。在衆多評論中，一般都稱贊這是一部具有學術價值的大型唐代文史工具書。當然，説這部書是工具書，也是基本符合全書内容的，而且近二十年來，隨着傳統人文學科全方位的發展，人們越來越迫切地要求在較短的時間内掌握和利用較多的和有用的知識資料，這樣，有關文史方面的各類工具書就應運而生。應當説，這些年來，人們對編製工具書的觀念也已有極大的改變，很多人都認識到，編製工具書，特別是專業性較強的工具書，不單純是技術工作，而且需要一定的研究基礎，在工作進行過程中是必須與學術研究緊密結合的。我們的一些前輩學者和在

1

本學科中作出突出成就的當代學者（如郁先生就是其中一位），就常常自己動手編製工具書，促使自己的研究更加精細，更符合科學規範。陳垣先生早年作過《中西回史日曆》和《二十史朔閏表》，後又編《釋氏疑年録》。他編《釋氏疑年録》，引書數百種，費多年時間，對自晉至清初二千八百名僧人的生卒年作了記載、考索，并提供所據的材料綫索。這樣一位有淹博學識和精湛修養的史學家，不憚於煩瑣細碎來作工具書，這實際上是爲後世作成一種極爲寶貴的可供文史研究持續發展的基礎工程。

我認爲，郁賢皓先生的《唐刺史考》，其學術意義還不止於工具書。我敢於説，這部書是有極豐富的學術創新含義的，很值得我們從學術史和文史研究總體發展上來作一番回顧和探索。我對唐刺史的建置沿革缺乏研究，對唐代文史未有全面掌握，且限於序言體例，也不能像論文那樣全面鋪開來談，這裏僅就自己所接觸到的，談談個人的一些想法。

中國歷史學是世界上罕見的絶佳學術領域，它不但數量衆多，世界上任何一個國家都難於相比，而且體裁繁富，幾乎包羅歷史寫作的各種形式。即以傳統的正史爲例，如《史記》，就包括本紀、表、書、世家、列傳；《漢書》則基本繼承《史記》的體例，設本紀、表、志、列傳。可以注意的是，這兩部中國早期經典式的史書，都設有表，《史記》有十篇，《漢書》有八篇。表是中國史書中很有特色的設置，它大體以時間（年代）爲經，以人物（主要是職官）爲緯，把某一段較長時期的衆多人物以表格的形式列置出來，有其他部分所不能代替的作用，這就是人物多，文字省，極大地優越於本紀和列傳，而且顯示出時間順序與地域分布的整體清晰面貌。這是一種中國早期就産生的頗具民族特色的史學構思。正如唐代極有識見的史學理論家劉知幾所説，這一創設，"雖燕、越萬里，而於徑寸之内，犬牙可接；雖昭、穆九代，而於方寸之中，雁行有叙。使讀者閲文便睹，舉目可詳，此其所以爲快也"（《史通》外篇《雜説》上）。

可惜的是，自《後漢書》起，好幾代史書，都未設表。宋代是中國古代文化的一個高峰期，正如陳寅恪先生所説，"華夏民族之文化，歷數千載之演進,造極於趙宋之世"(《鄧廣銘宋史職官志考證序》),載《金明館叢稿二編》)。北宋的歐陽修、宋祁編撰《新唐書》,重新設立表,自此以後,宋、遼、金、元、明各史都列有表,成爲史書撰寫的必備體制。這是很有見識,也極可研討的史書修撰經驗。

《新唐書》設有《宰相表》《方鎮表》《宗室世系表》《宰相世系表》。這幾個表的設立,是結合當時的歷史實際情況的,而且撰寫者確也花費相當功夫,如《宰相世系表》的撰者呂夏卿,就"博采傳記雜説數百家,折衷整比,又通譜學"(《宋史·呂夏卿傳》)。南宋洪邁也説《新唐書·宰相世系表》"皆承用逐家譜牒"(《容齋隨筆》卷六)。可見編撰這幾種表,是以數量極多而且極爲難得的史料作依據的。正因爲如此,也由於這幾種表難免尚有疏誤之處,就引發了清代衆多的新表及考證之作,成爲清代及近現代史學中一塊豐鬱的園地。

但是也應該看到,自清中葉以來唐史人物表研考,多偏於中朝,如沈炳震《唐書宰相世系表訂訛》,勞格、趙鉞《唐尚書省郎官石柱題名考》《唐御史臺精舍題名考》,徐松《登科記考》,以及近現代史學家岑仲勉兩種翰林學士廳壁記校補,嚴耕望《唐僕尚丞郎表》等。只有吳廷燮《唐方鎮年表》,把範圍延伸至各地方鎮節度。但唐代方鎮并不能涵蓋唐代歷史全部(唐玄宗前節鎮未設),且此書資料搜羅不全,所記多有誤漏。在這種情況下,於20世紀80年代出現郁賢皓先生的《唐刺史考》,可以説是一個不小的突破。

首先,這部書所列州刺史(郡太守),起自唐高祖武德元年(618),迄於唐哀帝天祐四年(907)。唐代州郡設置也是包籠全國的,太宗時王子魏王李泰的《括地志》,把全國分爲十道,三百六十州,中唐時杜佑的《通典》,則分十五道,三百二十八郡。把包含全部唐代歷史的近三百年、籠蓋全部疆域的三百幾十個州郡的地方行政長官,盡可能考出其大部分人名,并列出其任職年代及有關行迹,這實在是大大擴展了唐史人物研究的範圍。這種全時全地的地方行政長官考索,前人從未做過(清代勞格曾作過杭州一地的刺史考),是一種學術領域的突破。這不但對於唐代作家研究,而且對於唐代地理、疆域、官制、軍事,以及過去視爲難點的少數民族地區行政設置等研究,都能提供系統而信實的史料依據。

其次，過去幾種唐代人物表，其所取材料，大多限於通常所用的史書，以及常見的一些總集、類書等。這部《唐刺史考》，其收書範圍之廣，實使人驚嘆，除上述幾類文獻外，還包含數十種唐人詩文别集，《元和姓纂》《古今姓氏書辯證》《通志·氏族略》等姓氏書，《朝野僉載》《唐國史補》《太平廣記》等衆多雜史、筆記、小説，《元和郡縣志》《太平寰宇記》、宋元方志以及明清時期各重要方志等地理志、地方志，《金石録》《寶刻叢編》等碑碣墓誌及題跋資料，《續高僧傳》《宋高僧傳》等佛藏典籍，特别可貴的是，除了過去已有的墓誌拓片外，還盡可能搜羅和利用近二十年來新出土的墓誌碑傳資料。應當説，這幾乎是齊全的唐史史料。這是已有的人物年表著作所不能做到的，也是史料搜輯、整理中的一次較大規模的躍進。大約 20 世紀 50 年代後期，我有一次曾隨同中華書局影印部陳乃乾先生去看望陳垣先生，當時我還不過二十幾歲，談話之中，陳援老見我雖是一個年輕編輯，但尚能在學問中有所求進，就對我説了一句："搞我們這一行，要做學問，最要緊的，是竭澤而漁。"這話給我印象很深，也促使我在以後的治學中有所遵循。現在來看這部《唐刺史考》，搜集資料如此廣泛，我覺得確可符合前輩學者"竭澤而漁"的高標準。這也是治學高品位、負責任的一種體現。

我對這次新補的材料尤感興趣，這裏不妨舉幾個例子，可以具體看看這次新補新考材料的引人入勝之處。

在雍州、洛州、懷州卷增韋泰真（韋知道）。據前幾年出版的《隋唐五代墓誌匯編·洛陽卷》第六册《大唐故使持節懷州諸軍事懷州刺史上柱國臨都縣開國男韋公（泰真）墓誌銘并序》，考明光宅元年至垂拱元年韋泰真在洛州長史任，垂拱元年至二年爲雍州長史，垂拱二年爲懷州刺史，均補原編之缺。又參《千唐誌·大唐前延王府户曹參軍李君故妻京兆韋夫人墓誌之銘并序》，考明原著録的韋知道即韋泰真，二者仕歷相同，并可訂正《新表四上》東眷韋氏的"真泰"應爲"泰真"之誤（按，這與中華書局最近出版的趙超《新唐書宰相世系表集校》所考同，可謂有真知灼見者能不謀而合）。

又原書只據《太平御覽》於華州卷著録趙冬曦，據《册府元龜》於濮州卷著録其開元二十三年任，據《寶刻叢編》於虢州卷著録趙冬曦，據《太平寰宇記》於亳州卷著録開元二十六年任。今據所出土之《趙冬曦墓誌》，考出趙氏自開元十九年起至天寶九載止，先後任合州、眉州、濮州、亳州、許州、宋州六州刺史，弘農（虢）、滎陽（鄭州）、華陰（華州）三郡太守。按趙冬曦於開元初曾坐事流岳州，與時亦在岳州的張説多有詩唱和，亦爲盛唐時頗可注意的一位文學人物，從現在新考，其人之行迹則較爲清楚。

又如原據《延祐四明志》在明州卷著録“應彪”，長慶三年任；又據白居易《楊子留後殷彪金州刺史……制》在金州卷著録“殷彪”，長慶元年，作兩個人處理。前些年從江蘇鎮江焦山碑林發現已殘石刻有“長慶初拜金州刺史兼侍御史，又遷明州刺史”，考知此石刻實爲殷彪墓誌，這是郁賢皓先生在實地考察中首次發現的，由此證知《延祐四明志》之“應彪”乃“殷彪”譌改。同時據此誌還考出殷彪約在元和十二年至十四年曾爲申州刺史。另外，又據《解少卿墓誌》（大和九年十一月八日）稱：“元和歲，監察殷公領嘉禾煮海務……後殷公臺遷省轉，爲牧爲郎，亦在齹帥，改揚子留後……殷公作鄞江守……不料殷公薨於鄞川。”對照白居易所撰制詞及《殷彪誌》，考知《解少卿墓誌》中的“殷公”即殷彪。

我曾説過，我們在考證唐代歷史人物和唐代詩人時，一定要注意利用文物考古資料。這一點，陳寅恪先生早已指出，他總結王國維治學成就，概括爲三點，第一點即爲“取地下之實物與紙上之遺文互相釋證”，認爲這一點與其他兩點真正做到了，就“足以轉移一時之風氣，而示來者以軌則”（《王静安先生遺書序》，載《金明館叢稿二編》）。近幾十年來，出土的唐代文獻材料非常豐富，誰能够真正用力於此，必然大有所獲。讀郁先生利用新出土文獻，幷據以補充、改正原著，確使人有新鮮之感，這樣做，可以一洗僅引用若干舊注舊説而長篇發揮的那種陳陳相因的陋習。其實我們可以充分利用新中國成立以來的考古成果，從文學研究角度來從事考古成果的分析研究，開闢一門文學考古學。如果這樣做，則這部《唐刺史考全編》就能提供十分豐富的素材；這也説明郁賢皓先生能細心注意旁支學科的吸收、利用、及治學路子的開拓。

我自己做學問，特別是近二十年來，深感研究古典文學必須文史并治。我在爲一位友人著作所作的序中曾説：“治史對於治文，是能起去浮返本的作用的。”我近年來常看到一些學者寫到某個時代文學的文章，往往寫得很有情致，詞藻也很美，但文中所舉的例子，有些却并非屬於這一時代，讀後不免使人感到遺憾。研究詩詞，固然應深研作品本身，體味其藝術韻味，這是必須的，但不能忽略其時代和社會。有時賞析一首詩、一闋詞，可以不顧周圍環境，但要研究一個作家、一個時期的文學創作，就不能孤立，必須有史的眼光和見識。我覺得，近二十年來我們唐代文學研究有一個值得肯定的好經驗，就是不少研究者對唐史是深有功底的，在研究文學時，還同時對唐代史料作細緻、深密的審核、考察。我敢説，這方面，我們唐代文學研究要比唐史研究，有較多的成果。目前唐史研究似乎偏重於大的方面，如政治、經濟、軍事、宗教等等，而不大注意文獻資料以及具體人物事迹的考證，這比起一些前輩學者，如陳寅恪、岑仲勉、唐長孺、王仲犖等先生，似有很大的差距。比較起來，這些年來唐代文學研究倒是能與這些學者接軌的。郁先生是搞古典文學研究的，但他却立志於從事唐刺史考這一歷史專題，而且作出使人信服的成就，這應該説也是我們唐代文學研究界可引爲自豪的。

我與郁賢皓先生初次相見是 1982 年 4 月在西安舉行的中國唐代文學學會成立大會期間。但在這之前，我們已有文字之交，早在 1980 年即已開始通信，那時我對他的李白研究之創新見解就甚爲欽佩。西安的那次唐代文學會議，在一次大會發言中，我特別提到了郁先生正在做的《唐刺史考》工作，并説這樣的學術性很强的書稿，是最適合於中華書局出版的。使我感到高興的是，我的這一表態引起與會者對郁先生這一研究課題的注意與重視。在這之後，我經常在信中問起他工作的進行情況。當然，後來由於種種原因，此書未在中華出。1987 年夏，我接到郁先生所贈之書，立刻寫了一封信，説：“得見大著，欣慰非常！”又説：“兄之此著，可謂傳世之作，有功文史”，“弟意凡有志於唐代文史稍作深入者,《唐刺史考》實未能須臾離開也"。這是十幾年前說的話,現在重新回顧,面對《全編》問世,感到這部書更是與我們"未能須臾離開也"。謹以此作爲鄙序的結語。

1999 年 3 月於北京

序　二

卞孝萱

一

在文史研究中,理論與材料的關係,是人們經常談到的,我覺得范文瀾師有一段話說得最好:"理論聯繫實際是馬克思主義的定理,理論與材料二者缺一不可。""現在對歷史資料確有望洋興嘆之感,資料太多太散太亂,搜集、整理和考證資料,實在是一件十分重大迫切的事情。我們必須特別重視資料工作,纔能動員大批人力投入這個工作裏去。""希望今後有很多資料書、工具書陸續出版,這是一種功德無量的工作!"①這段話,是 1957 年在北京大學歷史問題講座上說的,是有感而發,語重心長的。

表,是重要的工具書之一。先從"正史"說起。司馬遷寫的《史記》,包括本紀、表、書、世家、列傳五部分。表有十個,歷代史學家給予很高的評價。唐劉知幾說,太史公創表,"列行縈紆以相屬,編字戢舀而相排。雖燕、越萬里,而於徑寸之内,犬牙可接;雖昭、穆九代,而於方寸之中,雁行有叙。使讀者閲文便睹,舉目可詳,此其所以爲快也"②。宋鄭

---

① 《范文瀾歷史論文選集·歷史研究中的幾個問題》。

② 《史通·外篇·雜説上》。《史通》對《史記》十表的評價,《内篇·表曆》與《外篇·雜説上》自戾。古今學者,皆以《外篇》爲諦。詳見浦起龍《史通通釋》、程千帆先生《史通箋記》等書。

樵説：“《史記》一書，功在十表，猶衣裳之有冠冕，木水之有本原。”①都是説得很中肯的。

班固寫的《漢書》，繼承《史記》體例，只不過將五部分調整爲本紀、表、志（即《史記》的書）、列傳四部分。可見，世家可以與列傳合并，而表不可廢。清盧文弨説得好：“表者，明也，標明其事，使著見也。”②“表也者，標也，標明其義類，使綱舉而目張。馬、班之爲是也，亦兼以補紀、傳之所未及。”③

表在“正史”中的地位與作用，確實是不可忽視或低估的。歷史學家往往以“表”之有無，作爲評價“正史”優劣的標準之一。

范曄《後漢書》、陳壽《三國志》、房玄齡等《晉書》、沈約《宋書》、蕭子顯《南齊書》、姚思廉《梁書》與《陳書》、魏收《魏書》、李百藥《北齊書》、令狐德棻等《周書》、魏徵等《隋書》、李延壽《南史》與《北史》、劉昫等《舊唐書》、薛居正等《舊五代史》都沒有表，使研究歷史者感到不便。有人説：“紀、傳一人之始末，表、志一代之始末，非閎覽博物者不能爲，其考訂之功，亦非積以歲月不能遍。自東京以後，典册既闕，人趨苟且。”④由於畏難而不作“表”，這個批評是一針見血，打中要害的。

直到歐陽修寫《新唐書》，纔扭轉“正史”無表的現象。前代學者對此深爲贊揚。顧炎武在《日知録·作史不立表志》中，曾引用朱鶴齡的一段話：“蓋表……與紀、傳相爲出入。凡列侯、將相、三公、九卿……年經月緯，一覽瞭如。作史體裁莫大於是……其失始於陳壽《三國志》，而范曄踵之。其後作者又援范書爲例，年表皆在所略。不知作史無表，則立傳不得不多。傳愈多，文愈繁，而事迹或反遺漏而不舉。歐陽公知之，故其撰《唐書》，有《宰相表》，有《方鎮表》，有《宗室世系表》《宰相世系表》，始復班、馬之舊章云。”朱鶴齡的話，確實是

---

① 《通志總序》。

② 《校定熊方〈補後漢書年表〉序》。

③ 《錢晦之大昭〈後漢書補表〉序》。

④ 黃汝成《日知録集釋》卷二十六《作史不立表志》引《救文格論》。

説到歐陽修的心坎上去了。歐陽修等不滿《舊唐書》而重撰《新唐書》，以"其事則增於前，其文則省於舊"相號召①，他們深知"作史無表，則立傳不得不多"，《新唐書》恢復《史記》《漢書》作"表"的傳統，正是它比《舊唐書》"事增文省"的優點之一。

在歐陽修的影響下，其後，脱脱等《宋史》《遼史》及《金史》，宋濂等《元史》，張廷玉等《明史》中都有表。清趙翼在《廿二史劄記·各史例目異同》中高興地説，"《遼史》立表最多"，"表多則傳可省，此作史良法也"。又在《遼史立表最善》中詳細地説："《遼史》最簡略，二百年人物，列傳僅百餘篇，其脱漏必多矣，然其體例亦有最善者，在乎立表之多，表多則傳自可少……實足省無限筆墨。"

再説一説前人對"正史"所做的補表和校正、考訂工作。宋人熊方撰《補後漢書年表》，清《四庫全書》列入"史部·正史類"。《四庫全書總目》指出：《後漢書》無表，"遂使東京典故，散綴於記傳之内，不能絲聯繩貫，開帙瞀然"，熊方爲之補表，"使讀者按部可稽，深爲有裨於史學"。熊方之後，作者繼起。凡"正史"無表，或雖有表而不齊備者，有人爲之補充；雖有表而錯漏者，有人爲之校正、考訂。清代考據學興起，補表和校、考之作，蔚爲大觀。萬斯同的成就最爲突出。

錢大昕撰《萬先生斯同傳》，認爲萬斯同"於前史體例，貫穿精熟，指陳得失，皆中肯綮，劉知幾、鄭樵諸人，不能及也"。具體表現在萬斯同充分重視表的作用，他説，"史之有表，所以通紀、傳之窮"，"表不可廢，讀史而不讀表，非深於史者也"。他爲"正史"中無表者，補作《歷代史表》。其師黄宗羲序稱："誠不朽之盛事，大有功於後學者也。"其友朱彝尊序稱："攬萬里於尺寸之内，羅百世於方册之間。其用心也勤，其考稽也博，俾覽者有快於心，庶幾成學之助，而無煩費無用之失者與！"此書重刻時，阮元序稱："元每讀史書，必置諸座右，頗樂其便。"吳錫麒序稱："使讀者於數千百年之後，而溯數千百年以前，若列眉，若指掌，或經或緯，詮貫靡遺，故足貴也。"《四庫全書》將萬斯同的《歷代史表》列入"史部·別史類"，給予"使列朝掌故，端緒犖然，

---

① 曾公亮《進唐書表》。

於史學殊爲有助”的高度評價①。

前人爲“正史”所補充、校正、考訂的表，或單篇別行，或分散於“叢書”之中，或尚屬稿本，一般人不易覓齊，難以利用。新中國成立前，開明書店盡力搜求，彙集爲《二十五史補編》出版。顧頡剛撰序，從兩方面説明此書的貢獻。（一）“若一史之中，表志有闕，則讀史者目之所觸，惟有林林總總之故事浮動於前，無由得其綱領，而前後相循之人事亦爲之斷而不續矣!”這是表彰爲“正史”補表者之功績。（二）“夫爲昔人著作謀盡其用，爲後來學術廣闢其門，使材料不集中之苦痛從而解除，此真無量之功德，所當爲史林永頌者已。”這是表彰將補表彙集印行者之勤勞。中華人民共和國成立後，《二十五史補編》再版，中華書局又分別出版了《史記漢書諸表訂補十種》《後漢書三國志補表三十種》等書，可見“表”是廣大史學工作者所需要的讀物。但大多數是舊書重印，新撰的太少了②。

具體到唐代來説，雖然《新唐書》有《宰相表》《方鎮表》《宗室世系表》《宰相世系表》，仍不完備，還有許多工作可做。（一）清萬斯同撰《唐將相大臣年表》《唐功臣世表》《唐鎮十道節度使表》《唐邊鎮年表》《唐宦官封爵表》《唐諸蕃君長世表》《武氏諸王表》，黃大華撰《唐藩鎮年表》，近人吳廷燮撰《唐方鎮年表》，這都是爲《新唐書》補表。吳廷燮後來者居上，他的《唐方鎮年表》網羅繁富，超過了萬斯同的《唐鎮十道節度使表》和黃大華的《唐藩鎮年表》，但仍有不少“可議之點”，岑仲勉又寫了《唐方鎮年表正補》。（二）考訂，如清沈炳震撰《唐書宰相世系表訂訛》。（三）清勞經原撰《唐折衝府考》，近人羅振玉撰《唐折衝府考補》《唐折衝府考補拾遺》，谷霽光撰《唐折衝府考校補》，這幾種“考”，也具有表的性質。有了這些補表和考訂，當然是好事，但對研究唐代文史的人來説，仍然不够用。

郁賢皓教授於 20 世紀 70 年代中期，在從事李白、李商隱等唐代

---

① 《四庫全書總目·史部六·別史類》。

② 《史記漢書諸表訂補十種》無新撰，《後漢書三國志補表三十種》只一種是新撰。

詩人生平事迹及其交遊的考證中,感到最棘手的一個問題是,詩文中經常出現某州某使君、某郡某太守等,苦於不知道這些使君、太守的名字和仕迹,也就無法確定作品的年代,難以清理作者的行踪。他推己及人,下決心對唐人詩文中出現得最多的、也是文史研究工作者最迫切需要瞭解的"刺史",進行考訂,編製成表,供大家參考利用。經過十年的努力,《唐刺史考》於1987年出版了。此書出版後,獲得海内外學者的極高評價,但郁教授未止步,又用十年功夫,修訂增補,撰成新著《唐刺史考全編》出版,可貴可重,可喜可賀!如以此書與《唐方鎮年表》比較,擔任節度使、觀察使者,多是著名的較大的人物,資料收集較易;而擔任刺史者多是不太著名的較小的人物,資料收集較難。況且刺史的人數比節度使、觀察使要多若干倍,面廣量大,做起來特別費力氣。郁教授前後共用了二十年的時間,鍥而不捨,完成《唐刺史考全編》,爲唐史園地開墾了一塊荒地,爲工具書領域填補了一個空白,使從事唐代文史研究的人們得到了便利。他做了一件功德無量的事。

二

　　讀者在使用《唐刺史考全編》時,應先對唐代州郡情況有個整體的瞭解。例如:

　　(1) 唐武德元年(618),改郡爲州,長官稱刺史。天寶元年(742),改州爲郡,長官稱太守。至德二載(757),又改郡爲州,長官復稱刺史。

　　(2) 從武德到貞觀,唐代州郡經歷了一個少—多—少的過程。《資治通鑑·唐紀八》:"隋末喪亂,豪傑并起,擁衆據地,自相雄長;唐興,相帥來歸,上皇(指唐高祖)爲之割置州縣以寵禄之,由是州縣之數,倍於開皇、大業之間。上(指唐太宗)以民少吏多,思革其弊,(貞觀元年)二月,命大加併省。"就是説的這個過程。

　　但貞觀年間并不是一味地併省州縣,也新置州縣。舉例來説,《新唐書·地理志一·關内道》:豐州,"貞觀四年以降突厥户置"。同書《地理志五·江南道》：費州，“貞觀四年析思州之涪川、扶陽，開南蠻置”。溱州，“貞觀十六年開山洞置”。同書《地理志七上·嶺南道》：瀼州，“貞觀十二年，清平公李弘節開夷獠置”。籠州，“貞觀十二年，李弘節招慰生蠻置”。環州，“貞觀十二年，李弘節開拓生蠻置”。古州，“貞觀十二年，李弘節開夷獠置”。這都是唐太宗爲了加強對少數民族的統治而新置的州郡。其他皇帝也有這種措施。

　　貞觀以後，隨着經濟的發展、人口的增多，唐王朝爲了加強對地方的控制，又不斷地析置州縣。這種情況在南方尤爲明顯。據《新唐書·地理志七上·嶺南道》：鬱州，“麟德二年，析貴州之石南、興德、鬱平置”。東峨州，“乾封三年，將軍王杲奏析白、辯、竇、容四州置”。同書《地理志五·江南道》：温州，“高宗上元元年析括州之永嘉、安固置”。皆是例證。據《唐大詔令集》所載武后《改元光宅詔》：“隆平日久，戶口滋多，物務既煩，欺隱斯衆。其上州三萬戶已上，大縣萬戶已上，各宜析出，別置州縣。”可見武后改唐爲周以後，在全國範圍內，有過一次較大規模析置州縣的舉動。據《新唐書·地理志五·江南道》：衢州，“垂拱二年析婺州之信安、龍丘、常山復置”。漳州，“垂拱二年析福州西南境置”。錦州，“垂拱二年以辰州麻陽縣地及開山洞置”。同書《地理志六·劍南道》：彭州、蜀州、漢州皆“垂拱二年析益州置”。也都是在南方。此後各朝都有析置州郡的情況。

　　唐代州郡還有置而廢、廢而復置等情況。

　　（3）由於唐高祖采取以官招降的措施，“權置州郡”[1]，匆促命名，產生了州名相同的現象。當時竟有四個義州、三個文州、兩個豐州……爲了避免混淆，武德、貞觀年間，對相同的州名，進行了調整。有的改名，有的加上東、南、西、北的方位詞，以示區別。

　　還有不少“文相類”“聲相近”的州名，容易搞錯，也需要進行調整。例如：貞觀八年改銅州爲容州[2]，即因“銅”“同”聲近。開元十三年（725）二月，改幽州爲邠州、鄭州爲莫州、梁州爲襄州、沅州爲巫州、

---

① 《舊唐書·地理志一》。
② 《新唐書·地理志七上·嶺南道》。

舞州爲鶴州、泉州爲福州,即因"幽"類"幽","鄭"類"鄭","梁""凉"聲近,"沅""原"聲近,"舞""武"聲近①。

此外,還有因嘉獎忠義、宣揚文治武功而改州名的。如西會州"貞觀八年以足食故更名粟州"②。

(4)唐朝前期因避諱而改州名者,史不絕書。唐朝後期的皇帝,如懿宗名漼、僖宗名儇、昭宗名曄、哀帝名柷,皆爲冷僻之字,因避諱而改州名者遂少。

唐代州名,不僅因避諱而改,還有因仇視敵人而改者。如至德元載(756),唐肅宗因惡安禄山而改帶"安"字、"禄"字、"山"字的州郡之名。

武后改唐爲周,從尊武抑李、崇周貶唐的政治需要出發,改州縣名甚多。景雲元年(710)睿宗詔:"天下州縣名目,天授以來改爲'武'字者,並令復舊。"③

天祐時,朱温(全忠)爲篡唐作準備,以傀儡皇帝——唐哀帝的名義,下令避朱氏家諱而改州名。

(5)唐代道與州的隸屬關係及其變動情況,詳見《新唐書》的《方鎮表》。

上述情況,是使用《唐刺史考全編》時所應注意的,也是可以從中得到印證的。

總起來説,玄宗以前,由於政治上、經濟上的種種原因,唐朝的地方行政區劃尚未定型,州縣的析置併省,變動頻繁。玄宗以後,比較穩定些。《唐刺史考全編》以開元二十九年建置爲準,是恰當的。

讀者還可以從郁書中看到唐代地方官員設置和演變的某些細節。例如京兆府,唐初稱雍州,長官稱牧,往往由親王兼任,唐太宗和他兒子魏王泰都曾任雍州牧,其實他們并不管事,真正管事的實際長官稱別駕。高宗時,別駕改稱長史。玄宗時,雍州改爲京兆府,長史

---

① 《舊唐書·玄宗紀上》《新唐書·地理志一·關內道》等。
② 《新唐書·地理志一·關內道》。
③ 《舊唐書·睿宗紀》。

改爲京兆尹,由親王遙領的雍州牧改稱京兆牧。又如東都,唐初稱洛陽宮,高宗顯慶時改稱東都,武后時改稱神都,天寶年間又改稱東京。其長官稱留守。但初唐時的洛陽宮留守或東都(神都)留守,不是常設的官員,因爲當時的皇帝常住在洛陽。只有當皇帝回長安時,纔設東都(神都)留守。大約在睿宗以後,東都留守纔成爲常設的官員。又如唐代的節度使,不是一開始就兼任治所所在州的刺史。開元九年設朔方節度使,治所在靈武,尚未兼任靈州都督。天寶元年王忠嗣開始以朔方節度使兼任靈州都督,以後纔成爲定制。郁教授用汗水換來了這些成果,可以補充一般"隋唐五代史"專著之不及。

<h1 style="text-align:center">三</h1>

重視第一手材料,進行周密的考證,是《唐刺史考全編》的特色;原始性和可靠性,是《唐刺史考全編》的優點。此書主要是解決唐代各州刺史的姓名和任職年代的問題,這是人所共知的,它還附帶解決了很多有關的問題,如:

考出杜正倫顯慶中爲饒州刺史,補兩《唐書》之缺,見第十編江南西道卷一五九饒州(鄱陽郡):

《全文》卷九〇二王德璉《饒州記序》:"前中書令杜使君、中書令薛使君屈棟幹之資,臨江湖之服。既多惠愛,金石已銘。"按唐初杜氏爲中書令者唯正倫。據《新書·宰相表上》,顯慶二年"九月庚寅,〔杜〕正倫兼中書令"。三年"十一月乙酉,正倫貶橫州刺史"。則其刺饒州疑由橫州量移。

考出韋延安大曆七、八年爲壽州刺史,糾《元和姓纂》和《新唐書》以鄂州刺史爲韋延安終官之誤,見第八編淮南道卷一三〇壽州(壽春郡):

《全文》卷三一六李華《壽州刺史廳壁記》:"某部郎中韋延安

代張〔緯之〕典此州，僉有政聞。"按韋延安廣德元年在鄂州刺史任，見《元次山集》卷七《別王佐卿序》。《姓纂》卷二東眷韋氏閬公房及《新表四上》皆稱"延安，鄂州刺史"。據李華文知鄂州刺史非韋延安終官。

考出張鎰大曆十二年至十四年爲壽州刺史，糾《舊唐書》以張鎰爲杜亞之誤，見第八編淮南道卷一三〇壽州（壽春郡）：

> 《舊書》本傳："李靈曜反於汴州，鎰訓練鄉兵，嚴守禦之備，詔書褒異，加侍御史、沿淮鎮守使。尋遷壽州刺史，使如故。德宗即位，除江南西道都團練觀察使、洪州刺史、兼御史中丞。"《新書》本傳略同。《元龜》卷六七三："張鎰……大曆十二年以爲壽州刺史，特加五階，褒善政也。"《金石錄》卷八："《唐壽州刺史張鎰去思頌》，趙巨撰，王澔八分書，大曆十四年十二月。"又見兩《唐書·齊抗傳》《陸贄傳》，《御覽》卷四七八，《元龜》卷八〇七、卷九五五，《全文》卷四九三權德輿《唐贈兵部尚書宣公陸贄翰苑集序》。按《舊書·德宗紀上》：大曆十四年五月"癸巳，以壽州刺史杜亞爲江西觀察使"，"杜亞"乃"張鎰"之誤。

考出殷日用上元二年至寶應元年爲蘇州刺史，糾《姑蘇志》記載殷日用任職年代之誤，見第九編江南東道卷一三九蘇州（吳郡）：

> 《全文》卷三一六李華《衢州刺史廳壁記》："自逆胡悖天地之慈，皇恩示以鈇鉞之威……以蘇州刺史陳郡殷公……宜繼，由是命公典此郡也……元年建寅月作。"元年即肅宗寶應元年，建寅月即夏曆正月，惟是年肅宗下詔以建子月爲歲首，故是年建寅月爲三月。《會稽掇英總集·唐太守題名》："殷日用，自蘇州刺史授，充觀察團練使，不之任。"列於乾元之後，大曆之前。《姑蘇志》云："殷某，永泰元年自蘇州刺史移衢州。"按上引李華文乃寶應元年三月作，時殷日用已由蘇州轉刺衢州，《姑蘇志》以殷日用

永泰元年刺蘇州，大誤。

考出鄭式瞻貞元十五年至十七年爲衢州刺史，糾正《太平廣記》記載的錯誤，見第九編江南東道卷一四六衢州（信安郡）：

> 《芒洛遺文》卷中《唐故河南府河南縣主簿崔公（程）墓誌銘并序》（貞元十五年八月三十日）：“公兩娶一門，女弟繼室，即潁川太守長裕之曾孫……洺州司兵叔向之長女。今相國餘慶，河南尹珣瑜，信安守式瞻，高平守利用，皆諸父也。”《舊書・德宗紀下》：貞元十七年三月“癸酉，衢州刺史鄭式瞻進絹五千四，銀二千兩”。《元龜》卷七〇〇：“鄭式瞻爲衢州刺史，貞元十七年死於州獄。”又見《元龜》卷一六九，《新表五上》鄭氏。按《廣記》卷一五一引《前定録》、卷二七八引《傳載》稱豆盧署貞元六年謁信安守鄭式瞻，後二十年署爲衢州刺史，均誤。或“六年”爲“十六年”之奪誤歟？

《唐刺史考全編》圓滿解決了唐人詩文中許多位“刺史”的名字，對於研究唐代文學家的生平和交遊，有直接的作用。請看幾個例子：
考出宋之問《送懷州皇甫使君序》等文中的“皇甫使君”即武后時任懷州刺史的皇甫知常，指出岑仲勉《元和姓纂四校記》以爲此人是皇甫忱之誤。還指出《全唐文》卷八三五重出《爲皇甫懷州讓官表》，署名錢珝，爲誤收。見第四編都畿道卷五二懷州（河內郡）：

> 《千唐誌・監門衛長史安定皇甫公（慎）墓誌銘并叙》：“父知常，汾、懷、汴等六州刺史，揚、洛二州長史。”慎卒開元十九年三月二日。按《姓纂》卷五壽春皇甫氏：“知常，洛州長史。”《全文》卷四二二楊炎《杜鵬舉碑》有“洛州長史皇甫知常”。又卷二四一宋之問《送懷州皇甫使君序》：“皇甫使君累司寵職……歷刺于外臺。”又卷二四〇宋之問《爲皇甫懷州讓官表》：“伏奉今月一日制書，除臣使持節懷州諸軍事懷州刺史。”按此文又見卷八三五，以

爲錢翊作,誤。又按岑仲勉以爲皇甫懷州即《姓纂》卷五安定朝那縣皇甫氏之濰州刺史皇甫怪,誤。《讓官表》中有"作鎮西河,未寬人隱"之語,與《皇甫慎志》謂知常歷"汾、懷、汴六州刺史"合,知常任懷州前當爲汾州(西河郡)刺史。

考出獨孤及《祭李中丞文》與李華《送觀往吳中序》中"李中丞"是同一人,即寶應元年至廣德元年任蘇州刺史的李丹,糾正《姑蘇志》記載李丹大曆中爲刺史之誤。見第九編江南東道卷一三九蘇州(吳郡):

> 《全文》卷三九三(《毗陵集》卷一九)獨孤及《爲吏部李侍郎祭李中丞文》:"謹以清酌少牢之奠,敬祭於故蘇州刺史兼御史中丞贈吏部侍郎李公之靈……昔公出入臺閣,勤勞王事;馳驅使車,周旋天下;克己奉職,一何正也。姑蘇之役,姦倅構難,公秉義勇,誅其渠魁,海寇圍逼,勾吳震駭,公率羸師,克剪大敵。"按"海寇圍逼"似指袁晁起義,事在寶應元年。從上文知李中丞在事平後徵還時卒於道中,則其刺蘇時間甚短。文中又云"季卿等屬忝宗族",據《舊書·李季卿傳》,季卿於代宗即位後不久爲吏部侍郎,知此文乃獨孤及代李季卿作。按《英華》卷八六〇李華《衢州龍興寺故律師體公碑》、卷八六二李華《潤州鶴林寺故徑山大師碑銘》均有"御史中丞李丹",疑即此人。《郎官柱》戶部郎中及《御史臺精舍題名》均有李丹,故獨孤及文中稱其"出入臺閣"。又考《全文》卷三一五李華《送觀往吳中序》:"宣成文昭公,柏人之嗣也,故中丞蘇州後之……〔觀〕往吳中蒐,以備家傳之遺闕……永泰二年四月庚寅叔父華序。"此"中丞蘇州"疑與獨孤及文中之蘇州刺史御史中丞李公爲同一人。按《新表二上》趙郡李氏東祖房:"丹,浙西觀察使。"乃李華從兄弟,李觀從叔。是時浙西觀察使正駐蘇州,兼蘇州刺史,則蘇州中丞當即李丹。又據李華《三賢論》,知李丹乃元德秀門弟子,時代正合。又按《吳郡志》卷一一牧守門有李丹。《姑蘇志》以爲李丹大曆中刺史,誤。

考出劉長卿《祭蕭相公文》中的"蕭相公"爲蕭華，廣德中任江州刺史，補充兩《唐書》缺漏。見第十編江南西道卷一五八江州（潯陽郡）：

> 《全文》卷三四六劉長卿《祭蕭相公文》："維某年月日殿中侍御史劉長卿謹以清酌庶羞之奠，敬祭於故江州刺史蕭公之靈……龍潛少海，公佐儲闈……國移大盜，公陷虜圍……果翻賊黨，來赴王師……輔國佞幸，敢亂朝經，潛申讒言，請奪禁兵；謀泄隙開，反爲所傾。倉卒之際，播遷無名；東出招邱，南浮洞庭……長卿自奉周旋，於今五年。"按此"蕭相公"疑即蕭華。《新書·宰相表中》：上元二年二月，"河中節度使蕭華爲中書侍郎、同中書門下平章事"。寶應元年"建辰月戊申，華罷爲禮部尚書"。又按兩《唐書》本傳，所記事迹與此文合，唯未及江州刺史。《舊傳》稱："肅宗崩，代宗在諒闇，元載希輔國旨，貶華爲硤州員外司馬，卒於貶所。"據劉長卿文，疑華貶硤州司馬後曾量移江州刺史卒，兩傳闕載。

考出權德輿《寄李二兄員外使君》詩中的"李二"即貞元十九年至永貞元年任郴州刺史的李伯康，指出岑仲勉《唐人行第録》以爲是李吉甫，未諦。見第十編江南西道卷一六八郴州（桂陽郡）：

> 《全文》卷五〇三權德輿《使持節郴州諸軍事權知郴州刺史賜緋魚袋李公（伯康）墓誌銘并序》："〔貞元〕十九年秋七月，拜郴州刺史……奄忽彫落，時永貞元年十月某日甲子，春秋六十三。"《韓昌黎文集校注》卷五有《祭郴州李使君文》。《全詩》卷三四三韓愈《李員外寄紙筆》注："李伯康也，郴州刺史。"又卷三二三權德輿《郴州換印緘遣之際率成三韻因寄李二兄員外使君》，疑指李伯康。岑仲勉《唐人行第録》謂指李吉甫，"二兄"乃"三兄"之誤。存參。

考出羅隱《寄三衢孫員外》等詩中的"孫員外"即咸通十一年任衢

州刺史的孫玉汝。見第九編江南東道卷一四六衢州（信安郡）：

> 《容齋續筆》卷一一："《會稽大慶寺碑》，咸通十一年所立，云衢州刺史孫玉汝記。"《全詩》卷六五七羅隱有《寄三衢孫員外》、卷六五六有《孫員外赴闕後重到三衢》、卷六五八有《三衢哭孫員外》、卷六六四有《重過三衢哭孫員外》。

考出姚合《送薛二十三郎中赴婺州》詩中的"薛二十三"即大和九年任婺州刺史的薛膺，指出岑仲勉《唐人行第錄》失考。見第九編江南東道卷一四五婺州（東陽郡）：

> 《新表三下》薛氏："膺，婺州刺史。"乃元和五年浙西觀察薛苹子；會昌六年湖州刺史薛褒兄。《新書》本傳未及婺刺，唯云："大和初爲右補闕內供奉。"《郎考》卷三吏部郎中有薛膺，在張諷後，崔璠前。《全詩》卷四九六姚合《送薛二十三郎中赴婺州》："我住浙江西，君去浙江東。"知姚合爲杭州刺史時作，時在大和九年。按岑仲勉《唐人行第錄》稱薛二十三名未詳，實即薛膺。

像這樣扎扎實實的考證，在《唐刺史考全編》中不勝枚舉。

四

中國知識分子有獻身於學術的美德。舉例來說，明末清初學者顧祖禹晝則教書，夜則撰述，歷三十餘年，寫出名著《讀史方輿紀要》，受到人們的景仰。

郁教授在南京師範大學負擔着指導研究生、青年教師的任務，他不可能將全部時間與精力用於撰寫工作。在這不尋常的二十年中，他清晨與深夜在家中伏案，寒假與暑假到外地奔走。從堆積几案的卡片和底稿，可以看出他所付出的辛勤勞動。雖冬季手指凍僵，夏季揮汗如雨，仍不以爲苦，毅力過人。

　　20 世紀 70 年代，我與郁教授相識。《唐刺史考》出版時，我曾爲之撰序。現在《唐刺史考全編》出版了，我再爲之撰序。我是兩書的第一個讀者，也是最瞭解兩書編撰過程和學術價值者之一。兩次撰序，足以説明我與著者不尋常的友誼。在滔滔紅塵中，經歷了二十餘年時間考驗的純潔友誼，是彌足珍貴的。

自　序

　　20 世紀 70 年代中期，我在從事李白、李商隱等唐代詩人生平事迹及其交遊的考證工作時，感到最困難的是，經常遇到詩文和其他各種典籍中出現某州某使君、某郡某太守等，却不知道他們的名字和仕歷，因此無法確定作品的年代，從而難以理清作者的行踪。當時我思考這樣一個問題：關於唐代職官的著作，已有《新唐書・宰相表》《唐僕尚丞郎表》《唐尚書省郎官石柱題名考》《唐御史臺精舍題名考》《唐方鎮年表》等，這些書對從事唐代文史研究工作者有很大幫助。但是，詩文和各種典籍中出現得最多的，也是唐代文史研究工作者最迫切需要知道的地方行政長官——刺史（太守、尹），却無人考訂撰述成書。究其原因，蓋此項工程面廣量大，難以於短期畢功。清人勞格曾嘗試此項工作，但畢生只完成一篇《杭州刺史考》，可見難度之大。出於對此研究的濃厚興趣，我當時竟不自量力，不揣譾陋，暗下決心，以承擔此項工程爲己任。諺云：放着鵝毛不知輕，頂着磨子不知重。我樂在其中，夜以繼日地從各文獻典籍、石刻拓片中鈎稽資料。我還曾多次到西安碑林、昭陵博物館、洛陽關林、開封博物館等地累日累月看石刻，搜集刺史資料，製成數以萬計的卡片，然後進行排比考訂。經過近十年的努力，終於撰成了一部有關唐代地方行政長官的著作——《唐刺史考》。

　　在我從事此項工作的過程中，得到唐史專家卞孝萱先生的積極支持和幫助，業師孫望先生、徐復先生和學界前輩程千帆先生經常予以關心和指導，朱金城先生、傅璇琮先生和周勛初先生不斷給予鼓勵和幫助，使我在困難面前沒有退却，得以堅持下去。1979年在杭州遇見中華書局副總編輯趙守儼先生，他得知我正在撰寫《唐刺史考》，表示全力支持，希望我能給中華書局出版。在此期間，傅璇琮先生也多次來函關心此項工作，希望盡快完成，交中華書局出版。1982年在西北大學召開的全國唐代文學學會成立大會上，傅璇琮先生介紹中華書局出版規劃，飽含深情地提到我的《唐刺史考》和《元和姓纂》的整理，卞孝萱先生也熱情洋溢地在會上介紹了我正在從事的工作，從而引起許多與會先生的關注。可以說，《唐刺史考》完全是在學界前輩的關懷、指導和朋友們的支持、幫助下完成的。

還必須説明的是，這部著作還得到幾位青年的熱情幫助。方義兵君利用三年業餘時間幫助我抄録資料和整理卡片，屠青娣君也用一年業餘時間幫助我抄録資料。他們熱心認真的工作，使我深爲感動。

1984年，江蘇古籍出版社成立，該社領導獲悉我有一部《唐刺史考》書稿，多次到寒舍，懇請我交給他們出版，給我的優惠條件是：全部交稿後一年之内保證出書。當時我考慮到中華書局出書周期比較長，江蘇古籍出版社既然有此條件，在徵得中華書局同意後，從1984年起，就將書稿逐本交該社排印。但當時有個不利條件，江蘇沒有繁體字印刷廠，於是不得不用簡化字出版，已寫出的部分又請人改抄成簡化字，這是不得已的事。1987年2月，五册《唐刺史考》終於全部出齊，當時江蘇古籍出版社又與中華書局香港分局聯合同時出版國際版。實際上，書芯完全一樣，只是裝幀的護封、扉頁和版權頁不同而已。外國讀者和港、臺地區的讀者購買的，多爲中華書局香港分局和江蘇古籍出版社聯合出版的國際版。

還有一點使我非常不滿意，當時已經編製完成而同時交給出版社的《州郡名索引》和《刺史姓名索引》未能一起出版。出版社的理由是最後一册（即第五册）書太厚，再加兩個《索引》就無法裝訂。我當即提出單獨出版索引，出版社口頭答應，但實際上一直未出。這給讀者帶來很大不便，不能不説是一件憾事。

　　《唐刺史考》出版後，立即受到海內外學術界的重視，許多著名學者撰寫評介文章，給予我很大的鼓勵，使我深爲感激和惶愧。在此謹向這些先生致以衷心謝意。當時我自己曾在《自序》和《凡例》中一再說過："我只是把此書作爲一個初稿，奉獻給讀者，深切盼望得到專家們和讀者的指教，以便將來修訂補正，使此書逐步完善。""限於條件，有些資料——如新出土的唐人墓誌等難以見到，因此，資料不可能完備，缺漏錯誤一定很多，有待今後補正。"我就是抱着這樣的心情，一方面繼續多方搜集資料，另一方面到處徵求意見。令人鼓舞的是，又經過十多年的努力，終於又搜集到不少唐代刺史的資料。特別是近年來《北京圖書館藏石刻拓片彙編》《隋唐五代墓誌匯編》（拓片影印）相繼出版，使我從中獲得了許多新的有關唐代刺史的資料。上海古籍出版社出版的《唐代墓誌彙編》（錄文本）也有一些新資料。同時，我自己也發現了原著中的一些錯誤。於是，我將原著進行了全面的修改補充，對於新搜集到的各種資料，經過考核甄辨一一插入，終於撰成了這本《唐刺史考全編》。

　　全編新增刺史資料近兩千條，訂正原著中錯誤一百多條。必須說明的是，這些年來，友人陶敏、陳尚君、蔣寅等教授給予許多幫助，或提供新的資料，或匡正拙撰中的錯誤，使我大受教益。北京大學歷史系榮新江先生根據敦煌石窟資料撰寫《〈唐刺史考〉補遺》一文，發表于《文獻》1990 年第 2 期，非常珍貴，此次徵得榮先生的同意，徑以移入本書，於每條中注明，以示不敢掠美之意。近年，朱玉麒君又幫助我從道藏中找到一些唐刺史資料（見《南京師大學報》1992 年第 4 期），《平原大學學報》1992 年第 4 期劉乾的《〈唐刺史考〉指瑕》，《咸寧師專學報》1994 年第 2、3 期熊飛的《〈唐刺史考〉小補》，對於這些文章中有價值的合理意見也予以采納，亦於各條中注明。由於得到許多先生和同志的幫助和指教，全編的内容得以比較豐富充實。爲此，謹向上述諸位致以深切謝忱。

　　此次《全編》也僅是就目前所掌握的資料排比考辨而撰成，今後還可能發現新的資料，如還會有新出土的唐人墓誌，還可能有筆者未接觸到的典籍中的唐刺史資料。書中也可能有繫年不當或其他錯誤，切盼學界同仁和廣大讀者批評指正。

本書又蒙程千帆先生題簽，傅璇琮先生、卞孝萱先生作序，謹向三位先生表示深切謝忱。

郁賢皓

1999 年 5 月於金陵

凡　例

一、本書以州爲單位，考證唐代各州（郡、府）歷任刺史（太守、尹），其時限上自高祖武德元年（618）起，下至哀帝天祐四年（907）止。其中包括安史之亂中僞署的太守、中葉以後各藩鎮所署或自稱的刺史、黃巢起義時所署的刺史，凡能考出者，皆予著録。

二、唐代從玄宗天寶元年（742）到肅宗至德二載（757）曾改州爲“郡”，改刺史爲“太守”，這些郡太守與原州刺史完全相同，因而有些典籍中常用郡太守稱州刺史，本書一律按州刺史收入。

三、唐代在不同時期曾撤一些州改稱爲“府”，如改雍州爲“京兆府”、改洛州爲“河南府”、改并州爲“太原府”、改蒲州爲“河中府”、改荆州爲“江陵府”、改益州爲“成都府”、改梁州爲“興元府”等，這些府仍相當於州（郡），其長官稱“尹”，亦相當於刺史（太守），本書亦一律按州刺史收入。

四、唐代稱長安爲西京、洛陽爲東都（東京），稱太原爲北都（北京），都曾設置留守，但情況各不相同。在長安設西京留守，僅是在皇帝離開京城出外巡幸時臨時設置的差使，皇帝返京後當即取消，故本書不收西京留守。至於開元十一年（723）後設置的北都留守，雖爲常設官員，却始終由太原尹兼任，已在太原尹資料中提及；爲避免重複，本書不再單獨列北都卷。而東都留守在唐初稱“洛陽宫留守”，後稱“東都留守”“神都留守”，開始時還不是常設官員，因皇帝常在洛陽；大約在睿宗以後，纔成爲常設官員，而且在通常情況下不兼河南尹，故本書於都畿道特設“東都”一卷，收東都留守。

五、唐代州郡設置前後變化甚大，如《括地志·序略》分十道，共三百六十州，乃唐初建置;《通典·州郡》分十五道，共三百二十八郡，乃天寶間建置;《元和郡縣志》今存殘本，其州郡均歸屬於方鎮統轄之下，乃元和間建置;兩《唐書·地理志》均分三百四十六州，乃唐末建置。各州郡歸屬亦不一，如會州，《括地志·序略》屬隴右道，《通典·州郡》《元和郡縣志》及兩《唐書·地理志》均屬關內道。又如虢州，《括地志·序略》《元和郡縣志》、兩《唐書·地理志》皆屬河南道，而《通典·州郡》却歸河東道。爲了統一體例，并與譚其驤主編的《中國歷史地圖集》第五册《唐時期圖組編例》相一致，本書各州郡及其歸屬皆以開元二十九年建置爲準。每道爲一編，十五道共分十五編。基本上每州爲一卷，刺史（尹）特別衆多者如京兆府、河南府、太原府則分上下兩卷。凡開元二十九年以前或以後廢置的州郡，則按考出刺史之實際情況，另外彙成一編，置於全書之末，作爲附編。

六、唐代曾於邊遠少數民族聚居地區設置衆多羈縻州，常以少數民族首領世襲都督、刺史，亦有委任漢族官員爲都督、刺史者。限於體例，本書僅收正州刺史，凡羈縻州都督、刺史一律不收。唯燕州例外，因其一度曾不是羈縻州，故特附於河北道之末，作爲卷一二二的附錄。

七、唐代武德初期曾在有些州設置總管府，後又改爲都督府，其總管或都督按慣例皆兼任所在州刺史，故本書均作爲刺史列入。有些大州如雍州、洛州、揚州、益州等在唐代常由親王或重臣遙領“牧”或“大都督”，實際并不赴任，該州實際長官爲長史或大都督府長史。爲此，凡親王遙領牧或大都督時，將長史（別駕）或大都督府長史作爲刺史列入，而在遙領者姓名前用“﹡”標出。有時州（郡、府）闕刺史（太守、尹），由長史（或少尹）知州（府）事，本書亦作爲實際長官而列入。唐代中葉以後設置的節度使、觀察使，按慣例皆兼治所所在州刺史或大都督府長史，本書亦作爲本州刺史列入。

八、本書具有年表性質。但爲了節省篇幅和保持科學性，本書不採用如《唐方鎮年表》那樣逐年排列的體例，而參照勞格《杭州刺史考》、岑仲勉《隋書州郡牧守編年表》，按所能考知的刺史任職年代先後次序排列，先列刺史姓名，後列任職年代，下注所據資料。所列任職年代如"××年—××年"僅表示在此幾年内在任，并不完全説明其起訖年限。凡署"約××年"者表示大致的任職年份，凡署"××年？"者則表示不能肯定。

九、凡已任命爲刺史，但因種種原因未到任者，本書亦予列入，以"【 】"號標出，并在任職年代後加括號注明"未之任"。

十、從玄宗天寶三載至肅宗至德二載，按史書體例，稱"載"，不稱"年"。

十一、爲節省篇幅，本書僅將直接説明任職年代的資料列於刺史姓名和任職年代之下，凡相同或類似的資料以及其他資料僅注"同""略同""又見"等字樣，爲讀者提供研究綫索。凡需用較多文字和引用較多資料纔能考出任職年代者，本書重在注明資料出處和考證結論，對考證過程則盡可能作簡明扼要的叙述。對資料本身已能説明問題者，則不作重複説明。

十二、限於資料，有些刺史目前尚難考知其任職年代；有些資料互相矛盾，目前難以辨明者，則列入各州（卷）末之"待考録"。

十三、凡已辨明某種文獻記載之刺史爲訛誤者，本書不再列入，以節省辨誤的篇幅；唯在提及有關正確刺史資料時説明某種文獻記載之誤。

十四、本書搜集資料力求廣泛：諸如《舊唐書》《新唐書》《唐會要》《資治通鑑》《舊五代史》《新五代史》等史書資料；《全唐詩》《全唐文》(包括《唐文拾遺》《唐文續拾》)、《文苑英華》《唐文粹》《唐大詔令集》以及諸唐人别集等詩文資料；《太平御覽》《册府元龜》等類書資料；《元和姓纂》《古今姓氏書辯證》《通志·氏族略》等姓氏書資料；《朝野僉載》《唐國史補》《因話録》《東觀奏記》《唐闕史》《唐摭言》《唐語林》《雲溪友議》《北夢瑣言》《太平廣記》等雜史、筆記、小説資料；《元和郡縣志》《太平寰宇記》、宋元方志以及明清各重要方志等地理志、地方志資料；《金石録》《寶刻叢編》《金石萃編》《八瓊室金石補正》《芒洛冢墓遺文》等碑碣墓誌及題跋資料；《千唐誌齋藏石》拓片、北京及上海等圖書館所藏碑誌拓片及最近出版的《隋唐五代墓誌匯編》等資料;《續高僧傳》《宋高僧傳》等佛藏資料等等,皆予搜集。并盡可能參考利用前人和今人的研究成果。但限於條件,難免有缺漏和錯誤,有待今後補正。

十五、爲節省篇幅,本書常用的資料名稱採用簡稱:

1. 書名簡稱:

全　名	簡　稱	全　名	簡　稱
舊唐書	舊書	唐會要	會要
新唐書	新書	太平御覽	御覽
資治通鑑	通鑑	太平廣記	廣記
吳廷燮《唐方鎮年表》	吳氏《方鎮年表》	嚴耕望《唐僕尚丞郎表》	嚴氏《僕尚丞郎表》
册府元龜	元龜	八瓊室金石補正	金石補正
唐大詔令集	大詔令集	芒洛冢墓遺文	芒洛遺文
全唐詩	全詩	芒洛冢墓遺文續編	芒洛續編
全唐文	全文	芒洛冢墓遺文三編	芒洛三編
文苑英華	英華	芒洛冢墓遺文四編	芒洛四編
元和姓纂	姓纂	千唐誌齋藏石	千唐誌
新唐書·宰相世系表	新表	上海圖書館藏拓片	上圖藏拓片
郎官石柱題名	郎官柱	北京圖書館藏拓片	北圖藏拓片
御史臺精舍碑題名	精舍碑	曲石精廬藏唐墓誌	曲石藏

2. 凡刺史本人的傳記(包括附傳)一律簡稱"本傳"或《舊傳》《新傳》。在前文已明確帝王年號的情況下,簡稱帝紀爲《舊紀》《新紀》。

3. 有些地方志和文章在其他州郡引用時用全稱;在本州第一次出現時也用全稱,以下則用簡稱,并在第一次出現時注明。如"越州":《會稽掇英總集·唐太守題名》(以下簡稱《掇英》)。"杭州":勞格《杭州刺史考》(以下簡稱勞《考》)。

4. 有些詩文篇名太長,則中間加以删節,不加删節號。如白居易

《胡吉鄭劉盧張等六賢皆多年壽予亦次焉偶于弊居合成尚齒之會七老相顧既醉且歡靜而思之此會稀有因成七言六韻以紀之傳好事者》詩，引用時到“既醉且歡”爲止，“靜而思之”以下皆删却。篇名中除編著者所加括注外一律不加標點。

十六、本次增訂，凡增補之内容，如新發現的刺史姓名及其材料，統一用“【補遺】”標示；原刺史的任職年限和名字有訂正的，則隨文修訂和調整，不再一一標示。

十七、典籍中明顯的錯字以及因避諱而改之字，一般徑予改正，如明本《册府元龜》中“檢校”作“簡較”，《全唐文》中“玄宗”作“元宗”，清代典籍中“胤”作“允”、“丘”作“邱”等，本書徑改爲原字，不一一注明。但在引用資料中出現的特殊避諱字，不回改。如中宗時寫的文章中稱“顯慶”爲“明慶”，保留原字，據以證知寫作年代。

十八、本書用繁體字印行，人名、地名以及引用資料中都保留原有的異體字，不改用正體，以便讀者識別研究。有些地方多個異體字并用，亦不予統一。如作爲地名的“燉煌郡”用“燉”字，但現代人寫的繁體字著作中作“敦煌”者，則仍其原字，不再改作“燉”字。隋朝的“隋”，唐人石刻墓誌及典籍中多寫作“隨”，亦仍其字不改。

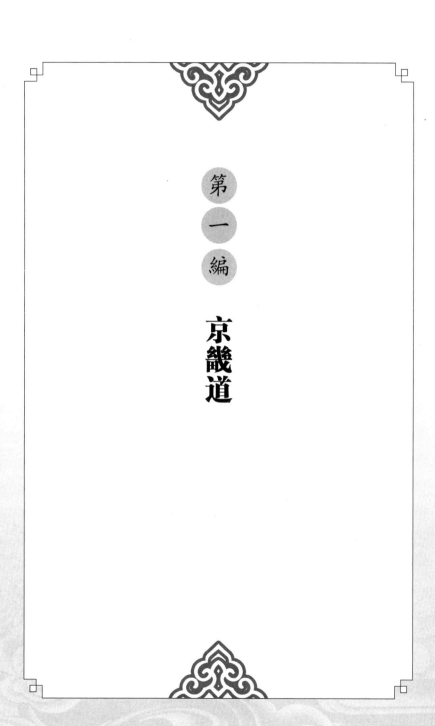

第一編

京畿道

卷一　京兆府（雍州）上

　　隋京兆郡。武德元年改爲雍州。置牧一人，以親王爲之。以別駕理州事。永徽中改別駕爲長史。開元元年改雍州爲京兆府，改雍州長史爲京兆尹。領縣二十三：萬年、長安、藍田、渭南、新豐（昭應）、三原、富平、櫟陽、咸陽、醴泉、涇陽、雲陽、鄠、武功、好畤、盩厔、奉先、奉天、華原、美原、同官、金城（興平）、高陵。

　　***李世民**　　武德元年—九年（618—626）
　　《舊書·高祖紀》：武德元年六月“壬辰，加秦王雍州牧”。《元龜》卷二五七：“〔武德〕九年六月癸亥詔曰：‘……天策上將、太尉、尚書令、陝東道大行臺尚書、益州道行臺尚書令、雍蒲二州都督、領十二衛大將軍、中書令、上柱國、秦王世民……可立爲皇太子。’”又見《大詔令集》卷三五，《舊書·高士廉傳》，《新書·宰相表上》《高儉傳》，《通鑑·武德二年》，《全文》卷一高祖《秦王兼涼州總管制》、卷一〇太宗《告柏谷塢少林寺上座書》，《元龜》卷一二二等。

　　蕭　瑀　　武德元年（618）
　　《舊書》本傳：“及太宗臨雍州牧，以瑀爲州都督。”《新書》本傳：武德元年，“州置七職，秦王爲雍州牧，以瑀爲州都督”。又見《元龜》卷六七一、卷八〇四。

　　韋　讓　　武德元年（618）
　　《會要》卷六七：“義寧元年五月十五日，改隋京兆郡爲雍州，以別駕領州事，以韋讓爲之。”按“義寧元年”當爲“武德元年”之誤。

楊恭仁　　武德九年—貞觀二年（626—628）

《舊書·太宗紀》：武德九年七月，“吏部尚書楊恭仁爲雍州牧”。又見兩《唐書》本傳。《新書·宰相表上》：貞觀九年“七月辛巳，恭仁罷爲雍州牧”。按該表武德九年下已云“七月辛卯……恭仁罷”，此貞觀九年下乃誤書。《元龜》卷四九〇：“〔貞觀〕二年九月，遣雍州牧楊恭仁等分行突厥所掠之處，損失家産及踐苗稼者，皆復之。”可證貞觀初恭仁在雍州牧任。《全文》卷二三九武三思《大周無上孝明高皇后（武則天母楊氏）碑銘并序》：“父鄭恭王諱達……即司徒雍州牧觀德王之季弟也。”按雍州牧觀德王即楊恭仁。《隋唐五代墓誌匯編·陝西卷》第一册《大唐故特進觀國公（楊溫字恭仁）墓誌》（貞觀十四年三月十二日）：“〔武德〕九年，拜雍州牧。”

＊李元景　　貞觀二年—八年（628—634）

《舊書·太宗紀》：貞觀二年正月，“前安州大都督、趙王元景爲雍州牧”。又本傳：“貞觀初，歷遷雍州牧、右驍衛大將軍。十年，徙封荆王，授荆州都督。”又見《新書》本傳，《元龜》卷二八一。

＊李泰　　貞觀八年—十七年（634—643）

《舊書·太宗紀》：貞觀八年十二月“壬子，越王泰爲雍州牧”。又見兩《唐書》本傳，《大詔令集》卷三五《相州都督魏王泰雍州牧制》、卷三四《册雍州牧左武候大將軍越王泰改封魏王文》、《全文》卷四太宗《授魏王泰雍州牧制》、卷一五〇岑文本《册越王泰改封魏王文》、《元龜》卷二八一，《金石萃編》卷四五《伊闕佛龕碑》、《續高僧傳》卷一四《唐蘇州武丘山釋法恭傳》。《通鑑·貞觀十七年》：“詔解魏王泰雍州牧。”又見《大詔令集》卷三九，《全文》卷七《黜魏王泰詔》。

李弘節　　約貞觀八年前後（約634）

上圖藏拓片《并州太原縣令李沖墓誌》：“父弘節，皇朝任杭、慶、原三州刺史，大理卿，尚書工部侍郎并檢校工部尚書，金紫光禄大夫，并州大都督府長史，雍州別駕，交、桂二州都督，上柱國，清平縣開國公。"李沖卒永昌元年五月。按李弘節貞觀十二年爲桂州都督，見《芒洛四編·大唐故交州都督上柱國清平縣公世子李君（道素）墓誌銘并序》。《序》謂"貞觀十二年隨父任桂州都督"，則弘節爲雍州別駕約在貞觀八年前後。北圖藏拓片《唐前濮州録事參軍陳公故夫人趙郡李氏墓誌銘并序》（乾元二年十月十六日）："曾祖弘節，皇并、雍二京長史。"夫人年廿九卒。

劉德威　　約貞觀十四年—十七年（約 640—643）

《舊書》本傳："〔貞觀〕十一年，復授大理卿……數歲，遷刑部尚書，兼檢校雍州別駕。十七年，馳驛往齊州推齊王祐……會遭母憂而罷。十八年，起爲遂州刺史。"《僕尚丞郎表》謂：德威約貞觀十三、四年自大理卿遷刑部尚書兼檢校雍州別駕，而十七年三月仍見在刑部尚書任。

楊　纂　　貞觀十八年？—十九年（644？—645）

《舊書》本傳："後歷太常少卿，雍州別駕，加銀青光禄大夫，復爲尚書左丞，遷太僕卿，檢校雍州別駕，遷户部尚書。永徽初卒。"由此知楊纂於貞觀中兩任雍州別駕。按貞觀二十年正月楊纂以尚書左丞巡察四方，見《元龜》卷一六一。其初爲雍州別駕當在十八、九年。《新書》本傳未及。《大唐新語》卷九："貞觀中，金城坊有人家爲胡所劫者，久捕賊不獲。時楊纂爲雍州長史，判勘京城坊市諸胡。"《廣記》卷二四九引《御史臺記》："唐楊纂，華陰人也，累遷雍州長史、吏部尚書。"按此時"雍州長史"當稱"雍州別駕"。

于志寧　　約貞觀十九年—二十年（約 645—646）

《關中金石記》卷二有《于志寧碑》，乾封元年十一月立。文云：授蒲州刺史，不赴，後爲衛尉卿、判太常卿，以本官兼雍州別駕，遷禮部尚書。按今《全文》卷一三七《于志寧碑》闕字甚多，未見有雍州別駕字。唯可見者爲："十八年拜金紫光禄大夫、行衛尉卿、判太常卿事……廿一年遷禮部尚書。"則其爲雍州別駕約十九、二十年間。

楊　纂　　貞觀二十年—二十三年（646—649）

《長安郊外隋唐墓·獨孤思敬妻楊氏誌》稱："祖纂，唐尚書左、右丞，吏部侍郎，太常少卿，銀青光禄大夫，雍州長史，太僕卿，度支、户部兩司尚書，柱國，長平公。"夫人垂拱三年卒，長安三年葬。按《舊書》本傳謂兩任雍州別駕，其再任在"復爲尚書左丞"後，按《僕尚丞郎表》謂二十三年自太僕卿、雍州別駕遷户部尚書，則其再任雍州別駕當爲二十年至二十三年。

盧承慶　　貞觀二十三年（649）

《舊書》本傳："尋令檢校兵部侍郎……俄歷雍州別駕、尚書左丞。永徽初，爲褚遂良所構，出爲益州大都督府長史。"《新書》本傳略同。又見《元龜》卷七七一。

高履行　　貞觀二十三年（649）

《會要》卷六七："貞觀二十三年七月三日，改別駕爲長史，領州事，以高履行爲之。"兩《唐書》本傳未及。

盧承業　　貞觀二十三年（649）

《舊書》本傳："貞觀末，官至雍州長史、檢校尚書左丞。兄弟相次居此任，時人榮之。"《新書》本傳略同。《芒洛四編》卷三《大唐故銀青光禄大夫行揚州大都督府長史魏縣子盧公（承業）墓誌銘并序》（咸亨三年八月十四日）："今上嗣曆，拜雍州司馬，仍遷長史，又兼左丞……出爲忠州刺史。"此當爲第一次爲雍州長史。

＊李　忠　　永徽元年—三年（650—652）

《舊書·高宗紀》：永徽元年正月"丁未，以陳王忠爲雍州牧"。又本傳："永徽元年，拜雍州牧……三年，立忠爲皇太子。"《新書》本傳略同。又見《元龜》卷二八一。

唐　臨　　約永徽元年—二年（約 650—651）

《新表四下》唐氏：“臨，字本德，雍州長史，工、刑、兵、禮、戶、吏六尚書。”兩《唐書》本傳皆未及雍州長史，唯云永徽元年拜御史大夫，後歷諸部尚書，顯慶四年卒。按唐臨貞觀二十一年後爲工部尚書，二十三年爲吏部侍郎，永徽二年至五年爲刑部尚書，顯慶元年爲兵部尚書、度支尚書，二年爲吏部尚書。其爲雍州長史約在永徽初。

﹡李素節　　永徽三年（652）

《舊書》本傳：“永徽二年，封雍王，尋授雍州牧。”《新書》本傳略同。又見《元龜》卷二八一。《會要》卷五：“許王素節，六歲封雍王，尋授雍州牧。”

長孫祥　　永徽六年（655）

《元和郡縣志》卷一京兆府雲陽縣：“大唐永徽六年，雍州長史長孫祥奏言：往日鄭白渠溉田四萬餘頃，今爲富僧大賈競造碾磑，止溉一萬許頃。”又見《太平寰宇記》卷二一、《長安志》卷一九。按《千唐誌·長孫祥誌》未叙此歷官，《舊書》本傳亦未及。

﹡李　賢　　顯慶元年—上元二年（656—675）

《舊書·高宗紀》：顯慶元年六月，“岐州刺史、潞王賢爲雍州牧”。《元龜》卷二五七：“〔高宗〕上元二年六月戊寅，立雍州牧、右衛大將軍、雍王賢爲皇太子。”又見兩《唐書》本傳、《舊書·高宗紀》龍朔元年九月、《大詔令集》卷三四《册揚州都督沛王賢文》（《全文》卷一四高宗册文同）、《全文》卷一一高宗《加潞王周王上柱國別食實封制》（《唐大詔令集》卷三八同）、卷九〇九道宣《上雍州牧沛王論沙門不應拜俗狀》、《宋高僧傳》卷一七《唐京師大莊嚴寺威秀傳》等。《隋唐五代墓誌匯編·陝西卷》第一册《大唐故雍王贈章懷太子墓誌銘并序》（神龍二年七月一日）：“明慶元年加雍州牧，龍朔元年徙封沛王，雍州牧如故……咸亨二年，徙封雍王，餘如故。"

盧承業　　顯慶元年（656）

《舊書》本傳："顯慶初，復爲雍州長史。"《芒洛四編》卷三《大唐故銀青光禄大夫行揚州大都督府長史盧公（承業）墓誌銘并序》："今上嗣曆，拜雍州司馬，仍遷長史……出爲忠州刺史……復爲雍州司馬，頃除長史……又兼邢州刺史。"此當爲第二次爲雍州長史。又見《千唐誌・大中大夫盧全操誌》（開元二十三年九月十八日）、《范陽盧氏女子誌》（天寶十五載三月六日）、《唐故兗州鄒縣尉盧仲容誌》（乾元二年二月十二日）、《孝廉盧憕誌》（天寶十載十一月十一日）。《新表三上》盧氏："承業，雍、揚二州長史。"【補遺】《唐代墓誌匯編・唐故朝議郎平原郡長河縣令盧府君（全貞）墓誌銘並序》（天寶十載十月廿四日）："祖銀青光禄大夫、尚書左右丞、雍洛州長史承業；父銀青光禄大夫、號貝絳州刺史、并州大都督府長史玢。……公即絳州先府君之第四子也。"

劉祥道　　龍朔三年—麟德元年（663—664）

《舊書》本傳："龍朔元年，權檢校蒲州刺史。三年，兼檢校雍州長史，俄遷右相。"按麟德元年拜右相，見《新書》本傳。

盧承慶　　約麟德二年—總章二年（約 665—669）

《舊書》本傳："顯慶四年，代杜正倫爲度支尚書，仍同中書門下三品。尋坐度支失所，出爲潤州刺史，再遷雍州長史，加銀青光禄大夫。總章二年，代李乾祐爲刑部尚書，以年老請致仕。"《通鑑・總章二年》：二月，"以雍州長史盧承慶爲司刑太常伯"。又見《元龜》卷七七一。

李　晦　　約總章二年—咸亨二年（約 669—671）

《舊書》本傳："乾封中，累除營州都督，以善政聞……轉右金吾將軍，兼檢校雍州長史。"《新書》本傳略同。又見《元龜》卷七八、卷六九〇，《廣記》卷四九三引《譚賓錄》。《全文》卷九九二闕名《大唐故秋官尚書河間公(李晦)碑》："累遷□□衛將軍……檢校雍州長史……尋檢校洛州長史兼知東都留守。"上圖藏拓片《大唐皇四從姑故正議大夫鄴郡太守賀蘭府君夫人金城郡君隴西李氏墓誌銘并序》(天寶四載十月二十五日)：河間元王孝恭"生皇金紫光禄大夫京兆河南尹、刑户二尚書河間公晦"。《會要》卷六七："咸亨二年正月七日,高宗幸洛陽,以雍州長史李晦爲西京留守。"由此知咸亨二年正月李晦在任。按《元龜》卷六八九："李暉,檢校雍州長史,糾發奸豪,無所容貸,甚爲吏人畏服。"按兩《唐書》無李暉,其事迹與《元龜》卷六九〇叙李晦事略同,疑"李暉"爲"李晦"之訛。

李 弼　　約咸亨、上元中

《會要》卷一昭陵陪葬名氏有雍州長史李弼。《長安志》卷一六昭陵陪葬丞郎三品五十三人中亦有雍州長史李弼。按李弼咸亨五年在衛尉卿任,見《新書·東夷·新羅傳》,疑其爲雍州長史在咸亨、上元中。

＊李 哲　　儀鳳二年—永隆元年(677—680)

《舊書·中宗紀》："儀鳳二年,徙封英王,改名哲,授雍州牧。"《通鑑·永隆二年》：八月,"雍州牧、英王哲爲皇太子"。又見《元龜》卷八四、卷二五七。

高審行　　約儀鳳中

《芒洛續編》卷下《大唐故右監門衛中郎將高府君(嶸)墓誌銘并序》(開元十七年二月十六日)："父審行,皇尚書右丞、雍州長史、户部侍郎、渝州刺史。"按《新書》本傳未及雍州長史。《全文》卷二四七李嶠有《上雍州高長史書》,時李嶠官三原縣尉。疑高長史即審行。《唐姜遐碑》殘文亦有"先是,雍州長史高審行亦以宏亮博茂而前受制焉"等語。

＊李 旦　　永隆元年?—光宅元年(680?—684)

《通鑑·光宅元年》：二月,"立雍州牧、豫王旦爲皇帝"。

李義琛 約永隆元年—永淳元年（約 680—682）

《舊書·李義琰傳》：“從祖弟義琛，永淳初，爲雍州長史。”又見《蘇
珦傳》。《新書》本傳及《蘇珦傳》略同。又見《唐摭言》卷七、《廣記》卷一
七九引。《舊書·高宗紀下》：永隆二年正月，“上詔雍州長史李義玄
曰……”《全文》卷一三高宗有《令雍州長史李義元（玄）禁僭侈詔》。《元
龜》卷一五九作“李義琛”，則“李義玄”爲“李義琛”之訛。【補遺】《洛陽
新獲墓誌 27·李君準墓誌》：“父義琛，唐雍州長史，岐州刺史。”

蘇良嗣 永淳元年（682）

《舊書·高宗紀下》：永淳元年六月“丁丑，以岐州刺史蘇良嗣爲
雍州長史”。又見本傳，《新書·韋安石傳》，《元龜》卷六九五。

韋泰真 垂拱元年—二年（685—686）

《隋唐五代墓誌匯編·洛陽卷》第六冊《大唐故使持節懷州諸軍
事懷州刺史上柱國臨都縣開國男京兆韋公（泰真）墓誌銘并序》（垂拱
四年一月十三日）：“垂拱初，車駕留神都……乃以公爲雍州長史……
二年疾甚。七月，遷授懷州刺史。”按太（泰）真於咸亨元年爲通事舍
人，見《元龜》卷一〇五。曾爲戶部侍郎，見《姓纂》卷二韋氏閬公房。
又按《千唐誌·大唐前延王府戶曹參軍李君故妻京兆韋夫人墓誌之
銘并序》（天寶十三載八月三日）：“故夫人京兆韋氏，皇朝戶部侍郎、
京兆河南尹知道曾孫，皇朝考功郎中瓊之之孫，故馮翊郡朝邑縣令光
俗之子。”夫人卒天寶十三載，春秋二十。按《姓纂》卷二韋氏閬公房：
“太真，戶部侍郎。太真生瓊之、修業。瓊之，考功郎中。”《新表四上》
東眷韋氏同。唯“太真”誤倒爲“真泰”。《郎官石柱題名·戶部郎中》
有韋泰真。由此證知瓊之父名泰真。然上引《韋氏誌》稱瓊之父名知
道，曾任戶部侍郎、京兆尹（即雍州長史）、河南尹（即洛州長史），仕歷
全同。可證韋知道當即韋泰真，知道或爲泰真之字。

馬　載 垂拱二年（686）

《舊書·馬周傳》：“子載，咸亨年累遷吏部侍郎，善選補，於今稱

之。卒於雍州長史。"《新書·馬周傳》略同。《僕尚丞郎表》謂其罷吏部侍郎不能早於垂拱二年，則其由吏侍遷雍州長史最早在垂拱二年，可能爲繼韋泰真任，其卒於任之年無考。

楊守愚　武后時

《舊書·楊纂傳》："子守愚，則天時官至雍州長史。"《新表一下》楊氏越公房："守愚，雍州長史。"《唐長安城郊隋唐墓·大周朝散大夫行定王府掾獨孤府君（思敬）故夫人楊氏墓誌銘并序》（長安三年）："父守愚，唐宣州司馬，定、汾二州長史，沂州刺史，皇朝并州大都督府司馬，雍州長史兼文昌左丞，平原公。"夫人垂拱三年卒，年三十二。按文明元年始改尚書左丞爲文昌左丞，長安三年又改爲中臺左丞，神龍元年復爲尚書左丞。

李　徹　武后時

北圖藏拓片《楊高及夫人李滿墓誌銘》（長安三年三月三日）："公諱高，弘農楊，洛州澠池縣人也。詔授太州刺史文之孫，并州司馬慢黑之子……夫人諱滿，壽安宮也，雍州長史徹之女。"夫人卒長安二年二月廿日。

武攸宜　武后時

《姓纂》卷六沛國武氏："攸宜，雍州刺史、都官尚書。"按《新表四上》作"冬官尚書"。兩《唐書》本傳未及爲雍州事。

岑曼倩　武后時？

《姓纂》卷五南陽棘陽岑氏："曼倩，雍州刺史。"《新表二中》岑氏："曼倩，雍州長史。"疑亦在武后時。

韋　珍　武后時？

《寶刻叢編》卷七引《京兆金石錄》有《唐雍州刺史韋珍碑》，按韋珍乃湖州刺史韋璋之弟，疑仕於武后時。

陳崇業　　約聖曆中—久視元年(?—700)

　　《舊書·裴子餘傳》："累補鄠縣尉。時同列李朝隱、程行諶皆以文法著稱，子餘獨以詞學知名。或問雍州長史陳崇業，子餘與朝隱、行諶優劣，崇業曰：'譬如春蘭秋菊，俱不可廢也。'"又見《新書·裴子餘傳》。《廣記》卷一八五記此爲"長壽二年"事。今按裴子餘、李朝隱、程行諶爲鄠縣尉時，崇業爲雍州長史，考蘇頲《御史大夫贈右丞相程行謀(諶)神道碑》稱："入爲鄠尉，時吳郡顧琮秉詮調揀，致公密啓，授萬年尉。"按《僕尚丞郎表》謂顧琮於久視元年七月始任天侍，長安元年五月以本官同鳳閣鸞臺平章事，二年十月十日薨。則行諶爲鄠尉、崇業爲雍州長史必在長安二年前。又按薛季昶久視元年至長安三年在雍州長史任，則陳崇業疑爲薛季昶之前任。

薛季昶　　久視元年—長安三年(700—703)

　　《舊書》本傳："久視元年，季昶自定州刺史入爲雍州長史，威名甚著。前後京尹，無及之者。"《新書》本傳略同。又見《元龜》卷六七七、六八九。按長安初、二年薛季昶在雍州長史任，見兩《唐書·盧承慶傳》，《新書·則天皇后紀》《突厥傳上》，《通鑑·長安二年》三月。長安三年，詔雍州長史薛季昶選部吏才中御史者，見《舊書·盧齊卿傳》，《新書·李乂傳》。《會要》卷七五記此事作"長安二年"，《廣記》卷一八五引《會要》作"三年"。《全文》卷二五八蘇頲《唐紫微侍郎贈黃門監李乂神道碑》及《金石補正》卷五一《京兆功曹韋希損墓誌》稱雍州長史薛季昶。

＊李　旦　　長安三年(703)

　　《舊書·則天皇后紀》：長安三年九月"戊申，相王旦爲雍州牧"。《通鑑·長安三年》作"七月戊申"，《大詔令集》卷三五《相王雍州牧制》亦作長安三年七月。

楊再思　　長安四年—神龍元年(704—705)

　　《舊書》本傳："長安四年，以本官檢校京兆府長史。"《元龜》卷七二：神龍元年“四月……户部尚書、同中書門下三品兼檢校雍州長史楊再思兼檢校揚州大都督長史、判都督事。”又見卷一七二。

司馬鍠　　約神龍元年—二年（約 705—706）

《姓纂》卷二河内溫縣司馬氏：“鍠，吏部、黄門、中書三侍郎，京兆尹。”按司馬鍠，兩《唐書》均附見《劉憲傳》，稱神龍初以中書侍郎卒。《千唐誌》有《司馬望誌》《司馬銓誌》，謂鍠中書侍郎，皆未及京兆尹事。張榮芳《唐代京兆尹研究》謂神龍元年四月至二年十一月間雍州長史闕員，姑置之於此時。從之。

竇懷貞（竇從一）　　神龍二年—約景龍四年（706—約 710）

《舊書》本傳：“累遷御史大夫，兼檢校雍州長史。”《新書》本傳略同。又見兩《唐書·李元紘傳》。《通鑑·神龍二年》：十月，“以蒲州刺史竇從一爲雍州刺史”。又景龍元年九月，“時宦官用事，從一爲雍州刺史及御史大夫”。又見《朝野僉載》卷二，《大唐新語》卷九，《元龜》卷四八〇。

＊李　憲（李成器）　　景龍四年（710）

《舊書·睿宗紀》：景龍四年六月，“左衛大將軍、宋王成器爲太子太師、雍州牧、揚州大都督”。又見兩《唐書》本傳，《元龜》卷二七七，《通鑑·景雲元年》六月。《全文》卷二五二蘇頲《授宋王成器太子太師制》稱：“左衛大將軍宋王成器……可雍州牧、揚州大都督、太子太師。”《大詔令集》卷三五注此制爲唐隆元年六月二十五日。

崔日用　　景龍四年（710）

《舊書》本傳：“及討平韋氏，其夜，令權知雍州長史事。”又見《元龜》卷七二。《舊書·睿宗紀》：景龍四年“秋七月癸丑，兵部侍郎兼知雍州長史崔日用爲黄門侍郎，參知政務”。《全文》卷一八及卷二五〇有《以崔日用參知機務制》稱：大中大夫守兵部侍郎兼知雍州長史崔日用可黄門侍郎。《大詔令集》卷四四注此制爲唐隆元年七月四日。

盧齊卿　　景龍四年(710)

《唐語林》卷三:"中宗小祥,百官率慰少帝。是日……〔劉幽求〕統萬騎,兵士白刃耀日。自宗紀及前時輕笑者,咸受戮於朝……翌日,命金州司馬盧齊卿〔爲〕京兆少尹知府事。"《英華》卷八三一梁肅《京兆府司録西廳盧氏世官記》:"初,廣陽公諱齊卿,由司倉掾驟登郎官,更貳本府。"

張　説　　景雲元年(710)

《舊書》本傳:"睿宗即位,遷中書侍郎,兼雍州長史。景雲元年秋,譙王重福於東都構逆而死……睿宗令説往按其獄。"《新書》本傳同。

崔日用　　景雲元年(710)

《舊書·睿宗紀》:景龍四年七月"戊辰,崔日用爲雍州長史,薛稷爲右散騎常侍,並停知機務"。又本傳:"爲相月餘,與中書侍郎薛稷不協,於中書忿競,由是轉雍州長史,停知政事。"《新書》本傳謂"罷政事,爲婺州長史",與《舊紀》異。《新書·宰相表上》:景雲元年七月"己巳,日用罷爲雍州長史"。《通鑑·景雲元年》亦云:七月"戊辰,以日用爲雍州長史"。知《新書》本傳誤。

張　説　　景雲元年—二年(710—711)

《舊書·崔日用傳》:"由是轉雍州長史,停知政事。尋出爲揚州長史。"則日用出爲揚州長史時,張説由東都按獄歸來,仍爲雍州長史。

宋　璟　　先天元年—二年(712—713)

《舊書》本傳:"遷幽州都督,兼御史大夫。尋拜國子祭酒,兼東都留守。歲餘,轉京兆尹,復拜御史大夫,坐事出爲睦州刺史……開元初,徵拜刑部尚書。"《新書》本傳:"進幽州都督,以國子祭酒留守東都,遷雍州長史。玄宗開元初,以雍州爲京兆府,復爲尹。"由此可知宋璟曾兩次爲雍州,先爲雍州長史,當在李晉前,後又拜御史大夫,至開元二年又任京兆尹。

李 晉 先天二年(713)

《舊書》本傳："先天中，爲殿中監，兼雍州長史……尋坐附會太平公主伏誅。"《新書》本傳略同。《舊書·玄宗紀》："先天二年七月三日，尚書左僕射竇懷貞，侍中岑羲，中書令蕭至忠、崔湜，雍州長史李晉……等與太平公主同謀，期以其月四日以羽林軍作亂。"又見《新書·太平公主傳》《崔湜傳》，《朝野僉載》卷五及《廣記》卷二四〇，《通鑑·開元元年》六月。

崔日用 先天二年(713)

《元龜》卷一二八："先天二年七月，誅竇懷貞等，賞定策功臣，下制曰……賜吏部侍郎兼雍州長史齊國公崔日用實封二百戶，通舊四百戶。"《舊書》本傳："及討蕭至忠、竇懷貞之際，又令權檢校雍州長史……尋拜吏部尚書。"《新書》本傳略同。又見兩《唐書·孫逖傳》。

張 暐 開元元年—二年(713—714)

《舊書》本傳："及太平之敗……暐爲大理卿，封鄧國公，實封三百戶，逾月又加權兼雍州長史。其年十二月，改元開元，以雍州爲京兆府，長史爲尹。暐首遷京兆尹。"《新書》本傳略同。又見《會要》卷六七。《全文》卷二五七蘇頲《高安長公主神道碑》：開元二年五月，高安公主薨於長安，上發哀於暉政門，"遣京兆尹攝大鴻臚鄧國公張暐護喪"。

宋 璟 開元二年—三年(714—715)

《舊書》本傳："兼東都留守，歲餘，轉京兆尹，復拜御史大夫，坐事出爲睦州刺史。"《全文》卷二五二蘇頲有《授宋璟京兆尹制》。又卷三四三顏真卿《有唐開府儀同三司行尚書右丞相上柱國贈太尉廣平文貞公宋公(璟)神道碑銘》："開元二年，尋拜御史大夫兼京兆尹，貶睦州刺史。"《嚴州圖經》卷一太守題名："宋璟，開元三年五月十一日自御史大夫拜。"按《新書》本傳云："遷雍州長史。玄宗開元初，以雍州爲京兆府，復爲尹。"誤。

崔日知　　開元三年（715）

《舊書》本傳：“累遷京兆尹。”《新書》本傳同。《通鑑·開元三年》：“京兆尹崔日知貪暴不法，御史大夫李傑將糾之，日知反構傑罪。十二月，侍御史楊瑒廷奏……上遽命傑視事如故，貶日知爲歙縣丞。”又見兩《唐書·楊瑒傳》，《廣記》卷一二一引《朝野僉載》，《元龜》卷五一五、卷五二○。《會要》卷六一作“開元二年”，疑誤。

蕭　璿　　開元四年（716）

《全文》卷二五二蘇頲《授蕭璿京兆尹制》：“左散騎常侍、上柱國、東都留守蕭璿……可京兆尹，勳如故。”《元龜》卷一一三：開元四年“十二月……帝將幸東都，以京兆尹蕭璿充置頓”。

源乾曜　　開元四年—八年（716—720）

《舊書·玄宗紀》：開元四年十二月，“黃門侍郎、安陽男源乾曜守京兆尹”。又本傳：“時行幸東都，以乾曜爲京兆尹，仍京師留守……在京兆三年，政令如一。八年春，復爲黃門侍郎、同中書門下三品。”《新書》本傳略同。《新書·宰相表中》：開元四年閏十二月，“乾曜罷爲京兆尹”。開元八年正月，“京兆尹源乾曜爲黃門侍郎、同中書門下平章事”。《新書·玄宗紀》《通鑑》同。又見《元龜》卷七二、卷六七四，《唐語林》卷五，《廣記》卷二○二引《國史補》、卷三八九引《戎幕閑談》，《長安志》卷二。

孟温禮　　開元八年—十一年（720—723）

《舊書·宇文融傳》：“源乾曜、孟温〔禮〕相次爲京兆尹，皆厚禮之。”《新書·宇文融傳》略同。《全文》卷二八玄宗《分散化度寺無盡藏財物詔》稱“京兆尹孟温禮”。《元龜》卷一五九稱此爲開元九年二月庚寅詔。《元龜》卷一五二：開元十一年，“萬年縣界崇仁坊有黃衣長上〔楊駱〕斫殺人”，“宜令京兆尹孟温〔禮〕即收駱，集衆杖殺”。《全文》卷二八七張九齡《南郊赦書》：“自開元十一年十一月十六日……壇場使京兆尹孟温禮賜物二百匹。”《大詔令集》卷六八作《開元二十

一年南郊赦》，疑“二十一”爲“十一”之誤。《兩京新記》卷三稱“開元
元年孟溫禮爲京兆尹”，《長安志》卷一〇“光德坊東南隅京兆府廨”注
亦稱“開元元年孟溫禮爲京兆尹”，疑“元年”爲“九年”之誤。《考古與
文物》1987 年第 2 期辛德勇《唐東渭橋記碑讀後記》引達奚珣《東渭橋
記》：“開元中，京尹孟公以清風故事，可以成梁，上聞於天……是時大
唐開元九年冬十有一月旬有八日。”

李休光　　開元十二年(724)

《元龜》卷二九六：“申王撝，睿宗子，開元十二年薨，制曰……可
追贈惠莊太子……以禮部尚書蘇頲爲喪葬使，京兆尹李休光爲
副使。”

＊李　琬(李滉)　　開元十五年—天寶十四載(727—755)

《舊書》本傳：“〔開元〕十五年授京兆牧。”又《玄宗紀》：開元十五
年五月，“榮王滉爲京兆牧、隴右節度大使……並不出閣”。天寶十四
載十一月“甲申，以京兆牧、榮王琬爲元帥”。《新書》本傳略同。又見
《會要》卷七八，《元龜》卷二七七。《全文》卷二二玄宗《授慶王潭等諸
州都督制》：“榮王滉爲京兆牧兼隴右節度大使。”《大詔令集》卷三六
署此制“開元十五年五月”。《全文》卷三一〇孫逖《遣榮王琬往隴
右巡按處置敕》稱京兆牧榮王琬，《大詔令集》卷一〇七及《元龜》卷九
九二錄此詔並署開元二十七年正月。

李尚隱　　開元十七年—十八年(729—730)

《舊書》本傳：“〔開元〕十三年夏……左遷桂州都督……俄又遷廣
州都督……累轉京兆尹，歷蒲、華二州刺史。”《新書》本傳未及。按李
尚隱開元七年爲蒲州刺史，見《元龜》卷九二二。十三年夏前在河南
尹任，見《舊書》本傳。開元二十二年爲華州刺史，見《元龜》卷六〇，
《會要》卷七八。《舊書》本傳敘歷官次序有誤。又按《會要》卷七八：
“甄道一除幽州節度經略鎮守使，至開元十五年二月，除李尚隱，又帶
河北支度營田使。”又按《全文》卷三一二孫逖《伯樂川記》：“太原元帥

黄門侍郎李公……戊辰歲（開元十六年）秋七月，公以疆場之事會幽州長史李公于伯樂川，王命也。"證知李尚隱開元十五年、十六年在幽州長史任。吴氏《方鎮年表》亦列李尚隱開元十五年至十七年爲幽州節度使。則其尹京兆當在開元十七年至十八年，爲裴伷先前任。

裴伷先 開元十八年（730）

《舊書·玄宗紀》：開元十八年六月"丙子，命單于大都護、忠王浚爲河北道行軍元帥，御史大夫李朝隱、京兆尹裴伷先爲副，率十八總管以討契丹及奚等，事竟不行"。又見《新書·北狄傳》。《通鑑》記此事於開元十八年八月。《新書》本傳："久乃擢范陽節度使，太原、京兆尹。"又見《廣記》卷一四七引《紀聞》。【補遺】《唐研究》第五卷（1999年版）《西安新發現唐裴伷先墓誌考述》引《故銀青光禄大夫、守工部尚書、上柱國、翼城縣開國公贈江陵郡大都督裴府君（伷先）墓誌銘並序》（天寶三載閏二月八日）："（公）會親累，出秦州都督。……貶雅州名山丞，久之，上知無罪，乃盡還封爵，拜右驍衛將軍，尋改定州刺史，遷京兆尹。……轉太僕卿、右金吾大將軍、太府卿，進爵爲子。時上怒褚師，公固爭無罪，由是忤旨，出爲絳州刺史，改蒲州刺史，進爵爲伯。俄遷太原尹，兼河東道節度等副使，使停，即授本道采訪處置使。……遷工部尚書，東京留守，兼判省事。……詔賜考，進爵爲公，徵還知京官考使。……以天寶二載九月廿二日薨於永寧里第，春秋八十。"

張去奢 開元十九年—二十年（731—732）

《金石録》卷六有《唐京兆尹張公德政碑》，開元二十一年立。拓本《大唐故少府監范陽縣伯張公（去奢）墓誌銘并序》："先姚燕國夫人竇氏，即開元天寶聖文神武皇帝之從母也……〔公〕出爲鄆、沁二州刺史……擢授殿中少監，即於座上拜公爲京兆尹……轉右金吾衛大將軍。無幾，遷少府監。"天寶六載三月十二日卒，春秋六十。《全文》卷三二六王維《京兆尹張公德政碑》："惟皇御極二十載……乃得我賢京兆焉……夫公於國爲外戚，於帝爲外弟……其牧鄆也，人有不若德，戮之不爲暴……其守汾(沁)也,仍歲大旱,郡祠介推。"《山右金石記》卷五《虞鄉令張遵墓誌銘》:"祖去奢,銀青光禄大夫、京兆尹。"證知王維《碑》中"京兆尹張公"即張去奢。

裴耀卿 開元二十年—二十一年(732—733)

《舊書》本傳:"〔開元〕二十年……其冬,遷京兆尹。"又《玄宗紀》:開元二十一年十二月,"京兆尹裴耀卿爲黄門侍郎"。《新書》本傳及《玄宗紀》同。又見《新書·宰相表中》,《通鑑·開元二十一年》,《會要》卷八七,兩《唐書·食貨志下》,《全文》卷三〇五徐安貞《除裴耀卿黄門侍郎制》(《大詔令集》卷四五注此制爲"開元二十一年十二月",《元龜》卷七二同)、卷四七九許孟容《唐故侍中尚書右僕射贈司空文獻公裴公(耀卿)神道碑銘并序》。

桓臣範 約開元中

《姓纂》卷四譙國龍亢桓氏:"臣範,京兆尹。"《新表五上》桓氏同。按臣範開元三年自殿中少監爲越州刺史,改瀛州刺史,見《會稽掇英總集·唐太守題名》。其爲京尹亦當在開元中。

裴 觀 開元二十六年(738)

《隋唐五代墓誌匯編·陝西卷》第三册《唐故長安尉京兆韋府君妻河東裴氏墓誌銘并序》:"維唐開元廿六年九月己未,故長安尉韋府君妻裴氏卒,粤仲冬壬寅祔於府君之塋,從周制也。夫人河東聞喜人,太子家令敬忠之孫,京兆尹觀之女也。"按裴觀開元十三年由左衛將軍出爲滄州刺史,見《新書·許景先傳》。《新表一上》洗馬裴氏:"觀,荆州按察使。"則裴觀當其女卒時正在京兆尹任。

李慎名 約開元末

《新書·宗室世系表上》梁王房:"京兆尹慎名。"乃温州刺史蔣國公懷讓子,宗正卿、隴西恭王博乂孫。其爲京尹約在開元末。

韓朝宗　　天寶元年—三載（742—744）

《舊書·玄宗紀》：天寶元年，“京兆尹韓朝宗又分渭水入自金光門。”《通鑑·天寶二年》：四月，“時京兆尹韓朝宗亦引渭水置潭於西街，以貯樹木”。《姓纂》卷四昌黎棘城縣韓氏：“朝宗，京兆尹。”《全文》卷三二七王維《大唐吳興郡別駕前荆州大都督府長史山南東道採訪使京兆尹韓公（朝宗）墓誌銘》：“徵爲京兆尹……貶高平太守。”又見《舊書·韓思復傳》，《新書》本傳，兩《唐書·張嘉貞傳》，《新書·地理志一》，《元龜》卷四九七，《會要》卷八七，《長安志》卷一二，《全文》卷三一一孫逖《爲宰相請不停千秋宴會表》、卷三一九李華《荆州南泉大雲寺故蘭若和尚碑》。

蕭　炅（蕭炤）　　天寶三載—八載（744—749）

《會要》卷二九：“至天寶二年八月一日，刑部尚書兼京兆尹蕭炤及百寮請改千秋節爲天長節。”《元龜》卷二記此事作“天寶七載七月”。《大詔令集》卷七《開元天寶聖文神武應道皇帝册文》亦稱天寶七載攝太尉，守刑部尚書兼京兆尹蕭炅。《通鑑·天寶四載》五月記載京兆尹蕭炅使法曹吉溫鞫兵部銓曹奸利事，又《天寶八載》：六月“辛亥，刑部尚書、京兆尹蕭炅坐贓左遷汝陰太守”。又見兩《唐書·楊國忠傳》《吉溫傳》，《元龜》卷三〇七，《會要》卷四九、卷八六。《全詩》卷二一八杜甫《遣興五首》其三：“赫赫蕭京兆，今爲時所憐。”注：“京兆尹蕭炅與鮮于仲通輩皆爲宰相私人，故云。”又，韓朝宗於天寶三載始由京兆尹貶高平太守。《會要》卷八六：“天寶三載五月，京兆尹蕭炅奏，請於要道築甬道，載沙實之，至於朝堂，從之。九月，炅又奏廣之。”證知天寶三載五月已在任。《隋唐五代墓誌匯編·陝西卷》第四册《大唐睿宗大聖真皇帝賢妃王氏墓誌銘并序》（天寶四載十二月七日）：“天寶四載秋八月疾亟……洎旬有八日而薨，春秋七十三……申命京兆尹蕭炅監護，仍以惠宣第十五男尚□奉御琇主喪祭，以寵終也。”又《大唐朝散大夫守揚州大都督府司馬吳賁故夫人韓氏墓誌銘并序》（永泰元年九月十三日）：“外族蘭陵蕭氏，皇京兆尹刑部尚書炅，即夫人之季舅也。”

源光譽　　天寶八載?—九載？（749?—750?）

　　《姓纂》卷四源氏：“光譽，户部侍郎、京兆尹。”《舊書·源休傳》：“京兆尹光輿之子也。”“輿”當爲“譽”之誤。《千唐誌·唐故朝議郎守楚州長史源公（溥）墓誌銘并序》：“父光譽，皇京兆尹，贈太子太傅。”按天寶五載時光譽爲鴻臚少卿，見《元龜》卷一六二。疑其爲京尹約在天寶八、九載間。

王　鉷　　天寶九載—十一載（750—752）

　　《舊書》本傳：“〔天寶〕九載五月，兼京兆尹。”《新書》本傳略同。《舊書·玄宗紀》：天寶十一載四月，“御史大夫兼京兆尹王鉷賜死”。《全文》卷四二〇常袞《御史大夫王公（鉷）墓誌銘》：“昔在玄宗之盛……以御史大夫領京兆尹……天寶十一年四月十三日……拜跪而自裁。”又見《通鑑·天寶十一載》，《元龜》卷三〇七，《大詔令集》卷一二六及《全文》卷三三玄宗《賜王鉷自盡詔》。

楊國忠　　天寶十一載（752）

　　《舊書·玄宗紀》：天寶十一載四月，“楊國忠兼京兆尹”。又本傳：“乃陷〔王〕鉷兄弟，誅之，因代鉷爲御史大夫，權京兆尹。”《通鑑·天寶十一載》：四月，“仍以國忠兼京兆尹”。五月“丙辰，京兆尹楊國忠加御史大夫……凡王鉷所綰使務，悉歸國忠”。又見《新書》本傳，《元龜》卷三〇七。

裴士淹　　天寶十一載（752）

　　《大詔令集》卷三二（《全文》卷二五）《慶王贈靖德太子制》：“仍令太子少師韋紹充監護使，京兆尹裴士淹充副。天寶十一年五月。”按是時楊國忠兼京兆尹，疑士淹爲少尹知府事。

鮮于仲通（鮮于向）　　天寶十一載—十二載（752—753）

　　《舊書·楊國忠傳》：“乃薦〔鮮于〕仲通代己爲京兆尹。”《新書·楊國忠傳》略同。《通鑑·天寶十二載》：正月，“京兆尹鮮于仲通諷選人請爲國忠刻頌”。《全文》卷三三七顏真卿《鮮于氏離堆記》：“遂作京兆尹，以忤楊國忠貶……十有二載秋八月，除漢陽郡太守。”又卷三四三《中散大夫京兆尹漢陽郡太守贈太子少保鮮于公神道碑銘》：“十一載拜京兆尹……十二載遂貶邵陽郡司馬。”又見《舊書·崔光遠傳》，《姓纂》卷五閬中鮮于氏。北圖藏拓片《大唐故左武衛翊府左郎將趙府君夫人漁陽縣太君鮮于氏墓誌銘并序》（貞元四年十一月二十二日）：“堂弟左僕射叔明，節制東川……堂長兄仲通，皇御史中丞劍南節度使、京兆尹，即東川僕射之親兄也。”

李　峴　　天寶十二載—十三載（753—754）

《舊書》本傳：“入爲金吾將軍，遷將作監，改京兆府尹，所在皆著聲績。天寶十三載，連雨六十餘日，宰臣楊國忠惡其不附己，以雨災歸咎京兆尹，乃出爲長沙郡太守。”《新書》本傳略同。又見《元龜》卷六七一，《全詩》卷八七八《天寶中京兆謠》注，《通鑑·天寶十三載》。

李　憕　　天寶十三載—十四載（754—755）

《舊書》本傳：“〔天寶〕十一載，累轉河東太守、本道採訪。謁於行在所，改尚書右丞、京兆尹。十四載，轉光禄卿、東京留守，判尚書省事。”《新書》本傳：“入爲京兆尹。楊國忠惡之，改光禄卿、東京留守。”按李憕天寶十四載十二月在東京留守任被安禄山殺害。

魏方進　　約天寶十四載—十五載（約 755—756）

《舊書·楊國忠傳》：天寶十五載“六月九日，潼關不守。十二日凌晨，上率龍武將軍陳玄禮、左相韋見素、京兆尹魏方進、國忠與貴妃及親屬，擁上出延秋門……是日，貴妃既縊……御史大夫魏方進死”。《通鑑·至德元載》：“以京兆尹魏方進爲御史大夫兼置頓使；京兆少尹靈昌崔光遠爲京兆尹，充西京留守。”

崔光遠　　至德元載（756）

《舊書》本傳：“玄宗幸蜀，詔留光遠爲京兆尹，兼御史中丞，充西京留守採訪使。”《新書》本傳及《肅宗紀》略同。又見《通鑑·至德元載》。《舊書·肅宗紀》：至德元載七月“己卯，京兆尹崔光遠……率府縣官吏大呼於西市”。

張　休　　至德元載（756）

《舊書·崔光遠傳》：“〔安〕禄山已令張休攝京兆尹十餘日，既得光遠歸款，召休歸洛。”《新書·崔光遠傳》：“而禄山先署張休爲京兆尹，由是追休，授光遠故官。”

崔光遠　　至德元載（756）

《舊書》本傳：“使其息東見禄山，禄山大悦，僞敕復本官……召〔張〕休歸洛。”《新書》本傳略同。

田乾真　　至德元載（756）

《舊書·安禄山傳》：“賊乃遣張通儒爲西京留守，田乾真爲京兆尹。”《新書·安禄山傳》同。又見《通鑑·至德元載》。《酉陽雜俎·續集》卷六：“宣陽坊奉慈寺，開元中虢國夫人宅，安禄山僞署百官，以田乾真爲京兆尹，取此宅爲府。”

崔光遠　　至德二載（757）

《舊書·肅宗紀》：至德二載十月，“以崔光遠爲京兆尹”。《新書》本傳：“遂趨靈武，肅宗嘉之，擢拜御史大夫，復爲京兆尹。”《大詔令集》卷一二三《至德二載收復兩京大赦》：“兼京兆尹持節充京畿採訪計會招召宣慰處置事崔光遠……可特進，行禮部尚書，封鄴國公。”又見《全文》卷四四。《元龜》卷八七、卷一二八引此詔作至德二載十二月詔。《會要》卷四五亦作《至德二年十二月朔日赦文》。

魯　炅　　至德二載（757）

《全文》卷四二肅宗《封魯炅岐國公詔》：“特進、太僕卿、南陽郡公兼御史大夫、權知襄陽節度事、上柱國金鄉縣公魯炅……可開府儀同三司兼御史大夫，封岐國公，食實封二百戶，兼京兆尹。”《舊書》本傳錄此爲至德二載十二月詔。《新書》本傳未及。

李　峴　　至德二載—乾元二年（757—759）

《舊書》本傳：“至德二年十二月，制曰：‘銀青光禄大夫、守禮部尚書李峴……可光禄大夫，行御史大夫，兼京兆尹，封梁國公。’乾元二年，制曰：‘李峴朝廷碩德，宗室藎臣。可中書侍郎、同中書門下平章事。’”又《肅宗紀》：乾元二年三月，“以京兆尹李峴爲吏部尚書”。又見《大詔令集》卷一二三《至德二載收復兩京大赦》、卷一一五至德三載《安輯京城百姓敕》、卷四五《李峴李揆第五琦平章事制》，《全文》卷四四肅宗《收復兩京大赦文》、卷四二肅宗《安輯京城百姓詔》《授李峴吏部尚書制》，《元龜》卷六四、卷七三、卷八七、卷一二八、卷六七一，《舊書·刑法志》，《新書》本傳、《肅宗紀》、《宰相表中》，《通鑑·乾元元年》《乾元二年》，《全文》卷三二一李華《故相國兵部尚書梁國公李峴傳》。

魏少遊　　乾元二年（759）

《新書》本傳：“遷陝州刺史。王師潰於鄴，河洛震駭，少遊鎮守自若。擢京兆尹。李輔國以其不附己，改衛尉卿。”《舊書》本傳未及。

史　翽　　乾元二年（759）

《舊書·于頎傳》：“頎少以吏事聞，累授京兆府士曹，爲尹史翽所賞重。翽出鎮襄、漢，奏爲御史，充判官。”《新書·于頎傳》略同。《元龜》卷七二九、卷八〇四謂乾元二年十二月史翽出鎮襄陽前，曾官京兆尹。按《舊書·肅宗紀》：乾元二年十二月“甲寅，以御史大夫史翽爲襄州刺史，充山南東道節度、觀察處置等使”。

李國貞（李若幽）　　乾元二年—上元元年（759—760）

《舊書》本傳：“乾元中累遷長安令，尋拜河南尹……數月，徵爲京兆尹。上元初，改成都尹，兼御史大夫，充劍南節度使。”又《肅宗紀》：

乾元三年三月，“以京兆尹李若幽爲成都尹、劍南節度使”。《新書》本傳略同。《大詔令集》卷五九《李若幽朔方節度使賜名國貞制》稱：“尹正兩京，奸豪屏息。”注：“上元元年八月。”《全文》卷五〇一權德輿《唐故通議大夫守户部尚書兼御史大夫李公（國貞）神道碑銘并序》稱：“累命爲河南、京兆、成都尹。”

劉　晏　　上元元年（760）

據兩《唐書》本傳，劉晏曾三次爲京兆尹。《舊書》本傳：“入爲京兆尹。頃之，加户部侍郎、兼御史中丞，判度支。”《通鑑·上元元年》：五月“癸丑，以京兆尹南華劉晏爲户部侍郎”。此即爲第一次。當在上元元年三月李國貞離任後，至鄭叔清於是年五月間接任。

鄭叔清　　上元元年（760）

《通鑑·上元元年》：六月，“京兆尹鄭叔清捕私鑄錢者”。又見兩《唐書·食貨志》。《元龜》卷五〇一作“鄭淑請”，當爲“鄭叔清”之訛。

李齊物　　上元元年（760）

《舊書》本傳：“至德初，拜太子賓客，遷刑部尚書、鳳翔尹、太常卿、京兆尹……晚年除太子太傅、兼宗正卿。上元二年五月卒。”《新書》本傳略同。《元龜》卷六七九、卷六八九稱李齊物乾元中歷鳳翔、京兆尹，按《舊書·蕭宗紀》：李齊物於乾元元年十月由鳳翔尹爲刑部尚書。約上元元年六、七月由太常卿遷京兆尹，不久即除太子太傅兼宗正卿。

劉　晏　　上元元年—二年（760—761）

《新書》本傳：“京兆尹鄭叔清、李齊物坐殘摯罷，詔晏兼京兆尹……會司農卿嚴莊下獄，已而釋，誣劾晏漏禁中語，宰相蕭華亦忌之，貶通州刺史。”又見《安禄山傳》叙嚴莊事。《舊書·李佋傳》：“上元元年六月薨……七月丁亥詔曰……仍令京兆尹劉晏充監護使。”《大詔令集》卷三一收此詔，注：“上元元年八月。”又《全文》卷四三。

則是年七月劉晏第二次爲京兆尹，至次年十一月貶通州刺史。

魏少遊　　上元二年—寶應元年（761—762）

《舊書》本傳：“貶渠州長史。後爲京兆尹……遷刑部侍郎。”《新書》本傳：“擢京兆尹……改衛尉卿……貶渠州長史，復爲京兆尹。”《會要》卷四一：“元年建丑月二十一日，京兆尹魏少遊奏。”按“元年建丑月”即上元二年十二月。此當爲第二次任京兆尹。

鮮于叔明　　寶應元年（762）

《新書》本傳：“東都平，拜洛陽令……擢商州刺史、上津轉運使，遷京兆尹。”《舊書》本傳作“京兆少尹”，誤。《全文》卷三四三顏真卿《中散大夫京兆尹漢陽郡太守鮮于公（仲通）神道碑銘》：“公弟晉，字叔明……肅宗褒異，擢拜商州刺史，無何，超遷京兆尹。不十年而兄弟相代，論人偉之。”又卷三三七同人《鮮于氏離堆記》：“君弟京兆尹叔明，上元之歲，叔明時刺商州。”又見卷四二三于邵《唐劍南東川節度使鮮于公（叔明）經武頌》、《唐文續拾》卷四韓雲卿《鮮于氏里門碑并序》、《全詩》卷八七四《京兆二尹歌》注。

元　載　　寶應元年（762）

《舊書》本傳：“會肅宗寢疾……〔李〕輔國乃以載兼京兆尹。載意屬國柄，詣輔國，懇辭京尹。輔國識其意，然之。翌日，拜載同中書門下平章事。”《通鑑·寶應元年》：建辰月“庚午，以户部侍郎元載爲京兆尹”。又見《元龜》卷四六四。

陶　銳　　寶應元年（762）

《通鑑·寶應元年》：建辰月“壬寅，以司農卿陶銳爲京兆尹”。

劉　晏　　寶應元年—廣德元年（762—763）

《舊書·代宗紀》：寶應元年六月“壬申，以通州刺史劉晏爲户部侍郎兼御史大夫、京兆尹”。二年春正月，“國子祭酒、御史大夫、京兆尹劉晏爲吏部尚書、同中書門下平章事，度支諸使如故"。又本傳：
"入爲京兆尹……無何，爲酷吏敬羽所構，貶通州刺史，復入爲京兆
尹。"又見《食貨志下》，《新書·代宗紀》、本傳及《宰相表中》，《會要》
卷八七，《元龜》卷七三、卷四六四、卷四八三，《全文》卷四六。《通
鑑·寶應元年》作六月乙亥。《大詔令集》卷四五《劉晏平章事制》稱：
"銀青光禄大夫、國子祭酒兼御史大夫、京兆尹、判度支勾當度支等
使、上柱國、彭城縣開國伯劉晏……可金紫光禄大夫、吏部尚書、同中
書門下平章事……勳及度支等使並如故。"注："廣德元年五月。"按
"五月"當爲"正月"之誤。此乃第三次爲京兆尹。

嚴　武　　廣德元年(763)

　　《舊書》本傳："拜武成都尹……入爲太子賓客，遷京兆尹……復
拜成都尹。"《新書·劉晏傳》："代宗立，復爲京兆尹……又以京兆讓
嚴武。"《舊書·代宗紀》：廣德元年十月，"京兆尹兼吏部侍郎嚴武爲
黄門侍郎"。《新書》本傳略同。又見兩《唐書·李芃傳》，《舊書·楊
綰傳》，《通鑑·廣德元年》，《新書·選舉志上》，《全文》卷三九三獨孤
及《爲元相祭嚴尚書文》。

第五琦　　廣德元年(763)

　　《舊書·代宗紀》：廣德元年十月，"朗州刺史第五琦爲京兆尹"。
又本傳："代宗幸陝，關内副元帥郭子儀請琦爲糧料使、兼御史大夫，
充關内元帥副使。未幾，改京兆尹。車駕克復，專判度支，兼諸道鑄
錢、鹽鐵、轉運、常平等使。"《新書》本傳及《通鑑·廣德元年》記載略
同。又見《舊書·吐蕃傳上》，《全文》卷四二四于邵《爲京兆第五尹請
車駕回西京表》，《宋高僧傳》卷一九《唐京兆抱玉傳》。

王　撫(王甫)　　廣德元年(763)

　　《舊書·郭子儀傳》："天子避狄，幸陝州……射生將王撫自署爲
京兆尹……子儀召撫殺之。"《通鑑·廣德元年》：十一月，"王甫自稱
京兆尹，聚衆二千餘人，署置官屬，横暴長安中。壬寅，郭子儀至滻水

西……使人傳呼召甫；甫失據，出迎拜伏，子儀斬之"。

李 勉　　廣德元年（763）

《舊書》本傳："出爲汾州、虢州刺史，改京兆尹、檢校右庶子兼御史中丞、都畿觀察使。尋兼河南尹。"《全文》卷四一二常袞《授李勉河南尹制》："咨爾尹京之任，御史中丞、東都畿内觀察使李勉……可守河南尹兼御史中丞，勳封如故。"疑在第五琦、王撫後。

魏少遊　　廣德二年（764）

《全文》卷三八九獨孤及《金剛經報應述并序》："洪州牧、刑部尚書兼御史大夫魏公……皇帝中元年冬十月車駕有避狄之師……明年王正月，大駕返正，公爲京兆尹。"又卷四一三常袞《授魏少遊洪吉等州團練使制》："三尹京邑，四方承流。"按兩《唐書》本傳謂"四爲京尹"，"四"當爲"三"之誤。《全文》卷四一二常袞又有《授京兆尹魏少遊加御史大夫制》。《芒洛遺文》卷中《大唐故河南府氾水縣尉鉅鹿魏公（和）墓誌銘并叙》（元和元年二月十五日）："京兆尹洪府觀察贈太子太師諡曰景公少遊之孫。"又見《姓纂》卷八東祖魏氏，《元龜》卷六八〇。

第五琦　　廣德二年—永泰元年（764—765）

《舊書·代宗紀》：廣德二年七月，"判度支第五琦兼京兆尹、御史大夫"。又本傳："車駕克復，專判度支兼諸道鑄錢、鹽鐵、轉運、常平等使。累封扶風郡公。又加京兆尹，改戶部侍郎，判度支。"《新書》本傳同。《全文》卷三四二顏真卿《唐故開府儀同三司太尉兼侍中河南副元帥贈太保臨淮武穆王李公（光弼）神道碑銘》："廣德二年秋七月五日己亥薨於徐州之官舍……敦諭京兆尹第五琦監護喪事。"又見《舊書·李光弼傳》。永泰元年在京兆尹任，見《舊書·列女·奉天縣竇氏二女傳》，《舊書·食貨志上》，《新書·列女傳》，《廣記》卷二七〇，《元龜》卷一三九，《全文》卷五二六薛珏《請禁淹留館驛奏》，《會要》卷八四，《通鑑·永泰元年》五月。《新書·食貨志一》："永泰二年，分天下財賦、鑄錢、常平、轉運、鹽鐵置二使……以京兆尹判度支，第五琦領之。"按永泰二年第五琦已不兼京兆尹，疑此處有誤。

蕭　昕　永泰元年（765）

《廣記》卷四二一引《宣室志》："唐故兵部尚書蕭昕常爲京兆尹。時京師大旱……時天竺僧不空三藏居於靜住寺，三藏善以持念召龍興雲雨，昕於是詣寺，謂三藏曰：'……幸吾師爲結壇場致雨也。'……三藏不獲已……昕鞭馬疾驅，未及數十步，雲物凝晦，暴雨驟降。"按張榮芳《唐代京兆尹研究》謂，《舊書·代宗紀》及《五行志》並記載永泰元年先旱後水，與《宣室志》所記合，可證蕭昕爲京兆尹乃永泰元年夏秋，即第五琦罷兼京兆尹後，蕭昕繼任。兹從之。

黎　幹　永泰元年—大曆二年（765—767）

《舊書·代宗紀》：永泰元年"閏十月辛卯，以京兆少尹黎幹爲京兆尹"。大曆二年二月"癸卯，宰臣元載、王縉、左僕射裴冕、户部侍郎第五琦、京兆尹黎幹各出錢三十萬，置宴於〔郭〕子儀之第"。《舊書》本傳："累官至諫議大夫。尋遷京兆尹……大曆二年，改刑部侍郎。"《新書》本傳略同。又見《通鑑·大曆元年》九月，《元龜》卷一一〇、卷四八三，《新書·地理志一》《李泌傳》，《會要》卷六七、卷八六、卷八七等。上圖藏拓片《唐故銀青光禄大夫尚書兵部侍郎壽春郡開國公黎公（幹）墓誌銘并序》（貞元六年十一月二十八日）："寶應之後……授公檢校京兆尹兼御史中丞……上嘉休績，真拜京兆尹兼御史大夫……以奸臣居權，遂改刑部侍郎。"大曆十四年卒，享年六十四。

李　勉　大曆二年—三年（767—768）

《舊書·代宗紀》：大曆二年"夏四月己亥，以江南西道都團練觀察等使、洪州刺史李勉爲京兆尹"。又見兩《唐書》本傳，《會要》卷六七，《元龜》卷六七四、卷六八〇，《長安志》卷二，《全文》卷三八四獨孤及《賀櫟陽縣醴泉表》。《全文》卷七八四穆員《河南少尹裴公（濟）墓誌銘》："故司徒李公勉……自江西入尹京兆，洎節制廣、滑、汴三府。"

崔　昭　　大曆三年(768)

《舊書・代宗紀》：大曆三年五月“癸酉，以左散騎常侍崔昭爲京兆尹”。又見兩《唐書・魚朝恩傳》《郗士美傳》，《元龜》卷四五九。《全文》卷四七代宗《給復京兆府詔》及卷四一四常袞《減徵京畿夏麥制》稱“京兆府尹崔昭”，《元龜》卷四九〇收此詔作大曆三年六月。《全文》卷四一〇常袞《授崔昭右散騎常侍制》稱“前京兆尹御史中丞博陵縣開國子崔昭”。《韓昌黎集》卷三二《唐故昭武校尉守左金吾衛將軍李公(道古)墓誌銘》：“公三娶……次配崔氏……夫人父昭，嘗爲京兆尹。”《唐文拾遺》卷二七吕温《唐故銀青光禄大夫京兆尹兼御史大夫上柱國韋公(武)神道碑銘并序》：“夫人博陵崔氏……京兆尹、御史大夫、鄴國公昭之女。”

李　勉　　大曆三年(768)

《舊書・代宗紀》：大曆三年十月“乙未，以京兆尹李勉爲廣州刺史充嶺南節度使”。由此證知李勉在是年秋又繼崔昭後爲京兆尹。

孟　皞　　大曆四年—五年(769—770)

《舊書・代宗紀》：大曆四年“冬十月乙卯，以汝州刺史孟皞爲京兆尹”。《通鑑考異・大曆五年》三月引《實録》：“去年十月乙卯，孟皞爲京兆尹，今年三月辛卯爲左常侍。”《姓纂》卷九平昌安丘縣孟氏：“皞，右丞，京兆尹。”《全文》卷四一二有常袞《授孟皞京兆尹制》。

賈　至　　大曆五年(770)

《舊書・代宗紀》：大曆五年三月“辛卯，以兵部侍郎賈至爲京兆尹”。又本傳：“大曆初，改兵部侍郎。五年，轉京兆尹、兼御史大夫，卒。”《新書》本傳略同。《姓纂》卷七長樂賈氏：“至，中書舍人，禮、兵二侍郎，京兆尹，右常侍。”《全文》卷四一二常袞有《授賈至京兆尹制》。又卷三七六任華有《告辭京尹賈大夫書》。又見《唐摭言》卷一一，《元龜》卷七二八，《唐才子傳》卷三。

杜　濟　大曆五年—八年（770—773）

《會要》卷六一：「〔大曆〕五年九月，杜濟除京兆尹，充本府館驛使。」《舊書·代宗紀》：大曆八年「五月乙酉，貶吏部侍郎徐浩明州別駕……京兆尹杜濟杭州刺史，皆坐典選也」。《通鑑·大曆八年》五月同。《全文》卷三四四顏真卿《京兆尹兼御史中丞梓遂杭三州刺史劍南東川節度使杜公（濟）墓誌銘》：「徵拜給事中，間歲拜京兆少尹。遷京兆尹，出爲杭州刺史。」又卷三七六任華有《與京尹杜中丞書》，《唐摭言》卷一一同。又見《姓纂》卷六京兆杜氏，《新表二上》襄陽杜氏，《元龜》卷一一〇，《關中金石記》卷四《杜府君（濟）夫人韋氏墓誌》。

于　頎　大曆八年—九年（773—774）

《舊書·代宗紀》：大曆八年五月，「以太府卿于頎爲京兆尹」。又本傳：「歷户部侍郎、祕書少監、京兆〔少〕尹、太府卿，代杜濟爲京兆尹。」《新書》本傳略同。又見《元龜》卷六九七、卷九四五、《全文》卷三八五獨孤及《代于京兆請停官侍親表》、卷九九〇闕名《大唐檢校兩縣威儀兼永仙觀主田尊師德行碑》。北圖藏拓片《唐故朝議郎行尚書屯田員外郎上柱國梁縣開國子賜緋魚袋河南于君（申）墓誌銘并序》（貞元九年十月十五日）：「父金紫光〔禄〕大夫太子少保譙郡公曰頎……譙公歷京〔兆〕、河〔南〕尹，御史大夫。」申卒貞元九年八月十三日，春秋四十。按張榮芳《京兆尹研究》謂于頎尹京兆至大曆九年四月丁憂罷，當從《舊書·代宗紀》黎幹繼任。從之。

黎　幹　大曆九年—十三年（774—778）

《舊書》本傳：「〔大曆〕八年，復拜京兆尹、兼御史大夫……十三年，除兵部侍郎。」又《代宗紀》：大曆九年四月，「以桂管觀察使黎幹爲京兆尹兼御史大夫」。與本傳異。按《通鑑》與《舊紀》同，《元龜》卷七〇〇與《舊傳》同。今從《舊紀》。又見兩《唐書·韓滉傳》，《新書·楊綰傳》《王縉傳》，《姓纂》卷三宋城黎氏，《唐語林》卷三，《廣記》卷二六〇引《盧氏雜說》、卷一九五引《酉陽雜俎》，《元龜》卷一五二、卷六九七，《會要》卷八九，《全文》卷三五五及《大詔令集》卷三二蕭昕《昭靖太子哀册文》。上圖藏拓片《唐故銀青光禄大夫尚書兵部侍郎壽春郡開國公黎公（幹）墓誌銘并序》（貞元六年十一月二十八日）："外除，復拜京兆尹，兼御史大夫……久之，改兵部侍郎。"

嚴郢　　大曆十四年—建中二年（779—781）

《舊書·代宗紀》：大曆十四年三月"庚戌，以河南尹嚴郢爲京兆尹"。又《源休傳》："建中初，楊炎執政，京兆尹嚴郢威名稍善，心欲傾之。"又見兩《唐書·楊炎傳》《裴佶傳》，《舊書·盧杞傳》，《新書·桑道茂傳》《食貨志三》，《元龜》卷四九七、卷五二〇、卷九二五，《通鑑·建中元年》《建中二年》，《會要》卷四一、卷五九、卷六一、卷八九，《廣記》卷三九四引《劇談録》。

盧慧　　建中二年—三年（781—782）

《舊書》本傳："宰相楊炎遇之頗厚，召入左司郎中、京兆少尹，遷大尹。慧無術學，善事權要，爲政苛躁，盧杞甚惡之，諷有司彈奏，坐貶撫州司馬同正。"又見《元龜》卷六九七。《元龜》卷三四："德宗建中二年五月，有司奏定張良……配武成王廟。"注："京兆尹盧諶（慧）以盧者齊之裔，乃鳩其裔孫若盧崔丁吕之族，合錢以崇飾之。"《舊書·德宗紀上》：建中三年三月"丙午，貶京兆尹盧（慧）爲撫州長史"。

韋禎　　建中三年（782）

《姓纂》卷二京兆杜陵東眷韋氏："禎，給事中，京兆少尹、知府事。"《新表四上》韋氏逍遥公房作"積，京兆少尹、知府事"。按"積"當爲避宋諱而改。《舊書·德宗紀上》稱：建中三年四月，京兆少尹韋禎取僦櫃質庫法借富商錢。又見《元龜》卷五一〇。

王翃　　建中三年—四年（782—783）

《舊書·德宗紀上》：建中三年七月，"以前振武軍使王翃爲京兆尹"。又本傳："歷汾州刺史、京兆尹。屬發涇原兵討李希烈，軍次滻水，翃備供頓，肉敗糧臭，衆怒以叛。翃奔至奉天，加御史大夫，改將作監,從幸山南。"《新書》本傳略同。又見《舊書·姚令言傳》,《新書·朱泚傳》,《元龜》卷六九八,《通鑑·建中四年》十月。按建中四年七月京兆尹王翃參與入蕃會盟,見《舊書·吐蕃傳下》,《新書·吐蕃傳》,《元龜》卷九八一。王翃爲京尹,又見《舊書·崔損傳》,《全文》卷四九九權德輿《唐故楚州淮陰縣令王府君(光謙)神道碑銘》、卷四一七常袞《代王尚書讓官表》。

源　休　　建中四年(783)

《舊書·朱泚傳》:"賊泚自謂衆望所集,僭竊之心自此而定。乃以源休爲京兆尹、判度支。"《新書·朱泚傳》略同。《通鑑·建中四年》記此事爲十月庚戌(三日)。

許季常　　建中四年(783)

《舊書·朱泚傳》:建中四年十月"八日(乙卯),源休、姚令言、李忠臣、張光晟等八人導泚自白華入宣政殿,僭即僞位,自稱大秦皇帝,號應天元年……僞署姚令言爲侍中,李忠臣爲司空,兼侍中,源休爲中書侍郎、平章事、判度支……許季常爲京兆尹"。《新書·朱泚傳》略同。

李忠臣　　建中四年(783)

《舊書·朱泚傳》:建中四年十月"十日(丁巳),泚自領兵侵逼奉天……以李忠臣爲京兆尹、皇城留守,居中書省"。《通鑑·建中四年》同。

崔　縱　　建中四年(783)

《舊書·德宗紀上》:建中四年十二月,"以右庶子崔縱爲京兆尹"。又本傳:"至奉天,加右庶子,充使。無幾,拜京兆尹、兼御史大夫。"《新書》本傳略同。又見《元龜》卷一四八、卷七七一。

李　晟　　興元元年(784)

《全文》卷五三八裴度《唐故太尉兼中書令西平郡王李公(晟)神

道碑銘并序》："值懷光中叛，大駕再遷，加檢校右僕射……同平章事兼京兆尹。"《廣記》卷二二三引《傳載》："李西平晟之爲將軍也，嘗謁桑道茂。茂云：'將軍異日爲京兆尹。'……後興元收復，西平兼京兆尹。"按兩《唐書》本傳未及。

張　彧　興元元年（784）

《通鑑·興元元年》：二月，"李晟得除官制，拜哭受命……乃以判官張彧假京兆尹"。按兩《唐書·李晟傳》皆謂"使張彧假京兆少尹"。唯《元龜》卷三六七云："興元元年，德宗在梁、洋，晟令判官張彧攝京兆尹權知府事。"又見卷四八四。

于　頎　興元元年（784）

《舊書·德宗紀上》：興元元年三月甲申，"右散騎常侍于頎爲京兆尹"。兩《唐書》本傳未及。《隋唐五代墓誌匯編·北京卷》第二册《唐故朝議郎行尚書屯田員外郎上柱國梁縣開國子河南于君（申）墓誌銘并序》（貞元九年十月十五日）："父金紫光〔禄〕大夫太子太保譙郡公曰頎……譙公歷京〔兆〕、河〔南〕尹，御史大夫。"

李齊運　興元元年—貞元元年（784—785）

《舊書·德宗紀上》：興元元年四月，"御史大夫李齊運兼京兆尹"。又本傳："〔李〕懷光既反，驅兵還保河中，齊運不能敵，棄城而走，除爲京兆尹。"《新書》本傳略同。又見兩《唐書·衛次公傳》、《李晟傳》，《新書·楊虞卿傳》，《通鑑·興元元年》四月、五月，《廣記》卷四八六《無雙傳》。《舊書·崔縱傳》："貞元元年……萬年丞源邃爲京兆尹李齊運所抑挫至死。"又見《會要》卷六一，《元龜》卷六四、卷五二〇。

韓　洄　貞元元年—二年（785—786）

《舊書·德宗紀上》：貞元元年"六月丙子，以兵部侍郎韓洄爲京兆尹"。貞元二年正月丁未，"京兆尹韓洄爲刑部侍郎"。《新書·李齊運傳》：“詔拜京兆尹……久之，大蝗旱，齊運不能政，乃以韓洄代之。”《舊書》本傳：“興元元年三月，入爲兵部侍郎。六月，爲京兆尹。七月，加御史大夫。貞元二年正月，刑部侍郎劉太真黨於宰相盧杞得罪，以洄代太真爲刑部侍郎。”《新書》本傳略同。根據《舊紀》，“興元”當爲“貞元”之誤。又見《元龜》卷四八二、卷七七一，《姓纂》卷四昌黎棘城縣韓氏，《全文》卷五〇七權德輿《太中大夫守國子祭酒韓公（洄）行狀》。

鮑　防　貞元二年(786)

《舊書·德宗紀上》：貞元二年正月“丁未，以禮部侍郎鮑防爲京兆尹”。又本傳：“歷洪、福、京兆，皆有政聲。”《新書》本傳略同。又見《會要》卷六九，《元龜》卷六三〇，《唐摭言》卷一四，《全文》卷七八三穆員《鮑防碑》，《姓纂》卷七襄陽鮑氏。

鄭叔則　貞元三年—五年(787—789)

《新書·兵志》：“〔貞元〕三年……京兆尹鄭叔則建言。”《舊書·德宗紀下》：貞元五年“二月己丑，貶京兆尹鄭叔則爲永州長史”。《全文》卷七八四穆員《福建觀察使鄭公（叔則）墓誌銘》：“轉京兆尹，理行三載……貶永州長史。”又見兩《唐書·裴延齡傳》，《元龜》卷六九六，《會要》卷八九，《全文》卷七八五穆員《河南府洛陽縣主簿鄭君（約）墓誌銘》，卷六五三元稹《叙詩寄樂天書》。

薛　珏　貞元五年—八年(789—792)

《舊書·德宗紀下》：貞元五年三月乙卯，“司農卿薛珏爲京兆尹”。又本傳：“貞元五年，拜京兆尹……八年，坐竇參改太子賓客。”《新書》本傳略同。又見兩《唐書·班宏傳》，《元龜》卷四〇、卷五八、卷一一四、卷六九七，《會要》卷二七、卷六六。

李　充　貞元八年—十一年(792—795)

《舊書·德宗紀下》：貞元八年二月“壬午，以左庶子李充爲京兆尹"。十一年四月"壬戌，貶太子賓客陸贄爲忠州別駕，京兆尹李充信州長史，衛尉卿張滂汀州長史"。又見《通鑑·貞元十一年》，兩《唐書·竇陟傳》《裴延齡傳》，《舊書·李晟傳》，《元龜》卷三一九，《會要》卷七九。《金石補正》卷六六《大唐東都敬愛寺故開法臨檀大德法玩禪師塔銘并序》稱："太中大夫守京兆尹上護軍賜紫金魚袋李充撰。"

韓　皋　　貞元十一年—十四年(795—798)

《舊書·德宗紀下》：貞元十一年四月"癸亥，以兵部侍郎韓皋爲京兆尹"。十四年七月"乙卯，貶京兆尹韓皋爲撫州司馬"。又見兩《唐書》本傳、《吳湊傳》，《舊書·馬燧傳》，《會要》卷六七、卷八九，《元龜》卷一四，《全文》卷五三德宗《修昆明池詔》《貶韓皋撫州司馬詔》，《因話錄》卷二，《唐語林》卷三、卷四，《柳河東集》卷五《太白山祠堂碑陰文》，《全文》卷六四八元稹《授韓皋尚書左僕射制》，《長安志》卷六。《寶刻叢編》卷八引《集古錄目》有京兆尹韓皋撰《唐修昆明池堰記》。

吳　湊　　貞元十四年—十六年(798—800)

《舊書·德宗紀下》：貞元十四年七月乙卯，"召右金吾將軍吳湊於延英，面授京兆尹，即令入府視事"。十六年四月"壬申，檢校兵部尚書、京兆尹吳湊卒"。又見兩《唐書》本傳，《舊書·后妃傳》《張建封傳》，《會要》卷六七、卷八六，《姓纂》卷三濮陽鄄城吳氏，《通鑑·貞元十四年》八月，《國史補》卷中，《南部新書》乙，《唐語林》卷六，《元龜》卷一四、卷六七一、卷六七三、卷六八〇、卷七七一，《廣記》卷四九六。

顧少連　　貞元十六年—十七年(800—801)

《舊書·德宗紀下》：貞元十六年五月"丁卯，以吏部侍郎顧少連爲京兆尹"。十七年十月"庚戌，以京兆尹顧少連爲吏部尚書"。又見《舊書·許孟容傳》，《新書》本傳，《元龜》卷四六九、卷六九九，《全文》卷四七八杜黃裳《東都留守顧公(少連)神道碑》，《韓昌黎集》外集卷四《河南府同官記》。

韋夏卿 貞元十七年—十八年（801—802）

《舊書·德宗紀下》：貞元十七年十月庚戌，"以吏部侍郎韋夏卿爲京兆尹"。又本傳："徵夏卿爲吏部侍郎，轉京兆尹、太子賓客。"《新書》本傳略同。又見兩《唐書·竇群傳》。《柳河東集》卷四〇《爲韋京兆祭杜河中文》，韋京兆即爲韋夏卿；杜河中爲杜確，卒於貞元十八年。又有《爲韋京兆祭太常崔少卿文》。《全文》卷六三〇呂溫《故太子少保京兆韋府君神道碑》："輟拜京兆尹……充東都留守。"按韋夏卿貞元十九年十月爲東都留守，見《舊書·德宗紀下》。《全文》卷六〇〇劉禹錫有《爲京兆韋尹賀元日祥雪表》《爲京兆韋尹賀春雪表》《爲京兆韋尹賀雨止表》《爲京兆韋尹賀祈晴獲應表》，卷六〇二同人《爲韋尹謝許折糴表》，卷六〇三同人《爲京兆韋尹降誕日進衣狀》《爲京兆韋尹進野豬狀》。

羅　珦 貞元十八年？—十九年？（802？—803？）

《全文》卷五〇六權德輿《唐故太中大夫守太子賓客上柱國羅公（珦）墓誌銘并序》："入爲司農卿、京兆尹，移疾乞告，改太子賓客……以元和四年冬十一月啓手足於宣平里之私第，逾懸車者四歲。"則羅珦約在貞元二十一年致仕。《舊書·羅讓傳》："父珦，官至京兆尹。"《新書》本傳："擢廬州刺史……淮南節度杜佑上治狀，賜紫金服。再遷京兆尹……徙太子賓客。"按杜佑貞元五年至十九年爲淮南節度。又見《元龜》卷六五〇。

李　實 貞元十九年—二十一年（803—805）

《舊書·德宗紀下》：貞元十九年三月"乙亥，以司農卿李實爲京兆尹"。又《順宗紀》：貞元二十一年二月"辛酉，貶京兆尹李實通州長史，尋卒"。又見兩《唐書》本傳、《韋貫之傳》《王播傳》，《舊書·楊於陵傳》《鄭珣瑜傳》，《新書·元義方傳》，《通鑑·貞元十九年》三月、《永貞元年》二月，《會要》卷四一，《元龜》卷三一七、卷六九七，韓愈《順宗實錄》卷一，《廣記》卷一八八引《嘉話録》，《新書·宗室世系表下》道王房。《柳河東集》卷四〇《爲李京兆祭楊凝郎中文》，《韓昌黎集》卷一五《上李尚書書》，《全文》卷五九四徐復《駁李巽擬相國贈尚書右僕射諡議》、卷六三九李翱《唐故金紫光禄大夫尚書右僕射致仕楊公（於陵）墓誌銘》、卷七一四李宗閔《故丞相尚書左僕射王公（播）神道碑銘并序》、卷六〇〇劉禹錫《代京兆李尹賀遷獻懿二祖表》《爲京兆李尹賀雨表》、卷六〇三《爲京兆李尹降誕日進衣狀》、卷六〇四《爲京兆李尹答于襄州第一書》《爲京兆李尹答于襄州第二書》，此京兆李尹皆指李實。

王　權　　貞元二十一年（805）

《舊書·順宗紀》：貞元二十一年二月，"以鴻臚卿王權爲京兆尹"。又《憲宗紀上》：貞元二十一年十月，"貶京兆尹王權爲雅王傅"。《柳河東集》卷三七有《爲王京兆皇帝即位禮畢賀表》，《爲王京兆賀嘉蓮表》《爲王京兆賀雨表》等，王京兆當即王權。

卷二　京兆府（雍州）下

李　鄘　永貞元年—元和元年（805—806）

《舊書·憲宗紀上》：貞元二十一年（永貞元年）十月，"御史中丞李鄘爲京兆尹"。元和元年二月，"以京兆尹李鄘爲尚書右丞"。又本傳："順宗登極，拜御史中丞，遷京兆尹、尚書右丞。"《新書》本傳略同。又見《柳河東集》卷一二《先君石表陰先友記》。

鄭雲逵　元和元年（806）

《舊書·憲宗紀上》：元和元年二月，"以金吾大將軍鄭雲逵爲京兆尹"。五月"丁卯，京兆尹鄭雲逵卒"。又本傳："雲逵元和元年拜右金吾衛大將軍，歲中改京兆尹，五年五月卒。"按"五年"當爲"元年"之誤。《新書》本傳："元和初，爲京兆尹，卒。"《白居易集》卷四二《故滁州刺史贈刑部尚書滎陽鄭公墓誌銘并序》："長子雲逵，有才名，官至刑部侍郎、京兆尹。"

韋　武　元和元年（806）

《舊書·憲宗紀上》：元和元年五月"辛未，以兵部侍郎韋武爲京兆尹兼御史大夫"。《新書》本傳："憲宗時，入爲京兆尹，護治豐陵，未成，卒，贈吏部尚書。"《唐文拾遺》卷二七呂溫《唐故銀青光禄大夫京兆尹兼御史大夫韋公（武）神道碑銘并序》："拜京兆尹兼御史大夫，充山陵橋道等使……凡七十日，遇暴疾薨。"又見《姓纂》卷二京兆杜陵東眷韋氏，《新表四上》韋氏逍遥公房，《長安志》卷九。

董叔經　　元和元年（806）

《舊書・憲宗紀上》：元和元年閏六月“戊辰，以祕書監董叔經爲京兆尹”。八月“癸未，京兆尹董叔經卒”。又見《姓纂》卷六范陽董氏。

李　鄘　　元和元年—二年（806—807）

《舊書・憲宗紀上》：元和元年八月“丙戌，以尚書右丞李鄘爲京兆尹”。二年六月“辛巳，以京兆尹李鄘爲鳳翔尹、鳳翔隴右節度使”。又見兩《唐書》本傳，《元龜》卷六七一。

楊於陵　　元和二年（807）

《全文》卷六三九李翱《唐故金紫光禄大夫尚書右僕射致仕楊公（於陵）墓誌銘》：“德宗崩……其年冬，遷浙江東道團練觀察使……入爲户部侍郎，未到，改京兆尹……復爲户部侍郎。”《會稽掇英總集・唐太守題名》：“楊於陵，永貞元年十月自華州防禦使授；元和二年四月召拜户部侍郎。”《嘉泰會稽志》同。按據《楊於陵誌》，知於陵於元和二年四月離越州，到京後未任户部侍郎，即改京兆尹。又見兩《唐書》本傳，《柳河東集》卷一二《先君石表陰先友記》。《新書・兵志》及《元龜》卷六八九謂貞元十年京兆尹楊於陵請置挾名敕，按兩《唐書》本傳，於陵貞元間出刺絳州前曾官京兆少尹，非京兆尹。

郗士美　　元和二年—三年（807—808）

《舊書》本傳：“由坊州刺史爲黔州刺史、兼御史大夫、持節黔中經略招討觀察鹽鐵等使……加檢校右散騎常侍，封高平郡公，再遷京兆尹。每别殿延問，必咨訪大政。出爲鄂州觀察使。”《新書》本傳略同。按吳氏《方鎮年表》，郗士美貞元二年至元和二年爲黔中，元和三年至五年爲鄂岳，則爲京尹當在元和二年至三年。北圖藏拓片《唐故鄂岳觀察推官監察御史裹行上柱國元公（袞）墓誌銘并序》（元和五年三月二十日）：“元和二年，高平公自黔南歸闕，公亦隨之……及高平公作尹神州，詔授萬年主簿。未旬日，高平公廉察江夏，又表□公復授監察御史裏行、鄂岳觀察推官。"元和四年七月卒,年五十二。按"高平公"即郗士美。

鄭　元　　元和三年(808)

《舊書》本傳:"〔元和〕三年春,遷刑部尚書,兼京兆尹。九月,復判度支,依前刑部尚書兼御史大夫。"《元龜》卷五九一:"鄭元爲京兆尹,元和三年五月條奏王公士庶喪葬節制。"《會要》卷三八作"京兆尹鄭元修奏",按"修"字衍。《唐文拾遺》卷二七鄭元修小傳誤同。《全文》卷八五五盧文紀《請禁喪制逾式奏》作"元和六年十二月刑部兼京兆尹鄭元狀奏",年月誤。

楊　憑　　元和四年(809)

《舊書》本傳:"元和四年,拜京兆尹。"又《憲宗紀上》:元和四年七月"壬戌,御史中丞李夷簡彈京兆尹楊憑前爲江西觀察使時贓罪,貶臨賀尉"。又見《舊書·王仲舒傳》,《新書》本傳、《李夷簡傳》,《通鑑·元和四年》,《會要》卷六〇,《元龜》卷五二〇,《新表一下》楊氏越公房,《元龜》卷一五三、卷七八三,《唐語林》卷二,《廣記》卷一九八引《傳載》,《柳河東集》卷六《岳州聖安寺無姓和尚碑陰記》、卷一〇《唐故邕管招討副使試大理司直兼貴州刺史鄧君墓銘》、卷三〇《與楊京兆憑書》,《長安志》卷八。

許孟容　　元和四年—五年(809—810)

《舊書·憲宗紀上》:元和四年七月"戊辰,以尚書右丞許孟容爲京兆尹,賜金紫"。五年"冬十月戊辰朔,以京兆尹許孟容爲兵部侍郎"。又見兩《唐書》本傳,《會要》卷六七,《姓纂》卷六晉陵許氏,《元龜》卷五四六、卷六九六,《通鑑·元和四年》九月、十月。《柳河東集》卷三〇有《寄許京兆孟容書》,又見《新書·柳宗元傳》。

王　播　　元和五年—六年(810—811)

《舊書·憲宗紀上》:元和五年"冬十月戊辰朔,以京兆尹許孟容爲兵部侍郎，以中丞王播代孟容”。六年四月，“京兆尹王播爲刑部侍郎，充諸道鹽鐵轉運使”。兩《唐書》本傳同。又見《舊書・食貨志下》，《元龜》卷六一二、卷六九六，《會要》卷七二、卷八七、卷八八。《全文》卷七一四李宗閔《故丞相尚書左僕射王公（播）神道碑銘并序》，卷六四九元稹《授王播中書侍郎同平章事使職如故制》。《白居易集》卷四二《唐故澧王墓誌銘并序》：“唐元和五年冬十一月四日，澧王寢疾，薨於内邸……越十二月十八日，詔京兆尹播監視喪事。”

元義方　　元和六年—七年（811—812）

《舊書・憲宗紀上》：元和六年四月，“以福建觀察使元義方爲京兆尹”。《憲宗紀下》：元和七年正月“辛未，以京兆尹元義方爲鄜州刺史、鄜坊丹延觀察使”。又見《大詔令集》卷一〇九《條貫立戟敕》，《全文》卷六一憲宗《罰盧坦元義方立戟違式俸料敕》，《元龜》卷六〇、卷一五三、卷三二八、卷六九七，《會要》卷六，《舊書・李吉甫傳》《鄭餘慶傳》，《新書》本傳、《許季同傳》《杜羔傳》，《通鑑・元和七年》。

李　鋹　　元和七年—八年（812—813）

《舊書・憲宗紀下》：元和七年正月，“以司農卿李鋹爲京兆尹”。八年“十二月庚辰朔，以京兆尹李鋹爲鄜坊觀察使，以代裴武”。《千唐誌・扶風竇氏夫人隴西李氏墓誌銘并序》（會昌六年十一月十四日）：“祖鋹，皇京兆尹、鄜坊觀察使，贈工部尚書。”又見《新書・宗室世系表上》大鄭王房，《元龜》卷六九九。

裴　武　　元和八年—十年（813—815）

《舊書・憲宗紀下》：元和八年“十二月庚辰朔，以京兆尹李鋹爲鄜坊觀察使，以代裴武，〔裴武〕入爲京兆尹”。十年七月“乙未，以京兆尹裴武爲司農卿，以捕賊弛慢故也”。又見兩《唐書・孔戢傳》，《新書・王士真傳》《食貨志四》，《唐語林》卷二，《通鑑・元和十年》六月，《元龜》卷一五三、卷九四五，《會要》卷六。

李　儵　　元和十年—十一年（815—816）

《舊書》本傳："召拜司農卿，遷京兆尹。十年，莊憲太后崩，儵爲山陵橋道置頓使。"《舊書·憲宗紀下》：元和十一年十月庚午，"以京兆尹李儵爲潤州刺史、浙西觀察使"。又見《新書》本傳、《崔從傳》《食貨志二》，《元龜》卷三〇六、卷六九七。《韓昌黎集》卷二七《唐故銀青光禄大夫檢校左散騎常侍兼右金吾大將軍太原郡公（王用）神道碑文》："〔元和〕十一年……以疾告薨……公之姊婿京兆尹李儵。"卷八《進王用碑文狀》同。

柳公綽　　元和十一年（816）

《通鑑·元和十一年》：十一月"庚午，以給事中柳公綽爲京兆尹"。《因話録》卷二："柳元公初拜京兆尹，將赴府上，有神策軍小將乘馬不避，公於街中杖殺之。"又見《唐語林》卷三，《通鑑》記此事於元和十一年十一月。《舊書》本傳："〔元和〕十一年，入爲給事中。李師道歸朝，遣公綽往郓州宣諭。使還，拜京兆尹。以母憂免。十四年，起復爲刑部侍郎，領鹽鐵轉運使。"《新書》本傳略同，唯謂"師道平"則誤。可參岑仲勉《唐史餘瀋·柳公綽初官京兆尹》。

李　程　　元和十一年（816）

《舊書》本傳："〔元和〕十年，入爲兵部郎中，尋知制誥……明年，拜中書舍人，權知京兆尹事。十二年權知禮部貢舉。"《新書》本傳未及。

竇易直　　元和十二年（817）

《舊書》本傳："元和八年，改給事中。九月，出爲陝虢都防禦觀察使，仍賜紫。入爲京兆尹。"又《憲宗紀下》：元和十二年九月己亥，"貶京兆尹竇易直金州刺史，以鞫獄得贓不實故也"。《新書》本傳略同。《元龜》卷五七"金州"作"荊州"，誤。又見卷五〇七。

裴次元　　元和十二年—十三年（817—818）

《新表一上》洗馬裴氏："次元，福建觀察使兼御史中丞，京兆尹。"

《會要》卷六七:“〔開元〕十九年正月十九日,京兆尹裴次元奏。”按裴次元不可能於開元年間官京兆尹,此必有誤。裴次元元和六年爲福建觀察使,八年改河南尹,其尹京兆當在此後。《舊書·憲宗紀下》,元和十二年九月“辛丑,以御史中丞爲京兆尹”,“御史中丞”下缺名,當即裴次元。張榮芳《京兆尹研究》謂其於元和十二年九月十三日己亥自御史中丞遷京兆尹,至十三年正月遷江西觀察使。從之。

崔元略　元和十三年(818)

兩《唐書》本傳叙其先爲京兆少尹,知府事,數月後真拜京兆尹。前後當爲兩次。中間還有李遜尹京兆一任。《會要》卷六七:“〔元和〕十三年正月,京兆少尹知府事崔元略奏。”此爲第一次,當於李遜前。

李　遜　元和十三年(818)

《舊書》本傳:“〔元和〕十三年,李師道效順,命遜爲左散騎常侍,馳赴東平諭之……遜還,未幾,除京兆尹,改國子祭酒。十四年,拜許州刺史,充忠武節度、陳許溵蔡等州觀察處置等使。”《新書》本傳略同。《白居易集》卷五五《除李遜京兆尹制》云:“浙江東道觀察使、御史中丞李遜……可權知京兆尹。”岑仲勉《唐集質疑·京尹十年十五人》謂此乃僞文,不可信。按此制非白居易作,可斷定。又按《會要》卷七二:“元和……十三年……六月,京兆尹李遊奏。”《唐文拾遺》卷二七李遊小傳:“遊,元和十三年京兆尹。”按“遊”,疑爲“遜”之訛。據《舊書》本傳,李遜於十三年馳赴東平諭李師道效順,還,未幾,除京兆尹,其還京時間在是年四月,則當爲十三年四月始爲京兆尹。

崔元略　元和十三年—十四年(818—819)

《舊書》本傳:“元和十三年,以李夷簡自西川徵拜御史大夫,乃命元略留司東臺。尋除京兆少尹,知府事,仍加金紫。數月,真拜京兆尹。明年,改左散騎常侍。”《新書》本傳略同。《通鑑·元和十四年》:“七月丁丑朔,田弘正送殺武元衡賊王士元等十六人,詔使内京兆府、御史臺遍鞫之;皆款服。京兆尹崔元略以元衡物色詢之,則多異同。”

盧士玫　　元和十五年—長慶元年（820—821）

《舊書》本傳：“轉郎中、京兆少尹。奉憲宗園寢，刑簡事集，時論推其有才，權知京兆尹事。”按憲宗卒於元和十五年正月，同年四月葬於景陵，見《舊書·穆宗紀》，則其“權知京兆尹事”當始於元和十五年。又《穆宗紀》：長慶元年三月乙卯，“以權知京兆尹盧士玫爲瀛州刺史，充瀛莫等州都團練觀察使，從劉總奏析置也”。《全文》卷六四九元稹《授盧士玫權知京兆尹制》：“今圜丘甫及，慶澤將施。”卞孝萱《元稹年譜》謂“當撰於長慶元年正月辛丑”。《白居易集》卷五二有《京兆尹盧士玫除檢校左散騎常侍兼中丞瀛漠二州觀察等使制》。又見《新書》本傳，《通鑑·長慶元年》，《元龜》卷一七七、卷六七一。

柳公綽　　長慶元年（821）

《舊書·穆宗紀》：長慶元年三月，“以兵部侍郎柳公綽爲京兆尹、兼御史大夫”。十月“甲申，以京兆尹、御史大夫柳公綽爲吏部侍郎”。《白居易集》卷四八《柳公綽可吏部侍郎制》：“敕京兆尹兼御史大夫柳公綽……可尚書吏部侍郎。”又見兩《唐書》本傳、《王正雅傳》，《新書·食貨志四》，《會要》卷六一，《元龜》卷九八一。《金石補正》卷七一《盟吐蕃碑》有“正議大夫京兆尹兼御史大夫柳公綽”署名。《西陲石刻録·唐蕃會盟碑》同。

張平叔　　長慶元年（821）

《白居易集》卷四九《張平叔可京兆少尹知府事制》：“商州刺史張平叔……可京兆少尹，知府事。”《元龜》卷五五三：“韋處厚，穆宗時爲翰林學士、中書舍人，時張平叔以便佞詼諧，他門捷進，自京兆尹爲鴻臚卿、判度支，不數月，宣授户部侍郎。”按張平叔於長慶二年正月以鴻臚卿兼御史大夫判度支，見《舊書·穆宗紀》。其尹京兆當在長慶元年。

劉遵古　　長慶二年（822）

《舊書·元稹傳》：“稹初罷相，三司獄未奏，京兆尹劉遵古遣坊所由潛邐積居第，積奏訴之。上怒，罰遵古。”《新書·元積傳》略同。
《元龜》卷六九九：“劉遵古爲京兆尹，長慶二年六月詔曰：遵古官守尹
寺，所寄非輕。奏事之間，先須摭實。闕於詳審，須示薄懲，宜罰一月
俸料。”《全文》卷六五穆宗《罰劉遵古俸料詔》同。

韓　愈　　長慶三年（823）

《通鑑·長慶三年》：“六月己丑，以吏部侍郎韓愈爲京兆尹……
冬十月丙戌，愈爲兵部侍郎。”《舊書·穆宗紀》同。又見兩《唐書》本
傳、《李紳傳》、《舊書·李逢吉傳》、《元龜》卷三三九、《長安志》卷二、
《會要》卷六七、《全文》卷六八七皇甫湜《韓愈神道碑》《韓文公墓誌銘
并序》、卷六三九李翱《故正議大夫行尚書吏部侍郎韓公（愈）
行狀》。

胡　証　　長慶四年（824）

《舊書·敬宗紀》：長慶四年三月庚申，“工部尚書胡証檢校户部
尚書、京兆尹”。又本傳：“敬宗即位之初，檢校户部尚書、守京兆尹。
數月，遷左散騎常侍。寶曆初，拜户部尚書、判度支。”《新書》本傳略
同。上圖藏拓片《唐故朝議郎行陝州硤石縣令侯公（績）墓誌銘并
叙》：“長慶四年，京兆胡公証奏授京兆府好畤縣尉。”

崔元略　　長慶四年—寶曆元年（824—825）

《舊書·敬宗紀》：長慶四年七月辛未，“以大理卿崔元略爲京兆
尹、兼御史大夫”。寶曆元年七月，“京兆尹崔元略爲户部侍郎”。《通
鑑·寶曆元年》：七月，“諫官言京兆尹崔元略以諸父事內常侍崔潭
峻；丁卯，元略遷户部侍郎”。又見兩《唐書》本傳、《元龜》卷四八二、
卷五二〇、卷六六九。《元龜》卷六九八作“文宗大和中”，誤。

鄭　覃　　寶曆元年（825）

《舊書·敬宗紀》：寶曆元年“閏七月壬午朔，以權知工部侍郎鄭
覃爲京兆尹”。又本傳：“寶曆元年，拜京兆尹。文宗即位，改左散騎

常侍。”《新書》本傳同。《全文》卷六〇九劉禹錫《高陵令劉君遺愛碑》：“寶曆元年，端士鄭覃爲京兆，秋九月，始具以聞。”

劉栖楚　　寶曆元年—大和元年（825—827）

《舊書·敬宗紀》：寶曆元年十一月“壬辰，以刑部侍郎劉栖楚爲京兆尹”。又《文宗紀上》：大和元年正月，“以京兆尹劉栖楚爲桂管觀察使”。《芒洛遺文》卷中《唐故桂管都防禦觀察等使桂州刺史兼御史大夫劉公（栖楚）墓誌》：“遷刑部侍郎，會京兆尹缺，議未有所定，上遂特命授之。”又見兩《唐書》本傳、《熊望傳》《崔咸傳》，《舊書·崔元略傳》，《新書·郭行餘傳》，《通鑑·寶曆二年》，《會要》卷三四、卷五七、卷八六，《元龜》卷一五三，《因話錄》卷二，《唐語林》卷一，《廣記》卷一五六引《唐摭言》，《全文》卷六九三李虞仲《加劉栖楚御史大夫制》。《千唐誌·唐故銀青光禄大夫工部尚書致仕孫府君（公乂）墓誌銘》（大中五年七月三日）：“爲咸陽令，歷四尹，皆以政事見遇，尤爲韓公愈、劉公栖楚信重之。”

庾承宣　　大和元年—約二年（827—約828）

《舊書·文宗紀上》：大和元年正月“癸未，以吏部侍郎庾承宣爲京兆尹、兼御史大夫”。其卸任約在二年正月。

孔　戣　　大和二年—三年（828—829）

《舊書·文宗紀上》：大和二年正月“壬申，以右散騎常侍孔戣爲京兆尹”。三年正月“丁亥，京兆尹孔戣卒”。又見兩《唐書》本傳，《長安志》卷二，《元龜》卷四一八、卷六八一。《白居易集》卷二二《和自勸二首》：“請看韋孔與錢崔，半月之間四人死。”注：“韋中書、孔京兆、錢尚書、崔華州，十五日間，相次而逝。”孔京兆即孔戣，說見岑仲勉《唐史餘瀋·白居易詩之半月》。

崔　護　　大和三年（829）

《舊書·文宗紀上》：大和三年七月“丁酉，以京兆尹崔護爲御史大夫、廣南節度使"。其始任當在本年正月孔戡卒後。

李 諒 大和三年—四年(829—830)

《舊書·文宗紀上》：大和三年七月"戊戌，以大理卿李諒爲京兆尹"。又《文宗紀下》：大和四年七月，"〔京兆尹李諒〕爲桂管觀察使"。又見《唐詩紀事》卷四三。

王 璠 大和四年(830)

《舊書·文宗紀下》：大和四年七月，"以吏部侍郎王璠爲京兆尹、兼御史大夫，代李諒"。十二月丙辰，"〔京兆尹王璠〕爲尚書左丞"。又見兩《唐書》本傳、《宋申錫傳》，《廣記》卷一二二引《逸史》，《元龜》卷六七〇。

崔 琯 大和四年—五年(830—831)

《舊書·文宗紀下》：大和四年十二月"丙辰，以工部侍郎崔琯爲京兆尹，代王璠"。五年五月"丙寅，以京兆尹崔琯爲尚書左(右)丞"。又見兩《唐書》本傳、《宋申錫傳》、《舊書·王正雅傳》，《通鑑·大和五年》，《元龜》卷六一七。

龐 嚴 大和五年(831)

《舊書·文宗紀下》：大和五年五月丙寅，"太常少卿龐嚴權知京兆尹"。八月"丙戌，京兆尹龐嚴卒"。又見兩《唐書》本傳，《廣記》卷一五六引《前定録》。《全詩》卷三五九劉禹錫有《哭龐京兆》、卷三六四有《再傷龐尹》，卷五一一張祜有《哭京兆龐尹》，皆指龐嚴。又卷四八〇李紳《趨翰苑遭誣構四十六韻》"舊交封宿草"注："龐嚴京兆……皆爲塵世。"

杜 悰 大和五年—七年(831—833)

《舊書·文宗紀下》：大和五年八月"庚寅，以司農卿、駙馬都尉杜悰爲京兆尹"。七年三月"癸卯，以京兆尹、駙馬都尉杜悰檢校禮部尚

書,充鳳翔隴右節度"。按本傳作"大和六年轉京兆尹",誤。又見兩
《唐書·王彥威傳》,《會要》卷三九,《新書》本傳,《唐持傳》《刑法志》
《車服志》,《因話録》卷三,《唐語林》卷三、卷七,《廣記》卷四九八引
《幽閑鼓吹》,《元龜》卷六一,《通鑑·大和六年》十二月。《全文》卷七
五六杜牧《唐故岐陽公主墓誌》:"憲宗皇帝即位八年,出嫡女……下
嫁於今工部尚書判度支杜公悰……尚書在澧州三年……後爲大司
徒、京兆尹、鳳翔節度使。"

韋　長　　大和七年—八年(833—834)

《舊書·文宗紀下》:大和七年三月,"以太府卿韋長爲京兆尹"。
八月"戊申,以京兆尹韋長兼御史大夫"。又《刑法志》:"〔大和〕八年
四月……京兆尹韋長奏。"又見《元龜》卷六九六。

賈　餗　　大和八年—九年(834—835)

《舊書》本傳:"〔大和〕八年十一月,遷京兆尹,兼御史大夫。九年
四月,檢校禮部尚書、潤州刺史、浙西觀察使。"又《文宗紀下》:大和九
年四月"辛卯,以京兆尹賈餗爲浙西觀察使"。《新書》本傳略同。又
見《通鑑·大和九年》四月。

楊虞卿　　大和九年(835)

《舊書·文宗紀下》:大和九年四月,"以工部侍郎楊虞卿爲京兆
尹,仍賜金紫……六月……京兆尹楊虞卿家人出妖言,下御史臺。虞
卿弟司封郎中漢公并男知進等八人撾登聞鼓稱冤,敕虞卿歸私
第……秋七月甲申朔,貶京兆尹楊虞卿爲虔州司馬同正"。又見兩
《唐書》本傳,《舊書·李宗閔傳》,《新表一下》楊氏越公房,《通鑑·大
和九年》,《元龜》卷八七五,《廣記》卷二六四引《酉陽雜俎》。《白居易
集》卷三〇《何處堪避暑》詩:"如何三伏月,楊尹謫虔州。"楊尹,即京
兆尹楊虞卿。《千唐誌·唐故楊秀士(皓)墓銘并序》(咸通二年十一
月十四日):"洎我先公皇京兆尹贈户部尚書諱虞卿。"又《唐故朝議大
夫前鳳翔節度副使檢校尚書兵部郎中兼御史中丞弘農楊府君(思

立)墓誌銘并序》(乾符三年九月十日)：“先考虞卿，京兆尹，贈太尉。”
【補遺】《唐故銀青光禄大夫、檢校户部尚書、使持節鄆州諸軍事、守鄆州刺史，充天平軍節度、鄆曹濮等州觀察處置等使、御史大夫、上柱國、弘農郡開國公、食邑二千户弘農楊公(漢公)墓誌銘並序》(咸通二年十一月廿日)：“公諱漢公，字用乂，弘農華陰人也。……是時鄭注以姦詐惑亂文宗皇帝，用事□禁中。公仲兄虔州府君時爲京兆尹，顯不附會。”(周紹良、趙超《唐代墓誌匯編續集》，上海古籍出版社2001年版)仲兄即楊虞卿。

李　石　　大和九年(835)

《舊書·文宗紀下》：大和九年七月“丙午，以給事中李石權知京兆尹”。十一月“戊午，以京兆尹李石爲户部侍郎，判度支”。本傳稱“十月”遷户部侍郎，誤。又見《通鑑·大和九年》十一月。《金石録》卷三〇《唐相公李涼公碑跋》：“自給事中遷京兆尹。”

羅立言　　大和九年(835)

《舊書·文宗紀下》：大和九年十一月戊午，“以京兆少尹羅立言權知府事”。《通鑑·大和九年》十一月同。《舊書》本傳：“〔李〕訓將竊發，須兵集事，以京兆府多吏卒，用立言爲京兆少尹，知府事。訓敗日，族誅。”《新書》本傳略同。又見兩《唐書·李訓傳》，《舊書·王守澄傳》，《廣記》卷一四四引《宣室志》，《長安志》卷九。

張仲方　　大和九年(835)

《通鑑·大和九年》：十一月乙丑，“左散騎常侍張仲方權知京兆尹”。十二月，“時禁軍暴橫，京兆尹張仲方不敢詰，宰相以其不勝任，出爲華州刺史”。《舊書·文宗紀下》：大和九年十二月“丁亥，以權知京兆尹張仲方爲華州防禦使”。又見兩《唐書》本傳，《新書·李訓傳》，《元龜》卷六七五。《白居易集》卷七〇《唐故銀青光禄大夫祕書監曲江縣開國伯張公(仲方)墓誌銘并序》：“爲太子賓客，再爲左散騎常侍，京兆尹，華州刺史兼御史大夫。”

薛元賞　　大和九年—開成元年（835—836）

《舊書·文宗紀下》：大和九年十二月丁亥，"以司農卿薛元賞權知京兆"。開成元年"十二月丙申朔，以京兆尹兼御史大夫薛元賞爲武寧節度、徐泗宿濠觀察等使"。又見兩《唐書·張仲方傳》，《新書》本傳、《王涯傳》，《通鑑·大和九年》十二月，《唐語林》卷三，《元龜》卷一三五、卷六九六。

歸　融　　開成元年—二年（836—837）

《舊書·文宗紀下》：開成元年十二月丙申朔，"以户部侍郎兼御史中丞歸融爲京兆尹"。二年六月，"以前京兆尹歸融爲祕書監"。又見兩《唐書》本傳，《元龜》卷一〇四、卷一一一。《會要》卷二九："開成元年二月，京兆尹歸融奏：甫近上巳，準故事，曲江賜宴。今緣兩公主出降，府司供帳事殷，望請改日。"按"元年"當爲"二年"之誤。

崔　珙　　開成二年—三年（837—838）

《舊書·文宗紀下》：開成二年六月"庚戌，以右金吾衛大將軍崔珙爲京兆尹"。又本傳："〔開成〕二年，檢校吏部尚書、右金吾大將軍，充街使。六月，遷京兆尹……三年正月，盜發親仁里，欲殺宰相李石。其賊出於禁軍，珙坐捕盜不獲，罰俸料。"又見《新書》本傳，《會要》卷六七，《元龜》卷一〇六、卷一四五、卷一五三，《長安志》卷二。

鄭　復　　開成三年—四年（838—839）

《舊書·裴度傳》："御札及門，而度已薨，四年三月四日也。上聞之，震悼久之……詔京兆尹鄭復監護喪事，所須皆官給。"《舊書·文宗紀下》：開成四年九月"甲辰，以京兆尹鄭復爲劍南東川節度使"。《全文》卷七九四孫樵《梓潼移江記》："民以滎陽公嘗爲京兆，既憚其猛，及是民心大栗。"滎陽公即指鄭復。上圖藏拓片《曹州刺史崔鄆墓誌》（大中九年二月廿三日）："今唐州尚書鄭公初拜尹京，志在求理，飽君才實，奏爲京兆司録。"鄭公或即鄭復。又見《新書》本傳，《元龜》

卷四六九、卷六九九。

敬　昕　　開成四年—五年（839—840）

《舊書·文宗紀下》：開成四年九月"丙午，以前江西觀察使敬昕爲京兆尹"。《通鑑·開成五年》：八月，"貶京兆尹敬昕爲郴州司馬"。坐文宗龍輴陷也。

高元裕　　開成五年—會昌二年（840—842）

《舊書》本傳："會昌中，爲京兆尹。大中初，爲刑部尚書。"《新書》本傳未及。《全文》卷七六四蕭鄴《大唐故吏部尚書渤海高公（元裕）神道碑》："進尚書右丞，改京兆尹，未幾授左散騎常侍……尋改宣歙池□□□□使。"據《僕尚丞郎表》，高元裕約於開成末爲尚書右丞。按會昌五年高元裕爲宣歙池觀察使。

崔　郇　　會昌二年（842）

《金石萃編》卷八〇《華嶽題名》："正議大夫守京兆尹賜紫金魚袋崔郇、華州華陰縣令崔宏，會昌二年六月十六日郇自汝海將赴闕庭，時與宏同謁廟而過。"《關中金石記》卷四引此題名云："會昌二年六月刻，行書，郇時官京兆尹。"

盧弘宣　　會昌二年（842）

《新書》本傳："開成中，山南、江西大水，詔弘宣與吏部郎中崔瑝分道賑恤，使有指。還，遷京兆尹、刑部侍郎。拜劍南東川節度使。"按弘宣以給事中往陳許等道宣慰，事在開成三年八月，見《舊書·文宗紀下》。《全文》卷七二八封敖《授李執方陳許節度使盧弘宣易定節度使制》："檢校工部尚書兼祕書監賜紫金魚袋盧弘宣……或執金吾而勤書巡夜警之績，或尹京兆而著擒奸擿伏之名。"按《僕尚丞郎表》謂弘宣約會昌二、三年由京兆尹換刑部侍郎，出爲劍南東川節度使。姑從之，繫於會昌二年。當在崔郇後，盧商前。

盧　商　　會昌二年—三年（842—843）

《舊書》本傳：“入爲刑部侍郎，轉京兆尹。三年，朝廷用兵上黨……以商爲户部侍郎，判度支。”《新書》本傳略同。《全文》卷七二八封敖《授盧商東川節度使制》：“貳秋曹而無留獄，大京兆而有餘地……可檢校禮部尚書兼御史大夫、東川節度使。”按盧商於會昌四年爲東川節度。

薛元賞　　會昌四年—五年（844—845）

《舊書·武宗紀》：會昌四年“五月，以司農卿薛元賞爲京兆尹”。《新書》本傳：“會昌中，德裕當國，復拜京兆尹……就加檢校吏部尚書。閲歲，進工部尚書，領諸道鹽鐵轉運使。”《全文》卷四三八李訥《授薛元賞昭義軍節度使制》：“再尹京邑，威名甚高。”又見《廣記》卷二六三引《酉陽雜俎》，《長安志》卷二。

柳仲郢　　會昌五年（845）

《舊書》本傳：“〔會昌〕五年，淮南奏吳湘獄，御史崔元藻覆按得罪，仲郢上疏理之……德裕奏爲京兆尹……爲北司所譖，改右散騎常侍，權知吏部尚書銓事。宣宗即位，德裕罷相，出仲郢爲鄭州刺史。”《通鑑·會昌五年》：二月，“李德裕以柳仲郢爲京兆尹”。《金石補正》卷七四《唐故柳氏長殤女墓誌銘并序》：“兄中散大夫權知京兆尹……仲郢撰……會昌五年五月二十一日……兄仲郢見任京兆尹。”《唐文拾遺》卷二九同。又見《新書》本傳，《元龜》卷六九六，《長安志》卷二。

薛元龜　　會昌五年？—六年（845？—846）

《新書·薛元賞傳》：“會昌中，德裕當國，復拜京兆尹……就加檢校吏部尚書。閲歲，進工部尚書，領諸道鹽鐵轉運使。德裕用元賞弟元龜爲京兆少尹，知府事。宣宗立，罷德裕，而元龜坐貶崖州司户參軍。”《通鑑·會昌六年》：四月“甲戌，貶工部尚書、判鹽鐵轉運使薛元賞爲忠州刺史，弟京兆少尹、權知府事元龜爲崖州司户，皆德裕之黨也”。則薛元龜以少尹權知府事當在柳仲郢卸任以後，韋正貫任職之前。

韋正貫　　會昌六年—大中元年（846—847）

《新書》本傳：“久之，進壽州團練使。宣宗立，以治當最，拜京兆尹、同州刺史。俄擢嶺南節度使。”《全文》卷七二六崔嘏有《授韋正貫京兆尹制》，又卷七六四蕭鄴《嶺南節度使韋公神道碑》：“今上初即位，以理行徵拜京兆尹……居二年，乞退，除同州刺史。”

李　拭　　大中元年—二年（847—848）

《新書·李鄘傳》：“子拭，仕歷宗正卿，京兆尹，河東、鳳翔節度使，以祕書監卒。”《會稽掇英總集·唐太守題名》：“李栻（拭），大中二年二月自京兆尹授。”《樊南文集補編》卷四《爲滎陽公與京兆李尹狀》，京兆李尹，當指李拭。滎陽公，指鄭亞，李商隱大中元年在鄭亞幕。

鄭　涓　　大中三年—四年（849—850）

《全文》卷七八八蔣伸《授鄭涓徐州節度使制》：“平盧軍節度使……鄭涓……洎尹正神州，益彰才用。不施鈎距之術，自銷枹鼓之鳴。論洽縉紳，名喧輦轂。爰授征鉞，出臨全齊。”《全詩》卷五二一杜牧有《道一大尹存之庭美二學士簡於聖明自致霄漢呈上三君子》詩。按“道一”爲鄭涓字，見《新表五上》；“存之”爲畢諴字，“庭美”爲鄭處誨字。據《翰林承旨學士壁記》，畢諴大中四年二月充，六年七月出院；鄭處誨大中三年五月充，四年八月出院。證知杜牧作此詩時鄭涓尚在京兆尹任。其卸京尹不得早於大中四年二月。則鄭涓當於大中四年由京兆尹出爲平盧節度使。

崔　侃　　約大中四年（約850）

《廣記》卷二八三引《雲溪友議》：“唐太僕卿韋覲欲求夏州節度使，有巫者知其所希……仰天大叫曰：‘韋覲有異志，令我祭天。’韋合族拜曰：‘乞山人無以此言，百口之幸也。’凡所玩用財物，盡與之。時崔侃充京尹，有府囚叛獄，謂巫者是其一輩。里胥詰其衣裝忽異，巫情窘，乃云：‘太僕卿韋覲曾令我祭天，我欲陳告，而以家財求我，非竊

盗也.'既當申奏,宣宗皇帝召覿至殿前,獲明冤狀……其師巫便付京
兆處死,韋貶潘州司馬。"按《新表二下》南祖崔氏:"侃,朔州刺史。"未
知是否此人? 姑置於大中四年。

韋 博　　大中五年—六年(851—852)

《舊書·宣宗紀》:大中五年"十月己亥,京兆尹韋博奏:'京畿富
户爲諸軍影占,苟免府縣色役,或有追訴,軍府紛然。請准會昌三年
十二月敕,諸軍使不得强奪百姓入軍。'從之"。大中五年"十二月,盜
斫景陵神門戟,京兆尹韋博罰兩月俸"。又見《元龜》卷一五三。《新
書》本傳:"進左大夫,爲京兆尹。與御史中丞囂競不平,皆得罪,下除
博衛尉卿。出爲平盧節度使、檢校禮部尚書。"按韋博約大中六年爲
平盧節度使。

孫景商　　大中六年—八年(852—854)

《隋唐五代墓誌匯編·洛陽卷》第十四册《唐故天平軍節度鄆曹
濮等州觀察處置等使朝請大夫檢校禮部尚書使持節鄆州諸軍事兼鄆
州刺史御史大夫上柱國賜紫金魚袋贈兵部尚書孫府君(景商)墓誌銘
并序》(大中十年十月二十七日):"徵拜給事中。半歲,爲京兆尹……
居二年,政以清,遷刑部侍郎……出拜天平軍節度、鄆曹濮觀察等使、
檢校禮部尚書、兼御史大夫。"大中十年八月廿二日卒,年六十四。

畢 誠　　大中八年?(854?)

《全文》卷七九宣宗《授畢誠昭義節度使制》:"屢鎮邠郊,頗彰績
效……尹於神州,能安疲瘵。"據《舊書·宣宗紀》,畢誠於大中十年十
月由邠寧慶節度遷昭義節度。疑在此之前曾一度爲京兆尹。

柳 憙　　大中九年(855)

《東觀奏記》卷下:"大中九年……前進士柳翰,京兆尹柳惠之子
也。"按"柳惠"當爲"柳憙"之誤。柳憙於大中十一年四月由邠寧節度
使遷河南尹,見《舊書·宣宗紀》。

崔 罕　　大中九年—十年（855—856）

《東觀奏記》卷中："崔罕爲京兆尹，内園巡官不避馬，杖之五十四方死，上赫怒……貶湖南觀察使。"又："上以崔罕、〔崔〕郢併敗官，面召翰林學士韋澳，授京兆尹，便令赴任。"《通鑑·大中十年》五月下《考異》云："《貞陵遺事》《東觀奏記》皆曰：'帝以崔罕、崔郢併敗官，面授澳京兆尹。'按《大中制集》，澳代罕，郢代澳，云罕、郢併敗官，誤也。今從《實錄》《新紀》《舊紀》《新傳》。"據《東觀奏記》，崔罕由京兆尹貶湖南觀察使。《方鎮年表》著録崔罕於大中十年自京兆尹遷湖南觀察使，則其爲京兆尹當在大中九年至十年，應爲柳憙後任。

韋 澳　　大中十年—十一年（856—857）

《通鑑·大中十年》："上以京兆久不理，夏五月丁卯，以翰林學士、工部侍郎韋澳爲京兆尹。"又《大中十一年》：正月"丙辰，以澳爲河陽節度使"。《舊書·宣宗紀》：大中八年五月，"以中書舍人、翰林學士韋澳爲京兆尹"。十一年正月，"以朝散大夫守京兆尹……韋澳檢校工部尚書、孟州刺史、御史大夫，充河陽三城節度、孟懷澤觀察處置等使"。《唐摭言》卷二作"大中七年，韋澳爲京兆尹"。按丁居晦《重修承旨學士壁記》："韋澳……十年五月二十五日授京兆尹。"則《舊書·宣宗紀》之"八年"、《唐摭言》之"七年"皆爲"十年"之誤。韋澳爲京兆尹，又見兩《唐書》本傳，《東觀奏記》卷中、卷下，《南部新書》丁，《唐語林》卷一、卷二，《長安志》卷二、卷一〇。《全文》卷八三四錢珝《爲集賢崔相公論京兆除授表》："宣宗皇帝求理之切，常輟翰林學士韋澳授以此官。"

崔 郢　　大中十一年（857）

《東觀奏記》卷中："崔郢爲京兆尹，囚徒逸獄而走，上始命造京兆尹廨宅，京兆尹不得離府。"《舊書·宣宗紀》：大中十一年四月，"以朝議大夫、權知京兆尹崔郢爲濮王傅，分司東都，以決殺府吏也"。又見《元龜》卷一五三，《南部新書》丁、辛，《唐語林》卷一、卷七，《廣記》卷二二三引《盧氏雜説》。

張毅夫　　大中十一年—十二年（857—858）

《舊書·宣宗紀》：大中十一年四月，“以江西觀察使、洪州刺史、御史中丞、上柱國、賜紫金魚袋張毅夫爲京兆尹”。十二年正月，“以中大夫、守京兆尹、上柱國、賜紫金魚袋張毅夫爲鄂州刺史、御史大夫、鄂岳蘄黄申等州都團練觀察使”。《全文》卷八一七黄璞《王郎中傳》：“馮涯爲試官……以宋言爲解頭，公爲第二。時毅夫中丞尹京兆，怒涯不取旨，撝命收榜。”《廣記》卷二七八引《雲溪友議》：“大中十一年，時京兆尹張毅夫以馮參軍解送舉人有私，奏遣澧州司户。”

孔温裕　　約大中末、咸通初

《舊書·孔戣傳》：“子遵孺、温裕，皆登進士第。大中已後，迭居顯職。温裕位京兆尹、天平軍節度使。”《新書》本傳未及。據《通鑑》，温裕咸通四至八年爲忠武節度使，八至十一年爲天平節度使。則其約在大中末、咸通初，自河南尹遷京兆尹。

李從晦　　約咸通二年—三年（約861—862）

《新書》本傳：“出爲常州刺史。鎮海軍節度使李琢表其政，賜金紫。歷京兆尹、工部侍郎、山南西道節度使。”按李琢大中十二年爲鎮海節度。又按咸通三年九月，以户部侍郎李〔從〕晦檢校工部尚書兼興元尹、山南西道節度使，見《舊書·懿宗紀》。則其爲京兆尹約在咸通二年至三年，當在孔温裕後。

李　蠙　　咸通四年—五年（863—864）

《通鑑·咸通五年》：“春正月，以京兆尹李蠙爲昭義節度使。”《舊書·懿宗紀》：咸通四年三月，“以户部侍郎李蠙檢校禮部尚書、潞州大都督府長史，充昭義節度、觀察處置等使”。未及爲京尹事。按《北夢瑣言》及《通鑑》，咸通四年十二月前昭義節度爲沈詢，《舊書·懿宗紀》誤。

李　蔚　　咸通六年—七年（865—866）

《舊書》本傳：“咸通五年，權知禮部貢舉。六年，拜禮部侍郎，轉尚書右丞……尋拜京兆尹、太常卿。尋以本官同平章事。"《新書》本傳："俄拜京兆尹、太常卿。出爲宣武節度使，徙淮南。"按《唐闕史》卷下《御樓前一日雨》："咸通丙戌歲……時丞相李公蔚尹正神州。"咸通丙戌歲，爲咸通七年。

温　璋　　咸通七年—十一年（866—870）

《舊書·懿宗紀》：咸通十一年八月，"宰相劉瞻、京兆尹温璋上疏論諫行法太過，上怒，叱出之"。九月，"京兆尹温璋貶振州司馬，制出之夜，璋仰藥而死"。《通鑑·咸通十一年》八月記載同。又見兩《唐書》本傳，《舊書·劉瞻傳》，《新表二中》温氏，《南部新書》庚，《北夢瑣言》卷九，《唐語林》卷七，《廣記》卷一八八、卷二七一、卷四六三。按《廣記》卷四九引《三水小牘》云："温璋，唐咸通壬辰尹正天府。"咸通壬辰爲咸通十三年，誤。

薛　能　　咸通十一年—十四年（870—873）

《舊書·懿宗紀》：咸通十一年"十月，以給事中薛能爲京兆尹"。十二年正月"辛酉，葬衛國公主於少陵原……京兆尹薛能爲外監護"。《通鑑·咸通十二年》："四月癸卯，以〔路〕巖同平章事……權京兆尹薛能，巖所擢也。"《唐摭言》卷三："乾符中，薛能尚書爲大京兆。"又見《廣記》卷一七八引。作"乾符中"，誤。《唐詩紀事》卷六〇薛能："京兆尹温璋貶，命權知尹州，出爲感化節度。"證知薛能爲温璋後任。《全詩》卷六七六鄭谷有《獻大京兆薛常侍能》。《會要》卷六、《唐語林》卷七、《廣記》卷一八八引《玉泉子》均有薛能爲京兆尹記載。《唐語林》卷三："懿宗迎佛骨……明年，懿宗崩，京兆尹薛逢毀之無遺。"按薛逢官未至京兆尹。此"薛逢"爲"薛能"之誤。證知懿宗崩時薛能尚在任。

竇　澣　　乾符元年（874）

《舊書·僖宗紀》：乾符元年三月，"以銀青光禄大夫、京兆尹、上柱國、岐山郡開國公、食邑三千户竇澣檢校户部尚書、太原尹、北都留守、御史大夫，充河東節度管内觀察處置等使"。

楊 損　　*乾符元年(874)*

《舊書》本傳："路巖罷相，徵拜給事中，遷京兆尹。盧攜作相，有宿憾，復拜給事中，出爲陝虢觀察使。"《新書》本傳略同。按路巖罷相在咸通十二年，盧攜拜相在乾符元年十月。

馮 緘　　*乾符元年—二年(874—875)*

《新書》本傳："乾符初，歷京兆、河南尹。"《劇談録》卷上："馮緘給事常聞京師多任俠之徒，及爲尹，密詢左右。"

張 禓　　*乾符二年(875)*

《舊書·僖宗紀》：乾符二年四月，"新除吏部侍郎張禓爲京兆尹"。七月，"以京兆尹張禓檢校户部尚書、兼鄆州刺史、御史大夫，充天平軍節度、鄆曹濮觀察等使"。又本傳："〔韋〕保衡誅，〔于〕琮得雪，禓量移入朝，爲太子賓客，遷吏部侍郎、京兆尹。乾符三年，出爲華州刺史。其年冬，檢校吏部尚書、鄆州刺史，天平軍節度觀察等使。"

楊知至　　*乾符二年—三年(875—876)*

《通鑑·乾符二年》：七月，"京兆尹楊知至奏'蝗入京畿，不食稼，皆抱荆棘而死'。宰相皆賀"。《舊書》本傳："累遷京兆尹、工部侍郎。"又《僖宗紀》：乾符三年九月，"京兆尹楊知至爲工部侍郎"。

崔 涓　　*乾符三年—四年(876—877)*

《唐摭言》卷二："乾符四年，崔渭（涓）爲京兆尹，復置等第。差萬年尉公乘億爲試官，試《火中寒暑退賦》《殘月如新月》詩。"按崔涓乾符元年至三年爲荆南節度。當是由荆南遷京兆尹。

竇 璟　　*乾符四年(877)*

《通鑑·乾符四年》："〔十月〕，河中軍亂，逐節度使劉偘，縱兵焚掠。以京兆尹竇璟爲河中宣慰制置使。"

蕭 廩　　乾符五年?—廣明元年(878?—880)

《元龜》卷六八九:"蕭廩,乾符中除京兆尹。"《通鑑・廣明元年》:十二月,"賊之攻潼關也,朝廷以前京兆尹蕭廩爲東道轉運糧料使;廩稱疾,請休官,貶賀州司户"。《南部新書》丁:"蕭廩新爲京尹,楊復恭假子抵罪,仍毆地界。廩斷曰:'新除京尹,致打所由,將令百司,難逃一死。'由是内外畏服。"

竇 潏　　廣明元年(880)

《北夢瑣言》卷一三:"黄巢犯闕,〔河中〕元戎李都奉僞,畏〔王〕重榮黨附者多,因薦〔重榮〕爲副使……及都至行在,朝廷又以前京兆尹竇潏間路至河中代都爲帥,重榮迎之。"又見廣明元年《通鑑考異》引。《新書・王重榮傳》:"天子使前京兆尹竇潏間道慰其軍,因詔代都。"

李 湯　　廣明元年(880)

《新書・僖宗紀》:廣明元年十二月庚子,"京兆尹李湯死於黄巢"。又見《李宗閔傳》,《通鑑・廣明元年》十二月。

王 璠　　廣明元年(880)

《舊書・黄巢傳》:廣明元年十二月"十三日,賊巢僭位,國號大齊,年稱金統……以前浙東觀察使崔璆、楊希古、尚讓、趙章爲四相……王璠爲京兆尹"。《新書・黄巢傳》略同。

蕭 廩　　中和元年(881)

《舊書》本傳:"中和中,徵爲中書舍人,再遷京兆尹。僖宗再幸山南,廩以疾不能從。"《新書》本傳:"廣明初,以諫議大夫知制誥……俄遷京兆尹。"《舊五代史・蕭頃傳》:"京兆尹廩之子。"

楊 損　　中和元年—二年(881—882)

《唐語林》卷七:"秦韜玉應進士舉,出於單素,屢爲有司所斥。京兆尹楊損奏復等列。時在選中。明日將出榜,其夕忽叩試院門,大聲曰：‘大尹有帖！’試官沈光發之，曰：‘聞解榜內有人，曾與路巖作文書者，仰落下。’光以韜玉爲問，損判曰：‘正是此。’”按《唐詩記事》及《唐才子傳》皆謂韜玉中和二年歸仁紹主試下特敕賜進士及第，編入春榜。《雲溪友議》卷中彰術士：“獨楊損尚書，三十年來，兩爲給事，再任京尹。”則楊損再爲京尹當在中和元、二年間。兩《唐書》本傳謂乾符末卒於青州，疑有誤。

李思恭（拓拔思恭）　中和二年—四年（882—884）

《新書·西域上·党項傳》：“中和二年，詔〔拓拔思恭〕爲京城西面都統、檢校司空、同中書門下平章事。俄進四面都統，權知京兆尹。賊平，兼太子太傅，封夏國公，賜姓李。嗣襄王煴之亂，詔思恭討賊，兵不出，卒。”

王　徽　中和四年—光啓二年（884—886）

《通鑑·中和四年》：九月，“以右僕射、大明宮留守王徽知京兆尹事”。《舊書·僖宗紀》：光啓元年十二月，“賊平之後，令京兆尹王徽經年補葺，僅復安堵”。《舊書》本傳：“進位檢校司空，御史大夫，權知京兆尹事……權臣愈怒，奏罷徽使務，以本官徽赴行在。尋授太子少師，移疾退居蒲州。”《新書》本傳略同。

薛　杞　光啓二年（886）

《舊書·王徽傳》：“進位檢校司空、御史大夫，權知京兆尹事。中外權臣，遣人治第京師……徽不避權豪，平之以法。由是殘民安業，而權幸側目惡其強，乃以其黨薛杞爲少尹，知府事。杞方居父喪，徽執奏不令入府。權臣愈怒，奏罷徽使務，以本官徽赴行在。”《新書·王徽傳》略同。

獨孤損　光啓中？

《全文》卷八三七薛廷珪《授中書舍人獨孤損御史中丞制》稱：“立我明廷，號爲端士。逮予寡昧，歷事三朝。勞爾班行，向逾二紀。回翔兩披，尹正神京，直聲載揚，休問逾暢。”由“尹正神京”語，知損曾爲京兆尹。據《舊書·薛廷珪傳》：“大順初，累遷司勳員外郎，知制誥，正拜中書舍人。”制當作於大順中，制中“三朝”則指懿、僖、昭三朝。故疑獨孤損爲京兆尹在光啓中。據《登科記考》卷二四，獨孤損乾寧三年以禮部侍郎知貢舉。光化三年爲吏部侍郎，見《唐摭言》卷一一。

崔　鍇　　光啓末？

《舊書·崔元式傳》：“元式子鍇，仕至京兆尹。”按元式大中初爲相。又按崔鍇乾符末爲濠州刺史，見《吳越備史》卷一及《通鑑·廣明元年》七月《考異》引《實錄》。

孫　揆　　龍紀元年—大順元年（889—890）

《舊書·昭宗紀》：龍紀元年正月，“以刑部侍郎孫揆爲京兆尹”。大順元年六月，“以京兆尹、行營兵馬副招討孫揆檢校兵部尚書，兼潞州大都督府長史，充昭義節度副大使、知節度事”。又見《舊書·秦宗權傳》、《新書·昭宗紀》、本傳、《沙陀傳》，兩《唐書·張濬傳》，《舊五代史·唐武皇紀上》《唐莊宗紀上》《李存孝傳》，《元龜》卷七、卷一二三、卷三二三，《北夢瑣言》卷一五，《通鑑·龍紀元年》《大順元年》。

裴　樞　　約大順元年—二年（約 890—891）

《舊書》本傳：“龍紀初，擢拜給事中，改京兆尹。宰相孔緯尤深獎遇。大順中，緯以用兵無功貶官，樞坐累爲右庶子，尋出爲歙州刺史。”《新書》本傳略同。按孔緯貶官在大順元年十二月，見《舊書·昭宗紀》。

鄭延昌　　大順二年（891）

《新書》本傳：“黃巢亂京師，〔鄭〕畋倚延昌調兵食，且諭慰諸軍。畋再秉政，擢司勳員外郎、翰林學士。進累兵部侍郎，兼京兆尹，判度支。拜戶部尚書，以中書侍郎同中書門下平章事兼刑部尚書。”又見《唐語林》卷四。按鄭延昌於景福元年三月以戶部尚書爲中書侍郎、同中書門下平章事，見《新書·宰相表》。則其以兵侍兼京兆尹當在大順二年。石刻拓片《唐故清海軍節度掌書記太原王府君（渙）墓誌銘》：“又故相國太平鄭公與君有中外之密……洎先駕駐岐之年，鄭公以計務兼大京兆之任，充京城招葺制置使，凡所章奏，時悉委之。”按光啓三年僖宗出駐鳳翔，鄭公當即鄭延昌，時住太平坊，故稱“太平鄭公”。參見岑仲勉《金石論叢·從王渙墓誌解決了晚唐史一兩個問題》。

趙光裔　　約景福二年—乾寧元年（約893—894）

《全詩》卷六七四鄭谷《府中寓止寄趙大諫》：“老作含香客，貧無僦居錢。神州容寄迹，大尹是同年。”大諫，諫議大夫；神州，指京城，此指京兆府。鄭谷光啓三年（887）登進士第，其同年進士，趙姓者有光裔、昌翰兩從兄弟。《廣卓異記》引《趙氏科名錄》謂“光啓三年故柳大夫榜，再從弟兩人同年及第，即昌翰、光庭也”。熊飛謂：光庭似應爲光裔之誤。據鄭谷《寄同年禮部趙郎中》“小儀澄淡轉中儀”詩（《全詩》卷六七四），可定爲光裔。光裔兩《唐書》有傳，由禮部員外郎（小儀）轉爲郎中（中儀）。傳未及諫議大夫、京兆尹事，光裔應在禮部郎中任後以諫議大夫銜爲京兆尹。鄭谷時在京兆府屬縣任職，據谷生平，景福二年（893）授京兆府鄠縣尉，乾寧元年兼攝京兆參軍。谷詩當寫於此時，其間京兆尹爲同年趙光裔。

李知柔　　乾寧二年—三年（895—896）

《新書》本傳：“嗣王，再爲宗正卿。久之，擢京兆尹。”《舊書·昭宗紀》：乾寧二年“六月丁亥朔，以京兆尹、嗣薛王知柔兼户部尚書、判度支，兼諸道鹽鐵轉運等使”。“三年春正月癸丑朔，制以特進、户部尚書、兼京兆尹、嗣薛王知柔檢校司徒，兼廣州刺史、御史大夫，充清海軍節度、嶺南東道觀察處置等使”。又見《新書·宰相表下》，《元龜》卷四八三，《會要》卷八七、卷八八，《通鑑·乾寧二年》七月。

孫　偓　　乾寧三年（896）

《舊書·昭宗紀》：乾寧三年九月，“以京兆尹孫偓爲兵部侍郎、同平章事”。《元龜》卷七四作“乾寧三年八月”。《新書·昭宗紀》：乾寧二年十月，“京兆尹孫偓爲户部侍郎、同中書門下平章事”。《宰相表下》同。《通鑑·乾寧二年》：十月，“以京兆尹武邑孫偓爲兵部侍郎、同平章事”。按《舊書·昭宗紀》，乾寧二年六月至三年正月，京兆尹爲李知柔，孫偓何得於二年十月前爲京兆尹？據《僕尚丞郎表》考證，孫偓於乾寧三年七月由京兆尹入爲中書侍郎、同平章事。《新書》及《通鑑》皆誤。

王彦昌　　乾寧三年（896）

《唐摭言》卷九：“王彦昌……廣明歲駕幸西蜀，恩賜及第，後爲嗣薛王知柔判官。昭宗幸石門，時宰臣與學士不及隨駕，知柔以京尹判齪，權中書……知柔以彦昌名聞，遂命權知學士。居半歲，出拜京尹，又左常侍、大理寺卿。爲本寺人吏所累，南遷。”

韓　建　　乾寧三年—光化三年？（896—900？）

《舊書·昭宗紀》：乾寧三年“十一月丁朔，以韓建兼領京兆尹、京城把截使”。光化元年正月，“命京兆尹韓建入京城計度”。《通鑑·乾寧三年》作十月丁巳，“以韓建權知京兆尹，兼把截使”。又見《舊五代史》本傳，《元龜》卷一七八。

孫　儲　　光化三年（900）

《舊書·昭宗紀》：光化三年七月，“以金紫光禄大夫守兵部尚書、上柱國、樂安郡開國公、食邑一千五百户孫儲守兵部尚書，兼京兆尹”。又見《新表三下》孫氏。

鄭元規　　天復元年—天祐元年（901—904）

《舊五代史·梁太祖紀二》：天復元年，“唐丞相崔胤、京兆尹鄭元規至華州，以速迎奉爲請，許之”。天祐元年正月，“帝乃密令護駕都指揮使朱友諒矯昭宗命，收宰相崔胤、京兆尹鄭元規等殺之”。按《舊書·昭宗紀》稱天復三年十二月鄭元規爲京兆尹，是月被殺，疑誤。鄭元規爲京兆尹事，又見《舊書》本傳、《昭宗紀》、《新書·昭宗紀》、本傳、《兵志》、《劉季述傳》、《元龜》卷一八七，《通鑑・天祐元年》，《會要》卷七一等。

韓　建　　天祐元年—三年（904—906）

《舊五代史》本傳：“昭宗東遷，以建爲佑國軍節度使、京兆尹……天祐三年，改青州節度使。”《通鑑・天祐元年》：三月，“〔朱〕全忠奏以長安爲佑國軍，以韓建爲佑國節度使”。《舊書・哀帝紀》：天祐三年六月，“制以京兆尹、佑國軍節度使韓建爲青州節度使，代王重師”。

王重師　　天祐三年—四年（906—907）

《舊書・哀帝紀》：天祐三年六月，“以〔王〕重師代〔韓〕建爲京兆尹”。又見《舊五代史》本傳，《元龜》卷八四五。

待考録

李　鑾

《雲溪友議》卷下《和戎諷》：“憲宗皇帝朝，以北狄頻侵邊境，大臣奏議，古者和親有五利，而無千金之費。上曰：‘比聞有一卿能爲詩，而姓氏稍僻，是誰？’……上遂吟曰……侍臣對曰：‘此是戎昱詩也。京兆尹李鑾擬以女嫁昱，令其改姓，昱固辭焉。’”又見《廣記》卷一二八，《唐詩紀事》卷二八戎昱。《古今姓氏書辯證》卷一戎氏：“唐虔州刺史戎昱，岐州人，有詩名，初舉進士，京兆尹李鑾欲妻以女，使改姓，昱貽詩曰‘千金未必能移姓’，乃止。”按戎昱生活年代約天寶三載至貞元十六年（744—800）間，未知李鑾尹京於何年。

吴　讓

《寶刻叢編》卷七引《京兆金石録》有《唐京兆尹左僕射吴讓碑》。

王　爽

《廣記》卷六九引《逸史》：“唐元和初，萬年縣有馬士良者犯事，時進士王爽爲京尹,執法嚴酷,欲殺之,士良乃亡命入南山。"王爽事迹無考,是否爲京兆尹,可疑。

敬　寬

《姓纂》卷九河東敬氏:"寬,京兆尹。"按《新表五上》敬氏:"寬,太子詹事。"乃御史大夫敬括之子。按敬寬元和元年二月以度支郎中爲山劍行營糧料使,見《舊書·憲宗紀》。疑其爲京尹乃修《姓纂》時見官,《新表》則書其終官。然元和間任京兆尹者,《舊書·憲宗紀》記載甚詳,不容插入,或敬寬其時爲少尹,《姓纂》誤歟?

藺　某

《全文》卷四二七于邵《送藺舍人兼武州長史序》:"舍人丈以元昆尹京之明月,始爲西府連辟,將展驥足於廣西之地。"此"尹京"之"元昆"藺某名字及任職年月皆無考。

卷三　華州（太州、華陰郡）

義寧元年析京兆郡之鄭、華陰置。武德元年曰華州。垂拱二年避武氏諱曰太州。神龍元年復故名。天寶元年改爲華陰郡。乾元元年復爲華州。上元二年又更名太州。寶應元年復故名。乾寧四年曰興德府，改華州刺史爲興德尹。光化三年復爲州。領縣三：鄭、華陰、下邽。

趙慈景　　*武德元年（618）*

《新書·公主傳》：“長廣公主，始封桂陽，下嫁趙慈景。慈景，隴西人……帝平京師，引拜開化郡公，爲相國府文學。進兵部侍郎，爲華州刺史。討堯君素，戰死，贈秦州刺史，諡曰忠。”按《通鑑·武德元年》：六月甲戌朔，“擢趙慈景爲兵部侍郎”。十一月癸丑，“行軍總管趙慈景尚帝女桂陽公主，爲君素所擒，梟首城外，以示無降意”。又見《姓纂》卷七趙氏，《元龜》卷四二五、卷四四七、卷八六八。曲石藏《唐故蘇州別駕趙益誌》（大曆十四年十一月十六日）：“曾祖慈景，金紫光禄大夫、兵部侍郎、華州刺史、駙馬都尉。當皇家□命之初，元聖經綸之日，親□戎律，以佐義師。及出征蒲坂，爲殘寇所陷。賞功褒德，追諡曰忠。”趙益卒大曆十四年，享齡七十四。

柴　紹　　*貞觀二年—三年（628—629）*

《舊書》本傳：貞觀二年，“出爲華州刺史。七年，加鎮軍大將軍”。《新書》本傳略同。《新書·太宗紀》：貞觀三年九月丁巳，“華州刺史柴紹爲勝州道行軍總管，以伐突厥”。十一月庚申，“華州刺史柴紹爲金河道行軍總管”。《通鑑・貞觀三年》十一月、《元龜》卷九八五同。

李元昌　　貞觀五年(631)

《舊書》本傳：貞觀五年，“授華州刺史，轉梁州都督”。又見《元龜》卷二八一。

張大師　　貞觀中

《舊書・張儉傳》：“儉兄大師，累以軍功仕至太僕卿、華州刺史、武功縣男。”《新書・張儉傳》略同。北圖藏拓片《大唐故少府監范陽縣伯張公(去奢)墓誌銘并序》(天寶六載十月七日)：“始公之伯曾祖華州刺史大師、營州都督儉、左衛大將軍延師，各以勳庸，荷斯寵祿。”去奢卒於天寶六載，春秋六十。《長安志》卷八：安邑坊西南隅有左衛大將軍范陽公張延師宅。注云：“延師兄大師，銀青光祿大夫華州刺史。”按張儉卒於永徽四年，其兄大師刺華當在貞觀年間。

李君羨　　貞觀二十二年(648)

《舊書》本傳：“太宗即位，累遷華州刺史，封武連郡公。”《新書・太宗紀》：貞觀二十二年七月“壬辰，殺華州刺史李君羨”。又見本傳，《通鑑・貞觀二十二年》六月。

蕭齡之　　永徽二年(651)

《會要》卷三九：永徽二年七月二十五日，“華州刺史蕭齡之前任廣州都督，受左智遠及馮盎妻等金銀奴婢等”。《元龜》卷六一六同。《全文》卷一一高宗《流蕭齡之嶺南詔》：“華州刺史蕭齡之……心如谿壑，聚斂無厭，不憚典章，唯利是視……可除名，配流嶺南遠處。”又見《舊書・唐臨傳》。

于志寧　　麟德元年—二年(664—665)

《舊書》本傳：麟德元年，“累轉華州刺史，年老請致仕，許之。二年,卒于家"。又《高宗紀》:麟德二年十一月"庚寅,華州刺史、燕國公于志寧卒"。《新書》本傳略同。《全文》卷一三七令狐德棻《大唐故柱國燕國公于君碑銘并序》:"俄布恩詔遷岐州刺史,考績入□□,除華州……屢辭老病……以麟德二年十月廿日薨於東都安衆里之第。"又見姚崇《兗州都督于知微碑》。

喬師望　　上元二年(675)

《全文》卷一八七喬師望小傳:"顯慶三年爲涼州刺史,上元二年移華州。"《續華州志》卷三《官師列傳》:"《小華西峰秦皇觀基浮圖銘》云,唐上元五年,銀青光禄大夫檢校華州刺史、襄邑縣開國子、駙馬都尉喬師望製文。"按上元無五年,似以二年爲是。又按喬師望貞觀二十年爲夏州都督。

權萬春　　高宗時?

《全文》卷三九〇獨孤及《唐故朝議大夫高平郡別駕權公(徹)神道碑銘并序》:"士玼生萬春,歷華州刺史……華州嗣右領軍將軍曰文獎。領軍嗣永興令曰懷育。公,永興之嗣也。"按權徹卒於天寶六載八月,春秋六十四;其曾祖萬春刺華疑在高宗時。上圖藏拓片《大唐故贈博州刺史鄭府君(進思)墓誌銘并序》(開元十□□□月二十八日):"夫人權氏,華州刺史千□□□□孫,右監門將軍千金伯文□之長女。"權氏開元十年卒,享年八十九。疑此華州刺史即權萬春。

楊寶應　　高宗時?

《新表一下》楊氏:"寶應,華州刺史、鴻臚卿。"乃西魏侍中楊儉(景則)之曾孫,高宗時宰相楊弘武四從兄弟;疑仕於高宗時。

楊志誠　　約高宗末

《隋唐五代墓誌匯編·陝西卷》第三册《故岐州司法參軍鄭國公楊公(點)墓誌銘并序》(開元十七年八月二十六日):"公惟開府鄭公諱崇敬之曾孫,華州刺史諱志誠之孫,兵部郎中昌寧縣伯諱澂之子也。"開元十七年卒,享年四十五。按志誠高宗調露年間在吏部郎中任,見《新書·李嗣真傳》。《新表一下》楊氏觀王房:"志誠,吏部員外郎。"乃太子少師楊崇敬子。

韋師實　　垂拱初

《舊書·韋雲起傳》:"子師實,垂拱初,官至華州刺史。"按《新表》作"秦州都督"。

杜儒童　　天授元年(690)

《新書·則天皇后紀》:天授元年八月"癸亥,殺……太州刺史杜儒童"。

敬　暉　　久視元年—大足元年(700—701)

《舊書》本傳:"聖曆初,累除衛州刺史……再遷夏官侍郎,出爲泰(太)州刺史。大足元年,遷洛州長史。"《新書》本傳略同,作"太州刺史"。又見《通鑑·久視元年》九月。

楊　文　　武后時

北圖藏拓片《楊高及夫人李氏墓誌銘》(長安二年三月三日):"公諱高,弘農楊,洛州澠池縣人也。詔授太州刺史文之孫,并州司馬慢黑之子。"其夫人長安二年二月二十日卒。

路勵節　　武后時?

《姓纂》卷八路氏:"勵節,刑部郎中,華州刺史。"《新表五下》路氏同。按勵節乃北齊員外郎路君儒孫,唐相州刺史路德準子。疑其刺華或在武后時。

竇　恂(竇珣)　　中宗時?

《姓纂》卷九河南洛陽竇氏:"恂,華州刺史。"《新表一下》竇氏:"珣,華州刺史,扶風郡公。"按《郎官柱》倉部郎中有竇珣,位於徐太玄、李孟□之後，盧齊卿、崔琮之前；其刺華疑在中宗時。

陳　遂　中宗時？

《隋唐五代墓誌匯編·陝西卷》第四册《大唐故濟陽郡東阿縣主
簿陳府君(添)墓誌銘并序》（天寶十三載閏十一月）：“大父遂，皇朝定
州刺史、土門軍大使，華州刺史。”添卒於天寶十三載，春秋五十八。

崔　湜　景雲元年(710)

《新書·睿宗紀》：景雲元年六月“壬寅……〔貶〕崔湜華州刺史”。
戊申，“崔湜爲吏部侍郎，同中書門下平章事”。《通鑑·景雲元年》：
六月癸卯，“吏部侍郎同平章事崔湜貶華州刺史”。《舊書》本傳：“睿
宗即位，出爲華州刺史，俄又拜太子詹事”。《新書》本傳略同。又見
《元龜》卷一八〇、卷八三二。

蔣欽緒　先天元年(712)

《通鑑·先天元年》：二月，“蒲州刺史蕭至忠自託於太平公主，公
主引爲刑部尚書。華州刺史蔣欽緒，其妹夫也”。按《新書》本傳作
“華州長史”，未知孰是，姑從《通鑑》。

李　範　開元二年(714)

《舊書·玄宗紀》：開元二年七月，“太常卿、岐王範爲華州刺史”。
《大詔令集》卷三五《岐王範華州刺史等制》：“并州大都督岐王範……
可使持節華州諸軍事兼華州刺史……開元二年十月二十九日。”又見
《全文》卷二一玄宗《授岐王範華州刺史薛王業同州刺史制》。兩《唐
書》本傳未及。

張知謇　開元四年？(716?)

《舊書》本傳：景龍二年，“時知謇爲洛州長史、東都副留守，又歷
左、右羽林大將軍，同、華州刺史，大理卿致仕。開元中卒，年八十”。
按《郎官柱》度支郎中有張知謇，在裴思莊、杜文紀後，裴孝源、楊弘

文前。

樊忱　　開元五年(717)

《新書·地理志一》華州華陰縣注：“敷水渠，開元二年姜師度鑿，以泄水害。五年，刺史樊忱復鑿之，使通渭槽。”

竇思仁　　開元八年(720)

《元龜》卷一○五：開元八年“四月，華州刺史竇思仁奏乏絕户請以永豐倉賑給，從之”。又見卷六七五。

李休光　　開元八年(720)

《金石萃編》卷七二《華岳精享昭應之碑》：“銀青光禄大夫檢校華州刺史上柱國李休光題額。開元八年立。”

崔隱甫　　開元九年(721)

《舊書》本傳：“〔開元〕九年，自華州刺史轉太原尹。”《新書》本傳略同。又見《元龜》卷八二○。

趙昇卿　　約開元十年前後(約722前後)

《姓纂》卷七趙氏：“尚書左丞、華州刺史趙昇卿，林（臨）汝人。”《元龜》卷八九九：“趙昇卿爲華州刺史，以年老，累表陳乞，優詔許之，除國子祭酒致仕。”按開元八年昇卿爲潤州刺史，見《元龜》卷一六二。

徐知仁　　開元十二年(724)

《會要》卷二七：“〔開元〕十二年十一月四日幸東都，十日至華州，命刺史徐知仁與信安郡王褘勒石於華岳祠南之通衢。”《元龜》卷三三、卷四○略同。

楊瑒　　開元十二年—十三年(724—725)

《舊書》本傳：“歷遷御史中丞、户部侍郎……御史中丞宇文融奏括戶口……公卿已下，多雷同融議，瑒獨與盡理爭之。尋出爲華州刺史。”又見《通鑑·開元十二年》八月己亥記載。《新書》本傳：“出爲華州刺史。帝封太山，集樂工山下，居喪者亦在行。瑒謂起苴絰使和鐘律，非人情所堪，帝許，乃免。”《會要》卷三八：“至開元十三年，車駕將赴東岳……華州刺史楊瑒奏曰……”《金石録》卷六：“唐華州刺史楊公遺愛頌”，王暐撰，史惟則八分書，開元二十三年。”《寶刻叢編》卷一〇引作《唐刺史楊瑒遺愛頌并陰》。

薛　絃　　約開元中

《新表三下》薛氏：“絃，華州刺史。”按《舊書·薛珏傳》：“父絃，蒲州刺史。”未及爲華刺。又按：絃，秦州都督純之弟，高宗時潤州刺史薛寶積姪。其刺華約在開元中。

顔元孫　　開元中

《全文》卷三四一顔真卿《朝議大夫守華州刺史上柱國贈祕書監顔君（元孫）神道碑銘》云：玄宗初爲潤州長史，遷滁州刺史，拜沂州，黜歸田里，起爲濠州刺史。按《新書·顔杲卿傳》謂：父元孫，爲濠州刺史。《舊書·顔杲卿傳》作“亳州刺史”，誤。《姓纂》卷四謂滁州刺史。皆未及華州刺史。

柳　澤　　開元中

《姓纂》卷七河東解縣柳氏：“澤，華州刺史。”《新表三上》柳氏：“澤，太子右庶子、華州刺史。”按兩《唐書》本傳謂其開元中累遷太子右庶子，出爲鄭州刺史，未行病卒，未及刺華事。

李尚隱　　開元二十二年—二十三年（734—735）

《舊書》本傳：“累轉京兆尹，歷蒲、華二州刺史……入爲大理卿……〔開元〕二十四年，拜户部尚書、東都留守。”《新書》本傳未及。《元龜》卷六〇：開元二十二年，“諸道採訪使、華州刺史李尚隱等奏請各置印，從之”。又見《會要》卷七八。《元龜》卷一六二：開元二十三年二月"辛亥,初置十道採訪處置使,命……華州刺史李尚隱爲關內道採訪使"。

張　宥　　開元二十七年(739)

《舊書·吐蕃傳》:開元二十七年七月,"詔以華州刺史張宥爲益州長史、劍南防禦使"。

韋明皦　　開元末?

《姓纂》卷二東眷韋氏郿公房:"明皦,華州刺史。"《新表四上》韋氏郿公房同。按明皦開元二十四年爲湖州刺史,見《嘉泰吳興志》引《統記》。刺華疑在開元末期。

盧　絢　　天寶元年(742)

《通鑑·天寶元年》:"〔李〕林甫恐乖衆望,乃除〔盧絢〕華州刺史。到官未幾,誣其有疾,州事不理,除詹事,員外同正。"又見《新書·李林甫傳》。《英華》卷四〇三孫逖《授盧詢(絢)太子詹事制》稱:"大中大夫使持節華州諸軍事守華州刺史上柱國盧詢……可太子詹事,員外置同正員。"又見《全文》卷三〇九。

鄭倩之　　天寶初?

《全文》卷三七八王士源《孟浩然集序》:"華陰太守鄭倩之、〔太〕守河南獨孤策率以浩然爲忘形之交。"《唐詩紀事》卷二三略同。倩之刺華疑在天寶初。

源　復　　天寶中?

《姓纂》卷四源氏:"復,兵部郎中、華州刺史。"《新表五上》源氏略同。按源復乃玄宗時宰相乾曜子。《寶刻叢編》卷六引《寰宇訪碑錄》有唐明皇《敕冀州刺史源復詔》;《英華》卷四一〇有孫逖行制,源復爲徐州刺史;開元十四至二十年間源復貶爲澤州刺史,見《舊書·渤海靺鞨傳》。疑其刺華在天寶中。

趙冬曦　　天寶七載—八載（748—749）

《隋唐五代墓誌匯編・河南卷・趙冬曦墓誌》（天寶十載四月甲申）：“以親累，貶合州刺史，歷眉、濮、亳、許、宋等州刺史，弘農、滎陽、華陰等郡太守。”天寶九載二月卒，年七十四。按天寶二年冬曦在弘農太守任。《廣記》卷三九〇引《紀聞》：“華陰太守趙冬曦，先人塋在鼓城縣。天寶初，將合祔焉，啓其父墓，而樹根滋蔓，圍繞父棺，懸之於空，遂不敢發，以母柩置於其旁，封墓而返。”按冬曦開元十三年以考功員外爲集賢院直學士，見《會要》卷六四。《新書》本傳未及刺華州事。

韋　恒　　天寶中

《姓纂》卷二東眷韋氏郿城公房：“恒，兵部郎中、華州刺史。”乃韋岳子之子。按《元龜》卷三三四稱：天寶十載，京兆少尹韋嘗。岑仲勉《姓纂四校記》認爲，此韋嘗即韋恒，乃明人諱改。

趙良弼　　天寶中？

《全文》卷四五二邵説《唐故同州河西縣丞贈虢州刺史太常卿天水趙公（叡冲）神道碑并序》：“以景雲二年冬十月二旬有一日，終於縣館，享年五十二……其二子良器、良弼……洎公即世，適三十歲而良器官至中書舍人，未五十歲而良弼官至陝、華等七州刺史，御史中丞、浙東嶺南兩道節度使。”《山右石刻》卷七有顏真卿撰《唐陝華廬澧撫趙廣等州刺史御史中丞嶺南浙東兩道節度使太子賓客襄武縣開國公趙良弼碑》。按上元元年良弼由廬州刺史爲越州刺史，見《舊書・肅宗紀》。

盧正己（盧元裕）　　天寶十三載（754）

《英華》卷八六〇李華《杭州餘姚縣龍泉寺故大律師碑》：“故成（咸）御史廣業（廣業）、令（今）盧（盧）華州元裕、兵部韓員外賞，屈身郡邑，輪舸洄沿……〔先師天寶十三年春〕恬然化滅。”又見《全文》卷三一九。《英華》卷九四二常袞有《太子賓客盧君（正己本名元裕）墓誌銘》。

李　懿　　天寶中

《新表二上》趙郡李氏東祖房：“懿，華陰郡太守。”按懿爲武后時宰相李嶠之子。

李　某　　天寶十四載(755)

《全文》卷三九三獨孤及《爲華陰李太守祭裴尚書文》：“華陰郡守李某，謹以清酌庶羞之奠，敬祭於故禮部尚書裴公之靈。”按禮部尚書裴寬天寶十四載卒，見《舊書·裴寬傳》。此“李太守”未知是否上條之“李懿”。

魏仲犀　　天寶十五載(756)

《舊書·玄宗紀》：天寶十五載六月庚子，“以前華州刺史魏〔仲〕犀爲梁州長史”。《姓纂》卷八西祖魏氏：“仲犀，比部員外郎，華州刺史，江陵長史，荊南節度。”

豆盧陳麟　　至德二載(757)

《嘉泰吳興志》卷一四：“豆盧陳麟，天寶十四年自華州刺史授；遷虔州刺史。《統記》云：至德二年。”

郭　某　　乾元元年(758)

《全文》卷三六〇杜甫《爲華州郭使君進滅殘寇形勢圖狀》：“乾元元年七月日某官臣狀進。”

張惟一　　乾元元年—二年(758—759)

《新表二下》張氏：“惟一，華州刺史。”《全文》卷四〇六張惟一《金天王廟祈雨記》：“乾元元年自十月不雨，至於明年春，朝散大夫使持節華州諸軍事檢校華州刺史……張惟一……於西獄（嶽）金天王廟祈請……時二月十日題紀。”又見《金石萃編》卷七九《華岳題名》張惟一等《祈雨記》。

劉　晏　　乾元二年—上元元年（759—760）

《舊書》本傳：“遷度支郎中，杭、隴、華三州刺史，尋遷河南尹。時史朝義盜據東都，寄理長水。”《新書》本傳略同。按河南府寄理長水在上元元年。

李懷讓　　約上元中—廣德元年（?—763）

《舊書·代宗紀》：寶應二年六月癸未，“同華節度使李懷讓檢校工部尚書”。甲午，“同華節度使李懷讓自殺”。《全文》卷四一九常袞《華州刺史李公（懷讓）墓誌銘》：“後以佐命功特授鎮國大將軍、左羽林軍大將軍……又加開府儀同三司，充潼關鎮國軍使、同華等州節度使、華州刺史……尋拜御史大夫，檢校工部尚書……廣德元年九月三日薨於華州軍府。”《關中金石記》卷三有李懷讓題名殘字。

周智光　　廣德元年—大曆二年（763—767）

《通鑑·廣德元年》：十月己亥，“以魚朝恩部將……周智光爲華州刺史”。又《大曆二年》：春正月壬戌，“貶智光澧州刺史”。又見兩《唐書》本傳，《舊書·代宗紀》，《全文》卷四五二，《廣記》卷三七六。

張重光（張仲光）　　大曆二年—三年（767—768）

《舊書·代宗紀》：大曆二年春正月“甲子，以兵部侍郎張仲光爲華州刺史、潼關防禦使”。三年九月“庚寅，以前華州刺史張重光爲尚書左丞”。《英華》卷三八五常袞《授張重光尚書左丞制》稱：“銀青光禄大夫、前華州刺史、兼御史大夫，充鎮國軍及潼關防禦等使、上柱國、清河縣開國侯張重光……可行尚書左丞。”又見《全文》卷四一一，《舊書·周智光傳》，《元龜》卷九〇六。

蔣　渙　　大曆三年（768）

《舊書·代宗紀》：大曆三年九月“甲申，以尚書左丞蔣渙爲華州刺史，充鎮國軍潼關防禦使”。兩《唐書》本傳未及。按大曆七年五月，蔣渙以檢校禮部尚書充東都留守，見《舊書·代宗紀》。

李　椅（李琦）　　大曆五年？—七年（770？—772）

《舊書·代宗紀》：大曆七年十一月甲申，“華州刺史李琦爲福州刺史、福建都團練觀察使”。《毗陵集》卷九《福州都督府新學碑銘》：“〔成公〕諱椅字某，皇帝之諸父，宗室之才子……中興之後，歷御史、尚書郎、諫議大夫、給事中，十餘年間周歷三臺……無何，出守弘農，弘農人和；又移典華陰，兼御史中丞……天子以爲才任四岳十二牧之職，大曆七年冬十有一月加御史大夫，持節都督福建泉汀漳五州軍事，領觀察、處置、都防禦等使。”《淳熙三山志》卷二一郡守：“李錡，大曆七年自華州刺史移爲福州刺史。”按“錡”當爲“椅”之誤。《閩中金石記》卷一《成公李椅去思碑》（大曆十年）：“無何出守弘農，又移典華陰兼御史中丞……大曆七年冬十月一日加御史大夫，持節都督福建泉汀漳五州軍事，領觀察、處置、都防禦等使。”

李承昭　　約大曆七年—十年（約 772—775）

《舊書·代宗紀》：大曆十年二月“丙子，以華州刺史李承昭爲相州刺史，知昭義兵馬留後”。又見《通鑑·大曆十年》。按李承昭自上元二年至大曆七年任福州刺史，見《淳熙三山志》卷二一郡守。

孟　皞　　大曆十年（775）

《舊書·代宗紀》：大曆十年三月“丁未，以左散騎常侍孟皞爲華州刺史，充潼關防禦使”。按建中元年八月，孟皞以尚書右丞爲涇州刺史、知留後，見《舊書·德宗紀上》。

孫　宿　　代宗時

《舊書·孫逖傳》：“子宿、絳、成……宿歷河東掌記，代宗朝歷刑部郎中、中書舍人，出爲華州刺史，卒。”又《孫成傳》：“出爲洛陽令，轉長安令，時兄宿爲華州刺史，因失火驚懼成瘖病。”《新書·孫成傳》略同。又見《元龜》卷八五二，《姓纂》卷四長安孫氏，《新表三下》孫氏。《芒洛遺文·唐故前左武衛兵曹樂安孫府君（笪）墓誌銘并序》（大中十四年五月十一日）：“大父府君諱宿，皇朝中書舍人、華州刺史。”笪

卒大中十四年。《千唐誌·唐故河南府長水縣丞樂安孫府君（幼
實）墓誌銘并序》（廣明元年十月二十日）、《唐故宣德郎前守孟州司
馬樂安孫府君墓誌銘并序》（咸通十一年八月二十二日）、《芒洛四
編》卷六《唐故朝議郎前守蓬州刺史樂安孫府君（讜）墓誌銘并序》
皆謂：“曾祖府君諱宿，皇華州刺史。”幼實卒廣明元年，孫府君卒咸
通十一年。

李　某　　約大曆末

《全文》卷三七六任華《送李侍御充汝州李中丞副使序》：“是以命
華州牧兼御史中丞李公亟乘轅於汝，所以輟於華而急於汝者……華
已致理而汝久缺人……州有兵而刺史爲之使，使不可以獨理，爰命前
監察御史李公爲之副。”友人陶敏見告，任華此文乃大曆末或建中初
作，時任華在李昌巙桂林幕中。

董　晉　　建中元年—四年（780—783）

《舊書》本傳：“德宗嗣位，改太常卿，遷右散騎常侍，兼御史中丞
知臺事……尋爲華州刺史，兼御史中丞、潼關防禦使。”《通鑑·建中
四年》：十一月，“朱泚遣其將何望之襲華州，刺史董晉棄州走行在”。
《韓昌黎集》卷三七《贈太傅董公（晉）行狀》：“今上即位……未盡一
月，拜太府，九日又爲中丞，朝夕入議事，於是宰相請以公爲華州刺
史，拜華州刺史、潼關防禦鎮國軍使。朱泚之亂，加御史大夫，詔至於
上所。”由此知晉刺華爲德宗即位後不久之事。《全文》卷五一九梁肅
《鄭縣尉廳壁記》稱：“時御史中丞董公爲邦之三載秋九月，安定梁肅
記。”知董晉刺華至少有三年。又卷四九九權德輿有《唐故宣武軍節
度副大使知節度事檢校尚書左僕射同中書門下平章事隴西郡開國公
贈太傅董公神道碑銘并序》。又見兩《唐書·李元諒傳》《裴延齡傳》，
《元龜》卷一三六、卷三五九。

李元諒（駱元光）　　建中四年—貞元九年（783—793）

《舊書》本傳：“李元諒，本駱元光……德宗居奉天，賊泚遣僞將何

望之輕騎襲華州，刺史董晉棄州走，望之遂據城，將聚兵以絕東道。元諒自潼關將所部，仍令義兵因其未設備，徑攻望之，遂拔華州……無幾，遷華州刺史，兼御史大夫、潼關防禦、鎮國軍節度使，尋加檢校工部尚書。”貞元三年，“又賜姓李氏，改名元諒。四年春，加隴右節度、支度、營田、觀察、臨洮軍使，移鎮良原”。《通鑑·建中四年》：十一月，“上即以〔駱〕元光爲鎮國軍節度使”。《全文》卷五一三于公異《李晟收復西京露布》稱：“華州鎮國軍節度使駱元光。”卷六一七張濛《鎮國軍節度使李公功德頌并序》稱：“潼關鎮國軍節度使檢校尚書右僕射兼御史大夫、華州刺史、武康郡王李元諒整兵隴右，分鎮京西。”又見《新書》本傳、《李夷簡傳》，《元龜》卷三五九、卷四四九、卷七五九，《大詔令集》卷一二一陸贄《誅李懷光後原宥河中將吏並招諭淮西詔》，《全文》卷四六三。《寶刻叢編》卷一〇華州引《金石錄》有《唐節度李元諒懋功昭德頌》，《關中金石記》卷四同。《隋唐五代墓誌匯編·陝西卷》第四册《唐故華州潼關鎮國軍使開府儀同三司左僕射兼華州刺史御史大夫武康郡王贈司空李公（元諒）墓誌銘并序》（貞元十年十一月二十八日）：“建中末，賊泚僞署何望之等，輕騎奄至，陷我郡城……詔加御史中丞，尋遷御史大夫、華州刺史、潼關防禦使、鎮國軍使。”貞元九年十一月十五日卒，享年六十七。

李　復　　貞元九年—十年（793—794）

《舊書》本傳：“會華州節度李元諒卒，以復爲華州刺史、潼關防禦、鎮國軍使，仍檢校户部尚書，兼御史大夫。貞元十年，鄭滑節度使李融卒，軍中潰亂，以復檢校兵部尚書，兼滑州刺史、義成軍節度、鄭滑觀察、營田等使，兼御史大夫。”《新書》本傳略同。又見《舊書·德宗紀下》，《通鑑·貞元十年》。《全文》卷四八一馬總《代鄭滑李僕射乞朝覲表》：“臣頃受任番禺，星霜七變……徵領宗司……旋牧關輔。東郡缺帥，又忝總戎。”又卷七一七張述《爲鄭滑李僕射辭官表》：“自陛下嗣臨寶位一十七年，不以疲駑，猥蒙獎拔……入居宗廟之司，出典股肱之郡……間歲初領華州，方宣聖澤，俄以滑臺選帥，非次及臣。”按此文又見《全文》卷九〇二，以爲王總作。

盧　徵　　貞元十年—十六年（794—800）

　　《舊書·德宗紀下》：貞元十年三月“壬申，以同州刺史盧徵爲華州刺史、潼關防禦、鎮國軍等使”。十六年二月“己酉，華州刺史、潼關防禦、鎮國軍使盧徵卒”。《全文》卷五〇九權德輿《祭盧華州文》：“維貞元十六歲次庚辰……敬祭於故華州刺史御史大夫盧六兄之靈。”《全詩》卷三五八劉禹錫有《貞元中侍郎舅氏牧華州時余再忝科第追想昔年之事因成篇題舊寺》《途次敷水驛伏睹華州舅氏昔日行縣題詩處潸然有感》。《唐語林》卷六：“盧華州，予之堂舅也。”按：禹錫母盧氏；“舅氏”即盧徵。又見兩《唐書》本傳、《張建封傳》，《元龜》卷一〇四、卷六九七。北圖藏拓片《唐朝散大夫行著作佐郎襲安平縣男□□崔公夫人隴西縣君李氏墓誌銘并序》（貞元十一年二月十一日）：“夫人一女……適今華州刺史兼御史大夫范陽盧徵。”夫人貞元十年八月十日卒，春秋六十八。

袁　滋　　貞元十六年—二十一年（800—805）

　　《舊書·德宗紀下》：貞元十六年二月“壬子，以尚書右丞袁滋爲華州刺史、潼關防禦、鎮國軍使”。又本傳：“出爲華州刺史，兼御史中丞、潼關防禦使、鎮國軍使，以寬易清簡爲政……徵拜金吾衛大將軍，耄耋鰥寡遮道不得進。楊於陵代其任。”《新書》本傳略同。又見《元龜》卷六七五、卷六八三。《金石補正》卷六七有《軒轅鑄鼎原銘》，華州刺史陳郡袁滋書，貞元十七年二月十日立。《寶刻叢編》卷一〇引《集古錄目》作貞元十一年正月立，誤。《中州金石記》卷三作貞元十七年正月立。《韓昌黎集》卷二七有《袁氏先廟碑》。《金石萃編》卷一〇四王顏《追樹十八代祖晉司空太原王公神道碑并序》：“華州刺史袁滋篆額。”貞元十七年十月二十日建。

楊於陵　　貞元二十一年（805）

　　《舊書》本傳：“貞元末，〔李〕實輩敗，遷於陵爲華州刺史，充潼關防禦、鎮國軍等使。未幾，遷浙江東道都團練觀察等使。”按李實由京兆尹貶通州長史在貞元二十一年二月，見《舊書·順宗紀》。又《憲宗紀上》：永貞元年十月“丙午，以華州刺史楊於陵爲越州刺史、浙東觀察使”。《新書》本傳略同。《會稽掇英總集·唐太守題名》：“楊於陵，永貞元年十月自華州防禦使授。”《全文》卷六三九李翱《唐故金紫光禄大夫尚書右僕射致仕楊公（於陵）墓誌銘》：“德宗崩，爲太原、幽鎮等十道告哀使，持節之遺並辭不受。復命，除華州刺史……其年冬遷浙江東道團練觀察使。”《全詩》卷三一七武元衡《夏日陪馮許二侍郎與嚴祕書遊昊天觀覽舊題寄同里楊華州中丞》，楊華州疑即楊於陵。

高　郢　　永貞元年—元和元年（805—806）

《舊書·憲宗紀上》：永貞元年十月“甲寅，以刑部尚書高郢爲華州刺史、潼關防禦、鎮國軍使”。又本傳：“出鎮華州。元和元年冬，復拜太常卿，尋除御史大夫。”《新書》本傳略同。

劉宗經　　元和元年—三年？（806—808？）

《舊書·憲宗紀上》：元和元年十一月“甲寅，以給事中劉宗經爲華州刺史、潼關防禦、鎮國軍等使”。《新書》本傳：“宗經終給事中、華州刺史。”按《姓纂》卷五濟陰劉氏及《新表一上》劉氏均謂：“宗經，國子祭酒。”

潘孟陽　　元和三年—四年（808—809）

《舊書》本傳：“〔元和〕三年，出爲華州刺史，遷梓州刺史、劍南東川節度使。”《新書》本傳略同。白居易《與潘孟陽詔》：“自守關輔，克舉藩條……今授東川節度使。”按吳氏《方鎮年表》列潘孟陽自元和四年至八年爲劍南東川節度使。

閻濟美　　元和四年—六年（809—811）

《舊書》本傳：“入拜右散騎常侍，華州刺史、潼關防禦、鎮國軍使，入爲祕書監。”又《韓愈傳》：“元和初，召爲國子博士，遷都官員外郎。時華州刺史閻濟美以公事停華陰令柳澗縣務，俾攝掾曹。居數月，濟美罷郡，出居公館，澗遂諷百姓遮道索前年軍頓役直。後刺史趙昌按得澗罪以聞，貶房州司馬。”《新書》本傳：“貞元末，繇婺州刺史爲福建觀察使，徙浙西（當爲浙東）……罷浙西（東）也，方在道，見詔而貢獻無所還，故帝爲言之。尋出華州刺史，入爲祕書監，以工部尚書致仕。”按閻濟美元和二年爲浙東觀察使，見《會稽掇英總集·唐太守題名》及《嘉泰會稽志》。

趙　昌　　元和五年—九年（810—814）

《舊書·憲宗紀上》：元和六年十一月“乙巳，以工部尚書趙昌檢校兵部尚書兼華州刺史，充潼關防禦、鎮國軍等使”。又本傳：“〔元和〕六年，除華州刺史，辭於麟德殿。時年八十餘，趨拜輕捷，召對詳明……在郡三年，入爲太子少保。九年卒，年八十五。”《新書》本傳略同。又見《元龜》卷七八四。【補遺】《文博》2000年第二期《華陰發現的兩方唐墓誌》引《唐故華州司倉參軍蕭公（鄭）墓誌銘並序》（元和五年四月廿八日）：“五年春三月，華有良吏司倉蕭君暴疾而卒。太守驚悼，寮友隕泣。……大父恕，剖符虢州。……公諱鄭，始以門緒歷數任。太守天水公知公之能，遂奏請天子，且以爲倉曹。掾廩用協出，無私回其心。太守美公之誠，華吏揖公之清。可以壽永年。……乃不幸遇疾，溢爾而終。”按“太守天水公”爲趙昌。據此誌，趙昌元和五年三月已在任，則當以墓誌訂史書之誤。

【李　藩　　元和六年（811）（未之任）】

《舊書·憲宗紀上》：元和六年十月，“以太子詹事李藩爲華州刺史、潼關防禦、鎮國軍使”。十一月“癸巳，新授華州刺史李藩卒”。又本傳：“元和六年，出爲華州刺史，兼御史大夫，未行卒，年五十八。”《新書》本傳略同。

孔　戣　　元和九年—十年（814—815）

《舊書·憲宗紀下》：元和九年六月“丙申，以左丞孔戣爲華州刺史、潼關防禦、鎮國軍等使”。又本傳：元和九年，“爲中官所惡，尋出爲華州刺史、潼關防禦等使。入爲大理卿，改國子祭酒”。《韓昌黎集》卷三三《唐正議大夫尚書左丞孔公〔戣〕墓誌銘》：“權知尚書左丞，明年，拜右丞，改華州刺史……以華州刺史爲大理卿，〔元和〕十二年自國子祭酒拜御史大夫、嶺南節度等使。”又見《新書》本傳，《元龜》卷七七一，《國史補》卷中，《唐語林》卷三，《通鑑・元和十二年》七月。

李　絳　　元和十年—十一年（815—816）

《舊書》本傳：“〔元和〕十年，檢校户部尚書，出爲華州刺史。未幾，入爲兵部尚書。”又《憲宗紀下》：元和十一年二月“甲寅，以華州刺史李絳爲兵部尚書”。《東觀奏記》卷上：“〔李珏〕弱冠徒步舉明經，李絳爲華州刺史，一見謂之曰：日角珠庭，非常人也。”又見《新書》本傳、《李珏傳》，《唐語林》卷三。

裴　武　　元和十一年（816）

《舊書・憲宗紀下》：元和十一年秋七月丁丑，“以華州刺史裴武爲江陵尹，充荆南節度使”。《全文》卷六四八元稹《授裴武司農卿制》：“自華至荆，無非劇地，鈐轄豪右，衣食榮薆。”【補遺】《唐故銀青光禄大夫、檢校户部尚書、使持節鄆州諸軍事、守鄆州刺史，充天平軍節度、鄆曹濮等州觀察處置等使、御史大夫、上柱國、弘農郡開國公、食邑二千户弘農楊公〔漢公〕墓誌銘並序》（咸通二年十一月廿日）：“公諱漢公，字用乂，弘農華陰人也。……廿九登進士第……其秋辟鄜坊裴大夫武府，得試秘書省校書郎。……裴大夫守華州以試協律署鎮國軍判官。裴大夫移鎮荆南，以節度掌書記請之。……丁太尉府君憂……服闋，荆南裴大夫復請爲從事。”（周紹良、趙超《唐代墓誌匯編續集》，上海古籍出版社 2001 年版）武任華州刺史。

張惟素　　元和十一年—十二年（816—817）

《隋唐五代墓誌匯編・洛陽卷》第十三册《孫簡志》（大中十一年十一月二十六日）：“趙丞相宗儒鎮河中，辟公爲觀察推官，再調補京兆府鄠縣尉，又從張華州惟素之幕，授監察御史裏行，充鎮國軍判官。徵爲監察御史，除祕書郎。裴中令度鎮北都，辟爲留守推官。”按趙宗儒元和九年至十二年鎮河中，裴度元和十四年鎮北都，則張惟素爲華州刺史、鎮國軍使必在元和十一、十二年間。

鄭　權　　元和十二年—十三年（817—818）

《舊書》本傳：“〔元和〕十二年，轉華州刺史，潼關防禦、鎮國軍使。”又《憲宗紀下》：元和十三年三月庚辰，“以華州刺史鄭權爲德州刺史、橫海軍節度、德棣滄景等州觀察使”。《新書》本傳未及。又見兩《唐書·程執恭傳》《王承宗傳》，《元龜》卷一六五，《韓昌黎集》卷二一《送鄭尚書序》。

令狐楚　　元和十三年（818）

《舊書》本傳：“元和十三年四月，出爲華州刺史。其年十月，皇甫鎛作相，其月，以楚爲河陽懷節度使。”又見《憲宗紀下》，《新書》本傳，《通鑑·元和十三年》十一月。《全文》卷六〇五劉禹錫《唐故相國贈司空令狐公集序》：“出入以試之，乃牧華州，兼御史中丞，錫以金紫。居鎮七月，遷大夫，充河陽三城懷州節度使。”又卷五四三令狐楚《送周先生住山記》稱：“元和十三年八月，華州刺史兼御史中丞令狐楚記。”《唐詩紀事》卷四七（《全詩》卷四七三）李逢吉有《望京臺上寄令狐華州》。

馬　摠（馬總）　　元和十三年—十四年（818—819）

《舊書》本傳：“〔元和〕十三年，轉許州刺史、忠武軍節度、陳許溵等州觀察處置等使。明年，改華州刺史、潼關防禦、鎮國軍等使。十四年，遷檢校刑部尚書、鄆州刺史、天平軍節度、鄆曹濮等州觀察等使。”按“明年”疑爲“其年”之誤。又《憲宗紀下》：元和十四年三月“戊子，以華州刺史馬總鄆濮曹等州觀察等使”。《新書》本傳略同。又見《通鑑·元和十四年》記載。《韓昌黎集》卷五五《鄆州谿堂詩并序》：“憲宗之十四年，始定東平，三分其地。以華州刺史禮部尚書兼御史大夫扶風馬公爲鄆曹濮節度觀察等使，鎮其地。”按馬公即馬總。又見《全文》卷七一四李宗閔《馬公家廟碑》。

衛中行 元和十四年—十五年（819—820）

《舊書·憲宗紀下》：元和十四年三月"乙未，以中書舍人衛中行華州刺史、潼關防禦、鎮國軍等使"。又《穆宗紀》：元和十五年十一月辛亥，"以華州刺史衛中行爲陝州長史，充陝虢觀察使"。《全文》卷六四八元稹《授衛中行陝州觀察使制》："朝請大夫守華州刺史兼御史中丞衛中行……可守陝州大都督府長史，兼御史大夫，充陝虢等州都防禦觀察處置等使。"

李 翩 元和十五年—長慶元年（820—821）

《舊書·穆宗紀》：元和十五年十一月辛亥，"以宗正卿李翩爲華州刺史、潼關防禦、鎮國軍使"。又《李宗閔傳》："父翩，宗正卿，出爲華州刺史、鎮國軍潼關防禦等使。"又云："穆宗即位，〔宗閔〕拜中書舍人。時翩自宗正卿出刺華州，父子同時承恩制，人士榮之。"《新書·李宗閔傳》略同。由此知《舊紀》之"李翶"當爲"李翩"之誤。詳見岑仲勉《唐史餘瀋·錢大昕兩李翶之誤》。

許季同 長慶元年—二年（821—822）

《舊書·穆宗紀》：長慶元年十月己丑，"以祕書監許季同爲華州刺史，充潼關防禦、鎮國軍使"。二年十月己卯，"以前華州刺史許季同爲工部侍郎"。

李 絳 長慶二年（822）

《舊書·穆宗紀》：長慶二年八月丁丑，"以前東都留守李絳爲華州刺史，充潼關防禦、鎮國軍等使"。按本傳作"二年正月，檢校本官、兗州刺史，充海節度觀察等使"，誤。【補遺】《楊公（漢公）墓誌銘並序》（咸通二年十一月廿日）："公諱漢公，字用乂，弘農華陰人也。……府罷，入故相國鄭公東都留守幕。後故相國李公絳代鄭公居守，留公仍舊職，轉殿中侍御史，賜緋魚袋。移府，又以舊秩署華州防禦判官。李公入拜大兵部，故相國崔公群替守華下，喜曰：吾真得楊侍御矣。又署舊職。府移宣城，以禮部員外郎副團練使。"（周紹

良、趙超《唐代墓誌匯編續集》,上海古籍出版社 2001 年版)

崔　群　　長慶二年—三年(822—823)

《舊書》本傳:"穆宗即位,徵拜吏部侍郎……浹旬,授檢校兵部尚書,兼徐州刺史、武寧軍節度、徐泗濠觀察等使……爲〔王〕智興所逐。朝廷坐其失守,授祕書監,分司東都。未幾,改華州刺史,兼御史大夫,復改宣州刺史、歙池等州都團練觀察等使。"《新書》本傳略同。按《舊書·穆宗紀》:長慶二年三月"癸丑,徐州節度使崔群爲其副使王智興所逐"。四月"癸未,以武寧軍節度使崔群爲祕書監,分司東都"。則其刺華當在長慶二年。又據劉禹錫《歷陽書事》,長慶四年八月,劉禹錫自夔州轉和州時,崔群已在宣州。《宋高僧傳》卷一一《唐常州芙蓉山太毓傳》:"時相國崔公群坐失守出分司,後爲華州,由三峰出鎮宣城。其地雖邇,其人則邅,崔公深樂禮謁……寶曆元年至於宛陵禪定寺。"《因話録》卷三亦有崔群爲華刺記載。按據《鄭高墓誌》,長慶三年十月已在宣州。【補遺】《楊公(漢公)墓誌銘並序》(咸通二年十一月廿日):李公入拜大兵部,故相國崔公群替守華下,喜曰:吾真得楊侍御矣。又署舊職。"(周紹良、趙超《唐代墓誌匯編續集》,上海古籍出版社 2001 年版)

【馮　宿　　寶曆元年(825)(未之任)】

《舊書》本傳:"敬宗即位,宿常導引乘輿,出爲華州刺史。以父名拜章乞罷,改左散騎常侍,兼集賢殿學士,充考制策官。"《新書》本傳略同。又見《元龜》卷八六三。《全文》卷六四三王起《銀青光禄大夫使持節梓州諸軍事兼梓州刺史充劍南東川節度副大使知節度事馮公(宿)神道碑銘并序》:"遷華州刺史,以州名犯先公諱,固讓不拜。"

錢　徽　　約寶曆元年—大和元年(約 825—827)

《舊書》本傳:"尋貶徽爲江州刺史……明年,遷華州刺史、潼關防禦、鎮國軍等使。文宗即位,徵拜尚書左丞。"又《文宗紀上》:大和元年二月"丙辰,以華州刺史錢徽爲尚書左丞"。《新書》本傳略同。又見

《元龜》卷四五八,《廣記》卷二七八引《逸史》、卷三四六引《續玄怪録》。

崔弘禮　　大和元年（827）

《千唐誌・唐故東都留守東都畿汝州都防禦使銀青光禄大夫檢校尚書左僕射判東都尚書省事兼御史大夫崔公（弘禮）墓誌銘并序》（大和五年四月二十八日）：“大和初,除華州刺史,檢校户部尚書兼大夫……未周星,遇故太尉烏公重胤薨於鄆……詔自華馳傳節制東平。”《舊書》本傳：“拜檢校户部尚書、華州刺史。會天平軍節度使烏重胤卒,朝廷難其人,復以弘禮爲天平軍節度使,仍詔即日乘遞赴鎮。”《新書》本傳略同。按烏重胤卒於大和元年十一月,見《舊書・文宗紀上》。

錢　徽　　大和元年—二年（827—828）

《舊書・文宗紀上》：大和元年十一月“癸巳,以左丞錢徽爲華州刺史”。又本傳：“大和元年十二月,復授華州刺史。二年秋,以疾辭位,授吏部尚書致仕。”《新書》本傳略同。又見《元龜》卷八九九。《白居易集》卷二五有《喜錢左丞再除華州以詩伸賀》《和錢華州題少華清光絶句》。

盧元輔　　大和二年（828）

《舊書・文宗紀上》：大和二年“八月甲寅朔。丁巳,以兵部侍郎盧元輔爲華州鎮國軍使,以代錢徽”。又本傳：“自兵部侍郎出爲華州刺史、潼關防禦、鎮國軍等使,復爲兵部侍郎。”《新書》本傳略同。又見《新表三上》盧氏。

崔　植　　大和二年—三年（828—829）

《舊書・文宗紀上》：大和二年十月,“以户部尚書崔植爲華州刺史、鎮國軍使”。三年正月,“華州刺史、鎮國軍潼關防禦使崔植卒”。兩《唐書》本傳略同。《千唐誌・唐故承奉郎汝州臨汝縣令博陵崔府君（紓）墓誌銘并序》（咸通十四年二月十九日）：“祖華州刺史敬公諱植。"紓卒咸通十三年,享年四十九。《會要》卷八〇:"故華州刺史崔植諡敬。"《白居易集》卷二二《和自勸二首》:"請看韋孔與錢崔,半月之間四人死。"注:"韋中書、孔京兆、錢尚書、崔華州,十五日間,相次而逝。"按崔華州即崔植。參見岑仲勉《唐史餘瀋·白居易詩之半月》。北圖藏拓片《唐故河中少尹范陽盧府君(知宗)墓誌銘并序》(咸通十五年四月二十一日):夫人滎陽鄭氏,"外祖諱植,相國,華州刺史,贈太尉,諡敬"。

嚴休復　　大和三年—四年(829—830)

《舊書·文宗紀下》:大和四年三月,"以中書舍人李虞仲爲華州刺史,代嚴休復;以休復爲右散騎常侍"。由此知休復爲李虞仲之前任。按休復元和十二年爲杭州刺史,見元稹《永福寺石壁法華經記》;大和七年從河南尹遷平盧節度使,見《舊書·文宗紀下》。

李虞仲　　大和四年—約七年(830—約833)

《舊書》本傳:"大和四年,出爲華州刺史、兼御史大夫。入拜左散騎常侍,兼祕書監。八年,轉尚書右丞。"又見《舊書·文宗紀下》。《新書》本傳:"進中書人,出爲華州刺史,歷吏部侍郎。"《金石萃編》卷八〇《華岳題名》:"正議大夫使持節華州諸軍事守華州刺史、御史中丞、充潼關□□國軍等使、上柱國□□□開國男食邑三□□、□□金魚袋李虞仲,大和四年七月十□□,詔以立秋修祀南都。"

崔　戎　　大和七年—八年(833—834)

《舊書·文宗紀下》:大和七年閏七月"戊戌,以給事中崔戎爲華州刺史"。八年三月丙子,"以戎爲兗海觀察使"。又本傳:"拜給事中,駁奏爲當時所稱。改華州刺史,遷兗海沂密都團練觀察等使。"《新書》本傳略同。又見《元龜》卷六八三。

李固言　　大和八年(834)

《舊書·文宗紀下》:大和八年三月"丙子,以右丞李固言爲華州刺史，代崔戎”。又本傳：“〔大和〕八年，李德裕輔政，出爲華州刺史。
其年十月，宗閔復入，召拜吏部侍郎。”《新書》本傳略同。

李　漢　　大和八年（834）

《舊書·文宗紀下》：大和八年十一月癸丑，“以户部侍郎李漢爲
華州刺史、鎮國軍潼關防禦使”。兩《唐書》本傳均未及刺華州事。

宇文鼎　　大和八年（834）

《舊書·盧弘正傳》：“大和中，華州刺史宇文鼎、户部員外盧允中
坐贓，弘正按之。文宗怒，將殺鼎，弘正奏曰：鼎歷持綱憲繩糾之官，
今爲近輔刺史，以贓污聞，死固常典。但取受之首，罪在允中……文
宗釋之，鼎方減等。”《元龜》卷六一九：“文宗大和八年十二月癸巳，命
〔裴〕充與刑部郎中張諷……就御史臺推户部錢物事，華州刺史宇文
鼎、户部員外郎盧允中、左司員外郎判户部姚康並下御史臺推鞫……
鼎貶循州刺史。”又見《新書·盧弘止傳》，《元龜》卷五〇二。《會要》
卷六〇作“大和三年，華州刺史宇文鼎、户部員外郎盧允中坐贓”。按
《舊書·文宗紀上》：大和三年十二月，“吏部郎中宇文鼎爲中丞”。又
《文宗紀下》：大和六年五月有“中丞宇文鼎”，知大和三年至六年宇文
鼎在郎中、中丞任，《會要》之“三年”誤。《古刻叢鈔》有宇文鼎《題山
泉詩》，末署“大和九年正月廿八日”。

裴　潾　　大和八年—九年（834—835）

《舊書·文宗紀下》：大和八年十二月己亥，“以〔裴〕潾爲華州鎮
國軍潼關防禦使”。又本傳：“〔大和〕八年，轉刑部侍郎，尋改華州刺
史。九年，復拜刑部侍郎。”《新書》本傳略同。

張仲方　　大和九年—開成元年（835—836）

《舊書·文宗紀下》：大和九年十二月“丁亥，以權知京兆尹張仲
方爲華州防禦使”。又本傳：“出仲方爲華州刺史。開成元年五月，入
爲祕書監。”《新書》本傳略同。又見《元龜》卷六九、卷九一五，《通
鑑·大和九年》十二月。《白居易集》卷七〇《唐故銀青光禄大夫祕書

監范陽張公（仲方）墓誌銘并序》：“再爲左散騎常侍，京兆尹，華州刺史兼御史大夫，祕書監。”

【郭承嘏　　開成元年（836）（未之任）】

《舊書·文宗紀下》：開成元年五月“丁未，以給事中郭承嘏爲華州防禦使。給事中盧載以承嘏公正守道，屢有封駁，不宜置之外郡，乃封還詔書。翊日，復以承嘏爲給事中”。《元龜》卷四六〇略同。又見兩《唐書》本傳。

盧　鈞　　開成元年（836）

《舊書·文宗紀下》：開成元年五月，“乃以給事中盧鈞代〔承〕嘏守華州”。十二月“庚戌，以華州刺史盧均爲廣州刺史，充嶺南節度使”。《舊書》本傳：“開成元年，出爲華州刺史、潼關防禦、鎮國軍等使。其年冬，代李從易爲廣州刺史、御史大夫、嶺南節度使。”《新書》本傳略同。又見《通鑑·開成元年》十二月。

崔龜從　　開成元年—三年（836—838）

《舊書·文宗紀下》：開成元年十二月庚戌，“以中書舍人崔龜從爲華州防禦使”。又本傳：“開成初，出爲華州刺史，三年三月，入爲戶部侍郎。”《新書》本傳未及。《全文》卷七二九崔龜從《宣州昭亭山梓華君神祠記》：“余長慶三年從事河中府，一夕夢與人入官署……及爲華州，拜西岳……前年四月自戶部侍郎出爲宣州，去前夢二十年矣。”又見《廣記》卷二〇八。《樊南文集》卷八有《上崔華州書》，崔華州即崔龜從。

裴　衮　　開成三年（838）

《舊書·文宗紀下》：開成三年四月“壬辰，以給事中裴衮爲華州防禦使”。

李景讓　　開成三年—四年（838—839）

《舊書》本傳：開成二年“十月，出爲華州刺史、潼關防禦、鎮國軍使。四年，入爲禮部侍郎”。按“二年”當爲“三年”之誤。《新書》本傳：“歷中書舍人，禮部侍郎，商、華、虢三州刺史。”《關中金石記》卷四有《御史大夫李景讓題名》，稱：“開成四年六月刻，在華岳廟。”按《金石萃編》卷八〇《華岳題名》稱：“□□□史兼御史中丞李景讓，開成四年六月。”《全詩》卷四九七姚合有《寄華州李中丞》。

陳夷行　　開成四年—五年（839—840）

《舊書·文宗紀下》：開成四年九月“辛丑，以吏部侍郎陳夷行爲華州鎮國軍防禦使”。又《武宗紀》：開成五年“秋七月，制檢校禮部尚書、華州刺史陳夷行復爲中書侍郎、同平章事”。兩《唐書》本傳略同。李商隱有《爲濮陽公上華州陳相公狀》。

崔　蠡　　開成五年（840）

《舊書》本傳：開成四年，“拜禮部侍郎，轉户部……尋爲華州刺史、鎮國軍等使，再歷方鎮”。《新書》本傳未及。按開成五年三月崔蠡尚在户部侍郎任，見《會要》卷五八。則其刺華當爲陳夷行後任，在開成五年七月後。

周　墀　　開成五年—會昌三年（840—843）

《舊書》本傳：“武宗即位，出爲華州刺史、鎮國軍潼關防禦等使，改鄂州刺史。”《新書》本傳：“武宗即位，以疾改工部侍郎，出爲華州刺史，徙江西觀察使。”丁居晦《重修承旨學士壁記》：周墀，“〔開成〕四年〔九〕月十二日賜緋，〔五年〕三月十三日改工部侍郎知制誥，六月十日守本官出院”。證知周墀爲華刺當在開成五年十月崔蠡遷鄂岳後。《全文》卷七五五杜牧《唐故東川節度使檢校右僕射兼御史大夫贈司徒周公（墀）墓誌銘》：“武宗即位，以疾辭，出爲工部侍郎、華州刺史……李太尉德裕伺公纖失，四年不得，知愈治不可蓋抑，遷公江西觀察使。”證知周墀在華州四年。《唐摭言》卷三：“周墀任華州刺史，武宗會昌三年，王起僕射再主文柄，墀以詩寄賀。”知會昌三年周墀尚在華州。李商隱有《爲侍郎汝南公華州謝加階狀》《上華州周侍郎狀》

《獻華州周大夫十三丈啓》《華州周大夫宴席》《爲汝南公華州賀赦表》
等,《全詩》卷四六四王起有《和周侍郎見寄》。

鄭　朗　　約會昌三年(約843)

《舊書》本傳:"會昌初,爲給事中。出爲華州刺史,入爲御史中
丞、户部侍郎。"《新書》本傳略同。按《舊書·楊發傳》:"故相鄭覃刺
華州,署爲從事。從覃鎮京口,得大理評事。"按鄭覃未嘗刺華州和潤
州,"覃"當爲"朗"之誤。

裴乾貞(裴乾玄?)　　會昌末?

《新表一上》洗馬裴氏:"乾貞,字敬夫,潼關防禦使、御史大夫。"
乃開成至會昌中鳳翔節度弘泰之兄。《郎官柱》司封郎中有裴乾貞,
在盧商、楊漢公後,裴泰章、丁居晦前。又度支郎中有裴乾貞,在王礎
後,夏侯審前。疑在會昌末爲華州刺史。按《寶刻叢編》卷七引《訪碑
録》有《唐華州刺史裴乾玄碑》,馬曙撰并書,時代相合,未知是否同
一人。

周敬復　　大中四年(850)

《舊書·宣宗紀》:大中四年"十二月,以華州刺史周敬復爲光禄
大夫,檢校左散騎常侍,兼洪州刺史、江南西道團練觀察使"。

李　訥　　大中六年(852)

《新書》本傳:"累遷中書舍人,爲浙東觀察使……凡三爲華州刺
史。"《全文》卷七四八杜牧《李訥除浙東觀察使兼御史大夫制》:"使持
節華州諸軍事守華州刺史、兼御史中丞,充潼關防禦、鎮國軍等
使……李訥……可使持節都督越州諸軍事守越州刺史,兼御史大夫,
充浙江東道都團練觀察處置等使。"《會稽掇英總集·唐太守題名》:
"李訥,大中六年八月自華州防禦使授。"又見《嘉泰會稽志》。【補遺】
據《舊書·宣宗紀》,大中十年李訥爲華州刺史。按《舊書·宣宗紀》
所記事多不可信。李訥由華州遷浙東之制,由杜牧所草,杜牧大中六

年卒於中書舍人任，據所草之制，列李訥於大中六年。

蕭　俶　　大中時

《舊書》本傳："會昌中，入爲左散騎常侍，遷檢校刑部尚書、華州刺史、潼關防禦等使。大中初，坐在華州時斷獄不法，授太子賓客分司。"按《宣宗紀》：大中十一年三月，"以朝請大夫、檢校刑部尚書、華州刺史、上柱國、鄳縣開國男……賜紫金魚袋蕭俶爲太子賓客，分司東都"。紀、傳矛盾。姑繫於李訥兩次任華刺之間。

高少逸　　大中十年—十一年（856—857）

《舊書·宣宗紀》：大中十年四月癸丑，"以給事中、渤海郡開國公、食邑二千户高少逸檢校禮部尚書、華州刺史、潼關防禦、鎮國軍等使"。十一年十月，"以華州刺史高少逸爲左散騎常侍"。按本傳作大中初，誤。《新書》本傳未及。

裴夷直　　大中十一年（857）

《舊書·宣宗紀》：大中十一年十月，"以蘇州刺史裴夷直爲華州刺史、潼關防禦、鎮國軍等使"。《新書》本傳："宣宗初内徙，復拜江、華等州刺史。終散騎常侍。"

紇干泉　　約大中末—咸通初

《雲溪友議》卷上《夢神姥》："盧著作肇爲華州紇干公泉（泉）防禦判官，遊仙掌諸峰。"按紇干泉大中元年至三年爲洪州，五年至八年爲廣州，又爲河陽節度使。則其爲華州刺史約在大中末或咸通初。

崔慎由　　咸通四年—五年（863—864）

《舊書》本傳："咸通初，改爲華州刺史、潼關防禦、鎮國軍等使，加檢校司空、河中尹、河中晉絳節度使。"《新書》本傳："出慎由爲東川節度使……時大中十二年也。咸通初，徙華州刺史，改河中節度使。"按吳氏《方鎮年表》，崔慎由大中十二年至咸通二年爲劍南東川節度使，咸通五年爲河中節度。《隋唐五代墓誌匯編·北京卷》第二册《唐太子太保分司東都贈太尉清河崔府君（慎由）墓誌》（自撰，咸通九年八月二十九日）：“檢校尚書右僕射兼太常卿，檢校尚書右僕射兼華州刺史、御史大夫、潼關防禦、鎮國軍等使，檢校尚書左僕射兼御史大夫、河中節度觀察等使。”

【柳仲郢　咸通五年（864）（未之任）】

《舊書》本傳：“除華州刺史，不拜。數月，以本官爲鄆州刺史、天平軍節度觀察等使。”《新書》本傳：“徙華州刺史，不拜。咸通五年，爲天平節度使……卒於鎮。”

温　璋　咸通五年（864）

《寰宇訪碑録》卷四有咸通五年《華岳温璋題名》。按咸通十一年温璋爲京尹，見《舊書·懿宗紀》。咸通三年七月前爲徐泗節度，見《通鑑》。

蔣　伸　咸通七年—九年（866—868）

《新書》本傳：“咸通二年，出爲河中節度使、同中書門下平章事，徙宣武。俄以太子少保分司東都。七年，用爲華州刺史。再遷太子太傅。”《舊書》本傳未及華刺。《姓纂》卷七義興蔣氏：“〔伸，〕中書侍郎、華州刺史。”《千唐誌·唐故華州衙前兵馬使魏公（虔威）誌銘》（咸通九年十一月八日）：“戊子年，華州蔣相國飛牒辟授華州衙前兵馬使。”按戊子年，爲咸通九年。《全詩》卷五九九薛能有《蒙恩除侍御史行次華州寄蔣相》，即指蔣伸。

趙　騭　咸通十年—十二年（869—871）

《舊書》本傳：“〔咸通〕六年，權知貢舉。七年，選士，多得名流，拜禮部侍郎、御史中丞，累遷華州刺史、潼關防禦、鎮國軍等使，卒。”《新書》本傳未及華刺事。《新表三下》趙氏：“騭字玄錫，華州刺史。”《唐摭言》卷一三：“趙騭試《被衮以象天賦》，更放韓袞爲狀元……騭由是求出華州。”據《登科記考》，韓袞咸通七年爲狀元。《千唐誌·唐故河南府洛陽縣尉孫府君（備）墓誌銘并序》稱，“天子受英武至仁號之年五月"卒。按《舊書·懿宗紀》:"〔咸通〕十二年春正月戊申,宰相路巖率文武百僚上徽號曰睿文英武明德至仁大聖廣孝皇帝。"證知所謂"天子受英武至仁號之年"爲咸通十二年(文物出版社《千唐誌齋藏誌》及天津古籍出版社《隋唐五代墓誌匯編》皆稱此誌爲會昌元年,大誤)。誌云:"今趙華州主宗伯,挹君而喜曰:我得俊矣。"(趙騭於咸通七年知貢舉)稱"今趙華州",證知趙騭咸通十二年在任。

李 訥　　咸通十二年(871)

《舊書》本傳:"官至華州刺史,檢校尚書右僕射。"《全文》卷七九五孫樵《唐故倉部郎中康公墓誌銘并序》稱:"今華州刺史李公訥。"咸通十二年。按《新書》本傳稱:"凡三爲華州刺史。"此當爲第三次。

李景溫　　約咸通末

《舊書》本傳:"咸通中,自工部侍郎出爲華州刺史、潼關防禦、鎮國軍使。"《新書》本傳:"歷諫議大夫、福建觀察使,徙華州刺史,以美政聞,累遷尚書右丞。"按咸通八年至十年,景溫爲福建觀察使,見《淳熙三山志》。

裴　坦　　咸通末—乾符元年(?—874)

《新書》本傳:"拜江西觀察使、華州刺史。召爲中書侍郎、同中書門下平章事。"又《僖宗紀》:乾符元年二月癸丑,"華州刺史裴坦爲中書侍郎、同中書門下平章事"。又見《宰相表下》,《通鑑·乾符元年》。

張　禍　　乾符三年—四年(876—877)

《舊書》本傳:"乾符三年,出爲華州刺史。其年冬,檢校吏部尚書、鄆州刺史、天平軍節度觀察等使。"據吳廷燮、岑仲勉考證,張禍爲天平節度當在乾符四年至六年,《舊傳》誤。《全文》卷八四二許鼎《唐通和先生祖君墓誌銘》:"先生諱貫字子元……丁酉年,鄂侯楊公爲華牧張公乞丹於先生。"按丁酉年爲乾符四年,"華牧張公"當即張禍。

裴　均　　乾符末？

《全詩》卷六七四鄭谷《送司封從叔員外徼赴華州裴尚書均辟》，岑仲勉《郎官石柱題名新考訂》司封員外郎鄭徼名下引鄭谷此詩後云："東眷裴素之弟亦名均，時代與谷可以相及，但《新唐書》表不詳其歷官。裴尚書均以何時鎮華，因是而無從揣度，大致可決者，鄭徼之赴辟，最遲蓋在僖宗奔蜀（中和元年，881）之前，唯如此而後唐室權力可以達於華州也。"趙昌平等《鄭谷詩集箋注》亦謂岑說"差是"。然則，鄭谷此詩題中"均"字若非衍文，當另有一裴均，在乾符末至中和元年前曾以尚書出爲華州刺史。

裴虔餘　　廣明元年（880）

《通鑑·廣明元年》：十一月"丁丑，〔張〕承範等至華州，會刺史裴虔餘遷宣歙觀察使，軍民皆逃入華山"。按咸通末虔餘佐淮南李蔚幕，見《唐摭言》卷一三。乾符二年至五年以兵部郎中爲太常少卿，見《舊書·僖宗紀》。

喬　謙（喬鈐）　　廣明元年—中和元年（880—881）

《通鑑·廣明元年》：十二月，"黃巢入華州，留其將喬鈐守之"。又《中和元年》：四月，"賊所署同州刺史王溥、華州刺史喬謙、商州刺史宋巖聞巢棄長安，皆率衆奔鄧州，朱溫斬溥、謙"。按"鈐""謙"疑爲同人。

李　詳　　中和元年—二年（881—882）

《通鑑·中和元年》：八月，"〔黃〕巢以〔李〕詳爲華州刺史"。又《中和二年》：九月，"李詳以〔王〕重榮待〔朱〕溫厚，亦欲歸之，爲監軍所告，黃巢殺之"。按《新書·黃巢傳》謂：中和二年，"高潯擊賊李詳，不勝，賊復取華州，巢即授華州刺史"。作"中和二年"始授，疑誤。

【朱全忠（朱溫）　　中和二年—三年（882—883）（未之任）】

《舊書·僖宗紀》：中和二年"八月庚子，賊同州防禦使朱溫殺其監軍嚴實，與大將胡真、謝瞳來降，王鐸承制拜華州刺史、潼關防禦、鎮國軍等使"。中和三年五月，"以檢校尚書右僕射、華州刺史、潼關防禦等使朱溫檢校司空，兼汴州刺史、御史大夫，充宣武節度觀察等使，仍賜名全忠"。按是時華州爲黃巢控制，朱溫實未赴任。

黃〔思〕鄴　　中和二年（882）

《舊書·僖宗紀》：中和二年九月，"賊以黃〔思〕鄴爲華州刺史"。又見《新書·黃巢傳》。《舊書·僖宗紀》：中和三年"二月，沙陀攻華州，刺史黃〔思〕鄴出奔至石堤谷，追擒之"。《通鑑·中和二年》：九月，"〔黃巢〕以其弟黃思鄴爲華州刺史"。十一月，"李詳舊卒共逐黃思鄴"。與《舊紀》異。茲從《通鑑》。

王　遇　　中和二年—三年（882—883）

《舊書·僖宗紀》：中和二年十一月，"賊將李詳下牙隊斬華州守將歸明，王鐸用其部將王遇爲華州刺史"。《新書·黃巢傳》："華卒逐黃思鄴，巢以王遇爲刺史，遇降河中。"《通鑑·中和二年》：十一月，"李詳舊卒共逐黃思鄴，推華陰鎮使王遇爲主，以華州降於王重榮，王鐸承制以遇爲刺史"。

王重簡　　中和三年—約光啓元年（883—約885）

《全文》卷八一〇司空圖《故鹽州防禦使王縱追述碑》："次曰重簡，今任華州防禦使……次曰重盈，今任陝虢觀察使……次曰重榮，今任河中節度使、平章事。"又《太尉琅邪王公（重盈）河中生祠碑》："元昆頃鎮河潼，遠推表則。"又《蒲帥燕國太夫人石氏墓誌》稱："仲子重簡，皇華州節度使，贈司空。化高列岳，功顯本朝。季子重盈，今任河中節度使……次子重榮，皇河中節度使，贈太師……太傅相公首臨分陝，太師旋鎮河中，司空亦作牧華州，共勤王事……三鎮旌旗，出導潘園之樂；一門鼎鉉，入調殷飪之滋……光啓丙午歲八月二日，薨於興教里第。"以此文證之，重簡刺華與重盈、重榮鎮陝、蒲同時，光啓丙午（二年）以前卒。

高　劭　　約光啓元年—二年（約 885—886）

《唐文拾遺》卷三五崔致遠《代高駢奏姪男華州失守請行軍令狀》："臣堂姪男劭比在河中司録，得受李□都指揮，領昭義之甲兵，收華州之城邑……已蒙特降殊恩，俯旌微效，服榮金紫，位忝星郎。始離蒲坂之具寮，遽假蓬峰之通守。"《南部新書》壬："高劭者，駢之猶子，以門地遷華州刺史。"《舊五代史》本傳："年十四遙領華州刺史。光啓中……州陷於蔡，劭爲賊所得。"

韓　建　　光啓三年—天復元年（887—901）

《舊五代史》本傳：僖宗在蜀，"以建爲蜀郡刺史……懼爲〔鹿〕宴弘所併，乃率所部歸行在……出爲潼關防禦使兼華州刺史……乾寧二年，建與鳳翔李茂貞、邠州王行瑜舉兵赴闕"。三年"七月十五日，昭宗至華下……建尋加兼中書令，充京畿安撫制置等使，又兼京兆尹"。"光化元年，升華州爲興德府，以建爲尹"。天復元年十一月，"〔朱全忠〕移軍迫華州，建懼乞降……尋表建爲許州節度使"。《新書·昭宗紀》：天復元年十一月"丁巳，朱全忠陷華州，鎮國軍節度使韓建叛附於全忠"。《新五代史》本傳："僖宗還長安，建爲潼關防禦使、華州刺史。"又見《舊書·昭宗紀》，《舊五代史·梁太祖紀》，《元龜》卷一七八、卷三二三、卷六七八，《會要》卷六八，《通鑑·文德元年》《天復元年》。《全文》卷七九一崔涓《賜許國公韓建鐵券文》："維光化元年歲次戊午九月戊辰朔八日乙亥……開府儀同三司守太傅兼中書令興德尹使持節同州諸軍事兼同州刺史……韓建……宜申誓券之文，以示旌勳之典。"又卷八一九有楊鉅《授韓建華州節度使制》；卷八一〇有司空圖《華帥許國公德政碑》。

李存權　　天復元年（901）

《通鑑·天復元年》：十一月，"以前商州刺史李存權知華州"。

婁敬思　　天復三年（903）

《舊書·昭宗紀》：天復三年春正月"丙午，青州牙將劉鄩陷全忠之兗州……是日，亦竊發於華州，殺州將婁敬思”。《通鑑·天復三年》：正月丙午，“青州牙將張居厚帥壯士二百將小車至華州東城，知州事婁敬思疑其有異，剖視之；其徒大呼，殺敬思，攻西城”。

朱友裕 天復三年—天祐元年（903—904）

《舊書·昭宗紀》：天復三年二月己丑，“制以朱友裕爲華州刺史，充感化軍節度使”。《通鑑》略同。又《通鑑·天祐元年》：十月，“鎮國節度使朱友裕薨於梨園”。《舊五代史》本傳：“天復初，爲奉國軍節度留後。太祖兼鎮河中，以友裕爲護國軍節度留後，尋遷華州節度使，加檢校太保、興德尹。”天祐元年十月，“卒於梨園”。又見《元龜》卷二八一。

待考録

吉 琰

《姓纂》卷一〇馮翊吉氏：“梁吉士瞻元孫琰，唐絳、華二州刺史。”

陳 履

《姓纂》卷二長城陳氏：“履，華州、夔州刺史。”按《新表一下》陳氏作“履華，夏州刺史”。按陳履乃南朝陳豫章王叔英玄孫。

文經野

《長安志》卷九光行（本犯中宗諱，長安中改，一作光仁）坊：“東南隅華州刺史文經野宅。觀軍容使魚朝恩宅。”

崔敏愨

《廣記》卷三〇一引《廣異記》：“博陵崔敏愨性耿直，不懼鬼神……其後爲徐州刺史……後爲華州刺史。”

鄭 某

《白居易集》卷四二《故滁州刺史贈刑部尚書滎陽鄭公墓誌銘并

序》："曾祖諱某，下邽（一作"下邳"）郡守。"

崔　訢

《新表二下》博陵安平崔氏大房："訢，華州刺史。"乃文州刺史崔訓之弟。

卷四 同州（馮翊郡）

隋馮翊郡。武德元年改爲同州。天寶元年改同州爲馮翊郡。乾元元年復爲同州。領縣七：馮翊、朝邑、韓城、郃陽、河西、白水、澄城。

竇抗　　武德元年？（618？）

《金石録》卷二三《唐司空竇抗墓誌跋》："其所歷官新舊史所書頗多闕略，蓋抗在隋自岐州刺史遷冀州刺史……其歸唐爲安撫大使……又爲左武侯大將軍，時以本官領同州刺史。史皆不載。"按兩《唐書》本傳謂武德四年卒，未及刺同州事。

郭弘道　　武德三年（620）

《元龜》卷一七二：武德三年"三月戊辰，隋尚食奉御郭弘道自東都來歸……拜同州刺史"。《會要》卷四五同。《姓纂》卷一○華陰郭氏："弘道，同州刺史，郜〔國〕公。"又見《新表四上》。

獨孤修德（獨孤德）　　武德中

《姓纂》卷一○獨孤氏（岑仲勉補）："修德，膳部郎中，同州刺史。"按《通鑑·武德四年》：七月，"獨孤機之子定州刺史修德帥兄弟至其所（王世充置雍州廨舍），矯稱敕呼鄭王；世充與世惲趨出，修德等殺之"。注："武德二年正月，獨孤機兄弟爲世充所殺，故修德報仇。"《元龜》卷八九六云：武德中，獨孤修德爲宣州刺史，以王世充仇人，請而殺之。【補遺】《隴西郡君獨孤夫人墓誌銘》（神龍元年十一月九日）：

"祖德,唐任同州刺史、藤國公。父晶,周任泗州司馬。"（周紹良、趙超《唐代墓誌匯編續集》,上海古籍出版社 2001 年版）墓主神龍元年卒,年廿七,其祖獨孤德當即獨孤修德,其爲同州刺史。

梁 某　　武德中？

《楊炯集》卷九《從甥梁錡墓誌銘》:"曾祖某,光禄大夫、開府儀同三司、驃騎將軍、清河太守、右衛大將軍、同州刺史、上柱國……祖某……紀王府司馬,襄州、同州二長史。"梁錡卒高宗上元三年,年二十八。按紀王乃太宗子李慎,貞觀十年封紀王。疑梁錡曾祖乃由隋入唐者。

皇甫無逸　　約武德末—貞觀初

《新書》本傳:"拜民部尚書,出爲同州刺史,徙益州大都督府長史。"《舊書》本傳未及同刺,唯云:"高祖以隋代舊臣,甚尊禮之,拜刑部尚書,封滑國公,歷陝東道行臺民部尚書。明年,遷御史大夫。時益部新開……令無逸持節巡撫之……尋拜民部尚書,累轉益州大都督府長史。"《元龜》卷六七九:"皇甫無逸,貞觀中歷同州刺史、寧州都督,閉門自守,不通賓客。"

宇文士及　　貞觀前期？

《朝野僉載》卷五:"隋文皇帝時,大宛國獻千里馬……後隋末,不知所在。唐文武聖皇帝敕天下訪之,同州刺史宇文士及訪得其馬。"又見《廣記》卷四三五引。兩《唐書》本傳未及同刺事。按士及卒於貞觀十六年,見《舊書》本傳。

王 珪　　貞觀七年—八年（633—634）

《舊書》本傳:"〔貞觀〕七年,坐漏泄禁中語,左遷同州刺史。明年,召拜禮部尚書。"又見《舊書·袁天綱傳》,《新書》本傳,《通鑑·貞觀七年》三月。《新書·宰相表上》:貞觀七年"三月戊子,〔王〕珪罷爲同州刺史"。《廣記》卷二二一引《定命録》:"王珪尋爲侍中,出爲同州刺史……皆如〔袁〕天綱之言。"

尉遲敬德　　貞觀八年—十一年（634—637）

　　《舊書》本傳：“〔貞觀〕八年，累遷同州刺史……十一年，封建功臣爲代襲刺史，册拜敬德宣州刺史，改封鄂國公。”《新書》本傳略同。《全文》卷六有太宗《功臣世襲刺史詔》，謂：“同州刺史吴國公尉遲敬德，可宣州刺史，改封鄂國公。”卷一五二許敬宗《唐并州都督鄂國公尉遲恭碑》：“〔貞觀〕八年，授光禄大夫行同州刺史。封建功臣，改封鄂國公，册拜宣州刺史。”《隋唐五代墓誌匯編·陝西卷》第三册《大唐故開府儀同三司鄂國公尉遲君（敬德）墓誌并序》（顯慶四年四月十四日）：“尋加光禄大夫行同州刺史，貞觀十一年封建功臣，册拜使持節宣州諸軍事宣州刺史，徙封鄂國公。”《姓纂》卷一〇河南洛陽尉遲氏：“敬德，唐右武侯大將軍，同州刺史，鄂州（國）忠公。”又見《舊書·長孫無忌傳》，《元龜》卷一二九及《會要》卷四七。按《通鑑》謂貞觀六年九月時敬德已爲同州刺史，疑誤。

李襲譽　　貞觀十七年（643）

　　《舊書》本傳：“尋轉涼州都督，加金紫光禄大夫，行同州刺史。坐在涼州陰憾番禾縣丞劉武，杖而殺之，至是有司議當死，制除名，流於泉州，無幾而卒。”《新書》本傳略同。又見《元龜》卷七九八。《文館詞林》卷六六七唐太宗《獲石瑞曲赦涼州詔》：“朕嗣守宗祧……十七載於此矣……金紫光禄大夫行同州刺史檢校都督安康郡開國公李襲譽賜絹一百匹。”

田　直　　貞觀中？

　　《芒洛續編》卷下《大唐故滕王府記室參軍田府君（嵩）墓誌銘并序》：“祖直，銀青光禄大夫、同州刺史，樂平侯。”田嵩卒於開元十一年，春秋八十六。則生於貞觀十二年。疑其祖刺同州在貞觀中。

劉德威　　貞觀中

　　《舊書》本傳：“〔貞觀〕十八年，起爲遂州刺史，三遷同州刺史。永徽三年卒。”《新書》本傳略同。拓本《大唐故贈司徒虢王妃劉氏墓誌

銘并序》（上元二年十二月三日）：“考德威，皇朝太僕、大理卿，同、晉
等六州刺史，左驍衛大將軍，刑部尚書，尚平壽縣主，彭城縣公，上柱
國，諡曰襄公。”妃卒上元二年，春秋四十九。按貞觀十七年在刑部尚
書任，見《舊書·太宗紀下》。

李博乂　　貞觀二十年？（646？）

《寶刻叢編》卷一〇引《集古録目》有《唐無量壽佛大像碑》，不著
撰人名氏。云：“唐興國寺沙門道宗造無量壽佛大像，未成而卒，其徒
智常成之。貞觀十年，同州刺史隴西郡王博乂爲立此碑。”按《舊書》
本傳謂：“高祖時，歷宗正卿、禮部尚書，加特進……咸亨二年薨，贈開
府儀同三司、荆州都督，諡曰恭。”未及同刺。《新書》作“博乂”，亦未
及同刺事。據岑仲勉《唐史餘瀋·李博乂仕高宗》考證，字應正作
“乂”。《舊書》本傳之“高祖”爲“高宗”之誤。按李博乂高宗龍朔二年
在司禮太常伯任，見《舊書·禮儀志七》《會要》卷三七。《集古録目》
“貞觀十年”或爲“二十年”之奪誤。

褚遂良　　永徽元年—三年（650—652）

《舊書·高宗紀上》：永徽元年“十一月己未，中書令、河南郡公褚
遂良左授同州刺史”。《舊書》本傳：“永徽元年，進封郡公，尋坐事出
爲同州刺史。三年，徵拜吏部尚書、同中書門下三品，監修國史，加光
禄大夫。”又見《新書·高宗紀》、本傳、《宰相表上》，兩《唐書·韋思謙
傳》，《元龜》卷七二、卷五二〇上，《大唐新語》卷二，《唐語林》卷三，
《通鑑·永徽元年》十一月及《永徽三年》正月。《全文》卷一四九褚遂
良《故漢太史司馬公侍妾隨清娛墓誌銘》：“永徽二年九月，余判
同州。”

李崇義　　永徽中

《舊書》本傳：“降爵爲譙國公，歷蒲、同二州刺史，益州大都督府
長史，甚有威名。後卒於宗正卿。”又《裴漼傳》：“父琰之，永徽中爲同
州司户參軍，時年少，美容儀，刺史李崇義初甚輕之。”《新書·宗室世

系表上》蔡王房有"蒲、同、絳、陝、幽、夏六州刺史，益州長史譙國公崇義"。又見《新書》本傳，《元龜》卷二八一，《大唐新語》卷八，《廣記》卷一七四引《御史臺記》。

劉善因　　永徽五年(654)

《金石萃編》卷五〇《萬年宮碑銘碑陰題名》："前同州刺史、上護軍、平恩郡開國公臣劉善因。"永徽五年五月十五日建。

李　孝　　永徽末—顯慶元年(654?—656)

《大詔令集》卷三七《册許王孝秦州都督文》："維顯慶元年歲次景辰十二月辛卯朔二十九日己未……惟爾并州都督兼同州刺史上柱國許王孝……命爾爲使持節都督秦、成、武、渭四州諸軍事秦州都督。"又見《全文》卷一四高宗《册許王孝秦州都督文》。

盧承業　　約龍朔中

《芒洛四編》卷三《大唐故銀青光禄大夫行揚州大都督府長史魏縣子盧公(承業)墓誌銘并序》："今上嗣曆，拜雍州司馬，仍遷長史……出爲忠州刺史……復爲雍州司馬，頃除長史……又兼邢州刺史……尋爲淮南道大使，仍拜同州刺史……久之，除陝州刺史……又詔爲銀青光禄大夫行揚州大都督府長史。"咸亨二年八月卒，春秋七十有一。《千唐誌‧大中大夫使持節房州諸軍事房州刺史上柱國魏縣開國子盧府君(全操)誌銘》(開元二十三年九月十八日)："皇父承業，皇銀青光禄大夫，尚書左右丞，雍、洛二州長史，使持節同、陝二州諸軍事。"全操卒開元廿三年，春秋五十四。又《范陽盧氏女子殁後記》(聖武元年三月六日)："曾祖承業，唐故銀青光禄大夫、尚書左右丞，雍州、洛州長史，同州、陝州刺史。"按兩《唐書》本傳未及爲同州刺史事。又按麟德二年在陝州刺史任。

喬師望　　上元中?

《舊書‧喬知之傳》："父師望，尚高祖女廬陵公主，拜駙馬都尉，官至同州刺史。"《新書·諸帝公主傳》亦稱"廬陵公主，下嫁喬師望，爲同州刺史"。按《全文》卷一八七小傳："顯慶三年爲涼州刺史，上元二年移華州。"

鮮于匡紹　　儀鳳中

《元龜》卷六七三："鮮于〔匡〕紹爲隆州刺史，高宗儀鳳中爲同州刺史，仍賜絹二百匹，賞清廉也。"又見卷八九九。《姓纂》卷五漁陽鮮于氏："匡紹，閬、同、河、利四州刺史。"

魏克己（魏歸仁）　　弘道中？（683？）

《姓纂》卷八東祖魏氏："歸仁，一名克己，吏部侍郎，同州刺史。"《封氏聞見記》卷三："弘道中，魏克己爲侍郎，放榜，遂出得留者名，街路喧嘩，甚爲冬集人授接，坐此，出爲同州刺史。"按《會要》卷七四云："弘道元年十二月，吏部侍郎魏克己……貶爲太子中允。"與《封氏聞見記》異，疑先貶太子中允，又出爲同州刺史。又按《舊書·宋庭瑜妻魏氏傳》："父克己，有詞學，則天時爲天官侍郎。"未及爲同州刺史事。

姚　珽　　光宅元年（684）

《舊書·李尚隱傳》："弱冠明經累舉，補下邽主簿。時姚珽爲同州刺史，甚禮之。"《新書·李尚隱傳》略同。按李尚隱卒於開元二十八年（740），年七十五，弱冠時正當垂拱元年（685）；據《舊書·地理志一》，下邽縣於垂拱元年起屬華州。則姚珽爲同州刺史當在光宅元年。

王德真　　垂拱元年（685）

《新書·宰相表上》：垂拱元年五月"丁未，〔王〕德真罷爲同州刺史，其日流象州"。

宇文得照　　垂拱元年（685）

《楊炯集》卷六《後周青州刺史齊貞公宇文公神道碑》："保定四年（564），公薨於長安私第……國遷三代，年移十紀，曾孫皇朝右金吾將軍、同州刺史得照，宏才大節，玉振金聲。入當天子之右軍，出臨帝京之左輔……是用勒銘刻石。"自保定四年下推一百二十年，約當垂拱元年。

武懿宗　武后時

《隋唐五代墓誌匯編・陝西卷》第三册《大唐故懷州刺史贈特進耿國公武府君（懿宗）墓誌銘并序》（景龍元年十一月廿六日）："天授建元之初……封河內郡王……三爲洛州長史，歷魏、汴、同、許四州刺史，三爲懷州刺史。"神龍二年卒，春秋六十六。兩《唐書》本傳未及。

武攸宜　萬歲通天元年(696)

《新書・則天皇后紀》：萬歲通天元年九月"庚子，同州刺史武攸宜爲清邊道行軍大總管，以擊契丹"。本傳略同。又見《通鑑・萬歲通天元年》九月。

元善應　武后時?

《姓纂》卷四河南洛陽元氏："善應，司賓卿，同州刺史。"岑仲勉《姓纂四校記》云，《全文》七八五穆員《元盛志》：魏昭成帝之十二代孫，皇朝金紫光祿大夫司膳卿汝陽公善應之曾孫。盛卒貞元十一年，享年五十五。

李懷遠　武后時

《舊書》本傳："俄歷揚、益等州大都督府長史，未行，又授同州刺史。在職以清簡稱。入爲太子左庶子，兼太子賓客，歷遷右散騎常侍、春官侍郎。大足年，遷鸞臺侍郎，尋同鳳閣鸞臺平章事。"《新書》本傳略同。

裴知禮　武后時?

《新表一上》中眷裴氏："知禮，同州刺史。"按知禮乃後周青州刺史文舉之曾孫，大都督胄之孫，安邑通守裴神之子。其弟"知古，太常令"，武后長安中爲太樂令，見兩《唐書》本傳，則其兄刺同疑亦在武后時。

蘇　瓌　　大足元年(701)

《會要》卷三三："大足元年，天后幸京師，同州刺史蘇瓌進《聖主還京》樂舞，御行宮樓觀之，賜以束帛，令編於樂府。"又見《御覽》卷五七四。《新書》本傳："轉揚州大都督府長史……徙同州刺史。"《舊書》本傳未及同刺。《全文》卷二三八盧藏用《太子少傅蘇瓌神道碑》："累遷汾、鼎、同、汴、揚、陝，以累最入爲尚書右丞……九爲牧，而循良之績著於州郡。"

孟　詵　　長安中

《舊書》本傳："長安中，爲同州刺史，加銀青光禄大夫。神龍初致仕。"《新書》本傳略同。又見兩《唐書·孟簡傳》，《廣記》卷一九七引《御史臺記》。

閻叔子　　武后、中宗間？

《姓纂》卷五河南閻氏："叔子，同州刺史。"《新表三下》同。其祖立本，相高宗。《郎官柱》祠部員外有閻叔子，在袁利貞、元令臣、周琮後，薛穎、陳昭景、薛稷前。

畢　構　　約景龍中

《新書》本傳："神龍初，遷中書舍人……〔武〕三思疾之，出爲潤州刺史，政有惠愛。徙衛、同、陝三州，遷益州府長史。景龍末，召爲左御史大夫。"《舊書》本傳未及同刺。

張　沛　　景龍末

《舊書·張文瓘傳》："四子：潛、沛、洽、涉。中宗時，潛官至魏州刺史，沛同州刺史，洽衛尉卿，涉殿中監。"《隋唐嘉話下》："張同州沛之在州也，任正名爲録事，劉幽求爲朝邑尉……今上之誅韋氏，沛兄涉爲殿中監，見殺，并令誅沛。沛將出就州，正名時假在家，聞之遽出……用事於中，竟脱沛於難，二公之力。"又見《新書·張文瓘傳》，《新表二下》張氏，《太平寰宇記》卷五八，《大唐新語》卷一二，《唐語林》卷三。

崔 湜　　景雲二年(711)

《元龜》卷二八六："景雲二年，以同州刺史崔湜爲中書侍郎。"兩《唐書》本傳未及同刺事。

李 憲(李成器)　　景雲二年(711)

《元龜》卷二七七："左衛將軍宋王成器……景雲二年兼同州刺史。"宋王成器即李憲；兩《唐書》本傳未及爲同州刺史事。

劉知柔　　約先天元年(約712)

《全文》卷二六四李邕《唐贈太子少保劉知柔神道碑》："出荆府長史，復户部，徙同、宋二州，揚、益二府，一淮南廉察，再山東巡撫……開元十一年六月十五日遇疾薨。"兩《唐書》本傳未及。按先天二年爲宋刺，見《元龜》卷六七三。

成大琬　　先天二年(713)

《元龜》卷六七三："成大琬爲同州刺史。先天二年，太上皇命有司頒賞諸州朝集使有善政者，遂以大琬爲陝州刺史陸餘慶、魏州刺史單思遠、宋州刺史劉知柔、澤州刺史岑翔等各賜物一百段。"

姚 崇(姚元之)　　開元元年(713)

《舊書》本傳："再轉揚州長史、淮南按察使，爲政簡肅，人吏立碑紀德。俄除同州刺史。先天二年，玄宗講武在新豐驛，召元之代郭元振爲兵部尚書、同中書門下三品。"又《玄宗紀》：先天二年十一月，"同州刺史梁國公姚元之爲兵部尚書同中書門下三品"。《全文》卷二三〇張説《故開府儀同三司上柱國贈揚州大都督梁國公姚文貞公(崇)神道碑奉敕撰》："出典亳、宋、常、越、許、申、徐、潞、揚、同十郡。"

《大詔令集》卷四四《姚元之同三品制》：“同州刺史姚元之……可兵部尚書同中書門下三品，先天二年六月。”《全文》卷二〇玄宗《授姚元之兵部尚書同三品制》同。又見《新書·玄宗紀》、本傳、《宰相表》，《通鑑·開元元年》十月，《元龜》卷七二，《大唐新語》，《唐語林》卷二等。

李　業　開元二年(714)

《舊書》本傳：“開元初，歷太子少保，同、涇、幽、衛、虢等州刺史。”又《玄宗紀》：開元二年七月，“祕書監、薛王業爲同州刺史”。《通鑑·開元二年》作“八月”。《新書》本傳未及。《大詔令集》卷三五《岐王範華州刺史等制》稱：“荆州大都督兼祕書監薛王業……可使持節同州諸軍事兼同州刺史……開元二年十月二十九日。”又見《全文》卷二一玄宗《授岐王範華州刺史薛王業同州刺史制》。

張知謇　開元三年？(715?)

《舊書·張知泰傳》：“景龍二年〔知泰〕卒……時知謇爲洛州長史、東都副留守，又歷左、右羽林大將軍，同、華州刺史，大理卿致仕。開元中卒，年八十。”《新書》本傳略同。

李朝隱　開元四年—五年(716—717)

《舊書》本傳：“〔開元〕四年春，以授縣令非其人，出爲滑州刺史，轉同州刺史。駕幸東都，路由同州，朝隱蒙旨召見賞慰。”《新書》本傳略同。據《舊書·玄宗紀》，開元五年春正月辛亥，幸東都，至六年冬十月車駕還京師，知朝隱開元五年正月已在同州。《全文》卷二八玄宗《禁刺史進奉詔》：“去年從京向都，嘗亦處分。蒲州刺史程行湛、同州刺史李朝隱、陝州刺史姜師度，至其州界，咸有進奉。”《元龜》卷一一三、卷一五九稱此爲開元六年七月丙寅詔。按開元五年秋李朝隱已在河南尹任，見《舊書·宋璟傳》。

解　琬　開元五年—六年(717—718)

《舊書》本傳：“開元五年，出爲同州刺史，明年卒，年八十餘。”《新書》本傳："開元五年,終同州刺史。"《金石録》卷六:"《唐同州刺史解琬碑》,蘇頲撰,梁昇卿八分書,開元二十三年五月。"又卷二六云:"右《唐解琬碑》……《新》《舊》史皆有傳,所書事迹終始,與《碑》多合。惟《碑》與《舊》史皆云:琬以開元六年卒;而《新》史以爲卒於五年者,誤也。"又見《寶刻叢編》卷二〇引。

姜師度　　開元七年—八年(719—720)

《舊書》本傳:"〔開元〕六年,以蒲州爲河中府,拜師度爲河中尹……再遷同州刺史……特加金紫光禄大夫,尋遷將作大匠。"《新書・地理志一》同州朝邑縣注:"北四里有通靈陂,開元七年,刺史姜師度引洛堰河以溉田百餘頃。"《會要》卷五九:"開元八年六月,同州刺史姜師度兼營田、長春宫使。"《全文》卷二八玄宗有《褒姜師度詔》。又見《新書》本傳,《元和郡縣志》卷二,《太平寰宇記》卷二八,《元龜》卷四九七、卷六七三。

崔子源　　開元九年?(721?)

上圖藏拓片《唐故魏州貴鄉縣尉隴西李府君墓誌銘并序》(貞元五年十月二十三日):"夫人清河崔氏,父子源,禮部侍郎,魏、同、懷三州牧……天寶末,屬國步艱難,版輿江介,雲陽避地,殃釁所鍾,二紀於兹。"《新表二下》清河大房:"子源,同州刺史。"按子源開元十年四月爲懷州刺史,見《元龜》卷一〇五。疑刺同在此前。

秦守一　　開元中

《姓纂》卷三太原秦氏:"行其,渭川(州)刺史;曾孫守,庫部郎中,同州刺史。"岑仲勉《姓纂四校記》:《全文》卷一〇〇《寶希瑊碑》有開元五年河南少尹秦守一,時代正合,此"守"下奪"一"字。其刺同州亦當在開元中。

楊　滔　　開元十一年—十二年(723—724)

《舊書・楊執柔傳》:"執柔子滔,開元中官至吏部侍郎、同州刺史。"按《新表一下》楊氏觀王房："滔，户、兵、吏三侍郎。"又按開元七年滔爲户部侍郎，見《新書·藝文志一》，開元十一年爲吏部侍郎，見王泠然《上相國燕公書》。其爲同刺當在此年或下一年。

陸象先　　開元十三年—十七年(725—729)

《舊書》本傳："〔開元〕十三年，起復同州刺史，尋遷太子少保，二十四年卒。"又《玄宗紀上》：開元十七年二月庚子，"同州刺史陸象先爲太子少保"。《新書》本傳未及同刺。又見《元龜》卷八六二，《國史補》卷上，《唐語林》卷三，《廣記》卷一七七、卷四九六引《乾膜子》。

張廷珪(張庭珪)　　開元十七年(729)

《廬山記》卷五："《兀兀禪師碑》，中書舍人趙郡李訥文，金紫光禄大夫行同州刺史上柱國范陽縣開國男張廷珪書……開元十七年歲在己巳七月己丑朔十五日癸卯建。"兩《唐書》本傳未及同刺。拓本《唐故贈工部尚書張公(庭珪)墓誌銘并序》："持節潁、洪、沔、蘇、宋、魏、汴、饒、同等州刺史，前後充河北宣勞、江西按察、河南溝渠等三使……九典外郡。"(《河南省伊川縣出土徐浩書張庭珪墓誌》，《文物》1980年第3期)開元廿二年卒，享年七十七。

崔　琬　　開元十八年？(730?)

《新表二下》博陵安平崔氏第二房："琬，同州刺史。"按琬乃隋左武衛大將軍弘昇之曾孫。其從兄沔等皆仕於開元中。又按琬開元初以寧州刺史代元行冲爲關内道按察使，見《舊書·元行冲傳》。《全文》卷二二玄宗《贈王仁皎太尉益州大都督制》稱開元八年爲京兆尹，誤。

慕容珣　　約開元十九年(約731)

《隋唐五代墓誌匯編·洛陽卷》第十册《唐中散大夫守祕書監致仕上柱國慕容公(珣)墓誌銘并序》(開元二十四年十月二十六日)："徵拜刑部侍郎，俄□户部侍郎……就拜同州刺史，又遷祕書監。"開元二十四年六月二十四日卒，春秋六十八。《僕尚丞郎表》失載。

孟溫禮　　開元二十年—二十四年(732—736)

《千唐誌‧大燕故朝議郎前行大理寺丞司馬府君(望)墓誌銘并序》(燕顯聖元年六月十九日)：“廿八筮仕，授同州參軍……時刺史孟溫禮，實邦之良也，望之重者，曾不以屬官之禮而遇之……顯聖元年五月五日因遘時疾，以其月十九日終於洛陽縣毓德里之私第，春秋五十七。”按顯聖元年即肅宗上元二年(761)，知司馬望生於長安四年(704)，其二十八歲正當開元二十年(732)。《全文》卷三○九孫逖《授孟溫〔禮〕太子賓客崔璘太子右庶子制》：“金紫光禄大夫使持節同州諸軍事行同州刺史上柱國魯國公孟溫〔禮〕……可太子賓客。”又卷三九七權倕《左輔頓僚西岳廟中刻石記》(開元二十四年十月立)有“左馮翊太守魯(缺八字)之事，旬有二日奉迎”。勞格《讀書雜識》卷六謂此左馮翊太守魯國公即孟溫〔禮〕。

張　涗　　約開元二十四年(約736)

《新表二下》魏郡張氏：“涗，同州刺史。”《舊書》本傳未及。按張涗開元二十年自衡州刺史移越州，二十一年移秦州，見《會稽掇英總集‧唐太守題名》。疑其刺同在開元二十四年前後。

王　琚　　開元二十六年(738)

《舊書》本傳：“〔開元〕二十二年，起復右庶子，兼巂州刺史，又改同、蒲、通、鄧、蔡五州刺史。天寶後，又爲廣平、鄴郡二太守。”《新書》本傳未及。《全唐詩逸》卷上王昌齡有《上同州使君伯》。

李　暕　　約開元中

北圖藏拓片《唐故亳州司兵參軍趙郡李府君(群)墓誌銘》(寶曆二年七月一日)：“曾祖暕，同州刺史。祖昂，尚書倉部員外郎。考胄，尚書刑部郎中兼侍御史知雜。君即刑部之第二子也。”寶曆二年四月十七日卒，享年四十九。按《新表二上》趙郡東祖李氏：“暕，都水使者。"其子"昂，倉部員外郎"。又按《郎官柱》倉部員外李昂在能延休、李朝弼後，韋伯陽、鄭昉前。爲開元時人，當即詩人李昂，開元八年進士及第，天寶間爲禮部侍郎知貢舉。則其父陳仕同州刺史當在開元中。

王　暐　　約開元末

《全文》卷三〇九孫逖《授許王瓘太子詹事王暐守同州刺史制》："銀青光禄大夫守太子詹事上柱國太原郡開國公王暐……可使持節同州諸軍事守同州刺史。"又見《大詔令集》卷三八。

源光乘　　天寶三載（744）

《千唐誌·唐故通議大夫守太子詹事上柱國源府君（光乘）墓誌銘并序》（天寶六載二月癸酉）："天寶改元，官號復古，除絳郡太守、馮翊太守……入拜太子詹事……五載二月庚戌薨於宣陽里第，春秋七十有七。"上圖藏拓片《唐故殿中侍御史張府君夫人河南源氏墓誌》（貞元十三年二月四日）："同州刺史諱光乘之孫，光禄寺主簿諱俟之女。"張夫人卒貞元十二年，年六十二。《姓纂》卷四源氏："光垂，同州刺史。"按"光垂"當爲"光乘"之誤。《新表五上》源氏作"光乘，同州刺史"，不誤。按天寶初光乘在絳郡太守任。

劉同昇　　天寶中

《姓纂》卷五諸郡劉氏："同州刺史劉同昇，洛陽人，稱本自沛國徙焉。"按劉同昇天寶三載爲常州刺史，見《新書·玄宗紀》；《唐文粹》卷六四《徑山大師碑》稱"故採訪使常州刺史劉同昇"；《全文》卷三六四趙晉用《賽雨祭石文》稱"我明太守兼江南東道採訪處置漳潮等六郡經略使彭城劉公名同昇"，天寶五載。疑其刺同州在天寶五載後。

崔　璘　　天寶中

《新表二下》博陵大房崔氏："璘，馮翊郡太守。"乃武后、中宗時宰相崔玄暐之姪，其爲同州刺史當在天寶中。

薛獻童　　天寶中

《新表三下》薛氏："獻童字替否，馮翊郡太守。"按獻童乃慈州刺史俊子；其從兄江童天寶時爲陳留太守。

韋　濟　　天寶十一載（752）

《舊書》本傳："天寶七載，又爲河南尹，遷尚書左丞……後出爲馮翊太守。"《新書》本傳："終馮翊太守。"《新表四上》韋氏小逍遥公房："濟，馮翊太守。"《隋唐五代墓誌匯編·陝西卷》第四册《大唐故正議大夫行儀王傅上柱國奉明縣開國子贈紫金魚袋京兆韋府君（濟）墓誌銘并序》（天寶十三載閏十一月十一日）："〔天寶〕十一載，出爲馮翊太守。在郡無幾，又除儀王傅。"十三載卒，享年六十七。則其當爲裴寬前任。

裴　寬　　約天寶十二載—十三載（約753—754）

《舊書》本傳："累遷東海太守、襄州採訪使、銀青光禄大夫，轉馮翊太守，入拜禮部尚書。〔天寶〕十四載卒，年七十五。"《新書》本傳：天寶三載，"貶寬睢陽太守。及韋堅獄起，寬復坐親，貶安陸別駕……稍遷東海太守，徙馮翊，入爲禮部尚書。卒"。

李彭年　　天寶十四載？（755？）

《舊書》本傳："天寶十二載，起彭年爲濟陰太守，又遷馮翊太守，入爲中書舍人、給事中、吏部侍郎。十五載，玄宗幸蜀，賊陷西京，彭年没於賊，脅授僞官。"《新書》本傳略同。又見《元龜》卷九四〇。

蕭　賁　　天寶十五載—至德二載（756—757）

《新書·蕭宗紀》：至德二載二月，"〔安〕慶緒陷馮翊郡，太守蕭賁死之"。又見《通鑑考異·至德二載》。按《新表一下》蕭氏齊梁房有"賁，侍御史"。

王鳳佚　　至德二載（757）

《元龜》卷一三四："至德二年九月，河東兵馬節度馬承光奉詔發河東兵馬，屯於渭北，而馮翊太守王鳳佚執異見，沮軍不發，承光斬之。"

顏真卿　　至德二載—乾元元年（757—758）

《全文》卷五一四殷亮《顏魯公行狀》："〔至德〕二年正月，又除御史大夫。未幾，因忤聖旨，貶馮翊太守。乾元元年三月，又改蒲州刺史。"《舊書》本傳："〔至德〕二年四月，朝於鳳翔，授憲部尚書，尋加御史大夫……爲宰相所忌，出爲同州刺史，轉蒲州刺史。爲御史唐旻所構，貶饒州刺史。"《新書》本傳略同。《全文》卷三三六顏真卿有《同州刺史（《集》作"馮翊太守"）謝上表》，卷四四肅宗有《答顏真卿謝馮翊太守批》。又卷七二一謝楚《爲同州顏中丞謝上表》稱："臣伯父贈太師臣真卿在肅宗朝嘗典兹郡。"又見卷三四四顏真卿《祭伯父豪州刺史文》、卷三九四令狐峘《光禄大夫魯郡開國公顏真卿墓誌銘》，《元龜》卷五一五，《廣記》卷三二引《仙傳拾遺》《戎幕閑譚》《玉堂閑話》。

崔伯陽　　乾元元年—二年（758—759）

《新表二下》博陵安平崔氏第二房："伯陽，御史中丞，同州刺史。"《英華》卷四〇九賈至《授寶紹山南東道防禦使等制》："侍御史崔伯陽……可襄陽防禦使。"《英華》卷九四一權德輿《朝議郎行尚書倉部員外郎集賢院待制權府君（自挹）墓誌》："〔二京〕克復之歲，制授醴泉尉，尋攝監察御史，充河西隴右宣尉（慰）使崔中丞伯陽判官……歲中，崔復命，遷左馮翊，表爲祠曹，且佐州師（帥）。"按伯陽乾元二年爲中丞，貶端州高要尉，見《舊書·李峴傳》。

李　揖　　乾元中？

拓本《唐孝子故廬州參軍李府君（存）墓誌》："會昌五年正月十五日前廬州參軍李存於亳州病死……大王〔父〕揖，皇户部侍郎、同州刺史、山南西道採訪使，贈户部尚書。王父嚴，皇饒州樂平縣尉。"（《河南偃師杏園村的兩座唐墓》，《考古》1984 年第 10 期）按李揖至德元載十月在户部侍郎任，見《通鑑》及《舊書·房琯傳》。疑爲崔伯陽後任。

王　政　　約上元元年—二年（約760—761）

《全文》卷三六八賈至《送于兵曹往江夏序》：“予謫居洞庭歲三秋矣，有客自蜀浮舟來者則河南于侯……馮翊太守王公移鎮武昌，好賢下士……吾子東行，謂得時矣。”按賈至於乾元二年三月貶爲岳州司馬，文中稱“謫居洞庭歲三秋”，當爲上元二年作。岑參有《潼關鎮國軍句覆使院早春寄王同州》詩。按王政乾元二年八月由襄州刺史貶饒州長史，見《通鑑》。據韓愈《王仲舒墓誌》稱：其父政在襄州刺史後爲鄂州刺史。賈至文中“王公”當即王政。據此知其爲鄂州前曾爲同刺。

楊慎微　　上元二年—廣德元年（761—763）

《全文》卷四三九豆盧詵《嶺南節度判官宗公神道碑》：“上元初，楊公爲同州刺史，又表公兼韓城令……無何，楊公拜御史中丞嶺南節度，乃諮參公謀，授以參軍。時宦官呂太一怙恃寵靈，凌虐神主，前節度張休爲之棄甲。”按《舊書·李觀傳》：“廣德初，吐蕃入寇，鑾駕之陝，觀於盩厔，率鄉里子弟千餘人守黑水之西，戎人不敢近。會嶺南節度楊慎微將之鎮，以觀權謀，奏充偏將，俾總軍政。”由此知“楊公”即楊慎微。

【陳少遊　　廣德元年（763）（未之任）】

《舊書》本傳：“寶應元年，入爲金部員外郎……明年，僕固懷恩奏爲河北副元帥判官、兵部郎中，兼侍御史。遷晉州刺史，改同州刺史，未視事，又歷晉、鄭二州刺史。”《新書》本傳未及同刺。

韋　騰（韋勝）　　廣德元年（763）

《新書·党項傳》：“僕固懷恩之叛，誘党項、渾、奴剌入寇，衆數萬，掠鳳翔、盩厔，大酋鄭廷、郝德入同州，刺史韋勝走，節度使周智光破之澄城。”按僕固懷恩誘吐蕃入寇事在廣德元年秋。《姓纂》卷二東眷韋氏大雍州房：“騰，同州刺史。”按天寶四載石刻《孝經序》題名有韋騰，疑《新書》之“韋勝”爲“韋騰”之訛。

周智光 永泰元年—大曆二年（765—767）

《舊書·代宗紀》：永泰元年九月己酉，“周智光屯同州”。大曆元年十二月“癸卯，同華節度使周智光專殺陝州監軍張志斌”。又本傳：“〔魚〕朝恩以扈從功，恩渥崇厚，奏請多允，屢於上前賞拔智光，累遷華州刺史、同華二州節度使及潼關防禦使……大曆二年正月……貶智光澧州刺史。”《新書》本傳略同。又見《通鑑·永泰元年》、《大曆二年》。

敬　括 大曆二年—三年（767—768）

《舊書·代宗紀》：大曆二年春正月甲子，“大理卿敬括爲同州刺史、長春宮等使”。又本傳：“大曆初，叛臣周智光伏誅，詔選循良爲近輔，以括爲同州刺史。歲餘，入爲御史大夫。”《新書》本傳略同。又見《舊書·周智光傳》，《元龜》卷六七一，《唐詩紀事》卷一九。《全文》卷四一一常袞《授敬括御史大夫制》：“金紫光禄大夫行同州刺史兼御史中丞敬括……可行御史大夫。”

柏貞節（柏茂琳、柏茂林） 大曆四年？（769？）

《姓纂》卷一〇蜀郡柏氏：“大曆中同州刺史柏貞節。”按大曆初，杜鴻漸奏邛州兵馬使柏貞節爲邛州刺史，見《元龜》卷一七六；大曆元年二月，以邛州刺史柏茂琳爲邛南防禦使，見《舊書·代宗紀》，又見《通鑑》；邛州刺史柏貞節遷任夔州刺史，見《制詔集》卷一三。疑其刺同在夔任後。又按據岑仲勉《唐集質疑》“柏貞節即茂琳改名”條，柏貞節與柏茂琳實爲一人；吳氏《方鎮年表》“琳”又作“林”。

韋　翹 約大曆中

《姓纂》卷二東眷韋氏郎公房：“翹，同州刺史。”又見《新表四上》。按《英華》卷三九〇常袞有《授韋翹駕部郎中制》，由武部員外郎轉。

《韋抗碑》，約開元十四年作，云："三子，長京兆士曹參軍曰載，次昭文生翹，幼某。"

梁 乘 大曆中

《唐代墓誌彙編·某府君墓誌》（永貞元年十月）："大曆中，同州刺史兼吏部郎中梁公乘美公有匡時之略，委之以師旅，奏充押衙兼兵馬使。"

宋 晦（宋誨） 大曆九年（774）

《舊書·代宗紀》：大曆九年"八月辛未，以虢州刺史宋晦爲同州刺史，充長春宮、營田等使"。又見《姓纂》卷八樂陵宋氏，《元龜》卷六九七，《長安志》卷七注引《唐實錄》。《會要》卷五九作"宋誨"。

崔 論 約大曆十二年（約777）

《舊書》本傳："乾元後，歷典名郡，皆以理行稱。大曆末，元載以罪誅，朝廷方振起淹滯，遷同州刺史。未幾，爲黜陟使庾何所按，廢免。"《新書》本傳略同。

蕭 復 建中元年（780）

《全文》卷五二一梁蕭《監察御史李君夫人蘭陵蕭氏墓誌銘》："〔夫人〕享年四十八而終，時建中元年九月三日也……仲弟御史中丞復……是歲，中丞由潭州遷左馮翊。"《舊書·德宗紀上》：建中三年七月"甲午，以前同州刺史蕭復爲兵部侍郎"。《舊書》本傳："及爲同州刺史，州人阻饑，有京畿觀察使儲廩在境內，復輒以賑貸，爲有司所劾削階。"又見《新書》本傳，《元龜》卷六七五，《御覽》卷二五五。《全文》卷六四六李絳《兵部尚書王紹神道碑》："大師顏魯公守吳興，特器之……相國蕭徐公察守馮翊，並隨府授檄。"按蕭相國當即蕭復。

李 承 建中二年（781）

《舊書·德宗紀上》：建中二年七月丁丑，"同州刺史李承爲河中

尹、晉絳都防禦觀察使"。又見本傳,《元龜》卷四六五。《新書》本傳
未及。

侯　鎬　　建中二年?—四年(781?—783)

《舊書·呂元膺傳》:"建中初,策賢良對問第,授同州安邑尉。同
州刺史侯鎬聞其名,辟爲長春宮判官。屬蒲賊侵軼,鎬失所,元膺遂
潛迹不務進取。"按"蒲賊"指建中四年李懷光叛軍。又見《元龜》卷七
二九。

李　紓　　建中四年(783)

《舊書》本傳:"德宗居奉天,擇爲同州刺史。尋棄州詣梁州行在,
拜兵部侍郎。"《元龜》卷六八六:"李紓建中末爲同州刺史。德宗幸梁
州,紓亦棄州詣行在,拜兵部侍郎。"又見《新書》本傳,《通鑑·興元元
年》三月,《元龜》卷六七一。

裴　向　　建中四年(783)

《舊書》本傳:"建中初,李紓爲同州刺史,奏向爲從事。朱泚反,
李懷光又叛河中,使其將趙貴先築壘於同州,紓來奔奉天,向領州
務……向即詣貴先軍壘,以逆順之理責之,貴先感悟,遂來降,故同州
不陷,向由是知名。累爲京兆府戶曹。"《新書》本傳略同。又見《通
鑑·興元元年》三月記載。按兩《唐書》本傳之"建中初"當爲"建中末"。

康日知　　興元元年(784)

《舊書·德宗紀上》:興元元年正月丙申,"以前趙州觀察使康日
知兼同州刺史,充奉誠軍節度使"。《新書》本傳:"興元元年,以深、趙
益成德,徙日知奉誠軍節度使,又徙晉絳。"又見《通鑑·興元元年》。

竇　覦　　興元元年—貞元五年(784—789)

《舊書》本傳:"興元元年,討李懷光於河中,詔覦以坊州兵七百人
屯郃陽。賊平,以功兼御史中丞,遷同州刺史,入朝爲户部侍郎。"又

見《元龜》卷三〇二。《舊書·德宗紀下》：貞元五年"八月辛未，以同
州刺史竇覦爲户部侍郎"。

姚南仲　　貞元五年—八年（789—792）

《全文》卷五〇〇權德輿《故中散大夫守尚書右僕射姚公（南
仲）神道碑銘并序》："授同州刺史，三載考績，復以御史中丞領陝府長
史。"《舊書》本傳："遷御史中丞、給事中、同州刺史，陝虢觀察使。"又
《德宗紀下》：貞元八年二月"辛巳，以同州刺史姚南仲爲陝虢觀察
使"。《新書》本傳未及。

盧　徵　　貞元八年—十年（792—794）

《舊書》本傳："貞元八年春，同州刺史闕，〔竇〕參請以尚書左丞趙
憬補之，特詔用徵，以間參腹心也。數歲，轉華州刺史。"《舊書·德宗
紀下》：貞元十年三月"壬申，以同州刺史盧徵爲華州刺史、潼關防禦、
鎮國軍等使"。《新書》本傳略同。又見《元龜》卷五七、卷六九七。

嚴　況（嚴説）　　貞元十年？—十二年？（794？—796？）

《姓纂》卷五吳郡嚴氏："貞元給事中、同州刺史嚴説。"岑仲勉《姓
纂四校記》云："諸書多作況。"按況貞元五年正月爲左司郎中，見《會
要》卷五九。《全文》卷九一八清晝《洞庭山和尚塔銘》，貞元六年作，
稱：奉戒弟子前給事中嚴公況。又見《宋高僧傳》卷一五《神皓傳》。
疑其刺同在貞元十年至十二年。

崔　淙（崔宗）　　貞元十二年—十四年（796—798）

《舊書·德宗紀下》：貞元十四年九月"乙卯，以同州刺史崔宗爲
陝州大都督府長史、陝虢觀察水陸轉運使"。《全文》卷六三一吕温
《銀青光禄大夫守工部尚書致仕博陵崔公（淙）行狀》："徵拜長安縣
令……擢同州刺史……朝議陟明，遷於陝服。"《新表二下》博陵安平
崔氏第二房："淙，同州刺史。"《金石録》卷九："《唐同州刺史崔淙遺愛
碑》，楊憑撰，韋縱正書，貞元十七年立。"《芒洛遺文》卷中《唐故懷州

録事參軍清河崔府君（稃）故夫人滎陽鄭氏合祔墓誌銘并序》：“釋褐陝州大都督府軍事，時則相國于公〔頔〕坐棠而賦政，分陝以按俗……俄而于公授鉞於漢南，崔公淙由左馮翊實爲交代。”據此可證唐人文中均作“淙”，《舊書》作“宗”，誤。按《金石録》卷二八有《貞元十二年唐崔淙謝廣利方表跋》。

杜　碻　　貞元十四年—十五年（798—799）

《舊書·德宗紀下》：貞元十四年九月丁卯，“以太常卿杜碻爲同州刺史、本州防禦、長春宮使”。十五年十二月“丁酉，以同州刺史杜碻爲河中尹、河中絳州觀察使”。又見《程异傳》。按《元龜》卷七二九“碻”訛作“雍”。

劉公濟　　貞元十五年？—十八年（799？—802）

《舊書·德宗紀下》：貞元十八年“十一月丙辰，以同州刺史劉公濟爲鄜州刺史、鄜坊丹延節度使”。《新書·裴玠傳》《通鑑·貞元十八年》記載略同。《柳河東集》卷三八有《爲劉同州謝上表》。《全詩》卷三二一權德輿《奉和崔評事寄外甥劉同州并呈杜賓客許給事王侍郎昆弟楊少（尹）李侍御并見寄之作》，“劉同州”當指劉公濟。

裴　佶　　貞元二十年（804）

《舊書》本傳：“會黔中觀察使韋士宗慘酷馭下，爲夷獠所逐，俾佶代之，酋渠自化。其後爲瘴毒所侵，堅請入覲，拜同州刺史。徵入爲中書舍人。”《新書》本傳略同。上圖藏拓片《唐故歸州刺史盧公（璠）墓誌銘并序》（元和十三年九月九日）：“德宗後元中，朝有邪臣，竊弄威柄，時工部尚書裴公佶爲諫議大夫……出爲黔中觀察使……績成三載，高視中縣。由是，裴公遷同州刺史兼本州防禦使。”按裴佶貞元十七年至十九年爲黔中觀察使。

裴　澥　　貞元中？

《唐語林》卷三：“裴澥爲陝府録事參軍，李汧公勉除長史充觀察……灊之子充,太常寺太祝,年甚少……灊後累遷同州刺史,所在有能名;充至湖州刺史。"按裴充大和九年至開成三年爲湖州刺史,卒於任,見《元龜》卷四九四及《嘉泰吳興志》卷一四。則其父灊爲同州刺史疑在貞元中。

裴　通　　貞元、元和間?

《新表一上》洗馬裴氏:"通,同州刺史。"乃河東太守裴思義之曾孫,薛王騎曹參軍敳珍孫。

馮　伉　　元和二年?(807?)

《舊書》本傳:"順宗即位,拜尚書兵部侍郎。改國子祭酒,爲同州刺史。入拜左散騎常侍,復領太學。元和四年卒。"《新書》本傳略同。

顔　防　　元和三年?—四年(808?—809)

《姓纂》卷四琅邪江都顔氏:"防,同州刺史。"《寶刻叢編》卷七引《京兆金石録》:《同州刺史顔防墓誌》,胡証撰,元和四年。《全文》卷七二一謝楚《爲同州顔中丞謝上表》:"伏奉恩制授臣同州刺史本州防禦長春宫等使,即以今月八日到任上訖……臣伯父贈太師臣真卿在肅宗朝嘗典兹郡。"顔中丞當即顔防。又見牛僧孺《辛祕碑》。按顔防元和元年至二年爲常州刺史,見《舊書·李錡傳》及《通鑑·元和二年》十月。

【吕元膺　　元和四年(809)(未之任)】

《元龜》卷七五:"吕元膺爲給事中,元和四年十月以爲同州刺史。"《舊書》本傳:"出爲同州刺史,及中謝,上問時政得失,元膺論奏,辭氣激切,上嘉之。翌日謂宰相曰:'元膺有讜言直氣,宜留在左右。'……尋兼皇太子侍讀。"《新書》本傳略同。又見《御覽》卷二二一,《元龜》卷七〇八,《會要》卷五四。

崔　頲(崔廷)　　元和四年—六年?(809—811?)

《舊書·憲宗紀上》:元和四年十月癸酉朔,"以少府監崔頲爲同州

刺史、本州防禦、長春宮等使"。又見兩《唐書》本傳,《書史會要》卷五,
《宣和書譜》卷四。《新表二下》博陵安平崔氏第二房:"頲,同州刺史。"

裴　堪　　元和六年—七年(811—812)

《舊書·憲宗紀上》:元和六年夏四月戊辰,"以諫議大夫裴堪爲
同州防禦使"。又《憲宗紀下》:元和七年十一月"甲申,以同州刺史裴
堪爲江西觀察使"。又見《元龜》卷四九八。《白居易集》卷五五《除裴
堪江西觀察使制》:"同州刺史裴堪……可江西觀察使兼御史中丞。"

裴　向　　元和七年—約十年(812—約815)

《舊書·憲宗紀下》:元和七年十二月"戊戌,以京兆〔少〕尹裴向
爲同州防禦使"。又本傳:"入爲京兆少尹,拜同州刺史,充本州防禦
使。入爲大理寺卿。"《新書》本傳未及。《白居易集》卷五五有《除裴
向同州刺史制》。

鄭　絪　　約元和十年—十三年(約815—818)

《舊書》本傳:"爲工部尚書,轉太常卿,又爲同州刺史、長春宮使,
改東都留守。"又《憲宗紀下》:元和十三年三月"丙申,以同州刺史鄭
絪爲東都留守、都畿汝防禦使"。《新書》本傳未及。《隋唐五代墓誌
匯編·洛陽卷》第十四册《唐故范陽盧氏滎陽鄭夫人墓誌銘》(大中十
二年五月十二日):"祖絪,皇太子太傅,贈大師……爲嶺南節度使,同
州刺史,東都留守。"

李　敷　　約元和中

《新表二上》隴西李氏姑臧房:"敷,同州刺史。"《千唐誌·故宋州
碭山縣令滎陽鄭府君(紀)墓誌銘并序》(會昌二年十月三十日):"姚
隴西李氏,皇同州刺史敷之女。"《宋高僧傳》卷一五《唐杭州靈隱山道
標傳》:"與之深者有……襄陽節制孟公簡、同州刺史李公敷、鳳翔尹
孫公璹、浙東廉使賈公全、中書舍人白公居易……以長慶三年示有微
疾,六月七日歸滅於所居蘭若。"按孟簡元和十三年爲襄刺,見《舊

書·憲宗紀》；賈全貞元十八年至永貞元年爲浙東觀察。敷貞元十年
爲睦州刺史，其爲同刺約在元和中。

張正甫 元和十五年—長慶元年（820—821）

《舊書》本傳：“改河南尹。由尚書右丞爲同州刺史，入拜左散騎
常侍、集賢殿學士判院事。”《白居易集》卷四九《張正甫可同州刺史
制》：“尚書右丞、賜紫金魚袋張正甫……可持節同州諸軍事守同州刺
史，充本州防禦使。”按白居易知制誥在元和十五年。《元龜》卷五九
六：“尚書右丞相（按“相”字衍）張正甫封敕疏奏，不答，留中不下……
至明年，張正甫改爲同州刺史。”長慶元年七月已在散騎常侍任，見韓
愈《舉張正甫自代狀》。又按《舊書·憲宗紀下》：元和十二年八月“戊
辰，以同州刺史張正甫爲河南尹”。歷官次序與年代均誤。

元　稹 長慶二年—三年（822—823）

《舊書·穆宗紀》：長慶二年六月甲子，“工部侍郎平章事元稹爲
同州刺史”。又本傳：“稹與裴度有隙……遂俱罷稹、度平章事，乃出
稹爲同州刺史。”《大詔令集》卷五六有《元稹同州刺史制》。《全文》卷
六五〇有元稹《同州刺史謝上表》。《全文》卷六五四元稹《永福寺石
壁法華經記》：“予始以長慶二年相先帝，無狀，譴於同州，明年徙會
稽。”《白居易集》卷七〇《唐故武昌軍節度處置等使正議大夫檢校户
部尚書鄂州刺史兼御史大夫河南元公（稹）墓誌銘并序》：長慶初，“以
膳部員外郎徵用……出爲同州刺史……二（三）年，改御史大夫、浙東
觀察使”。《嘉泰會稽志》：“元稹，長慶三年八月自同州防禦使授。”又
見《舊書·李紳傳》、《李德裕傳》，《新書》本傳、《宰相表》，《通鑑·長
慶二年》，《元龜》卷三二三，《全文》卷六四。

林　邁 寶曆元年（825）

《林邵州遺集·睦州刺史二府君神道碑》：“饒州生府君贈睦州刺
史披……次子邵州刺史蘊……季子同州刺史邁……寶曆元年，敬宗
皇帝以孝治爲大，詔內外長吏追顯前門。蘊忝剖符竹，被霑雨露，哀

榮所感,逮於幽明。"又見《續慶圖》。證知林邁寶曆元年在同州刺史任。

蕭　俛　寶曆二年(826)

《舊書》本傳:長慶二年"三月,改太子少保,尋授同州刺史。寶曆二年,復以少保分司東都"。又《敬宗紀》:寶曆二年三月"辛巳,以同州刺史蕭俛爲太子少保分司"。《新書》本傳略同。又見《元龜》卷一五三。

裴　武　寶曆二年(826)

《舊書·敬宗紀》:寶曆二年三月"壬午,以工部尚書裴武爲同州刺史"。十一月"乙酉,同州刺史裴武卒"。

徐　晦　寶曆二年—大和四年(826—830)

《舊書》本傳:"〔寶曆〕二年,入爲工部侍郎,出爲同州刺史,兼御史中丞。大和四年,徵拜兵部侍郎。"又見《元龜》卷九一四。《新書》本傳未及。《隋唐五代墓誌匯編·陝西卷》第四册《唐故録事參軍京兆韋府君(冰)墓誌銘并序》(大和元年四月二十三日):"換同州録事參軍……會刺史薨位,新命刑部侍郎徐公晦爲郡。奸徒逆設詭詞,迎路盈耳,徐公未察細之間,署公假掾。幾歷多難,徐公大悟,乃牒舉公復位。"冰卒大和元年四月十四日,享年五十四。所謂"會刺史薨位",即指裴武卒,由此證知徐晦於寶曆二年繼裴武任同州刺史。

高　重　大和四年(830)

《全文》卷六九二李虞仲《授高重同州刺史兼防禦使制》:"給事中……高重……可使持節同州諸軍事同州刺史。"《舊書·文宗紀下》:大和四年十二月癸亥,"以同州刺史高重爲潭州刺史、兼御史中丞,充湖南觀察使"。

吴士矩(吴士智)　約大和五年—七年(約831—833)

《舊書·文宗紀下》:大和七年四月"癸酉,以同州刺史吴士智爲江西觀察使”。《新書》本傳未及。按《元氏長慶集》卷六有《寄吳士矩端公》詩，乃元稹官江陵士曹時作。又按《新書・吳湊傳》謂：兄溆子士矩，“開成初，爲江西觀察使”。《舊紀》之“士智”當爲“士矩”之誤。

高　鍬　　大和七年—八年（833—834）

《舊書・文宗紀下》：大和七年四月癸酉，“以吏部侍郎高鍬爲同州刺史”。八年六月“辛丑，同州刺史高鍬卒”。又見兩《唐書》本傳。北圖藏拓片《唐故朝議郎河南府壽安縣令賜緋魚袋渤海高府君（瀚）墓誌銘并序》（大中十年五月二十四日）：“皇同州刺史兼御史中丞贈兵部尚書諱鍬府君之長子。”大中十年卒，享年三十八。《隋唐五代墓誌匯編・洛陽卷》第十四册《唐故前江南西道都團練副使朝議郎檢校尚書禮部郎中高府君（彬）墓誌銘并序》（乾符四年十月十七日）：“祖諱鍬，皇尚書吏部侍郎、同州刺史，贈太師。”彬卒乾符四年，享年三十六。

楊汝士　　大和八年—九年（834—835）

《舊書・文宗紀下》：大和八年七月“丙辰，以工部侍郎楊汝士爲同州刺史”。九年九月，“以汝士爲駕部侍郎”。又見本傳、《魏謩傳》，《元龜》卷六八八。《新書》本傳未及。《白居易集》卷三〇有《睡後茶興憶楊同州》詩，卷三二有《和同州楊侍郎夸柘枝見寄》詩，《外集》卷上有《別楊同州後却寄》詩，均指楊汝士。

【白居易　　大和九年（835）（未之任）】

《舊書・文宗紀下》：大和九年九月“辛亥，以太子賓客分司東都白居易爲同州刺史，代楊汝士”。十月“乙未，以新授同州刺史白居易爲太子少傅分司”。《白居易集》卷三二有《詔授同州刺史病不赴任因詠所懷》詩，卷三三有《從同州刺史改授太子少傅分司》詩。《樊南文集》卷八《刑部尚書致仕太原白公（居易）墓碑銘并序》：“〔大和〕九年除同州，不上，改太子少傅。”按兩《唐書》本傳作“開成元年”，誤。

劉禹錫　　大和九年—開成元年(835—836)

　　《舊書·文宗紀下》：大和九年十月乙未，"以汝州刺史劉禹錫爲同州刺史"。又本傳："開成初，復爲太子賓客分司，俄授同州刺史。秩滿，檢校禮部尚書、太子賓客分司。"按禹錫刺同州當從《舊紀》在大和九年，本傳誤。《新書》本傳："徙汝、同二州。遷太子賓客，復分司。"《全文》卷六〇一劉禹錫《同州刺史謝上表》："伏奉去年十月二十二日制書授臣使持節同州諸軍事守同州刺史、兼御史中丞，充本州防禦、長春宮等使。"按"去年"之"年"字疑衍文；朱刻本《劉禹錫集》於此文末題"大和九年十二月二十一日"。《全文》卷七四文宗有《答劉禹錫同州刺史謝表批》。卷六一〇劉禹錫《子劉子自傳》："移汝州……又遷同州。"卷六〇五《汝洛集引》："樂天罷三川守，復以賓客分司東都，未幾，有詔領馮翊，辭不拜，職授太子少傅……時予代居左馮〔翊〕，明年，予罷郡。"卷六〇三《上宰相賀改元赦書狀》："同州狀……伏奉今月一日制書改大和十年爲開成元年，大赦天下。"又《同州舉蕭諫議自代狀》，按朱刻本《劉禹錫集》卷一七於此文末題"大和九年十二月四日"。《全詩》卷三五八劉禹錫有《酬喜相遇同州與樂天替代》、《貞元中侍郎舅氏牧華州時余再忝科第今典馮翊暇日登樓南望三峰浩然生思追想昔年之事因成篇題舊寺》。《白居易集》卷三三有《閑臥寄劉同州》《喜見劉同州夢得》《喜夢得自馮翊歸洛兼呈令公》詩。劉禹錫《彭陽唱和集後引》："開成元年，公鎮南梁，予以太子賓客分司東都。"知劉禹錫開成元年已罷同州刺史。又有《自左馮歸洛下酬樂天兼呈裴令公》詩云："華林霜葉紅霞晚，伊水晴光碧玉秋。"知罷同刺在開成元年秋天。

孫　簡　　開成元年?—三年(836?—838)

　　《舊書·文宗紀下》：開成三年二月"丁未，以同州刺史孫簡爲陝虢觀察使"。兩《唐書》本傳未及。《隋唐五代墓誌匯編·洛陽卷》第十三冊《唐故銀青光禄大夫檢校司空太子少師分司東都上柱國樂安縣開國侯孫公(簡)墓誌銘并序》(大中十□年)："轉中書舍人，拜同州刺史兼御史中丞……遷陝虢觀察使。"

盧　載　　開成三年(838)

《舊書·文宗紀下》：開成三年二月“辛亥,左丞盧載爲同州防禦使”。

楊敬之　　會昌中?

《新表一下》楊氏越公房：“敬之,同州刺史。”本傳未及。《千唐誌·鄉貢進士孫備銘其妻》(咸通六年五月十六日)：“夫人于氏……妣弘農楊氏夫人,外王父左馮翊太守諱敬之,韓吏部、柳柳州皆伏比賈馬……〔夫人〕以咸通六年二月八日終於上都永樂私第,享年三十。”按大和九年七月戊午,貶户部郎中楊敬之爲連州刺史,疑其刺同州在會昌中。

韋有翼　　約大中元年—二年(約847—848)

《英華》卷三九三杜牧《授韋有翼御史中丞制》：“周歷華貫,擢爲諍臣,攻予甚專,言事頗切。願試左輔,移理陝郊。馮翊之恐失兒寬,潁川之喜得黄霸。壺漿迎路,繼屬攀車。徵爲公卿,愈見風采。”又卷四五三《玉堂遺範·授韋有翼劍南東川節度使制》：“左輔施河潤之功,右陝繼召南之愛。”按韋有翼大中三年十一月以刑部侍郎爲御史中丞,見《舊書·宣宗紀》。其爲陝州當在此前,刺同州更在此前。

韋正貫　　大中二年—三年(848—849)

《新書》本傳：“宣宗立,以治當最,拜京兆尹、同州刺史。俄擢嶺南節度使。”《全文》卷七六四蕭鄴《嶺南節度使韋公(正貫)神道碑》：“今上初即位,以理行徵拜京兆尹……居二年乞退,除同州刺史長春宮使。”

魏　謩　　大中三年?—五年?(849?—851?)

《廣記》卷二一七引《雲溪友議》：“魏謩爲給事……後三五年,魏公又自同州入相。”按《新書·宰相表下》,魏謩大中五年十月入相,則其刺同州當在此之前。兩《唐書》本傳未及。

鄭祗德　　約大中六年—八年（約 852—854）

《隋唐五代墓誌匯編·洛陽卷》第十四册《唐故范陽盧氏滎陽鄭夫人墓誌》（大中十二年五月十二日）："父曰祗德……自河南〔少尹〕爲汾州刺史……由汾州入爲右庶子，未數月，出爲楚州團練使……時以關輔亢沴，民窮爲盗，不可止，朝廷借公治馮翊……自馮翊廉問洪州……夫人即公長女也。"大中十二年卒，享年三十二。按鄭祗德大中八、九年在洪州刺史任。

楊景復　　大中時？

《舊書·楊於陵傳》："子四人：景復、嗣復、紹復、師復……景復位終同州刺史。"《新書·楊於陵傳》略同。疑其刺同在大中時。

楊漢公　　大中十三年（859）

《東觀奏記》卷中："大中十三年，漢公除同州刺史，給事中鄭公興、裔綽三駁還制書……〔上〕惑於左右，三下漢公同州之命，不允所論……裔綽前曰：'同州是太宗皇帝興王之地，陛下爲子孫，尤須慎擇牧守。漢公在荆南日貪殘，已經朝責，陛下豈可以祖宗重地，私於此人？'上變色而回馬。翌日，裔綽貶商州刺史。"《新書》本傳："宣宗擢爲同州刺史……自同州更宣武、天平兩節度使，卒。"又見《鄭裔綽傳》。《舊書》本傳未及。《全文》卷八九四羅隱有《投同州楊尚書啓》。按漢公刺同州前曾爲工部尚書，疑此"楊尚書"即指漢公。

皇甫珪　　大中十四年（860）

《重修承旨學士壁記》："皇甫珪，大中十年六月五日自吏部員外郎充……十二年八月十二日拜中書舍人依前充……十四年十月改授同州刺史。"按《新表五下》皇甫氏："珪字德清。"乃憲宗時宰相皇甫鎛之子。

豆盧籍　　大中、咸通間？

《舊五代史·豆盧革傳》："祖籍，同州刺史。父瓚，舒州刺史。革少值亂離，避鄜、延，轉入中山，王處直禮之。"按《舊書·豆盧琢傳》：

"祖愿、父籍,皆以進士擢第。"未及同刺。又按籍大中十年爲諫議大夫,見兩《唐書·令狐滈傳》。又按璪大中十三年登進士第,咸通末累遷兵部員外,知制誥、中書舍人;其父刺同州疑在大中末咸通初。

王 凝 咸通五年—七年(864—866)

《舊書》本傳:"中丞鄭處誨奏知臺雜,換考功郎中,遷中書舍人,時政不協,出爲同州刺史,賜金紫。"《新書》本傳未及。《全文》卷八〇七司空圖《太原王公同州修堰記》:"咸通五年,太原王公自中書舍人出牧是邦……七年秋,愚自滿獲展贄見之禮,出次近坰,備得其事,因著於篇。"

裴 璪 咸通八年(867)

《重修承旨學士壁記》:"裴璪,咸通五年六月六日自兵部員外郎入……八年正月二十七日遷水部侍郎、知制誥,依前充,其年九月二十三日除同州刺史。"

薛 能 約咸通十年(約869)

《唐詩紀事》卷六〇薛能:"咸通中,攝嘉州刺史,歸朝,遷主客、度支、刑部郎中,俄刺同州。京兆尹溫璋貶,命權知尹州。"《唐才子傳·薛能傳》略同。按薛能咸通十一年十月以給事中爲京兆尹,見《舊書·懿宗紀》。其爲同刺當在此前。

王 龜 咸通十三年(872)

《舊書》本傳:"咸通末,以弟鐸在中書,不欲在禁掖,改太常少卿,尋檢校右散騎常侍、同州刺史……十四年,轉越州刺史、御史大夫、浙東團練觀察使。"《新書》本傳略同。《嘉泰會稽志》:"王龜,咸通十三年十一月自同州防禦使授。"《唐文續拾》卷七蔡曙《新修南溪池亭及九龍廟等記》:"按梁載言《十道志》云:馮翊縣東南□里有泉九穴同流,即此處也。唐咸通中太守王公龜爲理之暇,以其遙瞰蓮岳,葺亭而名之。"又見《金石補正》卷七九。

于德晦　　咸通末？

《新表二下》于氏："德晦，同州刺史。"《關中金石記》卷四："《于德晦華岳題名》，大中六年三月刻……德晦時官同州刺史。"按德晦大中十一年爲歙州刺史。又按《金石萃編》卷八〇《華岳題名》稱"監察御史于德晦，大中六年三月廿四日謁"，證知大中六年于德晦未嘗爲同刺，《關中金石記》誤。據《新表二下》，同州刺史乃于德晦終官，疑在咸通末。

崔　璞　　乾符元年（874）

《舊書·僖宗紀》：乾符元年四月，"前同州刺史崔璞爲右散騎常侍"。按崔璞咸通十年爲蘇州刺史，見皮日休《松陵集序》。

庚　崇　　乾符二年（875）

《全詩》卷六七五鄭谷《叙事感恩上狄右丞》："昔歲曾投贄，關河在左馮。庚公垂顧遇，王粲許從容。……寇難旋移國，漂離幾聽蛩。半生悲逆旅，二紀間門墉。"原注："頃年，庚給事崇出守同州，右丞在幕席，谷退飛遊謁，始受獎知。"按鄭谷光啓三年擢第。狄歸昌乾寧四年九月遷右丞，見《舊書·昭宗紀》。則庚崇出守同州當在狄歸昌任右丞前二紀、黃巢陷長安之前。乾符二年下距光化元年恰爲二紀，谷是年在同州。庚崇刺同約在是年。《古今姓氏書辯證》卷二三蜀人庚氏："唐同州刺史崇，生樸，前蜀禮部尚書。"

崔　朗　　乾符三年（876）

《舊書·僖宗紀》：乾符三年七月，"工部侍郎崔朗爲同州刺史"。

王　溥　　中和元年（881）

《通鑑·中和元年》：四月，"賊所署同州刺史王溥、華州刺史喬謙、商州刺史宋巖聞巢棄長安，皆率衆奔鄧州。朱温斬溥、謙，釋巖，使還商州"。

米　逢（米誠）　　中和元年—二年（881—882）

《新書·黃巢傳》：中和二年五月，"朱溫以兵三千掠丹、延南鄙，趨同州，刺史米逢出奔，溫據州以守"。《通鑑·中和二年》二月記此事作"米誠"。

朱全忠（朱溫）　　中和二年（882）

《新書·黃巢傳》：中和二年五月，"〔黃巢〕以〔朱〕溫爲同州刺史"。《通鑑·中和二年》：正月，"黃巢以朱溫爲同州刺史，令溫自取之。二月，同州刺史米誠奔河中，溫遂據之"。《舊書·僖宗紀》：中和二年"八月庚子，賊同州防禦使朱溫殺其監軍嚴實，與大將胡真、謝瞳等來降，王鐸承制拜華州刺史，潼關防禦、鎮國軍等使"。又見《黃巢傳》、《舊五代史·梁太祖紀》。

郭　璋　　光啓元年（885）

《新書·僖宗紀》：光啓元年"十一月，河東節度使李克用叛附於王重榮，重榮及克用寇同州，刺史郭璋死之"。《通鑑·光啓元年》："十一月，重榮遣兵攻同州，刺史郭璋出戰，敗死。"

李茂莊　　約文德元年—龍紀元年（約 888—889）

《全文》卷八三三錢珝《册贈李茂莊太師文》："馮翊分三輔之豪，成紀接右界之險。俾爾出號令，爾惟有威……復以漢中，控諸蜀塞，耀爾昆弟，聯彼封疆。"由此知茂莊刺同在刺秦之前。按景福元年茂莊已在秦州，見《舊書·昭宗紀》。

王行實（王行約）　　大順元年—乾寧二年（890—895）

《舊書·昭宗紀》：景福元年正月丙午，"同州王行約、秦州李茂莊等上表疏興元楊守亮納叛臣楊復恭，請同出本軍討伐"。乾寧二年七月"庚申，同州節度使王行實棄郡入京師"。《舊五代史·唐武皇紀下》：乾寧二年七月"己未，同州節度使王行約棄城奔京師"。又見《通鑑·乾寧二年》記載。《新舊唐書互證》謂當作"行實"。

蘇文建　　乾寧二年(895)

《通鑑・乾寧二年》：十月，"〔李〕克用奏請以匡國節度使蘇文建爲靜難節度使，趣令赴鎮"。按《新書・方鎮表一》：乾寧二年，"升同州爲匡國軍節度"。

李繼瑭　　乾寧四年(897)

《通鑑・乾寧四年》："四月，以同州防禦使李繼瑭爲匡國節度使。"《考異》曰："《實録》：'賜同州號匡國軍，以防禦使李繼瑭爲匡國節度使。'按《新方鎮表》，乾寧二年，賜同州號匡國軍。王行約已嘗爲匡國節度使，蓋行約死，繼瑭但爲防禦使，今始復舊名耳。"九月，"匡國節度使李繼瑭聞朝廷討李茂貞而懼，韓建復從而搖之，繼瑭奔鳳翔"。《金石補正》卷一九《新修南溪池亭及九龍廟碑記》："梁載言《十道志》云……乾寧歲，連帥李公瑭再營斯構。"又見《唐文續拾》卷七。

＊韓　建　　乾寧四年—天復元年(897—901)

《舊書・昭宗紀》：乾寧四年"冬十月癸卯朔，以華州節度使韓建兼同州刺史、匡國軍節度使"。天復元年十一月壬子，"汴軍陷同州……韓建出降，乃署爲忠武軍節度使"。又見《舊五代史》本傳，《通鑑・乾寧四年》。《全文》卷七九一崔涓《賜許國公韓建鐵券文》稱：開府儀同三司、守太傅、兼中書令、興德尹、使持節同州諸軍事兼同州刺史韓建。又卷八一九房鄴《少華山佑順侯碑頌》："上嗣位九年，以宗室弄兵，皇居失守，大駕東狩，至於華岳。明年，同華連帥太傅許公罷藩邸。"

司馬鄴　　乾寧四年—天復元年(897　901)

《舊書・昭宗紀》：天復元年十一月壬子，"汴軍陷同州，執州將司馬鄴"。《通鑑・天復元年》：十一月，"韓建以幕僚司馬鄴知匡國留後。朱全忠引四鎮兵七萬趣同州，鄴迎降"。

趙　珝　　天復元年—三年(901—903)

《通鑑・天復元年》：十一月丁巳，"徙忠武節度使趙珝爲匡國節度使”。《舊書・昭宗紀》：天復三年二月己丑，“同州節度使趙翊、陝州節度使朱友謙來朝”。“趙翊”當爲“趙珝”之誤。又見《新書》本傳，《舊五代史》本傳。

劉知俊 天祐元年—四年（904—907）

《通鑑・天祐元年》：三月，“以鄭州刺史劉知俊爲匡國節度使”。《舊五代史》本傳：“從平青州，以功奏授同州節度使。天祐三年冬，加檢校太傅、平章事。”又《梁太祖紀》：天祐三年“十月辛巳，邠州楊崇本來寇……帝命同州節度使劉知俊、都將康懷英帥師禦之”。開平二年三月，“以同州節度使劉知俊爲潞州行營招討使”。又見《新書・哀帝紀》，《舊五代史・梁太祖紀》，《新五代史》本傳，《十國春秋》本傳。

【補遺】張　澈 唐末？

《洛陽新獲墓誌127・唐故中大夫守尚書吏部侍郎充弘文館學士判館事柱國賜紫金魚袋張公（文寶）權厝記並序》（長興四年十一月三十日）：“曾祖諱澈，皇任同州防禦使、檢校左庶子，贈司空。”

卷五 岐州（扶風郡、鳳翔府）

隋扶風郡。武德元年改爲岐州。天寶元年改爲扶風郡。至德二年十二月置鳳翔府，號西京，改扶風太守爲鳳翔尹。上元二年罷京，元年曰西都，未幾復罷都。領縣九：岐山、岐陽、扶風、麟遊、普潤、陳倉（寶雞）、虢、郿、雍（天興）。

李神符　　*武德元年（618）*

《唐文續拾》卷一四闕名《大唐司空開府儀同三司揚州荆州二大都督并州大總管上柱國襄邑恭王（李神符）之碑銘》：武德元年，轉雍州司馬，“乃以王爲平道軍將，出鎮岐州，其年除稷州諸軍事稷州刺史”。兩《唐書》本傳未及。

李　靖　　*武德中*

《大唐新語》卷六：“〔李靖〕爲岐州刺史，人或希旨，告其謀反。高祖命一御史按之。”兩《唐書》本傳未及。

柴　紹　　*武德六年—八年（623—625）*

《通鑑·武德六年》：“五月庚辰，遣岐州刺史柴紹救岷州。”《會要》卷九四記此事在武德四年，疑誤。《元龜》卷九九〇：武德八年五月，“岐州刺史柴紹爲平道將軍……簡練士馬，將圖大事焉”。兩《唐書》本傳未及。又見《通鑑·武德七年》八月。

鄭善果 貞觀元年(627)

《舊書》本傳："貞觀元年，出爲岐州刺史，復以公事免。三年，起爲江州刺史，卒。"《新書》本傳略同。《通鑑‧貞觀二年》：三月壬子，"既而引囚，至岐州刺史鄭善果，上謂胡演曰：'善果雖復有罪，官品不卑，豈可使與諸囚爲伍？'"《會要》作貞觀三年。

張德亮 貞觀五年(631)

《全文》卷五一六張彧《聖朝無憂王寺大聖真身寶塔碑銘并序》："華夏之中有五印，扶風得其一也……貞觀五年二月十五日，岳伯張德亮，目覩神光，咸□及物，□上章奏，精感動天。"

豆盧寬（盧寬） 貞觀中

《金石補正》卷三六《大唐故駙馬都尉衛尉少卿息豆盧君(遜)墓誌銘并序》："祖寬，禮部尚書、左衛大將軍、光祿大夫、行岐州刺（缺五字）國公，贈特進（缺七字）。"兩《唐書》本傳未及刺岐事，唯云貞觀中歷禮部尚書、左衛大將軍。按貞觀四、五年在禮部尚書任。永徽元年卒。

盧　某 貞觀中？

《全文》卷一五五上官儀有《爲盧岐州請致仕表》。未知是否盧寬（豆盧寬）。

李元祥 貞觀十年(636)

《全文》卷一五〇岑文本《册許王元祥改封江王文》："惟爾岐州刺史許王元祥……命爾爲使持節蘇州諸軍事蘇州刺史，改封江王。"又見《大詔令集》卷三四。兩《唐書》本傳未及刺岐。按元祥貞觀十一年徙封江王，授蘇州刺史，見《舊書》本傳。

蕭　瑀 貞觀十年(636)

《新書‧宰相表上》：貞觀十年"十二月，〔蕭〕瑀罷爲岐州刺史"。

兩《唐書》本傳未及。

李　愔　　貞觀十三年(639)

《舊書》本傳：“〔貞觀〕十年改封蜀王，轉益州都督。十三年，賜實封八百戶，除岐州刺史……貶爲虢州刺史。”又見《新書》本傳，《元龜》卷二八一。

崔世俊　　貞觀中

《匋齋藏石記》卷二五《大唐故定州都尉知隊使崔府君（克讓）墓誌銘并序》（天寶十四載二月十六日）：“祖世俊，入唐初□治中，□進岐州刺史。”克讓卒天寶十三載，四十三歲。

王仁表　　貞觀中

《舊書·王方翼傳》：“方翼父仁表，貞觀中，爲岐州刺史。”

馮長命　　貞觀中

《廣記》卷二二一引《定命録》：“〔張〕𤧚藏時被流劍南，經岐州過，馮長命爲岐州刺史。”按馮長命貞觀初官荆州長史。

張　發　　貞觀中？

上圖藏拓片《唐監察御史杜公故夫人張氏墓誌銘并序》（開元二十一年八月八日）：“列（烈）曾岐州刺史諱發，大父博州長史諱約，考陵川令諱義……〔夫人〕以開元廿一年七月八日寢疾而終，時年三十八。”其曾祖疑仕於貞觀中。

長孫操　　貞觀二十三年(649)

《舊書》本傳：“貞觀中，歷洺州刺史、益揚二州都督府長史，並有善政。二十三年，以子詮尚太宗女新城公主，拜岐州刺史。”《新書》本傳未及岐刺。

柳 亨　　永徽五年—六年（654—655）

《舊書》本傳："〔貞觀〕二十三年，以修太廟功，加金紫光禄大夫。久之，拜太常卿，從幸萬年宮，檢校岐州刺史。永徽六年卒。"《新書》本傳略同。《金石萃編》卷五〇《萬年宮碑銘碑陰題名》："太常卿兼攝岐州刺史、上柱國、壽陵縣開國侯臣柳亨。"永徽五年五月十五日建。《姓纂》卷七河東解縣柳氏："亨，岐州刺史、太常卿。"《新表三上》柳氏同。

李素節　　約永徽六年（約 655）

《舊書》本傳："年六歲，永徽二年，封雍王，尋授雍州牧……又轉岐州刺史。年十二，改封郇王。"《新書》本傳略同。又見《元龜》卷二八一。《通鑑·儀鳳元年》：初，郇王素節"自岐州刺史左遷申州刺史"。

于承素　　永徽六年（655）

《通鑑·永徽六年》："七月戊寅，貶吏部尚書柳奭爲遂州刺史。奭行至扶風，岐州長史于承素希旨奏奭漏泄禁中語，復貶榮州長史。"又見《元龜》卷九三三。

李 賢　　顯慶元年（656）

拓本《大唐故雍王墓誌銘并序》（神龍二年七月一日）："王諱賢……明慶元年拜岐州刺史。其年，加授雍州牧。"《舊書》本傳："永徽六年，封潞王。顯慶元年，遷授岐州刺史。其年，加雍州牧、幽州都督……龍朔元年，徙封沛王，加揚州都督、兼左武衛大將軍，雍州牧如故。"又《高宗紀》：顯慶元年六月，"岐州刺史潞王賢爲雍州牧"。《新書》本傳未及岐刺。

程知節　　顯慶中

《舊書》本傳："顯慶二年，授葱山道行軍大總管以討賀魯……軍還，坐免官。未幾，授岐州刺史。表請乞骸骨，許之，麟德二年卒。"《新書》本傳略同。《隋唐五代墓誌匯編·陝西卷》第一册《大唐〔贈〕驃騎大將軍益州大都督上柱國盧國公程使君（知節）墓誌銘并序》（麟

德二年十月二十二日)："顯慶初拜使持節蔥山道行軍大總管……尋
拜使持節岐州諸軍事岐州刺史。"麟德二年卒，春秋七十七。

于志寧　　龍朔中

《全文》卷一三七令狐德棻《大唐故柱國燕國公于君(志寧)碑銘
并序》："俄有恩詔遷岐州刺史，考績入□□除華州。"又卷二〇六姚崇
《兗州都督于知微碑》："祖志寧，皇朝秦王友，禮部尚書，侍中，尚書左
僕射，太子太傅、太師，蒲、岐、華三州刺史，上柱國，燕國公。"按志寧
麟德元年爲華刺，刺岐當在此前。兩《唐書》本傳未及刺岐。

竇　憪　　高宗時？

《舊書·竇威傳》："武德元年，拜內史令……子憪嗣，官至岐州刺
史。"又見《元龜》卷八六六，《新表一下》竇氏三祖房，《姓纂》卷九河南
洛陽竇氏。《郎官柱》金部郎中有竇暉，勞格疑即竇憪，在劉公彥後，
韋師貫前。疑其刺岐在高宗時。

崔義起　　高宗時？

《隋唐五代墓誌匯編·河南卷·唐故閬州閬中縣令上柱國崔公
(惟悌)墓誌銘并序》(貞元五年十一月四日)："曾祖子純，隨萊州刺
史。祖義起，銀青光祿大夫，岐王宮監，岐州刺史，封清河公……父玄
鑒，相州林慮縣令，襲清河公……公即林慮府君□五子也。"未言卒
年、享年。按《新表二下》博陵安平大房崔氏："義起，户部侍郎。"又按
貞觀二十二年義起在倉部郎中任，見《舊書·西戎·龜兹傳》。《法苑
珠林》卷八五《六度編》六智慧六感應緣稱：唐司元大夫崔義起妻是蕭
鏗之女。龍朔二年始改户部郎中爲司元大夫。則義起爲岐州刺史必
在高宗時。然唐前期唯玄宗兄李範曾封岐王，抑此義起爲另一人，即
玄宗時官岐州刺史者歟？存疑待考。

魏玄同　　儀鳳初

《元龜》卷四六八："劉審禮，儀鳳初爲工部尚書，薦魏玄同有時務

之才，拜岐州刺史。"按兩《唐書》本傳作"岐州長史"。

蘇良嗣　　永淳元年(682)

《舊書·高宗紀下》：永淳元年六月"丁丑，以岐州刺史蘇良嗣爲雍州長史"。兩《唐書》本傳未及刺岐事。

李義琛　　高宗末

《舊書》本傳："永淳初，爲雍州長史……忤旨，出爲梁州都督，轉岐州刺史，稱爲良吏，卒官。"《新書》本傳："左遷黎州都督，終岐州刺史。"《全文》卷五二〇梁蕭《明州刺史李公(長)墓誌銘》：其先"七葉至皇朝工部侍郎、岐州刺史義琛"。【補遺】《洛陽新獲墓誌27·李君準墓誌》："父義琛，唐雍州長史，岐州刺史。"

李崇真　　光宅初

《新書·五行志一》："光宅初，宗室岐州刺史崇真之子横、杭等夜宴，忽有氣如血腥。"又《宗室世系表上》蔡王房："岐州刺史崇真。"

雲弘嗣　　天授二年(691)

《新書·則天皇后紀》：天授二年"九月乙亥，殺岐州刺史雲弘嗣"。又見《通鑑·天授二年》記載。

李上義　　約武后時

北圖藏拓片《唐故承務郎行瀛州平舒縣主簿知薊州漁陽縣事李府君(弘亮)墓誌銘并序》(元和十四年二月二十四日)："烈考曰子武，懷州武陟縣丞……武陟府君之父曰真玉……累任至常州無錫縣令。無錫府君之父曰上義，銀青光禄大夫，涇、隴、汾、晉、岐、曹等七州刺史，揚府長史，右庶子，隴西縣開國公。"弘亮卒元和十三年，享年四十四。按《新表二上》姑臧大房李氏："上義，右庶子、揚州長史。"乃潤州刺史玄乂子。

薛元嗣　　武后時

《千唐誌・大唐故領軍衛將軍薛府君（璿）墓誌文并序》（開元二十年八月二十日）：“大父元嗣，司農、太常卿，岐、貝州刺史，洛州長史。”

楊守揥　　武后時

《舊書・楊纂傳》：“子守愚，則天時官至雍州長史；守揥，岐州刺史。”《新表一下》楊氏越公房：“守揥，岐州刺史。”

陳令英　　武后時

《姓纂》卷三萬年陳氏：“令英，右衛將軍、岐州刺史。”按令英武后時嘗爲豐安道總管，見《新書・突厥傳上》。《陳伯玉集》有《爲金吾將軍陳令英請免官表》。

韋　潗　　武后時？

《千唐誌・大唐故金鄉郡君夫人京兆韋氏（順儀）墓誌銘并序》（天寶十一載閏三月二十六日）：“父潗，岐州刺史、魯國公。夫人即魯國府君之第四女也。”夫人天寶九載卒，春秋六十六。知夫人生垂拱元年（685），疑其父刺岐在武后時。

宗楚客　　約久視元年（約 700）

《新書》本傳：“爲〔武〕懿宗所劾，自文昌左丞貶播州司馬……稍爲豫州長史，遷少府少監，岐、陝二州刺史。”

張昌期　　長安三年（703）

《舊書・張易之傳》：神龍元年正月二十日，“誅易之、昌宗於迎仙院……易之兄昌期，歷岐、汝二州刺史，所在苛猛暴橫，是日亦同梟首”。《通鑑・長安三年》：“〔張易之〕爲相，太后召易之弟岐州刺史昌期，欲以爲雍州長史。”《全詩》卷九七沈佺期有《夏日梁王席送張岐州》，當即張昌期。又見《新表二下》。

武攸寧 神龍初

《新書》本傳："神龍初，終岐州刺史。"《姓纂》卷六沛國武氏："攸寧，春、冬、夏尚書，納言，建昌王，江公，岐州刺史。"

李 某 神龍初

《宋高僧傳》卷二六《唐上都青龍寺光儀傳》："屬中宗即位，唐室復興，敕求琅邪王後，儀方向寺僧言之。時衆大駭，因出詣扶風李使君，即儀之諸父也。"又見《廣記》卷九四引《紀聞》。

蘇 珦 神龍中

《舊書》本傳："忤〔武〕三思旨，轉爲右御史大夫。尋出爲岐州刺史，復爲右臺大夫。"又見《元龜》卷五一五。《新書》本傳略同。《全文》卷一六中宗《授蘇珦左臺大夫制》稱"前岐州刺史蘇珦"。

武重規 中宗時

《舊書・武承嗣傳》："中宗時，〔武〕嗣宗至曹州刺史，攸宜工部尚書，重規岐州刺史，相次病卒。"《新書・武承嗣傳》未及。

李思訓 景龍末

《全文》卷二六五李邕《唐故雲麾將軍李府君（思訓）神道碑并序》："后族握兵，黨與屯衞，仡仡賈勇，凶凶作威……然以楚兵致討，嘗懼季良；淮南薦凶，獨防汲黯。出公爲岐州刺史……以左屯衞將軍徵……復換散騎常侍……尋拜右羽林衞大將軍……又更右武衞大將軍。"春秋六十有六，開元□（六）年八月卒，開元八年六月廿八日陪葬橋陵。按所謂"后族握兵"，疑指中宗韋后之亂。兩《唐書》本傳未及岐刺。

薛 登（薛謙光） 景雲二年（711）

《通鑑・景雲二年》：五月，"出謙光爲岐州刺史"。《舊書》本傳："景雲中，擢拜御史大夫……爲太平公主所構，出爲岐州刺史。惠範既誅,遷太子賓客。"又見《元龜》卷五一五。《新書》本傳略同。《大唐新語》卷四:"僧惠範,恃權勢逼奪生人妻……中丞薛登、侍御史慕容珣將奏之……登坐此,出爲岐州刺史。"按兩《唐書》本傳作"登"。

楊　廉　先天中?

《全文》卷二五二蘇頲《授楊廉陝王傅制》:"銀青光禄大夫前岐州刺史上柱國歸義縣開國男楊廉……可陝王傅。"按《舊書·肅宗紀》,肅宗李亨景雲二年生,二歲封陝王,五歲拜安西大都護。楊廉刺岐州疑在先天中。按蘇頲景雲元年十一月前在中書舍人任,是年十一月後丁父憂。開元元年初服闋任工部侍郎,仍知制誥,其年十二月爲中書侍郎,仍知制誥。

【補遺】薛　儆　開元初

拓本《唐銀青光禄大夫駙馬都尉上柱國汾陰郡開國公贈兗州都督薛君(儆)墓誌銘》(開元九年七月):"君……拜駙馬都尉、殿中少監,覘親也。加銀青光禄大夫、太僕少卿、上柱國、汾陰公,邑二千,封五百,戀功也。轉岐州刺史,告身御書,明宏也。……開元八年十二月七日,春秋卅二,薨於安業里,命也。"(山西省考古研究所《唐代薛儆墓發掘報告》,科學出版社 2000 年版)

元行冲(元澹)　開元初

《舊書》本傳:"開元初,自太子詹事出爲岐州刺史,又充關內道按察使。"《新書》本傳:"開元初,罷太子詹事,出爲岐州刺史,兼關內按察使。自以書生,非彈治才,固辭,入爲右散騎常侍、東都副留守。"

李　憲(李成器)　開元二年(714)

《舊書·玄宗紀上》:開元二年"六月丁巳,開府儀同三司、宋王成器爲岐州刺史"。又見《通鑑·開元二年》記載。《舊書》本傳:"開元初,歷岐州刺史,開府如故。四年,避昭成皇后尊號,改名憲……又歷澤、涇等州刺史。"《新書》本傳略同。

韋　湊　　開元二年—四年(714—716)

《舊書》本傳:"開元二年夏,敕靖陵建碑,徵料夫匠……飛表極諫,工役乃止。尋遷岐州刺史。四年,入爲將作大匠。"《新書》本傳略同。《全文》卷二五一蘇頲《授韋湊將作大匠制》:"岐州刺史上柱國彭城縣開國侯韋湊……可將作大匠。"又卷九九三闕名《唐太原節度使韋湊神道碑》:"開元二年遷岐州刺史……四年,遷將作大匠。"

單思遠　　約開元五年—六年(約717—718)

《姓纂》卷四濟陽單氏:"思遠,河南尹、岐州刺史。"按先天二年,單思遠爲魏州刺史,見《元龜》卷六七三;開元四年爲河南尹,見《元龜》卷五〇一。

＊李　範(李隆範)　　開元六年—八年(718—720)

《舊書·玄宗紀》:開元六年十二月,"以太子少師兼鄭州刺史岐王範爲岐州刺史"。又本傳:"開元初,拜太子少師,帶本官,歷絳、鄭、岐三州刺史。八年,遷太子太傅。"《新書》本傳未及。《大詔令集》卷三五《邠王守禮等兼晉州刺史制》:"太子少師兼鄭州刺史上柱國岐王範……可使持節岐州諸軍事岐州刺史。""開元元年十二月"。疑"元年"爲"六年"之誤。

鄭　繇　　開元六年—八年(718—720)

《舊書》本傳:"開元初,〔李〕範爲岐州刺史,繇爲長史。"又見《大唐新語》卷八。

李朝隱　　開元十年(722)

《舊書》本傳:"〔開元〕十年,遷大理卿……俄轉岐州刺史,母憂去官。起爲揚州大都督府長史,抗疏固辭,制許之。"《新書》本傳略同。

陸伯玉　　開元十三年(725)

《全文》卷二三一張説《岐州刺史平原男陸君(伯玉)墓誌銘》:"開

元十三年十一月六日，故岐州刺史平原男陸公卒於京師。"【補遺】拓本《左威衛倉曹參軍韋恂如長女（美美）墓誌銘并序》（開元廿一年正月三日）："京兆韋氏之女者，左威衛倉曹恂如長女也，名美美，字英娘。……妣皇岐州刺史陸伯玉之長女。"（呼林貴、侯寧彬、李恭《西安東郊唐韋美美墓發掘記》，《考古與文物》1992 年第 5 期）

馬　回　　　開元中？

《全文》卷二七一寇泚有《對開渠判·岐州刺史馬回奏開渠與人相假貸歲課不時入執事以爲勞無成將議裁貶》。按寇泚長壽、神龍中兩登制科，景龍二年官長安尉，見《會要》卷七五；開元十二年七月以中書舍人宣慰河東，見《元龜》卷一四四；開元十三年自兵侍爲宋州刺史，見《元龜》卷六七一。此文疑作於開元中。

閻玄秀　　　開元中？

《姓纂》卷五河南閻氏："元秀，岐州刺史。"《新表三下》閻氏："玄秀，岐州刺史。"按玄秀乃高宗相閻立本之姪，疑其刺岐最遲在開元中。

許景先　　　約開元十六、十七年（約 728、729）

《舊書》本傳："〔開元〕十三年，玄宗令宰臣擇刺史之任，必在得人，景先首中其選，自吏部侍郎出爲虢州刺史。後轉岐州，入拜吏部侍郎，卒。"《新書》本傳略同。又見《御覽》卷二五八。

呂元悟（呂元晤）？　　　開元中

《高力士傳》："其妻東平呂氏，故岐州刺史元悟之女。"按《姓纂》卷六諸郡呂氏稱："元晤，陳王傅、光禄卿生（按"生"字衍）同正，鄆、鄜州刺史。"《曲江集》卷一二《呂府君碑銘》稱：處真四子，惟玄悟至大官：中散大夫使持節鄜州刺史。處真女孫曰東平郡夫人，冠軍大將軍、右監門衛大將軍渤海高公之夫人，鄜州刺史之女也。均未及岐州刺史。則呂元悟是否刺岐尚屬疑問，姑存疑。

147

李擇言 開元二十年前後(732 前後)

《舊書‧李勉傳》:"父擇言,爲漢、褒、相、岐四州刺史,安德郡公,所歷皆以嚴幹聞。在漢州,張嘉貞爲益州長史、判都督事⋯⋯而引擇言同榻。"又見《元龜》卷六八九。按張嘉貞開元十三年爲益州長史;擇言刺岐當在漢州、褒州、相州任後,約開元二十年前後。《新書‧宗室世系表下》小鄭王房:"嗣安德郡公、岐州刺史擇言,以南海公璥次子繼。"

蕭 炅(蕭炤) 開元二十四年—二十六年(736—738)

《通鑑‧開元二十四年》:"〔李〕林甫引蕭炅爲户部侍郎。炅素不學,嘗對中書侍郎嚴挺之讀'伏臘'爲'伏獵'⋯⋯由是出炅爲岐州刺史,故林甫怨挺之。"又《開元二十六年》:六月"辛丑,以岐州刺史蕭炅爲河西節度使總留後事"。按《元龜》"蕭炅"作"蕭炤"。《舊書‧吐蕃傳上》:開元中,"詔以岐州刺史蕭炅爲户部侍郎判涼州事,代〔崔〕希逸爲河西節度使"。又見兩《唐書‧嚴挺之傳》,《元龜》卷九五四,《御覽》卷二一七。開元二十七年八月,蕭炅在河西隴右節度使任,見《新書‧玄宗紀》。

鄭少微 開元二十七年?(739?)

《新表五上》鄭氏:"少微,岐州刺史。"《廣記》卷二二二引《定命錄》:"開元中有相者不知姓名⋯⋯時李林甫爲太子諭德,往見之,入門,則鄭少微、嚴杲已在中庭,相者引坐⋯⋯後李公拜中書,鄭時已爲刑部侍郎⋯⋯無何,鄭出爲岐州刺史。"按《舊書‧鄭餘慶傳》:"祖長裕⋯⋯長裕弟少微,爲中書舍人、刑部侍郎。"未及爲岐刺。又按鄭少微開元二十五年在刑部侍郎任,見《通鑑考異》引《實錄》,則其刺岐疑在開元二十七年前後。

裴 卓 開元末?

《新表一上》南來吳裴氏:"卓,岐州刺史。"按卓乃隋魏郡丞裴羅之曾孫,唐袁州長史裴無悔之子,裴寬長兄。《舊書‧裴寬傳》謂:兄弟八人,皆明經及第,入臺省,典郡者五人。《新傳》略同。《郎官柱》

户部郎中有裴卓,在獨孤册、張敬輿、張季珝後,郭潾、梁昇卿、楊志先、鄭少微前。又户部員外亦有裴卓,在竇紹、楊宗後,楊玘、張博濟前。疑刺岐約在開元末。

崔　琇(崔秀)　　天寶元年(742)

《全文》卷五一四殷亮《顏魯公行狀》:"天寶元年秋,扶風郡太守崔琇舉博學文詞秀逸,玄宗御勤政樓策試上第,以其年授京兆府醴泉縣尉。"《新表二下》崔氏清河小房:"秀,岐州刺史。"時代相當,疑即此人。

李　昶　　天寶中

《新書·宗室世系表下》恒山愍公房:"扶風郡太守昶。"乃太宗子承乾之孫。

韋季莊　　天寶中

《姓纂》卷二京兆諸房韋氏:"季莊,扶風太守。"《新表四上》韋氏龍門公房同。按季莊乃商州刺史韋弼之子。

韋　恒　　天寶中

《全文》卷五〇〇權德輿《尚書度支郎中贈尚書左僕射正平節公裴公(倩)神道碑銘并序》:"夫人京兆韋氏,扶風太守恒之長女。"按玄宗時有兩韋恒,一爲《新表》小逍遙公房韋嗣立子,天寶初卒於陳留太守;另一爲《姓纂》卷二郿城公房韋岳子之子,兵部郎中,華州刺史。《元龜》卷一六二:開元二十三年,令給事中韋常巡關內道;二十九年,太常卿韋常等分行天下。當爲諱恒而改韋常。《郊祀録》卷八云:天寶十載京兆尹少卿韋恒祭河瀆。《元龜》卷三三作"京兆少尹韋嘗","卿"字殆衍文。此韋嘗、韋常當即扶風太守韋恒。兩《唐書·刑法志》謂肅宗收復兩京,陷賊官定罪六等,而韋恒乃至腰斬。

苗晉卿(苗元輔)　　約天寶九載—十三載(約750—754)

《新書》本傳:天寶三載,"徙魏郡,即充河北採訪使。居三年,政化大行……改河東郡，兼河東採訪使。徙扶風郡，封高平縣男。遷工部尚書、東都留守”。《舊書》本傳未及刺岐事。

房　琯　　天寶十三載——十四載（754—755）

《舊書》本傳：“歷琅邪、鄴郡、扶風三太守，所至多有遺愛。〔天寶〕十四年，徵拜左庶子，遷憲部侍郎。”《通鑑·天寶十三載》：九月，“扶風太守房琯言所部水災，〔楊〕國忠使御史推之”。又見《新書》本傳，《舊書·楊國忠傳》，《唐語林》卷五。

薛景仙　　至德元載（756）

《舊書·肅宗紀》：至德元載七月，“以陳倉縣令薛景仙爲扶風太守”。《新書·肅宗紀》：至德元載七月“甲戌，安禄山寇扶風，太守薛景仙敗之”。又見《通鑑·至德元載》，《元龜》卷六九四。《全文》卷三六七賈至《授李成式大理卿薛景仙少府監制》：“前鳳翔太守薛景仙……可少府監。”《全詩》卷二一七杜甫《塞蘆子》：“岐有薛大夫。”薛大夫當即薛景仙。

郭英乂　　至德元載——二載（756—757）

《舊書·肅宗紀》：至德元載十二月戊子，“以秦州都督郭英乂爲鳳翔太守”。《全文》卷三六九元載《故定襄王郭英乂神道碑》：“至德二年詔公爲鳳翔太守，轉西平太守。”兩《唐書》本傳未及。

李　峴　　至德二載（757）

《舊書》本傳：“至德初，朝廷務收才傑，以清寇難，峴召至行在，拜扶風太守、兼御史大夫。”又《李峘傳》：“上皇在成都……時〔李〕峴爲鳳翔太守，匡翊肅宗，兄弟俱效勳力。從上皇還京，爲户部尚書，峴爲御史大夫兼京兆尹。”《全文》卷三二一李華《故相國兵部尚書梁國公李峴傳》：“徵爲宗正卿、鳳翔太守，時兵荒之後，兩京未復。”《金石録》卷七有《唐鳳翔李梁公（峴）遺愛頌》。又見《新書》本傳，《御覽》卷二二五，《元龜》卷六七一，《全文》卷五〇〇權德輿《故中散大夫殿中侍御史潤州司馬沛國武公（就）神道碑銘并序》。

李　曄（李煜）　　至德二載（757）

《會要》卷六八：“至德元載七月二十七日，〔扶風〕改爲鳳翔郡，二載十二月十五日，改爲鳳翔府，稱西京，以李煜爲尹。”按《御史臺精舍題名考》卷三引此謂李煜即李曄。

李齊物　　乾元元年（758）

《舊書·肅宗紀》：乾元元年“十月乙未，以鳳翔尹李齊物爲刑部尚書”。又本傳：“遷刑部尚書、鳳翔尹、太常卿、京兆尹。”《新書》本傳未及。又見《元龜》卷六七九、卷六八九。

嚴　向　　乾元元年—二年（758—759）

《舊書·嚴善思傳》：“子向，乾元中爲鳳翔尹，寶應中授太常員外卿。”《新書·嚴善思傳》略同。《通鑑·乾元二年》：四月，“〔李〕曄與鳳翔尹嚴向皆貶嶺下尉”。又見《舊書·李峴傳》，《元龜》卷三一七。

薛景仙　　乾元二年（759）

《舊書·肅宗紀》：乾元二年三月，“以太子賓客薛景仙爲鳳翔尹、本府防禦使”。

王　縉　　乾元二年—三年（759—760）

《舊書》本傳：“兄維陷賊，受僞署，賊平，維付吏議，縉請以己官贖維之罪，特爲減等。縉尋入拜國子祭酒，改鳳翔尹、秦隴州防禦使，歷工部侍郎、左散騎常侍。”《新書》本傳未及。

崔光遠　　乾元三年（760）

《舊書·肅宗紀》：乾元三年二月“癸丑，以太子少保崔光遠爲鳳翔尹、秦隴節度使”。上元二年二月“癸亥，以鳳翔尹崔光遠爲成都尹、劍南節度度支營田觀察處置等使”。《全文》卷四二四于邵有《爲崔鄴公謝除鳳翔節度使表》。按崔鄴公即崔光遠。又見兩《唐書》本傳，《新書・蕭宗紀》，《太平寰宇記》卷一八四。

李　鼎　　上元元年—二年（760—761）

《舊書・蕭宗紀》：上元元年“十二月庚辰，以右羽林軍大將軍李鼎爲鳳翔尹、興鳳隴等州節度使”。二年六月“己卯，以鳳翔尹李鼎爲鄯州刺史、隴右節度營田等使”。又見《元龜》卷六八三、卷八二〇、卷八二一，《新書・蕭宗紀》，《大詔令集》卷五九、《全文》卷四二《授李鼎隴右節度使制》。《全文》卷四二九于邵《田司馬傳》：“有詔御史中丞郭英乂專制隴右……滿歲，鳳翔尹李鼎復兼隴右。”

高　昇　　約上元二年—廣德元年（約 761—763）

《通鑑・廣德元年》：十月，“郭子儀引三十騎自御宿川循山而東……過藍田，遇元帥都虞候臧希讓、鳳翔節度使高昇，得兵近千人”。《舊書・李晟傳》：“鳳翔節度使高昇雅聞其名，召補列將。”《新書・李晟傳》略同。《全文》卷四二七于邵《送趙評事之東都序》：“大盜既滅，東郊遂啓……滎陽鄭公達於伊洛，以總其事……大理評事天水趙侯當交辟之下，膺至公之選，罷戎西府，受詔東周……鳳翔尹兼御史大夫高公勤於客禮。”按高公當即高昇。“罷戎西府”當指趙評事離鳳翔府。又按永泰元年三月，高昇爲集賢院待詔，見《舊書・代宗紀》。《全石補正》卷七五《太子舍人翟夫人某氏墓誌》：“祖昇，開府儀同三司，鳳翔、隴右節度觀察處置使、鳳翔尹、兼御史大夫、上柱國、紀國公、集賢待制。”又見上圖藏拓片（大中四年十月五日）。按此“昇”當即高昇；夫人卒於大中三年十一月十一日，春秋五十八。

孫志直　　廣德元年—二年（763—764）

《通鑑・廣德元年》：十一月，“吐蕃還至鳳翔，節度使孫志直閉城拒守”。《舊書・吐蕃傳上》同。《舊書・李晟傳》：“廣德初，鳳翔節度使孫志直署晟總遊兵，擊破党項羌高玉等。”《寶刻叢編》卷七有《唐鳳翔節度使孫志直碑》。

李抱玉　　永泰元年—大曆五年（765—770）

　　《舊書・代宗紀》：永泰元年正月“戊申，澤潞李抱玉兼鳳翔、隴右節度使，兼南道通和吐蕃、鳳翔秦隴臨洮已東觀察處置等使”。大曆五年正月辛卯，“鳳翔節度使李抱玉判梁州事，充山南西道節度使”。《全文》卷四一三常衮《授李抱玉開府儀同三司制》稱：“潞州大都督府長史、知鳳翔府事……李抱玉……可開府儀同三司。”又《授李抱玉河西等道副元帥制》：“潞州大都督府長史知鳳翔府事，充懷鄭澤潞觀察處置等使……李抱玉……可兼充山南西道觀察處置支度營田等使判梁州事。”又見《舊書》本傳，《大詔令集》卷五九，《全文》卷四二七于邵《送前鳳翔楊司馬赴節度序》、卷九六二闕名《賀僕固懷恩死并諸道破賊表》（永泰元年十月）。

皇甫温　　大曆五年（770）

　　《舊書・代宗紀》：大曆五年正月“辛卯，以陝州節度使皇甫温判鳳翔尹，充鳳翔、河隴節度使”。三月辛卯，“〔皇甫〕温移鎮陝州”。《新書・魚朝恩傳》：“〔元〕載乃徙鳳翔尹李抱玉節度山南西道，以〔皇甫〕温代節度鳳翔。”

李忠臣　　大曆五年（770）

　　《舊書・代宗紀》：大曆五年三月辛卯，“以京西兵馬使李忠臣爲鳳翔尹，代皇甫温”。兩《唐書》本傳未及。

李抱玉　　大曆六年—十二年（771—777）

　　《通鑑・大曆六年》：“二月壬寅，河西、隴右、山南西道副元帥兼澤潞、山南西道節度使李抱玉上言：‘……願更擇能臣，委以山南，使臣得專備隴坻。’詔許之。”《舊書・代宗紀》：大曆十二年“三月乙卯，河西隴右副元帥、鳳翔懷澤潞秦隴等州節度觀察等使、兵部尚書、同中書門下平章事、潞州大都督府長史、知鳳翔府事、上柱國、涼國公李抱玉卒”。《關中金石記》卷四《吳岳祠堂記》：“興元元年十月立。于公異撰文，冷朝陽行書……碑云：相國涼公鎮鳳翔者，李抱玉也。"

朱 泚 大曆十二年—建中三年(777—782)

《舊書》本傳："〔大曆〕十二年，加檢校司空，代李抱玉爲隴右節度使，權知河西、澤潞行營兵馬事。德宗嗣位，加太子太師、鳳翔尹……〔建中〕三年四月，以張鎰代泚爲鳳翔隴右節度留後。"《新書》本傳略同。《通鑑·大曆十四年》：六月"庚戌，以朱泚爲鳳翔尹"。

張 鎰 建中三年—四年(782—783)

《舊書·德宗紀上》：建中三年四月"戊寅，以中書侍郎、平章事張鎰兼鳳翔尹、隴右節度使，以代朱泚"。四年十月"壬子，鳳翔軍亂，殺節度使張鎰"。本傳略同。《新書·德宗紀》：建中四年十月，"鳳翔後營將李楚琳殺其節度使張鎰，自稱留後"。又見《通鑑·建中三年》《建中四年》，《元龜》卷一七六、卷三二二。《全文》卷七八五穆員有《爲留守鄭侍郎祭鳳翔張相公文》，張相公當即張鎰。《全詩》卷二八四李端有《旅次岐山得山友書却寄鳳翔張尹》，張尹即張鎰。

【韋 皋 建中四年(783)（未之任）】

《宋高僧傳》卷一九《唐西域亡名傳》："張鎰出爲鳳翔隴州節度，奏〔韋〕皋權知隴州。及鎰爲李楚琳所殺，牛雲光請皋爲帥，朱泚不得已用皋爲鳳翔帥。"《舊書》本傳："〔朱〕泚又使家僮劉海廣以皋爲鳳翔節度使，皋斬海廣及從者三人，生一人使報泚。於是詔以皋爲御史大夫隴州刺史。"《新書》本傳略同。按韋皋建中四年十一月爲隴州刺史，見《舊書·德宗紀上》。

李楚琳 建中四年—興元元年(783—784)

《通鑑·建中四年》：十月壬子，"〔鳳翔節度使張鎰〕命〔李〕楚琳出戍隴州……楚琳夜與其黨作亂，鎰縋城而走，賊追及，殺之……楚琳自爲節度使，降於朱泚"。又《興元元年》：八月"甲辰，以鳳翔節度使李楚琳爲左金吾大將軍"。又見《舊書·德宗紀上》興元元年八月。

李　晟　　興元元年—貞元三年(784—787)

《舊書・德宗紀上》：興元元年八月"癸卯，加司徒、中書令、合川郡王李晟兼鳳翔尹，充鳳翔隴右節度等使、涇原四鎮北庭行營兵馬副元帥，改封西平郡王"。貞元三年三月"丁未，制鳳翔隴右涇原四鎮北庭管内兵馬副元帥、鳳翔隴右道節度使、奉天靖難功臣、司徒兼中書令、鳳翔尹……李晟，可太尉兼中書令"。又見兩《唐書》本傳，《太平寰宇記》卷一八五，《元龜》卷一一九、卷一二九，《通鑑・興元元年》八月。《全文》卷四六二陸贄有《李晟鳳翔隴西節度使兼涇原副元帥制》，《大詔令集》卷五九收此制，末題"興元二年八月四日"，"二年"當爲"元年"之誤。《全文》卷五三八裴度《唐故太尉兼中書令西平郡王贈太師李公〔晟〕神道碑銘并序》稱："拜司徒兼中書令……以本官兼鳳翔尹。"

邢君牙　　貞元三年—十四年(787—798)

《舊書・德宗紀上》：貞元三年三月丙午，"鳳翔都虞候邢君牙爲鳳翔尹、本府團練使"。又《德宗紀下》：貞元十四年"三月丙申，右神策行營節度、鳳翔隴右觀察使、檢校尚書右僕射、鳳翔尹邢君牙卒"。《舊書》本傳："貞元三年，〔李〕晟以太尉、中書令歸朝，君牙代爲鳳翔尹、鳳翔隴州都防禦觀察使，尋遷右神策行營節度、鳳翔隴州觀察使，加檢校工部尚書……十四年卒。"《新書》本傳略同。又見《通鑑・貞元三年》三月，《元龜》卷五二、卷一七六。《韓昌黎集》卷一八有《與鳳翔邢尚書書》，或作"京西節度使邢尚書"，即指邢君牙。

張敬則（張昌）　　貞元十四年—元和二年(798—807)

《舊書・德宗紀下》：貞元十四年三月丙申，"以右神策將軍張昌爲鳳翔尹、右神策行營節度、鳳翔隴右節度使，仍改名敬則"。又《憲宗紀上》：元和二年六月"戊午，鳳翔節度使張敬則卒"。《白居易集》卷五七《祭張敬則文》："維元和三年歲次戊子七月辛巳朔二十七日丁未，皇帝遣某官某以清酌之奠致祭於故鳳翔節度使贈某官張敬則之靈。"又見《舊書》本傳，《元龜》卷六七七。

李　廓　　元和二年—四年(807—809)

《舊書·憲宗紀上》：元和二年六月“辛巳，以京兆尹李廓爲鳳翔尹、鳳翔隴右節度使”。《通鑑·元和四年》：三月乙酉，“以鳳翔節度使李廓爲河東節度使”。《舊書》本傳：元和初，“復選爲京兆尹……尋拜檢校禮部尚書、鳳翔尹、鳳翔隴右節度使……未幾，遷鎮太原”。《新書》本傳略同。《柳河東集》卷一二《先君石表陰先友記》：“李廓……爲御史中丞，京兆尹，鳳翔節度。”

孫　璹　　約元和四年—六年(約809—811)

《白居易集》卷五九《論孫璹狀》：“伏以鳳翔右輔之地，控壓隴蜀，又近國門，最爲重鎮……昨者孫璹忽除此官……及制下之後，甚不愜人心。孫璹雖久從軍，不聞有大功效；自居禁衛，亦無可稱……今孫璹已受成命，未可遽又改移；待到鳳翔，觀其可否。”又卷五七《與孫璹詔》：“卿尹茲右輔，固乃西疆。”《宋高僧傳》卷一五《唐杭州靈隱山道標傳》：“爾後聲價軼於公卿間，故與之深者有……同州刺史李公敷、鳳翔尹孫公璹、浙東廉使賈公全、中書舍人白公居易。”

李惟簡　　元和六年—十三年(811—818)

《舊書·憲宗紀上》：元和六年五月“庚子，以左金吾衛將軍李惟簡檢校户部尚書、鳳翔尹、隴右節度使”。又《憲宗紀下》：元和十三年“五月乙酉，鳳翔節度使李惟簡卒”。又見兩《唐書》本傳，《通鑑·元和六年》五月。《韓昌黎集》卷三〇《鳳翔隴州節度使李公(惟簡)墓誌銘》：“元和六年，即以公爲鳳翔隴州節度使、户部尚書、兼鳳翔尹……〔十三年〕來朝……還鎮告疾，其年夏五月戊子薨。”

李　愬　　元和十三年(818)

《舊書·憲宗紀下》：元和十三年五月“戊戌，以山南東道節度使李愬爲鳳翔尹、鳳翔隴右節度使……秋七月癸未，以新除鳳翔節度使李愬爲徐州刺史、武寧軍節度使”。又見兩《唐書》本傳。《全詩》卷三八五張籍有《送李僕射愬赴鎮鳳翔》。《唐語林》卷四：“〔李〕愬爲唐鄧、襄陽、徐泗、鳳翔、澤潞、魏博六節度。”

鄭餘慶 元和十三年—十四年(818—819)

《舊書·憲宗紀下》:元和十三年七月“庚戌,以左僕射鄭餘慶爲鳳翔、隴右節度使”。又本傳:“〔元和〕十三年,拜尚書左僕射……改鳳翔尹、鳳翔隴節度使。十四年,兼太子太師、檢校司空,封滎陽郡公,兼判國子祭酒事。”《新書》本傳略同。

李 愿 元和十四年—長慶元年(819—821)

《舊書·憲宗紀下》:元和十四年四月“戊午,以刑部尚書李愿爲鳳翔尹,充鳳翔、隴右節度使”。又《穆宗紀》:長慶元年三月癸丑,“以鳳翔節度使李愿檢校司空、汴州刺史,充宣武軍節度使”。又見兩《唐書》本傳。《全文》卷六四八元稹《授李愿檢校司空宣武軍節度使制》:“鳳翔節度使、檢校尚書左僕射李愿……可檢校司空,兼汴州刺史、宣武軍節度使。”《唐語林》卷四:“〔李〕愿爲夏州、徐泗、鳳翔、宣武、河中五節度。”

李光顏 長慶元年(821)

《舊書·穆宗紀》:長慶元年三月癸丑,“以邠寧節度使李光顏爲鳳翔尹,依前檢校司空、平章事,充鳳翔隴右節度使”。十二月“戊寅,以鳳翔節度使李光顏爲忠武軍節度使”。又見兩《唐書》本傳,《通鑑·長慶元年》。《山右石刻叢編》卷九《李光顏碑》:“會穆宗踐祥,寵綏勳賢,以本官同中書門下平章事。復遷岐下,寄重股肱。幽鎮挺灾……再總忠武之師,兼魏博行營節度使。”

【李 遜 長慶元年—二年(821—822)(未之任)】

《舊書·穆宗紀》:長慶元年十二月戊寅,“以李遜爲鳳翔節度使”。二年正月“乙卯,以前鳳翔節度使李遜爲刑部尚書”。又本傳:長慶元年,“進位檢校吏部尚書。尋改鳳翔節度使,行至京師,以疾陳乞,改刑部尚書。長慶三年正月卒”。《新書》本傳略同。

崔　俊（崔稜） 長慶二年（822）

《舊書‧穆宗紀》：長慶二年正月“甲寅，以工部尚書、判度支崔俊檢校禮部尚書，兼鳳翔尹，充鳳翔隴節度使”。三月戊午，“以鳳翔節度使崔俊爲河南尹”。又本傳：“檢校禮部尚書，出爲鳳翔節度等使。不期歲，召爲河南尹。”《新書》本傳作“出爲鳳翔節度使，逾年，徙河南尹”，誤。《白居易集》卷五一有《崔陵可河南尹制》。按“崔陵”當爲“崔俊”之誤。《全文》卷六五四元稹有《有唐贈太子少保崔公（俊）墓誌銘》：“檢校禮部尚書兼鳳翔府尹……充鳳翔隴州節度觀察處置使……爲檢校禮部尚書、河南尹。”按崔俊卒長慶三年二月四日，壽至七十一。《千唐誌‧唐前試大理評事兼監察御史孫公妻隴西李氏墓誌銘并序》：“外祖博陵崔稜，皇朝户部侍郎、鳳翔節度使。”夫人大唐乙亥歲（大中九年）六月十六日終，春秋廿四。“崔稜”，當即崔俊。

王承元 長慶二年—大和五年（822—831）

《舊書‧穆宗紀》：長慶二年三月丁巳，“以〔王〕承元爲鳳翔隴節度使”。又《文宗紀下》：大和五年十一月“庚戌，鳳翔節度使王承元來朝。己未，以承元檢校司空、青州刺史，充平盧軍節度使”。又本傳：“移鎮鄜坊丹延節度使，便道請覲，穆宗器之，數召顧問。未幾，改鳳翔節度使……居鎮十年，加檢校司空、御史大夫、移授平盧軍節度、淄青登萊觀察等使。”《新書》本傳略同。

竇易直 大和五年—七年（831—833）

《舊書‧文宗紀下》：大和五年十一月“癸亥，以尚書左僕射、判太常卿事竇易直檢校司空，爲鳳翔隴右節度使”。七年四月“癸亥，前鳳翔節度使、檢校司空竇易直卒”。兩《唐書》本傳同。《千唐誌‧唐故茂州刺史扶風竇君（季餘）墓誌銘并序》（大和八年三月十九日）：“以從父兄故丞相司空公疾篤於岐陽，遂求休奔問。兄薨終葬事，銜哀而還……數月而終，享年四十九。”季餘卒大和七年十月二十二日。

杜 悰　　大和七年(833)

《舊書·文宗紀下》：大和七年三月"癸卯，以京兆尹、駙馬都尉杜悰檢校禮部尚書，充鳳翔隴右節度"。又本傳："〔大和〕七年，檢校刑部尚書，出爲鳳翔尹、鳳翔隴右節度。丁内艱。八年，起復授忠武軍節度使、陳許蔡觀察等使。"《新書》本傳略同。《全文》卷七五六杜牧《唐故岐陽公主墓誌銘》："下嫁於今工部尚書判度支杜公悰。尚書在澧州三年……後爲大司徒，京兆尹，鳳翔節度使……後爲忠武軍節度使。"

李 聽　　大和七年—九年(833—835)

《舊書·文宗紀下》：大和七年五月"丁酉，以李聽爲鳳翔隴右節度使，依前檢校司徒、兼太子太保"。九年九月"庚申，以鳳翔節度使李聽爲忠武軍節度使"。又見《通鑑·大和九年》九月。《舊書》本傳："〔大和〕七年，出守鳳翔，時人榮之。九年，改陳許節度，未至鎮，復除太子太保分司。"《新書》本傳略同。《樊南文集補編》卷二有《爲彭陽公上鳳翔李司徒狀》，李司徒當即李聽。

鄭 注　　大和九年(835)

《舊書·文宗紀下》：大和九年九月丁卯，"以翰林侍講學士、工部尚書鄭注檢校右僕射，充鳳翔隴右節度使"。十一月"壬戌，中尉仇士良率兵誅宰相王涯、賈餗、舒元輿、李訓、新除太原節度王璠、郭行餘、鄭注、羅立言、李孝本、韓約等十餘家，皆族誅"。又見兩《唐書》本傳，《通鑑·大和九年》。

陳君奕　　大和九年—開成五年(835—840)

《舊書·文宗紀下》：大和九年十一月"丁卯，以左神策大將軍陳君奕爲鳳翔節度使"。《通鑑·大和九年》十一月記載同。又見《新書·陳楚傳》。《金石萃編》卷一一三《重修大像寺記》："大和乙卯歲，穎川郡陳公爲左神策將軍，以其誅暴息亂，宸衷親付之右地……至開成戊午歲，公因觀地無遺利，農則有秋……出清俸以收贖，因兹請僧重復其業……會昌元年五月十日記。"按乙卯爲大和九年，戊午爲開成三年。又見拓本《唐故銀青光禄大夫檢校太子賓客使持節寧州諸軍事守寧州刺史陳府君（諷）墓誌銘并序》（廣明元年二月十二日）。

裴弘泰　　開成五年—會昌六年（840—846）

《新表一上》洗馬裴氏："弘泰，義成、邠寧、鳳翔節度使，太子少傅，河東縣伯。"按裴弘泰開成元年四月癸酉爲義成節度使，見《舊書·文宗紀下》。其鎮邠寧、鳳翔年月無考。吳氏《方鎮年表》列裴弘泰於開成五年至會昌六年爲鳳翔節度，姑從之。

石　雄　　約會昌六年—大中元年（約846—847）

《新書》本傳："宣宗立，徙鎮鳳翔。"《舊書》本傳未及。《雲溪友議》卷中："〔石雄僕射〕潞州之功，國家以酬河陽節度使；西塞之績，又拜鳳翔。"《通鑑·大中二年》：九月，"前鳳翔節度使石雄詣政府，自陳黑山、烏嶺之功，求一鎮以終老。執政以雄李德裕所薦，曰：'曩日之功，朝廷以蒲、孟、岐三鎮酬之，足矣。'除左龍武統軍。雄怏怏而薨"。

崔　珙　　大中元年—三年（847—849）

《金石萃編》卷一一三《周公祠靈泉記》："大中二年十一月廿日，鳳翔隴州節度觀察處置等使、銀青光禄大夫、檢校右僕射、兼鳳翔尹、御史大夫、安平郡開國公、食邑二千户臣崔珙狀奏。"《關中金石記》卷四："《周公祠靈泉碑並題奏狀及敕批答》，大中二年十二月立……時崔珙爲鳳翔隴州節度使，奏泉靈異，詔加泉名曰潤德。"《通鑑·大中二年》："十二月，鳳翔節度使崔珙奏破吐蕃，克清水。"《舊書》本傳："宣宗即位，以赦召還，爲太子賓客，出爲鳳翔節度使。三年，崔鉉復知政事，珙辭疾請罷，制曰：'前鳳翔隴州節度觀察處置等使、光禄大夫、檢校尚書右僕射兼鳳翔尹、御史大夫、上柱國、安平郡開國公、食邑二千户崔珙……可太子少師，分司東都。'未幾，卒。"《新書》本傳略同。又見《全文》卷七九宣宗《貶崔珙太子太師分司東都制》。《全文》卷七七六李商隱有《爲濮陽公上鳳翔崔相公賀正啓》。按榮陽公即鄭亞。李商隱大中元年在鄭亞幕，二年二月罷幕。崔相公當即崔珙。
由此知崔珙大中元年已任鳳翔。

李　玭　大中三年—四年(849—850)

《通鑑・大中三年》：七月“甲戌，鳳翔節度使李玭取秦州”。《會
要》卷八六：“大中三年十一月，山南西道節度使鄭涯、鳳翔節度使李
玭等奏：當道先准敕新開文川谷路。”《全文》卷七六三沈珣有《授李玭
鳳翔節度使制》。《千唐誌・大唐前慈州太守謝觀故夫人隴西縣君
(李絃)墓誌銘并序》(咸通六年十一月八日)：“鳳翔節度使、檢校尚書
左僕射、贈太保玭之長女也。”李絃卒於咸通五年，終四十七歲。杜牧
《樊川詩集》卷二《題永崇西平王宅太尉愬院六韻》：“隴山兵十萬，嗣
子握雕弓。”自注：“今鳳翔李尚書，太尉長子。”

鄭　光　大中四年?(850?)

《新書》本傳：“宣宗即位，光興民伍，拜諸衛將軍，遷累平盧軍節
度使，徙河中、鳳翔，又賜鄠、雲陽二縣良田。大中四年，詔除其租
賦。”七年，來朝，“留爲右羽林統軍兼太子太保”。《玉泉子》：“鄭光除
河中，宣宗問曰：‘卿在鳳翔，使官先是何人?’對曰：‘馮三。’”按吳氏
《方鎮年表》以此謂其刺鳳翔在河中之前。然岑仲勉《正補》謂鄭光鎮
鳳翔，當在存疑之列。

李　業(李安業)　大中四年—五年(850—851)

《通鑑・大中四年》：“十二月，以鳳翔節度使李業、河東節度使李
拭並兼招討党項使。”《新書・宣宗紀》作“鳳翔節度使李安業”。《舊
書・宣宗紀》：大中五年五月，“〔鳳翔節度使〕李業檢校户部尚書、太
原尹、北都留守，充河東節度使”。《全文》卷八四八崔琮有《鳳翔李業
河東李拭並加招討使制》。《千唐誌・唐故鄉貢進士隴西李君(眈)墓
誌銘》(大中十一年五月二十四日)：次兄業，“首忝夏臺，轉岐隴，歷太
原，移白馬，今秉天平軍節度使”。

李　拭　　大中五年—六年（851—852）

《舊書·宣宗紀》：大中五年“五月，以太原尹、河東節度使李拭爲鳳翔節度使”。又見《新書·李廊傳》。

崔　珙　　大中六年—八年（852—854）

《新書》本傳：“起爲鳳翔節度使……下除太子少師，分司東都，就拜留守。復節度鳳翔，卒於官。”《英華》卷四五六沈珣《授崔珙鳳翔節度使制》稱：“〔岐陽〕今爲別京，以屏翰戎落，載煩元老，往撫舊邦……守太子少保崔珙……泪服休天朝，保釐洛邑，誠明之道，華皓不逾。”證知再爲鳳翔在東都留守後。按《千唐誌·故東都畿汝防禦使都押衙張季戎墓誌》稱：“〔大中〕五年春正月，相國崔公以公道可濟人，加勾當衙事。”證知崔珙大中五年正在東都留守任。其再任鳳翔當在大中六年。參見岑仲勉《唐方鎮年表正補》。

裴　識　　大中八年—十一年（854—857）

《舊書》本傳：“〔大中〕八年，加檢校户部尚書、鳳翔尹、鳳翔隴右節度使。十一年，本官移許州刺史、忠武軍節度、陳許觀察等使。”又《宣宗紀》：大中十一年四月，“以鳳翔節度使、正議大夫、檢校户部尚書、兼鳳翔尹……裴識可許州刺史，充忠武軍節度、陳許蔡觀察等使”。《新書》本傳略同。

盧　懿　　大中十一年（857）

《舊書·宣宗紀》：大中十一年四月，“以吏部侍郎盧懿檢校工部尚書、兼鳳翔尹、御史大夫、鳳翔隴右節度使”。

蔣　係　　大中十一年—十三年（857—859）

《舊書·宣宗紀》：大中十一年十二月，“以中散大夫、權知刑部尚書、上柱國、賜紫金魚袋蔣係檢校户部尚書、鳳翔尹、御史大夫、鳳翔隴右節度觀察處置等使”。又本傳：“俄檢校户部尚書、鳳翔尹，充鳳翔隴節度使，入爲兵部尚書。”《新書》本傳：“歷興元、鳳翔節度使。懿宗初，拜兵部尚書。”

盧簡求　　大中十三年—咸通元年（859—860）

《舊書》本傳：“〔大中〕十三年，檢校刑部尚書、鳳翔尹、鳳翔隴西節度觀察等使。十四年八月，代裴休爲太原尹、北都留守，充河東節度觀察等使。”又《懿宗紀》：咸通元年八月，“以鳳翔隴右節度使、銀青光禄大夫、檢校刑部尚書盧簡求爲太原尹、北都留守、河東節度使”。《新書》本傳略同。按大中十四年十一月改元咸通。

裴　休　　咸通元年—二年（860—861）

《舊書·懿宗紀》：咸通元年“八月，以河東節度使裴休爲鳳翔尹、鳳翔隴右節度使”。又本傳：“〔大中〕十四年八月，以本官兼鳳翔尹，充鳳翔隴州節度使。咸通初，入爲户部尚書，累遷吏部尚書、太子少師，卒。”《新書》本傳略同。

白敏中　　咸通二年—四年（861—863）

《新書》本傳：“咸通二年，南蠻擾邊，召敏中入議，許挾扶升殿。固求免，乃出爲鳳翔節度使。三奏願歸守墳墓，除東都留守，不敢拜，許以太傅致仕。詔書未至，卒。”又《宰相表下》：咸通二年二月“庚戌，〔白〕敏中檢校司徒兼中書令、鳳翔節度使”。又見《通鑑·咸通二年》二月。《舊書》本傳未及。

杜　悰　　咸通四年（863）

《新書·宰相表下》：咸通四年閏六月，杜悰“檢校司徒、同平章事、鳳翔節度使”。又見《通鑑·咸通四年》閏六月。《新書》本傳：“以檢校司徒爲鳳翔、荆南節度使，加兼太傅。”按杜悰咸通十年爲荆南節度，見《舊書·懿宗紀》。又見《唐語林》卷二，《南部新書》己，《北夢瑣言》卷三。

劉　異　　咸通四年—五年（863—864）

《隋唐五代墓誌匯編·河南卷·唐張氏墓記》（咸通十四年十一

月三日）：“咸通五年，有劉異自鳳翔節度使移鎮於許，始面張氏。八年納而貯於別館……咸通十四年十一月三日河間劉異記。”按劉異大中十二年四月爲邠寧節度使，見《通鑑》。典籍中未見有爲鳳翔與陳許節度的記載。況咸通四年閏六月杜悰爲鳳翔節度使，見《新表》及《通鑑》；七年尚在任，見杜宣猷《鄭左丞祭梓華府君碑陰記》。然此《墓記》乃劉異手記，似不容置疑，或者杜悰自咸通四年閏六月爲鳳翔，不久劉異代之，次年劉異遷陳許，杜悰再爲鳳翔歟？

杜　悰　　咸通五年—十年（864—869）

《全文》卷七六五杜宣猷《鄭左丞祭梓華府君碑陰記》：“今鳳翔司徒相公頃在臺庭，仰公材術，俾司邦計……咸通七年七月十一日宣歙觀察使兼御史大夫杜宣猷記。”“鳳翔司徒相公”即指杜悰。證知咸通七年在鳳翔尹任。

李　蠙　　咸通十一年—十二年（870—871）

《玉泉子》：“韋保衡嘗訪同人家，方坐，有李鉅新及第亦繼至，保衡以其後，先匿於帷下……洎保衡尚主爲相，李蠙鎮岐下，鉅新方自山北舊從事辟焉。”按岐下即鳳翔，山北即昭義。李蠙咸通五年正月爲昭義節度使，見《通鑑》。韋保衡咸通十一年四月同平章事，見《新書·宰相表下》，李蠙當於是年鎮岐。《千唐誌·唐故朝議大夫前鳳翔節度副使檢校兵部郎中兼御史中丞弘農楊府君墓誌銘》：“今分洛李司空蠙節鎮上黨，辟君爲節度判官……李公鎮岐山，又命君副焉。”

令狐綯　　咸通十三年—乾符六年（872—879）

《舊書》本傳：“〔咸通〕十三年，以本官爲鳳翔尹、鳳翔隴節度使。”《新書》本傳：“僖宗初，拜鳳翔節度使。頃之，就加同平章事，徙封趙。卒，年七十八。”《通鑑·乾符二年》：“五月，以太傅、分司令狐綯同平章事，充鳳翔節度使。”《乾符三年》：八月，“詔邠寧節度使李侃、鳳翔節度使令狐綯選步兵一千、騎兵五百守陝州、潼關”。按《寶刻叢編》卷八引《京兆金石録》有令狐綯撰《唐贈太尉中書令貞孝公蕭倣墓誌》,撰於乾符五年。知其時令狐綯尚在世。吳氏《方鎮年表》繫於咸通十三年至乾符六年,姑從之。

【劉　鄴　　乾符六年(879)(未之任)】

《舊書》本傳:僖宗即位,"罷鄴知政事,檢校尚書左僕射、同平章事、揚州大都督府長史、淮南節度使……黃巢渡淮而南,詔以浙西高駢代還,尋除鳳翔尹、鳳翔隴右節度使,以疾辭,拜左僕射"。《新書》本傳略同。又見《元龜》卷九三一。

鄭　畋　　乾符六年—中和元年(879—881)

《舊書·僖宗紀》:乾符六年十二月,"太子賓客鄭畋檢校左僕射、鳳翔尹,充鳳翔節度使"。中和元年九月,"鳳翔節度使鄭畋以病徵還行在"。又本傳:廣明元年,"拜畋禮部尚書。尋出爲鳳翔隴右節度使"。中和元年二月,"即授畋檢校尚書左僕射、同平章事,充京西諸道行營都統……其年冬,畋暴病……表薦大將李昌言,詔可之。詔畋赴行在"。《新書·僖宗紀》:中和元年二月,"鳳翔節度使鄭畋及巢戰於龍尾坡,敗之"。十月,"鳳翔行軍司馬李昌言逐其節度使鄭畋"。北圖藏拓片《壁州新建山寺記》(中和四年七月二十三日):"□□中和,歲次癸卯(三年)……鳳翔節度使滎陽鄭畋以疾辭所任。"《全文》卷七六七鄭畋《討巢賊檄》稱:鳳翔隴右節度使、檢校尚書左僕射、同中書門下平章事、充京西諸道行營都統鄭畋移檄告諸藩鎮。《大詔令集》卷五二樂朋龜《鄭畋門下侍郎平章事依前都統制》稱:諸軍四面行營都統、鳳翔隴等州節度觀察處置等使、開府儀同三司、檢校司空同中書門下平章事、兼鳳翔尹鄭畋,可司空兼門下侍郎同中書門下平章事,依前鳳翔隴等州節度觀察處置使、兼鳳翔尹。又卷五六樂朋龜《鄭畋太子少傅分司東都制》稱:諸軍四面行營都統、鳳翔隴等州節度觀察處置等使、開府儀同三司、守司空兼門下侍郎同中書門下平章事、鳳翔尹鄭畋,可太子太傅分司東都。二制又均見《全文》卷八六。又見《舊書·僖宗紀》、《王處存傳》、《新書》本傳、《通鑑·廣明元年》十二月、《中和元年》二月、六月,《元龜》卷一四〇,《全文》卷八四三李茂貞《請加贈鄭畋表》。

李昌言　　中和元年—四年(881—884)

《舊書·僖宗紀》:中和元年九月,"以鳳翔大將李昌言代〔鄭〕畋爲節度使,兼京城西面行營都統"。又見《新書·僖宗紀》,兩《唐書·鄭畋傳》,《通鑑·中和元年》、《中和二年》、《中和三年》。《通鑑·中和四年》:十二月,"鳳翔節度使李昌言病,表弟昌符知留後。昌言薨,制以昌符爲鳳翔節度使"。《桂苑筆耕集》卷一《賀殺黃巢徒伴表》:"鳳翔節度使李昌言奏,探知京中賊徒潰散。"

李昌符　　中和四年—光啓三年(884—887)

《通鑑·中和四年》:十二月,"制以〔李〕昌符爲鳳翔節度使"。《新書·僖宗紀》:光啓三年六月"己酉,鳳翔節度使李昌符反……七月,李昌符伏誅"。又見《舊五代史·唐武皇紀上》《唐莊宗紀上》,《北夢瑣言》卷五。

李茂貞　　光啓三年—天祐四年(887—907)

《舊書·僖宗紀》:光啓三年七月"丙子,制以武定軍節度使、檢校尚書左僕射,兼洋州刺史、御史大夫、上柱國、隴西郡公、食邑一千五百户李茂貞檢校司空、同平章事,兼鳳翔尹、鳳翔隴右節度等使"。又《昭宗紀》:乾寧三年六月,"鳳翔李茂貞怨國家有朱玫之討,絶朝貢,謀將犯闕……丙寅,鳳翔軍犯京畿"。十月"壬子,制以兵部侍郎、平章事孫偓爲中書侍郎,充鳳翔行營招討使……戊午,李茂貞上表章請罪,願改事君之禮,繼修職貢"。天復三年"五月,制鳳翔隴右四鎮北庭行軍、彰義軍節度、涇原渭武觀察處置押蕃落等使、開府儀同三司、守尚書令、兼侍中、鳳翔尹、上柱國、秦王李茂貞可檢校太師、守中書令"。又見《新書·昭宗紀》,兩《五代史》本傳,《元龜》卷一七八。《全文》卷八三三錢珝有《鳳翔節度使李茂貞妻秦國夫人劉氏進封岐國夫人制》。

【補遺】崔安潛　　約光啓中

《洛陽新獲墓誌125·唐故太子太師贈太尉清河崔公(安潛)墓誌

銘並序》(光化元年八月五日):"曾王父諱翹,禮部尚書、東西二京留守,諡曰成。……考諱從,淮南節度使,檢校尚書右僕射,贈太師,諡曰貞。……〔安潛〕出爲忠武軍節度使、檢校禮部尚書兼御史大夫,轉兵部尚書,下車梟跋扈將李可封……移公充西川節度安撫雲南八國等使。……僖宗皇帝出狩於蜀……詔起公檢校右僕射、留守東都。……守左僕射兼鳳翔尹隴州事……"

【徐彥若　景福二年(893)(未之任)】

《舊書》本傳:"昭宗即位,遷御史中丞,轉吏部侍郎,檢校户部尚書,代李茂貞爲鳳翔隴節度使。茂貞不受代。復拜中丞。"《新書·昭宗紀》:景福二年"正月,徐彥若罷爲鳳翔隴右節度使,李茂貞爲山南西道節度使。茂貞不受命"。

【李嗣周　乾寧四年(897)(未之任)】

《通鑑·乾寧四年》:六月"乙卯,以茂貞爲西川節度使。以覃王嗣周爲鳳翔節度使……覃王赴鎮,李茂貞不受代"。又乾寧三年《考異》引《唐補紀》:"五月,朝廷除覃王爲鳳翔節度使,除茂貞爲興元節度使。茂貞拒命不發,亦無向闕之心。"《考異》謂茂貞"移鎮興元乃景福二年事,《唐補紀》誤"。岑仲勉云:"犯錯誤的不是《唐補紀》而是《通鑑》的本身。"(《金石論叢·從王涣墓誌解決了晚唐史一兩個問題》)《新五代史·王建傳》:乾寧四年,"以鄭王爲鳳翔節度使,李茂貞代建爲西川節度使。茂貞拒命,乃復建官爵"。又見《十國春秋·前蜀高祖紀上》。

卷六　邠州(豳州、新平郡)

隋新平郡。武德元年改爲豳州。開元十三年改豳爲邠。天寶元年改爲新平郡。乾元元年復爲邠州。領縣四：新平、三水、永壽、宜禄。

獨孤開遠　　*約武德中*

《姓纂》卷一〇獨孤氏(岑仲勉補)："開遠，邠州刺史。"按《元龜》卷六二六云：獨孤遠，貞觀初總領左廂六衛兵馬。遠殆即開遠。又卷三〇三稱：開遠爲左衛將軍，卒。太宗登苑西樓，臨送其葬。又卷六九四稱：劉黑闥擾山東時，開遠爲遼州刺史。其爲邠刺約在武德中。

郝元亨　　*貞觀四年？（630？）*

北圖藏拓片《昭仁寺碑》(貞觀四年十一月)："乙丑，豳州知州東海郝元亨……"(不清)

張　亮　　*貞觀五年後(631後)*

《舊書》本傳："貞觀五年，歷遷御史大夫，轉光禄卿，進封鄅國公，賜實封五百户；後歷豳、夏、鄜三州都督。七年，魏王泰爲相州都督而不之部，進亮金紫光禄大夫，行相州大都督長史。"《新書》本傳略同。

李　祐　　*貞觀中*

《舊書》本傳："貞觀二年，徙封燕王，累轉豳州都督。十年，改封齊王，授齊州都督。"《新書》本傳未及。

韋知止　　　約貞觀中

《金石補正》卷五一《京兆功曹韋希損墓誌》：“曾祖知□□□建伯勳，領豳州刺史。”又見《唐文拾遺》卷一八。按《姓纂》卷二襄陽韋氏及《新表四上》東眷韋氏小逍遙公房皆稱希損（原誤作韋希、韋損兩人）之曾祖乃隋韋弘瑗之子知止。此處“知”下所泐疑即“止”字。《隋唐五代墓誌匯編·陝西卷》第三册《唐故朝議大夫懷州長史上柱國京兆韋公（希舟）誌銘并序》（開元十四年十一月十一日）：“曾祖知止，皇朝豳州刺史，贈豳州都督。”希舟卒開元十四年，春秋六十二。則其曾祖知止爲豳刺約在貞觀中。又《通鑑考異·光宅元年》引《御史臺記》：“薛仲璋矯使揚府，與徐敬業等謀反，夜，與江都令韋知止子茂道計議。”當爲另一人。

【補遺】劉德威　　　貞觀時

《唐研究》第二卷（1996年版）《西安新出閻立德之子閻莊墓誌銘》：“夫人劉氏，彭城縣君，皇朝綿豳晋同四州刺史、大理卿、刑部尚書、上柱國、彭城襄公德威之女，工部尚書兼檢校左衛大將軍、上柱國、彭城郡公審禮之妹也。”

唐　敏（唐季卿）　　　高宗時

《新表四下》唐氏：“敏字季卿，延、濮、青、汴、邠等州刺史。”乃隋雍州太守唐鑑之子。唐季卿顯慶中在延州刺史任。

薛寶胤　　　高宗時？

《舊書·薛珏傳》：“祖寶胤，邠州刺史。”按《新表二下》薛氏西祖房云：“寶胤，少府少監。”《全文》卷六五四元稹《唐故越州刺史浙江東道觀察等使河東薛公（戎）神道碑文銘》：“迭居中外要秩，皆邠州刺史寶胤之二世、三世孫。”又見《韓昌黎集》卷三二《唐故朝散大夫越州刺史薛公（戎）碑銘》。按薛戎乃寶胤之三世孫，長慶元年九月卒，春秋七十五。又卷六〇九劉禹錫《福建等州團練觀察處置使福州刺史薛公（謇）神道碑》：“曾祖寶胤……歷尚書郎、雍州司馬、邠州刺史。”薛睿卒於元和十年，享年六十七。《千唐誌·大唐故宣義郎行曹州乘氏縣尉薛府君(戀)墓誌銘并序》(貞元六年十月二十八日)："曾祖寶胤，皇朝幽州刺史。"按寶胤兄寶積，約高宗時爲潤刺；寶胤爲邠刺疑亦在高宗時。

裴守真　　武后時

《新表一上》南來吳裴氏："守真，字方忠，邠、寧二州刺史。"兩《唐書》本傳未及。《全文》卷三二六王維《裴僕射(耀卿)齊州遺愛碑》："父守真……今上楚王府諮議參軍、邠寧二州刺史。"按玄宗於垂拱三年封楚王。又按兩《唐書》本傳，守真長安中卒。其刺邠當在武后時。

姚　斑(姚班)　　武后時？

《舊書》本傳："累除定、汴、滄、虢、幽等五州刺史，加銀青光禄大夫，轉秦州刺史。以善政有聞，璽書褒美，賜絹百匹。神龍元年，累封宣城郡公。"《新書》本傳未及。《全文》卷一六九及《登科記考》均作"姚班"，恐誤。按據《舊書》本傳，睿宗時爲户部尚書，先天二年復爲户部尚書，開元二年卒。又云：與兄璹數年間俱爲定州刺史、户部尚書。似定州刺史爲任户尚前之最後歷官，則《傳》所叙仕歷未必順序。其爲邠州刺史疑在武后時。

武嗣宗　　神龍中？

《隋唐五代墓誌匯編·陝西卷》第三册《大唐左衛高思府果毅都尉長上譙國公夫人武氏墓誌》(開元三年二月二十一日)："父嗣宗，周封臨川郡王，宗正寺卿。後封管國公，幽州刺史。"夫人先天二年卒，無享年。按嗣宗中宗時官至曹州刺史，見《舊書·武延基傳》。

李守禮　　景雲二年—先天二年(711—713)

《通鑑·景雲二年》：二月丙子朔，"邠王守禮爲幽州刺史"。《舊書》本傳："景雲二年，帶光禄卿，兼幽州刺史，轉左金吾衛大將軍，遥領單于大都護。先天二年，遷司空。開元初，歷虢、隴、襄、晉、滑六州刺史。"按《舊傳》之"幽州"疑爲"邠(豳)州"之誤。《元龜》卷二八一、《新書》本傳略同。

强　循　先天二年(713)

《舊書·食貨志上》："先天二年九月,强循除豳州刺史,充鹽池使,此即鹽州池也。"又見《元龜》卷四八三,《會要》卷八八。兩《唐書》本傳未及刺史事。按《元龜》卷一一九《開元二年庚午敕》及《全文》卷三四玄宗《命張知運持節赴軍敕》皆稱："幽州刺史攝御史中丞强修(循)"。疑均誤。

李　撝(李成義)　開元二年(714)

《舊書·玄宗紀》：開元二年六月,"司徒、申王成義爲豳州刺史"。又見《通鑑·開元二年》六月丁巳記載。《全文》卷七六一鄭處誨《邠州節度使廳記》："天寶已前,太平歲久……邠實爲近郡。申王、薛王以親賢之責居之。"按《舊書》本傳作"幽州",誤。《新書》本傳未及。申王成義即李撝。

李　業　開元四年(716)

《舊書》本傳："開元初,歷太子少保,同、涇、豳、衛、虢等州刺史。八年,遷太子太保。"《新書》本傳未及。《全文》卷七六一鄭處誨《邠州節度使廳記》："天寶已前,太平歲久……邠實爲近郡。申王、薛王以親賢之責居之。"《大詔令集》卷三五《岐王範太子太師等制》："祕書監兼幽州刺史薛王業……可太子少保兼幽州刺史……開元四年六月七日。"又見《全文》卷二五二蘇頲行制。按"幽州"當爲"豳州"之誤。

張嘉貞　開元十一年(723)

《新書·宰相表中》：開元十一年"二月己酉,〔張〕嘉貞貶邠州刺史"。又本傳："帝幸太原,〔張〕嘉祐以贓聞,〔張〕說詿嘉貞素服待罪,不譴,遂出爲幽州刺史……逾年,爲户部尚書、益州長史,判都督事。"按《舊書》本傳作"幽州"。《全文》卷二二玄宗《貶張嘉貞幽州刺史制》：“中書令張嘉貞……貶居藩守，俾肅朝倫，可幽州刺史。”又見《元龜》卷三三三、卷八八五，皆作“幽州刺史”。按其時“幽州”爲都督府，其長官當稱“都督”，史書或可都督、刺史混用，當時詔令斷不可相淆。疑“幽”字皆爲“豳”字之誤，姑仍繫於此。

鄭温琦　開元十三年—十四年（725—726）

《新書・許景先傳》：“〔開元〕十三年，帝自擇刺史，景先由吏部侍郎爲刺史治虢州……禮部侍郎鄭温琦邠州。”又見《元龜》卷六七一。《唐文拾遺》卷一八盧兼愛《大唐故寧州豐義縣令鄭府君（温球）墓誌銘并序》：“君有昆曰温琦……由禮部侍郎轉邠州刺史。君詣兄所，憩息未行，哀哉。”温球卒於開元十四年七月二十九日。又見《金石補正》卷五三。《唐詩紀事》卷二：“開元十六年，帝擇廷臣爲諸州刺史……鄭温琦邠州。”又見《全詩》卷三明皇帝《賜諸州刺史以題座右》注。按“十六年”當爲“十三年”之誤。

李　瓘　開元中

《舊書・李素節傳》：〔子〕瓘，“開元十一年爲衛尉卿……遙譴瓘爲鄂州別駕……累遷邠州刺史、祕書監、守太子詹事”。天寶六載卒。《新書》本傳未及。

李　濯　開元中

《新書・宗室世系表上》：“司勳員外郎、延坊邠三州刺史貶密州司馬濯。”按其王父崇義貞觀十四年暴薨，年五十，見兩《唐書・李崇義傳》。《郎官柱》司勳員外有李擢，在班景倩、平貞眘後，李彭年、鄭南金前。勞格按：“擢”當作“濯”。又《精舍碑》侍御史有李濯，在雍維良、韓宣後，李昂、裴曠前。殿中侍御史亦有李濯，在趙頤貞、夏侯宜後，薛珣、元彦冲前。當爲開元中人。

元彦冲　開元二十年（732）

《會要》卷八二：“開元二十年九月二十一日，是中書舍人梁昇卿私忌，二十日晚欲還，即令傳制，報給事中元彦冲，令宿衛。會彦冲出，昇卿至宅，令狀報，彦冲以旬假與親朋聚宴……上大怒，出彦冲爲邠州刺史。”

段崇簡　　開元二十三年？（735？）

《廣記》卷二四三引《朝野僉載》：“唐深州刺史段崇簡性貪暴，到任，追里正，令括客，云：不得稱無……罷任……至都，拜邠州刺史。”按今本《朝野僉載》作“柳州刺史”。趙守儼校云：“柳州乃遠州，貶官之所，疑當從《廣記》。”又按崇簡開元十八年爲定州刺史，見《全文》卷九一四《釋具大忍寺門樓碑》；開元十九年自將軍授代州都督；開元末，即李適之拜相之年，在衛州刺史任，見《廣記》卷三八一引《廣異記》。又按《姓纂》卷九段氏：“崇簡，右衛將軍，鄭州刺史。”其爲邠刺當在衛刺、鄭刺前，疑爲開元二十三年前後。

李齊物　　天寶中

《新書·高尚傳》：“高尚者，雍奴人……李齊物爲新平太守，薦諸朝，贐錢三萬，介之見高力士，力士以爲才，置門下，家事一咨之。”兩《唐書》本傳未及。

薛　羽　　至德元載（756）

《舊書·肅宗紀》：天寶十五載六月“己亥，〔上〕至安定郡，斬新平太守薛羽、保定太守徐戩，以其棄郡也”。又見《新書·肅宗紀》，《通鑑·至德元載》六月，《元龜》卷一五二。《新表三下》薛氏：“羽，新平太守。”

房　琯　　乾元元年—二年（758—759）

《通鑑·乾元元年》：六月，“下制數〔房〕琯罪，貶豳州刺史。”《舊書》本傳：“乾元元年六月，詔曰：‘……〔房〕琯可邠州刺史。’……二年六月，詔褒美之，徵拜太子賓客。”又見《舊書·肅宗紀》，《新書》本傳，《全文》卷四二肅宗《貶房琯劉秩嚴武詔》。又卷七六一鄭處誨《邠州節度使廳記》：“邠實爲近郡。申王、薛王以親賢之責居之；太尉房公以盛德之重居之。"按太尉房公即房琯。

桑如珪　　上元元年（760）

《新書·党項傳》："乾元間，中國數亂，因寇邠、寧二州。肅宗詔郭子儀都統朔方、邠寧、鄜坊節度事，以鄜州刺史杜冕、邠州刺史桑如珪分二隊出討。"《通鑑·上元元年》：正月，"以邠州刺史桑如珪領邠寧，鄜州刺史杜冕領鄜坊節度副使，分道招討。戊子，以郭子儀領兩道節度使，留京師，假其威名以鎮之"。《大詔令集》卷五九《郭子儀兼邠寧鄜坊兩道節度使制》："仍以鄜州刺史杜冕、新除邠州刺史桑如珪爲節度副使……乾元三年正月。"

郭子儀　　上元元年—二年（760—761）

《通鑑·上元元年》：正月"戊子，以郭子儀領〔邠寧、鄜坊〕兩道節度使，留京師，假其威名以鎮之"。九月"乙未，命子儀出鎮邠州"。

臧希讓　　上元二年—寶應元年（761—762）

《通鑑·寶應元年》：建辰月甲午，"以邠州刺史河西臧希讓爲山南西道節度使"。《金石萃編·臧懷恪碑》亦謂希讓行太子詹事，邠寧、山南觀察使。《關中金石記》卷三《贈工部尚書臧懷恪神道碑》（廣德元年冬十月立，顏真卿撰文并正書）跋：懷恪有七子，"七曰希讓，開府儀同三司、行太子詹事，兼御史大夫、邠寧、山南觀察使、集賢待制、工部尚書、渭北節度使……《元和姓纂》以希讓爲懷亮子，據碑可證其誤"。

張蘊琦　　寶應元年?—廣德元年（762?—763）

《通鑑考異·廣德元年》引《段公家傳》："九月二十日，吐蕃寇涇原，節度使高暉降之。十一月一日，陷邠州，節度使張蘊琦棄城遁。"《通鑑·廣德元年》：十一月，"白孝德與邠寧節度使張蘊琦將兵屯畿縣，子儀召之入城，京畿遂安"。

白孝德　　廣德二年（764）

《舊書》本傳：“累戰功至安西北庭行營節度、邠坊邠寧節度使。”
《新書》本傳略同。《通鑑·廣德二年》：九月，“邠寧節度使白孝德敗
吐蕃於宜禄。冬十月，懷恩引回紇、吐蕃至邠州，白孝德、郭晞閉城拒
守”。十一月丁未，“郭晞在邠州，縱士卒爲暴，節度使白孝德患之，以
子儀故，不敢言……〔段〕秀實讓之〔晞〕……且，俱至孝德所，謝不能，
請改。邠州由是無患”。又見兩《唐書·代宗紀》。《全文》卷九六二
闕名《賀僕固懷恩死并諸道破賊表》（永泰元年十月）：“邠寧節度使白
孝德破僕固瑊下兵馬及吐蕃。”

馬　璘　　大曆元年—三年（766—768）

《舊書·代宗紀》：永泰二年二月壬子，“以四鎮行營節度使馬璘
兼邠州刺史”。大曆三年十二月“己酉，以邠寧節度使馬璘爲涇原節
度，移鎮涇州，其邠寧割隸朔方軍”。又見兩《唐書》本傳，《通鑑·大
曆元年》及《大曆三年》。《全文》卷四一九常袞《故四鎮北庭行營節度
使扶風郡王贈司徒馬公神道碑銘》：“〔公〕以奇功累授裨將……領北
庭行軍使邠州刺史。”卒大曆十一年。《金石録》卷八：“《唐邠寧馬璘
德政碑》，韓雲卿撰，張少悌行書，大曆三年四月。”又見《寶刻叢編》卷
一〇引。

段秀實　　大曆三年—四年（768—769）

《通鑑·大曆三年》：十二月己酉，“以邠、寧、慶三州隸朔方……
以都虞候段秀實知邠州留後”。《考異》引《段公別傳》曰：“馬公朝於
京師，以公掌留事。”《舊書·代宗紀》：大曆三年十二月“己酉，以邠寧
節度使馬璘爲涇原節度，移鎮涇州……邠州將吏以燒馬坊爲亂，兵馬
使段秀實斬其凶首八人，方定”。本傳：“璘城涇州，秀實掌〔邠州〕留
後。”《新書》本傳略同。

郭子儀　　約大曆四年—十一年（約769—776）

《舊書》本傳：大曆三年“十月，子儀入朝，還鎮河中。時議以西番

侵寇,京師不安,馬璘雖在邠州,力不能拒,乃以子儀兼邠寧慶節度,
自河中移鎮邠州……九年,入朝,代宗召對延英。語及西蕃充斥,苦
戰不暇,言發涕零。既退,復上封論備吐蕃利害……德宗即位,詔還
朝"。《新書》本傳略同。又見《通鑑·大曆三年》十一月、《大曆四年》
八月、《大曆六年》二月、《大曆八年》十月、《大曆九年》《大曆十年》記
載。《全文》卷六五四元積《唐故開府儀同三司檢校兵部尚書兼左驍
衛上將軍充大内皇城留守南陽郡王(張奉國)碑文銘》:"大曆末,始以
戎服事郭汾陽於邠。"按郭汾陽即郭子儀。

渾　瑊　　大曆十一年—十四年(776—779)

《舊書》本傳:"〔大曆〕十一年,領邠州刺史……十四年,郭子儀拜
太尉,號尚父,分所管内別置三節度,以瑊兼單于大都護,充振武軍、
東受降城、鎮北大都護府、綏銀麟勝等軍州節度副大使知節度使事、
管内支度營田等使。"《新書》本傳略同。《舊書·代宗紀》:大曆十二
年四月,"以關内副元帥、兵馬使渾瑊兼邠州刺史"。作"十二年",與
本傳異。《通鑑·大曆十三年》:七月"戊午,郭子儀奏以回紇猶在塞
上,邊人恐懼,請遣邠州刺史渾瑊將兵鎮振武軍,從之"。作"十三
年",與《舊傳》異。《全文》卷四九八權德輿《故朔方河中晉絳邠寧慶
等州兵馬副元帥河中絳邠節度度支營田觀察處置等使開府儀同三司
檢校司徒兼中書令河中尹忠武渾公(瑊)神道碑銘并序》:"以御史大
夫爲邠州刺史,以工部尚書爲單于大都護。"

李懷光　　大曆十四年—興元元年(779—784)

《舊書·德宗紀上》:大曆十四年閏五月甲申,"以朔方都虞候李
懷光爲河中尹,邠寧慶晉絳慈隰等州節度觀察使"。建中二年七月
"辛巳,以邠寧節度使李懷光兼靈州大都督、單于鎮北大都護、朔方節
度使"。興元元年三月己亥,"詔授李懷光太子太保,其餘官職並罷"。
《舊書》本傳:"德宗即位……遂以懷光起復檢校刑部尚書,兼河中尹、
邠州刺史、邠寧慶晉絳慈隰節度……等使。"《新書》本傳略同。又見
《通鑑·大曆十四年》《建中元年》《建中三年》。

張　昕　　興元元年(784)

《舊書・李懷光傳》：興元元年二月，"〔邠寧節度李懷光〕與〔韓〕
遊瓌書，約令爲變，遊瓌密奏之……韓遊瓌殺懷光留後張昕，以邠州
從順"。《新書・李懷光傳》略同。《新書・韓遊瓌傳》："李懷光叛，誘
遊瓌爲變，遊瓌白發其書……曰：懷光總諸府兵，怙以爲亂。今邠有
張昕，靈武有甯景璿，河中有呂鳴岳，振武有杜從政，潼關有李朝臣，
渭北有竇覬，皆守將也。"

韓遊瓌　　興元元年—貞元四年(784—788)

《舊書・德宗紀上》：興元元年四月壬寅，"以邠寧兵馬使韓遊瓌
爲邠寧節度使"。又《德宗紀下》：貞元四年七月"癸丑，邠寧軍因韓遊
瓌受代，憚張獻甫之嚴，乘其無帥，縱兵大掠"。又見兩《唐書》本傳，
《元龜》卷四一，《通鑑・興元元年》、《貞元四年》。《大詔令集》卷一二
一陸贄《誅李懷光後原宥河中將吏并招諭淮西詔》謂：邠寧等州節度、
檢校左僕射、兼邠州刺史、御史大夫、許昌郡王韓遊瓌等，並節著艱
危，功成討伐。又見《全文》卷四六三。《全文》卷六一八李直方《邠
州節度使院壁記》："六年春，皇帝勞韓侯牧圉之勤，俾尹西夏……
書事舉德，宜始韓侯。"按韓侯當即韓遊瓌。《寶刻叢編》卷一〇引
《集古錄目》："《唐汾陽王廟碑》，唐中書舍人高參撰，右威衛倉曹參
軍張誼書。邠寧節度使韓遊瓌爲子儀立廟於邠州。碑以貞元二年
九月立。"

張獻甫　　貞元四年—十二年(788—796)

《舊書・德宗紀下》：貞元四年"秋七月庚戌，以左金吾將軍張獻
甫爲邠寧節度使"。十二年五月"丙申，邠寧節度使張獻甫卒"。又本
傳："貞元四年，遷檢校刑部尚書，兼邠州刺史、邠寧慶節度觀察
使……貞元十二年，加檢校左僕射。五月丙申卒。"《新書》本傳略同。
又見《元龜》卷一七六，《通鑑・貞元四年》《貞元十二年》，《大詔令集》
卷九九《城鹽州詔》，《全文》卷七五四杜牧《唐故江西觀察使武陽公韋
公遺愛碑》："佐張獻甫於邠寧府。"又卷五三四李觀《邠寧慶三州節度

饗軍記》:"朗寧郡王張公擁七尺之節,臨三州之師,牧我邠荒,藩我雍疆。"《柳河東集》卷二六《邠寧進奏院記》:"皇帝宅位十一載,博求群臣,以朗寧王張公爲能。"按郎寧王張公即張獻甫。《唐文拾遺》卷二三楊暄《大唐故清河張夫人墓誌銘并序》:"次子庭珍,右羽林軍宿衛。邠州節度使、尚書張獻甫奏赴行營,遂忠於國。"又見《隋唐石刻拾遺》卷下《閭夫人張氏墓誌》(貞元八年五月十八日)。《關中金石記》卷四有《姜嫄公劉廟碑》,貞元九年四月立,稱:邠寧節度觀察使、檢校刑部尚書兼御史大夫邠寧郡王張公獻甫。

楊朝晟　　貞元十二年—十七年(796—801)

《舊書・德宗紀下》:貞元十二年五月"甲辰,以邠寧都虞候楊朝晟爲邠州刺史、邠寧慶節度使"。十七年五月"乙酉,邠寧節度使、檢校工部尚書、邠州刺史楊朝晟卒"。又見兩《唐書》本傳,《元龜》卷八六二,《通鑑・貞元十二年》《貞元十七年》。《柳河東集》卷二二《送邠寧獨孤書記赴辟命序》:"今戎帥楊大夫……取主公之節鉞而代之位。"按楊大夫即楊朝晟。《御覽》卷五八:"楊朝晟爲邠州刺史,奏方渠合水波皆賊路,請城其地以備之。"

長孫憾　　貞元十二年?—十五年?(796?—799?)

《新表二上》長孫氏:"憾,邠州刺史。"按其父寧州刺史長孫全緒寶應元年官左金吾大將軍,大曆前爲容州刺史。長孫憾刺邠約在貞元中。據《舊書・楊朝晟傳》,朝晟在邠州任上曾丁母憂,疑憾於朝晟丁憂時爲邠刺歟?

【李朝寀　　貞元十七年(801)(未之任)】

《舊書・德宗紀下》:貞元十七年"六月戊戌,以定平鎮兵馬使李朝寀檢校工部尚書,兼邠州刺史、朔方邠寧慶節度使"。《通鑑・貞元十七年》:六月"戊戌,制以李朝寀爲邠寧節度使。是日,寧州告變者至,上追還制書"。

高　固　　貞元十七年—元和二年(801—807)

《舊書·德宗紀下》：貞元十七年六月“己酉，以邠寧兵馬使高固爲邠州刺史、兼御史大夫、邠寧慶節度使”。又見《通鑑·貞元十七年》。《舊書》本傳：“貞元十七年，〔邠寧〕節度使楊朝晟卒，軍中請固爲帥，德宗念固功，因授檢校工部尚書。順宗即位，就加檢校禮部尚書。憲宗朝，進檢校右僕射。數年受代，入爲統軍，轉檢校左僕射，兼右羽林統軍。元和四年七月卒。”《新書》本傳略同。《白居易集》卷五七《與高固詔》：“以卿一從軍旅，多在邊陲，歲月積深，勤勞滋久……今授卿檢校尚書右僕射、御史大夫、兼右羽林軍統軍……遂卿望闕之戀，表朕念功之心。”按白居易元和二年十一月始入翰林，岑仲勉《白氏長慶集僞文》謂：此詔當在與命高崇文代固同時發，即元和二年十二月。

高崇文　　元和二年—四年(807—809)

《舊書·憲宗紀上》：元和二年十二月“丙寅，以劍南西川節度使高崇文檢校司空、同平章事，兼邠州刺史、邠寧慶節度使，充京西諸軍都統”。四年九月“丁卯，邠寧節度使、檢校司空、同平章事高崇文卒”。兩《唐書》本傳略同。又見《元龜》卷八三五，《通鑑·元和二年》。《全文》卷六三憲宗《贈高崇文司徒册文》稱：元和四年，故邠寧慶等州節度、持節邠州諸軍事、兼邠州刺史高崇文，贈爾爲司徒。又卷七二四崔郾《唐義成軍節度使持節滑州諸軍事兼滑州刺史高公(承簡)德政碑并序》：“烈考崇文，邠寧慶節度使、京西諸路都統、檢校司空、同中書門下平章事。”

閻巨源　　元和四年—九年(809—814)

《舊書·憲宗紀上》：元和四年“冬十月癸酉朔，以右羽林統軍閻巨源爲邠州刺史、邠寧慶節度使”。又《憲宗紀下》：元和九年十二月“辛亥，邠寧節度使、檢校右僕射閻巨源卒”。又見本傳。《白居易集》卷五四有《除閻巨源充邠寧節度使制》。

郭 釗 元和九年—十三年(814—818)

《舊書·憲宗紀下》：元和九年十一月戊戌，"以左金吾大將軍郭釗檢校工部尚書、邠州刺史，充邠寧節度使"。又本傳："〔元和〕九年十一月，檢校工部尚書，兼邠州刺史，充邠寧節度使。數歲，檢校戶部尚書，入爲司農卿。"《新書》本傳略同。《韓昌黎集》卷三〇《鳳翔隴州節度使李公(惟簡)墓誌銘》："〔元和〕十三年，公與忠武軍節度使司空〔李〕光顏、邠寧節度使尚書〔郭〕釗俱來朝。"

程 權(程執恭) 元和十三年(818)

《舊書》本傳：元和十三年，"尋遷檢校司空、邠州刺史、邠寧節度使。十四年十一月卒"。按岑仲勉《唐方鎮年表正補》疑"十四年"殆"十三年"之訛。《舊書·憲宗紀下》：元和十三年六月"丁丑，以滄景節度使程權爲邠州刺史、邠寧節度使"。《新書》本傳略同。

鄭 權 元和十三年—十四年(818—819)

《舊書》本傳："時朝廷用兵討李師道，權以德棣之兵臨境……授權邠寧節度。會天德軍使上章論〔李〕宗奭之冤，爲權誣奏，權降授原王傅。"《新書》本傳略同。吳氏《方鎮年表》漏列鄭權。岑仲勉《正補》云："疑程權實以是年(十三年)十一月卒於邠寧任上，故朝廷遷鄭權代其後。"

李光顏 元和十四年—長慶元年(819—821)

《舊書·憲宗紀下》：元和十四年五月丙戌，"以忠武軍節度使李光顏爲邠寧慶節度使"。又《穆宗紀》：長慶元年三月癸丑，"以邠寧節度使李光顏爲鳳翔尹，依前檢校司空、平章事，充鳳翔隴右節度使"。又見兩《唐書》本傳，《通鑑·元和十五年》。《全文》卷六四七元稹《李光顏加階制》："邠寧等州節度觀察處置等使、金紫光祿大夫、檢校司空、使持節邠州諸軍事兼邠州刺史……李光顏……可特進，餘如故。"《山右石刻叢編》卷九《李光顏碑》："鄆人不龔，命□討叛，遂有義成之拜。公以所統者許師，所處者東郡……旋師未幾，移鎮邠土……會穆宗踐祚,寵綏勳賢,以本官同中書門下平章事,復遷岐下。"

高霞寓　　長慶元年—寶曆二年(821—826)

　　《舊書·穆宗紀》:長慶元年三月癸丑,"以右衛大將軍高霞寓檢校工部尚書、邠州刺史,充邠寧節度使"。又本傳:"長慶元年,授邠寧節度使。三年,就加檢校右僕射。四年,加檢校司空,又加司徒。寶曆二年,疽發首,不能理事,求歸闕下。其夏,授右金吾衛大將軍、檢校司徒,途次奉天而卒。"《新書》本傳略同。《元龜》卷四四〇:"高霞寓爲右衛大將軍,穆宗長慶六年爲檢校工部尚書兼邠州刺史、御史大夫,充邠寧等州節度觀察等使。"按"六年"當爲"元年"之誤。又見《全文》卷六九五裴簡永、卷七四五孫革《請置王府寮吏公署狀》。《千唐誌·唐宣武軍節度押衙兼侍御史河東柳公(延宗)墓誌并序》(廣明元年十月四日):"考當,左驍衛大將軍……將軍婚渤海高氏,郡夫人即邠州節度使霞寓女。"北圖藏拓片《唐沔王府諮議參軍張公(倬)墓誌銘并序》(大和三年十月二十三日):"公之元舅司徒高公……諱霞寓,嘗隨族父崇文平劍南西川寇難,論功第一,徵拜衛將軍,尋授振武軍節度使,又轉唐鄧、邠寧慶等道節度使。"《寶刻叢編》卷一〇引《諸道石刻録》有《唐邠寧節度高霞遇德政碑》,按"霞遇"當即"霞寓"之訛。

高承簡　　寶曆二年—大和元年(826—827)

　　《舊書·敬宗紀》:寶曆二年四月"壬寅,以右金吾衛大將軍高承簡爲邠寧慶節度使"。又《文宗紀上》:大和元年八月"辛丑,邠寧節度使高承簡卒"。又見兩《唐書》本傳。

柳公綽　　大和元年—二年(827—828)

　　《舊書·文宗紀上》:大和元年八月"壬寅,以刑部尚書柳公綽檢校左僕射,充邠寧節度使"。二年六月"乙酉,以前邠寧節度使柳公綽檢校左僕射,兼刑部尚書"。《舊書》本傳:"〔寶曆〕二年,授邠州刺史、邠寧慶節度使……三年,入爲刑部尚書。"年代與《紀》異。《新書》本傳:"寶曆元年,就遷檢校左僕射……俄拜邠寧節度使……復爲刑部尚書。”《全文》卷七四一韓昶《自爲墓誌銘并序》：“年至二十五及第釋褐，柳公公綽鎮邠，辟之。試弘文館校書郎……大中九年六月三日寢疾，八日終於任，年五十七。”按大中九年（868）五十七歲，則二十五歲當在開成元年（836），年代又不合。又卷七四〇劉寬夫《邠州節度使院新建食堂記》：“今上注意邊事。元年，命左僕射河東柳公專護塞之任……大和二年六月日記。”與《舊紀》合。

李進誠　　大和二年—三年（828—829）

《舊書·文宗紀上》：大和二年六月“辛巳，以靈武節度使李進誠爲邠寧節度使”。

劉遵古　　大和三年（829）

《舊書·文宗紀上》：大和三年五月辛丑，“以左金吾衛大將軍劉遵古爲邠寧節度使”。又《文宗紀下》：四年正月“癸巳，以前邠寧節度使劉遵古爲劍南東川節度使”。按吳氏《方鎮年表》漏列。

李　聽　　大和三年—六年（829—832）

《舊書·文宗紀上》：大和三年十二月“辛未，以太子少師李聽爲邠寧節度使”。又《文宗紀下》：大和六年三月辛丑，“以邠寧節度使李聽爲武寧軍節度、徐泗濠觀察等使”。又本傳：“復檢校司徒，起爲邠寧節度使……大和六年，轉武寧軍節度使。”《新書》本傳略同。又見《唐語林》卷四。

孟友亮　　大和六年—七年（832—833）

《舊書·文宗紀下》：大和六年三月辛丑，“以金吾衛大將軍孟友亮爲邠寧節度使”。《新書·鄭注傳》：“孟友亮鎮邠寧，取爲司馬，不肯行，御史中丞宇文鼎劾奏，乃上道。”

李　用　　大和七年—開成二年（833—837）

《舊書·文宗紀下》：大和七年六月“己卯，以右神策大將軍李用爲邠寧節度使”。開成二年三月“丁亥,邠寧節度使李用卒”。

【郭行餘　　大和九年(835)(未之任)】

　　《舊書・文宗紀下》:大和九年十一月乙巳,“以大理卿郭行餘爲邠寧節度使”。壬戌,“新除太原節度王璠、郭行餘、鄭注……等十餘家,皆族誅”。又本傳:“〔大和九年〕十一月,〔李〕訓欲竊發,令其募兵,乃授邠寧節度使。訓敗族誅。”《新書》本傳及《文宗紀》略同。

李直臣　　開成二年(837)

　　《舊書・文宗紀下》:開成二年三月“己丑,以金吾大將軍李直臣爲邠寧節度使”。

史孝章　　開成三年(838)

　　《舊書・文宗紀下》:開成三年七月甲子,“以右金吾衛大將軍史孝章爲邠寧節度使”。十月“己酉,前邠寧節度使史孝章卒”。又見兩《唐書》本傳,《元龜》卷四六。《全文》卷六〇九劉禹錫《唐故邠寧慶等州節度觀察處置使朝散大夫檢校户部尚書兼御史大夫史公(孝章)神道碑》:“改右金吾大將軍,又受鉞於邠土。孟秋至治所,首冬遘疾,拜章入覲……薨於靖恭里之私第,享齡三十有九,當開成三年十月二十日。”

郭　旼　　開成三年—四年(838—839)

　　《舊書・文宗紀下》:開成三年十月“乙巳,以左金吾將軍郭旼爲邠寧慶節度使”。四年五月“丙午,邠寧節度使郭旼卒”。又見《舊書・柳公權傳》,《通鑑・開成三年》。

苻　澈　　開成四年—五年(839—840)

　　《舊書・文宗紀下》:開成四年“六月辛亥朔,以長武城使苻澈爲邠寧節度使”。《全文》卷七一四李宗閔《輔國大將軍行左神策軍將軍知軍事苻公(璘)神道碑銘并序》:“〔次子〕澈,前爲邠寧節度使,後爲河東節度使、太原尹、北都留守。”

裴弘泰 開成五年(840)

《新表一下》洗馬裴氏：“弘泰，義成、邠寧、鳳翔節度使。”按《舊書·文宗紀下》謂弘泰開成元年四月癸酉爲義成節度；其爲邠寧、鳳翔年月無考。吳氏《方鎮年表》列弘泰於開成五年，姑從之。

王宰 開成五年—會昌三年(840—843)

《金石補正》卷七四《冷泉關河東節度王宰題名記》：“開成五年自隴州防禦使拜工部尚書、節制邠寧。至會昌三年蒙恩換許昌節。”又見《金石續編·王宰記石》。《新書》本傳：“累擢邠寧慶節度使。回鶻平，徙忠武軍。”《舊書》本傳未及。《通鑑·會昌三年》：四月丁亥，“邠寧節度使王宰爲忠武節度使”。《全文》卷七二八封敖《授王宰高承恭田牟三道節度使制》：“檢校工部尚書、兼御史大夫，充邠寧節度觀察處置等使……王宰……可本官充陳州節度使。”

高承恭 會昌三年—六年(843—846)

《全文》卷七二八封敖《授王宰高承恭田牟三道節度使制》：“銀青光禄大夫檢校右散騎常侍兼右金吾衛大將軍御史大夫充左街使上柱國渤海郡開國公食邑二千户高承恭……可檢校工部尚書，充邠寧節度使。”按此制證知高承恭乃代王宰爲邠寧。《舊書·武宗紀》：會昌六年二月壬辰，“以邠寧節度高承恭充西南面招討党項使”。

張君緒 會昌六年—大中三年(846—849)

《鳴沙石室佚書·張延綬別傳》注：“會昌時，邠州節度張君緒……”《舊書·宣宗紀》：大中三年正月丙寅，“吐蕃宰相論恐熱以秦、原、安樂三州及石門等七關之兵民歸國。詔太僕卿陸耽往喻旨，仍令靈武節度使朱叔明、邠寧節度使張君緒，各出本道兵馬應接其來”。《通鑑·大中三年》：七月“甲子，邠寧節度使張君緒取蕭關”。甲戌，“詔邠寧節度權移軍於寧州以應接河西”。又見《太平寰宇記》卷一五一，《舊書·宣宗紀》，《新書·吐蕃傳下》。

李知讓　　大中四年—五年（850—851）

《全文》卷七四九杜牧《李知讓加御史中丞依前邠州刺史等制》：“敕太中大夫、使持節邠州諸軍事守邠州刺史、兵馬留後、上柱國、賜紫金魚袋李知讓等……可依前件。”按杜牧知制誥在大中五年。

白敏中　　大中五年—六年（851—852）

《舊書・宣宗紀》：大中五年五月，“守司空、門下侍郎、太原郡開國伯、食邑一千户白敏中檢校司徒、同平章事、邠州刺史，充邠寧節度觀察、東面招討党項等使”。又本傳：“〔大中〕五年，罷相，檢校司空，出爲邠州刺史、邠寧節度、招撫党項都制置等使。七年，進位特進、成都尹、劍南西川節度副大使、知節度等事。”《新書》本傳略同。又見《通鑑・大中五年》記載。《通鑑・大中六年》：“四月甲辰，以邠寧節度使白敏中爲西川節度使。”《大詔令集》卷五三有《白敏中邠寧節度平章事制》。又見《全文》卷七六三沈珣行制。按其時邠寧節度駐節寧州，白敏中當兼寧州刺史，邠州刺史疑爲遥領。【補遺】《文物》1998年第十二期《唐皇甫焞夫人白氏墓誌考釋》引《皇甫氏夫人墓誌銘並序》（咸通六年七月三十日）：“夫人姓白氏，其先代太原人也。……父敏中，即今相國，節制荆門，司徒公也。……大中五年，司徒守司空、兼門下侍郎、同中書門下平章事、兼邠寧節度使、京西諸軍都統。……大中六年，以檢校司徒、平章事移鎮西蜀。”

陳君從　　大中五年？（851？）

《全文》卷四三八李訥《授陳君從鄜州節度使塞門行營使制》稱：“邠州刺史陳君從……總制師旅，振揚軍聲。”按君從大中六年爲鄜州刺史，刺邠當在前。又按白敏中爲邠寧節度時駐節寧州，君從時爲邠寧軍都虞候，疑於是時知邠州事。

畢　誠　　大中九年—十年（855—856）

《通鑑・大中九年》：“三月，詔邠寧節度使畢誠還邠州。先是，（大中三年）以河湟初附，党項未平，移邠寧軍於寧州。”《舊書・宣宗紀》：大中十年“十月，以邠寧慶節度使、檢校禮部尚書、邠州刺史、上柱國、賜紫金魚袋畢諴爲檢校兵部尚書、潞州大都督府長史、御史大夫，充昭義節度副大使、知節度使（事）、潞邢洺等州觀察使”。又見兩《唐書》本傳。按畢諴大中六年至九年爲邠寧節度兼寧州刺史。

柳　憙　　大中十年—十一年（856—857）

《舊書·宣宗紀》：大中十一年四月，“以前邠寧節度使、朝議大夫、檢校工部尚書、邠州刺史、上柱國、賜紫金魚袋柳憙可檢校禮部尚書、河南尹”。

鄭　助　　大中十一年—十二年（857—858）

《舊書·宣宗紀》：大中十一年“二月，以夏綏銀宥節度使、通議大夫、檢校左散騎常侍、夏州刺史、御史大夫……鄭助爲檢校工部尚書、邠州刺史，充邠寧慶節度、管內營田觀察處置，兼充慶州南路救援、鹽州及當道沿路鎮寨糧料等使”。《全文》卷七六一鄭處誨《邠州節度使廳記》：“廷議以我季父尚書公前爲夏帥……遷鎮是軍。季父又以理夏之政移之於邠……大中〔十〕二年三月二十日記。”按鄭處誨之季父當即鄭助。

劉　異　　大中十二年（858）

《通鑑·大中十二年》：“四月，以右街使、駙馬都尉劉異爲邠寧節度使。”《東觀奏記》卷上：“上親妹安平公主，下嫁駙馬都尉劉異，上命宰臣與一方面，中書擬平盧節度使。上謂曰：‘朕只有一妹，時欲相見。……’宰臣乃奏邠寧節制，近於平盧。仍許安平公主歲時乘傳入京。”

韋　澳　　咸通二年—三年（861—862）

《舊書》本傳：“懿宗即位，遷檢校户部尚書，兼青州刺史、平盧節度觀察處置等使。入爲户部侍郎，轉吏部……爲執政所惡，出爲邠州刺史、邠寧節度使。宰相杜審權素不悦於澳，會吏部發澳時簿籍，吏緣爲奸，坐罷鎮，以祕書監分司東都……拜河南尹。”《新書》本傳略

同。按杜審權大中十三年十二月入相，咸通四年出爲鎮海節度使，見
《新書·宰相表下》。韋澳爲邠寧當在咸通二、三年間。

温 璋 咸通三年（862）

《通鑑·咸通三年》："七月，徐州軍亂，逐節度使温璋……乙亥，
以璋爲邠寧節度使。"《新書》本傳："擢武寧節度使……詔徙邠寧節
度，歷京兆尹。"《舊書》本傳未及。《全文》卷八三懿宗《授温璋王式節
度使制》稱：武寧軍節度兼徐州刺史温璋，可檢校禮部尚書、兼邠州刺
史、御史大夫，充邠寧節度營田觀察處置等使。

裴 識 咸通五年（864）

《新書》本傳："宣宗擇名臣，以識帥涇原……徙鳳翔、忠武、天平、
邠寧、靈武等軍。"《隋唐五代墓誌匯編·河南卷·唐故邠寧慶等州節
使管内觀察營田處置等使銀青光禄大夫裴公（識）墓誌銘并序》（咸通
五年八月）："公諱識，字通理，以咸通五年四月九日薨於慶州□□縣，
享年六十九……靈武節使未周歲，自靈武復以本官重領邠郊。"按《舊
書》本傳未及邠刺，唯謂大中八年爲鳳翔尹，十一年爲許州刺史、忠武
軍節度。

薛弘宗 咸通七年（866）

《通鑑·咸通七年》：閏三月，"吐蕃寇邠寧，節度使薛弘宗拒
却之"。

武 臣 約咸通十年（約869）

《英華》卷四五七鄭畋《授武臣邠寧節度使制》："彰勇藝於轅門，
顯勤勞於禁旅。"又見《全文》卷七六七。按鄭畋行制應在咸通九年五月
至十一年九月之間，武臣爲邠刺當在此期間。吳氏《方鎮年表》失載。

李 平 咸通十一年？—十四年？（870？—873？）

《東觀奏記》卷上："李丕以邊城從事奏事，上召至案前問系緒，丕

奏系屬皇枝。上曰：‘師臣已有一李丕，朕不欲九廟子孫與之同名。’良久，以手畫案曰：‘丕字出下，平字也。卿宜改名平。’舞蹈而謝。平後終於邠寧節度使。”上圖藏拓片《汀州刺史孫瑝墓誌蓋陰》：“頃歲家君鎮邊□□……及□期果移旆邠郊，至□寢疾……鄉貢進士李就述。”按據《舊書·懿宗紀》及《通鑑》，孫瑝貶汀州刺史在咸通十一年。則李就之父當即李平。

李　侃　　乾符二年—六年（875—879）

《通鑑·乾符二年》：九月，“邠寧節度使李侃奏爲假父華清宮使道雅求贈官”。又《乾符三年》：八月，“詔邠寧節度使李侃、鳳翔節度使令狐綯選步兵一千、騎兵五百守陝州、潼關”。又《乾符四年》：“十月，邠寧節度使李侃奏遣兵討王宗誠，斬之，餘黨悉平。”又《乾符六年》：二月辛巳，“以邠寧節度使李侃爲河東節度使”。《雲笈七籤》卷一一七《鄭相國還願修寧州真寧觀驗》：“邠帥李尚書侃命都校以董其事。”

李存禮　　約乾符六年—中和元年（約879—881）

《新書·僖宗紀》：中和元年二月己卯，“邠寧節度使李存禮討黃巢……邠寧將王玫陷邠州”。又《宗室世系表下》讓皇帝房有“嗣寧王、邠寧節度使存禮”。

王　玫　　中和元年（881）

《新書·僖宗紀》：中和元年二月，“邠寧將王玫陷邠州”。《通鑑·中和元年》：四月，“黃巢以其將王玫爲邠寧節度使，邠州通塞鎮將朱玫起兵誅之”。

李重古　　中和元年（881）

《通鑑·中和元年》：四月，“邠州通塞鎮將朱玫起兵誅之（王玫），讓別將李重古爲節度使，自將兵討巢”。

朱　玫　　中和元年—光啓二年(881—886)

《通鑑·中和元年》：七月，“以邠寧節度副使朱玫爲節度使”。《新書·僖宗紀》：光啓二年正月“癸巳，朱玫叛，寇鳳翔”。十二月“丙辰，朱玫伏誅”。又見《舊書·僖宗紀》、《舊五代史·唐武皇紀上》、《新五代史·唐莊宗紀上》、《會要》卷一四、《廣記》卷五二引《仙傳拾遺》。

王行瑜　　光啓三年—乾寧二年(887—895)

《舊書·僖宗紀》：“〔光啓〕三年春正月乙亥朔，車駕在興元府。制以邠州都將王行瑜檢校刑部尚書，兼邠州刺史、邠寧慶節度使。”《新五代史·唐莊宗紀上》：乾寧二年“十一月，〔李〕克用擊破邠州，王行瑜走至慶州，見殺”。又見兩《唐書》本傳，《舊書·昭宗紀》，《通鑑·光啓三年》《大順元年》《景福二年》《乾寧二年》記載。《全文》卷八四三李茂貞《請再降東川節度使顧彦暉制命表》：“臣與邠州節度使王行瑜同興義旅，共伐奸謀。”卷八八五徐鉉《大唐故中散大夫使持節泰州諸軍事兼泰州刺史賈宣公（潭）墓誌銘》：“考翃……上疏論邠寧節度王行瑜恃功恣橫，坐貶愛州掾。及行瑜就戮，優詔徵還。”

蘇文建　　乾寧二年—三年(895—896)

《通鑑·乾寧二年》：十月，“〔李〕克用奏請以匡國節度使蘇文建爲靜難節度使，趣令赴鎮，且理寧州，招撫降人”。注曰：“以蘇文建代王行瑜也，時邠州未下，故令且治寧州。”又《乾寧二年》：十一月“丁卯，行瑜挈族棄城走。克用入邠州……奏趣蘇文建赴鎮……加靜難節度使蘇文建同平章事”。又《乾寧四年》：三月，“更名感義軍曰昭武，治利州，以前靜難節度使蘇文建爲節度使”。《舊五代史·唐武皇紀下》：乾寧二年十月庚寅，“寧州守將徐景乞降。武皇表蘇文建爲邠州刺史，且於寧州爲治所”。《全文》卷八一九崔遠有《授蘇文建邠州節度使制》。按《新書·方鎮表一》：光啓元年，“邠寧節度賜號靜難軍節度”。

李思諫　　乾寧三年—四年(896—897)

《通鑑·乾寧三年》：九月己亥，“以前定難節度使李思諫爲靜難節度使,兼副都統"。又《乾寧四年》:正月己亥,"以副都統李思諫爲寧塞節度使"。《新書·昭宗紀》:乾寧四年九月,"靜難軍節度使李思諫爲鳳翔四面行營副都統,以討李茂貞"。

【孫　儲　　乾寧四年(897)(未之任)】

《全文》卷八四一裴廷裕有《授孫儲邠州節度使制》。又卷八二〇吳融《授孫儲秦州節度使制》稱:"昨以邠土奧區,逾時闕帥。俾專旗鼓,用息烽烟。而屬十郡未臨,三軍獻狀,既聞陳請,須議改移。今復以成紀巨藩,仇池善地,將圖静鎮,乃易麾幢。"《新書》本傳但云:"歷天雄節度使,終兵部尚書。"

李繼徽(楊崇本)　　乾寧四年—天祐四年(897—907)

《通鑑·乾寧四年》:七月,"以天雄節度使李繼徽爲静難節度使"。又《天復元年》:十一月"乙亥,朱全忠攻邠州;丁丑,静難節度使李繼徽請降,復姓名楊崇本。全忠質其妻於河中,令崇本仍鎮邠州"。又《天祐元年》:正月,"崇本妻美,全忠私焉,既而歸之。崇本怒……遂相與連兵侵逼京畿,復姓名爲李繼徽"。又《天祐三年》:九月,"静難節度使楊崇本以鳳翔、保塞、彰義、保義之兵攻夏州"。十月,"崇本大敗,歸於邠州"。兩《唐書·昭宗紀》略同。又見《新書·昭宗紀》,兩《五代史·梁太祖紀》及本傳。

待考録

郭　懷

《姓纂》卷一〇諸郡郭氏:"邠州刺史郭懷,魏郡貴鄉人。"不知時代。

邢　某

《全詩》卷五七四賈島《上邠寧邢司徒》:"箭頭破帖渾無敵,杖底敲球遠有聲。馬走千蹄朝萬乘,地分三郡擁雙旌。"據賈島詩,似邢某時爲檢校司徒,邠州刺史、邠寧節度使。但自貞元至大中初,邠寧節度使歷歷可考,不可能插入邢姓節度使,疑此詩題有誤。

第二編

關內道

卷七 鄜州(洛交郡)

隋上郡。武德元年改爲鄜州。貞觀二年置都督府。六年又改爲大都督府。九年復爲都督府。十六年罷都督府。天寶元年改爲洛交郡。乾元元年復爲鄜州。領縣五:洛交、洛川、三川、直羅、伏陸(甘泉)。

梁　禮　　*武德二年(619)*

《通鑑·武德二年》:九月“乙未,梁師都復寇延州,段德操擊破之……鄜州刺史鄜城壯公梁禮戰没”。又見《新書·高祖紀》,《元龜》卷三五七。

史萬寶　　*貞觀初*

《姓纂》卷六京兆史氏:“〔萬〕寶,唐鄜州都督,原國公。”按《舊書·李道玄傳》:“〔武德〕五年,劉黑闥引突厥寇河北,復授〔道玄〕山東道行軍總管。師次下博,與賊軍遇,道玄帥騎先登,命副將史萬寶督軍繼進。萬寶與之不協,及道玄深入,而擁兵不進……道玄遂爲賊所擒,全軍盡没,惟萬寶逃歸。”又按武德初,史萬寶與盛彦師鎮宜陽,見《元龜》卷三四五。《通鑑考異·武德元年》引《河洛記》:“〔李〕密因執驛使者斬之……時右翊衛將軍、上柱國、太平公史萬寶在熊州,既聞密叛,遣將劉善武領兵追躡。”又見《廣記》卷一八九引《談賓錄》。其爲鄜州都督約在貞觀初。

郭　澄　　約貞觀中

《全文》卷三四一顏真卿《河南府參軍贈祕書丞郭君（揆）神道碑銘》：“五代祖昶，隋驃騎大將軍、開府儀同三司。高祖澄，皇朝朔方道大總管，涇、鄜、坊、慶、丹、延、夏七州刺史。”郭揆卒天寶八載二月十八日，時年二十四。

張　亮　　貞觀六年（632）

《舊書》本傳：“貞觀五年，歷遷御史大夫，轉光禄卿，進封鄖國公，賜實封五百户。後歷幽、夏、鄜三州都督。七年，魏王泰爲相州都督而不之部，進亮金紫光禄大夫，行相州大都督府長史。”《新書》本傳略同。

田德平　　貞觀七年（633）

《會稽掇英總集・唐太守題名》：“田德平，貞觀七年七月〔十三日〕自鄜州都督授。”《嘉泰會稽志》同。

＊李　泰　　貞觀七年（633）

《舊書》本傳：“〔貞觀〕七年，轉鄜州大都督……八年，除雍州牧。”《新書》本傳未及。《元龜》卷二八一：濮王泰，“貞觀二年授揚州大都督，七年轉鄜州大都督，並不之官。除雍州牧。十年，遥領湘（相）州都督”。

皇甫無逸　　貞觀七年（633）

《舊書・太宗紀下》：貞觀八年正月壬寅，“〔命〕鄜州大都督府長史皇甫無逸……使於四方，觀省風俗”。兩《唐書》本傳未及。

房仁裕　　約貞觀九年前後（約 635 前後）

《金石補正》卷三六《房仁裕母清河太夫人李氏碑并陰》：“太夫人八女一男。洎乎弱冠，位□方岳，□□鄜坊秦陝五州諸軍事□□□史。”按房仁裕貞觀十四年在陝州刺史任，見《會要》卷二八。永徽四年在揚州都督府長史任，見《舊書·高宗紀》。

尉遲敬德（尉遲恭）　　貞觀十三年—十六年（639—642）

《通鑑·貞觀十三年》：“二月庚辰，以光禄大夫尉遲敬德爲鄜州都督。”又《貞觀十七年》：二月，“鄜州都督尉遲敬德表乞骸骨；乙巳，以敬德爲開府儀同三司，五日一參”。又見兩《唐書》本傳，《元龜》卷四〇七。《全文》卷一五二許敬宗《唐并州都督鄂國公尉遲恭碑》：貞觀八年，“行同州刺史……册拜宣州刺史……累遷靈、鄜、夏三州都督”。《隋唐五代墓誌匯編·陝西卷》第三册《大唐故開府儀同三司鄂國公尉遲君（敬德）墓誌并序》（顯慶四年四月十四日）：“又拜光禄大夫行鄜州都督鄜坊丹延四州諸軍事鄜州刺史，十六年以本官檢校夏州都督夏綏銀三州諸軍事夏州刺史。”

王　湛　　貞觀中

《楊炯集》卷八《瀘州都督王湛神道碑》：“高祖受禪……稍遷虞部郎中。丁烈侯艱，去職，尋起爲隴西別駕、商鄜二州刺史、上柱國、荆州大都督府司馬、冀州刺史……龍朔三年，遷使持節都督瀘榮溱珍四州諸軍事瀘州刺史。”

李元景　　約貞觀十七年—約永徽四年（約643—約653）

《舊書》本傳：“〔貞觀〕十一年，定制元景等爲代襲刺史……尋又罷代襲之制。元景久之轉鄜州刺史。高宗即位，進位司徒，加實封通前滿一千五百户。永徽四年，坐與房遺愛謀反賜死，國除。”《舊書·高宗紀上》：貞觀二十三年“九月甲寅，加授鄜州刺史、荆王元景爲司徒”。又見《新書》本傳，《元龜》卷二八一。

李　福　　永徽五年—顯慶二年（654—657）

《金石萃編》卷五〇《萬年宫碑銘碑陰題名》：“右衛大將軍使持節鄜州諸軍事鄜州刺史上柱國趙王臣福。”永徽五年五月十五日建。《全文》卷一四高宗《册趙王福青州刺史文》：“維顯慶二年歲次丁巳正月庚申朔二十一日庚辰，皇帝若曰……惟爾右衛大將軍使持節鄜州諸軍事鄜州刺史趙王福……命爾爲使持節青州刺史。"又見《大詔令集》卷三七。兩《唐書》本傳未及。

李上金 顯慶四年(659)

《新書》本傳："永徽三年，遥領益州大都督。歷鄜、壽二州刺史。"《舊書》本傳未及。《全文》卷一四高宗《册杞王上金鄜州刺史文》："維顯慶四年歲次乙未七月景子朔四日己卯……咨爾益州都督上柱國杞王上金……是用命爾爲使持節鄜州諸軍事鄜州刺史。"又見《大詔令集》卷三七。

李元祥 麟德元年(664)

《舊書》本傳："高宗時，又歷金、鄜、鄭三州刺史。"又見《元龜》卷二八一。《新書》本傳未及。《大詔令集》卷三七《册江王元祥鄜州刺史文》："維麟德元年歲次甲子正月己酉朔二十二日庚午，皇帝若曰……鄧州刺史上柱國江王元祥……是用命王爲使持節鄜州諸軍事鄜州刺史。"

郝處傑 高宗時

《新表三下》郝氏："處傑，鄜州刺史。"《姓纂》卷一〇安陸郝氏同。按處傑乃高宗時宰相郝處俊之弟。又據《會要》卷六三，處傑太宗朝曾任宿衛。其刺鄜當在高宗時。

韋吉甫 儀鳳三年(678)

《元龜》卷一三八："〔儀鳳〕三年九月，詔賜雍州司法參軍楊諲故妻韋氏物百段……韋氏，鄜州刺史吉甫之女。其父初嬰疹疾，累月不解衣而寢，及父卒，一慟而絶。"

盧 玢 約武后時

《芒洛四編》卷五《大唐故左屯衛將軍盧府君(玢)墓誌銘并序》：

"上元中,敬皇上仙,以門選爲挽郎……遷尚舍奉御,左衛郎將……未幾,出爲鄜州刺史……徵拜右衛副率,遷右衛中郎將……拜虢州刺史……貝州刺史、絳州刺史……并州大都督府長史。未及祗命,以居守之重拜左屯衛將軍、東都留守兼判左衛及太常卿事……春秋五十有四,景雲元年十一月廿九日遘疾終於東都官舍。"

劉仁景　　約長壽中

《全文》卷二五七蘇頲《司農卿劉公神道碑》:"豫博之連謀也……拜公爲齊州長史以鎮之。難平,轉沂、鄜二州諸軍事二州刺史……遷將作監。"景龍三年卒,春秋七十七。按"豫博連謀"指豫州刺史李貞及其子博州刺史李沖反,事在垂拱四年八月,同年九月平。又按《舊書·劉弘基傳》:"從子仁景,神龍初官至司農卿。"證知此"司農卿劉公"當即仁景。

竇孝謙　　武后時?

《芒洛四編》卷五《大唐前漢中郡都督府西□李少府故夫人扶風竇氏墓誌銘并序》(天寶七載十一月二十四日):"祖孝謙,丹、坊、鄜、恒、定、洺六州刺史。"夫人卒天寶二年七月六日,時春秋廿五。《新表一下》竇氏:"孝謙,洺州刺史。"《姓纂》卷九河南洛陽竇氏:"孝謙,洛州刺史。""洛"殆"洺"之訛。按孝謙乃晉州總管琮之子。其刺鄜疑在武后時。

韋巨源　　證聖元年(695)

《舊書》本傳:"證聖初,出爲鄜州刺史,尋拜地官尚書、神都留守。長安二年,詔入轉刑部尚書。"《新書》本傳略同。《舊書·豆盧欽望傳》:證聖元年,李昭德坐事左遷,"韋巨源自右丞爲鄜州刺史"。《新書·則天皇后紀》:天册萬歲元年正月戊子,貶"韋巨源鄜州刺史"。又見《宰相表上》。按《通鑑·天册萬歲元年》作"麟州",誤。

林游楚　　約武后時

《姓纂》卷五濟南鄒縣林氏:"游楚,自萬泉令應變理陰陽科第二等，擢夏官郎中，出鳳、陳、郿三州刺史。”

尹思貞　　神龍元年—二年（705—706）

《全詩》卷九四吳少微《哭富嘉謨并序》：“維三月癸丑，河南富嘉謨卒……太常少卿徐公，郿州刺史尹公，中書徐、元二舍人，兵部張郎中，未嘗值我不嘆於朝。”又見《廣記》卷二三五引《御史臺記》。按富嘉謨神龍二年三月卒，則尹思貞爲郿州刺史當在此時。又按兩《唐書·尹思貞傳》均未及。唯云：“前後爲十三州刺史。”按尹思貞萬歲登封元年在洺州刺史任。

唐貞休　　約景雲二年（約 711）

《新表四下》唐氏：“貞休，郿州刺史。”按貞休乃後周儀同三司唐永之曾孫。又按《金石補正》卷五一《大唐萊州刺史唐府君（貞休）德政碑》：“制加通議大夫使持節都督□□□□□□（下缺）……三品，所管州刺史有犯，停務奏聞。”友人陶敏謂貞休即自萊州刺史遷郿州都督，時約景雲二年或稍後。

韓思復　　開元二年（714）

《大詔令集》卷一三〇《命姚崇等北伐制》：“郿州刺史韓思復可兼行軍司馬……開元二年二月二十八日。”又見《全文》卷二五三。

元思温　　約開元前期

《姓纂》卷四河南洛陽元氏：“思温，郿州刺史，平陰公。生若拙、德秀。”按《舊書·元德秀傳》，德秀卒於天寶十三載，時年五十九。其父爲延州刺史，不著父名。《唐文粹》卷六九李華《元魯山（德秀）墓碣銘并序》亦云延州使君之子。當即思温。元思温爲郿刺約在開元前期。

楊執一　　開元十三年—十四年（725—726）

拓本《大唐故金紫光禄大夫行郿州刺史楊府君（執一）墓誌銘并

序》（開元十五年九月三日）：“徵拜涼州都督，兼左衛將軍河西諸軍州
節度督察等大使……轉原州都督，未赴，復授涼州……出許州刺
史……檢校勝州都督……復兼原州都督……復命爲朔方元帥……俄
拜金紫光禄大夫，行鄜州刺史……以開元十四年正月二日遘疾薨。”
（《文物》1961 年第 8 期）《全文》卷二二九張説《贈户部尚書河東公楊
公（執一）神道碑》略同。按兩《唐書》本傳唯云：“累至右金吾衛大將
軍”，皆未及鄜刺事。《新表一下》楊氏觀王房：“執一，朔方節度使、河
東郡公。”據《碑》《誌》，其爲鄜刺當在開元十三年至十四年。

馬正會　　開元中

《全文》卷六二三熊執易《武陵郡王馬公（旴）神道碑》：“松、安、
巂、鄯四府都督，隴西節度，加（嘉）、郿（眉）、鄜三州刺史……諱正會，
公之曾祖也。”按正會乃馬璘祖，見《舊書・馬璘傳》及《姓纂》卷七扶
風茂陵馬氏。約開元十六年在安州都督任。【補遺】《唐故朝請郎行
右衛騎曹參軍馬君（晤）墓誌銘並序》：“君諱晤，扶風人也。……曾祖
正會，皇松、巂、鄯、安四府都督，嘉、郿、鄜三州刺史，隴右節度使；大
父晟，皇左衛兵曹，贈太子太保；父璘，皇尚書左僕射、四鎮北庭兼涇
原、鄭、潁等州節度使、扶風郡王，贈司徒。”（王育龍、程蕊萍《陝西西安
新出唐代墓誌銘五則》，《唐研究》第七卷，北京大學出版社 2001 年版）

吕元悟（吕元晤）　　開元十七年（729）

《全文》卷二九二張九齡《唐贈慶王友東平吕府君（處貞）碑銘并
序》：“天册二年夏四月遇疾終於家，春秋五十有二，開元十四年冬十
一月葬於邑城西南四里原……〔有四子〕次曰元悟，中散大夫、使持節
鄜州諸軍事守鄜州刺史……開元十七年有制贈公慶王友。”《姓纂》卷
六諸郡吕氏：“元晤，陳王傅、光禄卿生（衍）同正，鄆、鄜州刺史。”按
《高力士傳》稱：“其妻東平吕氏，故岐州刺史元悟之女。”

王　晞　　開元時

《新表二中》琅邪王氏：“晞字光烈，鄜州刺史，襲石泉侯。”按晞乃

武后時宰相王綝(方慶)之子。其爲鄜刺約在開元中。

楊九思　　　開元中？

《新表一下》楊氏越公房：“九思，鄜州刺史。”按九思乃隋刑部尚書楊文异之曾孫。其刺鄜疑在開元中。

崔貞敏　　　開元中？

《新表二下》博陵安平崔氏第二房：“貞敏，鄜州刺史。”按貞敏乃高宗時宰相崔安上(字敦禮)之孫。其爲鄜刺疑在開元中。

韋　繩　　　開元末

《新書》本傳：“擢監察御史，更泗、涇、鄜三州刺史。天寶初，入爲祕書少監。”

裴　怦　　　天寶中

《新表一上》東眷裴氏：“怦，洛交太守。”《全文》卷五〇一權德輿《唐故朝議郎使持節溫州諸軍事溫州刺史充静海軍使賜緋魚袋河東裴府君(希先)神道碑銘并序》：“烈考怦，仕至鄜州刺史、太子僕，贈絳州刺史。”

段懷本　　　天寶中

《全文》卷六五五元稹《唐左千牛韋珮母段氏墓誌銘》：“大父鄜州刺史諱懷本……〔段氏〕元和四年九月十九日暴疾終於履信第，享年四十。”按懷本開元二十一年官渝州刺史，見《元龜》卷二四。又按《姓纂》卷九齊郡鄒平縣段氏：“懷本，洛州太守。”鄜州即洛交郡，“洛州”當爲“洛交”之誤。

杜　冕　　　乾元三年—永泰元年(760—765)

《通鑑·上元元年》：正月，“乃分邠寧等州節度爲鄜坊丹延節度，亦謂之渭北節度。以邠州刺史桑如珪領邠寧，鄜州刺史杜冕領鄜坊

節度副使,分道招討"。又《永泰元年》:九月己酉,命"鄜坊節度使杜
冕屯坊州"。又見《新書·党項傳》。《大詔令集》卷五九《郭子儀兼邠
寧鄜坊兩道節度使制》:"〔子儀〕可兼邠寧鄜坊等兩道節度使,仍以鄜
州刺史杜寬、新除邠州刺史桑如珪爲節度副使……乾元三年正月。"
按"寬"當爲"冕"之訛。《贈司空大辨正廣智三藏和上表制集》有杜冕
《請回封入翻譯表》稱:"鄜坊等州都防禦使特進試太常卿使持節鄜州
諸軍事鄜州刺史兼御史中丞上柱國鄭國公……寶應元年五月十九日
制賜。"《全文》卷四一三常袞《授杜冕開府儀同三司制》:"試太常卿、
使持節鄜州諸軍事兼鄜州刺史、御史中丞,充鄜坊等五州都防禦使、
上柱國、鄭國公杜冕……可開府儀同三司,餘如故。"《姓纂》卷六京兆
杜氏:"鄜州刺史兼御史中丞杜冕。"《貞元新定目録》卷一六稱:准永
泰元年六月十八日敕,鄜坊等州都防禦使、特進、試太常卿、使持節鄜
州諸軍事鄜州刺史、兼御史中丞、上柱國、鄭國公杜冕奏。

成公意　　寶應元年(762)

《新書·肅宗紀》:寶應元年建卯月"壬申,鄜州刺史成公意及党
項戰,敗之"。《元龜》卷四三四:"成公意爲鄜州刺史,奏破勾扇党項
賊,斬獲僞敕使驃騎將軍、都督石金德等三千餘衆。"

張　麟　　永泰元年(765)

《舊書·周智光傳》:永泰元年,"逐賊至鄜州。智光與杜冕不協,
遂殺鄜州刺史張麟,坑杜冕家屬八十一人"。《新書·周智光傳》略
同。《新書·代宗紀》:永泰元年九月"丁巳,同華節度使周智光及吐
蕃戰於澄城,敗之。智光入鄜州,殺其刺史張麟,遂焚坊州"。又見
《通鑑·永泰元年》,《元龜》卷四四九。

李建徽　　大曆十四年—建中二年(779—781)

《舊書·德宗紀上》:大曆十四年十一月癸巳,以"延州刺史李建
〔徽〕爲鄜坊丹延留後"建中二年七月辛巳,"以鄜坊丹延觀察留後李
建徽爲坊州刺史、鄜坊丹延都團練觀察使"。又《崔寧傳》:授"京畿觀

察使，兼靈州大都督、單于大都護、朔方節度使，兼鄜坊丹延都團練觀
察使……但令居鄜州（疑爲坊州之誤）。雖以寧爲節度，每道皆置留
後，自得奏事……杜希全爲靈州，王翃爲振武，李建徽爲鄜州"。

論惟良?　　建中二年?—四年?（781?—783?）

《古今姓氏書辯證》卷三二論氏："誠節，生河東節度副使惟清，襲
爵；其弟惟良，鄜州防禦使。"乃惟明之兄。按《姓纂》卷九論氏無"惟
良"其人。未知誤否。

李建徽　　建中四年—興元元年（783—784）

《通鑑·建中四年》：十一月，"靈武留後杜希全、鹽州刺史戴休
顏、夏州刺史時常春會渭北節度使李建徽合兵萬人入援"。胡三省
注："渭北節度使本治坊州，時徙治鄜州。"《新書·德宗紀》：興元元年
"三月，李懷光奪鄜坊、京畿、金商節度使李建徽、神策軍兵馬使楊惠
元兵"。

＊李　晟　　興元元年（784）

《舊書·德宗紀上》：興元元年三月丙戌，"加神策軍節度使李晟
兼京畿渭北鄜坊丹延節度觀察使"。五月乙未，"是夜，李晟自渭北移
軍於光泰門外"。八月"癸卯，加司徒、中書令、合川郡王李晟兼鳳翔
尹，充鳳翔隴右節度等使、涇原四鎮北庭行營兵馬副元帥，改封西平郡
王"。又見《新書·德宗紀》，《通鑑·興元元年》。兩《唐書》本傳略同。

戴休顏　　興元元年（784）

《舊書·李晟傳》：興元元年四月，"又請以懷光舊將唐良臣保潼
關，以河中節度授之；戴休顏守奉天，請以鄜坊節度授之，上皆從之"。
兩《唐書》本傳未及。

唐朝臣　　興元元年—貞元二年（784—786）

《舊書·德宗紀上》：興元元年八月甲辰，"以同絳節度使唐朝臣

爲鄜坊丹延等州節度使”。貞元二年七月“戊午，以鄜坊節度唐朝臣
爲單于大都護、振武綏銀節度使”。《全文》卷四六二陸贄《唐朝臣振
武節度論惟明鄜坊觀察使制》：“檢校兵部尚書、兼鄜州刺史、御史大
夫，充鄜坊丹延等州節度觀察處置等使平樂郡王唐朝臣……可依前
檢校兵部尚書、兼單于大都護、御史大夫，充振武綏銀麟勝等州節度
營田觀察處置押蕃落等使。”《大詔令集》卷一二一陸贄《誅李懷光後
原宥河中將吏并招諭淮西詔》稱：〔鄜〕坊丹延等州觀察使東平郡王
詹朝臣等，並節著艱危，功成討伐。按唐朝臣乃李懷光舊將，“詹”
字誤。

論惟明　　貞元二年—三年(786—787)

　　《舊書·德宗紀上》：貞元二年七月戊午，“右金吾大將軍論惟明
爲鄜州刺史、鄜坊都防禦觀察使”。三年十一月辛丑，“鄜坊節度使論
惟明卒”。《全文》卷四六二陸贄《唐朝臣振武節度論惟明鄜坊觀察使
制》稱：開府儀同三司、檢校工部尚書、兼左金吾衛大將軍、建康郡王
論惟明，可依前檢校工部尚書、兼鄜州刺史。又見《姓纂》卷九論氏。

王栖曜　　貞元四年—十八年(788—802)

　　《舊書·德宗紀下》：貞元四年正月“壬戌，以左龍武大將軍王栖
曜爲麟（鄜）州刺史、鄜坊丹延節度使”。十八年十月“己酉，鄜坊丹延
節度使、檢校禮部尚書王栖曜卒”。《通鑑·貞元十八年》十月記載
同。兩《唐書》本傳謂貞元十九年卒。《全文》卷五〇〇權德輿《故鄜
州伏陸縣令王府君神道碑銘并序》謂有子三人：“幼曰栖曜……貞元
三年從晉國韓公來朝京師，拜輔國大將軍左龍武軍將軍。明年，又以
御史大夫爲鄜坊丹延等州節度觀察等使。十二年，就加禮部尚書。”
又見《大詔令集》卷九九《城鹽州詔》，《元龜》卷一七六。

劉公濟　　貞元十八年—二十年(802—804)

　　《舊書·德宗紀下》：貞元十八年“十一月丙辰，以同州刺史劉公
濟爲鄜州刺史、鄜坊丹延節度使”。二十年正月“己亥，以鄜坊丹延節

度使劉公濟爲工部尚書"。又見兩《唐書·裴玢傳》,《通鑑·貞元十八年》十一月。《柳河東集》卷一二《先君石表陰先友記》:"劉公濟……爲渭北節度,入爲工部尚書,卒。"《白居易集》卷一三有《和渭北劉大夫借便秋遮虜寄朝中親友》詩,渭北劉大夫即劉公濟。《全詩》卷三六二劉禹錫《許給事見示哭工部劉尚書》自注:"從叔自渭北節度以疾歸朝,比及拜尚書,竟不克中謝。"知公濟卒於貞元二十年。

裴　玢　　貞元二十年—元和三年(804—808)

《舊書·德宗紀下》:貞元二十年正月"己亥,以鄜坊丹延節度使劉公濟爲工部尚書,以其行軍司馬裴玢代領其任"。又《憲宗紀上》:元和三年二月"癸丑,以鄜坊節度使裴玢爲興元尹、山南西道節度使"。本傳同。又見《御覽》卷四二六。《新書》本傳謂"元和二年,徙山南西道",誤。

路　恕　　元和三年—六年(808—811)

《舊書·憲宗紀上》:元和三年二月"丙子,以右金吾衛大將軍路恕爲鄜州刺史、鄜坊節度使"。又本傳:"爲鄜坊觀察使、太子詹事。坐事貶吉州刺史,遷太子賓客。"《新書》本傳:"累遷鄜坊、宣歙觀察使。坐事貶吉州刺史。"《全文》卷七三五沈亞之有《與潞(路)鄜州書》。"潞(路)鄜州"當即路恕。又見《姓纂》卷八京兆三原路氏,《新表五下》路氏。《韓昌黎集》卷二六《唐銀青光禄大夫守左散騎常侍致仕上柱國平陽路公(應)神道碑銘》:路應元和六年卒,其子"告於叔父御史大夫鄜坊丹延觀察使恕",知元和六年路恕尚在鄜州任。

元義方　　元和七年—八年(812—813)

《舊書·憲宗紀下》:元和七年正月"辛未,以京兆尹元義方爲鄜州刺史、鄜坊丹延觀察使"。八年四月丙戌,"鄜坊觀察使元義方卒"。又見《新書》本傳,《姓纂》卷四河南洛陽元氏。《元氏長慶集》卷五七《唐故建州浦城縣尉元君墓誌銘》:"無何,宗姪義方觀察福建……又無何,宗姪觀察鄜坊。"

薛　伾　　元和八年（813）

《舊書·憲宗紀下》：元和八年四月“辛卯，以將作監薛伾爲鄜坊觀察使”。七月丁丑，“鄜坊觀察使薛伾卒”。又見本傳。

裴　武　　元和八年（813）

《舊書·憲宗紀下》：元和八年八月“丁亥，以司農卿裴武爲鄜坊觀察使”。十二月庚辰朔，“裴武入爲京兆尹”。北圖藏拓片《唐故歸州刺史盧公（璠）墓誌銘并序》（元和十四年九月九日）：“今廉使府公（荆南節度使裴武），故尚書之季弟也……及總戎鄜時，統尹神州，將欲昇名，期於拔起，公猶以前事爲慮，皆不果行。會合有時，擁旄斯至。開鴒原之新府，續棠棣之舊陰，縟禮明誠，無所辭讓。是歲九月，授侍御史，賜緋魚袋，充荆南節度判官。居一年，復表授歸州刺史。”【補遺】《唐故銀青光禄大夫、檢校户部尚書、使持節鄆州諸軍事、守鄆州刺史，充天平軍節度、鄆曹濮等州觀察處置等使、御史大夫、上柱國、弘農郡開國公、食邑二千户弘農楊公（漢公）墓誌銘並序》（咸通二年十一月廿日）：“公諱漢公，字用乂，弘農華陰人也。……廿九登進士第……其秋辟鄜坊裴大夫武府，得試秘書省校書郎。……裴大夫守華州以試協律署鎮國軍判官。裴大夫移鎮荆南，以節度掌書記請之。……丁太尉府君憂……服闋，荆南裴大夫復請爲從事。”（周紹良、趙超《唐代墓誌匯編續集》，上海古籍出版社2001年版）

李　銛　　元和八年—約十二年（813—約817）

《舊書·憲宗紀下》：元和八年“十二月庚辰朔，以京兆尹李銛爲鄜坊觀察使”。《千唐誌·扶風竇氏夫人隴西李氏墓誌銘并序》（會昌六年十一月十四日）：“祖銛，皇京兆尹、鄜坊觀察使，贈工部尚書。”夫人卒會昌六年，春秋二十五。

韓公武　　元和十二年—十四年（817—819）

《舊書·憲宗紀下》：元和十二年十一月丙戌，“以宣武軍都虞候韓公武檢校左散騎常侍、鄜州刺史、鄜坊丹延節度使”。又本傳：“自宣武馬步都虞候將兵誅蔡，賊平，檢校右散騎常侍、鄜州刺史、鄜坊等州節度使。丁所生憂，起復金吾將軍，仍舊職。十四年，父弘入朝，公武乞罷節度，入爲右金吾將軍。”《新書》本傳略同。《韓昌黎集》卷三〇《平淮西碑》：“淮西平……〔韓〕公武以散騎常侍帥鄜坊丹延。”又卷三三《楚國夫人（翟氏）墓誌銘》稱：“前鄜坊節度使散騎常侍兼御史大夫〔韓〕公武之母……夫人以元和十四年十一月一日薨於鄜之公府，春秋若干。大夫委節去位，奉喪以居東都，詔起之，辭以羸毁不任即命，又加喻勉，固不變，天子嗟歎之。”

韓　充（韓璀）　元和十五年—長慶二年（820—822）

《舊書·憲宗紀下》：元和十五年正月“庚子，以少府監韓璀爲鄜州刺史、鄜坊丹延節度使”。又《穆宗紀》：長慶元年正月“乙巳，鄜坊節度使韓璀改名充”。二年二月“癸酉，以鄜坊節度使韓充爲義成軍節度使，以代王承元”。又本傳：“〔元和〕十五年，代姪公武爲鄜坊節度使、檢校工部尚書。長慶二年……命充與〔王〕承元更換所守，檢校左僕射。”《新書》本傳略同。又見《元龜》卷八二五。

王承元　長慶二年（822）

《舊書·穆宗紀》：長慶二年二月癸酉，“以〔王〕承元爲鄜坊節度使”。三月丁巳，“以承元爲鳳翔隴節度使”。又本傳：“移鎮鄜坊丹延節度使，便道請覲，穆宗器之，數召顧問。未幾，改鳳翔節度使。”《新書》本傳略同。

崔　從　長慶二年—四年（822—824）

《舊書·穆宗紀》：長慶二年三月“丁巳，以左丞崔從檢校禮部尚書、鄜州刺史、鄜坊節度使，以代王承元”。又本傳：“長慶二年，檢校禮部尚書、鄜州刺史、鄜坊丹延節度等使……四年，入爲吏部侍郎。”《新書》本傳略同。【補遺】《洛陽新獲墓誌100·唐故隴西郡夫人李氏墓誌銘》：“皇唐大和四年閏十二月十五日，檢校右僕射淮南節度使清河崔公夫人隴西郡夫人李氏終於揚州官舍。……夫人年十七歸於清河崔公。……清河公由憲丞再遷廉察陝服，四遷制興元，由興元入爲尚書左丞，出拜鄜坊節度。凡三年，入除吏部侍郎，太常卿，東都留守。"按此"崔公"當爲崔從。

康藝全　　長慶四年—大和元年？（824—827？）

《舊書·敬宗紀》：長慶四年"六月己卯朔，以左神策大將康藝全爲鄜坊節度使"。

何文哲　　大和元年—四年（827—830）

《舊書·文宗紀上》：大和元年九月"癸亥，以左神策軍將軍、知軍事何文哲爲鄜坊丹延節度使"。拓本《唐故銀青光禄大夫檢校工部尚書守右領軍衞上將軍兼御史大夫上柱國廬江郡開國公何公（文哲）墓誌銘并序》："今上統極之明年，改號大和，春三月……其年月建庚戌，遷鄜州刺史、充鄜坊丹延等州節度觀察處置等使……公杖節三年，終始一致……庚戌春正月，詔追還京。"其年四月卒，享年六十七（《考古》1986 年第 9 期《何文哲墓誌考釋》）。按庚戌爲大和四年。

丘直方　　大和四年—六年？（830—832？）

《舊書·文宗紀下》：大和四年正月"丙戌，以左神策軍大將軍丘直方爲鄜坊節度使"。

史孝章　　大和六年—九年（832—835）

《舊書·文宗紀下》：大和六年九月"壬子，以右金吾衞將軍史孝章爲鄜州刺史、鄜坊丹延節度使"。九年八月戊寅，"以鄜坊節度使史孝章爲義成軍節度使"。又本傳："起復爲右金吾衞將軍。間歲，授鄜坊節度使。居四年，遷於滑。"《新書》本傳略同。

趙　儋　　大和九年（835）

《舊書·文宗紀下》：大和九年八月"甲申，以左神策軍大將軍趙儋爲鄜坊節度使"。十一月"丁未，鄜坊節度使趙儋卒"。

蕭　洪　　大和九年—開成元年(835—836)

《舊書·文宗紀下》：大和九年十月“己亥，以前河陽節度使蕭洪爲鄜坊節度使”。開成元年八月“甲辰，詐稱國舅人前鄜坊節度使蕭洪宜長流驩州”。《全文》卷七五五杜牧《唐故平盧節度巡官隴西李府君(戢)墓誌銘》：“河陽節度使蕭洪移鎮鄜州，諫議大夫蕭俶以君言於洪。”

傅　毅　　開成元年(836)

《舊書·文宗紀下》：開成元年七月“辛未，以左金吾衛將軍傅毅爲鄜坊節度使”。

李昌言　　開成四年(839)

《舊書·文宗紀下》：開成四年“四月壬子朔，以右羽林統軍李昌言爲鄜坊節度使”。

李昌元　　開成中？

《山右石刻叢編》卷九《李光顔碑》：開成五年八月十四日建。稱：“嗣子昌元，鄜坊丹延等州節度觀察處置等使、檢校户部尚書、兼御史大夫。”按李光顔卒寶曆二年九月三日，李程於是年爲太原尹，此碑即李程作。李程卒開成二年三月。吳氏《方鎮年表》列於開成五年至會昌三年，可疑。

田　牟　　會昌三年(843)

《新書》本傳：“累遷鄜坊節度使，再徙天平，三爲武寧，一爲靈武軍，官至檢校尚書左僕射，卒。”《舊書》本傳未及鄜刺。《全文》卷七二八封敕《授王宰高承恭田牟三道節度使制》：“朝散大夫豐州刺史檢校工部尚書賜紫金魚袋田牟……可守本官，充鄜坊節度使。”按王宰同制授忠武，時會昌三年四月丁亥，見《通鑑·會昌三年》。又按《舊書》本傳稱：“會昌初爲豐州刺史、天德軍使，歷武寧軍節度使。”據《舊書·武宗紀》，會昌三年九月，以徐泗節度使李彦佐爲澤潞西南面招討使，以天德軍石雄爲之副，知是時天德軍使已是石雄。田牟當於是年由豐州徙鄜坊，再徙武寧。

劉　礎　　會昌三年—六年？（843—846？）

《英華》卷四五五封敕《授劉礎鄜坊節度使制》：“銀青光禄大夫、檢校左散騎常侍、兼左金吾衛大將軍、御史大夫、左街使、上柱國、彭城縣開國公、食邑三百户劉礎，唯爾先父在長慶中自幽陵舉斾歸國，志誠白日，節高青雲，艱難已來，勳績無對……可檢校工部尚書、兼御史大夫，充鄜坊等州節度使。”按封敕此制列於《授崔元式太原節度使制》前；元式會昌四年改河東，見《通鑑》，劉礎當於會昌三年代田牟。

李　丕　　大中四年（850）

《新書》本傳：“大中初，拜振武節度使，檢校刑部尚書。党項叛，徙鄜坊，卒。”《全文》卷七九○有崔瑤《授李丕鄜州節度使制》，謂：“前振武節度檢校刑部尚書李丕……頃者壺關不順，方事阻兵，爾能蹈白刃而來，推赤心向國。洎累更符竹，咸布謳謡……朕以燒羌作梗，朔塞成榛，禍結兵連，兩經春夏。是用輟爾代北，委之雕陰……秋曹貳憲，再飾旌旄。”按《通鑑·大中四年》：九月，“党項爲邊患，發諸道兵討之，連年無功，戍饋不已”。李丕授鄜坊當即在此時。

陳君從　　約大中五年—六年（約851—852）

《英華》卷四五五李訥有《授陳君從鄜州節度使塞門行營使制》稱：“邠州刺史陳君從……而又累陳表章，願展材效……乃錫鈇鉞，秉列部察廉之務，佐兵車招討之名。”據岑仲勉《翰林學士壁記注補》考證，李訥於會昌三年四月出翰林院，是年冬自郎官出守外郡，四年復召爲吏部員外郎知制誥，大中初又自禮部郎中知制誥晉中書舍人。此制必爲中書舍人時所作。故岑仲勉《唐方鎮年表正補》謂君從之制“恐非六年所行而爲三年所行”。以爲吳氏《方鎮年表》列陳君從於大中六年乃誤。然《制》稱“邠州刺史”，據《東觀奏記》，白敏中爲邠寧節度時，君從爲都虞候，疑君從大中五年知邠州事，又於是年移鄜州。

李彥佐 大中六年(852)

《英華》卷四五六沈珣《授李彥佐鄜坊節度使制》:"地雄鄜畤,壤接王畿……聿求上將,以鎮近郊。守太子少傅李彥佐……朕以雕陰重藩,羌渾小擾,蓋由乖於撫馭,遂失和寧,思得長才,往圖鎮理。爾其敷我恩信,戢其猖狂。"按大中元年六月,太子賓客李彥佐爲太子太保,依前分司,見《舊書·宣宗紀》。又按會昌五年及大中七年李彥佐兩次任朔方節度,見《宋高僧傳》卷二六《唐朔方靈武龍興寺增忍傳》。其爲鄜刺當在此中間。大中六年四月党項復擾邊,見《通鑑》。據岑仲勉《唐方鎮年表正補》,彥佐爲鄜刺疑在大中六年。

侯 固 咸通元年—三年(860—862)

《淳熙三山志》卷二六稱:〔侯〕固大和九年進士,歷鄜坊、靈武、易定三鎮節度使。按侯固大中時爲濠州刺史,其爲三鎮節度當在此之後。吳氏《方鎮年表》列於咸通元年至三年,姑從之。

竇 璟? 咸通七年?—十年? (866?—869?)

《全詩》卷六五六羅隱有《送臧濆下第謁竇鄜州》詩。吳氏《方鎮年表》據此著錄竇瀚於咸通七年至十年,但其考證又云:"按竇氏爲節度使者乾符年有竇瀚、竇璟、竇潏,咸通年有竇滂,爲鄜州者之名應考,按當爲竇璟。"與《表》矛盾。茲從其考證著錄竇璟。

李國昌 咸通十年—乾符元年(869—874)

《新書·沙陀傳》:"〔龐〕勛平,〔朱邪赤心〕進大同軍節度使,賜氏李,名國昌,預鄭王屬籍,賜親仁里甲第。回鶻叩榆林,擾靈鹽,詔國昌爲鄜延節度使。又寇天德,乃徙節振武。"《北夢瑣言》卷一七:"〔李國昌〕始爲雲州大同軍節度,次授鄜延、振武、代北三節度。"按龐勛咸通九年十月十七日作亂,十年九月十九日就戮,時朱邪赤心(李國昌)將數千騎爲沙陀軍前鋒,是年十月賜姓名李國昌,見《通鑑·咸通十年》。又按《通鑑·咸通十一年》:十二月,"以左金吾上將軍李國昌爲振武節度使",疑有誤。吳氏《方鎮年表》卷一鄜坊列李國昌從咸通十年至乾符元年爲鄜坊節度。其考證云：“《新傳》：爲鄜坊，迴紇寇天德，徙振武。《通鑑》：乾符元年，迴紇寇天德。此咸通十四年以前國昌鎮鄜之證。”姑從之。

康傳業　乾符中？

《新書·康承訓傳》：“子傳業，嘗從父征伐，終鄜坊節度使。”按《寶刻叢編》有《唐左僕射康承訓碑》，狄渠撰，任表正書，廣明元年五月壬申建。

李孝昌　約乾符末—中和元年（？—881）

《新書·黨項傳》：“拓拔思恭咸通末竊據宥州，稱刺史。黃巢入長安，與鄜州李孝昌壇而坎牲，誓討賊。”《通鑑·中和元年》：三月，“宥州刺史拓跋思恭……糾合夷夏兵會鄜延節度使李孝昌於鄜州，同盟討賊”。七月，“鄜延節度使李孝昌、權夏州節度使拓跋思恭屯東渭橋，黃巢遣朱溫拒之”。又見《舊書·僖宗紀》。《新書·僖宗紀》誤作“李孝章”。《廣記》卷二七四引《摭言》：“羅虬詞藻富贍，與宗人隱、鄴齊名。咸通乾符中，時號三羅。廣明庚子亂後，去從鄜州李孝恭。”又見《唐詩紀事》卷六九，《郡齋讀書志四中》。按“孝恭”疑爲“孝昌”之誤。

東方逵　中和元年—光啓二年？（881—886？）

《通鑑·中和二年》：七月，“以保大留後東方逵爲節度使，充京城東面行營招討使”。胡三省注云：“李孝昌以鄜師勤王，去年爲黃巢所攻，奔歸本道。東方逵蓋代李孝昌者也。”則東方逵中和元年即主鄜事。《舊書·僖宗紀》：中和三年五月，“鄜坊節度使、金紫光祿大夫、檢校尚書右僕射東方逵就加同平章事”。《通鑑·中和三年》同。《桂苑筆耕集》卷一《賀殺黃巢徒伴表》：“臣得進奏院狀報，北路軍前定難軍節度使拓拔思恭、保大軍節度使東方逵等奏，宜君縣南殺戮逆賊黃巢徒伴二萬餘人。”按《新書·方鎮表一》：中和二年，“渭北節度賜號保大軍節度”。

【孫惟晸（孫惟最） 光啓二年（886）（未之任）**】**

《新五代史·孫德昭傳》：“朱玫亂京師，僖宗幸興元，〔其父〕惟最率兵擊賊，累遷鄜州節度使，留京師宿衛……改荊南節度使，在京制置。”

李思孝（拓拔思孝） 光啓二年—乾寧三年（886—896）

《新書·党項傳》：“嗣襄王熅之亂，詔〔拓拔〕思恭討賊，兵不出，卒。以弟思諫代爲定難節度使，思孝爲保大節度、鄜坊丹翟等州觀察使，並檢校司徒、同中書門下平章事。”《新五代史·李仁福傳》：“朱玫之亂，鄜州李思孝以兵屯渭橋。”《通鑑·大順元年》十一月叙李克用附表訟冤事，胡三省注曰：“拓跋思恭取鄜延，以授其弟思孝。”又《乾寧三年》：三月，“保大節度使李思孝請致仕，薦弟思敬自代，詔以思孝爲太師，致仕”。

李思敬 乾寧三年—約光化二年（896—約899）

《新書·党項傳》：“〔李〕思孝亦因亂取鄜州，遂爲節度使，累兼侍中，以老薦弟思敬爲保大軍兵馬留後，俄爲節度使。”《通鑑·乾寧三年》：三月，“思敬爲保大留後”。九月，“以保大留後李思敬爲節度使”。《英華》卷四五八盧説有《授李思敬馬殷湖南節度使制》，“馬殷”前當有闕文。按馬殷乾寧三年爲湖南節度使。

李繼顏 約光化二年—天復元年（約899—901）

《全文》卷八一八張元晏有《授李思敬宣武軍李繼顏保大軍節度使制》。

李茂勳（李周彝） 天復二年（902）

《舊五代史》本傳：“茂勳，茂貞之從弟也。唐末，爲鳳翔都將，茂貞表爲鄜州節度使，累官至侍中。”《通鑑·天復二年》：八月，“保大節度使李茂勳將兵屯三原，救李茂貞”。十一月“癸卯朔，保大節度使李茂勳帥其衆萬餘人救鳳翔”。十二月，“李茂勳遣使請降於朱全忠，更名周彝”。《新書·昭宗紀》：天復二年十二月“己亥，朱全忠陷鄜州，保大軍節度使李茂勳叛附於全忠”。又見《舊書·昭宗紀》，兩《五代史·梁太祖紀》。

李繼璙　　天復二年（902）

《通鑑·天復二年》：十一月，“朱全忠遣其將孔勍、李暉將兵乘虛襲鄜坊……汴軍入城，城中兵尚八千人，格鬭至午，鄜人始敗，擒留守李繼璙”。

李　暉　　天復二年（902）

《通鑑·天復二年》：十一月甲寅，“鄜人始敗，擒留守李繼璙……〔朱全忠〕命李暉權知軍府事”。

氏叔琮　　天復三年—天祐元年（903—904）

《舊五代史》本傳：“天復三年，爲鄜州留後，尋真領保大軍節度使、檢校司徒。及昭宗東遷，徵爲右龍武統軍，以衛洛陽。”《新五代史》本傳略同。又見《新書》本傳。《通鑑·天祐元年》：四月戊申，“保大節度使氏叔琮爲右龍武統軍，典宿衛”。

劉　鄩　　天祐元年—二年（904—905）

《舊書·昭宗紀》：天復三年十一月丁酉，“青州牙將劉鄩以兖州降葛從周，稟〔王〕師範命也。〔朱〕全忠嘉之，署爲元帥府都押衙，權知鄜州留後事”。又《哀帝紀》：天祐二年二月“壬辰，制以前知鄜州軍州事、檢校尚書左僕射劉鄩爲右金吾衛大將軍，充右街使”。又見兩《五代史》本傳，《通鑑·天復三年》十一月、《天祐元年》六月。

康懷貞　　天祐三年（906）

《通鑑·天祐三年》：“十一月，劉知俊、康懷貞乘勝攻鄜、延等五州，下之；加知俊同平章事，以懷貞爲保義節度使。”胡三省注曰：“恐即命康懷貞以鄜時。‘保義’當作‘保大’；以《通鑑》明年書保平節度使康懷貞證之，又恐自是‘保義’。”

王行審　　　　天祐四年(907)

《全文》卷八二〇吳融有《授王行審鄜州節度使制》。據《新書·吳融傳》：“昭宗反正，御南闕，群臣稱賀，融最先至……融跪作詔，少選成……進户部侍郎。鳳翔劫遷，融不克從，去客閿鄉。俄召還翰林，遷承旨，卒官。”則此制約作於天祐三、四年間。

待考録

元利貞

《姓纂》卷四河南洛陽元氏：“利貞，鄜州刺史。”

卷八　坊州(中部郡)

武德二年析鄜州之中部、鄜城置。天寶元年改爲中部郡。乾元元年復爲坊州。領縣三:鄜城、中部、宜君。

郭　澄　　約貞觀中

《全文》卷三四一顏真卿《河南府參軍贈祕書丞郭君〔揆〕神道碑銘》:"五代祖昶,隋驃騎大將軍、開府儀同三司。高祖澄,皇朝朔方道大總管,涇、鄜、坊、慶、丹、延、夏七州刺史。"揆卒天寶八載二月十八日,年二十四。其高祖郭澄爲坊刺約在貞觀中。

房仁裕　　貞觀中

《金石補正》卷三六《房仁裕母清河太夫人李氏碑并陰》:"太夫人八女一男。洎乎弱冠,位□方岳,□□、鄜、坊、秦、陝五州諸軍事□□□史。"按房仁裕貞觀十四年在陝州刺史任,見《會要》卷二八。永徽四年在揚州都督府長史任,見《舊書·高宗紀》。

溫釋胤　　約貞觀中

《新表二中》溫氏:"釋胤,坊州刺史。"《姓纂》卷四太原祁縣溫氏:"釋允(清人避諱改),坊州刺史。"按釋胤乃禮部尚書溫大雅之子。

騫　基　　約南宗時

《隋唐五代墓誌匯編·陝西卷》第一册《唐故撫州南城縣令上柱

國騫府君（思哲）誌銘并序》（景雲元年十一月二日）：“父基，皇朝大理正，太子家令，河南縣令，坊、延、朗、利、果五州刺史。”思哲卒景龍三年，春秋六十。又見《騫紹業墓誌》（長安三年十一月二日）、《騫思泰墓誌》（開元九年二月七日）、《騫如珪墓誌》（開元十八年十一月二十二日）。

竇師倫（竇師綸）　龍朔三年—麟德元年（663—664）

《元和郡縣志》卷三坊州宜君縣：“貞觀十七年廢縣，地入雍州，二十年置玉華宮，仍於宮所置宜君縣，屬雍州。永徽二年，與宮同廢。龍朔三年，坊州刺史竇師倫奏再置。”又見《太平寰宇記》卷三五。《全文》卷七四二劉軻《大唐三藏大遍覺法師塔銘并序》：麟德元年二月五日夜，“俄而去……及坊州奏至，帝哀慟，爲之罷朝三日，敕坊州刺史竇師倫令官給葬事”。《大慈恩寺三藏法師傳》作“房州刺史竇師倫”，誤。《關中金石記》卷四、《開元釋教錄》卷八《沙門釋玄奘傳》略同。《歷代名畫記》卷一〇作竇師綸，稱“官至太府卿，銀、坊、邛三州刺史”。

周行謇　約高宗時

《隋唐五代墓誌匯編·陝西卷》第四册《唐故贊善大夫周府君（曉）墓誌銘并序》（乾元二年七月十八日）：“曾祖行謇，坊、成二州刺史，衛尉卿。大父以悌，宕、岷州刺史，四鎮經略使……先考佖，河西節度使、開府儀同三司、鴻臚卿。”曉卒乾元元年，享年十七。

陽大經　約高宗、武后間

北圖藏拓片《唐故潞府參軍裴府君（肅）夫人北平陽氏合祔誌銘并序》（天寶十載十月二十四日）：“夫人北平陽氏……祖大經，國子司業、坊州刺史。父欽莊，齊州錄事參軍……夫人則齊州府君之季女也。”夫人卒天寶六載，享年四十七。按大經父文瓘，貞觀四年在中書舍人任，見《新書·突厥傳上》；約貞觀前期爲青州刺史。

竇孝謙　　約高宗、武后間

《芒洛四編》卷五《大唐前漢中郡都督府西□李少府公故夫人扶風竇氏墓誌銘并序》："祖孝謙，丹、坊、鄜、恒、定、洺六州刺〔史〕。"夫人卒天寶二年七月六日，春秋二十有五。按孝謙乃晉州總管琮之子。其爲坊刺約在高宗、武后間。

李延之　　武后時？

《新表二上》趙郡李氏東祖房："延之，坊州刺史。"按延之乃隋左親仗李素王之孫。

豆盧志静　　武后時

《英華》卷四一〇李嶠《授坊州刺史豆盧志静等官制》："大中大夫坊州刺史上輕車都尉郢城郡開國公豆盧志静等……可依前件。"又見《全文》卷二四二。按李嶠武后時爲鳳閣舍人，此制當在武后時作。《隋唐五代墓誌匯編·洛陽卷》第十一冊《唐故岐王府祭酒崔公豆盧夫人墓誌銘并序》（天寶四載五月二十七日）："祖玄儼，集、饒二郡太守，上柱國。父志静，坊、延二郡太守，襲郢城公。"夫人卒天寶四載，春秋六十六。

張大禮　　武后時？

《舊書·張正甫傳》："曾祖大禮，坊州刺史。"《全文》卷三一九李華《荆州南泉大雲寺故蘭若和尚（惠真）碑》："父大禮，銀青光禄大夫、坊州刺史。"和尚天寶十載卒，年七十九。

蘇味道　　長安四年（704）

《舊書》本傳："長安中，請還鄉改葬其父，優制令州縣供其葬事。味道因此侵毀鄉人墓田，役使過度，爲憲司所劾，左授坊州刺史。未幾，除益州大都督府長史。神龍初，以親附張易之、昌宗，貶授郿州刺史。"又見《新書·則天皇后紀》、本傳，《通鑑·長安四年》，《元龜》卷三三三記載。

豆盧光祚　　約景雲中

北圖藏拓片《大唐故銀青光禄大夫太僕卿駙馬都尉中山郡開國公豆盧公（建）墓誌銘并序》（天寶三載八月十二日）：“父皇正議大夫丹延坊三州刺史上柱國開國公光祚，母皇萬泉縣主薛氏。外祖皇金紫光禄大夫衛尉卿駙馬都尉上柱國子紹，外祖母皇鎮國太平公主。”建卒天寶三載，享年三十九。按《全文》卷二二九張説《延州豆盧使君萬泉縣主薛氏神道碑》：“萬歲登封元年仲春既望，歸於豆盧氏……景龍二年四月，〔豆盧光祚〕以奉御出爲丹、延二州刺史。”景雲元年八月二十一日縣主卒延州之廨舍，春秋二十有四。未及坊州刺史，知光祚爲坊州當在縣主去世之後。

韋　維　　先天元年（712）

《寶刻叢編》卷一〇引《集古録目》：“《唐韋維善政論》，唐著作郎楊齊哲撰……維，字文紀，京兆杜陵人，爲坊州刺史。此實紀德碑也，以先天元年立。”又“維，先天中爲州刺史，齊哲所撰，其實德政碑也，特異其名爾”。

韋　琳　　開元十年（722）

《兀龜》卷六二六：開元十年，“坊州刺史韋琳兼判右武衛將軍”。

崔貞簡　　開元中

《新表二下》博陵安平崔氏第二房：“貞簡，坊州刺史。”按貞簡乃高宗時宰相崔安上之孫，開元中鄜州刺史貞敏之兄。

段懷簡　　開元中

《新表五下》段氏：“懷簡，坊州刺史。”按懷簡乃段志玄之孫，穆宗時宰相文昌之伯祖。《舊書·段志玄傳》：“〔懷簡〕開元中，官至太子詹事。”《姓纂》卷九齊郡鄒平縣段氏：“懷藝，坊州刺史，少詹事。”按此“懷藝”疑爲“懷簡”之誤。

李　濯　　開元中？

《新書·宗室世系表上》蔡王房：“司勳員外郎、延坊邠三州刺史、貶密州司馬濯。”按其王父崇義貞觀十四年暴薨，年五十，見兩《唐書·李崇義傳》。

姚　异　　開元中？

《舊書·姚崇傳》：“次子异，坊州刺史。”

渾景之　　開元中？

《新表五下》渾氏：“景之，坊州刺史。”乃永王府參軍旻之叔。

鄭昭遠　　開元中？

《千唐誌·唐右衛倉曹參軍崔君夫人滎陽鄭氏墓誌銘并序》：“曾祖昭遠，官至坊州刺史。”夫人卒大和五年，二十一歲。

鄭　愿　　約開元二十七年（約 739）

《隋唐五代墓誌匯編·洛陽卷》第十二册《大唐故侍御史江西道都團練副使鄭府君（高）墓誌并序》（貞元二十一年正月二十六日）：“金部郎中、坊亳二州刺史愿之元孫，大理評事寶之長子。”高卒貞元二十一年，春秋六十一。按鄭愿開元二十九年在亳州刺史任。

韋　郊　　開元末？

《新表四上》東眷韋氏逍遥公房：“郊，坊州刺史。”《姓纂》卷二京兆杜陵東眷韋氏：“友德生郊，坊州刺史。”按郊乃後周營州總管韋藝玄孫，武后時秋官侍郎韋嶠孫。

杜昆吾　　天寶中

《姓纂》卷六京兆杜氏：“昆吾，坊州刺史。”按天寶三載送賀監致仕，杜昆吾有屬和詩，見《會稽掇英總集》卷二；《金石苑》卷二《石龕像銘》又言昆吾謫爲郡司馬，殘文有“歲次大泉獻”及“中部太守”字。

李　惇　天寶中

《新書·宗室世系表上》蔡王房：“中部郡太守惇。”北圖藏拓片《順節夫人(李氏)墓誌銘并序》(天寶十一載二月二十四日)：“中部太守惇少女。”天寶十載卒，三十五歲。

羅希奭　天寶十一載—十二載(752—753)

《舊書》本傳：“〔天寶〕十一載，李林甫卒，出爲中部、始安二太守，仍充當管經略使。”按十四載已在始安太守任。《新書》本傳未及。《元和郡縣志》卷三坊州昇平縣：“天寶十二年，刺史羅希奭奏割宜君縣西北三鄉置。”又見《太平寰宇記》卷三五。知十二載尚在坊州。

于休烈　天寶十三載?—十五載(754?—756)

《舊書》本傳：“楊國忠輔政，排不附己者，出爲中部郡太守。值禄山構難，肅宗踐祚，休烈自中部赴行在，擢拜給事中。”《新書》本傳略同。

吴　仙　乾元中

《舊書·李觀傳》：“乾元中，以策干朔方節度使郭子儀，子儀善之，令佐坊州刺史吴仙，充防遏使，尋以憂免。”《新書·李觀傳》略同。

＊郭子儀　上元元年(760)

《舊書·肅宗紀》：乾元三年正月“戊子，以朔方節度使郭子儀兼邠寧、鄜坊兩鎮節度使，仍留京師”。《新書》本傳略同。又見《通鑑·上元元年》記載。《大詔令集》卷五九有《郭子儀兼邠寧鄜坊兩道節度使制》。

段　奇　上元中?—廣德元年? (760?—763?)

《姓纂》卷九諸郡段氏：“左金吾大將軍、鄜坊節度段奇，京兆人。”按其孫祐貞元末爲涇原節度使。又按《新書·方鎮表一》：上元元年，“置渭北鄜坊節度使，治坊州”。

白孝德　　廣德元年(763)

《舊書》本傳："乾元中,事李光弼爲偏裨……其後,累戰功至安西北庭行營節度、鄜坊邠寧節度使,歷檢校刑部尚書,封昌化郡王。以家難去職,服闋復舊官。大曆十四年九月,轉太子少傅,尋卒。"《新書》本傳未及。《通鑑·廣德元年》:十月,"鄜延(坊)節度判官段秀實説節度使白孝德引兵赴難。"

王仲昇(王仲升)　　廣德元年(763)

《舊書·郭子儀傳》:"天子避狄幸陝州……〔長孫〕全緒遣禁軍舊將王甫入長安,陰結少年豪俠以爲内應。一日,齊擊鼓於朱雀街,蕃軍惶駭而去。大將李忠義先屯兵苑中,渭北節度使王仲升守朝堂。"《杜陽雜編》卷上:"代宗廣德元年,吐蕃犯便橋,上幸陝……是月,副元帥郭子儀與大將李忠義、渭北節度使王仲昇克復京都,吐蕃大潰,上還宫闕。"

杜　冕　　永泰元年(765)

《通鑑·永泰元年》:九月己酉,"鄜坊節度使杜冕屯坊州",《舊書·代宗紀》同。又見《新書·周智光傳》,《宋高僧傳》卷五《唐京師興善寺潛真傳》。

李光進　　永泰元年—大曆四年(765—769)

《舊書·代宗紀》:永泰元年閏十月"戊申,進封渭北節度使李光進爲武威郡王"。大曆四年六月丁酉,"以渭北節度李光進爲太子太保"。又見《舊書》本傳,兩《唐書·李光弼傳》。《新書·肅宗紀》:至德二載閏八月"甲寅,安慶緒寇好畤,渭北節度使李光進敗之"。按《新書·方鎮表一》,上元元年始置渭北鄜坊節度使,治坊州。疑《新書·肅宗紀》誤。

臧希讓　　大曆四年—九年(769—774)

《舊書·代宗紀》:大曆四年"六月丁酉,以太子詹事臧希讓檢校工部尚書,充渭北節度”。九年九月“乙巳,渭北節度使、坊州刺史臧希讓卒”。《寶刻叢編》卷七引《訪碑録》:“《唐渭北節度臧希讓碑》,唐元載撰,張璪八分書。”又卷一〇引《集古録目》:“《唐釋迦像記》,唐滑州節度判官豆盧適撰,不著書人名氏,渭北節度臧(碑不著名)修;華原縣攝受寺立釋迦像之記也。碑不著所立年月,而稱唐九葉寶應元聖皇帝,又稱唐三甲子甲寅歲,則當在代宗之大曆九年,唐興一百五十七年矣。”

郭子晅　大曆九年—十四年(774—779)

《新表四上》郭氏:“子晅,渭北節度使,檢校右僕射。”按子晅乃子儀弟。吴氏《方鎮年表》繫於大曆九年至十四年,姑從之。

*＊***李　逾**　大曆十年(775)

《舊書·代宗紀》:大曆十年二月辛未,制:“第五子逾可封郴王,充渭北鄜坊等州節度大使。”又本傳:“大曆十年,封郴王,領渭北鄜坊節度大使。建中四年,改丹王。”《新書》本傳未及。《大詔令集》卷三三《封睦王述等制》:“第五子逾……可封郴王,充渭北鄜坊等州節度大使……大曆十年二月。”

吴希光　大曆十四年(779)

《舊書·德宗紀上》:大曆十四年閏五月“己丑,以右羽林大將軍吴希光檢校散騎常侍、兼御史中丞,充渭北鄜坊丹延都團練觀察使”。

崔　寧　大曆十四年—建中二年(779—781)

《舊書·德宗紀上》:大曆十四年“十一月癸巳,加崔寧兼靈州大都督、單于鎮北大都護,朔方節度等使,出鎮坊州”。又本傳:“制授檢校司空、同中書門下平章事、御史大夫、京畿觀察使,兼靈州大都督、單于鎮北大都護、朔方節度等使,兼鄜丹延都團練觀察使。託以重臣綏靖北邊,但令居鄜州。”按“鄜州”疑爲“坊州”之誤。《新書》本傳略同。《通鑑·大曆十四年》:十一月,“〔楊〕炎託以北邊須大臣鎮撫,癸巳，以京畿觀察使崔寧爲單于鎮北大都護、朔方節度使，鎮坊州”。

李建徽　　建中二年—四年（781—783）

《舊書·德宗紀上》：建中二年七月辛巳，“以鄜坊丹延觀察留後李建徽爲坊州刺史、鄜坊丹延都團練觀察使”。《通鑑·建中四年》：十一月乙亥，“靈武留後杜希全、鹽州刺史戴休顏、夏州刺史時常春，會渭北節度使李建徽合兵萬人入援”。胡三省注云：“渭北節度使本治坊州，時徙治鄜州。”《新書·方鎮表一》：建中四年，“復置渭北節度，如上元之舊，尋罷。未幾復置，徙治鄜州，其後置都團練觀察防禦使”。

竇　覦　　建中四年—興元元年（783—784）

《舊書》本傳：“鄜坊節度臧希讓奏爲判官，累授監察殿中侍御史、檢校工部員外郎、坊州刺史。興元元年，討李懷光於河中，詔覦以坊州兵七百人屯鄜陽。賊平，以功兼御史中丞。遷同州刺史。”《新書·韓遊瓌傳》：“李懷光叛……今邠有張昕，靈武有甯景璿，河中有呂鳴岳，振武有杜從政，潼關有李朝臣，渭北有竇覦，皆守將也。”《新書·德宗紀》：興元元年“四月，李懷光陷坊州……是月，坊州刺史竇覦克坊州”。

崔　禹　　貞元初？

《新表二下》博陵崔氏第二房：“禹，坊州刺史。”按禹乃開元中潞州長史崔日知之子，疑其爲坊刺在貞元初。

鄭　渾　　貞元七年（791）

《新表五上》鄭氏：“渾，坊州刺史。”按《隋唐五代墓誌匯編·陝西卷》第四册《唐故壽州別駕鄭瀚亡女墓誌銘》（貞元七年六月七日）：“季父正議大夫守坊州刺史上柱國滎陽縣開國男渾撰。”證知是年在任。

常　巽　　貞元中

北圖藏拓片《唐故蘄州刺史兼御史中丞孫府君（杲）墓誌銘并序》（元和四年閏三月二十四日卒）：“夫人河內常氏，乃故靈武節度檢校工部尚書謙光之孫，故坊州刺史巽之第二女也。”杲卒年六十八。按常謙光大曆三年至十四年在靈武節度任，其子常巽當仕貞元中。

胡　珦　　貞元後期？

《韓昌黎集》卷三○《唐故中散大夫少府監胡良公（珦）墓神道碑》：“貞元十一年，吏部大選，以公考選入藝學，以勞遷奉先令，以治辦遷尚書膳部郎中，改坊州刺史……遷舒州刺史。”

郗士美　　貞元十八年—二十年（802—804）

《舊書》本傳：“由坊州刺史爲黔州刺史、兼御史大夫、持節黔中經略招討觀察鹽鐵等使。”北圖藏拓片《唐故鄂岳觀察推官監察御史裏行上柱國元公（袞）墓誌銘并序》（元和五年三月二十日）：“秩滿寓居中部，從其宜也。今夏口廉使高平公（按即郗士美）時來牧茲郡，既至止，與公定交於拜迎之間……無何，高平公自坊州作鎮黔陽，表授□公監察御史裏行黔中觀察支使。”按郗士美於貞元二十年由坊州刺史遷黔中觀察使。《舊書·德宗紀下》及《新書》本傳作“房州”，誤。

李　翛　　元和初

《舊書》本傳：“起於寒賤，以莊憲皇后妹壻，元和已來驟階仕進。以恩澤至坊州、絳州刺史……召拜司農卿，遷京兆尹。”《新書》本傳略同。又見《元龜》卷六九七。按李翛元和十一年由京兆尹遷潤刺，見《舊書·憲宗紀》。則其爲坊刺約在元和初。

李　愬　　約元和五、六年（約 810、811）

《舊書》本傳：“丁父憂……服闋，授右庶子，轉少府監、左庶子，出爲坊、晉二州刺史。以理行殊異，加金紫光祿大夫。復爲庶子，累遷至太子詹事，宮苑閑廄使……元和十一年，用兵討蔡州吳元濟。”《新書》本傳略同。《元龜》卷六七三："李愬,元和中爲坊、晉二州刺史,以理特異,詔加金紫。"

班　肅　　元和十五年(820)

《新書・皇甫鎛傳》:穆宗始聽政,貶皇甫鎛,"鎛之貶,前坊州刺史班肅以嘗僚,獨餞於野,朝廷義之,擢爲司封員外郎"。《元龜》卷一四〇:"長慶元年正月,以前坊州刺史班肅爲司封員外郎。"《全文》卷六四九元稹《授班肅尚書司封員外郎制》:"前坊州刺史賜緋魚袋班肅……可行尚書司封員外郎,餘如故。"

崔　澤　　長慶中

《廣記》卷三〇七引《宣室志》:"有清河崔澤者,長慶中刺坊州,常避暑於庭。時風月清朗,忽見一丈夫身甚長,峨冠廣袖,自堂之前軒而降……是夕,澤被疾……後月餘,卒於郡。"

汪　洌　　大和初

《唐詩紀事》卷四三舒元輿:"元輿授監察御史,時坊州刺史汪洌黷貨,御史大夫溫造署元輿往訊之,於坊州按獄。"按《舊書・舒元輿傳》謂元輿"大和初,入朝爲監察,轉侍御史",則汪洌爲坊刺當在大和初。

段　嶷　　大和中?

《姓纂》卷九沔陽段氏:"嶷,右驍衛將軍,郇(?)、坊州刺史。"按段嶷大和四年十二月以左金吾衛大將軍爲義成軍節度使,見《舊書・文宗紀下》;後自鄭滑節度入爲右金吾衛大將軍,封西平郡公,甘露之變,嶷當誅,裴度奏忠臣後,宜免死,貶循州司馬,見《新書・段秀實傳》。其爲坊刺疑在大和中。

張　怡　　開成二年—三年?(837—838?)

《新書・地理志一》坊州中部縣注:"東北七里有上善泉,開成二年,刺史張怡架水入城,以紓遠汲。"

郭　邁　　開成三年—四年（838—839）

《舊書·陳夷行傳》：開成中，“文宗用郭邁爲坊州刺史，右拾遺宋邧論列，以爲不可。既而邁坐贓，帝謂宰相曰……上竟以夷行議論太過，恩禮漸薄。尋罷知政事，守吏部尚書”。《新書·陳夷行傳》《元龜》卷五四九略同。按陳夷行開成四年五月罷知政事，見《新書·宰相表》。

崔　駢　　開成四年—五年（839—840）

《新書·地理志一》坊州中部縣注：“東北七里有上善泉，開成四年，刺史崔駢復增修之，民獲其利。”《寶刻叢編》卷一〇引《集古錄目》：“《唐修秦文公廟記》……刺史崔駢改其廟像，以爲文公祠，開成五年立此碑。”

薛　淙　　大中五年（851）

《全文》卷七四九杜牧《薛淙除鄧州任如愚除信州虞藏玘除邛州刺史等制》：“前使持節坊州諸軍事守坊州刺史薛淙等……可依前件。”按杜牧大中五年爲考功郎中知制誥。

韋　玫　　大中十年（856）

《匋齋藏石記》卷三四《唐故萬年縣尉直弘文館李君（畫）墓誌銘》（大中十年六月）：“娶韋氏女爲婦。婦即伯舅玫之子，今牧坊州。”

劉彦暉　　天祐三年（906）

《新書·哀帝紀》：天祐三年九月“乙亥，匡國軍節度使劉知俊陷坊州，執刺史劉彦暉”。又見《通鑑·天祐三年》。

待考録

杜元侃

《姓纂》卷六京兆杜氏：“坊州刺史杜元侃。”

段子英

《蠻書》卷六："故渭北節度段子英，此州人也。故居、墳墓，皆在雲南。"按《姓纂》卷九雲南段氏有"子英，率府、遂郡王，神營州兵馬使"，未及渭北節度。

卷九　丹州（咸寧郡）

隋丹陽郡。武德元年改爲丹州。二年置總管府。九年改爲都督府。貞觀元年罷都督府。天寶元年改爲咸寧郡。乾元元年復爲丹州。領縣五：義川、雲巖、汾川、咸寧、門山。

張平高（張崇）　　貞觀初

《舊書》本傳：“從平京城，累授左領軍將軍，封蕭國公。貞觀初，出爲丹州刺史，坐事免，令以右光禄大夫還第，卒。”《新書》本傳略同。《金石録》卷三：“《唐丹州刺史張崇碑》，正書，無書撰人姓名，貞觀八年十一月。”又卷二十三《跋尾》：“右《唐丹州刺史碑》，首尾已殘缺。其可見者云：公諱崇，字平高。按《新書·劉裴（劉文静、裴寂）傳》後載起義功臣事迹有張平高，云：‘……貞觀初，爲丹州刺史，坐事，以右光禄大夫還第，卒。’今以碑考之，其事皆同，惟傳以字爲名耳。”又見《寶刻叢編》卷八引。

韋元祚　　約貞觀中

《新表四上》東眷韋氏逍遥公房：“元祚，丹州刺史。”乃貞觀初宋州刺史韋仁祚之兄。

郭　澄　　約貞觀中

《全文》卷三四一顏真卿《河南府參軍贈祕書丞郭君（揆）神道碑銘》：“五代祖昶，隋驃騎大將軍、開府儀同三司。高祖澄，皇朝朔方道

228

大總管,涇、鄜、坊、慶、丹、延、夏七州刺史。"撲卒天寶八載二月十八日,時年二十四。

周思恭　貞觀中?

《姓纂》卷五長安周氏:"思恭,丹州刺史。"乃北周太子太僕周顧姪孫。

薛　瓛　約高宗時

《新表三下》薛氏:"瓛,丹州刺史。"乃貞觀末貝州刺史薛大鼎之姪;開元三年杭州刺史瑩之叔祖父。

竇孝謙　高宗時

《芒洛四編》卷五《大唐前漢中郡都督府西□李少府公故夫人扶風竇氏墓誌銘并序》:"祖孝謙,丹、坊、鄜、恒、定、洛六州刺〔史〕。"夫人卒天寶二年七月六日,春秋廿五。按《新表一下》竇氏:"孝謙,洛(洺)州刺史。"乃晉州總管竇琮子。

馬　恂　約高宗、武后間

《新表二下》馬氏:"恂,河南令、丹州刺史。"《姓纂》卷七茌平馬氏同。乃太宗時宰相馬周之子。

李崇嗣　約武后時

《新書·宗室世系表上》蔡王房:"平原王崇嗣,丹、冀、貝三州刺史。"乃隋右領軍大將軍李安(玄德)之孫。

蕭　浚　武后時?

《全文》卷五〇三權德輿《揚州兵曹參軍蕭府君(惟明)墓誌銘并序》:"曾祖浚,皇丹州刺史。"惟明卒建中二年四月。

侯莫陳嗣忠　約武后時

《姓纂》卷五河南侯莫陳氏:"嗣忠,丹州刺史。"乃貞觀時相州刺史侯莫陳蕭之子。

蕭宗道　　久視元年（700）

《寶刻叢編》卷八引《京兆金石録》：“《唐丹州刺史蕭宗道碑》，唐員半千撰，蔡有鄰八分書，久視元年。”

李　紹　　約中宗時

《隋唐五代墓誌匯編·洛陽卷》第十二册《故蔚州刺史張府君（任）夫人李氏墓誌銘并序》（貞元十七年七月十三日）：“曾祖紹，故丹、鄆二州刺史。祖晃，故宋州司士參軍。父僑，故□州録事參軍。”夫人卒貞元十七年，未言享年。

崔　均　　中宗時？

《新表二下》鄭州崔氏：“均，丹州刺史。”乃隋黄門侍郎君蕭之曾孫。

豆盧光祚　　景龍四年（710）

《英華》卷九三三張説《延州豆盧使君萬泉縣主薛氏神道碑》：“萬歲登封元年仲春既望歸於豆盧氏……〔豆盧使君〕景龍四年二月以奉御出爲丹、延二州刺史。”薛氏景雲元年八月二十一日逝於延州廨舍，年二十四。北圖藏拓片《大唐故銀青光禄大夫太僕卿駙馬都尉中山郡開國公豆盧公（建）墓誌銘并序》（天寶三載八月十二日）：“父皇正議大夫丹延坊三州刺史上柱國開國公光祚，母皇萬泉縣主薛氏。外祖皇金紫光禄大夫衛尉卿駙馬都尉上柱國子紹，外祖母皇鎮國太平公主。”建卒天寶三載，享壽三十九。《隋唐五代墓誌匯編·洛陽卷》第十三册《邕州本管經略招□□□□□邕州刺史兼御史大夫張公（遵）墓誌》（大和五年二月三日）：“夫人豆盧氏……曾祖光祚，皇丹、延二州刺史。”

韋叔卿　　開元中？

《新表四上》東眷韋氏逍遥公房：“叔卿，丹州刺史。”《姓纂》卷二東眷韋氏逍遥公房同。乃太宗時象州刺史韋挺之曾孫，武后時宰相韋待價姪孫。其爲丹刺疑在開元中。

趙奉璋　　天寶八載(749)

《舊書・玄宗紀》：天寶八載"四月，咸寧太守趙奉璋決杖而死"。又《李林甫傳》："〔天寶〕八載，咸寧太府(守)趙奉璋告林甫罪狀二十餘條。告未上，林甫知之，諷御史臺逮捕，以爲妖言，重杖決殺。"《新書・李林甫傳》略同。又見《新書・玄宗紀》，《通鑑・天寶八載》。

裴千鈞　　約肅宗、代宗間

《新表一上》東眷裴氏："千鈞，丹州刺史。"乃隋絳州留守裴文度之玄孫。其爲丹刺疑在肅宗或代宗時。

牛名俊　　貞元元年(785)

《舊書・德宗紀上》：貞元元年九月"癸卯，以牛名俊爲丹州刺史"。

柳子温　　貞元中

《舊書・柳公綽傳》："父子温，丹州刺史……〔公綽〕貞元四年，復應制舉，再登賢良方正科，時年二十一。"《新表三上》柳氏："子温，丹州刺史。"《姓纂》卷七河東解縣柳氏："温，丹州刺史。"按"温"前脱"子"字。

張　經　　文宗或武宗時

《千唐誌・唐故鄉貢進士燉煌張府君(審文)墓誌銘并序》(大中十三年十一月二十一日)："父經，磊落高節，倜儻宏才，歷典馬邑、咸寧、漢源三郡……左遷泉州掾，因疾薨於所任。府君則咸寧太守第二子也。"審文卒大中十三年十月十八日，享年三十二。

契苾通　　約會昌末大中初

《隋唐五代墓誌匯編・陝西卷》第四册《唐故銀青光禄大夫檢校

左散騎常侍兼安北都護御史大夫充振武麟勝等軍州節度觀察處置等使契苾府君（通）墓誌銘并序》（大中八年卒，享年七十）：“加國子祭酒，後歷勝、蔚、儀、丹四郡守。”按會昌二年在蔚州刺史任。

楊乾光　　大中六年—七年（852—853）

《千唐誌·唐故朝散大夫使持節丹州諸軍事守丹州刺史充本州防禦使上柱國弘農楊公（乾光）墓誌銘并序》：“由伊陽〔令〕拜文州刺史，轉戎州經略使，大中六年五月授丹州防〔禦〕使……大中七年冬十月十有六日啓手足於州之正寢，享年六十。”北圖藏拓片《唐故丹州刺史兼防禦使楊府君（乾光）張掖郡烏氏夫人封張掖縣君墓誌》（咸通十二年正月十四日）：“長子坦纂……大中初，相國白公嘉先考爲官政有奇能云……遂剖符文州，更任戎州……及政成歸於京輦，不日又除丹州。”

賈惟慶　　咸通中？

《新表五下》賈氏：“惟慶，丹州刺史，河東縣男。”乃德宗時宰相賈耽之曾孫。其爲丹刺疑在咸通時。

卷一〇　延州（延安郡）

隋延安郡。武德元年改爲延州總管府。貞觀元年罷都督府。開元二年復置都督府。天寶元年改爲延安郡。乾元元年復爲延州。領縣九：膚施、延安（延長）、臨真、金明、豐林、延水、延川、罷交（延昌）、金城（敷政）。

段德操　　武德二年—五年（619—622）

《舊書·梁師都傳》："師都乃引突厥居河南之地,攻破鹽川郡。武德二年,高祖遣延州總管段德操督兵討之。"《新書·梁師都傳》略同。又見《會要》卷九四、《通鑑·武德二年》八月乙卯記載。《通鑑·武德四年》：二月"壬子,延州總管段德操擊劉仚成,破之,斬首千餘級"。《元龜》卷七八："段德操爲左武衛將軍、延州總管,徵令入朝,賞勞甚厚。"按德操武德五年官左武衛將軍,見《元龜》卷九九〇。

高表仁　　約貞觀初

上圖藏拓片《唐故朝散大夫行洛州偃師縣令高君（安期）墓誌銘并序》（光宅元年十一月十九日）："祖表仁,隨大寧公主駙馬都尉,渤海郡開國公,皇朝尚書右丞,鴻臚卿,□、徑、延、穀四州刺史。"按《舊書·高叡傳》謂："父表仁,穀州刺史。"

常　何　　貞觀六年—十一年（632—637）

抄本《大唐故使持節都黔思費等十六州諸軍事黔州刺史常府君

(何)之碑》(李義府撰):"貞觀六年,除延州諸軍事延州刺史⋯⋯十一年入朝,授正議大夫涇州諸軍事行涇州刺史。"(《敦煌吐魯番文獻研究集·敦煌寫本常何墓碑考釋》)

席 辨 貞觀十四年(640)

《全文》卷一五一許敬宗《賀杭州等龍見并慶雲朱草表》:"又延州刺史席辨稱臨貞(真)縣界有朱草生。"按《元龜》卷二四:貞觀十四年九月杭州言青龍見。許敬宗《表》又有"交河阻兵、西師獻捷"等語,亦爲貞觀十四年事。證知席辨貞觀十四年在延州刺史任。

郭 澄 約貞觀中

《全文》卷三四一顏真卿《河南府參軍贈祕書丞郭君(揆)神道碑銘》:"五代祖昶,隋驃騎大將軍開府儀同三司。高祖澄,皇朝朔方道大總管,涇、郾、坊、慶、丹、延、夏七州刺史。"揆卒天寶八載二月十八日,時年二十四。

張崇基 約貞觀末或高宗初

北圖藏拓片《故銀青光祿大夫太僕卿上柱國張府君(去逸)墓誌銘并序》(天寶七載九月十七日):"祖崇基,皇隨、延二州刺史。考守讓,皇銀青光祿大夫涇州刺史,贈涼州都督。"去逸卒天寶七載八月廿一日,春秋五十有六。又韋述《大唐故少府監范陽縣伯張公(去奢)墓誌銘并序》(天寶六載十月七日):"曾祖立德,秦城都尉。祖崇(避玄宗諱缺"基"字),延州刺史。父守讓,閬州司法,贈涼州都督。"去奢春秋六十,以天寶六載三月十二日卒。

唐 敏(唐季卿) 顯慶中

《新表四下》唐氏:"敏,字季卿,延、濮、青、汴、邠等州刺史。"《寶刻叢編》卷一〇引《集古錄目》:"《唐石像文并陰》,唐延州別駕唐琰撰,不著書人名氏。顯慶中,琰之祖季卿爲延州刺史,造石龕,立三佛像。開元中,琰復爲州別駕,加以鐫飾,以開元二十七年立此碑,并碑陰題名。”

騫　基　　約高宗時

《隋唐五代墓誌匯編·陝西卷》第一册《唐故撫州南城縣令上柱國騫府君（思哲）墓誌銘并序》（景雲元年十一月二日）：“父基，皇朝大理正，太子家令，坊、延、朗、利、果五州刺史。”思哲卒景龍三年，春秋六十。又見《騫思泰墓誌》（開元九年二月七日）、《騫如珪墓誌》（開元十八年十一月二十二日）。

崔恭禮　　約高宗時

《全文》卷三九一獨孤及《唐前楚州司馬河南獨孤公故夫人博陵崔氏墓誌銘》：“曾祖恭禮，國朝駙馬都督，延、齊、易三州刺史。”夫人卒大曆八年十一月。按《舊書·崔器傳》謂曾祖恭禮，貞觀中尚神堯館陶公主。《新書·崔器傳》謂恭禮尚真定公主。駱賓王有《同崔駙馬曉初登樓思京》詩，崔駙馬即崔恭禮，時爲齊州刺史。

温　挺　　約高宗時

《舊書》本傳：“尚高祖女千金公主，官至延州刺史。”《新書》本傳同。又見《姓纂》卷四太原祁縣温氏，《新表二中》温氏。其父彦博，相太宗。

崔玄弼　　高宗時？

《新表二下》崔氏清河小房：“玄弼，延州刺史。”按玄弼乃後魏青州刺史崔長謙之曾孫，陳州刺史玄機之兄。

陸仁儉（陸乾迪）　　天授元年—二年（690—691）

洛陽關林藏《大周故使持節巂州都督陸府君（仁儉字乾迪）墓誌銘并序》（延載元年十月十日）：“儀鳳四年除公岷州刺史……永淳二年除石州刺史……垂拱三年拜公翼州刺史，天授元年延州刺史……天授二年拜公巂州都督。”《隋唐五代墓誌匯編·洛陽卷》第七册《陸公及夫人孫氏墓誌》（延載元年十月二十日）："父乾迪，唐使□歷岷、石、翼、延等四州諸軍事岷石翼延等四州刺史，大周使持節襌州都督、襌等四十二州諸軍事、襌州刺史。"

于士俊　武后時

《姓纂》卷二江陵于氏："子俊，唐延州刺史。"乃神龍二年宰相于惟謙之父。上圖藏拓片《大唐故遊騎將軍守永嘉府右果毅都尉上柱國于府君（賁）墓誌銘并序》（景龍二年十一月二十七日）："父士俊，皇朝使持節延州諸軍事延州刺史、上柱國、東海郡公，贈瀛州刺史……〔公〕俄丁父憂……服終，蒙授遊騎將軍、守永嘉府右果毅都尉……以聖曆元年四月遘疾，其月廿七日奄終官舍，春秋五十有三。"則《姓纂》之"子俊"當爲"士俊"之誤。

李尚賓　約武后時

《新書·宗室世系表上》蔡王房："延州刺史尚賓。"按其父李崇義貞觀十四年暴薨，年五十，見兩《唐書·李崇義傳》。尚賓乃崇義幼子。

張知謇　約證聖元年（約 695）

《舊書》本傳："天授後，歷房、和、舒、延、德、定、稷、晉、洺、宣、貝十一州刺史，所涖有威嚴，人不敢犯。通天中，〔弟〕知泰爲洛州司馬，知默爲秋官郎中。知謇自德州入計，則天重其才幹，又目其狀貌過人，命畫工寫之，以賜其本。"《新書》本傳唯云："歷十一州刺史……萬歲通天中，自德州刺史入計。"又見《元龜》卷六八九。按知謇萬歲通天時爲德州，聖曆時爲稷州，其爲延州約在證聖元年。

宋　禎　長安三年（703）

拓本《大唐故正議大夫使持節延州諸軍事延州刺史上柱國宋府君（禎）墓誌銘并序》："聖曆二年授慶州刺史。長安三年又加正議大夫除延州刺史……俄而賜告歸田，謝休私館。"（《考古》1986 年第 5 期

《河南偃師杏園村的六座紀年唐墓》》

豆盧志靜　　武后末？

　　《隋唐五代墓誌匯編・洛陽卷》第十一册《唐故岐王府祭酒崔公豆盧夫人墓誌銘并序》（天寶四載五月二十七日）：“祖玄儼，集、饒二郡太守，上柱國。父志靜，大中大夫，坊、延二郡太守，襲郪城公。”夫人卒天寶四載，春秋六十六。按玄儼總章二年在饒州刺史任，其子刺延疑在武后末。

豆盧光祚　　景雲元年（710）

　　《英華》卷九三三張説《延州豆盧使君萬泉縣主薛氏神道碑》：“登封元年仲春既望歸於豆盧氏……〔豆盧使君〕景龍四年二月以奉御出爲丹、延二州刺史……〔縣主〕景雲元年八月二十一日傾逝於延州之廨舍，春秋二十有四。”北圖藏拓片《大唐故銀青光禄大夫太僕卿駙馬都尉中山郡開國公豆盧公（建）墓誌銘并序》（天寶三載八月十二日）：“父皇正議大夫丹、延、坊三州刺史上柱國開國公光祚，母皇萬泉縣主薛氏。外祖皇金紫光禄大夫衛尉卿、駙馬都尉、上柱國子紹，外祖母皇鎮國太平公主。”建卒天寶三載，享年三十九。《隋唐五代墓誌匯編・洛陽卷》第十三册《邕州本管經略招□□□□邕州刺史兼御史大夫張公（遵）墓誌》（大和五年二月三日）：夫人豆盧氏，“曾祖光祚，皇丹、延二州刺史”。

高崇德　　開元初？

　　北圖藏拓片《唐故南充郡司馬高府君（琛）墓誌銘并序》（天寶八載八月二十二日）：“用集於曾祖若州别駕祐……用集於大父左監門、左武二衛大將軍平原郡威公侃。承岩州之雅躅，奉威公之遺訓……既剖符於延安，遂題輿於大鹵，用集於烈考崇德。公則并州司馬府君之元子也。”天寶八載卒，享年七十二。按崇德父侃在高宗咸亨中爲左監門大將軍，見《舊書・高宗紀下》。則高侃之子崇德疑仕至開元初。

孫 俒 開元初？

《姓纂》卷四清河孫氏：“俒，延州刺史，富春男。”《新表三下》孫氏同。乃高宗時宰相孫茂道（處約）之子。又按洛陽石刻有《延州刺史孫公碑》，開元二年立，時代相合，疑即俒碑。曲石藏《唐故中書侍郎弘文館學士同中書門下三品樂安孫公夫人陸氏平原郡君墓誌并序》以延載元年合葬，中有“嗣子朝議大夫前行絳州岳平縣令上柱國富春縣開國男俒等”。

元思温 約開元前期

《舊書·元德秀傳》：“父爲延州刺史……〔德秀〕天寶十三年卒，時年五十九。”《新書·元德秀傳》未及。《唐文粹》卷六九李華《元魯山墓碣銘并序》：“維唐天寶十二載九月二十九日，魯山令河南元公終於陸渾草堂……公諱德秀，字紫芝，延州使君之子。”又見《全文》卷三二〇。按兩《唐書·元德秀傳》及李華《元魯山（德秀）墓碣》均不著其父名。《姓纂》卷四河南洛陽元氏云：“思温，鄜州刺史，平陰公。生若拙、德秀。”由此知德秀父爲思温。《隋唐五代墓誌匯編·洛陽卷》第十一册《唐故魯山縣令河南元府君（德秀）墓誌銘并序》（天寶十三載十月甲申）：“後魏明元皇帝九代之孫，大唐延府都督第六之子。”按德秀父即思温。

李 濯 約開元前期

《新書·宗室世系表上》蔡王房：“司勳員外郎、延坊邠三州刺史、貶密州司馬濯。”參見“邠州”卷。

蔣 挺（蔣捷） 約開元十五年（約 727）

《舊書·蔣繪傳》：“子捷，舉進士。開元中，歷臺省，仕至湖、延二州刺史。”又見《新書·蔣繪傳》，《元龜》卷八六〇，《咸淳毗陵志》卷一六。按《舊傳》及《登科記考》作“捷”，《新傳》《郎官柱》《精舍碑》《吳興志》等作“挺”。又按開元十三年自國子司業爲湖州刺史。《隋唐五代墓誌匯編·洛陽卷》第十一册《蔣鐆墓誌》（天寶六載十月七日）：“祖

挺，皇延州都督。父洌，諫議大夫。君即諫議之第四子也。”開元廿一
年卒，年十二。《千唐誌・唐故楚州長史源公夫人蔣氏墓誌銘》（貞元
十年九月二日）稱：“唐故延州都督挺之順孫。”貞元九年卒，享年五
十七。

崔行溫　　開元中？

《新表二下》崔氏清河小房：“行溫，延州刺史。”按行溫乃延州刺
史崔玄弼之姪，疑仕至開元中。

宋　某　　約開元末

《寶刻叢編》卷五引《集古録目》：“《唐宋公神道碑》，唐中書舍人
孫逖撰……宋公名字缺亡，而碑不著其鄉里，官至延州刺史。碑以天
寶四年立，在梁縣。”

魏　哲　　天寶中

《新表二中》鹿城魏氏：“哲，延安太守。”《芒洛四編》卷六《唐故秦
州上邽縣令豆盧府君夫人墓誌》：“夫人鉅鹿魏氏，曲陽人也……先府
君諱哲，正議大夫，巴、延、邛、歙、寧五州刺史。”夫人卒貞元十七年
（801），年七十一，則生於開元十九年（731）；年三十四，丁先府君憂，
則魏哲卒於廣德二年（764）。又按哲乃玄宗時宰相魏知古之子。

劉　繪　　天寶中

《姓纂》卷五彭城劉氏：“繪，延州刺史。”《新表一上》劉氏同。《全
文》卷四四七竇泉《述書賦下》“延安君則快速不滯”注云：“吾舅諱繪，
彭城人也，延安都督。”《書小史》卷一〇同。按繪乃開元中工部尚書
劉知柔之子，其爲延刺約在天寶中。

李　揖　　天寶十四載（755）

《全文》卷三四一顏真卿《朝請大夫行江陵少尹兼侍御史荊南行
軍司馬上柱國顏君（允臧）神道碑銘》：“天寶十載，制舉縣令。對策及

第,授延昌令……會安禄山反……潼關陷,太守李揖計未有所出,君勸投靈武。"

邢 濟 　至德中?

《全詩》卷八一六皎然《因遊支硎寺寄邢端公》詩:"丹延分塞郡,宿昔領戎行。始馭屏星乘,旋陰蔽茀棠。"注:"始佐延州,俄典兹郡。"按邢濟乾元中在金吾將軍任,上元二年爲桂州都督。

韋 朏(韋勝)　廣德二年(764)

《金石萃編》卷七九《華岳韋□題名》:"銀青光禄大夫守太常卿使持節延州都督侍御史上柱國岐陽縣開國男韋□,以廣德二年二□□七日越自師旅,將詣朝廷。"毛鳳枝《關中金石文字存佚考》卷八作"韋朏",卷九又作"韋勝"。

辛德謙　約永泰元年—大曆初(約765—?)

《全文》卷四一三常衮《授辛德謙丹延團練使制》:"〔德謙〕可試太子詹事,兼御史大夫,持節都督延州諸軍事兼延州刺史,充丹延兩州都團練使。"按此制列於《杜濟東川制》之前。又按《新書·方鎮表一》:永泰元年,"渭北鄜坊節度使罷領丹、延二州,增領綏州,以丹、延二州別置都團練使,治延州。是年,增領安塞軍使,尋升爲觀察使"。

周 皓　大曆六年前(771前)

《翰苑集》卷一四《奉天薦袁高等狀》稱:周皓曾任丹延都團練觀察使。按《新書·方鎮表一》:大曆六年,"渭北鄜坊節度使更名渭北節度使,復領丹、延二州,廢丹延觀察使"。則周皓爲丹延觀察使當在大曆六年前。又按《姓纂》卷五江陵周氏:"皓,太僕卿。"《元龜》卷八九〇云:興元元年八月,以右武衞將軍周皓爲太僕卿,兼御史大夫、宣慰迴紇使。《廣記》卷二一三引《畫斷》:周昉,京兆人,節制之後。長兄皓隨哥舒征吐蕃,收石堡城,以功授執金吾,德宗時尚存。《白居易集》卷一四及一五有《宴題周皓大夫宅亭》詩。

李建徽　　大曆十四年(779)

《舊書·德宗紀上》：大曆十四年十一月癸巳，“延州刺史李建(奪“徽”字)爲鄜坊丹延留後”。又見《通鑑·大曆十四年》。

李如暹　　貞元十年(794)

《舊書·德宗紀下》：貞元十年三月“辛丑，以延州刺史李如暹所部蕃落賜名曰安塞軍，以如暹爲軍使”。【補遺】《考古與文物》1996 年第一期《唐李(良僅)墓誌銘考釋》引《唐故特進、檢校工部尚書、使持節都督延州諸軍事行延州刺史、充本州防禦、左神策行營先鋒、安塞軍等使、兼御史大夫、上柱國、隴西李府君(良僅)志銘並序》：“考如暹，習披艱之義訓，熟便番之善圖。……振臂一呼，而同歸我朝者萬餘蹄，屈膝請事者千餘帳。……代宗多之，特以所附之衆而開閣門府焉。累授諸衛大將軍。貞元中，比以殊勛，拜延州刺史、兼安塞軍等使。尋加散騎常侍、兵部尚書。”李如暹，即爲李良僅之父。

張延誠　　貞元十八年(802)

上圖藏拓片《唐故相州臨河縣尉張府君(遊藝)墓誌銘并序》：“維唐貞元十八年十一月七日，前延州都督張延誠號泣於湯陰，啓先府君之殯，以其年十二月一日歸葬於洛陽縣北原……〔遊藝〕有子六人，長曰延誠，延州都督。”

延　勞　　元和初

《全文》卷六四六李絳《論延州事宜狀》：“自朝廷初除延勞領延州，衆情即以爲未當其選……伏望聖恩，令別擇才識相當者充刺史。”據《新書·渾鎬傳》，李絳此狀作於元和初。

渾　鎬　　元和四年(809)

《舊書》本傳：“歷延、唐二州刺史，軍政吏職，有可稱者。及元和中，諸道出師討王承宗，屬義武軍節度使任迪簡不能軍……代迪簡爲節度使。”《新書》本傳：“歷鄧、唐二州刺史，有政譽。元和中，延州沙陀部苦邊吏貪，震擾不安，李絳建言，宜選才職稱者爲刺史，乃任鄜延州。會討王承宗……乃遷檢校右散騎常侍、義武軍節度副使。俄代迪簡爲使。"又見《元龜》卷一二〇、卷六七七。按王承宗反乃元和四年事。

李良僅 元和六年—大和二年（811—828）

《白居易集》卷五七《與李良僅詔》："今授卿延州刺史兼安塞軍使，並賜官告往。"【補遺】今按《考古與文物》1996 年第一期《唐李（良僅）墓誌銘考釋》引《隴西李府君（良僅）志銘並序》："〔元和〕六年，特拜延州刺史，其領軍開府一切如故。……十一年，績效顯白，帝用多之，加御史中丞。長慶初，又拜御史大夫。……敬宗聞其善，詔加散騎常侍。皇帝嗣位，改號大和，以公政美綏戎，才推制敵，詔遷工部尚書焉。公之理延安也，十八年矣。……以大和二年閏三月廿五日薨於本州膚施縣三交里之私第，享年四十六。"由此證知李良僅任延州刺史當在元和六年至大和二年。

陳君儀 文宗時？

《隋唐五代墓誌彙編·陝西卷》第四册《唐故銀青光祿大夫檢校太子賓客使持節寧州諸軍事守寧州刺史陳君（諷）墓誌銘并序》（廣明元年二月十二日）："父君儀，皇任延州刺史，檢校左散騎常侍、御史大夫、右龍武大將軍。仲父君弈，皇任鳳翔節度使。次曰君賞，皇任易定節度使。季父君從，皇任振武節度使。"諷卒乾符六年，享年五十一。按君弈大和九年至會昌元年爲鳳翔節度使，君賞開成五年至會昌三年爲易定節度使，君從大中五、六年爲鄜坊節度使，則君儀約文宗時爲延州刺史。

李孝恭 中和三年（883）

《通鑑·中和三年》：五月，"又建延州爲保塞軍，以保大行軍司馬延州刺史李孝恭爲節度使"。

李思諫　乾寧四年—天復三年(897—903)

　　《通鑑・乾寧四年》：正月"己亥,罷孫偓鳳翔四面行營節度等使,以副都統李思諫爲寧塞節度使"。《全文》卷八四〇韓儀有《授李思諫延州節度使制》。按《新書・方鎮表一》：光化元年,"更保塞軍節度曰寧塞軍節度,後又更名衛國軍節度"。

胡敬璋　天祐三年—四年(906—907)

　　《舊五代史・楊崇本傳》："天祐三年冬十月,崇本復領鳳翔、邠、涇、秦、隴之師,會延州胡敬璋之衆合五六萬屯於美原。"又《高萬興傳》："〔李茂貞〕以其將胡敬璋爲節度使……天祐五年冬,敬璋卒。"《新五代史・高萬興傳》："唐末,河西屬李茂貞,茂貞將胡敬璋爲延州刺史……敬璋死,其將劉萬子代爲刺史。梁開平二年,葬於州南。"

待考録

盧　銛

　　《新表三上》盧氏："銛,延州刺史。"按銛乃後魏濟州刺史盧尚之之五世孫。《全文》卷九〇一收其《對不拘文法判》一篇,小傳謂"官延州刺史",即本《新表》。

彌姐長通

　　《通志》卷二九《氏族五》彌姐氏："唐右領軍延州刺史彌姐長通。"

王　順

　　北圖藏拓片《唐故河東道汾州司馬試太子舍人上柱國王府君(恭)墓誌銘并序》(永貞元年十月十四日)："……光禄大夫試太子賓客上柱國延州刺史□順。"

卷一一　寧州(彭原郡)

隋北地郡。武德元年改爲寧州。貞觀元年置都督府。四年罷都督府。天寶元年改爲彭原郡。乾元元年復爲寧州。領縣六:定安、彭原、羅川(真寧)、定平、襄樂、豐義。

胡　演　　武德元年(618)

《通鑑・武德元年》:"八月,薛舉遣其子仁果進圍寧州,刺史胡演擊却之。"按胡演爲刑部侍郎,見《姓纂》;太宗時爲大理少卿,見兩《唐書・長孫順德傳》。

鹿大師　　武德七年(624)

《通鑑・武德七年》:七月"戊寅,突厥寇原州,遣寧州刺史鹿大師救之"。又見《元龜》卷九八五。

阿史那蘇尼失　　貞觀初

《全文》卷九九一闕名《大唐故右驍衛大將軍薛國貞公阿史那府君(忠)碑》:"父蘇,皇朝左驍衛大將軍寧州都督。"按兩《唐書》有《阿史那忠傳》;《舊書》有《阿史那蘇尼失傳》。又按《舊書》本傳云:"拜寧州都督,封懷德郡王。貞觀八年卒。"《隋唐五代墓誌匯編・陝西卷》第一册《唐故右驍衛大將軍薛國公阿史那貞公(忠)墓誌銘并序》(上元二年十月十五日):"父蘇,左驍衛大將軍、寧州都督,懷德元王。"

裴德超　　貞觀中？

《新表一上》中眷裴氏："德超，寧州刺史。"其子思簡，未署官職。其孫貞休，定州刺史。按德超曾官秦州刺史，見北圖藏拓片《裴涓墓誌》。

薛萬徹　　永徽二年—四年（651—653）

《舊書》本傳："永徽二年，授寧州刺史。"《新書》本傳同。《舊書·高宗紀上》：永徽四年正月"丙子，新除房州刺史、駙馬都尉房遺愛……寧州刺史、駙馬都尉薛萬徹，嵐州刺史、駙馬都尉柴令武謀反。二月乙酉，遺愛、萬徹、令武等並伏誅"。《元龜》卷一五二作"永徽四年二月甲申"。又見《通鑑·永徽三年》，《元龜》卷六一七、卷七八三、卷八七七。

竇義節　　約高宗時

《會要》卷二一昭陵陪葬名氏有"寧州刺史竇義節"。《長安志》卷一六"昭陵陪葬丞郎三品"同。《寶刻叢編》卷九引《京兆金石錄》有《唐寧州刺史賈義節碑》，無年月。按"賈義節"疑即"竇義節"之訛。又按《新表一下》竇氏："義節，虢州刺史。"

李孝斌　　約高宗時

《元龜》卷一三一："〔天寶〕七載八月，詔尚書左僕射兼右相吏部尚書李林甫……祖華陰郡開國公寧州刺史孝斌贈兵部尚書。"按《舊書·李林甫傳》《新書·李孝斌傳》皆作原州長史。孝斌爲寧刺約在高宗時。

狄仁傑　　高宗末—垂拱二年（?—686）

《舊書》本傳："高宗將幸汾陽宮，以仁傑爲知頓使……俄轉寧州刺史，撫和戎夏，人得歡心，郡人勒碑頌德。御史郭翰……薦名於朝，徵爲冬官侍郎，充江南巡撫使。"《通鑑·垂拱二年》："狄仁傑爲寧州刺史。右臺監察御史晉陵郭翰巡察隴右，所至多所按劾。入寧州境，耆老歌刺史德美者盈路，翰薦之於朝，徵爲冬官侍郎。”又見《新書》本傳，《元龜》卷六七七，《大唐新語》卷九。《廣記》卷三二九引《廣異記》（據陳校本）。

氏仁執　　載初元年（689）

《寶刻叢編》卷八引《京兆金石録》：“《唐寧州刺史氏仁執碑》，載初元年。”

裴守真（裴守忠）　　長安中

《舊書》本傳：“天授中爲司府丞……出爲汴州司録，累轉成州刺史……俄轉寧州刺史……長安中卒。”《新書》本傳略同。又見《唐詩紀事》卷五，《元龜》卷七五六。《新表一上》南來吳裴氏：“守真，字方忠，邠、寧二州刺史。”生子餘、巨卿、耀卿。《全文》卷三一二孫逖《唐齊州刺史裴公（耀卿）德政頌》，卷三二六王維《裴僕射（耀卿）齊州遺愛碑》，卷四七九許孟容《唐故侍中尚書右僕射贈司空文獻公裴公（耀卿）神道碑銘并序》皆稱：父守真，成（或邠）、寧二州刺史。《柳河東集》卷一一《故處士裴君墓誌》稱：“曾祖諱某（守真），寧州刺史。”《千唐誌·唐故左清道率府録事參軍于公故夫人裴氏墓誌銘并序》：“天寶十有二載夏六月廿九日，夫人裴氏卒於東京宣教里……王父寧州刺史贈户部尚書諱守忠，列考儀王傅諱巨卿。”天寶十二載十一月十五日。《芒洛四編》卷六《唐故太子司議郎盧府君（寂）墓誌銘并序》：“夫人河東裴氏，祖守忠，寧州刺史。父子餘，銀青光禄大夫、給事中、冀州刺史。”“守忠”當即“守真”或“方忠”。

裴　撝　　睿宗時

《新表一上》東眷裴氏：“撝，寧州刺史。”《千唐誌·大唐故通議大夫使持節寧州諸軍事寧州刺史上柱國裴公（撝）墓誌銘并序》（開元九年十月二十九日）：“詔遷使持節泗州刺史……詔遷使持節寧州刺史……頻上表疏，固請骸骨，天子優而許焉……以太極元年三月廿六日寢疾薨於東都宣教里之私第，春秋七十有七。”

崔　琬　　開元初

《舊書・元行冲傳》：“開元初，自太子詹事出爲岐州刺史，又充關内道按察使。行冲自以書生不堪搏擊之任，固辭按察，乃以寧州刺史崔琬代焉。”

鄭宏之　　天寶中？

《廣記》卷四四九引《紀聞》：“〔鄭〕宏之自寧州刺史改定州，神與宏之訣去，以是人謂宏之禄盡矣。宏之至州兩歲，風疾去官。”按《新表五上》鄭氏：“宏之，定州刺史。”杜甫《祭外祖母文》稱外孫滎陽鄭宏之、京兆杜甫（《杜工部集》卷二〇）。

李　遵　　天寶十四載—十五載（755—756）

《舊書・肅宗紀》：天寶十五載六月“庚子，〔上〕至烏氏驛，彭原太守李遵謁見，率兵士奉迎，仍進衣服糧糗。上至彭原，又募得甲士四百，率私馬以助軍”。又見《元龜》卷六八六。《全文》卷三九一獨孤及《唐故特進太子少保鄭國李公（遵）墓誌銘》：“〔天寶〕十四年秋九月，由執金吾爲彭原郡守……肅宗……次於彭原，公頓首迎謁……進幸靈武……公與裴冕等率群臣勸進……拜公尚書工部侍郎，領宗正卿。”

劉　晏　　至德二載（757）

《新書》本傳：“晏至吴郡而〔永王〕璘反……召拜彭原太守，徙隴、華二州刺史。”《舊書》本傳未及。

韋　倫　　乾元二年（759）

《舊書》本傳：“荆、襄二州平，詔除崔光遠爲襄州節度使，徵倫爲衛尉卿。旬日，又以本官兼寧州刺史、招討處置等使，尋又兼隴州刺史。乾元三年……乃以倫爲襄州刺史、兼御史大夫、山南東道襄鄧等十州節度使。”《新書》本傳略同。按乾元二年八月，襄州將康楚元作亂，十一月，荆襄平，見《通鑑・乾元二年》記載。

魏　哲　　約上元、寶應間

《芒洛四編》卷六《唐故秦州上邽縣令豆盧府君夫人（魏氏）墓誌》：“先府君諱哲，正議大夫，巴、延、邛、歙、寧五州刺史，鉅鹿縣開國男之第四女也……夫人年三十四，丁先府君之憂……辛巳歲（貞元十七年）七月廿九日終於東京康俗里第，享年七十有一。”由此知夫人生於開元十九年（731），三十四歲丁父憂，則魏哲卒於廣德二年（764）。

臧希晏　　廣德元年（763）

《全文》卷三六四張孚《金紫光禄大夫左金吾衛將軍臧府君（希晏）神道碑銘并序》：“轉慶州刺史……特拜太僕卿、寧州刺史。”希晏卒廣德二年。又卷三四二顔真卿《唐故左武衛將軍臧公（懷恪）神道碑銘》：懷恪開元二十五年二月二十六日薨，享年五十六。七子“寧州刺史左金吾衛將軍贈揚州大都督希晏”。又見《關中金石記》卷三，北圖藏拓片（廣德元年十月）。

李　㧑　　代宗時？

《新書·宗室世系表》紀王房：“寧州刺史㧑。”按㧑乃紀王慎之曾孫，義陽王李琮之孫，汝州刺史李行休之子。又按行休仕開元中，見《新書·李行休傳》。㧑爲寧刺疑在代宗時。

長孫全緒　　大曆中

《新表二上》長孫氏：“全緒，寧州刺史。”按《舊書·代宗紀》廣德元年十月有六軍使長孫全緒。大曆七年爲容管經略使。其爲寧刺當在大曆中。

夏侯英　　興元元年（784）

《通鑑·興元元年》：六月，“〔朱〕泚獨與范陽親兵及宗族、賓客北趣驛馬關，寧州刺史夏侯英拒之”。又見《新書·朱泚傳》。

范希朝　　貞元四年—六年（788—790）

《舊書》本傳：“及德宗幸奉天，希朝戰守有功，累加兼中丞，爲寧

州刺史。"又《韓遊瓌傳》：貞元四年七月，"上聞軍情欲〔范〕希朝，乃授
寧州刺史，爲〔張〕獻甫邠寧之副"。又《德宗紀下》：貞元六年五月"壬
午，以寧州刺史范希朝爲單于大都護、麟勝節度使"。又見《舊書·楊
朝晟傳》，《元龜》卷四四〇，《新書》本傳，《通鑑·貞元四年》。

劉南金　　貞元十七年（801）

《新書·德宗紀》：貞元十七年"六月丙申，寧州軍亂，殺其刺史劉
南金"。又見《通鑑·貞元十七年》。

論　儌　　元和元年（806）

《元氏長慶集》卷三三《論追制表》："臣竊見近除寧州刺史論儌、
虔州刺史高宏本、通州刺史豆盧靖，曾不涉旬並以追制，又以杜兼爲
蘇州刺史，行未半途，復改郎署。"又見《全文》卷六五〇。卞孝萱《元
稹年譜》繫此文於元和元年。【補遺】《全唐文補遺》第七輯 141 頁《有
唐幽州盧龍節度左都衙銀青光禄大夫檢校國子祭酒攝檀州刺史充威
武軍使兼御史中丞上柱國晉昌論公（博言）墓誌銘並序》（咸通六年十
月廿五日）："公即……英武軍使、奉天定難功臣、銀青光禄大夫、檢校
右散騎常侍、穎州刺史兼御史大夫、榆溪王、贈太子太師惟貞之孫，寧
州防禦使、銀青光禄大夫、檢校國子祭酒、守寧州刺史、兼御史中丞、
上柱國諱儌之令子。……咸通乙酉重五，聘東垣回，暍疾於路，迄秋
分永逝於蘇城南郭析津坊，壽六十一。"（師海軍提供）

【曹　華　　元和九年（814）（未之任）】

《舊書》本傳："元和九年，以功授寧州刺史，未行而吳元濟叛，朝
廷命河陽帥烏重胤討賊。重胤請華爲懷汝節度行營副使。"《新書》本
傳略同。又見《元龜》卷四二二。

薛昌族　　元和十五年（820）

《全文》卷六四八元稹《授薛昌族王府長史等制》："前寧州刺史薛
昌族、前泌州刺史烏重儒等，皆勳伐之子孫，並良能之牧守……昌族

可行絳王府長史。"按昌族父薛嵩爲相州刺史，累遷檢校右僕射，大曆八年正月卒，見兩《唐書・薛嵩傳》。又按元稹自元和十五年始入爲知制誥。

王　沛　　長慶元年（821）

《舊書》本傳："及李師道誅，詔分許州兵戍於邠，以沛爲都將，救鹽州，擊退吐蕃。以功加寧州刺史，遷陳州。李齐反，詔沛兼忠武節度副使，率師討齐。"《新書》本傳略同。又見《元龜》卷三五九。

馬　紓　　大和中—開成中

《全文》卷七二九楊倞《唐故銀青光禄大夫使持節蔚州諸軍事行蔚州刺史兼御史中丞馬公（紓）墓誌銘并序》："同捷就戮，萬夫解甲……天子以公忠果可任大事，拜左武衛將軍，後出爲寧州刺史……至開成中，博陵更帥……乃拜公蔚州刺史兼御史中丞……三年去任……又拜蔚州刺史……以會昌四年三月十日終於所寄之第。"又見《古刻叢鈔》。

張君緒　　大中三年（849）

《通鑑・大中三年》：七月"甲子，邠寧節度使張君緒取蕭關。甲戌……詔邠寧節度權移軍於寧州以應接河西"。按《新書・方鎮表一》：大中三年，"邠寧節度以南山平夏部落叛，徙治寧州。及內附，復徙故治"。

白敏中　　大中五年—六年（851—852）

《舊書・宣宗紀》：大中五年五月，"守司空、門下侍郎、太原郡開國伯、食邑一千户白敏中檢校司徒、同平章事、邠州刺史，充邠寧節度觀察、東面招討党項等使"。《通鑑・大中六年》："四月甲辰，以邠寧節度使白敏中爲西川節度使。"又見兩《唐書》本傳。《大詔令集》卷五三《白敏中邠寧節度平章事制》："特進守司空兼門下侍郎同中書門下平章事充招討南山平夏党項兵馬都統制置等使并南北兩路供軍使兼

邠寧節度使白敏中……可守司空同中書門下平章事邠寧等州節度觀
察使。大中五年十月。"又見《全文》卷七六三沈珣行制。《全文》卷七
六三沈珣《授白敏中西川節度使制》："邠寧節度使白敏中……既收功
於郇邠，宜移斾於井絡。"又卷七六一鄭處誨《邠州節度使廳記》："今
天子三年，西戎款關，獻河湟數州之地……始詔司空白公由丞相府持
節來鎮。"按是時邠寧節度使徙治寧州，疑白敏中是時兼寧州刺史，邠
州刺史當爲遙領。

畢　誠　　大中六年—九年（852—855）

《通鑑・大中六年》："六月壬申，先以誠爲刑部侍郎，癸酉，乃除
邠寧節度使。"《大中九年》："三月，詔邠寧節度使畢誠還邠州。先是
（大中三年），以河湟初附，党項未平，移邠寧軍於寧州，至是，南山、平
夏皆安，威、鹽、武三州軍食足，故令還理所。"又見兩《唐書》本傳。
《全文》卷七六三沈珣有《授畢誠邠寧節度使制》。又卷七九宣宗《授
畢誠昭義節度使制》稱：檢校工部尚書使持節寧州諸軍事兼寧州刺史
御史大夫上柱國畢誠。《東觀奏記》卷下："〔畢誠〕在翰林，上恩顧特異，
許用爲相，深爲丞相令狐綯所忌，自邠寧連移鳳翔、昭義、北門三鎮。"

陳　諷　　乾符六年（879）

《隋唐五代墓誌匯編・陝西卷》第四册《唐故銀青光禄大夫檢校
太子賓客使持節寧州諸軍事守寧州刺史兼御史中丞充淮南軍防
□□□兵馬使陳府君（諷）墓誌銘并序》（廣明元年二月十二日）："時
屬寧州淮南□不理，遂奏公茸而撫之……加左驍衛將軍……特奏兼
寧州刺史。"乾符六年十一月五日卒，享年五十一。

王知道　　大順中

《全文》卷八三七薛廷珪有《授王知道寧州刺史王知勳右衛將軍
制》。按薛廷珪大順初累遷司勳員外郎，知制誥，正拜中書舍人，見
《舊書・薛廷珪傳》。此制當作於大順中。

安友晟　　乾寧中

《全文》卷八三三錢珝《授高爽果州刺史安友晟寧州刺史仍封武威縣開國子加食邑制》。按錢珝由宰相王搏薦知制誥，進中書舍人。搏得罪，珝貶撫州司馬，見《新書・錢珝傳》。又按王搏乾寧二年爲相，光化三年罷。此制當作於乾寧中。

高　爽　　約光化初

《全文》卷八三三錢珝《授寧州刺史高爽檢校司徒仍封渤海縣男加食邑制》。按《全文》同卷錢珝《授高爽果州刺史安友晟寧州刺史仍封武威縣開國子加食邑制》，在此制之前。高爽爲寧刺當在安友晟後。

待考録

柳　暉

《姓纂》卷七河東解縣柳氏："暉，寧州刺史。"《新表三上》柳氏同。按暉爲後周中書侍郎虬五世孫。

長孫訓

《新表二上》長孫氏："訓，寧州刺史。"乃無忌玄孫；宣州刺史長孫元翼之子，大曆寧州刺史全緒曾祖，疑世系有誤。

許　某

《全文》卷四二五于邵《爲衛尉卿許卿留男表》："臣某年任寧州刺史，表請磧西效力。"

卷一二 慶州（安化郡、順化郡）

隋弘化郡。武德元年改爲慶州。六年置總管府，七年改總管府爲都督府。貞觀元年廢都督府。四年復置都督府。五年又罷都督府。開元四年復置都督府。天寶元年改爲安化郡。至德元年改爲順化郡。乾元元年改爲慶州。領縣十：安化、蟠交（合水）、樂蟠、馬嶺、方渠、同川、洛源、白馬（延慶）、華池、懷安。

于德秀　　武德中

《元龜》卷六九四："于德秀，武德中爲慶州刺史。梁師都來侵，德秀擊却之。"

楊文幹　　武德六年—七年（623—624）

《新書·高祖紀》：武德七年"六月辛丑，如仁智宫。壬戌，慶州都督楊文幹反"。七月"癸酉，慶州人殺楊文幹以降"。又見兩《唐書·李建成傳》《杜淹傳》《韋挺傳》，《通鑑·武德七年》，《元龜》卷一二二。《元龜》卷一九："〔武德〕七年，幸仁智宫，時寧州總管楊文幹舉兵作亂。"按"寧州"爲"慶州"之誤。《遼居稿·唐楊文幹造像小銅碑跋》："陽面記四行文曰：武德六年，主國大將軍慶州都督楊文幹爲所生父母請空法大禪師造佛像千區，香花供養。凡三十六言。"

張公謹　　武德八年？（625？）

北圖藏拓片《大周故朝散大夫益州大都督府郫縣令張君（憒）墓

誌銘》（神功元年十月二十二日）：“祖公謹，屬隋原鹿走……唐朝授公右武候長史，隨、鄒、虞三州別駕……泉州、慶州、定襄三總管……代、襄二州都督，鄒國公。”按公謹貞觀六年卒於襄州都督任。

劉　旻　武德九年（626）

《通鑑·武德九年》：“五月戊子，虔州胡成郎等殺長史，叛歸梁師都，都督劉旻追斬之。”胡三省注云：“‘虔州’當作‘慶州’。”

孟孝敏　貞觀初

《千唐誌·平昌孟公祖母吳郡陸氏墓誌銘并序》（神龍二年七月二十日）：“夫人吳郡陸氏……年廿有二，適慶州刺史平昌孟氏諱孝敏。”夫人卒永淳二年（683）十月三日，春秋八十有五。知生於隋開皇十九年（599），其廿二歲時爲武德三年。北圖藏拓片《唐故上柱國左武候驃騎將軍右武候長史清淇公墓誌銘并序》（貞觀八年十一月五日）：“公諱孝敏，字至德，平原平昌人也……大唐義寧元年授上柱國清淇縣開國公，又拜相州總管府長史……擁旄推轂，妙選惟良，又權授慶州都督……至如子產居鄭，貽謫於國人；石苞近吳，被疑於世祖……解綬褫紳，竄甌閩之壤；吞聲委命，逢障厲之灾。以貞觀七年正月十七日終於廣州南海縣，春秋五十有五。”

郭　澄　貞觀中

《全文》卷三四一顔真卿《河南府參軍贈祕書丞郭君（揆）神道碑銘》：“五代祖昶，隋驃騎大將軍、開府儀同三司。高祖澄，皇朝朔方道大總管，涇、郿、坊、慶、丹、延、夏七州刺史。”揆卒天寶八載二月十八日，年二十四。

李弘節　貞觀中

《芒洛四編·大唐故交州都督上柱國清平縣公世子李君（道素）墓誌銘并序》：“父弘節，杭、原、慶三州刺史，大理少卿，桂、交二州都督使持節二州諸軍事，贈桂州都督廿七州諸軍事上柱國清平縣公。"道素貞觀十二年隨父任桂州都督，貞觀十三年九月二十六日卒於桂州，春秋十七。上圖藏拓片《并州太原縣令李冲墓誌》（永昌元年五月）："父弘節，皇朝任杭、慶、原三州刺史，大理卿、尚書工部侍郎并檢校工部尚書、金紫光禄大夫、并州大都督府長史、雍州别駕、交桂二州都督、上柱國、清平縣開國公。"

張　恪　　貞觀中？

《全文》卷二九二張九齡《故開府儀同三司行尚書左丞相燕國公贈太師張公（説）墓誌銘并序》："開元十有八載……公薨於位，享年六十四……慶州都督諱恪府君之孫。"又卷三一二孫逖《唐故幽州都督河北節度使燕國文貞張公遺愛頌并序》："及公之貴，世德其昌。光於祖考，則慶州都督刑部尚書追孝於前烈；友于兄弟，則國子祭酒懷州刺史致美於當代。"按燕國張公即張説；其祖當即張恪。

竇懷哲　　顯慶四年（659）

《寶刻叢編》卷九引《集古録目》："《唐蘭陵長公主碑》，唐吏部尚書兼知中書門下事李義府撰，慶州刺史駙馬都尉竇懷哲書。公主名淑，字麗真，太宗之第十九女。碑以顯慶四年十月立。"《金石補正》卷三六引《平津讀碑記·大唐故蘭陵長公主碑》："《世系表》：懷悊，武威郡都督；《碑》作慶州刺史。《公主傳》南監本作'虎州都督'，'虎'即'慶'字之訛。"陸增祥按："《公主傳》作兖州都督，南監本'虎'字當爲'兖'之訛字，形較似；未必是'慶'之訛。"《全文》卷一五三李義府《大唐故蘭陵長公主碑》："貞觀十年，乃下詔曰：第十九女……可封蘭陵郡公主……駙馬都尉慶州諸軍事使持節慶州刺史扶風竇懷悊，即太穆皇后之孫。"

權懷恩　　高宗時

《舊書》本傳："咸亨初，累轉尚乘奉御，襲爵盧國公……後歷慶、萊、衛、邢四州刺史，洛州長史。"《新書》本傳略同。《元龜》卷六八九謂"權懷恩爲變、萊、衛、雅四州刺史"。"變"字當爲"慶"字之誤。

魏叔瑜　　約高宗時

《全文》卷二二七張説《唐故豫州刺史魏君（叔瑜）碑》：“考太師鄭文貞公……祖德胄系，叙於太宗之先碑矣……〔君〕出爲懷州長史，歷慶、慈、儀、豫四州刺史，春華韡於兩宫，時雨零於四郡……春秋五十有一，終於豫州。”按《舊書·魏徵傳》：“徵四子：叔琬、叔璘、叔瑜……叔瑜至潞州刺史。”《新書·魏徵傳》：“四子：叔玉、叔琬、叔璘、叔瑜……叔瑜，豫州刺史。”均未及慶州。又按魏徵卒貞觀十六年，其子當仕於高宗時。

李　朴　　約高宗、武后時

北圖藏拓片《唐前濮州録事參軍陳公故夫人趙郡李氏墓誌銘并序》（乾元二年十月十六日）：“曾祖弘節，皇并、雍二京長史……祖朴，皇慶、商、黄、朗等州刺史；歷專城而有四，播嘉惠而無倖。父銑，皇朝請大夫鄭州新鄭縣令。”夫人因避地卒於越州旅第，年二十九。按李弘節仕於貞觀中，其子朴約仕於高宗、武后時。

郭　昶　　武后時

《姓纂》卷一○華陰郭氏：“〔廣慶〕生昶，慶州刺史。”按《新表四上》華陰郭氏“廣慶”作“廣敬”，未叙下代。又按《萬年宫碑陰》有左衛將軍兼太子左衛率上柱國郜國公臣郭廣敬。則作“廣敬”近是，“廣慶”蓋宋人諱改。貞觀二十一年，廣敬征車鼻可汗，見《舊書·突厥傳》；坐與上官儀交遊，又爲隰州刺史，見《元龜》卷九三三。廣敬仕於貞觀末至高宗初，則其子昶刺慶疑在武后時。

李允義　　武后時？

《全文》卷五二一梁肅《著作郎贈祕書少監權公夫人李氏墓誌銘》：“曾祖允義，皇朝慶州刺史；大父仲進，宣州司士參軍；考備，冀州司倉……〔夫人〕有子德輿，七歲而孤。”夫人貞元四年七月卒。

宋　禎　　聖曆二年—長安三年（699—703）

拓本《大唐故正議大夫使持節延州諸軍事延州刺史上柱國宋府

君(禎)墓誌銘并序》:"聖曆二年授慶州刺史。長安三年又加正議大
夫除延州刺史。"(《考古》1986 年第 5 期《河南偃師杏園村的六座紀年
唐墓》)

郜元暕　睿宗時?

曲石藏《唐故潁王府録事參軍郜君(崇烈)墓誌銘并序》:"皇考元
暕,皇朝兵部郎中、興慶二州刺史……君則使君之冢子也。"崇烈卒開
元二十八年五月八日,年六十四。

魏　靖(魏静)　約開元初期

《新書·藝文志三》"玄覺《永嘉集》十卷"注:"慶州刺史魏靖編
次。"《全文》卷四〇二魏静小傳:"静,開元時官慶州刺史。"《宋高僧
傳》卷八《唐温州龍興寺玄覺傳》:"以先天二年十月十七日於龍興別
院端坐入定,怡然不動。僧侶悲號……後李北海邕爲守括州,遂列覺
行録爲碑,號神道焉。覺唱道著明,修證悟入,慶州刺史魏靖都緝綴
之,號《永嘉集》是也。"北圖藏拓片《大唐故右金吾將軍魏公(靖)墓誌
銘并序》(開元十五年正月二十四日):"弱冠應制舉,授成武尉,轉鄭
縣尉、大理評事、監察御史、殿中侍御史,出爲鄠縣令,又貶爲温州岳
城主簿,符離縣令,幽、冀、郴、蘄、鄭五州司馬,濮、原二州長史,〔歷〕
庫部郎中,萬年縣令,慶、沁、易、涇四州刺史,靈、慶、秦三州都督,入
爲右金吾將軍。"開元十四年卒。按魏靖武后末在監察御史任,見《舊
書·刑法志》。

賈　曾　開元六年(718)

《舊書》本傳:"貶洋州刺史。開元六年,玄宗念舊,特恩甄叙,繼
歷慶、鄭等州刺史,入拜光禄少卿,遷禮部侍郎。十五年卒。"《新書》
本傳:"坐事貶洋州刺史。歷虔、鄭等州刺史,遷禮部侍郎,卒。"按"虔
州"疑爲"慶州"之訛。《元龜》卷一七二:開元六年二月,"洋州刺史賈
曾爲慶州刺史"。

宋庭瑜　　開元中

《舊書·列女·宋庭瑜妻魏氏傳》："先天中,庭瑜自司農少卿左遷涪州別駕……開元中,庭瑜累遷慶州都督……尋轉廣州都督,道病卒。"

陸大鯤　　開元中

《姓纂》卷一〇陸氏:"大鯤,慶州都督。"《新表三下》陸氏同。按大鯤乃高宗時宰相陸敦信之孫。其爲慶刺當在開元中。

吳從衆　　約天寶四、五載（約 745、746）

《嘉泰吳興志》卷一四郡守題名:"吳從衆,開元二十八年自蘄州刺史授;遷密州刺史,充党項使。《統紀》云:天寶三年自鄭州刺史授;遷安化郡太守,即密州刺史也。"按安化郡乃慶州,非密州。以"充党項使"視之,似作"安化郡"爲是。密州則遠離党項也。

馬　瓊　　天寶中？

《姓纂》卷七陝郡馬氏:"瓊,慶州都督。"按其子馬錫,貞元元年官殿中少監,見《元龜》卷一四四;又爲虢州刺史,見《全文》卷六二八吕温《虢州三堂記》。瓊爲慶州都督疑在天寶時。

吕崇賁　　至德元載（756）

《舊書·蕭宗記》:至德元載七月,"前蒲州刺史吕崇賁爲關内節度使兼順化郡太守"。《通鑑·至德元載》:七月,"改關内採訪使爲節度使,徙治安化,以前蒲關防禦使吕崇賁爲之"。

王思禮　　至德元載—乾元元年（756—758）

《舊書·蕭宗紀》:至德元載"十二月戊子,以王思禮爲關内節度"。乾元元年八月甲辰,"關内節度使王思禮來朝,加……思禮兵部尚書,餘如故"。又本傳:天寶十五載,"除爲關内節度使。尋遷守武功"。《新書》本傳:"更爲關内行營節度、河西隴右伊西行營兵馬使,守武功……長安平，思禮先入清宮……尋兼潞沁等州節度。乾元元年，總關中、潞州行營兵三萬、騎八千，與子儀圍賊相州。"

藥子昂　　上元中

《芒洛遺文》卷中《唐故朝散大夫臨晉縣令上柱國李府君（鼎）墓誌銘并叙》："寶曆二年正月一日寢疾，終於臨晉縣通達之精舍，享年六十有七。夫人廣陵藥氏，關內節度御史大夫子昂之息女也。"大和元年九月一日。按《姓纂》卷一〇河内藥氏："大曆有殿中監閑厩使兼御史大夫藥子昂。"寶應元年官殿中監，見《會要》卷五九；又官閑厩使，見《會要》卷六五。又代宗初，以右武衛大將軍代判元帥行軍司馬，見《新書・李輔國傳》。又按《新書・方鎮表一》：上元二年，"廢關內節度使，罷領單于大都護，以涇、原、寧、慶、坊、丹、延隸邠寧節度，麟、勝隸振武節度"。則子昂爲關內節度當在上元中。

臧希晏　　寶應中

《全文》卷三六四張孚《金紫光禄大夫左金吾衛將軍贈揚州大都督臧府君（希晏）神道碑銘并序》："遷左監門將軍兼麟州刺史，無何，轉慶州刺史……特拜太僕卿兼慶州刺史。"廣德二年八月五日卒，享年五十三。

梁進用　　大曆三年（768）

《新書・党項傳》："〔郭〕子儀表工部尚書路嗣恭爲朔方留後，將作少監梁進用爲押党項部落使，置行慶州。且言：'党項陰結吐蕃爲變，可遣使者招慰，芟其反謀，因令進用爲慶州刺史，嚴邏以絶吐蕃往來道。'代宗然之。"《新書・方鎮表一》："大曆三年，朔方節度增領邠、寧、慶三州。"

論惟明　　建中四年（783）

《通鑑・建中四年》：十月，"邠寧留後韓遊瓌、慶州刺史論惟明、監軍翟文秀受詔將兵三千拒〔朱〕泚於便橋"。《舊書・韓遊瓌傳》：

“德宗出幸奉天，衛兵未集，遊瓌與慶州刺史論惟明合兵三千人赴難，自乾陵北過赴醴泉以拒〔朱〕泚……李懷光反，從駕山南。”又見《渾瑊傳》。《新書·韓遊瓌傳》略同。按論惟明貞元二年爲鄜坊節度，三年卒，見《舊書·德宗紀》。

段　琦　　貞元初？

《隋唐五代墓誌匯編·陝西卷》第四册《唐故鄉貢進士段府君（庚）墓誌銘并序》（咸通十二年十月一日）：“曾祖琦，皇慶州刺史。祖祐，皇涇原節度使。”又十月二十四日誌稱：“曾王父皇慶州刺史諱琦。”按段祐貞元十九年至元和三年爲涇原節度使，其父琦疑仕至貞元初。

哥舒曄　　貞元中？

《通志》卷二九《氏族志五》哥舒氏：“曄，慶州刺史、御史大夫。”按《姓纂》卷五哥舒氏：“曄，尚書、東郡（都）汝州節度使。”岑仲勉《姓纂四校記》云：“曜，官尚書、汝州節度使。此作曄，誤。”

郝　玭　　元和十五年（820）

《舊書·穆宗紀》：元和十五年十一月癸亥，“以渭州刺史、涇原行營兵馬使、保定郡王郝玭爲慶州刺史”。又本傳：“〔元和〕十三年，檢校左散騎常侍、渭州刺史、御史大夫，充涇原行營節度、平涼鎮遏都知兵馬使，封保定郡王……移授慶州刺史，竟終牖下。”又見《元龜》卷三九三。《新書》本傳：“貞元中爲臨涇鎮將……在邊積三十年……徙爲慶州刺史，卒。”

趙　縱　　大中四、五年？（850、851？）

《全詩》卷五二一杜牧《聞慶州趙縱使君與党項戰中箭身死輒書長句》。按大中四、五年間党項屢爲邊患，見《通鑑》。

李宗元　　約咸通十二年（約871）

《隋唐五代墓誌匯編·陝西卷》第四册《唐故慶州軍事判官試協

律郎張府君（邵）墓銘并序》（乾符二年十月二十一日）：“今右軍步軍大將軍李公宗元比鎮鐵顙，慕其爲人，因以署職。後遷牧慶州，就辟爲倅。”張邵卒咸通十三年，享年六十五。

待考録

吴令俊

《隋唐五代墓誌匯編·陝西卷》第四册有《唐故持節都督慶州諸軍事行慶州刺史吴府君（令俊）墓誌銘并序》，卒年、葬年等字迹均漫漶不可辨。

卷一三　涇州（安定郡、保定郡）

隋安定郡。武德元年討平薛仁杲，改名涇州。天寶元年復爲安定郡。至德元載更名保定郡。乾元元年復爲涇州。領縣五：安定、鶉觚（靈臺）、臨涇、良原、陰盤（潘原）。

劉　感　　武德初

《姓纂》卷五河南劉氏："唐涇州總管劉感，平原公。"《舊書》本傳："武德初，以驃騎將軍鎮涇州，薛仁杲率衆圍之，感嬰城拒守……長平王叔良援兵至，仁杲解圍而去。感與叔良出戰，爲賊所擒……賊平，高祖購得其屍，祭以少牢。"《新書》本傳略同。又見《御覽》卷四一七、《大唐新語》卷五。

李叔良　　武德初—四年（?—621）

《舊書》本傳："武德元年，拜刑部侍郎，進爵爲王。師鎮涇州，以禦薛舉……官軍敗績，劉感没於陣。叔良大懼，出金以賜士卒，嚴爲守備，涇州僅全。四年，突厥入寇，命叔良率五軍擊之。叔良中流矢而薨。"《新書》本傳略同。

孟宣文　　武德五年前後（622 前後）

《嘉泰吳興志》卷一四郡守題名："孟宣文，武德二年自陳州刺史授；後遷涇州刺史。"

冉仁才　　約貞觀初

《全文》卷二二八張説《河州刺史冉府君（實）神道碑》：“烈考天水郡果公諱仁才，秩金紫光禄大夫，婚皇室漢南縣主，涇、浦、澧、袁、江、永凡六州刺史……公即果公季子。”享年七十一，證聖元年二月十日卒。按貞觀六年仁才在澧州刺史任。

高表仁　　約貞觀初期

上圖藏拓片《唐故朝散大夫行洛州偃師縣令高君（安期）墓誌銘并序》（光宅元年十一月十九日）：“祖表仁，隋大寧公主駙馬都尉，渤海郡開國公；皇朝尚書右丞，鴻臚卿，□、涇、延、穀四州刺史。”按《舊書・高叡傳》云：“父表仁，穀州刺史。”《冥報記》卷中：“臨舅高涇州，”當即高表仁。

郭　澄　　貞觀中

《全文》卷三四一顏真卿《河南府參軍贈祕書丞郭君（揆）神道碑銘》：“高祖澄，皇朝朔方道大總管，涇、鄜、坊、慶、丹、延、夏七州刺史。”揆卒天寶八載二月十八日，年二十四。【補遺】《文物》2000年第十期樊有昇、鮑虎欣《偃師出土顏真卿撰並書郭虛己墓誌・新出土郭虛己墓誌考證・唐故工部尚書贈太子太師郭公墓誌銘並序》：“朝議郎行殿中侍御史顏真卿撰並書。”“維唐天寶八載，太歲己丑，夏六月甲午朔，十有五日戊申，銀青光禄大夫、守工部尚書、兼御史大夫、蜀郡大都督府長史、上柱國郭公薨於蜀郡之官舍，春秋五十有九。……公諱虛己，字虛己，太原人也。……公即隋驃騎大將軍、開府儀同三司昶之玄〔孫〕。皇朝涇州刺史、朔方道大總管、贈荆州都督謚曰忠澄之曾〔孫〕。朝散大夫、太子洗馬琰之孫。朝議大夫、贈鄭州刺史義之子也。”

郭孝恪　　貞觀中

《舊書》本傳：“及破〔竇〕建德、平〔王〕世充……歷遷貝、趙、江、涇四州刺史，所在有能名，入爲太府少卿，轉左驍衛將軍。貞觀十六年，累授金紫光禄大夫，行安西都護、西州刺史。”《新書》本傳略同。

常　何　　貞觀十一年—十二年(637—638)

抄本《大唐故使持節都督黔思費等十六州諸軍事黔州刺史常府君(何)之碑》："〔貞觀〕十一年入朝，授正議大夫涇州諸軍事行涇州刺史……十二年入爲右屯衛將軍。"(《敦煌吐魯番文獻研究論集・敦煌寫本常何墓碑考釋》)

楊弘禮　　貞觀二十三年(649)

《舊書》本傳："太宗晏駕。弘禮頗忤大臣之旨，由是出爲涇州刺史。永徽初，論崑丘之功，改授勝州都督。"《新書》本傳略同。

蔡君師　　高宗初?

上圖藏拓片《大唐故蜀王府記室參軍蔡行基墓誌銘并序》(景龍二年正月十五日)："祖凝，陳尚信義長公主……父君師，涇州刺史、忠武將軍。大樹論功，即呼以殞盜；長城作鎮，即風以慰人。"行基卒年春秋八十一。

王歸一　　高宗時?

《隋唐五代墓誌匯編・北京卷》第二册《大唐故瀛州司馬兼侍御史太原王府君(郅)墓誌銘并序》(貞元六年正月二十四日)："公五代祖隆，隋監察御史，製《興衰論》七篇。高祖□一，皇諫議大夫、涇州刺史，有集廿卷；並文章風雅，行於當時。曾祖冐，尚書金部郎。祖鈬，沂州長史。父浚，蔡州西平縣尉……公則西平府君第二子也。"貞元五年卒，享年五十三。按《舊書・經籍志下》及《新書・藝文志四》皆著録《王歸一集》十卷，時代相合，疑即此人。

張守讓　　約武后時

北圖藏拓片《故銀青光禄大夫太僕卿上柱國張府君(去逸)墓誌銘并序》(天寶七載九月十七日)："祖崇基，皇隨、延二州刺史。考守讓，皇銀青光禄大夫、涇州刺史，贈凉州都督。"去逸卒天寶七載八月二十一日，春秋五十六。按韋述撰《大唐故少府監范陽伯張公(去奢)墓誌銘并序》（天寶六載十月七日）：“祖崇，延州刺史。父守讓，閬州司法，贈涼州都督。”未及涇州刺史。去奢春秋六十，天寶六載三月十二日卒。

源修業　　延載元年（694）

《新表五上》源氏：“修業，涇州刺史。”《千唐誌·唐故通議大夫守太子詹事上柱國源府君（光乗）墓誌銘并序》（天寶六載二月癸酉）：“隋刑部侍郎之嫡子諱昆玉，貞觀中爲比部郎中。比部之子諱翁歸，明慶中爲雍州司户。司户之子諱修業，長壽中爲洛州司馬、涇州刺史……府君即涇州之第三子也。”又《唐故朝議郎守楚州長史賜緋魚袋源公（溥）墓誌銘并序》（建中四年二月二日）：“祖修業，皇涇州刺史，贈相州刺史。”溥建中三年十二月廿四日卒，春秋五十五。《全文》卷五二一梁肅《鄭州原武縣丞崔君夫人源氏墓誌銘》：“祖修業，涇州刺史；父光時，濟陰太守。”夫人大曆甲辰歲（按大曆無甲辰歲，疑誤）卒。拓本《涇州大雲寺舍利石函銘并序》：“爰從大周延載元年次甲午七月癸未朔十五日己亥，遷於佛殿之下……中散大夫、使持節涇州諸軍事守涇州刺史上騎都尉源修業。”

王　勔　　萬歲通天二年（697）

《舊書·王勔傳》：“萬歲通天二年，綦連耀謀逆事泄，勔坐與耀善，并弟勛並伏誅。勔累官至涇州刺史。神龍初，有詔追復勔、勔官位。”又見《舊書·吉頊傳》《劉世龍傳》，《元龜》卷九二五，《新書·則天皇后紀》，《通鑑·神功元年》正月。

李上義　　約武后時

北圖藏拓片《唐故承務郎行瀛州平舒縣主簿知薊州漁陽縣事李府君（弘亮）墓誌銘并序》（元和十四年二月二十四日）：“列考曰子武，懷州武陟縣丞……武陟府君之父曰真玉，朝散大夫累任至常州無錫縣令。無錫府君之父曰上義，銀青光禄大夫，涇、隴、汾、晉、岐、曹等七州刺史，揚府長史，右庶子，隴西縣開國公。”弘亮卒元和十三年，享年四十四。

李 某 武后時

《全文》卷二一八崔融《爲涇州李使君賀慶山表》。又《爲涇州李刺史賀慶雲見表》。未知是否上條之李上義。

房玄静 武后時？

《韓昌黎集》卷二五《興元少尹房君墓誌》："公曾祖諱玄静……歷資、簡、涇、隰四州刺史，太尉〔房琯〕之叔父也。"按《新表一下》河南房氏："玄静，膳部郎中，清漳公。"乃房琯之叔祖父。隋海州刺史恭懿之孫。《千唐誌·大唐洛陽縣尉王師正故夫人河南房氏墓誌銘并序》（長慶二年八月十四日）："高祖玄静，爲膳部郎中、涇州刺史。"夫人卒長慶二年，年二十三。

陽 嶠 景雲二年(711)

《舊書》本傳："睿宗即位，拜尚書右丞。時分建都督府以統外臺，精擇良吏，以嶠爲涇州都督府，尋停不行，又歷魏州刺史。"《新書》本傳略同。

魏 靖 開元初期

北圖藏拓片《大唐故右金吾將軍魏公(靖)墓誌銘并序》（開元十五年正月二十四日）："〔歷〕慶、沁、易、涇四州刺史，靈、慶、秦三州都督，入爲右金吾將軍。"開元十四年八月廿四日卒，春秋六十八。

李 業(李隆業) 約開元三、四年(約715、716)

《舊書》本傳："開元初，歷太子少保，同、涇、幽、衛、虢等州刺史。"《新書》本傳未及。據《舊書·玄宗紀》及《大詔令集》卷三五，李業開元二年爲同州刺史，其刺涇約在開元三、四年前後。

李 憲(李成器) 開元六年(718)

《舊書·玄宗紀》：開元六年"十二月，以開府儀同三司兼澤州刺史、宋王憲爲涇州刺史"。又本傳：開元四年，"避昭成皇后尊號，改名

憲,封爲寧王,實封累至五千五百户。又歷澤、涇等州刺史……開元
九年兼太常卿"。《新書》本傳:"兼太常卿。開元十四年,表解卿。久
之,復爲太尉。歷澤、岐、涇三州刺史。"與舊傳歷官時間、次序異。
《大詔令集》卷三五《邠王守禮等兼晉州刺史制》:"開府儀同三司兼潭
(澤?)州刺史上柱國宋王憲……可使持節涇州刺史……開元元年十
二月。"按"元年"疑爲"六年"之誤。

裴參玄　　開元中

《全文》卷二二八張説《贈太尉裴公(行儉)神道碑》:"乾封歲,徵
爲同文少卿……長孫參玄,官至涇、鄧二州刺史。"按《新表一上》中眷
裴氏:"參玄,鄧州刺史。"爲裴行儉孫。

劉貞脊　　開元中?

《姓纂》卷五河南劉氏:"貞脊,涇州刺史。"乃唐初左金吾將軍劉
法琮從弟劉偉之曾孫。其爲涇刺疑在開元中。

薛自勸　　開元二十四年(736)

《通鑑·開元二十四年》:四月乙丑,"涇州刺史薛自勸貶澧州
别駕"。

韋　繩　　開元中

《新書》本傳:"擢監察御史,更泗、涇、鄜三州刺史。天寶初,入爲
祕書少監。"

裴　煒　　天寶四載(745)

上圖藏拓片《大唐故泗州刺史琅邪王〔公〕妻河東郡裴君夫民墓
誌銘并序》(其子王涣撰文)(天寶四載十月二十五日):"以開元廿九
年五月六日奄棄背於永樂私第……舅煒,萬年縣令、涇州刺史,躬自
哀撫凶儀。"《全文》卷三〇九孫逖《授裴煒等諸州刺史制》:"前安定郡
太守裴煒等……可依前件。"

王　喬　　天寶中

《國秀集》目録：“安定太守王喬一首。”《全詩》卷二六三王喬小傳：“王喬，安定太守。”

劉　廣　　天寶中

《姓纂》卷五梁郡劉氏：“廣，安定太守。”按廣乃興州刺史劉寂之孫。

尹中庸　　天寶中

《姓纂》卷六天水尹氏：“中庸，平原、安定等三郡太守，信王傅司（同？）正。”按中庸乃刑、户二部侍郎、開元二年户部尚書尹思貞之子。

徐　轂(徐蛟)　　天寶十五載(756)

《舊書·肅宗紀》：天寶十五載六月“己亥，至安定郡，斬新平太守薛羽、保定太守徐轂，以其棄郡也”。又見《新書·肅宗紀》《通鑑·至德元載》《元龜》卷一五二記載。《新表五下》北祖上房徐氏：“轂字和玉，襲東莞男，安定太守。”《姓纂》卷二東海郯縣徐氏作“蛟，光禄少卿，安定太守”。按《英華》卷九〇三李華《慶王府司馬徐府君(堅)碑》謂：“嗣子光禄少卿轂，前蜀郡兵曹參軍殷，句容尉毅。”三子之名右旁皆從“殳”，疑《姓纂》誤。

崔　器　　至德中

《英華》卷三九八賈至《授崔器大理少卿制》：“守保定太守崔器……可守大理少卿。”兩《唐書》本傳未及。按《英華》卷三九三賈至又有《授崔器御史中丞制》。又按賈至爲中書舍人行制在至德中。

高　暉　　廣德元年(763)

《舊書·代宗紀》：廣德元年九月“己丑，吐蕃寇涇州，刺史高暉以城降”。十月，“高暉聞吐蕃潰，以三百騎東奔至潼關，爲關守李伯越所殺”。《新書·代宗紀》《通鑑·廣德元年》略同。又見《元龜》卷三五八。《舊書·郭子儀傳》：代宗即位，"明年十月，吐蕃陷涇州，虜刺史高暉"。又見《新書·吐蕃傳》。

段秀實　　廣德二年—大曆三年(764—768)

《通鑑·廣德二年》：十一月丁未，"涇州刺史段秀實自請補都虞候，〔白〕孝德從之"。《舊書》本傳："〔白〕孝德改鎮邠寧，奏秀實試太常卿、支度營田二副使……尋拜涇州刺史……〔馬〕璘既奉詔徙鎮涇州……遙管鄭、潁二州，以贍涇原軍，俾秀實爲留後，二州甚理。"《新書》本傳略同。又見《元龜》卷四一八。《柳河東集》卷八《段太尉逸事狀》："太尉始爲涇州刺史，時汾陽王以副元帥居蒲。"

馬　璘　　大曆三年—十一年(768—776)

《舊書·代宗紀》：大曆三年十二月"己酉，以邠寧節度使馬璘爲涇原節度，移鎮涇州"。十一年十二月"庚寅，涇原節度使、檢校尚書左僕射知省事、扶風郡王馬璘卒"。又本傳："以犬戎浸驕，歲犯郊境，涇州最鄰戎虜，乃詔璘移鎮涇州，兼權知鳳翔隴右節度副使、涇原節度、涇州刺史……鎮守凡八年……遷檢校左僕射知省事，詔宰臣百僚於尚書省送上，進封扶風郡王……年五十六，大曆十二年卒。"又見《元龜》卷七八、卷三五八，《姓纂》卷七扶風茂陵馬氏。《新書》本傳略同。【補遺】《唐故朝請郎行右衛騎曹參軍馬君(晤)墓誌銘並序》："君諱晤，扶風人也。……曾祖正會，皇松、襠、鄯、安四府都督，嘉、郿、鄜三州刺史，隴右節度使；大父晟，皇左衛兵曹，贈太子太保；父璘，皇尚書左僕射、四鎮北庭兼涇原、鄭、潁等州節度使、扶風郡王，贈司徒。"(王育龍、程蕊萍《陝西西安新出唐代墓誌銘五則》，《唐研究》第七卷，北京大學出版社2001年版)又《大唐故資敬寺尼常清墓誌銘並序》："尼常清，俗姓馬氏，曾祖正會，隴右節度使、左武衛大將軍、贈光祿卿。……父璘，涇原、鄭□□節度使、尚書左僕射、扶風郡王，贈司徒。"

段秀實 大曆十二年—建中元年(777—780)

《舊書‧代宗紀》：大曆十二年春正月“辛酉，以四鎮北庭涇原節度副使、知節度使事、張掖郡王段秀實爲涇州刺史、兼御史大夫，充本州團練使”。又《德宗紀上》：建中元年二月癸卯，“以涇原節度使段秀實爲司農卿”。又本傳：“〔大曆〕十一年，〔馬〕璘疾甚，不能視事，請秀實攝節度副使兼左廂兵馬使……尋拜秀實涇州刺史、兼御史大夫，四鎮北庭行軍、涇原鄭穎節度使。三四年間，吐蕃不敢犯塞。”《新書》本傳略同。又見《元龜》卷四二九。《柳河東集》卷八《段太尉逸事狀》：“太尉自涇州以司農徵。”

李懷光 建中元年(780)

《舊書》本傳：建中初，“乃以懷光兼涇州刺史、涇原四鎮北庭節度使……涇州軍士咸畏之。劉文喜因衆不欲，遂以城叛”。《新書》本傳略同。又見《通鑑‧建中元年》二月。

朱 泚 建中元年(780)

《舊書‧德宗紀上》：建中元年二月“癸亥，朱泚兼四鎮北庭行軍、涇原節度使”。八月“丁未，加朱泚中書令，餘官使並如故”。又本傳：“建中元年，涇州將劉文喜阻兵爲亂，加泚四鎮北庭行軍、涇原節度使，與諸軍討之。涇州平，加泚中書令。”《新書》本傳略同。又見《通鑑‧建中元年》。

孟 皞 建中元年(780)

《舊書‧德宗紀上》：建中元年八月丁未，“尚書右丞孟皞爲涇州刺史、知留後”。

姚令言 建中元年—四年(780—783)

《舊書》本傳：“建中元年，孟皞爲涇原節度留後，自以文吏進身，不樂軍旅，頻表薦令言謹肅，堪任將帥。皞尋歸朝廷，遂拜令言爲四鎮北庭行營、涇原節度使、涇州刺史、兼御史大夫。”《新書》本傳略同。

《舊書·德宗紀上》：建中三年八月“辛酉，以涇原節度留後姚令言爲涇原節度使”。四年“冬十月丙午，詔涇原節度使姚令言率涇原之師救哥舒曜。丁未，涇原軍出京城，至滻水，倒戈謀叛，姚令言不能禁”。《新書·朱泚傳》《通鑑·建中四年》略同。又見《通鑑·建中元年》八月《考異》引《實錄》。

姚　況　　建中四年（783）

《新書》本傳：“建中時，〔涇原〕節度使姚令言率兵討關東，以〔馮〕河清知留後，幕府殿中侍御史姚況領州。”《通鑑·建中四年》：“姚令言之東出也，以兵馬使京兆馮河清爲涇原留後，判官河中姚況知涇州事。河清、況聞上幸奉天，集將士大哭，激以忠義……詔以河清爲四鎮北庭行營、涇原節度使，況爲行軍司馬。”又見《舊書·馮河清傳》，《元龜》卷三七三、卷八九五。

馮河清　　建中四年—興元元年（783—784）

《新書》本傳：“德宗走奉天……即拜河清涇原節度使。”《通鑑·建中四年》：“姚令言之東出也，以兵馬使京兆馮河清爲涇原留後……〔上幸奉天，〕詔以河清爲四鎮北庭行營、涇原節度使。”又《興元元年》：“朱泚、姚令言數遣人誘涇原節度使馮河清，河清皆斬其使者。大將田希鑒密與泚通，殺河清，以軍府附於泚。”又見《舊書·德宗紀上》，《元龜》卷三七三。

田希鑒　　興元元年（784）

《舊書·德宗紀上》：興元元年三月己亥，“涇州亂，牙將田希鑒殺其帥馮河清，自稱留後”。六月己酉，“以涇州將田希鑒爲涇州刺史、涇原節度使”。閏十月“丁丑，李晟至涇州，誅節度使田希鑒，罪其殺馮河清也”。又見《通鑑·興元元年》，《元龜》卷一二八，《杜陽雜編》卷上。《關中金石記》卷四：“《吳岳祠堂記》，興元元年十月立……碑云……德宗至自奉天，〔李〕晟至鳳翔，斬叛卒王斌等及涇帥田希鑒，即以其年十一月祭告吳山，〔于〕公異掌書記，撰此文。”

271

李　觀　　興元元年—貞元三年(784—787)

《舊書・德宗紀上》：興元元年閏十月“癸酉，以右龍武大將軍李觀爲涇州刺史、涇原節度使”。又本傳：“興元元年閏十月，拜四鎮北庭行軍涇原節度使、檢校兵部尚書。在鎮四年。”《新書》本傳：“擢四鎮北庭行軍涇原節度使……平涼之盟，吐蕃不得志。是年，觀入朝……以少府監檢校工部尚書，卒。”

劉　昌　　貞元四年—十九年(788—803)

《舊書・德宗紀下》：貞元四年正月庚午，“以宣武軍行營節度使劉昌爲涇州刺史、四鎮北庭行軍涇原等州節度使”。十九年五月“甲子，四鎮北庭行軍涇原節度使、檢校右僕射、涇州刺史劉昌卒”。又見兩《唐書》本傳，《通鑑・貞元四年》《貞元十九年》，《元龜》卷一一九、卷一七六。《千唐誌・唐故鄭州陽武縣尉張府君（勛）墓誌銘并序》（咸通二年八月七日）：“夫人彭城劉氏，涇原節度使左僕射昌之孫、處士襄之女。”《全文》卷四九六權德輿《大唐四鎮北庭行軍兼涇原等州節度支度營田等使開府儀同三司檢校尚書右僕射使持節涇州諸軍事涇州刺史兼御史大夫上柱國南川郡王劉公紀功碑銘并序》：“〔公〕理涇人十有五年。”又見卷四九九權德輿《唐故四鎮北庭行軍兼涇原等州節度支度營田等使開府儀同三司檢校尚書右僕射使持節涇原諸軍事涇州刺史兼御史大夫劉公（昌）神道碑銘并序》。《姓纂》卷五諸郡劉氏：“平原節度劉瑁，汴州人。”岑仲勉《姓纂四校記》云：“瑁”當爲“昌”之訛；“平原”應作“涇原”。

段　祐(段佑)　　貞元十九年—元和三年(803—808)

《舊書・德宗紀下》：貞元十九年五月“甲戌，以涇原節度留後段佑爲涇州刺史、兼御史大夫、四鎮北庭行軍涇原節度使”。又《憲宗紀上》：元和三年正月“庚子，涇原段祐請修臨涇城，在涇州北九十里，扼犬戎之衝要，詔從之”。又見兩《唐書》本傳，《通鑑・元和三年》正月，《全文》卷七三七沈亞之《臨涇城碑》。《白居易集》卷五四《除段祐檢校兵部尚書右神策大將軍制》：“使持節涇州諸軍事涇州刺史、兼御史大夫、上柱國、雁門郡開國公段祐……可檢校兵部尚書、右神策軍將軍步軍大將軍知軍事。”《姓纂》卷九諸郡段氏：“汾原節度、檢校兵部尚書祐。”岑仲勉《姓纂四校記》云：“汾原”乃“涇原”之訛，“祐”應作“祐”。《隋唐五代墓誌彙編·陝西卷》第四册《唐鄉貢進士段府君(庚)墓誌銘并序》(咸通十二年十月一日)：“祖祐，皇涇原節度使。”

朱忠亮(朱士明)　　元和三年—八年(808—813)

　　《舊書·憲宗紀上》：元和三年三月“庚子，以定平鎮兵馬使朱士明爲四鎮北庭涇原等州節度使”。四月癸丑，“賜朱士明名曰忠亮”。又《憲宗紀下》：元和八年十月“辛卯，涇原節度使朱忠亮卒”。又本傳：“憲宗即位，加御史大夫。築臨涇城有勞，特加檢校工部尚書、涇原四鎮節度使，仍賜名……元和八年卒。”《新書》本傳略同。

蘇光榮　　元和八年—十年(813—815)

　　《舊書·憲宗紀下》：元和八年十月“戊戌，以神策普潤鎮使蘇光榮爲涇州刺史、四鎮北庭行軍涇原節度使”。又見《舊書·韋弘景傳》，《元龜》卷五五三。

李　彚　　元和十年(815)

　　《舊書·憲宗紀下》：元和十年二月“己巳，以羽林將軍李彚爲涇原節度使”。七月“丙戌，涇原節度使李彚卒”。《新書》本傳：“元和初，分徐州苻離爲宿州，光弼有遺愛，擢彚爲刺史。後遷涇原節度使……卒，贈工部尚書。”《全文》卷七三八沈亞之《涇原節度李常侍(彚)墓誌銘》：“〔元和〕十年春，加左散騎常侍，拜節帥涇原……七月十二日薨，行年五十九。”

王　潛　　元和十年—長慶元年(815—821)

　　《舊書·憲宗紀下》：元和十年七月丙戌，“以將作監王潛爲涇州刺史、四鎮北庭涇原節度使”。又《穆宗紀》：長慶元年正月癸卯，“以涇原節度使王潛檢校兵部尚書、江陵尹，充荆南節度使”。《新書》本傳：“元和中，擢累將作監……遷左散騎常侍，拜涇原節度使……穆宗即位，封琅邪郡公，更節度荆南。”

田　布　　長慶元年(821)

《舊書·穆宗紀》：長慶元年正月“癸卯，以河陽懷節度使田布爲涇州刺史，充四鎮北庭行營、涇原節度使”。八月“乙亥，以前涇原節度使田布起復檢校工部尚書，兼魏州大都督府長史，充魏博節度使”。又見兩《唐書》本傳。《元龜》卷一二〇：“穆宗長慶元年制曰：前涇原節度觀察處置使、檢校左散騎常侍、兼涇州刺史、御史大夫田布……可起復寧遠將軍……檢校工部尚書、兼魏州大都督府長史，充魏博節度觀察處置等使。”

楊元卿　　長慶元年—寶曆二年(821—826)

《舊書·穆宗紀》：長慶元年八月“辛未，以左金吾將軍楊元卿爲涇州刺史，充四鎮北庭行軍涇原節度使”。又《敬宗紀》：寶曆二年五月“甲戌，以涇原節度楊元卿爲河陽三城懷州節度使”。又本傳謂在涇州六年。《新書》本傳略同。《全文》卷六四八元稹《楊元卿涇原節度使制》：“守右金吾衛將軍、權勾當左街事楊元卿……可朝散大夫、檢校左散騎常侍、使持節涇州諸軍事兼涇州刺史、御史大夫，充四鎮北庭行軍兼涇原等州節度觀察處置等使。”《元龜》卷四二：寶曆元年“四月，涇原節度使楊元卿奏：當管平涼鎮守得投降吐蕃劉師奴。詔委元卿准近赦，送還本國”。【補遺】《唐故光禄大夫太子太保贈司徒弘農楊公(元卿)墓誌銘》(大和八年七月二十八日)：“改太子僕，旋兼御史中丞，爲蔡州刺史，俾環視而經略之。未果行，除光禄少卿。……遷右金吾衛將軍，出守汾州。恤患求瘼，西河大治。徵入復執金吾，雖再居雄重，未副嘉績。授左散騎常侍兼御史大夫，充涇原節度觀察等使。……就加銀青光禄大夫、檢校工部尚書，仍詔刊石。……寶曆二年，拜左僕射、河陽三城節度使、懷州刺史。……進光禄大夫、檢校司空。大和五年以本官作宣武軍節度、汴宋亳等州觀察使。”(趙君平《唐楊元卿墓誌拓本跋》，《書法叢刊》2001年第4期，

文物出版社 2001 年版）

李　祐　　寶曆二年—大和二年（826—828）

　　《舊書·敬宗紀》：寶曆二年五月甲戌，“以金吾大將軍李祐爲涇原節度使”。又《文宗紀上》：大和二年十一月“乙酉，以右金吾衛大將軍李祐爲橫海軍節度使”。又本傳：“寶曆初，入爲右金吾大將軍。尋以吐蕃入寇，出爲涇州刺史、涇原節度使。大和初，討李同捷，遷檢校户部尚書、滄州刺史、滄德景節度使。”《新書》本傳略同。

李　岵（李有裕）　　大和二年—三年（828—829）

　　《舊書·文宗紀上》：大和三年五月丙申，“以涇原節度使李岵爲齊德等州節度使，改名有裕”。

張惟清　　大和三年—七年（829—833）

　　《舊書·文宗紀上》：大和三年五月“辛丑，以右金吾衛大將軍張惟清檢校司空，充涇原節度使”。又《文宗紀下》：大和七年六月“癸未，涇原節度使張惟清卒”。

康志睦　　大和七年（833）

　　《舊書·文宗紀下》：大和七年七月“丁亥，以右龍武統軍康志睦爲四鎮北庭行軍、涇原節度使”。十一月“乙亥，涇原節度使康志睦卒”。《新書》本傳：“進平盧軍節度使……徙涇原，封會稽郡公，卒。”

朱叔夜　　大和七年—九年（833—835）

　　《舊書·文宗紀下》：大和七年十一月“己卯，以左神策長武城使朱叔夜爲涇州刺史，充涇原節度使”。《新書·殷侑傳》：“涇原節度使朱叔夜坐侵牟士卒，贓數萬，家畜兵器，罷爲左武衛大將軍，侑薄其罪，天子由是疏之，賜叔夜死，出侑爲山南東道節度使。”《寶刻叢編》卷七引《京兆金石録》：“《唐涇州節度朱叔夜墓誌》，從姪景玄撰并正書，開成四年。”

劉 沔 大和九年(835)

《舊書·文宗紀下》：大和九年六月"己亥，以右神策大將軍劉沔爲涇原節度使"。九月"乙亥，以涇原節度使劉沔爲振武麟勝節度使"。本傳未及。《新書》本傳："大和末，遷累大將軍，擢涇原節度使，徙振武。"《金石補正》卷七四《太子太傅贈司徒劉沔碑》："大和元年□月十七日遷大將軍，依前知軍事……數日，涇原北庭（缺十字）月十七日，以北地危急，藉公威聲，詔守本官，移理振武。"又見《金石錄》卷三〇《唐太子太傅劉沔碑跋》。

王茂元 大和九年—開成五年(835—840)

《舊書·文宗紀下》：大和九年十月"癸未，以前廣州節度使王茂元爲涇原節度使"。本傳未及。《新書》本傳："鄭注用事，遷涇原節度使。注敗，悉出家貲餉兩軍，得不誅，封濮陽郡侯。召爲將作監，領陳許節度使，又徙河陽。"《樊南文集補編》卷一《爲尚書濮陽公涇原讓加兵部尚書表》："奉宣恩旨，加授臣某官，依前充四鎮北庭行軍兼涇原等州節度營田觀察處置等使。"又卷二有《爲濮陽公涇原謝冬衣狀》。按濮陽公即王茂元。

史 論 會昌中？

北圖藏拓片《易定節度押衙充知軍兼監察御史上柱國張公故夫人(史氏)墓誌并序》（大中元年四月十五日）："父論……遷右金吾大將軍。緝戎有能，轉涇原節度使、檢校左散騎常侍兼御史大夫。臨鎮約法施惠，變民制禮，改樂興教，囊智方啓而歿，贈工部尚書。夫人尚書嫡女。"會昌七年正月乙丑卒，享年甲子兩旬有七。又《唐故上谷郡張府君(鋒)墓誌銘并序》（大中三年二月十七日）："府君夫人史氏，涇源(原)尚書論之長女也……享年二十有七。"

史憲忠 會昌三年—六年(843—846)

《新書》本傳："會昌中，築三原城，吐蕃因之數犯邊。拜憲忠涇原節度使以怖其侵……會党項羌内寇，又徙朔方。"《全文》卷七二八封敇有《授史憲忠涇原節度使制》。

康季榮　　大中二年—六年（848—852）

《舊書·宣宗紀》：“〔大中〕三年春正月丙寅，涇原節度使康季榮奏，吐蕃宰相論恐熱以秦、原、安樂三州及石門等七關之兵民歸國。”《全文》卷七六三沈珣《授康季榮徐州節度使鄭涓昭義節度使制》稱：“前四鎮北庭涇原節度使康季榮……建高牙於徐土。”

裴　識　　大中六年—八年（852—854）

《新書》本傳：“爲涇原節度使。時蕃酋尚恐熱上三州七關，列屯分守。宣宗擇名臣，以識帥涇原……徙鳳翔、忠武、天平、邠寧、靈武等軍。”《舊書》本傳未及帥涇原，唯云：“大中初，改潭州刺史、御史中丞，充湖南都團練觀察使。八年，加檢校戶部尚書、鳳翔尹、鳳翔隴右節度使。”《東觀奏記》卷下：“上自党項叛擾，推其由，乃邊將貪暴，利其羊馬，多欺取之，始用右諫議大夫李福爲夏州節度使，刑部侍郎畢誠爲邠寧節度使，大理卿裴識爲涇原節度使。”又見《唐語林》卷三。按李福大中五年爲夏綏節度，畢誠大中六年六月爲邠寧節度，並見《通鑑》。則裴識爲涇原亦約在大中六年。《隋唐五代墓誌匯編·河南卷·唐故邠寧慶等州節度使管内觀察營田處置等使裴公（識）墓誌銘并序》（咸通五年八月八日）：“詔檢校工部尚書兼御史大夫充涇原節度。”

李　權　　約大中八年—九年（854—855）

《千唐誌·唐故鄉貢進士隴西李君（眈）墓誌銘》（大中十一年五月廿四日）：“次兄權，洞達武經，讀《春秋》得古人深旨，拜涇州節度使。威懾犬戎，邊人是歸。練卒秣馬，唯期奉國。朝廷重僚，號曰長城。天奪其用，無疾暴薨。”眈無卒年、享年。按《郎官柱》主客員外郎有李權，在裴識、王洒、蕭傑、張正謨、劉三復、顏從覽、王纘、崔渠後，劉潼、張毅夫、李當前。

盧簡求　　大中九年—十一年(855—857)

《舊書》本傳：“〔大中〕九年，党項叛，以簡求爲四鎮北庭行軍、涇州刺史、涇原渭武節度押蕃落等使、檢校左散騎常侍、上柱國、范陽縣男、食邑三百户。十一年，遷檢校工部尚書、定州刺史、御史大夫、義武軍節度、北平軍等使。”《新書》本傳略同。《舊書·宣宗紀》：大中十一年八月，“以四鎮北庭行軍、涇原渭武節度使、銀青光禄大夫、檢校右散騎常侍、涇州刺史、御史大夫……盧簡求，可檢校工部尚書、定州刺史、義武節度使、易定觀察、北平軍等使”。《宋高僧傳》卷一一《唐大潙山靈祐傳》：“以大中癸酉歲正月九日盥漱畢，敷座瞑目而歸滅焉……四鎮北庭行軍、涇原等州節度使、右散騎常侍盧簡求爲碑，李商隱題額焉。”按大中癸酉歲爲大中七年。

陸　耽　　大中十一年(857)

《舊書·宣宗紀》：大中十一年八月，“以鹽州防禦押蕃落諸軍防秋都知兵馬使、度支烏池榷税等使、檢校右散騎常侍、鹽州刺史、上柱國、賜紫金魚袋陸耽代〔盧〕簡求爲涇原節度使”。《新表三下》陸氏：“耽，涇原節度使，檢校工部尚書。”

李承勛　　大中十一年—十二年(857—858)

《舊書·宣宗紀》：大中十一年“九月，以秦州刺史李承勛爲朝散大夫、檢校工部尚書、涇州刺史，充四鎮北庭涇原渭武節度等使”。《通鑑·大中十一年》：“十月己巳，以秦成防禦使李承勛爲涇原節度使。”又《大中十二年》：五月“辛巳，以涇原節度使李承勛爲嶺南節度使”。又見《唐語林》卷三。

渾　侃　　大中十二年—咸通元年(858—860)

《全文》卷七九二路巖《義昌軍節度使渾公(侃)神道碑》：“宣宗器其能，遂賜高牙暢轂，鎮於回中……咸通二年，遂授義昌軍節度使，其理如在涇。”按“回中”即指涇原。

李　璲　　約咸通初

《全文》卷九六二闕名《授李璲平盧節度使制》:"嶠南著招撫之績,涇上垂訓齊之名。""嶠南"謂嶺南,"涇上"謂涇原。

李弘甫　　約咸通中

《新表二上》李氏姑臧大房:"弘甫,宗正卿,涇原節度使。"按《舊書·宣宗紀》:大中十二年正月,"以安南本管經略招討處置使、朝散大夫、檢校左散騎常侍、安南都護、御史大夫、賜紫金魚袋李弘甫爲宗正卿"。其爲涇原約在咸通中。

周　寶　　乾符初—乾符六年(?—879)

《新書》本傳:"進檢校工部尚書、涇原節度使……黄巢據宣歙,徙寶鎮海軍節度兼南面招討使。"《通鑑·乾符六年》:十月,"以涇原節度使周寶爲鎮海節度使"。《金華子雜編》卷上:"周侍中寶……授涇原節度,移鎮浙東,與燕公(高駢)對境。""浙東"當爲"浙西"之誤。又見《廣記》卷五二引《續仙傳》、卷四九二引《靈應傳》。

程宗楚　　廣明元年—中和元年(880—881)

《舊書·僖宗紀》:中和元年三月,"涇原節度使程宗楚、秦州經略使仇公遇、鄜延節度使李孝昌、夏州節度使拓拔思恭等同盟起兵,傳檄天下"。又見《新書·僖宗紀》。《通鑑·中和元年》:正月,"鄭畋約前朔方節度使唐弘夫、涇原節度使程宗楚同討黄巢"。四月,"大戰長安中,宗楚、弘夫死"。《全文》卷七六七鄭畋《討巢賊檄》:"畋與涇原節度使程宗楚、秦州節度使仇公遇等,已驅組練,大集關畿。"《大詔令集》卷五《改元天復赦》:"故西面行營副都統、涇原節度使程宗楚……宜委中書門下,並與追贈。"

胡公素　　中和元年—二年(881—882)

《通鑑·中和二年》:二月,"涇原節度使胡公素薨"。

張　鈞　　中和二年—乾寧元年(882—894)

《通鑑·中和二年》：二月，"涇原節度使胡公素薨。軍中請命於都統王鐸，承制以大將張鈞爲留後……六月，以涇原留後張鈞爲節度使"。又《乾寧元年》：二月，"彰義節度使張鈞薨"。按《新書·方鎮表一》：乾寧元年，"涇原節度賜號彰義軍節度"。《新書·黃巢傳》：中和三年三月，"涇原節度使張鈞説蕃、渾與盟，共討賊"。

張　鎬(張鐕)　　乾寧元年—二年(894—895)

《通鑑·乾寧元年》：二月，"彰義節度使張鈞薨，表其兄鎬爲留後"。十一月，"以涇原留後張鎬爲彰義節度使"。《乾寧二年》：十二月，"彰義節度使張鎬薨"。《舊五代史·唐武皇紀下》：乾寧二年八月，"涇帥張鐕已領步騎三萬於京西北，扼邠、岐之路……〔天子〕以鄜州李思孝爲北面招討使，以涇州張鐕爲西南面招討使"。按"張鐕"應即"張鎬"。《全文》卷八二七陸扆有《授張鎬彰義節度使制》。

張　璉　　乾寧二年—約光化元年(895—約898)

《通鑑·乾寧二年》：十二月，"彰義節度使張鎬薨，以其子璉權知留後"。《乾寧四年》：十月甲子，"加彰義節度使張璉同平章事"。《全文》卷八一九崔遠有《授涇原節度使張璉檢校司徒同平章事制》。

張　珂　　光化二年(898)

《通鑑·光化二年》：正月，朱全忠表"武寧留後王敬蕘、彰義留後張珂並爲節度使"。《全文》卷八一八張元晏有《授王敬蕘武寧軍張珂彰義軍節度使制》。

李茂貞　　光化二年—天祐四年(898—907)

《通鑑·光化二年》："九月癸卯，以鳳翔節度使李茂貞爲鳳翔、彰義節度使。"《舊五代史》本傳："既逐涇原節度使張球、洋州節度使楊守忠、鳳州刺史滿存，皆奪據其地，表請爲牧伯，朝廷不能制。"按張球疑即張珂。

待考録

楊　鎮

《廣記》卷八四引《録異記》："李業舉進士，因下第……業牽驢拴於檐下，左軍李生與行官楊鎮亦投舍中……翁曰……然三人皆節度使，某何敢不祗奉耶？業曰：三人之中，一人行官耳，言之過矣。翁曰：行官領節鉞在兵馬使之前，秀才節制在兵馬使之後，然秀才五節鉞，勉自愛也。既數年不第，業從戎幕矣。明年，楊鎮爲仇士良開府擢用，累職至軍使，除涇州節度使，李與鎮同時爲軍使，領邠州節度使。業以討党項功，除鎮武、汾、涇（一作振武、邠、涇），凡五鎮麾鉞。"又見《玉泉子》。岑仲勉《唐方鎮年表正補》云："説部記事，往往不能據以考證，可於拙辨'壓倒元白''將兼比素''司空見慣'（《唐史餘瀋》）等見之。但吴氏即信其爲實事，以楊鎮著涇原開成五年及會昌元、二、三年數年下，何以邠寧此數年間並無相當之左軍李生，是相違也。今依前文鳳翔下所引《李昕誌》考之，則李業並未鎮邠寧，其名應删却。李業既不盡真，斯所謂楊鎮除涇州，左軍李生同時領邠州者，都應在存疑之列矣。"

李　業

同上。

卷一四　原州(平涼郡)

隋平涼郡。武德元年置原州。貞觀五年置都督府。天寶元年改爲平涼郡。乾元元年復爲原州。廣德元年没吐蕃,節度使馬璘表置行原州於靈臺之百里城。貞元十九年徙治平涼。元和三年又徙治臨涇。大中三年收復關隴,歸治平高。廣明後復没吐蕃,又僑治臨涇。領縣四:平高、平涼、百泉、蕭關。

石　詢　　武德中

《姓纂》卷一〇河南石氏:"唐原州總管詢。"

李弘節　　貞觀五年前後(631 前後)

《芒洛四編·大唐故交州都督上柱國清平縣公世子李君(道素)墓誌銘并序》:"父弘節,杭、原、慶三州刺史,大理少卿,桂交二州都督使持節二州諸軍事,贈桂州都督廿七州諸軍事、上柱國、清平縣公。"又云:貞觀十二年弘節任桂州都督。道素貞觀十三年九月廿六日卒於桂州,年十七。上圖藏拓片《并州太原縣令李冲墓誌》:"父弘節,皇朝任杭、慶、原三州刺史,大理卿……并州大都督府長史,雍州别駕,交桂二州都督,上柱國、清平縣開國公。"李冲永昌元年五月十日葬。弘節爲原州約在貞觀五年前後。

段志玄　　約貞觀八年(約 634)

《全文》卷九九一闕名《唐故輔國大將軍右衛大將軍揚州都督段

公(志元)碑》：“檢校原州都督。又統承風道行軍討吐谷渾。丁父憂，未幾起復本任……持□金□諸軍事金州刺史……貞觀十六年□月十八日薨於京師之醴泉里第，春秋四十五。”兩《唐書》本傳未及。按《舊書》本傳作“志玄”，稱：“〔貞觀〕十一年，定世封之制，授金州刺史，改封襃國公。十二年，拜右衛大將軍。十四年，加鎮軍大將軍。十六年，寢疾。”其爲原州都督約在貞觀八年前後。

程知節　　貞觀八年—十一年(634—637)

《全文》卷九太宗《册程知節改封盧國公文》：“維貞觀某年月日甲子，皇帝使某官某副使某官某持節册命曰……惟爾左領軍大將軍檢校原州都督宿國公程知節……是用命爾爲使持節朗州諸軍事朗州刺史，改封盧國公。”又見《大詔令集》卷六二。兩《唐書》本傳未及，唯云：貞觀中歷瀘州都督、左領軍大將軍，與長孫無忌等代襲刺史，改封盧國公，授普州刺史。北圖藏拓片《程知節碑》(麟德二年十月十一日)：“〔貞觀〕八年檢校原州都督，十一年檢校蔣王府長史，其年改封盧國公，授普州刺史。”麟德二年二月七日卒。《隋唐五代墓誌匯編·陝西卷》第一册《大唐驃騎大將軍益州大都督上柱國盧國公程使君墓誌銘并序》(麟德二年十月二十二日)：“頃之權檢校原州都督，十一年封建功臣，以公爲普州刺史，改封盧國公。”

史幼虔　　貞觀中？

《會要》卷二一“陪陵名位”有“原州都督史幼虔”。《長安志》卷一六“昭陵陪葬丞郎五十三”亦有“原州都督史幼虔”。

李正明(李政明)　　約永徽中

拓本《大唐隴西郡夫人李氏墓誌銘》：“夫人諱深，隴西成紀人也。祖正明，任靈、原兩州都督，永康郡開國公。父志貞，朝議大夫延州司馬。夫人……以景雲元年五月五日奄從風燭，春秋四十有三。”(《文物》1965年第9期)按《新表二上》李氏丹楊房：“正明，右衛將軍。”乃李靖之弟。其子志覽、志貞，未署官銜。《會要》卷二一陪陵名位有

"原州都督李政明"。《長安志》卷一六昭陵陪葬丞郎五十三亦有"原州都督李政明"。

于德方　　永徽中

《嘉泰會稽志》："于德方，永徽五年正月自原州都督授。"

李奉慈　　顯慶中

《舊書》本傳："顯慶中，累遷原州都督，薨。"《新書》本傳略同。又見《元龜》卷二八一。《全文》卷一四高宗《册贈渤海王文》："維龍朔二年歲次壬戌五月十五日……惟爾故金紫光禄大夫、原州都督、渤海郡王奉慈……是用贈王爲都督荆、峽、岳、朗四州諸軍事荆州刺史、右衛大將軍。"

藺仁基　　高宗時

《千唐誌·大唐并州祁縣陳明府故藺夫人墓誌銘并序》（景龍二年十一月十二日）："祖仁基，隨右千牛備身，唐□、□、翼、洺四州刺史，上柱國，并州長史，原、代二州都督，殿中監。贈秦州刺史，樂陵縣開國伯，金紫光禄大夫。"按仁基儀鳳元年前在并州長史任，見《舊書·狄仁傑傳》。

陳令英　　武后時

《全文》卷二一〇陳子昂《爲金吾將軍陳令英請免官表》："遂超臣不次授原州都督，臣時年三十二……不以臣駑怯，更加寵命，授以青紫，遣督幽州。"按陳令英武后時爲豐安道總管討默啜，見《新書·突厥傳上》。

馬思惲　　武后時

《金石補正》卷四一《大周開元寺三門樓題刻二十二段·三門主劉承恩等題名》："前版授彭州隴縣令、後授金州司馬馬師言，息思惲，任原州牧。"

烏薄利？　　武后時

《全文》卷二四二李嶠《授烏薄利左金吾衛大將軍制》："冠軍大將軍行右豹韜衛將軍員外置檢校源州都督良鄉縣開國男烏薄利……可左金吾衛大將軍。"又《封烏薄利歸義縣開國子制》："左金吾衛大將軍員外置檢校源州都督烏薄利……可左金吾衛大將軍員外置同正員，仍封歸義縣開國子。"按唐無源州，疑爲原州之誤。

宗楚客　　長安四年—神龍初（704—?）

《舊書·則天皇后紀》：長安四年七月甲午，"宗楚客左授原州都督"。《新書·則天皇后紀》《宰相表上》及《通鑑·長安四年》同。《新書》本傳："坐聘邵王妓，貶原州都督。神龍初，爲太僕卿、郢國公。武三思引爲兵部尚書。"《舊書》本傳未及。

李欽憲　　開元二年（714）

《大詔令集》卷一三〇《命姚崇等北伐制》："權檢校原州都督李欽憲……可左軍副大總管……開元二年二月二十八日。"又見《全文》卷二五三蘇頲行制。

王　晙　　開元二年（714）

《舊書》本傳：開元二年，"以功加銀青光禄大夫，封清源縣男，兼原州都督……尋除并州大都督府長史"。《新書》本傳略同。又見《元龜》卷三五八、卷三八四。

楊執一　　開元中

拓本《大唐故金紫光禄大夫行鄜州刺史楊府君（執一）墓誌銘并序》（開元十五年九月三日）："徵拜涼州都督、兼左衛將軍、河西諸軍州節度督察等大使……殆五六年矣……乃加兼御史中丞……久之，轉原州都督，未赴，復授涼州……出許州刺史。屬單于犯闕，上急邊任，復授右衛將軍，檢校勝州都督……尋還本官，復兼原州都督……復命爲朔方元帥兼御史大夫……俄拜金紫光禄大夫行鄜州刺史……

以開元十四年正月二日遘疾薨。”（《文物》1961年第8期）《全文》卷二二九張説《贈户部尚書河東公楊君（執一）神道碑》：“詔徵爲涼州都督……遂攝御史中丞……又牧原州，未發，復授涼州都督，改右衛將軍……尋移許州刺史，未到……受右衛將軍檢校勝州都督……徵還本官又兼原州都督……徵拜右衛大將軍……改鄜州刺史……享年六十有五，開元十四年正月二日薨於官舍。”按兩《唐書》本傳未及其刺諸州事，唯云：“神龍初，以誅張易之功封河東郡公，累至右金吾衛大將軍。”《全詩》卷七四蘇頲《同餞陽將軍兼源州都督御史中丞》。“源州”當爲“原州”之訛；陽將軍當即楊執一。

段崇簡　　約開元十五年（約727）

北圖藏拓片《段使君德政頌》（開元二十三年閏十一月二十三日）：“無何轉□府□□、原州刺史，政理仁□，功著頌宣……遂□京兆少尹……轉代□深□貳州刺史……定州刺史，上柱國……”按段崇簡開元十九年在代州都督任。

韋　衡　　約開元、天寶間

《姓纂》卷二京兆杜陵東眷韋氏：“衡，原州都督。”《新表四上》韋氏逍遥公房同。岑仲勉《姓纂四校記》云：《説之集》卷一二有隴州別駕韋衡，當即此人。

鄭遵意　　天寶十三載（754）

《元龜》卷六二一：“〔天寶〕十三載六月，隴右群牧都使奏：差判官、殿中侍御史張通儒、副使平原太守鄭遵意等就群牧交點總六十萬五千六百三頭匹口。”《會要》卷七二同。按隴右群牧使當在原州。平原郡爲德州，不相及。此“平原太守”當爲“平涼太守”之誤。

郝　玼（郝泚）　　元和三年—十三年（808—818）

《舊書·憲宗紀上》：元和三年“十二月庚戌，以臨涇縣爲行原州，命鎮將郝泚爲刺史。自泚鎮臨涇，西戎不敢犯塞”。按本傳作“行涼州”,誤。又云:“在邊三十年……〔元和〕十三年,檢校左散騎常侍、渭州刺史……移授慶州刺史。”《新書》本傳略同,又見《寰宇記》卷三三,《會要》卷七〇,《通鑑·元和三年》記載。

史懷操　　乾符三年(876)

　　《通鑑·乾符三年》:“原州刺史史懷操貪暴;夏四月,軍亂,逐之。”

卷一五 隴州(汧陽郡)

隋隴東郡。武德元年改爲隴州。天寶元年改爲汧陽郡。乾元元年復爲隴州。領縣五:汧源、汧陽、南由、吴山、華亭。

常　達　武德元年(618)

《舊書》本傳:"武德初,拜隴州刺史,時薛舉屢攻之,不能克,乃遣其將仵士政以數百人僞降達……士政伺隙以其徒劫達,擁城中二千人而叛,牽達以見於舉。達詞色抗厲,不爲之屈。"《通鑑·武德元年》:九月"庚申,隴州刺史陝人常達擊薛仁果於宜禄川……乙丑,〔仵〕士政伺隙以其徒劫達"。又見《新書》本傳,《元龜》卷一三八、卷六八六,《大唐新語》卷五。

叔孫老　武德元年(618)

《元龜》卷一二二:武德元年"十月,岐州賊帥邵江海自號新平王,遣隴州刺史叔孫老擊之。江海率其衆來降"。

常　達　武德二年(619)

《舊書》本傳:"及〔薛〕仁杲平……復拜隴州刺史,卒。"又見《元龜》卷一三八,《大唐新語》卷五。《新書》本傳稱"終隴西刺史",誤。

姜　謩　約武德五年—七年(約 622—624)

《舊書》本傳:"及平薛仁杲,拜謩秦州刺史……尋轉隴州刺史。

七年，以老疾去職。貞觀元年卒。”《新書》本傳略同。《元龜》卷七六
六：“姜確，字行本。父謩，從起太原，官至秦、隴二州刺史。”毛鳳枝
《關中金石文字存逸考》卷一〇《姜謩墓誌銘》：“公諱謩，字孝忠……
拜持節秦州諸軍事秦州刺史，轉隴州刺史……突厥來寇，授公左七總
管。尋而犬羊奔北，有詔追公入朝……以貞觀元年八月六日薨於京
第，春秋七十……諡曰安公。”又見《丙寅稿·唐長道安公姜謩墓
誌跋》。

李道彦　約武德七年—貞觀元年（約 624—627）

《舊書》本傳：“高祖受禪，封義興郡公，進封膠東王。授隴州刺
史。貞觀初，轉相州都督。”《新書》本傳未及。《元龜》卷二八一：“膠
東公道彦，高祖從父弟神通之子，武德中授隴州刺史，貞觀初轉湘州
都督。”

龐　琳　約貞觀初

《姓纂》卷一京兆龐氏：“琳，隴州刺史。”按其兄龐玉，武德元年爲
越州總管、都督；二年爲梁州都督。琳刺隴約在貞觀初。

薛　獻　約貞觀十八年（約 644）

《唐文拾遺》卷六四闕名《大唐太子左衞杜長史故妻薛氏（瑶
華）墓誌銘并序》：“祖獻，工部侍郎，泉、資、定、隴四州刺史，贈洪州都
督，内陽穆公。”夫人卒顯慶二年，年廿六。又見《金石補正》卷三六。
按《新表三下》薛氏：“獻，工部侍郎、内陽公。”乃隋刑部尚書薛胄之
子。貞觀十五年薛獻爲定州刺史，見《元龜》卷一〇四。

崔　礭　貞觀中

《新表二下》博陵安平崔氏第二房：“礭，隴州刺史。”按其兄崔順，
武德五年至八年爲簡州刺史，貞觀初爲湖州刺史。則崔礭刺隴亦當
在貞觀中。

李雲將 約貞觀末或高宗初

《全文》卷三六二封利建《大唐故睢陽郡柘城縣令李公德政碑》：
"太翁雲將，皇給事中、常州刺史，與房玄齡等十八學士曳裾秦邸……
王父元道，皇尚書右丞、隴州刺史。"按兩《唐書·李玄道傳》及《新表
二上》隴西李氏姑臧大房並謂玄道爲秦府學士、常州刺史，約貞觀三
年卒。子雲將，官至尚書左丞。與《碑》所叙世系正顚倒。按《會要》
卷六四叙秦府十八學士中有李元道。疑《碑》中之"雲將"當爲"玄
道"，"元道"當爲"雲將"。則隴州刺史當爲雲將官職。

段師濬 高宗初？

《新書·段秀實傳》："曾祖師濬，仕爲隴州刺史。"按秀實天寶中
已爲軍將、判官，疑其曾祖刺隴約在高宗初。

于德芳 顯慶三年（658）

《唐文拾遺》卷六二《唐越州都督于德芳碑》："顯慶三年，授金紫
光禄大夫使持節隴州諸軍事行隴州刺史。"龍朔三年卒。

安夷公 顯慶五年（660）

《金石萃編》卷五三《平百濟國碑》："副大總管使持節隴州諸軍事
隴州刺史上柱國安夷公……（下泐）"顯慶五年八月十五日建。又見
《全文》卷二〇〇。

劉仁軌 咸亨元年—三年（670—672）

《舊書》本傳："咸亨元年，復授隴州刺史。三年，徵拜太子左庶
子、同中書門下三品，監修國史。"《新書》本傳略同。《全文》卷二一五
陳子昂《申州司馬王府君墓誌》："又轉隴州録事參軍。時樂成公劉仁
軌以宰相之貴持節此州。"

董寶亮 高宗時

《姓纂》卷六隴西董氏："寶亮，安西都護、隴州刺史，天水公。"按

《金石録》卷四有《戎州刺史董寶亮碑》，咸亨四年立。

柳　胤　　高宗時

《姓纂》卷七河東解縣柳氏：“允，隴州刺史。”《新表三上》柳氏：“胤，隴州刺史。”則《姓纂》之“允”當爲清人避諱改。按其父柳逖，貞觀四年爲泉州刺史。則柳胤刺隴當在高宗時。

馮元常　　光宅元年（684）

《舊書》本傳：則天臨朝，“出爲隴州刺史……中途改授眉州刺史”。《新書》本傳略同。《通鑑·光宅元年》：八月，“出爲隴州刺史”。又見《大唐新語》卷六。

盧光乘　　長壽中

《舊書·盧照鄰傳》：“兄光乘……長壽中爲隴州刺史。”

李上義　　約武后時

北圖藏拓片《唐故承務郎行瀛州平舒縣主簿知薊州漁陽縣事李府君（弘亮）墓誌銘并序》（元和十四年二月二十四日）：“列考曰子武，懷州武陟縣丞……武陟府君之父曰真玉，朝散大夫，累任至常州無錫縣令。無錫府君之父曰上義，銀青光禄大夫，涇、隴、汾、晉、岐、曹等七州刺史，揚州長史，右庶子，隴西縣開國公。”弘亮卒元和十三年，年四十四。

【補遺】李　邕　　約先天中

《唐研究》第十二卷（2006年版）《唐故贈荆州大都督嗣虢王（李邕）墓誌並序》（開元十五年十二月廿九日）：“中宗竟以毒禍而崩。……緣累出爲沁州刺史。迨天保已定，朝命克宣……是用復階三品，增封百户。除隴州刺史，遷宗正卿，移虢州刺史，改太僕卿，轉衛尉卿，出守貝州刺史，入爲秘書監，又拜衛尉卿。……開元十五年七月八日薨於東都嘉善里之私第，春秋五十。”

李道堅 約開元初

《舊書・李靈夔傳》：孫道堅，“景龍四年，加銀青光禄大夫，歷果、隴、吉、冀、洺、汾、滄等七州刺史，國子祭酒。開元二十二年，兼檢校魏州刺史”。《新書》未及。

李守禮 開元三年（715）

《舊書》本傳：“開元初，歷虢、隴、襄、晉、滑六州刺史。”又見《元龜》卷二八一。《新書》本傳未及。《大詔令集》卷三五《邠王守禮兼襄州刺史制》：“司空兼隴州刺史邠王守禮……可使持節襄州諸軍事兼襄州刺史。”注：“開元三年十二月九日。”

薛 璿 約開元前期

《千唐誌・大唐故右領軍衛將軍薛府君（璿）墓誌文并序》（開元二十年八月二十日）：“遷隴州刺史……轉内率兼橋陵使，檢校右領軍衛將軍。”開元二十年卒。又《大唐故隴州刺史薛府君妻弘農楊夫人墓誌銘并序》（開元二十四年五月十七日）：“隴州刺史、新城公薛府君璿之妻也。”

李志德 約開元前期

《新表二上》趙郡李氏南祖房：“志德，隴州刺史。”其父元素，相武后。則志德刺隴約在開元前期。

獨孤炫 約開元二十年（約 732）

《千唐誌・大唐故漢州刺史獨孤公（炫）墓誌銘并序》（開元二十四年十一月二十七日）：“出牧巴州……乃遷隴郡，如巴之政……復轉劍部。歷一歲……又拜漢州。”開元二十四年三月卒。春秋七十。

武崇節 開元二十三年（735）

《元龜》卷一二八：“〔開元〕二十三年十二月，命十道採訪使舉良刺史縣令，以……隴州刺史武崇節……等聞上。”

李　鐈　　天寶中

《新表二上》趙郡李氏："鐈,字浩,清江、汧陽太守,襲燉煌公。"按其子李澄,貞元二年卒於義成軍節度使、滑州刺史任。

王　俌　　天寶中

《全文》卷三二七王維有《汧陽郡太守王公夫人安喜縣君成氏墓誌銘》,當是天寶中之作。【補遺】今按《志》稱"長子濡,前某官;次子澄,某官",考《新唐書・宰相世系表二中》王氏:王方慶之孫名俌,字靈龜,定州刺史。有子名濡,膳部員外郎、黃州刺史。證知此太守當即王俌。

劉　晏　　乾元元年—二年（758—759）

《舊書》本傳："遷度支郎中,杭、隴、華三州刺史,尋遷河南尹。"《新書》本傳："守餘杭……召拜彭原太守,徙隴、華二州刺史,遷河南尹。"《廣記》卷三三六引《廣異記》:乾元中,"詔用劉晏爲隴州刺史"。

韋　倫　　乾元二年—上元元年（759—760）

《舊書》本傳："荆、襄二州平,詔除崔光遠爲襄州節度使,徵倫爲衛尉卿。旬日,又以本官兼寧州刺史、招討處置等使,尋又兼隴州刺史。乾元三年……乃以倫爲襄州刺史、兼御史大夫、山南東道襄鄧等十州節度使。"《新書》本傳略同。《通鑑・上元元年》:四月,"制以隴州刺史韋倫爲山南東道節度使"。又見《元龜》卷四〇六。

崔　綰　　代宗初

《新表二下》博陵安平崔氏第二房："綰,隴州刺史。"上圖藏拓片《唐故大理評事博陵崔府君（倚）墓誌銘并序》（元和二年十二月十三日）:"皇考諱綰,隴州刺史……府君即隴州府君之季子也。"崔倚元和元年三月十五日卒,享年六十七。由此上推,則生於開元二十八年。其父刺隴最遲當在代宗初。又按崔綰高祖崔順武德中爲江南道簡州刺史。

馬　燧　　大曆六年?—十年(771?—775)

《舊書》本傳:"〔李〕抱玉移鎮鳳翔,以汧陽被邊,署奏隴州刺史、兼御史中丞……久之,代宗知其能,召見,拜商州刺史、兼御史中丞、防禦水陸運使。"《新書》本傳略同。又見《元龜》卷一四八,《御覽》卷三三四。按李抱玉初鎮鳳翔在永泰元年,再鎮鳳翔在大曆六年。《舊書·代宗紀》:大曆十年二月,以"前隴右節度副使、隴州刺史馬燧爲商州刺史"。《全文》卷五〇七權德輿《司徒兼侍中上柱國北平郡王贈太傅馬公(燧)行狀》:"拜隴州刺史……授商州刺史……未旬日……特拜左散騎常侍……是歲大曆十年也。"

韋　釜　　大曆中

《姓纂》卷二東眷韋氏郎公房:"釜,隴州刺史。"《新表四上》韋氏郎公房同。《廣記》卷四五二:"大曆中,沈既濟居鍾陵,嘗與〔韋〕釜遊,屢言其事,故最詳悉。後釜爲殿中侍御史兼隴州刺史。"

韋　皋　　建中三年(782)

《舊書》本傳:"宰相張鎰出爲鳳翔隴右節度使,奏皋爲營田判官,得殿中侍御史,權知隴州行營留後事。"《新書》本傳略同。《宋高僧傳》卷一九《唐西域亡名傳》:"張鎰出爲鳳翔隴州節度,奏〔韋〕皋權知隴州。"按張鎰爲鳳翔節度在建中三年。《廣記》卷三〇五引《續玄怪錄》:"岐帥以〔韋皋〕西川之貴壻,延置幕中,奏大理評事,尋以鞫獄平允,加監察。以隴州刺史卒出知州事。俄而朱泚亂,駕幸奉天。"

郝　通　　建中四年(783)

《舊書·韋皋傳》:"建中四年,涇師犯闕,德宗幸奉天,鳳翔兵馬使李楚琳殺張鎰,以府城叛歸於朱泚,隴州刺史郝通奔於楚琳。"《新書·韋皋傳》略同。又見《元龜》卷六九一。《通鑑·建中四年》:十月,"隴州刺史郝通奔于〔李〕楚琳"。

韋　皋　　建中四年—興元元年(783—784)

《通鑑·建中四年》:"十一月乙亥,以隴州爲奉義軍,擢〔韋〕皋爲

節度使。"《舊書》本傳："詔以皋爲御史大夫、隴州刺史,置奉義軍節度
以旌之……興元元年,德宗還京,徵爲左金吾衛將軍,尋遷大將軍。"
《舊書·德宗紀上》:興元元年八月甲辰,"以奉義軍節度使、隴州刺史
韋皋爲左金吾衛大將軍"。又見《新書》本傳,《元龜》卷三九〇。《廣
記》卷三〇五引《續玄怪錄》:"泚復許〔韋〕皋鳳翔節度。皋斬其使。
行在聞之,人心皆奮,乃除隴州刺史奉義節度使。及駕還宮,乃授兵
部尚書西川節度使。"

韓清沔(蘇清沔)　　貞元三年(787)

《新書·德宗紀》:貞元三年八月"戊申,吐蕃寇青石嶺,隴州刺史
蘇清沔敗之"。又見《吐蕃傳下》,《元龜》卷四五三。按《舊書·吐蕃
傳下》及《通鑑·貞元三年》作"韓清沔",記吐蕃寇隴州事在其年九
月,謂刺史韓清沔與神策副將蘇太平夜出兵擊却之。

張道昇　　貞元末

北圖藏拓片《唐故開府儀同三司使持節隴州諸軍事行隴州刺史
上柱國南陽縣開國伯張府君(道昇)墓誌銘并序》(永貞元年十一月二
十五日):"積功勞遷特進開府儀同三司、持節隴州諸軍事隴州刺史、
上柱國、南陽縣開國伯。"享年六十七。卒年已漫漶不可辨。

曾叔政　　貞元、元和間?

《姓纂》卷五盧(廬)陵曾氏:"叔政,隴州刺史。"其父崇穎,庫部郎
中、晉州刺史。疑叔政刺隴在貞元、元和間。

野詩良輔　　元和中

《舊書·史敬奉傳》:"元和十四年,敬奉大破吐蕃於鹽州城下,賜
實封五十户。先是……與鳳翔將野詩良輔、涇原將郝玼各以名雄邊
上。吐蕃嘗謂漢使曰'……何因遣野詩良輔作隴州刺史?'其畏憚如
此。"《新書·史敬奉傳》略同。又見《御覽》卷二七七,《元龜》卷三九
三,《古今姓氏書辯證》卷二六野詩氏。

王　泚　　元和中？

《舊五代史・王檀傳》：“曾祖泚，唐左金吾衛將軍、隴州防禦使……唐中和中，太祖鎮大梁，檀爲小將。”

崔承寵　　長慶元年（821）

《全文》卷七三六沈亞之《隴州刺史廳記》：“今清河崔公承寵，世仕安西軍司馬……前年今上即位，欲以姻交北虜……故命使之。今年拜守隴州……長慶初，余西視戎，至於隴下，聞郡人之所美，故列署而刻記焉。”

劉　垍　　大和三年（829）

《元龜》卷三〇七：“劉垍爲駙馬都尉，文宗大和三年任隴州刺史，於本道節度使禮不恭，爲其所舉，降爲果州刺史。”

徐　某　　大和中？

《全詩》卷八一四無可《中秋夜隴州徐常侍座中詠月》：“隴城秋月滿，太守待停歌。”

田　牟　　開成初

《元龜》卷六七一：“田牟，開成中爲隴州刺史，會鹽州刺史王宰好以法臨党項，羌人不安。以牟寬厚，故命易之。”兩《唐書》本傳未及。《新書》本傳唯云：開成初代王宰爲鹽州刺史。

王　宰　　開成中—五年（？—840）

《金石補正》卷七四《冷泉關河東節度王宰題名記》：“開成五年自隴州防禦使拜工部尚書、節制邠寧。”又見《唐文續拾》卷五王宰《靈石縣記石》。

史憲忠　　約開成五年—會昌三年（約840—843）

《新書》本傳：“〔史〕憲誠表爲貝州刺史。魏亂，奔京師，加累檢校右散騎常侍、隴州刺史……會昌中，築三原城，吐蕃因之數犯邊，拜憲忠涇原節度使以怖其侵。”《全文》卷七二八封敖《授史憲忠涇原節度使制》：“檢校左散騎常侍隴州刺史充本州防禦使上柱國賜紫金魚袋史憲忠……可檢校工部尚書充涇原等節度使。”

李　偲　　會昌中

《全文》卷七二六崔嘏《授李偲隴州刺史兼防禦使制》：“爾武能禦寇，智可圖功……可隴州刺史兼御史大夫，充本州刺史防禦使。”按崔嘏會昌後期爲中書舍人，見《新書·李德裕傳》。此制必作於會昌後期。

薛　逵　　約大中初—六年（?—852）

《舊書·宣宗紀》：“〔大中〕六年春正月戊辰，以隴州防禦使薛逵爲秦州刺史、天雄軍使兼秦成兩州經略使……三月，隴州刺史薛逵奏：修築定成關工畢。”《全文》卷七四九杜牧《薛逵除秦州刺史制》：“使持節隴州諸軍事隴州刺史、御史大夫、充本州防禦使上柱國薛逵……可檢校左散騎常侍、使持節秦州諸軍事兼秦州刺史。”

李　某　　大中、咸通間?

《全詩》卷六〇三許棠有《隴州旅中書事寄李中丞》詩。

曹　翔　　咸通九年前（868前）

《新書·康承訓傳》：“始，帝以〔王〕晏權故智興子，節度武寧，欲以怖賊。及是，返爲賊困，不敢戰，乃更以隴州刺史曹翔爲兗海節度、北面都統招討使。”按《通鑑·咸通九年》引《彭門紀亂》曰：“王晏權數爲賊所攻，雖不敗傷，亦時退縮。朝廷復除隴州牧曹翔領兗海節度使，充北面都統招討等使。”

張　洙　　廣明元年（880）

《金石補正》卷七七《南陵尉張師儒墓誌》：“有男四人：長曰洙，見義武軍節度都押衙、銀青光祿大夫、檢校國子祭酒、前隴州長史兼御史中丞，屬以時當沙陁悖亂，逆臣李國昌侵逼邊陲，節度使王公（景崇）知洙有韜略之機、籌算之握，委領兵士剪伐羌戎，果獲收復鎮城，招攜户口，上聞帝闕，表以殊功，即領郡符，必酬前效，不久之際，新命當臨。”廣明元年十月五日鐫。

鄭凝績　　中和二年（882）

《舊書・鄭畋傳》：中和二年冬，“僖宗以畋子給事中凝績爲隴州刺史”。

薛知籌　　光啓三年（887）

《舊書・僖宗紀》：光啓三年“七月壬申朔，隴州刺史薛知籌以城降李茂貞”。又見《通鑑・光啓三年》八月。

李繼密　　約大順中

《全文》卷八二一鄭璘《授李繼密山南西道節度使制》稱“秉義向公，服於吏事……刺隴坻而師必樂隨，鎮洋川而人皆自便”。按李繼密景福二年至光化元年在洋州任。光化元年五月爲山南西道節度使，見《通鑑》。

符道昭（李繼遠）　　昭宗末

《舊五代史》本傳：“宋文通（李茂貞）愛之，養爲己子，名繼遠，遂易其宗。及得軍職，翻超儕伍。後爲巴州刺史，又奏爲隴州防禦使兼中軍都指揮使。太祖迎奉昭宗，駐軍於岐下，道昭頻領騎士敢鬥戰，屢爲王師所敗，遂來降……昭宗反正，奏授秦州節度使、同平章事。”《新五代史》本傳未及隴州。

待考録

李敬和

《寶刻叢編》卷七引《京兆金石録》有《唐隴州刺史李敬和碑》。

卷一六　夏州(朔方郡)

隋朔方郡。貞觀二年討平梁師都，改爲夏州，置都督府。天寶元年改爲朔方郡。乾元元年復爲夏州。領縣四：朔方、德静、寧朔、長澤。

吕崇茂　　武德初

《通鑑·武德三年》："初，尉遲敬德將兵助吕崇茂守夏縣，上潛遣使赦崇茂罪，拜夏州刺史，使圖敬德，事泄，敬德殺之……〔五月，〕秦王世民引軍自晉州還攻夏縣，壬午，屠之。"按隋末朔方郡爲梁師都所據，其時高祖乃虚擬吕崇茂爲夏州刺史。

竇　静(竇靖)　　貞觀二年—五年(628—631)

《舊書》本傳："太宗即位，徵拜司農卿，封信都男，尋轉夏州都督……再遷民部尚書。貞觀九年卒。"《新書》本傳略同。《通鑑·貞觀二年》：九月"壬申，以前司農卿竇静爲夏州都督"。又見《貞觀四年》四月。《會要》卷七三：貞觀五年，"夏州都督竇静上表"。《元龜》卷七八："竇靖鎮夏州時，擒頡利，處其部衆於河南，靖以爲不便，上封事諫之。"又卷三八四："竇静爲夏州都督，值突厥攜貳，諸將出征多詣其所。静知虜中虚實，潛令人間其部落……太宗稱善。"又見卷一二八。

【補遺】李思摩　　約貞觀四年(約630)

《大唐故右武衛大將軍贈兵部尚書謚曰順李君(思摩)墓誌銘並

序》（貞觀廿一年四月廿八日）：“貞觀三年，匈奴盡滅，公因而入朝。主上嘉其迺誠，賜姓李氏，封懷化郡王、右武衛大將軍。……尋授夏州都督。十三年，改授乙彌泥孰可汗，率部落歸於黃河之北。”（周紹良、趙超《唐代墓誌匯編續集》，上海古籍出版社2001年版）

張 亮　　貞觀六年（632）

《舊書》本傳：“貞觀五年，歷遷御史大夫，轉光禄卿，進封郇國公，賜實封五百户。後歷幽、夏、鄜三州都督。七年，魏王泰爲相州都督而不之部，進亮金紫光禄大夫，行相州大都督長史。”《新書》本傳略同。又見《元龜》卷六九〇。

郭 澄　　貞觀中

《全文》卷三四一顏真卿《河南府參軍贈祕書丞郭君（揆）神道碑銘》：“五代祖昶，隋驃騎大將軍、開府儀同三司。高祖澄，皇朝朔方道大總管，涇、鄜、坊、慶、丹、延、夏七州刺史……〔君〕以天寶八載二月十八日終於安興之私第，時年二十四。”

＊李 愔　　貞觀十一年（637）

《舊書·劉蘭傳》：“〔貞觀〕十一年，幸洛陽，以蜀王愔爲夏州都督，愔不之藩。”兩《唐書》本傳未及。《元龜》卷七八：“貞觀十二年，及太宗行幸雒陽，以蜀王愔爲夏州都督……愔下（不）之藩。”按《唐書·太宗紀》《通鑑》皆稱貞觀十一年二月幸洛陽，十二年二月返；《元龜》誤。

劉 蘭　　貞觀十一年（637）

《舊書》本傳：“〔貞觀〕十一年，幸洛陽，以蜀王愔爲夏州都督，愔不之藩，以蘭爲長史，總其府事……超拜豐州刺史。”《新書》本傳：“〔貞觀〕十一年，爲夏州都督長史……俄檢校代州都督。”又見《元龜》卷七八。按《通鑑》作“劉蘭成”。

劉　蘭　　貞觀十三年—十五年（639—641）

《舊書》本傳：貞觀十一年爲夏州長史，"太宗以爲能，超拜豐州刺史，再轉夏州都督，封平原郡公。貞觀末，以謀反腰斬"。《新書》本傳未及。

張士貴　　貞觀十五年—十六年（641—642）

拓本《大唐故輔國大將軍荆州都督虢國公張公（士貴）墓誌銘》："〔貞觀〕十五年從幸洛陽宮，會薛延陀犯塞，奉敕於慶州鎮守，後檢校夏州都督。十六年追還，領屯兵如故。十一月授蘭州都督。"（《陝西禮泉唐張士貴墓》，《考古》1978 年第 3 期）

尉遲敬德　　貞觀十六年—十七年（642—643）

《舊書》本傳："〔貞觀〕十一年，封建功臣爲代襲刺史，册拜敬德宣州刺史，改封鄂國公，後歷鄜、夏二州都督。十七年，抗表乞骸骨，授開府儀同三司，令朝朔望。"《新書》本傳略同。又見《元龜》卷四〇七、卷四三三。《全文》卷一五二許敬宗《唐幷州都督鄂國公尉遲恭碑》：貞觀八年，"行同州刺史……累遷靈、鄜、夏三州都督"。按尉遲敬德貞觀十三年二月爲鄜州都督，十七年表乞骸骨，見《通鑑》。《隋唐五代墓誌匯編·陝西卷》第三册《大唐故開府儀同三司鄂國公尉遲君（敬德）墓誌幷序》（顯慶四年四月十四日）："又拜光禄大夫行鄜州都督鄜坊丹延四州諸軍事鄜州刺史。十六年，以本官檢校夏州都督夏綏銀三州諸軍事夏州刺史……十七年抗表致仕。"證知貞觀十六年至十七年在任。

喬　軌　　貞觀十七年（643）

《元龜》卷一五七：貞觀十五年十一月，"喬軌爲左驍衛左監門將軍，兼左武衛大將軍，出爲夏州都督"。

喬師望　　貞觀十九年—二十年（645—646）

《新書·太宗紀》："〔貞觀〕二十年正月辛未，夏州都督喬師望及薛延陀戰，敗之。"《舊書》本傳未及。又見《元龜》卷三五八、《通鑑·

貞觀二十年》。

張 義　　約貞觀中

《千唐誌·大周故朝議大夫行澤州司馬張府君（玄封）墓誌》（長壽三年四月庚午）：“父義，唐夏州都督、左監門將軍。”玄封卒長壽三年，春秋七十一。

宇文仁簡　　貞觀末？高宗初？

《姓纂》卷六河南洛陽宇文氏：“仁簡，夏州都督。”按仁簡祖孝伯，仕北周宣帝時；伯父歆，武德五年爲洪州總管。

屈突壽　　貞觀末或高宗初

《姓纂》卷一〇昌黎屈突氏：“壽，駕部員外，夏州都督。”按其父屈突通，貞觀元年爲洛州都督，二年卒，年七十二。壽襲爵。見兩《唐書·屈突通傳》。

姜 協　　麟德中—乾封中（664？—667？）

《新書》本傳：“歷燕然都護、夏州都督，封成紀縣侯，諡曰威。”《新表三下》姜氏：“協字壽，夏州都督，成紀威公。”《寶刻叢編》卷八引《集古錄目》：“《唐夏州都督姜協碑》，唐司列少常伯李安期撰，豫王府屬直弘文館高正臣書。協字壽，秦州上邽人，官至夏州都督。碑以乾封二年立。”又見《書小史》卷九。

王立行　　約高宗時

《全文》卷四四三侯冕《同朔方節度副使金紫光禄大夫試太常卿兼慈州刺史王府君（履清）神道碑》：“五代祖立行，工部郎中，更靈、夏、夔、潭等四府都督。”履清大曆十一年卒。

王方翼　　永淳元年—二年（682—683）

《舊書》本傳稱：永隆中，以功遷夏州都督。永淳二年，詔徵方翼。

又見《程務挺傳》，《御覽》卷二五一。《新書》本傳略同。《通鑑·永淳元年》：四月，“阿史那車薄圍弓月城，安西都護王方翼引軍救之，破虜衆於伊麗水……方翼尋遷夏州都督，徵入，議邊事”。又《光宅元年》：十二月，“太后以夏州都督王方翼與〔程〕務挺連職，素相親善，且廢后近屬，徵下獄，流崖州而死”。《全文》卷二二八張說《唐故夏州都督太原王公（方翼）神道碑》：“……遷夏州都督……太后臨朝，有凶人誣奏公廢后從兄……遷於崖州。”

李崇義　　弘道元年（683）

《通鑑·弘道元年》：“三月庚寅，阿史那骨篤禄、阿史德元珍圍單于都護府……遣勝州都督王本立、夏州都督李崇義將兵分道救之。”兩《唐書》本傳未及。《新書·宗室世系表上》蔡王房：“蒲、同、絳、陝、幽、夏六州刺史，益州長史，譙國公崇義。”

薛　岑　　武后時？

《新表三下》薛氏：“岑，夏州都督。”乃安州刺史薛福之父。

薛　訥　　長安元年（701）

《新書·突厥傳上》：“默啜剽隴右牧馬萬匹去，俄復盜邊，詔安北大都護相王爲天兵道大元帥，率并州長史武攸宜、夏州都督薛訥與〔魏〕元忠擊虜。兵未出，默啜去。明年，寇鹽、夏。”按突厥默啜盜邊及寇鹽、夏在長安元、二年間，見《舊書·則天皇后紀》《通鑑》。

李思孝　　中宗時？

《新表二上》隴西李氏丹楊房：“思孝，夏州都督。”乃唐初功臣李靖姪孫，幽州都督李客師之孫。

甄　亶（甄道一）　　景雲中

《全文》卷二二七張說《唐故廣州都督甄公（亶）碑》：“拜蘭州刺史，兼榆林、臨洮等軍大使，除夏州都督兼鹽州防禦使。徵授幽州都

督。”按甄道一先天二年二月除幽州節度，見《會要》卷七八。則其爲
夏州都督約在景雲中。

强　循　　約開元二、三年（約 714、715）

《全文》卷三二九張説《贈户部尚書河東公楊君（執一）神道碑》：
“强循連率夏州，按察關内。”兩《唐書》本傳未及。按先天二年九月强
循除幽州刺史，見《會要》卷八八；開元四年七月，强循在靈州都督任，
見《大詔令集》卷一〇四。其爲夏州都督約在開元二、三年間。

甄　亶（甄道一）　　約開元四年（約 716）

《全文》卷二二七張説《唐故廣州都督甄公碑》：“除夏州都督兼鹽
州防禦使。徵授幽州都督……未幾，復除夏州都督。屬山戎矯虜，倏
擾王略……時以爲逗留，貶撫州刺史……未到官，遷廣州都督。”開元
五年七月卒，春秋五十七。按開元三年甄道一尚在幽州任。

陽欽明　　開元九年（721）

《元龜》卷九八六：開元九年“五月，既誅康待賓，下詔曰……宜令
夏州都督陽欽明依前處分”。《全文》卷二八玄宗《誅康待賓免從坐
詔》：“其胡賊及勾引諸蕃同叛逃在山谷沙藪間疑懼不出者，並原其
罪，宜令夏州都督陽欽明依前處分安慰。”

【補遺】鄭宏之　　開元二十五年（737）

《全唐文補遺》第八輯 33 頁《大唐故特進右監門衛大將軍兼静邊
州都督贈靈州都督西平郡開國公拓跋公（寂）墓誌文并序》（開元廿五
年八月一日）：“朝散大夫、使持節都督夏州諸軍事、守夏州刺史、上柱
國鄭宏之撰。”（師海軍提供）

陳履華　　玄宗時？

《新表一下》陳氏：“履華，夏州刺史。”按《姓纂》卷二長城陳氏作
“履，華州、虁州刺史”。又按履華乃隋涪陵太守陳淑英之玄孫。疑其
在玄宗時爲夏州刺史。

武令璙　　肅宗時？

北圖藏拓片《唐故武氏墓誌銘并序》（大曆十年二月九日）：“夫人其先人也，故夏州都督令璙之女，河東節度都押衙兼征馬使、特進、前行右千牛衛大將軍蘇日榮之妻。”春秋四十六。無卒年。

沈東美　　代宗時？

《姓纂》卷七鄴郡内黄沈氏：“東美，給事中、夏州都督。”乃初唐詩人沈佺期之子。按《杜工部集》卷九有《承沈八丈東美除膳部員外》詩，原注：“府掾四人同日拜郎。”《英華》卷一六五綦毋潛有《題沈東美員外山池》詩，《廣記》卷四四八引《紀聞》亦稱沈東美員外郎。其爲夏州都督疑在代宗時。

吕希倩　　建中初—四年（約780—783）

《舊書·崔寧傳》：“寧巡邊至夏州，刺史吕希倩與寧同力招撫党項，歸降者甚多……召〔希倩〕歸朝，除右僕射知省事，以神武將軍時常春代之。”《元龜》卷六七四：“吕希倩，德宗初爲夏州刺史。”

時常春　　建中四年（783）

《舊書·德宗紀》：建中四年十一月乙亥，“靈武留後杜希全、鹽州刺史戴休顏、夏州刺史時常春合兵六千來援”。又見《渾瑊傳》，兩《唐書·杜希全傳》，《元龜》卷一八一，《通鑑·建中四年》。

拓拔乾暉　　貞元二年（786）

《舊書·吐蕃傳下》：貞元二年“十二月，陷夏州，刺史拓拔乾暉率衆而去，復據其城”。《新書·吐蕃傳下》略同。又見《通鑑·貞元二年》。《會要》卷九七作“拓拔乾曜”。

韓　潭　　貞元三年—十四年（787—798）

《舊書·德宗紀上》：貞元三年七月丙辰，“以左羽林大將軍韓潭爲夏州刺史、夏綏銀等州節度使”。又《德宗紀下》：十二年五月甲辰，

"銀夏節度使韓潭讓所授禮部尚書"。又見《元龜》卷一七六。《大詔令集》卷九九《城鹽州詔》稱"夏綏銀節度韓潭"，貞元九年二月。《新書·藝文志三》"雜家類"有韓潭《統載》三十卷。注云："夏綏銀節度使，貞元十三年上。"

韓全義　貞元十四年—永貞元年（798—805）

《舊書·德宗紀下》：貞元十四年閏五月"庚申，以左神策行營節度韓全義爲夏州刺史，兼鹽夏綏銀節度使，以代韓潭"。又本傳："貞元十三年，爲神策行營節度、長武城使，代韓潭爲夏綏銀宥節度，詔以長武兵赴鎮……〔憲宗〕即位，全義懼，求入覲，詔以太子太保致仕，其年七月卒。"《新書》本傳略同。《通鑑·永貞元年》：八月"辛卯，夏綏節度使韓全義入朝"。十一月"戊寅，以韓全義爲太子少保，致仕"。

李　演　永貞元年—元和元年（805—806）

《舊書·憲宗紀上》：永貞元年十月，"以左驍衛將軍李演爲夏州刺史、夏綏銀等州節度使"。元和元年三月，"先是，韓全義入朝，令其甥楊惠琳知留後，俄有詔除李演爲節度，代全義；演赴任，惠琳據城叛。詔發河東、天德兵誅之。辛巳，夏州兵馬使張承金斬惠琳，傳首以獻"。《全文》卷七三七沈亞之《夏平》："元和之初，夏之節度韓將軍入覲，其甥楊惠琳爲之後，以兵叛，天子命將軍演伐之……明年，拜右衛李將軍愿爲尚書，出代演爲政。"

李　愿　元和元年—六年（806—811）

《舊書·憲宗紀上》：元和元年八月"癸亥，以左衛大將軍李愿檢校禮部尚書、夏州刺史，充夏綏銀節度使"。元和六年"十月，以前夏州節度使李愿檢校兵部尚書、徐州刺史，充武寧軍節度使"。又見兩《唐書》本傳。《全文》卷七一六高瑀《使院新修石幢記》："初，元戎岐公辛卯歲自夏臺帥奉詔朝於京師。天子當宸對百辟卿士，登公於明庭曰：自理朔陲，邊風變和……今之徐方，控臨東極，淮海閩越，千里遥賴……故有鈇鉞印綬之賜……自歲十一月四日至於理所。"按"辛卯歲"即元和六年。《唐語林》卷四:"〔李〕愿爲夏州、徐泗、鳳翔、宣武、河中五節度使。"

張　煦　　元和六年—八年(811—813)

《舊書·憲宗紀上》:元和六年八月"乙丑,以天德軍防禦使張煦爲夏州刺史、夏綏銀等州節度使"。又《憲宗紀下》:元和八年十二月,"振武軍亂,逐其帥李進賢,屠其家。乃以夏州節度使張煦代進賢"。又見兩《唐書》本傳,《通鑑·元和八年》十二月。

田　縉(田進)　　元和八年—十四年(813—819)

《舊書·憲宗紀下》:元和八年十二月"丙午,以金吾衛將軍田進爲夏州刺史、夏綏銀節度使"。十四年九月"庚寅,貶右衛大將軍田縉爲衡王傅。縉前鎮夏州,私用軍糧四萬石,強取党項羊馬,致党項引吐蕃入寇故也"。《通鑑·元和十一年》:四月,"宥州軍亂,逐刺史駱怡,夏州節度使田進討平之"。《新書》本傳:"元和中,拜夏綏銀節度使……入爲左衛大將軍,李聽代之。"《舊書·吐蕃傳下》:元和十三年十月,"夏州節度田縉於靈武亦破三千餘人"。

李　聽　　元和十四年—十五年(819—820)

《舊書·憲宗紀下》:元和十四年五月"庚辰,以楚州刺史李聽爲夏州刺史、夏綏銀宥等州節度使"。又《穆宗紀》:元和十五年六月戊寅,"以〔李〕聽爲靈州大都督府長史,充朔方靈鹽節度使"。又見兩《唐書》本傳。《元龜》卷八六一:"柳公權初爲夏州李聽掌書記,穆宗即位,入奏事。"《唐語林》卷四:"〔李〕聽爲夏州、靈武、河東、鄭滑、魏博、邠寧七州節度。"

李　祐　　元和十五年—長慶四年(820—824)

《舊書·穆宗紀》:元和十五年六月"戊寅,以金吾將軍李佑(祐)檢校左散騎常侍,兼夏州刺史,充夏綏銀宥節度使,代李聽"。

《通鑑·長慶四年》:七月,"夏綏節度使李祐入爲左金吾大將軍"。《金石録》卷二九《唐李祐墓誌》:"從徐州李愬平李師道,遷左金吾衛大將軍,帥綏銀夏,遷户部尚書兼右金吾衛大將軍。"又見兩《唐書》本傳。

傅良弼　長慶四年—大和二年(824—828)

《舊書·敬宗紀》:長慶四年五月"癸亥,以鹽州刺史傅良弼爲夏州節度使"。又《文宗紀上》:大和二年九月甲午,"以前夏州節度使傅良弼爲横海軍節度使"。又見《通鑑·大和二年》。

李　寰　大和二年—四年(828—830)

《舊書·文宗紀上》:大和二年九月丁亥,"以新除横海軍節度使李寰爲夏州節度使"。又見《元龜》卷一七七,《通鑑·大和二年》。《舊書·文宗紀下》:大和四年二月"辛未,夏州節度使李寰卒"。

董重質　大和四年—六年(830—832)

《舊書·文宗紀下》:大和四年二月"壬申,以神策行營節度使董重質爲夏綏銀宥節度使"。又本傳:"大和四年,又轉夏綏銀宥節度使。五年,就加檢校工部尚書。"

李昌言　大和六年—約開成元年(832—約836)

《舊書·文宗紀下》:大和六年十月"壬午,以左金吾衛將軍李昌言檢校左散騎常侍,充夏綏銀宥節度使"。

劉　源　開成元年—三年(836—838)

《舊書·文宗紀下》:開成元年正月丁未,"以銀州刺史劉源爲夏綏銀宥節度使"。三年十月"丁酉,夏州節度使劉源卒"。本傳未及。

高霞寓　開成三年(838)

《舊書·文宗紀下》:開成三年十月"壬辰,以右金吾衛將軍高霞寓爲夏綏銀宥節度使”。

＊李　愕　　會昌四年(844)

《舊書・武宗紀》：會昌四年九月，“制以皇子愕爲開府儀同三司、夏州刺史、朔方軍節度大使，時党項叛，命親王以制之”。

米　暨　　會昌四年?—六年(844?—846)

《舊書・武宗紀》：會昌六年二月“庚辰，以夏州節度使米暨充東北道招討党項使”。又見《通鑑・會昌六年》。

李　業　　約大中元年—三年(約 847—849)

《千唐誌・唐故鄉貢進士隴西李君(眈)墓誌銘》(大中十一年五月二十四日)：“次兄業……五秉戎旃，首忝夏臺，轉岐隴，歷太原，移白馬，今秉天平軍節度使。”按李業大中四年十二月已任鳳翔，見岑仲勉《唐方鎮年表正補》考證。則其鎮夏約在大中元年至三年間。

崔　某　　約大中三、四年間(約 849、850)

《全詩》卷五二一杜牧有《送夏州崔常侍自少常亞列出領麾幢十韻》。按杜牧大中二年入爲考功員外郎，四年由吏部出刺外郡，崔常侍出鎮夏州當在杜牧爲考功員外郎時。

李　福　　大中五年—八年(851—854)

《通鑑・大中五年》：二月，“乃以右諫議大夫李福爲夏綏節度使”。《新書》本傳：“大中時，党項羌震擾，議者以將臣貪牟產虜怨，議擇儒臣治邊。乃授福夏綏銀節度使，宣宗臨軒諭遣。”又見《東觀奏記》卷下，《唐語林》卷二。《舊書》本傳未及。

鄭　助　　大中八年—十一年(854—857)

《舊書・宣宗紀》：大中八年“八月，以司農卿鄭助爲檢校左散騎常侍、兼夏州刺史、御史大夫……夏綏銀宥等州節度營田觀察處置押蕃落安撫平夏党項等使"。十一年"二月,以夏綏銀宥節度使、通議大夫、檢校左散騎常侍、夏州刺史、御史大夫……鄭助爲檢校工部尚書、邠州刺史,充邠寧慶節度"。《千唐誌·唐故國子助教范陽盧公(當)墓誌銘并序》(大中九年二月十一日)稱:"今夏州節度使鄭常侍助。"《全文》卷七六一鄭處誨《邠州節度使廳記》:"廷議以我季父尚書公前爲夏帥……遷鎮是軍。季父又以理夏之政移之於邠……大中十二年三月二十日記。"按鄭處誨之季父尚書公即指鄭助。

田在賓　　大中十一年—十三年(857—859)

《舊書·宣宗紀》:大中十一年二月,"以右金吾衛將軍田在賓檢校右散騎常侍,兼夏州刺史,代鄭助爲夏綏銀宥節度等使"。按《孫樵集》卷三《書田將軍邊事》稱:"田在賓將軍刺嚴道三年,能條悉南蠻事。"

楚國夫人婿　　約咸通三年(約 862)

《舊五代史·李鏻傳》:"伯父湯,咸通中爲給事中。懿宗除乳母楚國夫人婿爲夏州刺史,湯封還制書。詔曰:'朕少失所親,若非楚國夫人鞠養,則無朕此身。雖非朝典,望卿放下,仍今後不得援以爲例。'湯乃奉詔。其諒直如此。"

李宴元　　咸通六年—約十年(865—約 869)

《舊書·懿宗紀》:咸通六年五月,"以右金吾大將軍李宴元爲夏州刺史、朔方節度等使"。

胡　某　　咸通間?

《全詩》卷六五八羅隱有《夏州胡常侍》云:"仍聞隴蜀由多事,深喜將軍未白頭。"按《全詩》卷六五〇方干有《寄靈武胡常侍》,疑爲同一人。

李玄禮(李元禮)　　約乾符中

《舊書·僖宗紀》:廣明元年四月丁酉,"〔以李琢〕充蔚朔等州諸道行營都招討使；應東北面行營李孝昌、李元（玄）禮、諸葛爽、王重盈、朱玫等兵馬及忻、代州土團，並取琢處分"。按孝昌時鎮鄜，吳氏《方鎮年表》謂：是時玄禮蓋鎮夏綏。是年七月諸葛爽爲夏綏節度，玄禮移靈武。

諸葛爽　　廣明元年—中和元年（880—881）

《通鑑·廣明元年》：十月，"以〔諸葛〕爽爲夏綏節度使"。《舊五代史·梁太祖紀》："廣明元年十二月甲申，黃巢陷長安，遣帝（朱全忠）領兵屯於東渭橋。是時夏州節度使諸葛爽率所部屯於櫟陽，巢命帝招諭爽，爽遂降於巢。"又見《元龜》卷一八七。兩《唐書》本傳未及。《通鑑·中和元年》：三月，"前夏綏節度使諸葛爽復自河陽奉表自歸，即以爲河陽節度"。

李思恭（拓拔思恭）　　中和元年—光啓二年（881—886）

《舊書·僖宗紀》：中和元年三月，"夏州節度使拓拔思恭等同盟起兵，傳檄天下"。《通鑑·中和元年》：四月，"以拓拔思恭權知夏綏節度使"。《新書·党項傳》："黃巢入長安，〔拓拔思恭〕與鄜州李孝昌壇而坎牲，誓討賊，僖宗賢之，以爲左武衛將軍，權知夏綏銀節度事……中和二年，詔爲京城西面都統、檢校司空、同中書門下平章事。俄進四面都統，權知京兆尹。賊平，兼太子太傅，封夏國公，賜姓李。嗣襄王熅之亂，詔思恭討賊，兵不出，卒。以弟思諫代爲定難節度使。"又見兩《五代史·李仁福傳》。《桂苑筆耕集》卷一《賀殺黃巢徒伴表》："臣得進奏院狀報：北路軍前定難軍節度使拓拔思恭、保大軍節度使東方逵等奏，宜君縣南殺戮逆賊黃巢徒伴二萬餘人。"按嗣襄王熅之亂，事在光啓二年四月至十二月。又按《新書·方鎮表一》：中和二年，"夏州節度賜號定難節度"。

李思諫（拓拔思諫）　　光啓二年—乾寧二年（886—895）

《新書·党項傳》："嗣襄王熅之亂，詔思恭討賊，兵不出，卒。以弟思諫代爲定難節度使。"又《昭宗紀》：乾寧二年八月戊戌，"定難軍節度使李思諫爲東北面招討使”。《通鑑·乾寧三年》：九月己亥，“又以前定難節度使李思諫爲静難節度使，兼副都統”。

李成慶（李承慶）　　乾寧三年—光化三年（896—900）

《全文》卷八四〇韓儀有《授李成慶夏州節度使制》。《通鑑·光化三年》：“四月，加定難軍節度使李承（成）慶同平章事。”

卷一七　綏州（上郡）

隋雕陰郡。唐初没梁師都。武德三年於延州豐林縣僑置綏州總管府。六年移治所於延州延川縣界。七年又移治城平縣界魏平廢城。貞觀二年平梁師都，罷都督府，移州治上縣。天寶元年改爲上郡。乾元元年復爲綏州。領縣五：上縣（龍泉）、延福、大斌、綏德、城平。

劉大俱　　武德七年（624）

《新書·高祖紀》：武德七年八月“戊寅，突厥寇綏州，刺史劉大俱敗之”。又見《通鑑·武德七年》八月、九月記載。《姓纂》卷五雕陰劉氏：“唐左武衛大將軍、綏州總管、義成公、晉右賢王豹之後（缺名）。”《全文》卷九九〇闕名《唐劉仁愿紀功碑》：“公父大俱，皇朝使持節因、綏二州總管二十四州諸軍事綏州刺史，尋遷都督，左武衛將軍、右驍衛大將軍，勝、夏二州道行軍總管。”

郭福始　　貞觀初？

《姓纂》卷一〇馮翊郭氏：“福始，唐綏州刺史，羹城男。”按其祖彦周，北周兵部尚書。

楊　琮　　貞觀中

《新書·楊琮傳》：“隱太子事平，詔親王、宰相一人入宴，而琮獨預，太宗賜《懷昔賦》，申以恩意。歷沔、綏二州刺史。”《舊書·楊琮傳》未及。《全文》卷二六七嚴識元《潭州都督楊志本碑》："烈考琮，皇朝秦王府庫直，太宗文武聖皇帝贈《感恩賦》一道、詩三篇，歷茂、梓二州長史，沔、綏二州刺史。"

陳　挺　　約貞觀中

《新表一下》陳氏："挺，綏州刺史。"按其父蕃，隋資陽令。疑挺刺綏約在貞觀後期。

元寶琳　　貞觀中？

《姓纂》卷四河南洛陽元氏："寶琳，綏州刺史，韓公。"《新表十五下》元氏："寶琳，綏州刺史，襲公。"按其祖元謙，北周韓國公。

王大禮　　約乾封中

《隋唐五代墓誌匯編・陝西卷》第一册《大唐故使持節歙州諸軍事歙州刺史駙馬都尉王君(大禮)墓誌銘并序》（咸亨元年十月四日）："爲使持節綏州諸軍事綏州刺史……詔除使持節歙州諸軍事歙州刺史……以總章二年二月廿六日卒於歙州之官第，春秋五十有七。"北圖藏拓片《大唐故中大夫行定州鼓城縣令王君(玄起)墓誌銘并序》（開元十一年十月十日）："父大禮，皇朝右千牛，尚遂安公主，駙馬都尉，綏、歙二州刺史……君即歙州府君之長子。"萬歲通天元年卒，享年四十八。按王大禮龍朔間爲福州刺史。

韋玄福　　高宗時

《新表四上》韋氏南皮公房："福，字玄福，綏州刺史。"其子太原尹韋湊，卒開元十年。其孫見素，天寶末宰相。又按《舊書・韋湊傳》作"父玄，桂州都督府長史"，奪"福"字。

李　明　　高宗時？

《全文》卷六五五元稹《唐故中大夫尚書刑部侍郎李公(建)墓誌銘》："申國公十一世而生有唐綏州刺史明，明生太子中允進德，進德生昌明令珍玉,珍玉生雅州别駕贈禮部尚書震。公即尚書第三子。"
《白居易集》卷四一《有唐善人墓碑碣》:"唐有善人曰李公,公名建,字
杓直……綏州刺史明,高祖也。"按《舊書·李遜傳》謂曾祖進德,祖珍
玉,父震。未及高祖明。

陸元方　　天册萬歲元年(695)

《舊書》本傳:"證聖初,内史李昭德得罪,以元方附會昭德,貶綏
州刺史。"又《豆盧寬傳》:"陸元方自秋官侍郎爲綏州刺史。"《新書·
則天皇后紀》:天册萬歲元年正月戊子,"〔貶〕陸元方綏州刺史"。又見
本傳,《通鑑·天册萬歲元年》。按《新書·宰相表上》作"萬歲登封元年
正月戊子"。《全文》卷二三一張説《文昌左丞陸公(元方)墓誌》:"坐公
事降爲綏州刺史。居無何,檢校春官、又試天官二侍郎兼司尉卿。"

何　某　　武后或中宗時?

《韓昌黎集》卷二八《息國夫人墓誌》:"貞元十五年,靈州節度使、
御史大夫李公諱欒,守邊有勞,詔曰:'欒妻何氏,可封息國夫
人。'……夫人曾祖某,綏州刺史。"

郭敬之　　開元二十六年(738)

《舊書·郭子儀傳》:"父敬之,歷綏、渭、桂、壽、泗五州刺史。"《新
表四上》華陰郭氏:"敬之,字敬之,吉、渭、壽、綏、憲五州刺史。"《全
文》卷三三九顏真卿《有唐故中大夫使持節壽州諸軍事壽州刺史上柱
國贈太保郭公(敬之)廟碑銘并序》:"侍中牛仙客,□君清節,奏授綏
州,遷壽州……以天寶三載春正月十日遘疾終於京師……春秋七十
有八。"按牛仙客開元二十六年爲侍中。又見《金石萃編》卷九二。
《全文》卷三五三苗晉卿《壽州刺史郭公(敬之)神道碑》:"除吉渭綏壽
刺史共四州。"

裴之慶　　約玄宗時

《新表一上》東眷裴氏:"之慶,綏州刺史。"按其曾孫裴垍,相

憲宗。

薛　直　　約肅宗或代宗時

《新表三下》薛氏："直，綏州刺史。"按其父納，相玄宗。

敬　琬　　約貞元或元和時

《舊五代史·敬翔傳》："曾祖琬，綏州刺史……乾符中，〔翔〕舉進士不第。"

【補遺】白忠信　　景福二年（893）

《榆林碑石》242 頁《白景立墓誌銘》（乾寧二年）："竟以景福二年十一月十九日薨於夏州之故里，享年卅三。……令兄忠信，檢校吏部尚書、前綏州刺史。"（師海軍提供）

卷一八　靈州（靈武郡）

隋靈武郡。武德元年改爲靈州，設總管府。七年改爲都督府。天寶元年改靈州爲靈武郡。至德元年七月肅宗即位於靈武，升爲大都督府。乾元元年復爲靈州。領縣六：迴樂、鳴沙、靈武、懷遠、安静（保静）、温池。

李子和（郭子和）　　武德元年（618）

《新書》本傳："武德元年獻款，授靈州總管、金河郡公，徙郇國公。"按《舊書》本傳云："武德元年，遣使歸款，授榆林郡守。尋就拜雲州總管，封金河郡公。二年，進封郇國公。"疑"雲州"爲"靈州"之訛。《元龜》卷一六四："〔武德元年〕七月，榆林賊帥郭子和遣使來降，拜爲靈州總管。"又卷四五三："李子和爲靈州總管，既絶梁師都，又伺突厥間釁，遣使以聞。"又見《通鑑·武德元年》。按李子和本姓郭氏，賜姓李。

唐奉義　　約武德二、三年間（約 619、620）

《新表四下》唐氏："奉義，靈州總管。"乃隋安樂公唐遐顯之子。

楊師道　　武德四年—五年（621—622）

《通鑑·武德四年》：九月"甲申，靈州總管楊師道擊突厥，破之"。《新書·高祖紀》：武德五年"九月癸巳，靈州總管楊師道敗之（突厥）於三觀山"。又見《元龜》卷九八五，《通鑑·武德五年》九月。兩

《唐書》本傳皆未及。

李道宗　　武德五年—六年（622—623）

《舊書》本傳：“〔武德〕五年，授靈州總管。”《新書》本傳同。《通鑑·武德五年》：十一月“乙酉，封宗室略陽公道宗等十八人爲郡王。道宗，道玄從父弟也，爲靈州總管”。

楊師道　　武德七年（624）

《通鑑·武德七年》：六月，“〔楊〕文幹遂舉兵反。上遣左武衛將軍錢九隴與靈州都督楊師道擊之”。又見《元龜》卷一二二。

李道宗　　武德八年—貞觀元年（625—627）

《通鑑·武德八年》：八月“庚辰，突厥寇靈武。甲申，靈州都督任城王道宗擊破之”。《舊書》本傳：“貞觀元年，徵拜鴻臚卿。”《新書》本傳略同。又見《元龜》卷二六五、卷二七一、卷二八一，《會要》卷九四。

李道宗　　貞觀三年（629）

《舊書》本傳：“貞觀元年，徵拜鴻臚卿，歷左領軍、大理卿。時太宗將經略突厥，又拜靈州都督。三年，爲大同道行軍總管。”《新書》本傳略同。又《突厥傳上》：貞觀三年，“靈州大都督任城王道宗出大同道……皆受〔李〕靖節度以討之”。又見《元龜》卷九八五。《續高僧傳》卷三〇《唐京師定水寺釋智凱傳》：“時江夏王道宗，昔在京輦第多福會，至於唱叙無非凱通。後督靈州，攜隨任所，留連歲稔，欣慕朋從。”

張寶相　　貞觀四年（630）

《通典》卷一九四：“貞觀初，頡利又至渭橋。四年，李靖滅其國，靈州總管張寶相擒頡利獻焉。”

尉遲敬德　　貞觀五年—八年（631—634）

《大詔令集》卷六五《長孫無忌等九人各封一子郡縣公詔》“靈州

都督吳國公尉遲敬德”注：“貞觀五年九月。”又見《全文》卷五。《元龜》卷四三三：“尉遲敬德，太宗貞觀中歷靈、鄜、夏三州都督。”兩《唐書》本傳未及。據《通鑑》，尉遲敬德貞觀十三至十七年在鄜州都督任。《全文》卷一五二許敬宗《唐并州都督鄂國公尉遲恭碑》稱：貞觀八年行同州刺史，册拜宣州刺史，累遷靈、鄜、夏三州都督。按貞觀十一年册拜宣州刺史，改封鄂國公，見《舊書》本傳。《隋唐五代墓誌匯編・陝西卷》第三册《大唐故開府儀同三司鄂國公尉遲君（敬德）墓誌并序》（顯慶四年四月十四日）：“除靈州都督鹽□静等四州諸軍事靈州刺史，尋加光禄大夫行同州刺史。”按貞觀八年爲同州刺史。

李孝節　　約貞觀中

《新書・宗室世系表上》大鄭王房：“清河郡公、靈州都督孝節。”按其父淮安王神通，貞觀四年卒；長兄道彦，貞觀初爲相州都督。孝節武德五年封清河王。見兩《唐書・宗室傳》。

李正明　　約貞觀中

拓本《大唐隴西郡夫人李氏（深）墓誌銘》：“祖正明，任靈、原兩州都督，永康郡開國公。父志貞，朝議大夫、延州司馬。”夫人景雲元年卒，年四十五（《武威縣南山青嘴喇嘛灣又發現慕容氏墓誌》，《文物》1965年第9期）。按《新表二上》李氏丹楊房：“正明，右衛將軍。”乃李靖、李客師之弟。有子志貞，未列官職。約仕於貞觀中。

崔敦禮　　約貞觀十七年—二十年（約643—646）

《舊書》本傳：“貞觀元年，擢拜中書舍人，遷兵部侍郎，頻使突厥。累轉靈州都督。二十年，徵爲兵部尚書。”《新書》本傳略同。《全文》卷一四五于志寧《太子少師中書令并州都督固安昭公崔敦禮碑》：“十年授□□少……又奉使往延陀論和親事……其年授右屯衛將軍……授銀青光禄大夫守靈州都督……廿年授銀青光禄大夫守兵部尚書。”按敦禮以兵部侍郎出使薛延陀事在貞觀十六年十月，見《會要》卷九四。

王立行　　約貞觀或高宗時

《全文》卷四四三侯冕《同朔方節度副使金紫光禄大夫試太常卿兼慈州刺史王府君（履清）神道碑》："五代祖立行，工部郎中，更靈、夏、夔、潭等四府都督。"履清卒大曆十一年。

鄭仁泰　　永徽四年—顯慶二年(653—657)

拓本《大唐故右武衛大將軍使持節都督涼甘肅伊瓜沙等六州諸軍事涼州刺史上柱國同安郡開國公鄭府君墓誌銘并序》（麟德元年十月廿三日）："公諱廣，字仁泰，滎陽開封人也……永徽四年，授銀青光禄大夫、使持節靈鹽二州都督……顯慶二年，入爲右武衛大將軍，仍檢校右衛、右領二大將軍事。"龍朔三年卒，春秋六十三。《隋唐五代墓誌匯編·北京大學卷》第一册《大唐故右衛中郎將兼右金吾將軍同安郡開國公鄭府君（玄果）墓誌銘并序》（開元二年十月二十九日）："父仁泰……武帝建旗，侍鑾輿而吊罪；文皇受禪，翊龍飛以底功。天下所以削平，社稷由其致固。除靈州都督，左武衛將軍，右武衛將軍，進爵同安郡開國公……卒於涼州都督，謚曰襄。"

李君球　　高宗時

《舊書》本傳："龍朔三年，高宗將伐高麗，君球上疏諫……尋遷蔚州刺史，未行，改爲興州刺史。累遷揚州大都督府長史……轉爲靈州都督。尋卒官。"

宇文某　　垂拱中

《楊炯集》卷四《大唐益州大都督府新都縣學先聖廟堂碑文并序》："朝議大夫守司馬宇文紀，左衛將軍靈州都督之次子。"據傅璇琮《盧照鄰楊炯年譜》，此文垂拱三年作。

唐休璟（唐璿）　　約證聖中

《全文》卷二五七蘇頲《右僕射太子少師唐璿神道碑》："公諱璿，字休璟……長壽中……爲西州刺史……無何，遷靈州都督……未幾，攝右肅政大夫檢校涼州都督。"按《舊書》本傳謂聖曆中休璟兼涼州都督、右肅政御史大夫，其督靈州在此前。《新書》本傳："垂拱中，遷安西副都護。會吐蕃破焉耆，安息道大總管韋待價等敗，休璟收其潰亡，以定西土。授靈州都督。乃陳方略，請復四鎮……聖曆中，授涼州都督、右肅政御史大夫、持節隴右諸軍副大使。"《大唐新語》卷八："唐休璟爲靈武大總管……則天令宰臣商度事宜。"

薛孤知福　　武后時？

《姓纂》卷一〇薛孤氏："知福，靈州都督。"按其父薛孤吳仁，龍朔二年官右金吾將軍。疑知福督靈州在武后時。

甄　粲　　景龍四年(710)

《大詔令集》卷一三〇蘇頲《命呂休璟等北伐制》："豐安軍大使靈州都督甄粲。"注："景龍四年五月十五日。"又見《全文》卷二五三。

臧懷亮　　約中宗時

《隋唐五代墓誌匯編・陝西卷》第三冊《大唐故冠軍大將軍左羽林軍大將軍上柱國東莞郡開國公臧府君(懷亮)墓誌并序》(開元十八年十月二十一日)："遷單于都護……遷靈州都督豐安軍經略大使，轉鄯州都督兼河源軍經略營田大使。"開元十七年卒，春秋六十八。《全文》卷二六五李邕《羽林大將軍臧公(懷亮)墓誌銘》："苃歷單于、安北、靈、勝、洮、鄯、安東七州都督。"又《右羽林大將軍臧公(懷亮)神道碑》："恩制加銀青光祿大夫單于副大都護兼朔方軍副大總管上蔡縣開國男……拜靈州都督兼豐安軍經略大使兼朔方軍大總管上蔡縣開國子……轉鄯州都督兼河源軍經略使、營田大使、上蔡縣開國伯……恩加雲麾將軍左武威衞將軍兼洮州都督、莫門軍經略營田大使、隴西節度副大使、上蔡縣開國侯……復以本官兼勝州都督、東受降城大使、營田大使兼朔方軍大總管、上蔡縣開國公，會六州九胡涆凶階亂……"按蘭池州叛胡攻陷六胡州在開元九年四月，由此知懷亮時在勝州都督任。

呂休璟 開元二年(714)

《大詔令集》卷一三〇蘇頲《命姚崇等北伐制》稱："左威衛將軍靈州都督呂休璟……可右軍副大總管。"注："開元二年二月二十八日。"又見《英華》卷四五九,《全文》卷二五三。

杜賓客 開元三年(715)

《新書‧玄宗紀》：開元三年十月"壬戌,薛訥爲朔方道行軍大總管,太僕卿呂延祚、靈州刺史杜賓客副之"。又見《突厥傳上》。《通鑑‧開元三年》記載同。《大詔令集》卷五九蘇頲《薛訥朔方道大總管制》："右衛將軍兼靈州刺史豐安軍使上柱國杜賓客……宜並充副大總管。"注："開元三年十月十四日。"又見《全文》卷二一,《元龜》卷一一九、卷一二八。

強　循 開元四年(716)

《大詔令集》卷一〇四蘇頲《遣王志愔等各巡察本管内制》："靈州都督強循……宜令各巡本管内人。"注："開元四年七月六日。"又見《英華》卷四六一,《全文》卷二五三。兩《唐書》本傳未及。

魏　靖 約開元八年(約720)

北圖藏拓片《大唐故右金吾將軍魏公(靖)墓誌銘并序》(開元十五年正月二十四日)："〔歷〕慶、沁、易、涇四州刺史,靈、慶、秦三州都督,入爲右金吾將軍。"開元十四年八月廿四日卒,春秋六十八。

杜賓客 開元九年(721)

《元龜》卷一二八：開元九年十月,"以右威衛將軍杜賓客爲靈州刺史,充豐安軍使,封建平縣開國男"。按杜賓客開元三年曾爲靈州刺史,此當爲第二次。

田　宏 開元前期?

《金石補正》卷六六《唐故淮南節度討擊副使光禄大夫試殿中監

兼泗州長史田府君（侁）墓誌銘并序》：“高祖宏，皇光禄大夫，靈、冀等州刺史。”侁卒貞元三年，享年五十。《唐故泗州長史試殿中監京兆田府君墓誌銘并序》（貞元十一年八月二十七日）：“曾祖宏，唐故光禄大夫，驃騎大將軍，靈、冀等州刺史。”又見《唐文拾遺》卷二三。《誌》稱“祖崇，朝散大夫恒王府司馬”。按玄宗第二十七子瀍，開元二十三年七月封爲恒王，二十四年改名璵，天寶十五載從幸巴蜀，見《舊書·玄宗諸子傳》。由此知田崇仕於開元天寶間。則田崇之父田宏刺靈州疑在開元前期。

王上客　　開元中

《全文》卷六〇九劉禹錫《唐故監察御史王公（俊）神道碑》：“大父上客，高宗封岳，進士及第。”累遷“冀州刺史、靈州都督、朔方道總管”。按王上客先天中爲侍御史，見《廣記》卷二五〇引《兩京新記》。《英華》卷四五九開元二年三月二十八日蘇頲《命姚崇等北伐制》稱：兵部員外郎王上客等可行軍判官。開元十六年在婺州刺史任，見《宋高僧傳》卷二六。則其爲靈州都督約在此前後。

【補遺】孫　俊　　開元中

《洛陽新獲墓誌54·故荆州大都督府長史上柱國樂安縣開國伯孫公（俊）之碑並序》（開元二十九年正月十日）：“公諱俊，字□，吳郡富春人也。……除嘉州刺史。……除公安北都護。……改靈州都督。……又授公邢州刺史。……頃以荆州申奏，歲頻不稔，百姓不寧……令公力疾卧理荆州。……行未達於□部，疾將□□，恩制追還……以其年八月丁□日薨於河南寬政里之私第也，春秋六十有三。”

白知節　　開元中

《全文》卷三〇玄宗《授白知節彭州刺史詔》：“中大夫、守靈州都督、關内道支度營田副使、檢校渾部落使、上柱國白知節……可使持節彭州諸軍事，守彭州刺史。”乃白居易三從曾伯祖。《新書·方鎮表一》：開元十六年，“廢達渾都督府。朔方節度兼檢校渾部落使”。

田仁琬 約開元二十年（約 732）

《全文》卷三〇五徐安貞《正議大夫使持節易州諸軍事易州刺史田公（琬）德政之碑并序》："尋以將軍兼靈州刺史、朔方軍節度副使……起公除易州刺史……廿四年禮終，復除易州刺史。"按《金石萃編》卷八三作"田仁琬"，是。

李 暹 開元中？

《新書・宗室世系表上》大鄭王房："靈州刺史襲廣川郡公暹。"乃襄邑恭王神符之孫。

李 琳 約開元末

《金石録》卷七："《唐靈州都督李琳碑》，撰人姓名殘缺，杜温元八分書。天寶三年柝木月。"又見《寶刻叢編》卷一引。

王忠嗣 天寶元年—五載（742—746）

《舊書》本傳："〔開元〕二十九年，代韋光乘爲朔方節度使……天寶元年，兼靈州都督……四載，加攝御史大夫，充河東節度採訪使……五年正月，河、隴以皇甫惟明敗衄之後，因忠嗣以持節充西平郡太守，判武威郡事，充河西、隴右節度使。"《新書》本傳："〔開元〕二十九年，節度朔方，兼靈州都督……俄爲河西、隴右節度使，權朔方、河東節度，佩四將印。"《元龜》卷四一一："王忠嗣，天寶初爲靈州都督。"

張齊丘 天寶五載—九載（746—750）

《新書》本傳："歷監察御史、朔方節度使，終東都留守。"又見《張鎰傳》。《新表二下》吴郡張氏作"府上"，《古今姓氏書辯證》卷一三張氏又誤作"府正"，即齊丘。《會要》卷七八："朔方節度使……天寶五載十二月，除張齊丘，又加管内諸軍採訪使，已後遂爲定額。"《元龜》卷三七："〔天寶〕九載，靈州都督兼御史中丞張齊丘上言，請於新築安北大都護府建聖德碑頌，許之。"《通鑑・天寶八載》："三月，朔方節度等使張齊丘於中受降城西北五百餘里木剌山築橫塞軍。”又《天寶九載》：八月“癸亥，以〔張〕齊丘左遷濟陰太守”。又見《國史補》卷上，《酉陽雜俎》卷七，《唐語林》卷四，《南部新書》庚（誤爲“永泰初”）。

安思順　　天寶九載—十載（750—751）

《通鑑·天寶九載》：八月癸亥，“以河西節度使安思順權知朔方節度事”。

＊李林甫　　天寶十載—十一載（751—752）

《舊書》本傳：“〔天寶〕十載，林甫兼領安西大都護、朔方節度，俄兼單于副大都護。十一載，以朔方副使李獻忠叛，讓節度，舉安思順自代。”《新書》本傳略同。《通鑑·天寶十載》，正月“丁酉，命李林甫遙領朔方節度使”。又《天寶十一載》：三月，“李獻忠叛，林甫乃請解朔方節制，且薦河西節度使安思順自代”。

李　暐　　天寶十載—十一載（751—752）

《通鑑·天寶十載》：正月“丁酉，命李林甫遙領朔方節度使，以户部侍郎李暐知留後事”。

安思順　　天寶十一載—十四載（752—755）

《通鑑·天寶十一載》：三月“庚子，以〔安〕思順爲朔方節度使”。又《天寶十四載》：十一月丙子，“以朔方節度使安思順爲户部尚書”。《元龜》卷一一九：“天寶十四年十一月，范陽節度安禄山稱兵向闕，詔以朔方節度副使兼靈武郡太守御史大夫安思順爲户部尚書。”又卷一三一：“〔天寶〕十四年，賜朔方節度副使、靈武郡太守、攝御史大夫安思順祖左玉鈐衛郎將爲武部尚書。”

郭子儀　　天寶十四載—乾元二年（755—759）

《舊書·玄宗紀下》：天寶十四載十一月“癸酉，以郭子儀爲靈武太守、朔方節度使”。又《肅宗紀》：至德元載“八月壬午，朔方節度使郭子儀、范陽節度使李光弼破賊於常山郡之嘉山……詔以子儀爲兵部尚書，依前靈州大都督府長史”。乾元二年三月“丙申，以郭子儀爲東畿、山南東、河南等道節度、防禦兵馬元帥，權東京留守”。又見兩《唐書》本傳，《元龜》卷一一九，《通鑑・天寶十四載》《乾元二年》記載。《大詔令集》卷六〇《郭子儀中書令李光弼侍中制》稱：“司徒兼尚書右僕射同中書門下平章事，兼靈州大都督府長史、朔方節度使上柱國代國公子儀……爲中書令。”注：“乾元元年九月。”又見《全文》卷四二。《全文》卷四四肅宗《收復兩京大赦文》稱：銀青光禄大夫尚書左僕射兼武部尚書同中書門下平章事兼靈武大都督府長史郭子儀，加司徒。又見《元龜》卷八七四。

李光弼　　乾元二年(759)

《舊書》本傳：乾元二年八月，“加光弼太尉，兼中書令，代郭子儀爲朔方節度、兵馬副元帥，以東師委之”。《新書》本傳略同。又見《通鑑・乾元二年》記載。

郭子儀　　寶應元年(762)

《大詔令集》卷五九《郭子儀汾陽郡王知朔方行營制》：“司徒兼中書令，靈州大都督府長史，單于鎮北大都護，持節充朔方節度……副大使知節度事、兼邠寧鄜坊等道節度副大使，可汾陽郡王，知朔方河中北庭潞儀澤沁等州節度行營……元年建辰月。”《全文》卷四三同。又見兩《唐書》本傳，《通鑑・寶應元年》。

僕固懷恩　　寶應元年—廣德二年(762—764)

《舊書・代宗紀》：寶應元年十二月“辛未，僕固懷恩爲尚書左僕射、兼中書令、靈州大都督府長史、河北副元帥”。廣德二年五月癸未制稱：“僕固懷恩，先任靈州大都督府長史、單于鎮北副元帥、朔方節度使宜並停；其太保、兼中書令、大寧郡王如故。”又見《元龜》卷一六四，《全文》卷四六。《舊書》本傳：“郭子儀以懷恩有平定河朔之功，讓位於懷恩，遂授河北副元帥、尚書左僕射、兼中書令、靈州大都督府長史、單于鎮北大都護、朔方節度使。"又見《元龜》卷七八,《通鑑·寶應元年》。《大詔令集》卷五九有《僕固懷恩朔方節度使制》。

＊郭子儀　廣德二年—大曆十四年(764—779)

《舊書·代宗紀》:廣德二年正月"丁卯,司徒、兼中書令郭子儀充河東副元帥、河中等處觀察,兼雲(靈)州大都督、單于鎮北大都護"。《通鑑·廣德二年》:正月"丁卯,以郭子儀爲朔方節度大使"。"二月,子儀至河中。"《全文》卷四三九王諫《爲郭令公請授親王四節度大使及五府大都督表》:"賜臣靈州大都督,單于、安西(北)大都護……此一時之事,非經久之術……伏乞選之親王,授以斯任,俾臣兼靈州長史。"《全文》卷五〇德宗《加郭子儀尚父制》稱:"司徒兼中書令、靈州大都督、單于鎮北大都護、汾陽郡王、山陵使子儀,可加號尚父兼太尉。"

何游仙　廣德二年?　(764?)

拓本《唐故銀青光禄大夫檢校工部尚書守右領軍衛上將軍兼御史大夫贈太子少保何公(文哲)墓誌銘并序》:"列考游仙,皇寶應元從功臣、開府儀同三司行靈州大都督府長史、上柱國,贈尚書右僕射……公即僕射之第三子也。"(《何文哲墓誌考釋》,《考古》1985年第9期)文哲卒大和四年,享年六十七。則其父爲靈州長史或在廣德二年僕固懷恩之後。其時郭子儀爲靈州都督。

路嗣恭　永泰元年—大曆三年(765—768)

《舊書·代宗紀》:永泰元年閏十月戊申,"以刑部侍郎路嗣恭檢校工部尚書、兼御史大夫、靈州大都督府長史,充關内副元帥,兼知朔方節度等使。"又本傳:"歷工部尚書、兼御史大夫、靈州大都督府長史,爲關内副元帥郭子儀副使,知朔方節度、營田押諸蕃部落等使……永泰(按當爲"大曆"之誤)三年,檢校刑部尚書,知省事。"《通鑑·永泰元年》:"閏十月乙巳,郭子儀入朝。子儀以靈武初復,百姓凋弊,戎落未安,請以朔方軍糧使三原路嗣恭鎮之……戊申,以户部侍郎路嗣恭爲朔方節度使。”又《大曆二年》：“十月戊寅，朔方節度使路嗣恭破吐蕃於靈州城下。”

常謙光 　　大曆三年—十四年（768—779）

《舊書·代宗紀》：大曆三年“冬十月甲寅，朔方留後、靈武大都督府長史常謙光加檢校工部尚書”。又《德宗紀上》：大曆十四年五月甲申，“以朔方右留後常謙光兼靈州大都督，西受降城、定遠軍、天德、鹽夏豐節度等使”。又見《通鑑·大曆四年》《大曆十四年》。北圖藏拓片《唐故蘄州刺史兼御史中丞孫府君（昊）墓誌銘并序》（元和四年閏三月二十四日卒）：“夫人河内常氏，故靈武節度檢校工部尚書謙光之孫，故坊州刺史巽之第二女也。”

　*　**崔　寧** 　　大曆十四年—建中二年（779—781）

《舊書·德宗紀上》：大曆十四年十一月“癸巳，加崔寧兼靈州大都督、單于鎮北大都護、朔方節度等使，出鎮坊州”。又見兩《唐書》本傳。

杜希全 　　大曆十四年—建中四年（779—783）

《舊書·德宗紀上》：大曆十四年十一月癸巳，“以朔方節度虞候杜希全爲靈州留後”。建中四年十一月，“靈武留後杜希全、鹽州刺史戴休顔、夏州刺史時常春合兵六千來援，至漠谷，爲賊所敗而退”。又見《通鑑·大曆十四年》《建中四年》。按其時崔寧、李懷光相繼爲靈州大都督，實際未理州事。

　*　**李懷光** 　　建中二年—四年（781—783）

《舊書·德宗紀上》：建中二年七月“辛巳，以邠寧節度使李懷光兼靈州大都督、單于鎮北大都護、朔方節度使”。四年十一月，“朔方節度李懷光遣兵馬使張韶奉表，言大軍將至”。又見《元龜》卷一七六。

甯景璿　　建中四年—興元元年(783—784)

　　《新書·韓遊瓌傳》：“李懷光叛，誘游瓌爲變，游瓌自發其書……對曰：‘懷光總諸府兵，怗以爲亂。今邠有張昕，靈武有甯景璿，河中有吕鳴岳，振武有杜從政，潼關有李朝臣，渭北有竇覦，皆守將也。’”

渾　瑊　　興元元年(784)

　　《舊書·德宗紀上》：興元元年三月“己亥，以行在都知兵馬使渾瑊檢校左僕射、同平章事、靈州大都督，充朔方節度使，邠寧、振武、永平、奉天行營副元帥”。八月癸卯，“以靈鹽節度使、侍中、兼靈州大都督、樓煩郡王渾瑊爲河中尹，晉絳節度使，河中、同陝虢等州及管内行營兵馬副元帥”。又見《元龜》卷一二九、卷三八五。《元龜》卷一三三引興元元年九月詔：“靈州大都督渾瑊入所賜太寧里第，特賜女樂五人及錦彩銀器等。”《全文》卷四六一陸贄《渾瑊侍中制》稱靈州大都督府長史渾瑊可侍中。《大詔令集》卷五九陸贄《馬燧渾瑊副元帥同討河中制》稱：“開府儀同三司，守侍中，兼靈州大都督，充靈、鹽、夏等州節度……朔方軍、邠寧、振武、奉天、永平等行營節度兵馬副元帥、上柱國、樓煩郡王渾瑊……可兼河中尹，充河中、絳州節度觀察處置使。”《全文》卷四六二同。

杜希全　　興元元年—貞元九年(784—793)

　　《舊書·德宗紀上》：興元元年八月“甲辰，以金吾大將軍杜希全爲靈州大都督、西受降城、天德軍、靈鹽豐夏節度營田等使”。又《德宗紀下》：貞元九年十二月壬戌，“朔方靈鹽節度副大使、太子少師、檢校左僕射、餘姚郡王杜希全卒”。又見兩《唐書》本傳，《舊書·吐蕃傳下》，《通鑑·貞元三年》十一月。《全文》卷九六二闕名《爲河東副元帥馬司徒請刻御製箴銘碑表》：“臣燧言：臣前竊睹御製賜靈鹽節度使杜希全《君臣箴》一篇，輒請刻石於太原興王之都。”

＊李　諒　　貞元十年—十一年(794—795)

　　《舊書·德宗紀下》：貞元十年正月“乙酉，以虔王諒爲朔方靈鹽

豐節度大使”。又本傳：“〔貞元〕十年，領朔方靈鹽節度大使、靈州大
都督……十一年九月，橫海大將程懷信逐其帥懷直。十月，以諒領橫
海節度大使、滄景觀察等使。”《新書》本傳略同。又見《元龜》卷二八一。

李　鑾　　貞元十年—元和二年（794—807）

《舊書・李諒傳》：貞元十年，“以朔方行軍司馬李鑾爲靈府左司
馬，知府事，朔方留後”。又《德宗紀下》：貞元十年正月“乙酉，以虔王
諒爲朔方靈鹽豐節度大使，以朔方等道行軍司馬李鑾爲留後”。十一
年五月丁丑，“以朔方留後李鑾爲靈州大都督府長史，朔方靈鹽豐夏
四州受降定遠城天德軍節度副大使、知節度事、管内度支營田觀察押
蕃落等使”。又見《元龜》卷一七六、卷五五三。《韓昌黎集》卷二八
《息國夫人墓誌》：“貞元十五年，靈州節度使、御史大夫李公諱鑾，守
邊有勞，詔曰：‘鑾妻何氏，可封息國夫人。’元和二年，李公入爲户部
尚書，薨。”

范希朝　　元和二年—四年（807—809）

《舊書・憲宗紀上》：元和二年四月甲子，“以右金吾衛大將軍范
希朝爲檢校司空、靈州長史、朔方靈鹽節度使”。元和四年六月丁丑，
“以靈鹽節度使范希朝爲太原尹、北都留守、河東節度使”。又見兩
《唐書》本傳，《元龜》卷一二〇，《通鑑・元和二年》《元和四年》，白居
易《論范希朝狀》，《唐語林》卷六。

王　佖　　元和四年—八年（809—813）

《舊書・憲宗紀上》：元和四年六月丁丑，“以右衛上將軍王佖爲
靈州大都督府長史、靈鹽節度使”。又《憲宗紀下》：元和八年九月壬
申，“以前朔方靈鹽節度使王佖爲右衛將軍”。又見兩《唐書》本傳。
《白居易集》卷五四《除王佖檢校户部尚書充靈鹽節度使制》：“開府儀
同三司、檢校刑部尚書兼右衛上將軍、寧塞郡王、食實封二百五十户
王佖……可檢校户部尚書兼靈州大都督府長史、御史大夫、充朔方靈
鹽定遠城節度副大使知節度事。”

李光進　　元和八年—十年（813—815）

《舊書・憲宗紀下》：元和八年七月“丁卯，以振武節度使李光進爲靈州大都督府長史、靈武節度使”。十年“秋七月庚午朔，靈武節度使李光進卒”。又見兩《唐書》本傳，《通鑑・元和十年》。《全文》卷五四三令狐楚《大唐故朔方靈鹽等軍州節度副大使知節度事兼靈州大都督府長史李公（光進）神道碑銘并序》：“節制靈武之三年，歲在乙未季夏六月，寢疾於理所……旬有八日，奄棄厥命。”又卷七一四李宗閔《御史中丞贈太保李良臣墓碑》：“三子……次曰光進，朔方節度使。”按乙未歲爲元和十年。

杜叔良　　元和十年—十五年（815—820）

《舊書・憲宗紀下》：元和十年七月“辛未，以神策軍長武城使杜叔良爲朔方靈鹽定遠城節度觀察使”。《新書・憲宗紀》：元和十三年“十月壬戌，吐蕃寇宥州，靈武節度使杜叔良敗之於定遠城”。又《穆宗紀》：元和十五年二月“乙未，吐蕃寇靈州……三月乙巳，杜叔良及吐蕃戰，敗之”。《全文》卷六四八元稹《授杜叔良左領軍衛大將軍制》稱：“前朔方靈鹽定遠等城節度副大使知節度事觀察處置押蕃落等使……檢校工部尚書兼靈州大都督府長史……杜叔良……可驃騎大將軍。”按元稹知制誥在元和十五年。

李　聽　　元和十五年—長慶二年（820—822）

《舊書・穆宗紀》：元和十五年六月戊寅，“以〔李〕聽爲靈州大都督府長史，充朔方靈鹽節度使”。長慶二年二月丁亥，“以前靈武節度使李聽爲太原尹、北都留守、河東節度使”。又見兩《唐書》本傳及《通鑑・長慶二年》。《全文》卷六二三宋申錫《義成軍節度使持節滑州諸軍事兼滑州刺史李公（聽）德政碑銘并序》：“〔公〕自楚州三遷至太原尹……公之分閫靈武也，兵三覆以敗戎虜。”《唐語林》卷四：“李愿司空兄弟九人，四有土地。聽爲夏州、靈武、河東、鄭滑、魏博、邠寧七州節度。”按此僅叙六鎮，且“魏博”誤。李聽實爲九節度，除上舉外，尚有鳳翔、陳許、武寧、河中。

李進誠　　長慶二年—大和二年（822—826）

《舊書·穆宗紀》：長慶二年正月庚子，"以天德軍防禦使李進誠兼靈州刺史，充朔方靈鹽定遠城等州節度使"。又《文宗紀上》：大和二年六月"辛巳，以靈武節度使李進誠爲邠寧節度使"。按《劇談録》卷下云："通義坊劉相國宅，本文宗朝朔方節度使李進賢舊第。"《新書·李進賢傳》僅云："元和中，進賢累爲振武節度使。"未及爲朔方。疑《劇談録》之"進賢"爲"進誠"之誤。

李文悦　　大和二年—六年（828—832）

《舊書·文宗紀上》：大和二年六月辛巳，"以天德軍使李文悦爲靈武節度使"。又《文宗紀下》：大和六年七月"癸丑，以前靈武節度使李文悦爲兗海沂密節度使"。

王晏平　　大和六年—開成元年（832—836）

《舊書·文宗紀下》：大和六年五月"丁巳，以鹽州刺史王晏平檢校左散騎常侍、御史大夫，充靈鹽節度使"。又本傳："以討李同捷功授檢校右散騎常侍、靈州大都督府長史、朔方靈鹽節度。丁父憂，奔歸洛陽。"《新書》本傳略同。按王晏平父智興卒於開成元年七月，見兩《唐書·王智興傳》，晏平丁憂離鎮當於是年。《全文》卷七五五杜牧《唐故宣州觀察使御史大夫韋公（温）墓誌銘并序》："靈武節度使王晏平罷靈武，貶康州司户……公皆封詔書上還。"又見《劇談録》卷上。

魏仲卿　　開成元年（836）

《舊書·文宗紀下》：開成元年閏五月"己丑，以神策大將軍魏仲卿爲朔方靈鹽節度"。

李彦佐　　會昌三年—五年（843—845）

《通鑑·會昌三年》：十月，"党項寇鹽州，以前武寧節度使李彦佐爲朔方靈鹽節度使"。《宋高僧傳》卷二六《唐朔方靈武龍興寺增忍傳》："至〔會昌〕五載，節度使李彦佐嘉其名節，於龍興寺建別院號白草焉。"

何清朝　　會昌五年(845)

《新書·韋博傳》:"詔毀佛祠……博言令太暴,宜近中,宰相李德裕惡之。會羌、渾叛,以何清朝爲靈武節度使,詔博副之。"按《通鑑》記載此事在會昌五年八月。

史憲忠　　會昌六年—大中元年(846—847)

《新書》本傳:會昌中,"拜憲忠涇原節度使……會党項羌内寇,又徙朔方……大中初,突厥擾河東,鈔漕米行賈,徙節振武軍"。按《通鑑·大中元年》八月,"突厥掠漕米及行商,振武節度使史憲忠擊破之"。

米　暨　　大中元年(847)

《廣記》卷一五六引《補錄紀傳》:"〔李〕德裕爲太子少傅,分司東都時……靈武帥送(按"送"字衍)米暨饋羊五百。"按《廣記》卷九八引《宣室志》作"振武節度使米暨",未知孰是。又按李德裕大中元年二月以太子少保分司東都,七月貶潮州司馬。則米暨鎮靈武當在大中元年上半年。

李　欽　　大中三年(849)

《新書·吐蕃傳下》:大中三年,"涇原節度使康季榮復原州,取石門等六關,得人畜幾萬;靈武節度使李欽取安樂州,詔爲威州;邠寧節度使張欽緒復蕭關"。按此與《通鑑》記載"靈武節度使朱叔明取長樂州(即安樂州)……改長樂州爲威州"相矛盾,未知孰是,姑兩存之。

朱叔明　　大中三年—約五年(849—約851)

《通鑑·大中三年》:"七月丁巳,靈武節度使朱叔明取長樂州……八月乙酉,改長樂州爲威州。"《樊川文集》卷一九有《朱叔明授右武衛大將軍制》,稱:"檢校工部尚書兼左武衛上將軍御史大夫上柱國朱叔明……忝據藩翰,已積歲時。"按此制列在《張直方貶左驍衛將軍制》後，據《通鑑·大中五年》，張直方貶左驍衛將軍在五年十一月。又按杜牧大中五年始知制誥。由此知叔明罷鎮約在是年。

田　牟　　大中五年—七年？（851—853？）

《新書》本傳："累遷邠坊節度使，再徙天平，三爲武寧，一爲靈武軍。"《舊書》本傳未及。《全文》卷七八八蔣伸有《授田牟靈州節度使制》，此制列於王宰爲河陽李拭改河東制及《盧龍留後張允伸授節度制》後，按李拭改河東在大中四年九月，見《舊書·宣宗紀》；允伸爲盧龍節度在大中四年十一月，見《通鑑》。由此知田牟爲靈武當在大中五年。《全詩》卷五四八薛逢有《送靈州田尚書》詩，當即田牟，時田牟爲檢校吏部尚書靈州節度使。

李彦佐　　大中七年（853）

《宋高僧傳》卷二六《唐朔方靈武龍興寺增忍傳》："至〔會昌〕五載，節使李彦佐嘉其名節……大中七年，李公慮其枯悴，躬往敦諭。"吳氏《方鎮年表》據此謂李彦佐大中七年再鎮靈武。

劉　潼　　大中七年？—十一年（853？—857）

《新書》本傳："歷京兆少尹。山南有劇賊，依山爲剽，宣宗怒，欲討之……詔潼馳往……會山南節度使封敖遣兵擊賊，潼罷歸。數陳邊事，擢右諫議大夫。出爲朔方靈武節度使。坐累貶鄭州刺史，改湖南觀察使。"按劉潼爲京兆少尹、諭山南賊事在大中六年二月，見《通鑑》。《舊書·宣宗紀》：大中十一年"六月，以朔方靈武定遠等城節度使、朝散大夫、檢校左散騎常侍、靈州大都督府長史、上柱國、賜紫金魚袋劉潼爲鄭州刺史，馳驛赴任，以給邊糧不及時也"。

唐　持　　約大中十一年—十三年（約857—859）

《舊書》本傳："大中末，檢校左散騎常侍、靈州大都督府長史、朔方節度、靈武六城轉運等使。進位檢校戶部尚書、潞州大都督府長史、昭義節度、澤潞邢洺磁觀察處置等使，卒。"《新書》本傳略同。《新

表四下》唐氏："持，字德守，容管經略，朔方、昭義節度使，檢校户部尚書。"

李公度　　約咸通初

《新書·宗室世系表上》大鄭王房："靈鹽朔方節度使公度。"按李公度大中二年及六年有《北岳題名》，稱"檢校工部尚書、定州刺史，充義武軍節度"。《英華》卷四一三杜牧《授石賀義武軍書記崔涓東川推官等制》稱"守臣公度、仲郢所請賀等"，則其鎮靈武約在咸通初。

裴　識　　咸通四年(863)

《新書》本傳："徙鳳翔、忠武、天平、邠寧、靈武等軍。進檢校尚書右僕射。"《舊書》本傳未及。《隋唐五代墓誌匯編·河南卷·唐故邠寧慶等州節使管内觀察營田處置等使裴公(識)墓誌銘并序》(咸通五年八月八日)："靈武節使未周歲，自靈武復以本官重領邠郊。"則應在咸通四年鎮靈武。

侯　固　　約咸通中

《淳熙三山志》卷二六及《閩書》卷七二皆謂侯固官至鄜坊、靈武、易定節度使，同平章事。

盧　潘　　約咸通十年(約869)

《北夢瑣言》卷一二："盧尚書藩(潘)……歷數鎮，薨於靈武連帥。"《全詩》卷五六六韋蟾有《送盧潘尚書之靈武》。按韋蟾於咸通十四年爲御史中丞，乾符元年出爲鄂岳觀察，其送盧潘詩當於咸通十四年前。又按盧潘咸通六年在黔中經略使任，見《會要》卷七一。

胡　某　　咸通中？

《全詩》卷六五〇方干有《寄靈武胡常侍》。又卷六五八羅隱亦有《夏州胡常侍》。疑爲同一人。疑在咸通中。

唐弘夫　　咸通十二年—中和元年(871—881)

《金石補正》卷四八《尼又元造幢記》稱：“兼靈州大都督府長史上柱國開國男食邑七百户唐宏夫，咸通辛卯歲閏八月八日比邱尼又元爲先師姑建立。”按辛卯歲爲咸通十二年。《宋高僧傳》卷二六《唐朔方靈武龍興寺增忍傳》：“咸通十二年七月十日示滅於白草院……後節使唐恒夫仰其遺迹，奏乞旌勸，敕謚大師曰廣慧。”又卷三《後唐靈州廣福寺無迹傳》：“先是唐恒夫嘗作鎮朔方，後於輦下相遇，以家僧之禮待焉……旋屬懿宗皇帝於鳳翔法門寺迎真身，右宣(軍)副使張思廣奏迹充乎贊導。”按“恒夫”當即“弘夫”，宋人避諱改。又按懿宗迎佛骨事在咸通十四年三月，見《舊書·懿宗紀》及《通鑑》。《通鑑·乾符元年》：十二月，“回鶻屢求册命，詔遣册立使郗宗莒詣其國。會回鶻爲吐谷渾、嗢末所破，逃遁不知所之，詔宗莒以玉册、國信授靈鹽節度使唐弘夫掌之”。按《新書·僖宗紀》：中和元年四月，“程宗楚、朔方軍節度使唐弘夫及黄巢戰於咸陽，敗之”。證知中和元年尚在任。《大詔令集》卷五《改元天復赦》稱：“故收復京城行營都統行軍司馬、前朔方軍節度使唐弘夫……宜委中書門下並與追贈。”

＊李　鈞　　乾符元年(874)

《舊書·僖宗紀》：乾符元年十一月庚寅，“以宣慰沙陀六州部落、檢校兵部尚書李鈞爲靈武節度……初，鈞父業鎮太原，能安集代北部落。時李國昌父子據大同、振武、吐渾、契苾、幽州諸道之軍，攻之不利，故假鈞靈武節鉞，率師招諭之”。又見《新五代史·唐莊宗紀》。《全文》卷八六僖宗有《授李鈞靈武節度使制》。疑李鈞實際未赴靈州。

李玄禮　　約中和間

《新書·宗室世系表下》讓皇帝房有“隴西郡公、靈武節度使玄禮”。按廣明元年四月，玄禮與李孝昌、諸葛爽等爲東北面行營，見《舊書·僖宗紀》。是時孝昌鎮鄜，吳氏《方鎮年表》以爲玄禮是時鎮夏綏，是年十月諸葛爽爲夏綏，玄禮蓋於是時移鎮靈武。

韓　某　　約光啓—大順間

《宋高僧傳》卷三〇《後唐靈州廣福寺無迹傳》：“光啓中……歸本府，府帥韓公聞其堪消分野之災，乃於鞠場結壇修飾，而多感應。”吴氏《方鎮年表》以爲此韓公乃韓遵之父。

韓　遵　　約景福—光化間

《新書·地理志一》：“警州，本定遠城……景福元年，靈威節度使韓遵表爲州。”《宋高僧傳》卷三〇《後唐靈州廣福寺無迹傳》：“景福中，太尉韓公創修廣福寺，奏迹任持，皆以律範繩之。”《大詔令集》卷六三錢珝《册贈韓遵太尉文》稱“故靈州節度使韓遵”。

韓　遜　　約光化二年—天祐四年（約899—907）

《舊五代史》本傳：“韓遜，本靈州之列校也。會唐季之亂，因據有其地，朝廷乃授以節鉞。梁初，累加檢校太尉、同平章事。”《新五代史》本傳略同。《新書·回鶻傳下》：“昭宗幸鳳翔，靈州節度使韓遜表回鶻請率兵赴難。”《通鑑·天祐三年》：“正月壬戌，靈武節度使韓遜奏吐蕃七千餘騎營於宗高谷，將擊嗢末及取涼州。”

待考録

騫行本

《古今姓氏書辯證》卷九騫氏：“裔孫行本，唐靈州都督長史。”

卷一九　鹽州（五原郡）

隋鹽川郡。武德元年改爲鹽州。其年没于梁師都，僑治靈州。
貞觀元年州廢。二年平梁師都，復於舊城置鹽州。天寶元年改爲五
原郡。乾元元年改爲鹽州。永泰元年十一月升爲都督府。貞元三年
没于吐蕃，九年復城之。領縣二：五原、白池。

張長遜　　武德元年(618)

《通鑑·武德元年》：四月“己卯，武都、宕渠、五原等郡皆降，王即
以〔張〕長遜爲五原太守”。又見兩《唐書》本傳，《元龜》卷一三〇、卷
三六五，卷三八四作“陸長遜”，誤。

張臣合　　貞觀七年(633)

《舊書·唐儉傳》：“又嘗託鹽州刺史張臣合收其私羊，爲御史所
劾，以舊恩免罪，貶授光禄大夫。永徽初，致仕於家。”又見《元龜》卷
四八二。《全文》卷一五二許敬宗《代御史王師旦彈莒國公唐儉文》：
“風聞唐儉往任尚書之日，付託前鹽州刺史張臣合遣録事參軍張正
表、元大節等專令檢校牧放私羊……其鹽州刺史張臣合昔在部符，寵
膺繁露，趨其勢位，擅役官僚。”《隋唐五代墓誌匯編·陝西卷》第三册
《大唐故正議大夫使持節兼泉州刺史潞成公（張臣合）墓誌銘并序》
（總章元年十一月四日）：“〔貞觀〕七年，□壯武□軍行鹽州刺史。”證
知貞觀七年爲鹽州刺史。

李孝鋭　　高宗時

《舊書·李齊物傳》:"齊物,淮南王神通子鹽州刺史鋭孫也。"《新書·宗室世系表上》大鄭王房:"鹽州刺史孝鋭。"《全文》卷三四二顏真卿《金紫光禄大夫守太子太傅兼宗正卿李公(齊物)神道碑銘》:"祖孝鋭,鹽州刺史。"按齊物仕於開元中,其祖爲鹽州刺史當在高宗時。又見卷四二九于邵《唐檢校右散騎常侍兼御史中丞容州刺史李公去思頌并序》(卷六二一重出,以爲李罕作),卷五〇二權德輿《朝散大夫守司農少卿賜紫金魚袋隴西縣開國男李公(條)墓誌銘并序》。

李釋子　　約長安中

《千唐誌·唐故左領軍衛執戟李公(侃侃)墓誌銘并序》:"父釋子,皇任鹽、甘、肅三州刺史,使持節㠯州都督……〔公〕年三十有九,以開元十七年己巳載六月暴亡軒禁。"按李釋子神龍二年在肅州刺史任,則其刺鹽州約在武后長安二、三年。

甄　亘(甄道一)　　約睿宗時

《全文》卷二二七張説《唐故廣州都督甄公(亘)碑》:"拜蘭州刺史,兼榆林、臨洮等軍大使,除夏州都督,兼鹽州防禦使。徵授幽州都督。"按甄亘於先天二年爲幽州節度,見《會要》卷七八。則其兼鹽州約在景雲中。

【補遺】韋　寶　　長安二年(702)

《大周故趙夫人(韋提)墓誌銘並序》(長安二年十一月廿一日):"夫人諱韋提,天水郡人也。門傳孝友,地積膏腴,肅清府左果毅備之孫,鹽州刺史寶之女。"(周紹良、趙超《唐代墓誌匯編續集》,上海古籍出版社2001年版)

袁嘉祚　　先天元年(712)

《廣記》卷八二引《廣異記》:"唐寧王傅袁嘉祚,爲人正直不阿……後爲鹽州刺史,以清白尤異昇聞。時岑義、蕭至忠爲相,授嘉祚開州刺史,嘉祚恨之。"按《新書·宰相表》,岑羲於先天元年正月同中書門下三品,蕭至忠開元元年爲中書令,開元元年七月,岑羲、蕭至忠皆被誅。嘉祚爲鹽州刺史當在先天元年。

張景遵　開元十三年(725)

《全文》卷二二六張説《大唐開元十三年隴右監牧頌德碑》稱:"左驍衛中郎將兼鹽州刺史鹽州監牧使張景遵……及五使長户三萬一千人僉曰:自開府庇我,十三年矣。"按張景遵開元二十一年自夔州刺史移湖州刺史,見《嘉泰吳興志》。

郭　某　開元二十九年(741)

《廣記》卷一六九引《定命録》:"御史裴周使幽州日,見參謀姓胡,云……某昔爲番官,曾事特進李嶠,嶠獎某聰明……年至六十已上……胡至三十,忽遇孫佺北征,便隨入軍。軍敗,賊刃頸不斷……展轉至六十,因至鹽州,於刺史郭某家爲客。"按孫佺北征事在延和元年(712),下推三十年,當在開元二十九年。

郭英奇　天寶十載—十二載(751—753)

《金石録》卷七:"《唐五原太守郭英奇碑》,蘇預撰銘,顧誠奢八分書,韋述撰序,乾元二年五月。"《大唐故壯武將軍守左威衛大將軍兼五原太守郭府君(英奇)墓誌銘并序》(天寶十三載七月廿七日):"〔天寶〕九載,以築安北城及應接降虜之勳,遷左武衛將軍。其明年統朔方戰士赴河西破吐蕃莽布子,拔白子城,遷左威衛大將軍。尋兼五原太守……春秋六十有二,以天寶十二載十一月廿五日,遘疾終于五原之官舍。"(《陝西興平發現唐郭英奇墓誌》,《文博》1998 年第 3 期)。

李國臣　大曆八年(773)

《新書》本傳:"大曆八年,爲鹽州刺史。"《通鑑·大曆八年》:十月,"鹽州刺史李國臣……乃引兵趣秦原"。又見《新書·渾瑊傳》。

戴休顔　　建中四年(783)

　　《舊書》本傳：“大曆中，爲郭子儀部將，以戰功累遷至鹽州刺史。奉天之難，倍道以所部蕃漢三千人號泣赴難……車駕再幸梁、洋，留守奉天。”《舊書·德宗紀上》：建中四年十一月，“靈武留後杜希全、鹽州刺史戴休顔、夏州刺史時常春合兵六千來援”。又見《渾瑊傳》、《杜希全傳》，《新書》本傳，《通鑑·建中四年》，《元龜》卷一八一、卷三七四。

杜彦光　　貞元二年(786)

　　《舊書·吐蕃傳下》：貞元二年“十一月，吐蕃陷鹽州。初，賊之來也，刺史杜彦光使以牛酒犒之。吐蕃謂曰：‘我欲州城居之，聽而率其人而去。’彦光乃悉衆奔鄜州”。又見《新書·韓游瓌傳》，《會要》卷九七，《通鑑·貞元二年》。

杜彦光(杜彦先)　　貞元九年—十七年(793—801)

　　《舊書·吐蕃傳下》：“〔貞元〕九年二月，詔城鹽州……又詔兼御史大夫絃干遂統兵五千與兼御史中丞杜彦光之衆戍之。”又《德宗紀下》：貞元十七年十月“戊午，鹽州刺史杜彦先委城奔慶州”。《通鑑·貞元十七年》記載同。《大詔令集》卷九九《城鹽州詔》：“權知鹽州刺史兼御史大夫杜彦光，可鹽州刺史兼御史大夫……貞元九年二月。”又見《御覽》卷三三四，《全文》卷五二，《元龜》卷四五〇、卷九九三，《通鑑·貞元十七年》。《姓纂》卷六醴泉杜氏：“彦先，鹽州刺史兼御史大夫。”

崔文先　　貞元十九年(803)

　　《通鑑·貞元十九年》：“鹽夏節度判官崔文先權知鹽州，爲政苛刻。冬，閏十月，庚戌，部將李庭俊作亂，殺而臠食之。”

李興幹　　貞元十九年(803)

　　《舊書·德宗紀下》：貞元十九年“十一月戊寅朔，以鹽州兵馬使李興幹爲鹽州刺史”。又見《通鑑·貞元十九年》，《元龜》卷七八。

李文悦　　元和十四年—長慶元年(819—821)

　　《舊書·吐蕃傳下》：元和十四年十月，"圍我鹽州數重……刺史李文悦率兵士乘城力戰……凡二十七日，賊乃退……長慶元年六月，犯青塞堡，以我與回紇和親故也。鹽州刺史李文悦發兵進擊之"。《新書·穆宗紀》記此事在長慶元年六月。又見《舊書·回紇傳》，《通鑑·元和十四年》《長慶元年》，《元龜》卷四〇〇、卷九八七。《舊書·李光進傳》：元和十四年，"時鹽州爲吐蕃所毀，命李文悦爲刺史，令〔李〕光顏充勾當修築鹽州城使"。《元龜》卷九九三作"元和十五年"。《廣記》卷三四七引《傳奇》："進士趙合……大和初，遊五原……因寢於沙磧……俄有紫衣大夫，躍騎而至，揖合曰……我，李文悦尚書也。元和十三年曾守五原，爲大戎三十萬圍逼城池之四隅。""十三年"，當爲"十五年"之誤。

董重質　　長慶初

　　《舊書》本傳："〔元和〕十五年，徵入，授左神武將軍，知軍事，兼御史中丞……尋授鹽州刺史，又遷左右神策及諸道劍南西川行營節度使、檢校左散騎常侍。大和四年，又轉夏綏銀宥節度使。"

趙　旰　　長慶二年(822)

　　《新書·穆宗紀》：長慶二年六月"癸酉，吐蕃寇靈州，鹽州刺史趙旰敗之"。

傅良弼　　長慶三年—四年(823—824)

　　《全文》卷六三八李翶《唐故橫海軍節度使持節齊州諸軍事兼齊州刺史傅公(良弼)神道碑》："長慶初，幽州繼亂……以功遷沂州刺史，未到……數月，拜鄭州刺史……明年，改爲鹽州刺史……大和二年九月，以公爲橫海軍節度使。"《舊書·敬宗紀》：長慶四年五月"癸亥，以鹽州刺史傅良弼爲夏州節度使"。

劉　沔　　寶曆中—大和中

　　《舊書》本傳："元和末，〔李〕光顏討吳元濟，常用沔爲前鋒……淮蔡平，隨光顏入朝，憲宗留宿衛，歷三將軍。歷鹽州刺史、天德軍防禦使，在西北邊累立奇功。大和末，河西党項羌叛，沔以天德之師屢誅其酋渠。移授振武節度使。"《新書》本傳未及。《元龜》卷三五九："劉沔爲鹽州刺史、天德軍防禦使，唐寶曆間，在西北邊累立奇效。"

曾孝安　　大和四年（830）

《廣記》卷三四七引《傳奇》："大和四年春，監州防禦使曾孝安有孫曰季衡，居使宅西偏院。"按唐無"監州"，疑爲"鹽州"之誤。防禦使一般兼任刺史。

陳君賞　　大和中？

《隋唐五代墓誌匯編·洛陽卷》第十四册《唐故定州節度使檢校尚書右僕射贈太子太保陳公(君賞)夫人王氏墓誌銘并叙》（咸通八年十月十四日）："太保公爲鹽州刺史，乃結姻好。"夫人卒咸通七年十一月七日，年六十。按君賞開成元年至四年爲平盧節度使，開成五年至會昌三年爲易定義武節度使，則其刺鹽州疑在大和中。

王　宰(王晏宰)　　開成初

《新書》本傳："晏宰後去'晏'，獨名宰……甘露之變，以功兼御史大夫爲光州刺史。有美政，觀察使段文昌薦之朝，除鹽州刺史……累擢邠寧慶節度使。"《舊書》本傳未及。《元龜》卷六七一：開成中，"會鹽州刺史王宰好以法臨党項，羌人不安，以〔田〕牟寬厚，故命易之"。

田　牟　　開成中

《新書》本傳："開成初，鹽州刺史王宰失羌人之和，詔牟代之。累遷鄜坊節度使。"《舊書》本傳未及，又見《元龜》卷六七一。

李　玕　　會昌初

《樊南文集》卷二《爲鹽州刺史奏舉李孚判官狀》注："狀乃會昌初所上……《爲李郎中祭竇端州文》云：玕剖郡符，塞遠城迴。與刺鹽州合。似當爲李玕。"

陸 耽　　大中十一年(857)

《舊書·宣宗紀》：大中十一年八月，"以鹽州防禦押蕃落諸軍防秋都知兵馬使、度支烏池榷稅等使、檢校右散騎常侍、鹽州刺史、上柱國、賜紫金魚袋陸耽代〔盧〕簡求爲涇原節度使"。按是年正月，陸耽尚在太僕卿任，見《舊書·宣宗紀》及《吐蕃傳》下。

劉 皋　　大中十二年(858)

《新書·宣宗紀》：大中十二年"三月，鹽州監軍使楊玄价殺其刺史劉皋"。又見《楊復光傳》，《東觀奏記》卷下。《全詩》卷五六三收劉皋詩一首。

王 縱　　約大中末—咸通初

《舊書·王重榮傳》："父縱，鹽州刺史，咸通中有邊功。"又見《新書·王重榮傳》，《舊五代史·王珂傳》，《元龜》卷八六三。《全文》卷八一〇司空圖有《故鹽州防禦使王縱神道碑》，謂咸通三年三月三日薨。

王 寬　　咸通二年(861)

《新書·懿宗紀》：咸通二年"六月，鹽州刺史王寬爲安南經略招討使"。

王承顏　　乾符四年(877)

《舊書·僖宗紀》：乾符四年正月丁丑，"大理少卿王承顏爲鹽州刺史"。《新書·僖宗紀》：乾符四年九月，"鹽州軍亂，逐其刺史王承顏"。又見《通鑑·乾符四年》記載。

王宗誠　　乾符四年(877)

《通鑑·乾符四年》："鹽州軍亂，逐刺史王承顏……軍中請以大將王宗誠爲刺史。詔宗誠詣闕，將士皆釋罪，乃加優給。"

李太直　　昭宗時

　　《全文》卷八三二錢珝有《授鹽州刺史李太直本州防禦使制》。按錢珝由宰相王摶薦知制誥，摶得罪，珝貶撫州司馬。王摶乾寧初爲相，光化三年罷爲工部侍郎，貶溪州刺史。是制當作於乾寧、光化間。

卷二〇　會州（會寧郡）

　　武德二年討平李軌，以平涼郡之會寧鎮置西會州。貞觀八年改爲粟州。其年又爲會州。天寶元年改爲會寧郡。乾元元年復爲會州。領縣二：會寧、烏蘭。

王長諧　　武德九年—貞觀元年（626—627）

　　《元龜》卷四三："及〔太宗〕即位，會州督王長諧坐納賂爲憲司所劾，帝不之罪，因賜所賂之物，以愧其心。"

蔣　儼　　約高宗初

　　《舊書》本傳："會高麗敗，得歸，太宗奇之，拜朝散大夫。再遷幽州司馬，以善政爲巡察使劉祥道所薦，擢爲會州刺史。再遷殿中少監，數陳意見，高宗每優納之。再轉蒲州刺史。"《新書》本傳略同。又見《元龜》卷六五八、卷六七七。

公士尉　　萬歲通天元年（696）

　　《千唐誌》有《大周故中大夫使持節上柱國會州諸軍事守會州刺史公士尉之神樞誌》，萬歲通天二年二月二日。

李令哲　　中宗、睿宗間？

　　《新表二上》隴西李氏丹楊房："令哲，會州刺史。"乃唐初幽州都督李客師之孫，咸亨三年銀州刺史李大志之子。其爲會州刺史疑在中宗、睿宗間。

安忠敬（安敬忠、李忠敬）　　開元七年（719）

《元和郡縣志》卷四會州會寧縣："黄河堰，開元七年，河流漸逼州城，刺史安敬忠率團練兵起作，拔河水向西北流，遂免淹没。"又見《新書·地理志一》、《太平寰宇記》卷三七。《全文》卷二三〇張説《河西節度副大使鄯州都督安公（忠敬）神道碑銘并序》："唐公休璟處之前鋒……立異功……改會州刺史……换松州都督……轉鄯州都督……享年六十有六，開元十四年十一月二十八日寢疾終於位。"《新表五下》武威李氏："忠敬，松、鄯、會三州都督。"

爾朱義玄　　開元中？

《隋唐五代墓誌匯編·河南卷·唐故閬州閬中縣令上柱國崔公（惟悌）墓誌銘并序》（貞元五年十一月四日）："夫人河南爾朱氏，父義玄，會州都督……〔夫人〕與公先後殂殁，天寶末，燕薊肇亂，合祔乖期，權窆舊塋。"未言卒年、享年。

卷二一 銀州（銀川郡）

隋雕陰郡之儒林縣。貞觀二年平梁師都，析綏州之儒林、真鄉置銀州。天寶元年改爲銀川郡。乾元元年復爲銀州。領縣四：儒林、撫寧、真鄉、開光。

徐　莊　　*約貞觀中*

《姓纂》卷二新豐徐氏：“莊，銀州刺史。”按莊乃隋光禄卿徐寔之子，其爲銀刺約在貞觀中。

竇師綸　　*約顯慶中*

《歷代名畫記》卷一○：“竇師綸，字希言，納言陳國公抗之子。初爲太宗秦王府諮議，相國録事參軍，封陵陽公……官至太府卿、銀坊邛三州刺史。”按師綸龍朔二年官坊州刺史，見《太平寰宇記》卷三五，《開元釋教録》卷八作“麟德元年”。又按《姓纂》及《新表》皆稱“太府少卿”。

李大志　　*咸亨三年(672)*

《駱臨海集》卷一○《兵部奏姚州道破賊諾没弄楊虔柳露布》稱“遣副總管兼安撫副使、朝議大夫、使持節守銀州刺史、上柱國、宜春縣開國男李大志”。又《兵部奏姚州破賊設蒙儉等露布》稱“遣銀州刺史李大志等”。據《舊書·高宗紀》及《通鑑》，擊姚州叛蠻事在咸亨三年春。《新表二上》姑臧大房李氏丹楊房：“大志，右金吾將軍。”乃客師之子。

蕭嗣德　　高宗時

《新表一下》蕭氏齊梁房：“嗣德，銀州刺史。”乃蕭嗣業之兄。按嗣德咸亨元年爲福州司馬，見《淳熙三山志》。

李　才　　高宗時

《芒洛四編》卷三《王君妻墓誌》：“大唐永淳貳年歲次癸未四月戊午朔貳拾捌日乙酉，衛州共城縣遊仙鄉□居里衛尉寺主簿琅邪王君故妻隴西李夫人葬□洛陽城東北七里王□□之平原，唐銀青光禄大夫使持節銀州諸軍事□銀州刺史上柱國延安□開國公李君才之女也。”

【補遺】趙思立　　高宗時

《洛陽新獲墓誌35·大周故邵州邵陽縣令趙府君（行本）墓誌銘並序》（聖曆二年二月十一日）：“父師立，唐朔、峽、銀、蔚四州刺史，瀘、松二州都督。”

王　感　　天授二年—長壽二年（691—693）

《隋唐五代墓誌匯編·陝西卷》第一册《唐故朝議大夫銀州刺史盂縣開國男王君（感）墓誌銘并序》（長壽二年二月十二日）：“以天授二年九月廿五日擢授銀州刺史，封盂縣開國男……以長壽二年正月十□日薨於官舍。”

臧善德　　武后時？

《全文》卷三六四張孚《金紫光禄大夫左金吾衛將軍臧府君（希晏）神道碑銘并序》：“有唐廣德二年八月五日朔，左金吾衛將軍臧公薨……享年五十有三……祖善德，銀青光禄大夫銀州刺史。”又卷三三九顔真卿《東莞臧氏紀宗碑》：“靈州都督府長史府君諱寵；寵生銀青光禄大夫銀州刺史贈太子少師諱善德。”又卷三四二顔真卿《唐故右武衛將軍贈工部尚書臧公（懷洛）神道碑銘》：“父〔善〕德，朝散大夫、贈銀州刺史……公即銀州之第三子也。"據上引碑誌，此文之"贈"字疑衍。按《隋唐五代墓誌匯編·陝西卷》第四册顏真卿《大唐故冠軍大將軍左羽林軍大將軍東莞郡開國公上柱國臧府君（懷亮）墓誌銘并序》（天寶十載四月二十一日）："君之王父銀川郡太守善德……君即銀川府君之少子也。"開元十六年八月廿一日卒，享年七十六。

崔　憬　　開元八年（720）

《元龜》卷七〇〇："蕭執珪爲嵐州刺史、盧季恂爲復州刺史、崔憬爲銀州刺史，開元八年并坐貶。"《全文》卷二八玄宗《貶蕭執珪盧季恂崔憬等詔》："中散大夫前守銀州刺史崔憬等……頡利無厭，貪以敗類……憬可施州司馬，并員外置同正員。"

潘寶勳　　開元中？

《全文》卷二六五李邕《桂府長史程府君神道碑》："〔公〕以開元十六年十月五日奄徂化於官舍……夫人廣宗潘氏，封某縣君，即銀州刺史寶勳之息女。"

崔子佺　　天寶前期？

北圖藏拓片《唐故前東京國子監大學進士上騎都尉李府君（華）墓誌銘并序》（天寶九載十二月十七日）："君娶故銀川郡太守博陵崔子佺第廿五女。"李華卒天寶九載六月十六日，春秋四十四。

臧希莊　　天寶十載（751）

《隋唐五代墓誌匯編·陝西卷》第四册《大唐故冠軍大將軍左羽林軍大將軍東莞郡開國公上柱國臧府君（懷亮）墓誌銘并序》（天寶十載四月二十一日）："第二子正議大夫銀川郡都督仍押吐蕃党項使上柱國賜紫金魚袋希莊。"

論惟清　　代宗時

《全文》卷四一三常袞《授論惟清朔方節度副使制》："前行銀州刺

史、兼御史中丞、歸德州都督、武威郡王論惟清……可使持節隰州刺
史兼御史中丞，歸德州都督。"

拓跋乾暉　　德宗時？

《姓纂》卷一〇拓跋氏："開元後右監門大將軍、西平公、静邊州都
督拓跋守寂，亦東北蕃也。孫乾暉，銀州刺史。"又見《通志》卷二九
《氏族五・代北復姓》。

拓跋澄峴　　元和七年（812）

《姓纂》卷一〇拓跋氏："開元後右監門大將軍、西平公、静邊州都
督拓跋守寂，亦東北蕃也。孫乾暉，銀州刺史。姪澄峴，今任銀州刺
史。"又見《通志》卷二九《氏族五・代北復姓》。

劉　頗　　元和末

《全文》卷六四七元稹《劉頗可河中府河西縣令制》："敕：劉
頗……命試領銀州郡事，衆庶寧附……議請甄獎。河西近邊，擇吏惟
精，勿吝牛刀，爲我烹割。"又卷六五四元稹《唐故使持節萬州諸軍事
萬州刺史劉君（頗）墓誌銘》："以君爲殿中侍御史銀州長史知刺史
事……尋授河西令……尋除萬州刺史，病於汝，竟以長慶三年某月日
卒所寓。"

王元琬　　長慶元年（821）

《全文》卷六四九元稹《授王元琬銀州刺史制》："敕夏綏銀等州節
度都虞候檢校太子詹事王元琬……可使持節都督銀州刺史充本州押
蕃落使。"

劉　源　　大和七年—開成元年（833—836）

《新書・兵志》："大和七年，度支鹽鐵使言：'銀州水甘草豐，請詔
刺史劉源市馬三千，河西置銀川監，以源爲使。'"又見《元龜》卷六二
一。本傳未及。《元龜》卷六七三："劉源爲銀州刺史，大和七年就加

檢校國子祭酒,旌營田積粟之功也。"《舊書·文宗紀下》:開成元年正月丁未,"以銀州刺史劉源爲夏綏銀宥節度使"。又見《元龜》卷六九七,《會要》卷六六。

何清朝　　會昌二年—三年（842—843）

《通鑑·會昌二年》:九月"乙巳,以銀州刺史何清朝、蔚州刺史契苾通分將河東蕃兵詣振武,受李思忠指揮"。《舊書·武宗紀》:會昌三年正月,"敕新授銀州刺史、本州押蕃落、銀川監牧使何清朝可檢校太子賓客、左龍武大將軍,令分領沙陀、吐渾、党項之衆赴振武,取劉沔處分"。又見《新書·回鶻傳下》。《全文》卷六九七李德裕《授何清朝左衛將軍兼分領蕃渾兵馬制》:"使持節都督銀州諸軍事兼銀州刺史充本州押蕃落使及度支銀州監牧馬副使何清朝⋯⋯可檢校太子賓客兼左衛將軍。"

傅孟恭　　大中初

《全文》卷七四九杜牧《傅孟恭除威州刺史等制》:"前使持節銀州諸軍事兼銀州刺史御史中丞⋯⋯傅孟恭等⋯⋯可依前件。"

田　鏚　　大中時

《新書》本傳:"宣宗時歷銀州刺史,坐以私鎧易邊馬論死,宰相崔鉉奏〔田〕布死節於國,可貸鏚以勸忠烈,故貶爲州司馬。"又見《北夢瑣言》卷六,《廣記》卷三一一引《梁楷李琪作傳》。按崔鉉大中三年入相,九年出爲淮南節度使。

卷二二　豐州(九原郡)

《元和郡縣志》及兩《唐書·地理志》稱:貞觀四年以突厥降附,置豐州都督府。十一年廢地入靈州。二十三年又置豐州。天寶元年改爲九原郡。乾元元年復爲豐州。領縣三:九原、永豐、豐安。按據史料,似武德初已置豐州。《元和郡縣志》及兩《唐書·地理志》所云可疑。

張長遜　　*武德元年—四年(618—621)*

《舊書》本傳:"及義旗建,長遜以郡降,授五原太守,尋除豐州總管……以功授豐州總管。"《通鑑·武德二年》:閏二月,"豐州總管張長遜遣高静以幣出塞爲朝廷致賻,突厥乃還"。又《武德四年》:四月,"豐州總管張長遜入朝"。又見《新書》本傳,《舊書·薛舉傳》。《元龜》卷一六九:"唐高祖武德元年十二月乙亥,豐州總管張良遜獻酥耳馬二匹。"又卷三八四:"陸長遜武德初爲五原太守,及征薛舉,長遜不待命而至,以功拜豐州總管。""張良遜""陸長遜",均爲"張長遜"之訛誤。上圖藏拓片《大周故慕容君妻張氏墓誌銘并序》(聖曆二年八月九日):"祖長遜,隋遂州刺史,入唐以破薛舉功,封息國公、豐州都督,左監門衛大將軍,益州行臺左僕射。"

潘佛壽　　*武德中*

拓本《唐故吏部常選廣宗郡潘府君(智昭)墓誌銘并序》(天寶七載七月五日):"幸唐運龍驤,娵觜耀武,曾祖佛壽,識叶天謀,輔翼左右,拯濟塗炭,永寧邦社,拜銀青光禄大夫、儀同三司、九原郡守。”智昭天寶七載卒,享年五十六,則佛壽當在武德中爲豐州刺史。

趙士達　　約武德中

《全文》卷一七九王勃《爲原州趙長史請爲亡父度人表》:“臣亡父、故臣使持節都督豐州諸軍事、豐州刺史、上柱國、南康郡王士達,往因隋季,預奉皇初,於時九洛未清,雙崤尚梗……洎乎九服乂安,四方無事,謀臣出鎮,猛將臨邊,西窮赤水之源,東究青邱之境。”《千唐誌·唐故昌平縣開國男天水趙君墓誌銘并序》:“君諱□,字承慶,故豐州都督南康公孫,左□禦率□次子……垂拱元年正月十三日薨於私第,春秋廿有三。”

劉　蘭　　貞觀二年(628)

《舊書》本傳:“及師都平,以功遷豐州刺史,徵爲右領軍將軍。十一年……以蘭爲〔夏州〕長史。”《新書》本傳略同。

史大奈　　貞觀四年—十一年(630—637)

《元和郡縣志》卷四豐州:“貞觀四年,突厥降附,又權於此置豐州都督府,不領縣,唯領蕃户。以史大奈爲都督。十一年,大奈死,復廢府,以地屬靈州。”又見《舊書·突厥傳下》,《新書》本傳,《通鑑·貞觀四年》五月,《太平寰宇記》卷一九七。

劉　蘭　　貞觀十一年(637)

《舊書》本傳:貞觀十一年,“以蘭爲〔夏州〕長史,總其府事。時突厥攜離……蘭率衆逆擊,敗之。太宗以爲能,超拜豐州刺史,再轉夏州都督”。《新書》本傳未及。

李素立　　貞觀二十三年(649)

《通鑑·貞觀二十三年》:“三月丙辰,置豐州都督府,使燕然都護李素立兼都督。”兩《唐書》本傳未及。按《元和郡縣志》卷四作“二十二年,又分置豐州"。

元禮臣　　永徽六年(655)

《通鑑·永徽六年》十一月"甲戌,遣豐州都督元禮臣册拜頡苾達
度設爲可汗。禮臣至碎葉城,沙鉢羅發兵拒之……禮臣竟不册拜
而歸"。

臧善安　　高宗時?

《千唐誌·唐故朔方節度十將游擊將軍左内率府率臧府君
(曄)墓誌銘并序》(貞元十三年十一月廿一日):"曾祖諱善安,皇銀青
光禄大夫、豐州都督、河源軍使……〔公〕與安禄山暴兵交戰於潼關,
元戎哥舒鞬失律,公分兵水戰不克,溺於黄河。"

程務挺　　調露元年—永淳二年(679—683)

《舊書》本傳:永隆中,"又詔禮部尚書裴行儉率兵討之(突厥),務
挺爲副將,仍檢校豐州都督……以功遷右衛將軍,封平原郡公。永淳
二年……詔務挺與夏州都督王方翼討之"。《新書》本傳略同。《通
鑑·調露元年》:十一月"甲辰,以〔裴〕行儉爲定襄道行軍大總管,將
兵十八萬,并西軍檢校豐州都督程務挺……總三十餘萬以討突厥,並
受行儉節度"。

崔智辨(崔智辯)　　永淳二年(683)

《舊書·高宗紀》:永淳二年五月,"豐州都督崔智辨率師出朝那
山掩擊之,爲賊所敗"。又《唐休璟傳》:"永淳中,突厥圍豐州,都督崔
智辨戰歿。"又見兩《唐書·突厥傳》,《太平寰宇記》卷一九六,《元龜》
卷四〇五,《新書·唐休璟傳》。《通鑑·弘道元年》:五月"乙巳,突厥
阿史那骨篤禄等寇蔚州,殺刺史李思儉,豐州都督崔智辯將兵邀之於
朝那山北,兵敗,爲虜所擒"。按弘道元年即永淳二年。《新表二下》
博陵崔氏第三房:"智辨,豐、洮等州都督。"

婁師德　　天授初—長壽元年（?—692）

《舊書》本傳："天授初，累授左金吾將軍，兼檢校豐州都督……長壽元年，召拜夏官侍郎、判尚書事。"《新書》本傳略同。又見《御覽》卷二七七，《元龜》卷五〇三。

邢思孝　　武后時？

岑仲勉《姓纂四校記》卷五邢氏引《金石錄》："《元和姓纂》云：和璞父名思孝，爲豐州都督。而《碑》乃云公諱義，字思義，仕爲屯留令……當以碑爲據。"按《新書·張果傳》謂開元時有邢和璞，善知人夭壽，喜黃老，作《穎陽書》，世傳之。《新書·藝文志三·曆算類》有邢和璞《穎陽書》三卷。則其父思孝爲豐州都督疑在武后時。

臧懷義　　開元初？

《隋唐五代墓誌匯編·洛陽卷》第十三册《唐故河東節度兵馬使同節度副使特進試太子賓客奉天定難功臣試太常卿上柱國東莞郡王臧府君（昌裔）墓誌銘并序》（元和十年八月二十二日）："曾祖諱懷義，銀青光禄大夫安北都護、豐州都督、河元軍使。皇祖諱方直，絳州刺史、安北都護鎮北軍使。皇考諱暐，朔方節度押衙兼知中軍兵馬使。"昌裔卒元和十年五月十二日，春秋六十九。

王海賓　　開元二年（714）

《全文》卷三六九元載《朔方河東河西隴右節度使御史大夫贈兵部尚書太子太師清源公王府君（忠嗣）神道碑銘并序》："皇考諱海賓，九原太守、安撫朔方諸蕃部落兼豐安軍使。開元二年七月以騎士屯蕭關……落於戎手。"按兩《唐書》本傳唯云：太子右衛率、豐安軍使，開元二年戰死。

吕休琳　　開元四年（716）

《全文》卷二五三蘇頲《命薛訥等與九姓共伐默啜制》："豐州都督西受降城使吕休琳……爲副。"《大詔令集》稱"開元四年正月二日"行制。又見《英華》卷四五九。

袁　振　　開元十八年(730)

《舊書·玄宗紀》:開元十八年"十二月戊子,豐州刺史袁振坐妖言下獄死"。

郭英奇　　約天寶七載—九載(約 748—750)

《大唐故壯武將軍守左威衛大將軍兼五原太守郭府君(英奇)墓誌銘并序》(天寶十三載七月廿七日):"後歷榆林太守、單于副大都護、朔方節度副使……俄除九原太守,仍充西受降城使、節度大使、〔仍〕舊兼兵馬使。九載,以築安北城及應接降虜之勳,遷左武衛將軍。"天寶十二載卒,春秋六十二。(《文博》1998 年第 3 期)

郭子儀　　天寶十三載—十四載(754—755)

《舊書》本傳:天寶十三載,"仍改橫塞爲天德軍,子儀爲之使,兼九原太守、朔方節度右兵馬使。十四載,安禄山反。十一月,以子儀爲衛尉卿,兼靈武郡太守,充朔方節度使"。《新書》本傳略同。又見《新書·高宗紀》,《通鑑·天寶十四載》,《元龜》卷一一九,《會要》卷七三。

辛奉國　　約大曆中

《唐文拾遺》卷二八睦奇《唐故試大理司直辛公(幼昌)墓誌銘》:"曾父奉國,開府儀同三司、豐州刺史、天德軍使、兼御史大夫、上柱國、隴西郡蕭國公。"幼昌卒大和六年十二月廿五日。又見《金石補正》卷七二。

李景略　　貞元六年(790)

《通鑑·貞元六年》:九月,"梅録至豐州,刺史李景略欲以氣加之……自是回鶻使至,皆拜景略於庭"。《舊書》本傳:"尋爲靈武節度杜希全辟在幕府,轉殿中侍御史,兼豐州刺史、西受降城使……迴紇使至景略,皆拜之於庭,由是有威名。杜希全忌之,上表誣奏,貶袁州司馬。希全死，徵爲左羽林將軍。"《新書》本傳略同。又見《舊書·杜希全傳》。

郭　鋼　貞元七年（791）

《舊書·郭晞傳》："晞子鋼爲朔方節度使杜希全賓佐，希全以鋼攝豐州刺史……貞元七年，晞上章奏請罷鋼官。"《新書·郭晞傳》略同。又見《元龜》卷一五三。

李景略　貞元十二年—二十年（796—804）

《舊書·德宗紀下》：貞元十二年"九月甲午，以河東行軍司馬李景略爲豐州刺史、天德軍豐州西受降城都防禦使"。二十年正月"丙申，天德軍防禦團練使、豐州刺史李景略卒"。又見兩《唐書》本傳，《元龜》卷一一九、卷六七八，《新書·地理志一》關内道豐州九原縣注，《通鑑·貞元二十年》正月記載。《全文》卷五四三令狐楚《祭豐州李大夫十八丈文》，謂自靈州謫三楚，遷太原少尹，卒於豐州刺史。岑仲勉《唐人行第錄》稱："名未詳。"今據友人陶敏見告，此"豐州李大夫"即李景略。

任迪簡　貞元二十年—約元和三年（804—約808）

《舊書·德宗紀下》：貞元二十年正月"丙申，天德軍防禦團練使、豐州刺史李景略卒，以其判官任迪簡代領其任"。又本傳："初爲天德軍使李景略判官……及景略卒，衆以迪簡長者，議請爲帥……表聞，德宗使察焉，具以軍情奏，除豐州刺史、天德軍使，自殿中授兼御史大夫，再加常侍。追入，拜太常少卿、汝州刺史、左庶子。"《新書》本傳略同。又見《元龜》卷四一二。《千唐誌·唐故天德軍攝團練判官太原府參軍蕭府君（鍊）墓誌銘并序》（元和元年二月二日）："天德軍使御史大夫任公辟充團練判官。"鍊卒永貞元年。

張　煦　約元和三年—六年（約808—811）

《舊書·憲宗紀上》：元和六年八月"乙丑，以天德軍防禦使張煦爲夏州刺史、夏綏銀等州節度使”。兩《唐書》本傳未及。

高霞寓　元和六年(811)

　　《舊書》本傳：元和六年，“改豐州刺史、三城都團練防禦使，六遷至檢校工部尚書”。《新書》本傳略同。

周懷義　元和六年—九年(811—814)

　　《白居易集》卷五五《除周懷義豐州刺史天德軍使》：“前汝州刺史周懷義，可豐州刺史、天德軍使。”《元龜》卷一〇七：元和九年六月“戊寅，以豐州刺史天德軍經略使周懷義卒，廢朝一日”。按《舊書·憲宗紀下》作“懷乂”，當即“懷義”之訛。《新書》本傳云：“擢累檢校工部尚書、天德西城防禦使，以徙城事不爲宰相李吉甫所助，以憂死。”

燕重旰　元和九年—十年(814—815)

　　《舊書·憲宗紀下》：元和九年六月“丙戌，以左龍武將軍燕重旰爲豐州刺史、天德軍豐州西城中城都防禦押蕃落等使”。十年二月“壬戌，河東防秋將劉輔殺豐州刺史燕重旰”。又見《新書·憲宗紀》，《元龜》卷四〇一、卷四四九，《通鑑·元和十年》二月。

李奉仙(李奉先)　元和十年(815)

　　《舊書·憲宗紀下》：元和十年“三月壬申朔，以右金吾將軍李奉仙爲豐州刺史、天德軍西城中城都防禦使”。《元龜》卷四四九、卷八〇四作“李奉先”。

彭　膺　元和末？

　　《千唐誌·唐故大中大夫行中書舍人裴公夫人彭氏墓誌》：“曾祖光耀，任金吾大將軍、隴右節度使，贈兵部尚書。祖膺，任天德軍使兼御史中丞。父詵，爲河東右職兼殿中侍御史。夫人即侍御府君之次女。”夫人卒咸通二年，春秋六十一。

李　祐　　長慶元年(821)

《舊書·迴紇傳》:長慶元年十一月,"豐州刺史李祐奏,'迎太和公主迴鶻三千於柳泉下營拓吐蕃。'"又見《元龜》卷九七九。又卷九八〇:"長慶元年十二月,豐州刺史李祐奏:先入迴鶻使裴通、高品、袁有直并迴鶻六十四人到鷲鵜泉。"兩《唐書》本傳未及。

李　岵　　長慶二年(822)

《舊書·穆宗紀》:長慶二年正月庚子,"以晉州刺史李岵爲豐州刺史,充天德軍豐州東西受降城都防禦使"。

李文悦　　寶曆元年—大和二年(825—828)

《舊書·敬宗紀》:寶曆元年五月"庚午,以右金吾將軍李文悦爲豐州刺史、天德軍防禦使"。又《文宗紀上》:大和二年六月辛巳,"以天德軍使李文悦爲靈武節度使"。

渾　鐬　　大和二年—四年(828—830)

《舊書·文宗紀下》:大和四年九月"丁酉,前豐州刺史、天德軍使渾鐬坐贓七千貫,貶袁州司馬"。又見《元龜》卷一三四。《舊書》本傳:"元和初,出爲豐州刺史、天德軍使,坐贓貶袁州司户。憲宗思咸寧之勳,比例從輕。五年,徵爲袁王傅。"按"元和"當爲"大和"之誤;"憲宗"當爲"文宗"之誤。《新書》本傳作"文宗",不誤。《全詩》卷三五九有劉禹錫《送渾大夫赴豐州》。注云:"自大鴻臚拜,家承舊勳。"當即渾鐬。按劉禹錫元和二年至四年在朗州司馬任,而大和二年十月前在長安,三年、四年在禮部郎中、集賢學士任,知此詩必作於大和間。

李公政　　大和五年(831)

《元龜》卷九九五:"文宗大和五年九月,豐州刺史李公政奏,党項於黑山劫掠歸國。"

李 逵 開成二年(839)

《舊書・文宗紀下》:開成二年六月"己亥,以鴻臚卿李逵爲天德軍都防禦使"。【補遺】《全唐文補遺》第八輯 209 頁《唐故大理評事趙郡李公(謨)墓誌銘並序》:"祖逵,皇豐州刺史、御史大夫,充天德軍都防禦使,贈工部尚書。"(師海軍提供)

田 牟 會昌元年—三年(841—843)

《舊書》本傳:"會昌初爲豐州刺史、天德軍使,歷武寧軍節度使。"又《武宗紀》:會昌元年八月,"〔回鶻〕大首領嗢没斯與赤心宰相相攻,殺赤心,率其部下數千帳近西城。天德防禦使田牟以聞"。《新書》本傳未及。《全文》卷七二八封敖《授王宰高承恭田牟三道節度使制》:"朝散大夫、豐州刺史、檢校工部尚書、賜紫金魚袋田牟……可守本官充鄜坊節度使。"《通鑑考異・會昌三年》正月下云:"《舊回鶻傳》云:豐州刺史石雄。《後唐獻祖紀年録》云:石州刺史石雄。按是時田牟爲豐州刺史。今從《實録》。"

石 雄 會昌三年—四年(843—844)

《舊書・武宗紀》:會昌三年二月,"以麟州刺史、天德行營副使石雄爲銀青光禄大夫、檢校左散騎常侍、豐州刺史、御史大夫,充豐州西城中城都防禦、本管押蕃落等使"。四年"九月,以天德軍使、晉絳行營招討使石雄檢校兵部尚書、河中尹、兼御史大夫、河中晉絳慈隰等州節度使"。又見兩《唐書》本傳,《舊書・迴紇傳》,《通鑑・會昌三年》正月,《元龜》卷三五九,《全文》卷六九八李德裕《授石雄晉絳行營節度使制》:"天德軍豐州西城都防禦本管押蕃落等使兼充晉絳行營諸軍副使……豐州刺史、御史大夫、上柱國石雄……可守本官兼充晉絳行營諸軍節度使。"

段文楚 咸通十三年(872)

《舊書・懿宗紀》:咸通十三年五月,"以天德防禦使……段文楚爲雲州刺史、大同軍防禦使"。《新書》本傳未及。

蔡　行　　乾符二年(875)

《舊書·僖宗紀》：乾符二年“七月，以大理卿蔡行爲豐州刺史、天德軍都防禦使”。

李　瑄　　乾符二年(875)

《舊書·僖宗紀》：乾符二年十月，“以前大同軍及雲朔都防禦營田供軍等使李瑄檢校左散騎常侍、豐州刺史，充天德軍豐州西城中城都防禦使、本管押蕃落等使”。《千唐誌·唐故昌黎韓府君(綏)墓誌》：“公以外族天德防禦使姑臧李瑄，即故太尉晟公孫也，慕公之義，待以殊禮，辟爲防禦巡官。”綏卒乾符五年八月十八日。

卷二三　宥州（寧朔郡、懷德郡）

　　開元二十六年置宥州。天寶元年改爲寧朔郡。至德二載又改爲懷德郡都督府。乾元元年復爲宥州。寶應後廢。元和九年復於經略軍置宥州。十五年移治長澤縣，爲吐蕃所破。長慶四年夏州節度使李祐復奏置。領縣三：延恩、歸仁、懷德。

李光弼　　天寶二年—四載(743—745)

　　《全文》卷三四二顔真卿《唐故開府儀同三司太尉兼侍中河南副元帥東都留守上柱國李公(光弼)神道碑銘》："天寶二年，拜寧朔郡太守。四載，加左清道率、兼安北都護。"兩《唐書》本傳未及。

翟義方　　肅宗時？

　　《千唐誌・唐故朔方節度十將游擊將軍左内率府率臧府君(曄)墓誌銘并序》："夫人蒼梧翟氏……父義方，皇金紫光禄大夫宥州刺史。"夫人卒貞元十二年十二月，春秋七十三，以貞元十三年十一月廿一日葬。

駱　怡　　元和九年—十一年(814—816)

　　《舊書・憲宗紀下》：元和十一年五月，"宥州軍亂，逐刺史駱怡"。《新書・憲宗紀》《通鑑・元和十一年》同。

趙榮國　　寶曆元年(825)

　　《元龜》卷六七三："趙榮國爲宥州刺史，敬宗寶曆元年加檢校右散騎常侍。"

李 權　　約文宗時

《全詩》卷五七二賈島《送李溟謁宥州李權使君》："英雄典宥州。"
又見《唐詩紀事》卷五八。《郎官柱》主客員外郎有李權，在崔渠後，劉
潼、張毅夫前。刺宥州約在文宗時。又按《新書·宗室世系表》大鄭
王房有"金州刺史權"，乃開元十四年泗州刺史李孟犨子，天寶至大曆
間人，當另是一人。

李弘本　　會昌中

《寶刻叢編》卷七引《京兆金石録》："《唐宥州刺史李弘本墓誌》，
唐杜初撰，張行周正書，大中元年。"

田克加　　大中四年（850）

《全文》卷七四九杜牧《田克加檢校國子祭酒依前宥州刺史制》：
"使持節宥州諸軍事兼宥州刺史……田克加……可檢校國子祭酒，餘
並如故。"

【補遺】論鍔連　　咸通元年—五年（860—864）

《全唐文補遺》第七輯 141 頁《有唐幽州盧龍節度左都衙銀青光
禄大夫檢校國子祭酒攝檀州刺史充威武軍使兼御史中丞上柱國晉昌
論公（博言）墓誌銘並序》（咸通六年十月廿五日）："咸通初，蠻陷交
趾，兵湊海嶺，薊府相國清河公遞絹五萬。□部□□。堂弟宥州刺史
鍔連，授兼御史中丞於輦下，時人榮之。……咸通乙酉重五，聘東垣
回，暍疾於路，迄秋分永逝於蘇城南郭析津坊，壽六十一。"（師海
軍提供）

陳 調　　咸通中？

《隋唐五代墓誌匯編·陝西卷》第四册《唐故銀青光禄大夫檢校
太子賓客使持節寧州諸軍事守寧州刺史陳府君（諷）墓誌銘并序》（廣

明元年二月十二日）：“兄弟六人，長兄曰計，鄜州洛交尉；次曰播，皇
不仕；曰調，宥州刺史。”諷乾符六年卒，享年五十一。

拓跋思恭　　咸通末—中和元年（？—881）

　　《新書·党項傳》：“拓拔思恭，咸通末竊據宥州，稱刺史。黃巢入
長安，與鄜州李孝昌壇而坎牲，誓討賊，僖宗賢之，以爲左武衛將軍，
權知夏綏銀節度事。”《通鑑·中和元年》：三月，“宥州刺史拓跋思恭，
本党項羌也，糾合夷夏兵會鄜延節度使李孝昌於鄜州，同盟討賊”。
四月，“以拓跋思恭權知夏綏節度使”。

卷二四　勝州（榆林郡）

隋榆林郡。武德初郭子和歸國，地没梁師都。貞觀二年師都平。三年置勝州，設都督府。天寶元年改爲榆林郡。乾元元年復爲勝州。領縣四：榆林、河濱、連谷、銀城。

李子和　　武德元年（618）

《舊書》本傳：“本姓郭氏……武德元年，遣使歸款，授榆林郡守。尋就拜雲州總管，封金河郡公……四年，拔户口南徙，詔以延州故城居之。”《新書》本傳未及。

徐師順　　武德初

《姓纂》卷二東陽徐氏：“師順，唐勝州總管，高平公。”

張　儉　　貞觀四年（630）

《舊書》本傳：“貞觀初，以軍功累遷朔州刺史……後檢校勝州都督，以母憂去職……便移就代州。即令檢校代州都督。”《新書》本傳略同。《通鑑·貞觀四年》：九月，“思結部落饑貧，朔州刺史新豐張儉招集之……及儉徙勝州都督，州司奏思結將叛，詔儉往察之。儉單騎入其部落説諭，徙之代州，即以儉檢校代州都督”。

宋君明　　貞觀十九年（645）

《通鑑·貞觀十九年》：十二月，“勝州都督宋君明，左武候將軍薛

孤吳,發靈、原、寧、鹽、慶五州兵鎮靈州"。又見《元龜》卷九九一。按
《姓纂》卷八樂陵宋氏:"唐巂州都督宋君明,狀元,本望出廣平。"

楊弘禮　　永徽初

《舊書》本傳:"出爲涇州刺史。永徽初,論崑丘之功,改授勝州都
督。尋遷太府卿。四年卒。"《新書》本傳略同。

田仁會　　約龍朔中

《舊書》本傳:"永徽二年,授平州刺史……五遷勝州都督……入
爲太府少卿。麟德二年,轉右金吾將軍。"《新書》本傳略同。

王本立　　弘道元年(684)

《通鑑·弘道元年》:"三月庚寅,阿史那骨篤禄、阿史德元珍圍單
于都護府,執司馬張行師,殺之。遣勝州都督王本立、夏州都督李崇
義將兵分道救之。"按龍朔元年由定襄尉爲監察御史裏行,見《會要》
卷六〇;咸亨中爲考功郎中,見《通鑑·州郡七》,《太平寰宇記》卷五;
垂拱三年爲肅州刺史,見《舊書·劉褘之傳》;四年同中書門下平章
事,見《新書·則天皇后紀》。

王安仁　　天授元年(690)

《通鑑·天授元年》:七月,"或告勝州都督王安仁謀反,敕〔王〕弘
義按之。安仁不服,弘義即於枷上刎其首"。又見《朝野僉載》卷二,
《廣記》卷一二九。

王　珫(王元獎)　　大足元年—長安二年(701—702)

《芒洛三編·大周故檢校勝州都督左衛大將軍全節縣開國公上
柱國王君(珫字元獎)墓誌銘并序》:"大足元年,制授右武威衛將軍。
其年八月,奉敕檢校勝州都督……以長安二年正月六日苦戰薨於橫
陳。"《芒洛四編》卷四《大周昭武校尉右鷹揚衛平原府左果毅都尉上
柱國王公(嘉)墓誌銘并序》:"以大周長安三年二月十七日合葬於洛

州合宮縣北邙山之平原……次子元獎，右武威衛將軍檢校左羽林衛事、檢校勝州都督。"

閻虔福　　神龍初

《芒洛三編·唐故雲麾將軍右金吾衛將軍上柱國漁陽縣開國子閻公（虔福）墓誌銘并序》："轉檀州刺史……今天子中興之際，公自鎮來朝……改授右衛親府中郎將……俄出爲勝州都督……又以山東空虛，慮有變，故轉公爲河北道諸軍州防禦大使……奇功未立，景命不融，春秋五十有二，以神龍二年四月八日遘疾薨於京第。"

邵　宏　　開元四年（716）

《大詔令集》卷一三○《命薛訥與九姓共伐默啜制》："勝州都督東受降城使邵宏……可以授旗遂行……開元四年正月二日。"又見《全文》卷二五三蘇頲行制。

楊執一　　開元中

拓本《大唐故金紫光禄大夫行鄜州刺史楊君（執一）墓誌銘并序》（開元十五年九月三日）："徵拜涼州都督兼左衛將軍河西諸軍州節度督察等大使……復授涼州……出許州刺史……檢校勝州都督……復兼原州都督……復命爲朔方元帥兼御史大夫……俄拜金紫光禄大夫行鄜州刺史……以開元十四年正月二日遘疾薨。"（《西安碑林簡史》，《文物》1961年第8期）《全文》卷二二九張説《贈户部尚書河東公楊君（執一）神道碑》："復授涼州都督……尋移許州刺史，未到，以單于款關受右衛將軍檢校勝州都督……徵還本官，又兼原州都督……〔改〕鄜州刺史……享年六十有五，開元十四年正月二日薨於官舍。"兩《唐書》本傳未及。

臧懷亮　　約開元九年（約721）

《全文》卷二六五李邕《右羽林大將軍臧公（懷亮）神道碑》："復以本官兼勝州都督……會六州九胡洊凶階亂……以功最拜羽林衛大將

軍，復以本官兼安東大都護府都督……以開元十七年八月二十二日薨於京師……春秋六十有八。"《隋唐五代墓誌匯編·陝西卷》第三册《大唐故冠軍大將軍左羽林軍大將軍上柱國東莞郡開國公臧府君(懷亮)墓誌并序》(開元十八年十月二十一日)："轉左威衛將軍兼洮州都督、莫門軍經略營田大使兼隴右節度副大使，復以本官兼勝州都督兼東受降城大使，朔方軍節度副大總管。會六州胡叛將兵討除，諸軍未至而特立殊效。"開元十七年卒，享年六十八。按蘭池州叛胡攻陷六胡州在開元九年四月，時懷亮當在勝州都督任。

魏　暠　　約開元二十四年(約 736)

《千唐誌·唐故榆林郡都督府長史太原王府君(承裕)墓誌銘并序》(天寶十載五月二日)："轉榆林郡都督府長史兼充朔方道水陸運使關內道營田副使……榆林郡都督魏暠者，言僞則堅，黷貨無極，節使糾舉，公當推按，盜憎主人，訟乃受服。公貶連山郡司馬……以開元廿六載冬十一月十五日終於連山郡之官舍，春秋六十有一。"

郭英奇　　約天寶四載(約 745)

《大唐故壯武將軍守左威衛大將軍兼五原太守郭府君(英奇)墓誌銘并序》(天寶十三載七月廿七日)："天寶初，奉制充朔方軍討擊副使，仍兼十將。其年秋，領朔方戰士於河東破奚，改授左內率。三載，又以破突厥……轉右司禦率，後歷榆林太守、單于副大都護，朔方節度副使……以繼母憂去官。"天寶十二載卒，享年六十二(《陝西興平發現唐郭英奇墓誌》，《文博》1998 年第 3 期)。

臧敬廉　　天寶前期

《全文》卷三三九顏真卿《東莞臧氏紀宗碑銘》："懷亮五子，曰：勝州都督朔方節度副使敬廉……安平太守范陽節度副使希莊。"按其父懷亮開元中爲勝州刺史，見前。《隋唐五代墓誌匯編·陝西卷》第四册顏真卿《大唐故冠軍大將軍左羽林軍大將軍東莞郡開國公上柱國臧府君(懷亮)墓誌銘并序》(天寶十載四月二十一日)："嗣子正議大夫榆林郡都督上柱國東莞郡開國公貶永陽郡別駕敬廉……等皆享年不永，榮禄早世。”

竇思亮　　天寶中

《新表一下》竇氏：“思亮，榆林郡太守。”按其祖德玄，高宗時爲左相，見兩《唐書·竇德玄傳》。

薛　直　　約肅宗時

《廣記》卷三三一引《紀聞》：“勝州都督薛直，丞相納（訥）之子也，好殺伐，不知鬼神。”按《新表三下》薛氏作“直，綏州刺史”。

薛　渙　　約大曆中

《舊書·薛伾傳》：“薛伾，勝州刺史渙之子……出爲鄜坊觀察使。元和八年，卒於官。”

韋　總　　約貞元中

《新表四上》韋氏彭城公房：“總，勝州刺史。”其伯父友信，廣德、永泰間爲婺州、泉州刺史。韋總刺勝州約在貞元中。

閻巨源　　貞元十九年前（803 前）

《舊書》本傳：“貞元十九年以勝州刺史攝振武行軍司馬。”按《舊書·德宗紀下》：貞元十九年十一月“戊午，以振武行軍司馬閻巨源檢校工部尚書、兼單于大都護、振武麟勝節度使”。

契苾漪　　元和中？

《隋唐五代墓誌匯編·陝西卷》第四册《唐故銀青光禄大夫檢校左散騎常侍兼安北都護御史大夫充振武麟勝等軍州節度觀察處置等使契苾府君（通）墓誌銘并序》（大中八年八月九日卒，享年七十）：“父諱漪，皇持節都督勝州諸軍事勝州刺史，充本州押蕃落義勇軍等使，兼侍御史，贈鴻臚卿。”

契苾通　　約開成末

　　《隋唐五代墓誌匯編・陝西卷》第四册《唐故銀青光禄大夫檢校左散騎常侍兼安北都護御史大夫充振武麟勝等軍州節度觀察處置等使契苾府君（通）墓誌銘并序》：“加國子祭酒，後歷勝、蔚、儀、丹四郡守。”按會昌二年在蔚州刺史任。

李誠元　　大中初

　　《全文》卷七四九杜牧《李誠元除朔州刺史制》：“前使持節都督勝州諸軍事兼勝州刺史……李誠元……可檢校國子祭酒、持節朔州諸軍事兼朔州刺史。”

張仲阮　　咸通中？

　　《舊五代史・張敬詢傳》：“祖仲阮，歷勝州刺史。父漢環，事武皇爲牙將。”

孫　勤　　僖宗時？

　　《全文》卷八四〇吕夢奇《後唐招討使李存進墓碑》：“公諱存進，字光嗣，本姓孫氏……祖勤，金紫光禄大夫守勝州刺史……〔景福二年〕錫以姓名，同之骨肉……〔天祐十九年，公〕爲流矢所中，身終於陣，享年六十八。”

安　全　　唐末？

　　《舊五代史・安重榮傳》：“父全，勝州刺史……〔重榮〕唐長興中爲振武道巡邊指揮使。”

卷二五　單于大都護府

龍朔三年罷雲中都護府。麟德元年改爲單于大都護府。

＊李　旦(李旭輪)　　麟德元年—總章二年(664—669)

《舊書·高宗紀》：麟德元年“二月丁亥，加授殷王旭輪單于大都護”。《通鑑·麟德元年》：“正月甲子，改雲中都護府爲單于都護府，以殷王旭輪爲單于大都護。”又見兩《唐書·睿宗紀》，《新書·突厥傳上》。《全文》卷一五四上官儀《册殷王旭輪爲單于大都督文》：“維麟德元年歲次甲子二月己卯朔九日丁亥，皇帝若曰……冀州大都督上柱國殷王旭輪……命爾爲單于大都護，大都督、勳封並如故。”《大詔令集》卷三七同。《大詔令集》卷三四《册冀王輪文》：“維總章二年歲次己巳十二月景午朔二十二日丁卯……惟爾冀州大都督、單于大都護、右金吾衛大將軍上柱國豫王輪……用保大藩，允迪前修。”

蕭嗣業　　?—調露元年(?—679)

《舊書》本傳：“貞觀九年歸朝，以深識蕃情，充使統領突厥之衆。累轉鴻臚卿，兼單于都護府長史。調露中，單于突厥反叛，嗣業率兵戰敗，配流嶺南而死。”《新書》本傳略同。《舊書·高宗紀下》：調露元年“冬十月，單于大都護府突厥阿史德温傅及奉職二部相率反叛……遣單于大都護長史蕭嗣業，將軍花大智、李景嘉等討之。與突厥戰，爲賊所敗。嗣業配流桂州”。又見兩《唐書·裴儉傳》，《新書·突厥傳上》，《御覽》卷二七七，《元龜》卷九八六，《通鑑·調露元年》十月。

王本立　　約調露中—永隆中

《新書·突厥傳上》："時單于府檢校降户部落阿史德元珍者,爲長史王本立所囚。會骨咄禄來寇,元珍請諭還諸部贖罪,許之。至即降骨咄禄……乃寇單于府北鄙……圍單于都護府,殺司馬張行師……執豐州都督崔智辯。"按豐州都督崔智辯被擒在永淳二年。又按王本立永淳二年已在勝州都督任。

臧懷亮　　約中宗、睿宗時

《全文》卷二六五李邕《右羽林大將軍臧公(懷亮)神道碑》："以功遷單于都護……加銀青光禄大夫單于副大都護……拜靈州都督……轉鄯州都督……加雲麾將軍……兼洮州都督……復以本官兼勝州都督……以功最拜羽林衛大將軍,復以本官兼安東大都護府都督……以開元十七年八月二十二日薨於京師……春秋六十有八。"又見《隋唐五代墓誌匯編·陝西卷》第三册《大唐故冠軍大將軍左羽林軍大將軍上柱國東莞郡開國公臧府君(懷亮)墓誌銘并序》(開元十八年十月二十一日)。

＊李守禮　　景雲二年—先天二年(711—713)

《舊書》本傳："景雲二年,帶光禄卿,兼幽州刺史,轉左金吾衛大將軍,遥領單于大都護。先天二年,遷司空。開元初,歷虢、隴、襄、晉、滑六州刺史。"《元龜》卷四〇一:"邠王守禮,以睿宗延和元年爲單于大都護。"又見《新書》本傳,《元龜》卷二八一。《舊書·玄宗紀上》:先天二年九月,"單于大都護兼左金吾大將軍、邠王守禮爲司空"。《大詔令集》卷三五《宋王成器太尉等制》:"單于大都護兼右金吾衛大將軍邠王守禮……可司空……先天二年八月九日。"《全文》卷二〇同。

張知運　　先天二年—開元四年(713—716)

《大詔令集》卷五九《解琬朔方道後軍大總管等制》:"右領軍衛大將軍兼檢校單于大都護及鎮守大使、上柱國、長平郡開國公張知

運……可充朔方道後軍副大總管……先天二年九月十六日。”《全文》
卷二〇同。《大詔令集》卷一三〇《命姚崇等北伐制》：“右領軍衛大將
軍兼檢校單于大都護鎮守軍使張知運……可中軍副大總管……開元
二年八月二十八日。”《全文》卷二五三蘇頲行制同。《舊書·郭知運
傳》：“〔開元〕四年冬，突厥降户阿悉爛、跌跌思太等率衆反叛，單于副
都護張知運爲賊所執，詔薛訥領兵討之……賊捨甲仗並棄張知運
走。”《突厥傳上》、《新書·郭知運傳》略同。

*李　浚（李璵）　　開元十五年—二十六年（727—738）

《舊書·肅宗紀》：“開元十五年正月，封忠王，改名浚。五月，領
朔方大使、單于大都護。”又《玄宗紀上》：開元十五年五月癸酉，“忠王
浚爲單于大都護、朔方節度大使……並不出閣”。十八年六月“丙子，
命單于大都護、忠王浚爲河北道行軍元帥”。又見《新書·肅宗紀》，
《通鑑·開元十八年》，《會要》卷七八。《大詔令集》卷三六《慶王潭凉
州都督制》：“忠王浚爲單于大都護、朔方節度大使……開元十五年五
月。”《全文》卷二二同。《全文》卷三八玄宗《册忠王爲皇太子文》：“維
開元二十六年歲次戊寅七月戊寅朔二日己卯……咨爾開府儀同三司
單于大都護、河東河北道行軍元帥、朔方軍節度大使……上柱國忠王
嶼……命爾爲皇太子。”又見《元龜》卷二五七，《大詔令集》卷二七、
《全文》卷三一〇孫逖行制。

裴　某　　開元中

《河岳英靈集》崔顥有《送單于裴都護》詩。《全詩》卷一三〇題作
《送單于裴都護赴西河》。

*李　琬　　天寶元年（742）

《舊書》本傳：“天寶元年六月，授單于大都護。十四年十一月，安
禄山反於范陽，其月制以琬爲征討元帥。”《新書》本傳：“累兼單于安
北大都護。安禄山反，詔琬爲征討元帥。”《大詔令集》卷三六《榮王琬
安北大都護制》：“開府儀同三司、兼凉州牧、單于大都護，充持節朔方

節度副大使、榮王琬……可兼安北大都護,餘並如故。天寶八年八月。"《全文》卷二五同。

王忠嗣　　天寶四載(745)

《元和郡縣志》卷四:"單于大都護府,今爲振武節度使理所。"又金河縣:"天寶四年,節度使王忠嗣移於此城内,置縣曰金河。"《全文》卷三六九元載《朔方河東河西隴右節度使御史大夫王府君(忠嗣)神道碑銘并序》:"玄宗再受命宅帝位三十有五載,兵加幽都討平匈奴……制詔丞相御史,咨爾朔方、河東節度支度採訪使安北單于大都護……王忠嗣,統我六師。"

＊李林甫　　天寶十載—十一載(751—752)

《舊書》本傳:"〔天寶〕十載,林甫兼領安西大都護、朔方節度,俄兼單于副大都護。十一載,以朔方副使李獻忠叛,讓節度,舉安思順自代。"《新書》本傳略同。《新書・宰相表中》:天寶十載"正月丁酉,林甫遥領單于、安北副大都護,充朔方節度等使"。十一載"四月丙戌,林甫罷都護"。

李光弼　　天寶十一載—十三載(752—754)

《舊書》本傳:"〔天寶〕十一載,拜單于副使(大)都護。十三載,朔方節度安思順奏爲副使、知留後事。"《新書》本傳未及。《全文》卷三四二顔真卿《唐故開府儀同三司太尉兼侍中李公(光弼)神道碑銘》:"〔天寶〕十一載,拜單于副都護;十三載爲安思順朔方節度兵馬使。"

郭幼賢　　肅宗時?

《隋唐五代墓誌匯編・陝西卷》第四册《唐故金紫光禄大夫持節蔚州諸軍事守蔚州刺史河東薛公(坦)墓誌銘并序》(大曆十三年正月二十六日):"後娶太原郭氏夫人……單于都護幼賢之長女,中書令汾陽郡王之介姪。"坦卒於大曆十一年,享年四十八。

僕固懷恩 寶應元年(762)

《通鑑·寶應元年》:十一月"己亥,以〔僕固〕懷恩爲河北副元帥,加左僕射兼中書令,單于鎮北大都護,朔方節度使"。

郭子儀 寶應元年—大曆十四年(762—779)

《大詔令集》卷五九《郭子儀汾陽郡王知朔方行營制》:"司徒兼中書令靈州大都督府長史、單于鎮北大都護、持節充朔方節度……代國公子儀……可封汾陽郡王……元年建辰月。"《全文》卷五〇同。《舊書·德宗紀上》:大曆十四年閏五月"甲申,以司徒兼中書令、河中尹、靈州大都督、單于鎮北大都護充關内河東副元帥、朔方節度……汾陽郡王、山陵使、食實封一千九百户郭子儀可加號尚父,守太尉,餘官如故"。又見《通鑑·大曆十四年》閏五月。兩《唐書》本傳未及。

渾 瑊 大曆十四年(779)

《舊書·德宗紀上》:大曆十四年閏五月甲申,"以朔方左留後、單于副都護渾瑊爲單于大都護,振武軍、東中二受降城、鎮北及綏、銀、麟、勝等軍州節度營田使"。兩《唐書》本傳略同。又見《通鑑·大曆十四年》。《全文》卷四九八權德輿《故朔方河中晉絳邠寧慶等州兵馬副元帥……忠武渾公(瑊)神道碑銘并序》:貞元十五年"十二月辛未,薨於理所,享年六十四……〔初,〕以御史大夫爲邠州刺史,以工部尚書爲單于大都護"。

＊崔 寧 大曆十四年(779)

《舊書·德宗紀上》:大曆十四年十一月"癸巳,加崔寧兼靈州大都督、單于鎮北大都護、朔方節度等使,出鎮坊州"。又本傳:"罷西川節度使,制授檢校司空、同中書門下平章事、御史大夫、京畿觀察使,兼靈州大都督、單于鎮北大都護、朔方節度等使,兼鄜坊丹延都團練觀察使……雖以寧爲節度,每道皆置留後。"《新書》本傳略同。又見《通鑑·大曆十四年》十一月記載。

張光晟　　大曆十四年—建中元年(779—780)

《舊書・德宗紀上》：大曆十四年十一月癸巳，"以鄜州刺史張光晟單于振武軍使、東中二受降城綏銀鄜(麟)勝等軍州留後"。建中元年"八月甲午，振武軍使張光晟殺領蕃迴紇首領突董統等千人……乃徵光晟歸朝"。又見《舊書》本傳，《通鑑・大曆十四年》《建中元年》。按是時振武節度使治單于都護府，兼單于都護。

彭令芳　　建中元年—二年(780—781)

《舊書・德宗紀上》：建中元年八月甲午，"徵〔振武軍使〕光晟歸朝，以彭令芳代之"。二年二月"乙卯，振武軍亂，殺其帥彭令芳、監軍劉惠光"。又見《新書・德宗紀》，《通鑑・建中二年》。

王　翃　　建中二年(781)

《舊書・德宗紀上》：建中二年三月"辛巳，以汾州刺史王翃爲振武軍使、東中二受降城鎮北綏銀麟勝等州留後"。三年"七月甲申，以前振武軍使王翃爲京兆尹"。《新書》本傳："歷汾州刺史，爲振武軍使、綏銀等州留後，入拜京兆尹。"又見《通鑑・建中二年》。《舊書》本傳未及。

李懷光　　建中二年—興元元年(781—784)

《舊書・德宗紀上》：建中二年七月"辛巳，以邠寧節度使李懷光兼靈州大都督、單于鎮北大都護、朔方節度使"。又見《舊書》本傳。《新書》本傳未及。《元龜》卷一七六：貞元元年"二月甲子，加朔方、邠寧節度……兼河中晉絳慈隰等州節度……中書令、兼靈州大都督、單于鎮北大都護、河中尹、上柱國、連城郡王李懷光太尉"。按"貞元"當爲"興元"之誤。

杜從政　　約興元元年—貞元二年(784—786)

《姓纂》卷六醴泉杜氏："振武都護、兼御史大夫杜從政。"《新書・韓游瓌傳》："李懷光叛，誘游瓌以爲變，游瓌白發其書……對曰：'懷光總諸府兵，怙以爲亂。今邠有張昕，靈武有甯景璿，河中有吕鳴岳，振武有杜從政，潼關有李朝臣，渭北有竇覦，皆守將也。'"

唐朝臣　　貞元二年—六年（786—790）

《舊書‧德宗紀上》：貞元二年七月"戊午，以鄜坊節度唐朝臣爲單于大都護、振武綏銀節度使"。《通鑑‧貞元四年》：七月，"振武節度使唐朝臣不嚴斥候，己未，奚、室韋寇振武"。《全文》卷四六二陸贄《唐朝臣振武節度論惟明鄜坊觀察使制》："檢校兵部尚書兼鄜州刺史……唐朝臣……可依前檢校兵部尚書兼單于大都護、御史大夫，充振武綏銀麟勝等州節度營田觀察處置押蕃落等使。"

范希朝　　貞元六年—十九年（790—803）

《舊書‧德宗紀下》：貞元六年五月"壬午，以寧州刺史范希朝爲單于大都護、麟勝節度使"。十九年十一月"丙午，振武麟勝節度使范希朝來朝"。又本傳："除希朝振武節度使，就加檢校禮部尚書……積十四年，皆保塞而不爲橫……貞元末，累表請修朝覲……既至，拜檢校右僕射，兼右金吾大將軍。"《新書》本傳略同。又見《元龜》卷一七六，《金石録》卷三〇《唐太子太傅劉沔碑跋》，《大詔令集》卷九九《城鹽州詔》。《舊書‧憲宗紀上》：元和三年六月"丁丑，沙陀突厥七百人攜其親屬歸振武節度使范希朝"。按其時范希朝已爲靈鹽節度，《舊紀》誤。

閻巨源　　貞元十九年—元和二年（803—807）

《舊書‧德宗紀下》：貞元十九年十一月"戊午，以振武行軍司馬閻巨源檢校工部尚書、兼單于大都護、振武麟勝節度使"。又本傳："貞元十九年，以勝州刺史攝振武行軍司馬。屬〔范〕希朝入覲，遂代爲節度……後爲邠寧節度使、檢校左僕射。元和九年卒。"

張奉國　　元和三年—五年（808—810）

《全文》卷六五四元稹《唐故開府儀同三司檢校兵部尚書兼左驍

衛上將軍充大内皇城留守南陽郡王贈某官〔張奉國〕碑文銘》:元和二年,"遂賜嘉名,尋遷檢校刑部尚書,充振武麟勝等州節度營田觀察處置等使"。

李光進(阿跌光進)　　元和五年—八年(810—813)

《舊書·憲宗紀上》:元和五年十一月庚戌,"以代州刺史阿跌光進爲單于大都護、振武麟勝節度度支營田觀察押蕃落等使"。六年五月"壬子,以振武節度阿跌光進夙彰誠節,久立茂勳,宜賜姓李氏"。又《憲宗紀下》:元和八年七月"丁卯,以振武節度使李光進爲靈州大都督府長史、靈武節度使"。又見兩《唐書》本傳,《通鑑·元和六年》、《元和八年》七月,《姓纂》卷五阿蹊氏,《通志》卷二九《氏族五·阿跌氏》。《全文》卷五四三令狐楚《大唐故朔方靈鹽等軍州節度副大使知節度事兼靈州大都督府長史李公(光進)神道碑銘并序》:"由代州刺史……超遷工部尚書、單于大都護……〔元和〕八年秋遷爲秋官,改拜靈州。"

李進賢　　元和八年(813)

《舊書·憲宗紀下》:元和八年十二月庚寅,"振武軍亂,逐其帥李進賢,屠其家"。九年二月"丁丑,貶前振武節度使李進賢爲通州刺史"。《新書》本傳:"元和中,進賢累爲振武節度使……衆懼,因燔城門,攻進賢……屠進賢家。"又見《通鑑·元和八年》。

張　煦　　元和八年—九年(813—814)

《舊書·憲宗紀下》:元和八年十二月庚寅,"乃以夏州節度使張煦代進賢,率兵二千赴〔振武〕鎮"。九年十二月"丁未,振武節度使張煦卒"。又見《通鑑·元和八年》。《新書·李進賢傳》:"詔以夏綏銀節度使張煦代之。"

胡　証　　元和九年—十三年(814—818)

《舊書·憲宗紀下》:元和九年十一月"甲午,以御史中丞胡証爲單于大都護、振武麟勝等軍節度使"。又本傳："〔元和〕九年，以党項寇邊，以証有安邊才略，乃授單于都護、御史大夫、振武軍節度使……十三年，徵爲金吾大將軍，依前兼御史大夫。"《新書》本傳略同。又見《元龜》卷一二〇，《唐語林》卷四。按韓愈有《奉酬振武胡十二丈大夫》詩。

高霞寓　　元和十三年—十五年（818—820）

《舊書・憲宗紀下》：元和十三年"九月甲申，以左衛將軍高霞寓爲單于大都護、振武靈勝節度使"。又本傳："〔元和〕十三年，出爲振武節度使，入爲左武衛大將軍。長慶元年，授邠寧節度使。"又見《新書》本傳。北圖藏拓片《唐沔王府諮議參軍張公（侔）墓誌銘并序》（大和三年十月二十三日）："公之元舅司徒高公每所嘆重。司徒公諱霞寓，嘗隨族父崇文平劍南西川寇難，論功第一，徵拜衛將軍，尋授振武軍節度使，又轉唐鄧、邠寧慶等道節度使。"

杜　羔　　元和十五年（820）

《新書》本傳："元和中，爲萬年令……後歷振武節度使，以工部尚書致仕，卒。"按吳氏《方鎮年表》列杜羔於元和十五年下，姑從之。

張惟清（張維清）　　元和十五年—寶曆二年（820—826）

《舊書・穆宗紀》：元和十五年正月"丙寅，以右神策大將軍張維清爲單于大都護，充振武麟勝節度使"。又《敬宗紀》：寶曆元年十月"丁巳，振武節度使張惟清以東受降城濱河，歲久雉堞摧壞，乃移置于綏遠烽南，及是功成"。又見《舊書・迴紇傳》，《新書・地理志一》豐州九原郡東受降城注。《山右金石記》卷一〇有《唐振武節度使單于大都護張維清政績碑》，寶曆二年，高鈇撰。《匋齋藏石記》卷三四《唐故振武節度隨軍登仕郎試左武衛兵曹參軍上柱國李府君墓誌銘并序》（大中十年十月二十四日）："去寶曆初，都護張公司空以公夙蘊幹能，恪勤奉職，補署散驅使官。"按"都護張公司空"當即張惟清。《廣記》卷三九二引《宣室志》："寶曆中，張惟清都護單于。"

李　泳　　大和元年—九年？（827—835？）

《舊書・文宗紀上》：大和元年九月“甲戌，以左神策大將軍、知軍事李泳爲單于都護，充振武麟勝節度使”。又《文宗紀下》：大和六年正月“戊戌，振武李泳招收得黑山外契苾部落四百七十三帳”。吳氏《方鎮年表》列李泳爲振武在大和元年至七年，而爲河陽自大和九年始。《匋齋藏石記》卷三四《唐故振武節度隨軍李府君墓誌》：“至大和中，節度使李公僕射補充正驅使官。”按“李公僕射”當即李泳。

劉　沔　　大和九年—會昌二年（835—842）

《舊書・文宗紀下》：大和九年九月“乙亥，以涇原節度使劉沔爲振武麟勝節度使”。又《武宗紀》：會昌二年三月，“以振武麟勝節度使、銀青光祿大夫、檢校尚書右僕射、單于大都護、兼御史大夫、彭城郡開國公、食邑二千户劉沔可檢校右僕射、兼太原尹、北京留守，充河東節度、管内觀察處置等使”。又見兩《唐書》本傳，《通鑑・會昌二年》，《元龜》卷三五九。《全文》卷八〇三李磎《蔡襲傳》：“故司空劉沔以右僕射爲振武節度使……移鎮河東。”《金石補正》卷七四《太子太傅贈司徒劉沔碑》：“北地危急，藉公威聲，詔守本官，移理振武……〔開成三年〕九月十七日，加户部尚書……〔會昌二年，〕以本官除河東節度使。”《匋齋藏石記》卷三四《唐故振武節度隨軍李府君墓誌》：“開成三年，中都護劉太保改署節度要籍。”按“都護劉太保”當即劉沔。

李忠順　　會昌二年—五年？（842—845？）

《通鑑・會昌二年》：三月庚申，“以金吾上將軍李忠順爲振武節度使”。《新書・方鎮表一》：會昌三年，“改單于大都護爲安北都護”。

米　暨　　會昌六年—大中元年（846—847）

《廣記》卷九八引《宣室志》：“唐相國李德裕爲太子少保分司東都……振武節度使米暨遣使致書於公，且饋五百羊……旬日，〔李〕貶潮州司馬，連貶崖州司户。”按李德裕大中元年二月以太子少保分司東都，七月貶潮州司馬，見《舊書・宣宗紀》。

史憲忠 大中元年—約二年（847—約848）

《新書》本傳：“大中初，突厥擾河東，鈔漕米行買，徙節振武軍……累封北海縣子，檢校尚書左僕射，兼金吾大將軍。以病自丐，改左龍武統軍，卒，年七十一。”《通鑑・大中元年》：八月，“突厥掠漕米及行商，振武節度使史憲忠擊破之”。

李 丕 約大中二年—四年（約848—850）

《新書》本傳：“遷汾、晉二州刺史。大中初，拜振武節度使，檢校刑部尚書。党項叛，徙鄜坊，卒。”《全文》卷七九〇崔瑝《授李丕鄜州節度使制》稱：前振武節度、檢校刑部尚書李丕，累更符竹，咸布謳謠，陟其所明，以邊事首，遂著平戎之效，遥張破虜之威。

契苾通 約大中六年—八年（約852—854）

《全文》卷七六三沈珣有《授李業鄭滑節度使契苾通振武節度使制》。《匋齋藏石記》卷三三《左衛大將軍契苾公妻何氏墓誌》：“契苾公乃爲振武都頭，握權萬餘兵。”夫人卒會昌六年。《隋唐五代墓誌匯編・陝西卷》第四册《唐故銀青光禄大夫檢校左散騎常侍兼安北都護御史大夫充振武麟勝等軍州節度觀察處置等使契苾府君（通）墓誌銘并序》（大中八年八月九日卒，享年七十）：“上以公備詳邊事，盡得戎心，遂授振武麟勝等州節度觀察處置等使，仍加度支河東振武營田使。”

渾 鐵 大中九年—十年（855—856）

《新表五下》渾氏：“振武節度使鐵。”吳氏《方鎮年表》繫渾鐵於大中九、十年下。按岑氏《正補》謂“疑在元和七年前”，乃據《舊傳》“元和初出爲豐州刺史”之誤説。今按《舊紀》作“大和”；《新傳》亦曰“文宗”，唯《舊傳》謂憲宗、元和，與《紀》矛盾，誤。《元龜》亦誤作“元和”。又按元和後，振武節度歷歷可考，唯大中九年至咸通二年缺，渾鐵當於此期間爲振武，吳氏不誤。

陳君從　　大中末？

《隋唐五代墓誌匯編·陝西卷》第四冊《唐故銀青光禄大夫檢校太子賓客使持節寧州諸軍事守寧州刺史陳府君（諷）墓誌銘并序》（廣明元年二月十二日）：“仲父君弈，皇任鳳翔節度使；次曰君賞，皇任易定節度使；季父君從，皇任振武節度使；曰君實，皇任黔南觀察使。”諷卒乾符六年，享年五十一。

高承恭　　咸通二年—四年（861—863）

《全文》卷七〇文（懿）宗《授高承恭振武麟勝等軍節度使制》：“銀青光禄大夫、檢校刑部尚書、兼右執金吾衛大將軍……御史大夫，充右街使……渤海郡開國公、食邑三千户高承恭……可檢校刑部尚書、兼安北都護、御史大夫，充振武麟勝等軍州節度觀察處置等使。”吳氏《方鎮年表》繫於咸通二年至四年，從之。

高　弘　　咸通六年—十一年（865—870）

《寶刻叢編》卷八引《集古録目》：“《唐振武節度使高弘碑》，唐河東節度使鄭從讜撰，右諫議大夫張鐸書。弘字大受，渤海人，官至振武麟勝等州節度使。碑以咸通十一年立。”

李國昌　　約乾符元年—五年（約 874—878）

《通鑑·乾符五年》：正月，“振武節度使李國昌之子克用爲沙陀副兵馬使，戍蔚州”。四月，“以振武節度使李國昌爲大同節度使”。五月，“李國昌欲父子並據兩鎮，得大同制書，毀之，殺監軍，不受代”。知乾符五年李國昌尚在單于都護任。按《舊書·懿宗紀》稱：咸通十一年，以朱邪赤心“爲檢校工部尚書、單于大都護、御史大夫、振武節度、麟勝等州觀察等使，仍賜姓名曰李國昌”。十三年“十二月，以振武節度李國昌爲檢校右僕射、雲州刺史、大同軍防禦等使……國昌稱病辭軍務”。又見《通鑑·咸通十一年》《咸通十三年》，《舊五代史·唐武皇紀上》，《新五代史·唐莊宗紀上》，《新書》本傳。按李國昌咸通十年至乾符元年在鄜坊節度任，上述記載均誤。岑仲勉《通鑑隋唐紀比事質疑》云：“國昌移鎮，純因克用殺段文楚而起（賢皓按，事在乾符五年），唐廷蓋欲藉父以制子也……如果國昌在〔咸通〕十三年末已拒命，彼時仙芝猶未起，容有相隔五年而置之不理者。《新紀》九記乾符五年‘八月，大同軍節度使李國昌陷岢嵐軍’，正見得國昌拒命晚在乾符五年也。”

【盧簡方　　乾符五年(878)（未之任）】

《通鑑・乾符五年》：“四月，以前大同軍防禦使盧簡方爲振武節度使。”五月，“盧簡方赴振武，至嵐州而薨”。又見《新書》本傳。按《舊書・懿宗紀》稱：咸通十四年二月，“以新除大同軍使盧簡方爲單于大都護、振武節度、麟勝等州觀察等使”。年月誤。

吳師泰　　乾符六年—廣明元年(879—880)

見下廣明元年吳師泰條。

【諸葛爽　　廣明元年(880)（未之任）】

《通鑑・廣明元年》：“五月丁巳，以汝州防禦使諸葛爽爲振武節度使。”兩《唐書》本傳未及。

吳師泰　　廣明元年—中和元年(880—881)

《通鑑・廣明元年》：“先是，徵振武節度使吳師泰爲左金吾大將軍，以諸葛爽代之。師泰見朝廷多故，使軍民上表留己。冬十月，復以師泰爲振武節度使。”

赫連鐸　　中和元年？(881?)

《桂苑筆耕集》卷一〇有《振武赫連鐸尚書謝狗馬》文。吳氏《方鎮年表》未著，云：“按諸書，鐸爲大同。”按《新五代史》本傳謂赫連鐸曾襲振武，李國昌還雲州，州不納，鐸道取之。疑中和元年赫連鐸曾一度爲振武。

契苾璋　　中和元年—二年(881—882)

《通鑑·中和元年》：五月“甲子，〔李〕克用縱沙陀剽掠居民，城中大駭。〔鄭〕從讜求救於振武節度使契苾璋，璋引突厥、吐谷渾救之”。七月，“契苾璋還振武”。《中和二年》：“三月，振武節度使契苾璋奏與天德、大同共討克用。”《新書·僖宗紀》：中和元年“五月丙辰，克用寇太原，振武軍節度使契苾璋敗之”。

王　卞　　光啓元年—文德元年(885—888)

《廣記》卷五〇〇引《玉堂閑話》：“唐光啓中，左神策四軍軍使王卞出鎮振武。”

石善友　　景福二年？—天復三年(893？—903)

《全文》卷八二七陸扆《授石善友鎮武節度使滕存免邕州節度使制》：“善友可檢校右僕射，充鎮武節度使、兼安北都護。”《舊五代史·李嗣昭傳》：天復元年，嗣昭出師晉絳。明年五月，振武石善友爲部將契苾讓所逐，嗣昭討平之。

李克寧　　天祐元年—四年(904—907)

《舊五代史》本傳：“天祐初，授內外制置、管內蕃漢都知兵馬使、檢校太保，充振武節度使。”《新五代史》本傳略同。

卷二六　安北(燕然、瀚海、鎮北)大都護府

本燕然都護府。龍朔三年曰瀚海都督府。總章二年更名安北大都護府。開元二年治中受降城,十年徙治豐、勝之境,十二年徙治天德軍。

李素立　　貞觀二十一年—二十三年(647—649)

《舊書》本傳:"貞觀中,累轉揚州大都督府司馬。時突厥鐵勒部相率内附,太宗於其地置瀚海都護府以統之,以素立爲瀚海都護。"《會要》卷七三:貞觀二十一年"四月十日,置燕然都護府,以揚州司馬李素立爲都護"。《通鑑·貞觀二十三年》:"三月丙辰,置豐州都督府,使燕然都護李素立兼都督。"又見《新書》本傳,《元龜》卷三九七。

姜　簡　　永徽中

《舊書·姜行本傳》:"子簡嗣,永徽中,官至安北都護,卒。"《唐姜遐碑》:"簡嗣郕國公爵,永徽時期,官至安北都護。"(《考古與文物》1980 年第 1 期)按《寶刻叢編》卷九有《唐安南都護姜簡碑》,永徽中立。又見《長安志》卷一六,《會要》卷二一。姑兩存之。

任雅相　　顯慶初

《舊書·突厥傳下》:"顯慶二年,遣右屯衛將軍蘇定方、燕然都護任雅相、副都護蕭嗣業……等率師討擊。"《新書·突厥傳下》:"顯慶初,擢〔蘇〕定方伊麗道行軍大總管,率燕然都護任雅相、副都護蕭嗣業……等窮討。"又見《元龜》卷九八六,《太平寰宇記》卷一九七。

劉審禮　　龍朔元年（661）

《舊書》本傳：“永徽中，累遷將作大匠，兼檢校燕然都護。”又見《元龜》卷七五六。又卷九八六：龍朔元年“十月，以鐵勒殺敕使反叛，詔……燕然都護劉審禮……率兵以討之”。

姜　協　　約龍朔中

《新書》本傳：“歷燕然都護、夏州都督，封成紀縣侯。”又見《書小史》卷九。

臧善安　　約高宗朝

《千唐誌・唐故朔方節度十將游擊將軍左内率府率臧府君（曄）墓誌銘并序》（貞元十三年十一月二十一日）：“曾祖諱善安，皇銀青光禄大夫、安北都護、豐州都督河源軍使……〔公〕與安禄山暴兵交戰於潼關，元戎哥舒銲失律，公分兵水戰不克，溺於黄河。”

龐同福　　高宗朝

《全文》卷三六四邵混之《元氏縣令龐君（履温）清德碑》：“祖同福，并州大都督府司馬，饒州刺史，左衛將軍，安北都護。”又見《金石萃編》卷八一。按同福父卿惲，從太宗討隱太子有功，累拜右驍衛將軍，封邟國公。又按《姓纂》卷一南安今潁州龐氏有“同福，饒州刺史”。

孫　俊　　延載元年（694）

《隋唐五代墓誌匯編・洛陽卷》第七册《陸公及夫人孫氏墓誌》（延載元年十月二十日）：“今將禮葬，遂結冥婚，與公娶樂安孫氏女。祖處約，唐東西兩臺侍郎。父俊，見任中大夫、安北都護；其都護即公之姑子也。其女在室，以垂拱四年四月廿五日終於家，春秋一十有六。”

李　旦　　聖曆二年—長安二年（699—702）

《通鑑・聖曆二年》：八月“丁未，相王（李旦）兼檢校安北大都護”。又《長安二年》：五月“乙未，以相王爲并州牧，充安北道行軍元帥”。又見兩《唐書・突厥傳》，《新書・睿宗紀》。《大詔令集》卷三五《相王并州牧制》：“安北都護相王旦……可并州牧，餘如故。長安二年五月。”《全文》卷九五同。《大詔令集》卷三八崔融《加相王封制》：“并州牧……兼安北大都護相王……宜於相州加實封滿一萬户。”《全文》卷一六同。《金石補正》卷四五《孝明皇后碑》：“太子左奉裕率兼檢校安北大都護相王臣旦奉敕書。”長安二年正月五日立。又見《中州金石記》卷二《御製夏日遊石淙詩并序》。

臧懷亮　　約睿宗時

《全文》卷六二五李邕《羽林大將軍臧公（懷亮）墓誌銘》：“苟歷單于、安北、靈、勝、洮、鄯、安東七州都督……以開元十七年八月二十二日薨於平康里之私第。”

王　晙　　先天中—開元二年（?—714）

《舊書》本傳：“充朔方軍副大總管，兼安北大都護……後轉太僕少卿，隴右群牧使。開元二年……以功加銀青光祿大夫，封清源縣男，兼原州都督。”《新書》本傳略同。《通鑑・開元二年》：閏二月，“以鴻臚少卿、朔方軍副大總管王晙兼安北大都護、朔方道行軍大總管”。《元龜》卷六二一作“玄宗先天中”。《大詔令集》卷五九《王晙朔方道行軍總管制》：“朔方軍副大總管王晙……可持節充朔方道行軍大總管仍兼安北大都護……開元二年二月五日。”《全文》卷二〇同。

臧懷義　　約開元初

《隋唐五代墓誌匯編・洛陽卷》第十三册《唐故河東節度兵馬使同節度副使特進試太子賓客奉天定難功臣試太常卿臧府君（昌裔）墓誌銘并序》（元和十年八月二十二日）：“曾祖諱懷義，銀青光祿大夫、安北都護、豐州都督、河元軍使。皇祖諱方直，絳州刺史，安北都護、鎮北軍使。皇考諱曄，朔方節度押衙兼知中軍兵馬使。”

＊李　琮(李嗣直)　　開元四年(716)

《舊書》本傳：“開元四年正月，遙領安西(北)大都護，仍充河東、關内、隴右諸蕃大使。”《通鑑·開元四年》：正月“丙午，以鄫(郯)王嗣真(直)爲安北大都護，安撫河東、關内、隴右諸蕃大使”。《大詔令集》卷三五《郯王嗣直安北大都護等制》：“郯王嗣直……可安北大都護，仍充安撫河東、關内、隴右諸蕃部落大使……開元四年正月二十一日。”《全文》卷二一同。又見《新書》本傳，《會要》卷七八。

張知運　　開元四年前後(716 前後)

《通鑑·開元四年》：正月“丙午，以鄫(郯)王嗣真(直)爲安北大都護，安撫河東、關内、隴右諸蕃大使，以安北大都護張知運爲之副”。又見《會要》卷七八。《大詔令集》卷三五《郯王嗣直安北大都護等制》：“右衛大將軍兼安北大都護、上柱國、長平郡開國公張知運……可安北副大都護仍兼郯王府長史……開元四年正月二十一日。”《全文》卷二一同。《大詔令集》卷一三〇《命薛訥等九姓共伐默啜制》：“安北副大都護、郯王府長史、長平郡公張知運……可以授旗遂行……開元四年正月二日。”

臧懷恪　　開元中

《全文》卷三三九顔真卿《東莞臧氏糺宗碑銘》：銀州刺史善德，“三子……安北都護……懷恪”。又卷三四二顔真卿《唐故右武衛將軍贈工部尚書上柱國上蔡縣開國侯臧公(懷恪)神道碑銘》：開元初，“拜勝州都督府長史……俄拜……兼安北都護……〔開元十二年〕薨於鄙城”。又見《關中金石記》卷三，廣德元年冬十月立。

【補遺】孫　俊　　開元中

《洛陽新獲墓誌 54·故荆州大都督府長史上柱國樂安縣開國伯孫公(俊)之碑並序》(開元二十九年正月十日)：“除嘉州刺史。……除公安北都護。……改靈州都督。”據此誌，列於開元中。

臧希莊 開元十七年前（729 前）

《元龜》卷二六五李邕《右羽林大將軍臧公（懷亮）神道碑》：“次子希莊，中大夫、前安北都護、上柱國。”懷亮以開元十七年八月二十二日薨於京師，享年六十有八。又見《羽林大將軍臧公（懷亮）墓誌銘》。

田 琬 開元中

《全文》卷三〇五徐安貞《正議大夫使持節易州諸軍事守易州刺史田公（琬）德政之碑并序》：“除安北都護……尋以將軍兼靈州刺史……起公除易州刺史……〔開元〕廿四年，禮終，復除易州刺史。”

李光弼 天寶四載—五載（745—746）

《全文》卷三四二顏真卿《唐故開府儀同三司太尉兼侍中河南副元帥都督河南淮南淮西荊南山南東道五節度行營事東都留守李公（光弼）神道碑銘》：“〔天寶〕四載，加左清道率兼安北都護……五載，充王忠嗣河西節度兵馬使。”又見兩《唐書》本傳。

李 琬 天寶八載（749）

《新書》本傳：“累兼單于、安北大都護。安祿山反，詔琬爲征討元帥，募河、隴兵屯陝，以高仙芝副之，會薨。”《舊書》本傳未及。《大詔令集》卷三六《榮王琬安北大都護制》：“開府儀同三司、兼涼州牧、單于大都護……榮王琬……可兼安北大都護，餘並如故。天寶八年八月。”又見《全文》卷二五。

郭子儀 天寶八載—十三載（749—754）

《舊書》本傳：“天寶八載，於木剌山置橫塞軍及安北都護府，命子儀領其使，拜左衛大將軍。十三載，移橫塞軍及安北都護府於永清柵北築城，仍改橫塞爲天德軍，子儀爲之使，兼九原太守、朔方節度右兵馬使。十四載……十一月，以子儀爲衛尉卿、兼靈武郡太守，充朔方節度使。”又見《元龜》卷九九二。《新書》本傳略同。

* **李林甫**　　天寶十載(751)

《新書・宰相表中》："〔天寶〕十載正月丁酉,林甫遥領單于、安北副大都護,充朔方節度等使。"十一載"四月丙戌,林甫罷都護"。按《舊書》本傳:"〔天寶〕十載,林甫兼安西大都護、朔方節度,俄兼單于副大都護。"

臧方直　　約天寶末

《千唐誌・唐故朔方節度十將游擊將軍左内率府率臧府君(曄)墓誌銘并序》(貞元十三年十一月廿一日):"考方直,皇安北都護、鎮北軍使。公即鎮北軍使之子……與安禄山暴兵交戰於潼關,元戎哥舒鋋失律,公分兵水戰不克,溺於黄河。"按《隋唐五代墓誌匯編・洛陽卷》第十三册《臧昌裔誌》(元和十年八月二十二日):"曾祖諱懷義,銀青光禄大夫安北都護、豐州都督、河元軍使。皇祖諱方直,絳州刺史,安北都護、鎮北軍使。皇考諱曄,朔方節度押衙兼知中軍兵馬使。"證知方直父懷義約開元初爲安北都護,方直約天寶末在安北都護任,"鎮北軍使"即安禄山叛亂後所改稱。方直之子臧曄即與安禄山暴兵交戰於潼關時溺死於黄河者。

僕固懷恩　　寶應元年(762)

《舊書》本傳:"郭子儀以懷恩有平定河朔之功,讓位於懷恩,遂授河北副元帥、尚書左僕射、兼中書令、靈州大都督府長史、單于鎮北大都護、朔方節度使。"《新書》本傳未及。《通鑑・寶應元年》:十一月"己亥,以懷恩爲河北副元帥,加左僕射、兼中書令、單于鎮北大都護、朔方節度使"。據《新書・地理志四》:安西大都護府,至德元載更名鎮西,後復爲安西。又《地理志七》:安南都護府,至德二載曰鎮南都護府,大曆三年復爲安南。由此類推,鎮北都護當爲至德後由安北都護改名。

按:自此以後,安北(鎮北)都護蓋由單于都護振武節度兼任。會昌三年,改單于大都護爲安北都護。可參見卷二五《單于大都護府》,兹不贅。

第三編

隴右道

卷二七　秦州（天水郡）

隋天水郡。武德二年平薛舉，改爲秦州，置總管府。天寶元年改爲天水郡，依舊設都督府。乾元元年復爲秦州。廣德元年陷於吐蕃。貞元中置行秦州，理普潤。大中初收復隴右，復置秦州。領縣五：成紀、上邽、伏羌、隴城、清水。

竇　軌　　*武德元年—二年（618—619）*

《舊書》本傳：“武德元年，授太子詹事。會赤排羌作亂，與薛舉……同寇漢中，拜軌秦州總管。”《新書》本傳稱：拜秦州總管。《新書·高祖紀》：武德元年九月“甲寅，秦州總管竇軌及薛仁杲戰，敗績”。《通鑑·武德元年》稱“秦州總管竇軌擊薛仁果”。《文館詞林》卷四五九李百藥《洛州都督竇軌碑銘并序》：“武德元年，拜太子詹事……尋遷使持節總管隴右諸軍事秦州刺史，帶秦州道行軍元帥。二年，以邛朠初平，命公持節巡省，以爲隴蜀道安撫大使。三年，拜益州道行臺尚書左僕射。”《全文》卷二高祖《遣使安撫益州詔》：“可令秦州總管贊國公〔竇〕軌，御史大夫、滑國公無逸爲益州道安撫大使。”按《大詔令集》卷一一五注此爲“武德二年二月詔”，《元龜》卷一六一稱“武德三年二月詔”，疑《元龜》誤。

姜　謩　　*武德二年（619）*

《舊書》本傳：“及平薛仁杲，拜謩秦州刺史。”《新書》本傳略同。又見《元龜》卷三四五、卷七八二，《古今姓氏書辯證》卷一三姜氏。

《通鑑·武德元年》：十一月，"詔以員外散騎常侍姜謩爲秦州刺史"。毛鳳枝《關中金石文字存逸考》卷一〇《姜謩墓誌銘》："公諱謩，字孝忠……拜持節秦州諸軍事秦州刺史，轉隴州刺史……突厥來寇，授公左七總管。尋而犬羊奔北，有詔追公入朝……以貞觀元年八月六日薨於京第，春秋七十……謚曰安公。"又見《丙寅稿·唐長道安公姜謩墓誌跋》。北圖藏拓片《大唐故梓州通泉縣令夫人姜氏墓誌并序》（咸亨五年二月二日）："祖謩，皇朝金紫光禄大夫、秦州都督，長道縣開國公。"

李神通　　武德四年（621）

《隋唐五代墓誌匯編·河北卷·景城縣功曹崔君（震）墓誌》（貞觀二十三年二月九日）："至皇朝武德四年二月十三日，淮安王補任秦州刺史，上柱國。"按淮安王爲李神通。

梁仁裕　　約武德、貞觀間

《千唐誌·唐故朝散大夫使持節龍溪郡諸軍事守龍溪郡太守上柱國梁府君（令直）墓誌銘并序》（天寶十四載三月一日）："曾祖仁裕，唐金紫光禄大夫鎮國大將軍行秦州刺史。"令直卒天寶四載，享年六十七。則其曾祖刺秦約在武德、貞觀間。

路文昇（路詮）　　貞觀初

《全文》卷六二〇獨孤良弼《并州太原縣令路公（太一）神道碑》："文皇之建極，大父文昇仕至左光禄大夫秦州刺史。"《姓纂》卷八京兆三原路氏："文昇，唐平、愛、秦三州刺史。"《新表五下》路氏同。《金石文字新編三·路詮誌》題作"秦州刺史"，又云："公諱詮，字文昇。"

韋　協　　貞觀初期？

《新表四上》韋氏逍遥公房："協，秦州刺史。"乃隋廣州總管韋洸子。

王長諧　　約貞觀初期

《全文》卷三三一楊綰《汾陽王妻霍國夫人王氏神道碑》：“高祖長諧，皇左武衛大將軍，秦州都督……陪葬獻陵。”按《新表二中》京兆王氏有長諧，乃高宗、武后時宰相王德真之叔。又按《元龜》卷四一三：“王長諧隋末從太宗舉義，平西河郡，遂爲太守，從破宋老生，進授光禄大夫。”則長諧爲秦州都督約在貞觀初期。

裴德超　　貞觀前期？

北圖藏拓片《唐故汝州司法參軍裴府君（涓）墓誌銘并序》：“曾祖德超，皇銀青光禄大夫秦州刺史。祖思簡，皇金紫光禄大夫司農大卿。父休英，皇兖州鄒縣令。君則鄒邑府君之長子也。”乙卯歲六月十九日卒，年六十二。按《新表一上》中眷裴氏：“德超，寧州刺史。”又按“乙卯歲”當爲大曆十年。

＊李　慎　　貞觀七年—十七年（633—643）

《舊書》本傳：“〔貞觀〕七年，授秦州都督……十七年，遷襄州刺史。”《元龜》卷二八一同。《舊書・李元景傳》：貞觀十一年，定制元景等爲代襲刺史，詔稱：“秦州都督紀王慎。”又見《通鑑・貞觀十一年》。

韓仲良　　約貞觀七年—十一年（約633—637）

《全文》卷一四四于志寧《唐故太子少保上柱國潁川定公碑》：“〔貞觀〕三年，改除刑部尚書……秦川大藩，天□□鎮，首席之任……授公右光禄大夫秦川（州）都督府長史，總檢校□府事，封潁川縣開國公……貞觀十一年遘疾薨於安興里第。”《舊書・韓瑗傳》：“父仲良……貞觀中位至刑部尚書、秦州都督府長史、潁川縣公。”《新書・韓瑗傳》略同。《關中金石記》卷二有《定公韓良碑》，永徽六年立，于志寧撰。

房仁裕　　約貞觀十一年—十三年（約637—639）

《金石補正》卷三六《房仁裕母清河太夫人李氏碑并陰》：“太夫人

八女一男。洎乎弱冠，位□方岳，□□鄜坊秦陝五州諸軍事□□□
史。潯（缺七字）七州諸軍事□州都督，左領軍將軍，又轉左□□大將
軍，□授金紫光禄大夫行揚潤宣常滁和六州諸軍事揚州都督府長
□。"《續高僧傳》卷二〇《唐蒲州孤介山陷泉寺釋僧徹傳》："秦州刺史
房仁裕，表陳其事，請立伽藍，下敕許之，今之陷泉寺是也。"按貞觀十
四年房仁裕在陝州刺史任。永徽四年在揚州長史任。其刺秦州當在
陝州前。

李　福　　貞觀十八年（644）

昭陵博物館藏石刻《趙王福墓誌》（咸亨二年十二月二十七日）
稱："太宗之第十一子……年始十三，甫出閣。尋除秦州都督……又
除青部……遷隰州刺史……詔除梁州都督……以咸亨元年九月十三
日薨於梁州之官第，春秋七十有七。"《舊書》本傳："〔貞觀〕十八年，授
秦州都督……二十三年……累授梁州都督。"又見《元龜》卷二八一。
《新書》本傳未及。

李元景　　約永徽初—四年（約 650—653）

《舊書·高宗紀》：永徽四年正月，"司徒、秦州刺史、荆王元
景……謀反"。兩《唐書》本傳未及。

李　孝　　顯慶元年—約三年（656—約 658）

《全文》卷一四高宗《册許王孝秦州都督文》："維顯慶元年歲次景
辰十二月辛卯朔二十九日己未……惟爾并州都督兼同州刺史上柱國
許王孝……命爾爲使持節都護秦成武渭四州諸軍事秦州都督。"又見
《大詔令集》卷三七。兩《唐書》本傳未及。《舊書》本傳謂"顯慶三年，
累除遂州刺史"。

陶大舉　　咸亨五年—上元二年（674—675）

《全文》卷九一二靈廓《唐宣州刺史陶府君德政碑》："咸亨五年授中
散大夫使持節都督四州諸軍事守秦州都督……至上元二年授使持節始

州諸軍事守始州刺史。"《寶刻類編》卷二稱《宣州刺史陶大舉德政碑》。

【補遺】鄧　温　　中宗時

《大唐故忠武將軍右衛率鄧府君（温）墓誌之銘並序》（延和元年七月十五日）："公諱温，字恭，南陽新野人也。……除遊擊將軍、淮陰府折衝都尉，尋拜朝散大夫、檢校西州都督，加朝議大夫、使持節西州諸軍事、西州刺史。……除使持節杭州諸軍事、杭州刺史。……除使持節貝州諸軍事、貝州刺史。……除使持節秦州諸軍事、秦州刺史。……以太極元年五月十二日遘疾薨於萬年縣之安興里第，春秋五十有六。"（李思宇、樊維岳《藍田縣出土唐故忠武將軍右衛率鄧温墓誌銘》，《文博》1993 年第 3 期）

蘇孝充　　高宗時？

《千唐誌・唐故壯武將軍判左威衛將軍上柱國平陵縣開國男留守蘇公（咸）墓誌銘并序》（開元二十九年十一月二十三日）："皇秦州都督孝充之孫，皇户部尚書太子賓客珣之季子也。"蘇咸卒開元廿九年，六十一歲。按蘇珣仕武后、中宗時，景龍元年秋爲户部尚書，兩《唐書》有傳。則其父孝充都督秦州疑在高宗時。

竇奉節　　高宗時？

《舊書・竇軌傳》："子奉節嗣。尚高祖女永嘉公主，歷左衛將軍、秦州都督。"《新書・竇軌傳》同。

韋師寶　　高宗時？

《全文》卷二二九張説《贈吏部尚書蕭公（灌）神道碑》："夫人京兆韋氏……父師寶，秦州都督。"《新表四上》東眷韋氏彭城公房："師寶，秦州都督。"按《姓纂》卷二作"師寶，虞部郎中"。"寶"乃"寶"之訛誤。《舊書》本傳云：垂拱初官至華州刺史、太子少詹事，封扶陽郡公。未及爲秦州都督事。其子方質，則天初爲鸞臺侍郎、地官尚書、同鳳閣鸞臺平章事。

王及善　　永昌元年(689)

《舊書》本傳："垂拱中，歷司屬卿……尋拜春官尚書、秦州都督，轉益州大都督府長史。"《新書》本傳略同。《元龜》卷八九九作"秦州都督府長史"，疑誤。

竇懷悋　　約武后時

《新表一下》竇氏三祖房："懷悋，天水都督。"乃高宗時宰相德玄子，中宗睿宗時宰相竇懷貞兄弟。按《嘉泰吳興志》卷一四郡守題名："竇懷悋，貞觀十七年自户部郎中授，遷揚州刺史。《統記》云：則天時。"按《吳興志》誤，《統記》近是。

姚　斑　　約武后末

《舊書》本傳："累除定、汴、滄、虢、幽等五州刺史……轉秦州刺史……神龍元年，累封宣城郡公。"《新書》本傳唯云"歷六州刺史"，未及州名。

薛　純　　中宗時？

《新表三下》薛氏："純，秦州都督。"乃高宗時齊州、潤州刺史薛寶積姪。《唐詩紀事》卷九崔湜及《全詩》卷五四崔湜有《秦州薛都督挽詞》，《全詩》卷九六沈佺期名下重出此詩，薛都督當即薛純。

裴仙先　　中宗時

《新書》本傳："中宗復位，求〔裴〕炎後，授仙先太子詹事。遷秦、桂、廣三州都督。"《廣記》卷一四七引《紀聞》："裴仙先……授詹事丞，歲中四遷，遂至秦州都督。"按開元七年至十年在廣州都督任。【補遺】《唐研究》第五卷(1999年版)《西安新發現唐裴仙先墓誌考述》引《故銀青光禄大夫、守工部尚書、上柱國、翼城縣開國公贈江陵郡大都督裴府君(仙先)墓誌銘並序》(天寶三載閏二月八日)："尋安南反叛，邊荒告急，即加公雲麾將軍兼廣州都督。……會親累，出秦州都督。……貶雅州名山丞，久之，上知無罪，乃盡還封爵，拜右驍衛將軍,尋改定州刺史,遷京兆尹。"

楊執一　　約睿宗時

《芒洛遺文》卷中《唐故正議大夫行袁州別駕上柱國苑府君（玄亮）墓誌銘并序》:"解褐授秦州□渡府別將,爲□州都督楊執一所器。"玄亮卒開元廿九年,七十歲。按楊執一開元二年爲涼州都督,見《會要》卷七八。其都督秦州當在此之前。

張嘉貞　　約開元初—四年(?—716)

《全文》卷二五三蘇頲《遣王志愔等各巡察本管内制》:"秦州都督張嘉貞……宜令各巡本管内。"《舊書》本傳:"長安中……〔則天〕與語大悦,擢拜監察御史,累遷中書舍人,歷秦州都督、并州長史。"《新書》本傳:"歷梁、秦二州都督,并州長史。"按《英華》卷四六一收此制注云:"開元四年七月六日。"又按張嘉貞即於是年遷并州長史。

張守潔　　開元八年—十年(720—722)

《元龜》卷一六二:"〔開元〕八年五月,置十道按察使。八月,以……秦州都督張守潔充隴右道按察使。"又卷六二六:"張守潔爲隴右道按察使、秦州都督。玄宗開元十年,以爲右監門衛將軍。"《通鑑·開元十年》:十月"丁卯,以秦州都督張守潔爲諸衛將軍"。

魏　靖　　約開元十二年(約724)

北圖藏拓片《大唐故右金吾將軍魏公(靖)墓誌銘并序》(開元十五年正月二十四日):"〔歷〕慶、沁、易、涇四州刺史,靈、慶、秦三州都督,入爲右金吾將軍。"開元十四年八月廿四日卒,春秋六十八。《姓纂》卷八東祖魏氏:"靖,庫部郎中,秦州都督。"

張景順　　開元十三年—十六年(725—728)

《全文》卷二二六張說《大唐開元十三年隴右監牧頌德碑》:"〔開元〕元年,牧馬二十四萬匹,十三年乃四十三萬匹……皇帝東巡狩,封岱嶽……上顧謂太僕少卿兼秦州都督、監牧都副使張景順曰:'吾馬幾何其蕃育,卿之力也。'"《舊書·王君㚟傳》:"開元十六年冬……君㚟與秦州都督張景順等率將士並乘冰而渡。"《新書·王君㚟傳》作"開元十四年";《舊書·吐蕃傳上》作"開元十五年正月",《通鑑·開元十五年》同;《元龜》卷三五八作"開元十六年",唯"張景順"誤作"張景慎"。

李適之　　約開元十六年—十八年(約 728—730)

《舊書》本傳:"開元中,累遷通州刺史,以强幹見稱。時給事中韓朝宗爲按察使,特表薦之,擢拜秦州都督。俄轉陝州刺史,入爲河南尹。"《新書》本傳略同。又見《元龜》卷六五八。按開元十八年李適之爲陝州刺史。

張　況　　開元二十一年(733)

《會稽掇英總集·唐太守題名》:"張况,開元二十年自衡州刺史授;二十一年移秦州都督。"《嘉泰會稽志》同。《舊書》本傳未及。

裴敦復　　開元二十三年(735)

《元龜》卷一六二:開元二十三年二月"辛亥,初置十道採訪處置使,命……秦州刺史裴敦復爲隴右道採訪使"。

劉昌元(劉昌源)　　約開元、天寶間

《姓纂》卷五彭城劉氏:"昌元,秦州都督。"《新表一上》劉氏作"昌源,秦州都督"。按《南部新書》己:劉昌源開元初爲縣令,則其都督秦州或在開元天寶間。

陸　溥　　天寶中

《姓纂》卷一○陸氏:"溥,天水太守,少府監。"乃陸象先姪,陸景倩子。

陸　泳　　天寶中？

《新表三下》陸氏：“泳，秦州刺史。”按其祖元方，相武后。疑泳刺秦在天寶中。

郭英乂　　至德元載—二載（756—757）

《全文》卷三六九元載《故定襄王郭英乂神道碑》：“禄山之亂中原也，二聖僑遊三秦……制授公秦州都督兼御史中丞……至德二年，詔公爲鳳翔太守。”《舊書・肅宗紀》：至德元載，“以隴右節度使郭英乂爲天水郡太守”。《通鑑・至德元載》五月同。《舊書》本傳：“至德初，肅宗興師朔野，英乂以將門子特見任用，遷隴右節度使、兼御史中丞。既收兩京，徵還闕下，掌禁兵。”《新書》本傳：“禄山亂，拜秦州都督、隴右道採訪使。”

【李國貞（李若幽）　　乾元元年（758）（未之任）】

《全文》卷五〇一權德輿《唐故通議大夫權知絳州刺史李公神道碑銘并序》：“天寶末……詔除殿中侍御史……換房陵太守……徵拜長安令……改秦州刺史，成命中止，復爲長安令，遷汴州刺史……公本諱若幽，上元中……賜嘉名以更焉。”

楊慎微　　乾元元年—上元元年（758—760）

《全文》卷四三九豆盧詵《嶺南節度判官宗公神道碑》：“乾元中，秦州防禦使都督楊公……以公才兼文武，表爲司議參軍。上元初，楊公爲同州刺史，又表公兼韓城令……無何，楊公拜御史中丞、嶺南節度，乃諮參公謀，授以參軍。”按《舊書・李觀傳》，廣德中嶺南節度爲楊慎微。

韋　倫　　上元元年（760）

《舊書》本傳：“乾元三年，襄州大將張瑾殺節度使史翽作亂，乃以倫爲襄州刺史、兼御史大夫、山南東道襄鄧等十州節度使。時李輔國秉權用事，節將除拜，皆出其門。倫既爲朝廷公用，又不私謁輔國，倫受命未行，改秦州刺史、兼御史中丞、本州防禦使。"《新書》本傳略同。
又見《元龜》卷四〇六，《通鑑·上元元年》四月記載。

高淮達 肅宗時？

《隋唐五代墓誌匯編·陝西卷》第四册《唐故金州刺史兼諸軍事
充本州團練使金紫光禄大夫渤海郡開國伯高府君（弘諒）墓誌銘并
序》（大曆五年十月二十八日）："父諱淮達，皇秦州都督兼諸軍事，上
柱國。〔府君〕即公之第三子也。"大曆四年卒，享年四十七。

郝廷玉 大曆八年前（773 前）

《舊書》本傳："王縉爲河南副元帥，詔以廷玉爲其都知兵馬使，累
授秦州刺史。大曆八年卒。"《新書》本傳、《元龜》卷三八五略同。《全
文》卷七八五穆員《汝州刺史陳公（利貞）墓誌銘》："太尉常遣心腹爪
牙之師郝廷玉合諸侯之衆趨之……其後庭玉入備宿衛，出鎮河隴，公
實從之。"《元龜》卷一三九："〔大曆〕九年二月庚辰，追贈故河西隴右
副元帥……秦州刺史郝廷玉爲工部尚書，録勳也。"

劉　澭 貞元十年—元和二年（794—807）

《舊書》本傳："德宗寵遇，特授秦州刺史，以普潤爲理所。"《新書》
本傳略同。《舊書·德宗紀下》：貞元十年二月，"以瀛州刺史劉澭爲
秦州刺史"。又《憲宗紀上》：元和元年三月，"以隴右經略使、秦州刺
史劉澭爲保義軍節度使"。元和二年十二月丙子，"保義軍節度使劉
澭卒"。《國史補》卷中《劉澭理普潤》："劉澭拔涿州兵數千歸朝……
受行秦州刺史，理普潤。"又見《元龜》卷三八五，《通鑑·貞元十年》三
月、《永貞元年》十月、《元和元年》四月記載。《全文》卷六三〇吕温
《使持節都督秦州諸軍事兼秦州刺史劉公（澭）神道碑銘》："德宗備禮
勞迎……即日拜秦州刺史兼御史大夫充隴西經略軍使……十五年間
烽燧無警，數千里内兵防倚重……貞元二十一年順宗嗣統……就加
工部尚書……以元和二年十二月日薨。"按《新書·方鎮表一》：貞元
三年，"及吐蕃陷隴右，德宗置行秦州，以刺史兼隴右經略使，治普

潤”。元和元年，“升隴右經略使爲保義節度，尋罷保義，復舊名”。

劉　皐　大中三年(849)

《舊書·宣宗紀》：大中三年八月，“鳳翔節度使李玭奏收復秦州，制曰：‘……秦州至隴州已來道路，要置堡柵，與秦州應接，委李玭與劉皐便計度聞奏。’”按隴州時屬鳳翔節度，故委李玭；則委劉皐者，時當爲秦州刺史。

薛　逵　大中六年(852)

《舊書·宣宗紀》：“大中六年春正月戊辰，以隴州防禦使薛逵爲秦州刺史、天雄軍使，兼秦成兩州經略使。”《全文》卷七四九杜牧《薛逵除秦州刺史制》：“使持節隴州諸軍事兼隴州刺史……薛逵……可檢校左散騎常侍使持節秦州諸軍事兼秦州刺史。”《新書·方鎮表四》：大中三年，“升秦州防禦守捉使爲秦成兩州經略、天雄軍使”。

李承勛　大中十一年(857)

《舊書·宣宗紀》：大中十一年“九月，以秦州刺史李承勛爲朝散大夫、檢校工部尚書、涇州刺史，充四鎮北庭涇原渭武節度等使”。《通鑑·大中十一年》作“十月己巳”。

高　駢　咸通元年—四年(860—863)

《舊書》本傳：“西蕃寇邊，移鎮秦州，尋授秦州刺史、本州經略使……五年，移駢爲安南都護。”《新書》本傳：“懿宗嘉之，徙屯秦州，即拜刺史兼防禦使。”又見《南部新書》己。《全文》卷七六七鄭畋《切責高駢詔》：“自秦州經略使授交趾節旄。”按《新書·懿宗紀》：咸通四年二月，“秦州經略使高駢爲安南經略招討使”。證知咸通四年離秦州刺史任。

王宴實　咸通四年—六年(863—865)

《通鑑·咸通四年》：二月，“置天雄軍於秦州，以成、河、渭三州隸

焉,以前左金吾將軍王宴實爲天雄觀察使"。《新書·王智興傳》:
"〔劉〕積平,擢〔晏實〕淄州刺史,終天雄軍節度使。"《全文》卷九六二
闕名《授王晏實天雄軍節度使制》:"前守右金吾將軍王安(晏)實……
剖竹淄川,克懋藩條之政;執金緹騎,彌昭夙夜之勤……可起復忠武
將軍,守金吾衛將軍、兼秦州刺史、御史大夫,充天雄軍節度、秦成河
渭等州營田觀察處置押蕃落等使。"《千唐誌·唐故天雄軍節度九軍
都知兵馬使銀青光禄大夫檢校國子祭酒兼殿中侍御史清河張府君
(諒)墓誌銘并序》(咸通五年十一月十九日):"至咸通歲直辛未,屬公
之親舅大夫太原公建節秦州,寵於起復。"張諒卒咸通五年甲申五月
廿六日。按咸通無辛未,當爲癸未(四年)之誤。太原公當即王晏實。

馬　舉　　咸通六年—九年(865—868)

《舊書·懿宗紀》:咸通六年五月,"以神策大將軍馬舉爲秦州經
略招討使"。咸通十年正月,"將軍馬舉爲揚州都督府司馬,充淮南行
營招討使"。

獨孤雲　　約咸通十年—十一年(約869—870)

《全詩》卷六〇四許棠《獻獨孤尚書》:"虛抛南楚滯西秦,白首依
前衣白身。"又《成紀書事》:"閑與將軍議戎事,伊蘭猶未絶胡塵。"按
許棠咸通十二年第進士,此言衣白,則未仕可知。又按獨孤雲咸通六
年至十年爲東川節度,十三年三月在吏部侍郎任,乾符三年五月前爲
江西觀察使。吳氏《方鎮年表》列於咸通十一年,從之。

仇公遇　　約乾符六年—中和二年(約879—882)

《全文》卷七六七鄭畋《討巢賊檄》:"畋與涇原節度使程宗楚、秦
州節度使仇公遇等已驅組練,大集關畿。"《舊書·鄭畋傳》以此爲中
和元年檄。

景　端　　中和中

朱玉麒云,唐杜光庭集《道教靈驗記》卷五啓靈觀天尊驗:"秦州
啓靈觀……自相國高燕公爲防禦使葺修之後,久無人居。大寇犯關,

車駕在蜀，避地僧三十餘人寓止觀内……節度使景端侍中聞之，命工增葺，度道士張法相以居之。”按：相國高燕公爲高駢，咸通元年—三年（860—862）任秦州刺史兼防禦使。“大寇犯關，車駕在蜀”，謂中和年間（881—884）黄巢據長安，僖宗奔蜀事。

樂彦禎（樂彦貞）　　約光啓中—文德元年（?—888）

《新五代史·梁太祖紀上》：文德元年三月，“僖宗崩。天雄軍亂，囚其節度樂彦貞”。按兩《唐書·樂彦禎傳》皆未及爲天雄節度使。

李茂莊　　約大順元年—乾寧元年（約 890—894）

《舊書·昭宗紀》：景福元年正月丙午，“秦州李茂莊等上表疏興元楊守亮納叛臣楊復恭”。《通鑑·景福二年》：七月丁亥，“加天雄節度使李茂莊同平章事”。吳氏《方鎮年表》列於大順元年至乾寧元年，姑從之。

李繼徽　　乾寧二年?—四年（895?—897）

《通鑑·乾寧三年》：“三月，以天雄留後李繼徽爲節度使。”又《乾寧四年》：七月，“以天雄節度使李繼徽爲静難節度使”。《全文》卷八一八張元晏有《授李繼徽秦州節度使制》。

孫　儲　　乾寧四年—光化三年（897—900）

《新書·孫偓傳》：“兄儲，歷天雄節度使，終兵部尚書。”按《舊書·昭宗紀》：光化三年七月，“以金紫光禄大夫、守兵部尚書……孫儲守兵部尚書，兼京兆尹”。《全文》卷八二〇吳融有《授孫儲秦州節度使制》。吳氏《方鎮年表》列於乾寧四年至光化三年，從之。

【符道昭　　天復元年（901）（未之任）】

《舊五代史》本傳：“昭宗反正，奏授秦州節度使、同平章事。”《新五代史》本傳：“太祖表道昭秦州節度使，以亂，不果行。”

李繼勳　　天復三年—天祐二年(903—905)

《通鑑・天祐元年》：七月"丙子，〔李〕茂貞遣判官趙鍠如西川，爲其姪天雄節度使繼勳求婚，〔王〕建以女妻之"。又見《十國春秋・前蜀高祖本紀》。吳氏《方鎮年表》列於天復三年至天祐二年，從之。

待考録

李　憬

《新表二上》趙郡李氏東祖房："憬，秦州刺史。"乃北魏黃門侍郎李希驃之玄孫。

畢　某

《唐文拾遺》卷一八畢彥《大唐利州刺史畢公柏堂寺菩提瑞象頌并序》："粵若季父銀青光禄大夫使持節利州（缺）……制授秦州都督（缺）。"

盧秦卿

《新表三上》盧氏："秦卿，秦州刺史。"乃祕書少監盧虛舟從姪孫。

吳　某

《全文》卷四二九于邵有《秦州都督吳公寫真贊》。

韋趙賓

《姓纂》卷二京兆諸房韋氏："志檢兄子趙賓，秦州都督。"

卷二八　成州（同谷郡）

隋漢陽郡。武德元年置成州。天寶元年改爲同谷郡。乾元元年復爲成州。寶應元年没吐蕃。貞元五年於同谷之西境泥公山權置行州。咸通七年復置，徙治寶井堡，後徙治同谷。領縣三：上禄、長道、同谷。

獨孤開遠　　貞觀七年—八年（633—634）

拓本《唐左衛將軍上開府考城縣開國公獨孤使君（開遠）墓誌銘》（貞觀十六年三月十七日）：“〔貞觀〕七年，詔授使持節成州諸軍事成州刺史……八年詔授使持節蒲州諸軍事蒲州刺史。”貞觀十六年正月卒，享年六十。證知貞觀八年離成州刺史任。

杜崇胤　　約貞觀中

《姓纂》卷六京兆杜氏：“崇允（胤），成州刺史。”《新表二上》襄陽杜氏：“崇胤，成州刺史。”乃隋杜乾福之子，青州刺史嗣及兄。

韋琬　　永淳元年（682）

《舊書·韋安石傳》：“父琬，成州刺史。”《新書·韋安石傳》略同。又見《姓纂》卷二東眷韋氏郿公四房、《新表四上》韋氏郿公房。《全文》卷三二六王維《大唐故臨汝郡大守贈祕書監京兆韋公（斌）神道碑銘》：“祖琬，成州刺史。”《金石補正》卷七〇《唐故朝散大夫祕書省著作郎致仕京兆韋公（端）玄堂誌》：“高祖津，隋民部尚書；曾祖琬，皇成州刺史,贈禮部尚書。"端卒元和十四年三月廿三日,享壽八十三。
《隋唐五代墓誌匯編·陝西卷》第三册《大唐前安州都督府參軍元琰
妻韋誌銘并序》(永淳二年正月二十八日):"父琬,皇朝成州刺史,壽
光男。君即公之次女。"卒永淳二年,春秋二十五。

豆盧仁業　　高宗時

　　《唐豆盧仁業碑》:"使持節成州諸軍事成州刺史……襲爵芮國
公……儀鳳三年隨駕□□□遘疾薨於陝州之旅……陪葬昭陵。"(《考
古與文物》1981 年第 1 期)按《舊書·豆盧欽望傳》云:"父仁業,高宗
時爲左衛將軍。"欽望相武后、中宗。《新表四下》豆盧氏:欽望之父爲
"承業,領軍將軍"。勞格《讀書雜識》卷一謂承業與仁業爲同一人,實
名承基,係避玄宗諱改。岑仲勉《姓纂四校記》卷九則謂承業與仁業
非同一人,欽望乃仁業子。《新表》誤。按《金石録》卷四有永徽元年
二月《唐右衛將軍豆盧承基墓誌》,證知仁業、承基爲兩人。

王敬忠　　高宗時

　　《全文》卷六〇九劉禹錫《唐故監察御史贈尚書右僕射王公
(俊)神道碑》:"曾祖敬忠,成州刺史。大父上客,高宗封嶽,進士及
第。"按上客約開元中爲靈州都督。

周行謇　　約高宗、武后間

　　《隋唐五代墓誌匯編·陝西卷》第四册《唐故贊善大夫周府君
(曉)墓誌銘并序》(乾元二年七月十八日):"曾祖行謇,坊、成二州刺
史,衛尉卿。大父以悌,宕、岷州刺史四鎮經略使……先考祕,河西節
度使。"曉卒乾元元年正月,年十七。

裴守真　　約長壽中

　　《舊書》本傳:"守真天授中爲司府丞,則天特令推究詔獄,務存平
恕,前後奏免數十家。由是不合旨,出爲汾州司録,累轉成州刺史。"
《新書》本傳略同。又見《唐詩紀事》卷五裴守真。《全文》卷三一二孫

逖《唐齊州刺史裴公（耀卿）德政頌》：“父守真，皇朝成、寧二州刺史。”
又見卷四七九許孟容《唐故侍中尚書右僕射贈司空文獻公裴公（耀
卿）神道碑銘并序》。

長孫淑（長孫潚）　　約武后時

《姓纂》卷七河南洛縣（陽）長孫氏：“淑，成州刺史。”《新表二上》
長孫氏：“淑，成州刺史。”乃長孫無忌之子。

姚　恭　　約開元中

拓本《大唐荷恩寺故大德敕諡號法律禪師墓誌銘并序》（大曆五
年九月廿六日）：“大德諱常一，俗姓姚氏……父恭，皇任成州刺史。”
大德卒大曆五年，享年七十二。

于抱誠　　約開元中

《姓纂》卷二河南洛陽于氏：“抱誠，成州刺史。”《新表二下》于氏
同。按《全文》卷四二六于邵《與郭令公書》：“頃年令公先府君刺史于
渭，家世（君）出牧於岷。”郭子儀父開元中曾爲渭州刺史，時于邵之父
抱誠爲岷州刺史。則抱誠爲成州刺史亦當在開元中。

韋　某　　至德中（756—757）

《全詩》卷二一七杜甫《送韋十六評事充同谷郡防禦判官》詩：“府
中韋使君，道足示懷柔。令姪才俊茂，二美又何求！”

程　某　　約乾元中

《全詩》卷二〇〇岑參有《鳳翔府行軍送程使君赴成州》。

王　某　　約上元中

《全文》卷四二九于邵《田司馬傳》：“有詔御史中丞郭英乂專制隴
右，未及下車，表渭州隴西縣令……鳳翔尹李鼎復兼隴右……遂舉知
長道縣事……〔公〕自是日慎一日，謙而致讓者至於數四。時特進鴻

臚卿兼刺史太原王公……前後襃貶無有不當……遂舉攝司馬、仍知縣事。”按長道縣屬成州。又按李鼎上元中爲隴右節度使。

姚成節　　元和末

《白居易集》卷四八《姚成節右神策將軍知軍事制》稱：“朝議郎、前使持節成州諸軍事守成州刺史、充本州守捉使、賜紫金魚袋姚成節。”

郭　磻　　約咸通時

《新表四上》華陰郭氏：“磻，成州刺史。”乃郭子儀玄孫，户部尚書郭珙之子。

劉崇魯　　大順元年（890）

《輿地碑記目》卷四《成州碑記》有《唐刺史劉公重修水亭記》，云：“大順元年，節度副使劉崇魯建。”

竹文晟　　大順中？

《全文》卷八三八薛廷珪有《授梁思謙龍州刺史竹文晟成州刺史等制》。按薛廷珪大順中知制誥，正拜中書舍人。光化中，復爲中書舍人，見《舊書·薛廷珪傳》。此制疑作於大順中。

卷二九　渭州（隴西郡）

隋隴西郡。武德元年置渭州。天寶元年改爲隴西郡。乾元元年復爲渭州。四月鄯州都督郭英乂奏請以渭州、洮州爲都督府，後廢。寶應二年陷於西蕃。領縣四：襄武、隴西、彰、渭源。

久且洛生（且洛生）　　武德五年（622）

《通鑑·武德五年》：八月“甲戌，吐谷渾寇岷州，敗總管李長卿。詔益州行臺右僕射竇軌、渭州刺史且洛生救之”。又見《元龜》卷九九〇。按貞觀初有廓州刺史久且洛生，疑即其人。

秦行其　　約武德、貞觀間

《姓纂》卷三太原秦氏：“行其，渭川（州）刺史。”乃太原元從、〔贈?〕洪州都督秦行師之兄，開元五年河南少尹、同州刺史秦守一之曾祖。

李公淹　　貞觀中

《新書·李守素傳》：“王世充平，召署天策府倉曹參軍，通氏姓學，世號‘肉譜’……時渭州刺史李淹亦明譜學，守素所論，惟淹能抗之。”《千唐誌·唐故許州扶溝縣主簿滎陽鄭道妻李夫人墓誌》：“祖放之，隋開府，行參軍，襲爵廣平伯。父公淹，唐右司郎中，渭、建二州刺史。”夫人卒神龍三年，年七十七。《隋唐五代墓誌匯編·洛陽卷》第七册《大唐故雍州乾封縣丞博陵崔君（汲）墓誌銘》（長安三年二月

四日）：“夫人趙郡李氏，父公淹，唐右司郎中、渭州刺史。”按李公淹
貞觀初爲員外散騎侍郎持節宣諭南平獠，見《新書·南蠻傳下》。
又按《新表二上》趙郡李氏西祖房：“公淹，右司郎中。”乃杭州刺史
自挹之父。

衡長孫 貞觀中？

《千唐誌·大周朝議大夫使持節伊州諸軍事伊州刺史上柱國衡
府君（義整）墓誌銘并序》：“父長孫，唐嵐、朔、翼、渭四州刺史，左監門
將軍，長山縣開國公。”義整卒永昌元年四月廿一日。

陶大舉 總章二年—咸亨元年（669—670）

《全文》卷九一二靈廓《唐宣州刺史陶府君（大舉）德政碑》：“總章
二年授使持節渭州諸軍事渭州刺史……至咸亨元年□使持節都督十
五州諸軍事守池州刺史。”

孟玄一 長壽元年（692）

《千唐誌·大唐故渭州刺史將作少監孟府君（玄一）墓誌銘并序》
（開元三年四月九日）：“尋拜公使持節渭州諸軍事渭州刺史。臥理之
化，曾未浹辰，有制徵還，授將作少匠……以長壽元年十二月十二日
遘疾終於州鎮，春秋五十有六。”

獨孤思行 中宗時？

《隋唐五代墓誌彙編·陝西卷》第三册《故洋州刺史獨孤府君（思
行）墓誌銘并序》（開元十四年七月二十六日）：“俄遷虞候率，渭、沅、
開、洋刺史。”先天二年六月廿六日卒，未言享年。乃獨孤義順之孫。

王 警 約開元中

《新表二中》烏丸王氏：“警，渭州刺史。”乃武后時潤州刺史王美
暢之子，睿宗王德妃之弟。

和守陽　　開元中

《千唐誌·唐故中大夫使持節江華郡太守上柱國和府君（守陽）墓誌銘并序》（天寶四載十月十三日）：“景龍之歲，以軍功授義陽別將……以功遷北庭都護府長史，尋遷播川郡太守，居無何，轉北庭副都護……始終十年……遷右清道率兼隴右節度副大使，除隴西郡太守，轉南賓郡太守……遷江華郡太守……凡典四郡，譽重百城。”開元廿九年八月廿一日卒，春秋六十五。

郭敬之　　開元中

《舊書·郭子儀傳》：“父敬之，歷綏、渭、桂、壽、泗五州刺史。”《姓纂》卷一〇華陰郭氏：“敬之，天寶中渭、吉、壽三州刺史。”按“天寶中”誤。《新表四上》華陰郭氏：“敬之字敬之，吉、渭、壽、綏、憲五州刺史。”《全文》卷三三九顏真卿《有唐故中大夫使持節壽州諸軍事壽州刺史上柱國贈太保郭公（敬之）廟碑銘并序》稱：“〔歷〕渭、吉二州刺史，侍中牛仙客□君清節，奏授綏州，遷壽州……以天寶三載春正月遘疾終於京師……春秋七十有八。”按牛仙客開元二十六年爲侍中。又見卷三五三苗晉卿《壽州刺史郭公（敬之）神道碑》。又卷四二六于邵《與郭令公書》：“頃年令公先府君刺史于渭，家世（君）出牧於岷，二境相接，數年修好，睦爲弟兄，契以金石，則令公之所聞見也久矣。”按“令公先府君”指郭敬之。據《新表二下》于氏，于邵之父“抱誠，成州刺史”。此處“牧於岷”者，當即指于邵之父抱誠。

薛上童　　天寶中

《新表三下》薛氏：“上童，隴西郡太守。”乃馮翊郡太守獻童之兄。

楊光翽　　天寶中

《全文》卷三四四顏真卿《京兆尹御史中丞梓遂杭三州刺史劍南東西川節度使杜公（濟）神道碑銘》：“楊光翽都督隴西，奏公爲法曹；皇甫侁採訪江西，奏公爲判官。”按皇甫侁至德中爲江西採訪使。

鄧景山 天寶十五載（756）

《舊書·李琪傳》：“天寶十五年六月，玄宗幸蜀，至扶風郡，授琪武威郡都督……以隴右（西）太守鄧景山爲之副，兼武威長史、御史中丞，充都副大使。”《新書·李琪傳》作“以隴西太守鄧景山爲副”。又見《通鑑·至德元年》七月，《元龜》卷一二二。《大詔令集》卷三六《命三王制》：“以隴西太守鄧景山爲之副，兼武威郡都督長史、御史中丞，充副大使……天寶十五載七月十五日。”又見《全文》卷三六六賈至《玄宗幸普安郡制》。兩《唐書》本傳未及。

崔　暉 肅宗時？

《古今姓氏書辯證》卷五崔氏清河大房：“隋内史舍人儦，儦生虔；虔生益，字元友；益生昕、暉。暉，渭州刺史。”按《新表二下》崔氏清河大房作“暉，唐州刺史”。乃隋内史舍人儦之曾孫，宣宗時宰相龜從曾祖。

卷三〇　蘭州(金城郡)

隋金城郡。武德二年討平薛舉，復置蘭州。八年置都督府。顯慶元年罷都督府。天寶元年改爲金城郡。乾元元年復爲蘭州。寶應元年陷於西蕃。領縣三：金城(五泉)、廣武、狄道。

張士貴　　貞觀十六年—十七年(642—643)

《大唐故輔國大將軍荆州都督虢國公張公(士貴)墓誌銘》：貞觀十六年“十一月，授蘭州都督，又遷幽州都督。十八年以譴去官”(《陝西禮泉唐張士貴墓》，《考古》1978 年第 3 期)。

齊善行　　貞觀十七年(643)

《會稽掇英總集・唐太守題名》：“齊善行，貞觀十七年自蘭州都督授。”《嘉泰會稽志》同。按貞觀十二年善行在夔州都督任，見《通鑑》。

李君羨　　貞觀十八年?—二十年? (644?—646?)

《元龜》卷三八八：“李君羨貞觀中爲左武候中郎將……累遷蘭州都督、左監門將軍。”《新書》本傳略同。《舊書》本傳未及。按君羨貞觀二十二年被殺，時在華州刺史任，見《新書・太宗紀》及《通鑑》。其都督蘭州或在貞觀十八年至二十年。

柳　楷　　貞觀中?

《新表三上》柳氏：“楷，濟、房、蘭、廓四州刺史。”《柳河東集》卷一一《故大理評事柳君（寬）墓誌》：“晉之亂，柳氏始分，曰耆，爲汝南守，居河東。又五世曰慶，相魏。魏相之嗣曰旦，仕隋爲黃門侍郎。其小宗曰楷，至於唐，刺濟、房、蘭、廓四州。楷生夏縣令府君諱繹，繹生司議郎府君諱遺愛；皆葬長安少陵原。遺愛生御史府君諱開，葬南陽。其嗣曰寬……元和六年八月七日，逝年四十七。”

張允恭　　永徽年間—顯慶元年(?—656)

《大詔令集》卷六二《册張允恭鄯州都督文》：“維顯慶元年歲次景辰十二月辛卯朔八日戊戌，皇帝若曰……惟爾蘭州都督、安陸縣開國公張允恭……是用命爾爲使持節都督鄯蘭河儒廓涼等州諸軍事鄯州刺史，封如故。”又見《全文》卷一四。

韋待價　　約咸亨二年(約671)

《舊書》本傳：“後累授蘭州刺史。時吐蕃屢爲邊患，高宗以沛王賢爲涼州大都督，以待價爲司馬，俄又遷肅州刺史。”《新書》本傳略同。按沛王李賢咸亨三年爲涼州大都督，見《舊書·李賢傳》，證知待價刺蘭當在咸亨初。

崔知温　　調露前

《舊書》本傳：“知温四遷蘭州刺史，會有党項三萬餘衆來寇州城。城内勝兵既少，衆大懼，不知所爲。知温使開城門延賊，賊恐有伏，不敢進。俄而將軍權善才率兵來救，大破党項之衆。”《新書》本傳略同。又見《元龜》卷六九二。按崔知温永隆元年以黃門侍郎同中書門下平章事，次年守中書令。其刺蘭當在調露以前。

宋師將　　垂拱三年(687)

《全文》卷二一九崔融《拔四鎮議》：“高宗勵精爲政……復命有司拔四鎮。其後吐蕃果驕，大入西域。焉者以西，所在城堡，無不降下。遂長驅東向……伏賴主上神鑒通幽……乃命右相韋待價爲安息道行軍大總管、安西都護，閻温古爲副，問罪焉。時也，先命蘭州刺史、行軍司馬宋師將料敵簡徒，倍道據磧……竟亦無功。朝廷以畏懦有刑，流待價於瓊州，棄温古於秦州。"按《新書·宰相表上》，韋待價拜安息道行軍大總管事在垂拱三年十二月，流待價事在載初元年。則宋師將刺蘭當在此期間。

周玄珪　　約長壽中

上圖藏拓片《大周故益州大都督府郫縣丞周府君（履潔）墓誌銘并序》："祖護，唐起義并州，翼高旗而披荆棘，初開幕府……轉受左千牛將軍、洛州刺史、右金吾大將軍、左驍衛大將軍，嘉川郡開國公……父玄珪，唐左衛中郎將，檢校九城宫總監，營繕少匠，尚方少監，右羽林軍杖内供奉，皇朝檢校蘭州刺史，轉受右監門中郎將，檢校左豹韜衛將軍，汝陽縣開國男……〔君〕十八遇皇朝革命，廿七丁家禍，泣血三年……年三十三擢授益州大都督府郫縣丞。"由此證知武后建立周朝時履潔十八歲，玄珪去世時履潔二十七歲，相隔九年。則玄珪刺蘭似應在長壽中。按《姓纂》卷五華陰周氏："隋樂州刺史樂陵公周儒；生護仁，唐右武衛大將軍，洛州長史，嘉川公；生志珪、元珪。志珪，亳州刺史；元珪，少府監。""元珪"當即"玄珪"，其父爲唐初開國時人，《履潔志》稱玄珪刺蘭時爲"皇朝"，當指武后改唐爲周之後。

甄　亶（甄道一）　　約中宗時

《全文》卷二二七張説《唐故廣州都督甄公（亶字道一）碑》："天后臨朝，再加辟命，皆辭以親老不赴。逮疾革易簀，骨立廬墓，復有制徵焉……尋除左千牛長史，檢校武始軍長史，攝右臺侍御史兼靈武道行軍長史，攝右屯衛郎將，副臨洮軍使。轉右驍衛右郎將，爲臨洮大使。拜蘭州刺史，兼榆林、臨洮等軍大使，除夏州都督兼鹽州防禦使。徵授幽州都督。"按甄道一先天二年二月除幽州節度經略鎮守使，見《會要》卷七八。則景雲中當在夏州都督任，其爲蘭州刺史約在中宗時。

丘承業　　開元初？

《姓纂》卷五河南邱（丘）氏："承業，蘭州刺史。"按其父孝忠，高宗時爲廣州都督。承業刺蘭疑在開元初。

王　景　　約開元中

《新表二中》琅邪王氏：“景，蘭州刺史。”按其祖弘讓，貞觀時爲中書舍人。其從叔方慶，相武后。又按《郎官柱》度支郎中有王景，在源光譽、韋銑後，杜元志、王詢前。《精舍碑》有王景，在李元璥、路幼玉後，張佶、李誠、王怡前。其刺蘭州當在開元中。

李日周　　開元中？

《古刻叢鈔·唐故寧遠將軍守左金吾衛大將軍隴西李公（宗卿）墓誌銘并序》：“曾祖蘭州刺史日周。”《全文》卷六八三以此文爲李藝作。宗卿卒貞元十三年，春秋六十二。疑其曾祖刺蘭在開元中。

穆固信　　開元中？

《姓纂》卷一〇河南穆氏：“固信，蘭州刺史。”按其祖穆伽，唐初爲殷州安陽令。其曾孫穆寂，元和三年爲監察御史，七年爲著作郎。則固信刺蘭疑在開元中。

王思禮　　天寶十四載（755）

《舊書》本傳：“〔天寶〕十四載六月，加金城太守。”《新書》本傳略同。《元龜》卷三八五：“王思禮爲雲麾將軍、金城太守。禄山反，哥舒翰爲元帥，奏思禮加開府儀同三司兼太常卿。”

李萬頃　　至德二載（757）

《全文》卷四二一楊炎《大唐河西平北聖德頌并序》：“維唐至德二年春正月，武威郡胡泊九蕃夷落……據金城，害州伯……二月乙丑，皇帝以五命之服，詔太僕崔偊總中權，專上將，誓軍前之士，却城下之盟……特進、金城太守李萬頃，泊五邑長吏、軍政大夫等言曰……臣等恭惟六聖騰光，百有五十祀。”按《全文》卷三一五李華《送觀往吳中序》云：“見觀《送蘭州兄》詩，敬不逾節，情而中禮……永泰二年四月庚寅叔父華序。”疑“蘭州兄”乃爲蘭州刺史者，未知是否李萬頃。

卷三一　鄯州（西平郡）

隋西平郡。武德二年平薛舉，置鄯州，治故樂都城。儀鳳二年置都督府。天寶元年改爲西平郡。乾元元年復爲鄯州。上元二年九月州爲吐蕃所陷，遂廢。領縣三：湟水、龍支、鄯城。

李玄運　　貞觀初

《舊書·吐谷渾傳》："太宗即位……伏允遣兵寇蘭、廓二州。時鄯州刺史李玄運上言……於是遣左驍衛大將軍段志玄率邊兵及契苾、党項之衆以擊之。"《新書·吐谷渾傳》："俄寇涼州，鄯州刺史李玄運表吐谷渾牧馬青海，輕兵掩之，可盡致。"《新表二上》姑臧李氏大房有玄運，未署官職。乃邛州刺史行師之子。

杜　舉(杜鳳舉)　　貞觀十五年(641)

《舊書·吐谷渾傳》："〔貞觀〕十五年，諾曷鉢所部丞相宣王專權，陰謀作難……諾曷鉢知而大懼，率輕騎走鄯善城，其威信王以兵迎之。鄯州刺史杜鳳舉與威信王合軍擊丞相宣王，破之，殺其兄弟三人，遣使言狀。"《千唐誌·唐故南州刺史杜府君(舉)誌文并序》："又除麟、宕、忻、鄯、南五州諸軍事五州刺史……貞觀十五年九月廿日薨於荆府，春秋五十有五。"天授二年二月七日鐫。上圖藏拓片《大周故滄州弓高縣令杜君(季方)墓誌銘并序》(天授二年二月七日)："父舉，唐宋州柘城縣令，渝州別駕，麟、宕、忻、鄯、南等州刺史。"季方卒永昌元年，春秋六十六。當即杜鳳舉。

元師獎　　貞觀中？

《姓纂》卷四河南洛陽元氏：“師獎，鄯州刺史。”按《廣記》卷一九一引《朝野僉載》：“〔辛〕承嗣後與將軍元帥（師）獎馳騁，一手捉鞍橋，雙足直上捺蜻蜓，走馬二十里。與中郎裴紹業於青海被吐蕃所圍。”

張允恭　　顯慶元年（656）

《全文》卷一四高宗《册張允恭鄯州都督文》：“維顯慶元年歲次景辰十二月辛卯朔八日戊戌……惟爾蘭州都督安陸縣開國公張允恭……命爾爲使持節都督鄯蘭河儒廓淳等州諸軍事鄯州刺史。”又見《大詔令集》卷六二。

陶大舉　　咸亨中

《江蘇金石志》卷四《宣州刺史陶府君（大舉）德政碑》：“至咸亨元年授……洮州刺史……六年轉授……鄯州刺史……至咸亨五年授……秦州都督。”按“六年”字誤。又按《全文》卷九一二收錄此文，“鄯州”誤作“都州”。

劉仁軌　　儀鳳二年（677）

《舊書》本傳：“儀鳳二年，以吐蕃入寇，命仁軌爲洮河道行軍鎮守大使。仁軌每有奏請，多被中書令李敬玄抑之，由是與敬玄不協……上言西蕃鎮守事非敬玄莫可。高宗遽命敬玄代之。”《新書》本傳略同。

李敬玄　　儀鳳三年—永隆元年（678—680）

《舊書·吐蕃傳上》：“儀鳳三年，又命中書令李敬玄兼鄯州都督，往代〔劉〕仁軌於洮河鎮守。”《新書·宰相表上》：儀鳳三年“正月丙子，〔李〕敬玄爲洮河道行軍大總管兼安撫大使，檢校鄯州都督”。又見《通鑑·儀鳳三年》正月記載。《通鑑·永隆元年》：八月，“檢校鄯州都督李敬玄，軍既敗，屢稱疾請還，上許之”。又見《舊書·高宗紀》，兩《唐書》本傳。

李思文　　調露元年？（679？）

　　北圖藏拓片《大唐冀州刺史息武君（欽載）墓誌銘并序》（垂拱四年十二月廿九日）：“本姓徐氏，皇運肇興，□□□佐經綸之業，賜以國姓。洎聖母神皇之臨天下，其父思文表忠貞之節，又賜同□聖氏，仍編貫帝鄉……祖勣，司空、上柱國、英國公，贈太尉、揚州大都督，諡貞武公……□（父）歷任嵐、饒、潤等州刺史，再除太僕少卿兼知隴西事，又加銀青光禄大夫上柱國衛縣開國公，檢校并州大都督府長史、清源道總管，除冀州刺史。”息調露元年八月四日卒於隴西大使之館，春秋十五。知是年李思文在隴西大使任。唯李敬玄時爲鄯州都督，或因李敬玄鎮守洮河，故思文知府事歟？

臧懷亮　　約景龍中

　　《全文》卷二六五李邕《右羽林大將軍臧公（懷亮）神道碑》：“以功遷單于都護……加銀青光禄大夫、單于副大都護……拜靈州都督……轉鄯州都督……加雲麾將軍……兼洮州都督……復以本官兼勝州都督……以功最拜羽林衛大將軍，復以本官兼安東大都護府都督……以開元十七年八月二十二日薨於京師……春秋六十有八。”又《羽林大將軍臧公（懷亮）墓誌銘》：“莅歷單于、安北、靈、勝、洮、鄯、安東七州都督。”《隋唐五代墓誌匯編・陜西卷》第三册《大唐故冠軍大將軍左羽林軍大將軍上柱國東莞郡開國公臧府君（懷亮）墓誌并序》（開元十八年十月二十一日）：“遷靈州都督、豐安軍經略大使，轉鄯州都督兼河源軍經略營田大使，轉左威衛將軍兼洮州都督、莫門軍經略營田大使兼隴右節度副大使。”則其爲鄯州都督時尚無節度使之號，當爲楊矩之前任。

楊　矩　　景雲元年—開元二年（710—714）

　　《舊書・吐蕃傳上》：“睿宗即位……時楊矩爲鄯州都督，吐蕃遣使厚遺之，因請河西九曲之地以爲金城公主湯沐之所，矩遂奏與之。”《新書・吐蕃傳上》略同。又見《會要》卷九七，《通鑑・景雲元年》十二月。《元龜》卷九九八作“先天中”，誤。《會要》卷七八：“開元元年十二月，鄯州都督陽（楊）矩，除隴右節度，自此始有節度之號。"《通鑑・開元二年》：八月，"〔吐蕃〕入寇，〔楊〕矩悔懼自殺"。《千唐誌・唐故徵士朝散大夫許州司馬楊君（孝弼）墓誌銘并序》（先天元年十月二十五日）："第二子輔國大將軍兼左羽林大將軍持節隴右諸軍州節度大使兼鄯州都督河源經略大使銅城大總管、檢校鴻臚卿虢國公矩。"

郭知運　開元二年—九年（714—721）

《舊書》本傳：開元二年秋，"拜知運鄯州都督、隴右諸軍節度大使……九年，卒於軍，贈涼州都督"。《新書》本傳略同。又見《元龜》卷三五八。《通鑑・開元二年》：十二月"甲子，置隴右節度大使……以隴右防禦副使郭知運爲之"。《全文》卷二二七張説《贈涼州都督上柱國太原郡開國公郭君（知運）碑奉敕撰》："開元二年，吐蕃入隴右掠坰牧，公兵以奇勝……拜右羽林將軍、持節隴右諸州節度大使兼鄯州都督……俄而六州群胡相率大叛，命公統隴右之騎，濟河曲之師……拜左武衛大將軍……開元九年十月二十日薨於軍舍，春秋五十有五。"按《金石錄》卷二六有《唐郭知運碑跋》。【補遺】《唐故中散大夫守衛尉卿上柱國賜紫金魚袋贈左散騎常侍魏郡柏公（元封）墓誌銘》（大和六年十一月）："公諱元封，字子上。……夫人郭氏祔焉。夫人其先太原人，隴右節度贈太子太傅知運玄孫，儀州刺史英萼孫，伯祖英儀，右僕射劍南兩川節度使。"（中國社會科學院考古研究所河南第二工作隊《河南偃師杏園村的六座紀年唐墓》，《考古》1986 年第 5 期）郭知運爲隴右節度兼鄯州刺史。

王君㚟　開元十一年—十二年（723—724）

《元龜》卷一三三："〔開元〕十二年，隴右節度使鄯州都督王君㚟破吐蕃，來獻戎捷。"《舊書》本傳："及〔郭〕知運卒，遂代知運爲河西、隴右節度使，遷右羽林將軍，判涼州都督事。"《新書》本傳略同。又見《通鑑・開元九年》十月。按開元九年至十年，王君㚟在涼州都督任。十一年涼州都督爲張敬忠。十二年至十五年涼州都督又爲王君㚟。知十一、十二年王君㚟判鄯州都督。

安忠敬(李忠敬)　　開元十二年—十四年(724—726)

《全文》卷二三〇張説《河西節度副大使鄯州都督安公（忠敬）神道碑銘并序》：“改會州刺史營田使，換松州都督防禦使，遷左司禦率兼河西節度副大使、臨洮軍使，轉鄯州都督，使如故……享年六十有六，開元十四年十一月二十八日寢疾終於位。”《新表五下》武威李氏：“忠敬，松、鄯、會三州都督。”

＊李　琬(李滉)　　開元十五年(727)

《舊書》本傳：“〔開元〕十五年，授京兆牧，又遥領隴右節度大使。”《新書》本傳略同。《大詔令集》卷一〇七孫逖《遣榮王琬往隴右巡按處置敕》：“宜令隴右節度經略支度營田大使開府儀同三司兼京兆牧上柱國榮王琬，自往隴右巡按處置。”

張志亮　　開元十五年—十六年(727—728)

《舊書・玄宗紀上》：開元十六年七月，“鄯州都督張志亮攻拔吐蕃門城”。又《吐蕃傳上》：開元十六年秋，“隴右節度使、鄯州都督張忠亮引兵至青海西南渴波谷，與吐蕃接戰，大破之”。按“忠亮”當爲“志亮”之訛。又見《新書・蕭嵩傳》《吐蕃傳上》，《元龜》卷九八六。《會要》卷七八：“開元元年十二月，鄯州都督陽（楊）矩除隴右節度，自此始有節度之號。至十五年十二月，除張志亮，又兼經略、度支、營田等使，已後爲定額。”此可證張志亮爲都督在開元十五年。《舊書・張守珪傳》：“〔開元〕十五年……以守珪爲瓜州刺史、墨離軍使……明年，遷鄯州都督，仍充隴右節度。”據兩書之《吐蕃傳》、《蕭嵩傳》，十六年秋，張志亮尚在都督任，守珪代之，或在其年冬。

張守珪　　開元十六年—二十一年(728—733)

《舊書》本傳：“〔開元〕十五年，吐蕃寇陷瓜州，王君㚟死，河西恟懼，以守珪爲瓜州刺史、墨離軍使……明年，遷鄯州都督，仍充隴右節度。二十一年，轉幽州長史、兼御史中丞、營州都督、河北節度副大使。”《新書》本傳略同。《隋唐五代墓誌匯編・洛陽卷》第十册《唐故

輔國大將軍右羽林大將軍幽州長史兼御史大夫括州刺史(下闕)》(開
元二十八年十月二十日):"十五年拜瓜州刺史……加宣威將軍、左領
衛率兼瓜州都督……拜右羽林將軍兼鄯州都督,持節隴右經略節度
使……廿一年復驛占至京,加御史中丞,拜幽州長史。"吳氏《方鎮年
表》列張守珪開元十七年始爲隴右節度使,或謂張志亮開元十六年底
卸任,張守珪次年初始赴任。

賈師順　　約開元二十一年—二十二年(約733—734)

《舊書·王君㚟傳》:"賈師順者,岐州人也,以守城之功,累遷鄯
州都督、隴右節度使。入爲左領軍將軍,病卒。"《新書·王君㚟傳》略
同。按賈師順開元十七年在沙州刺史任。

陰承本　　開元二十二年—二十四年(734—736)

《曲江集》卷一〇有《敕隴右節度使陰承本書》,又卷一二《敕吐蕃
贊普書》云:"得七月一日信,所言陰承本奏。"按張九齡開元二十一年
入相,至開元二十四年罷相。毛鳳枝《關中金石文字存逸考》卷一〇
《隴右節度使陰公修硤路記》:"開元二十二年六月三十日奉節度使兼
中丞陰公處分,令臨洮軍副使郭質押成州健兒修此硤路。"此陰公當
即陰承本。證知開元二十二年已在隴右節度任。據《通鑑》,開元二
十四年,蓋嘉運破突騎施。張九齡集有《敕北庭蓋嘉運書》,在此前有
《敕陰承本書》,證知陰承本開元二十四年尚在鄯州都督任。

馬正會　　開元二十四年?—二十五年?(736?—737?)

《全文》卷六二三熊執易《武陵郡王馬公(旰)神道碑》:"松、安、
巂、鄯四府都督,隴西節度,加、鄜、鄘州刺史……諱正會,公之曾祖
也。"《姓纂》卷七扶風茂陵馬氏:"正會,左武衛將軍,鄯州都督。"按
《舊書·馬璘傳》唯云:"祖正會,右威衛將軍。"未及鄯州都督。又按
馬正會開元十六年在安州都督任。【補遺】《唐故朝請郎行右衛騎曹
參軍馬君(晗)墓誌銘並序》:"君諱晗,扶風人也。……曾祖正會,皇
松、巂、鄯、安四府都督,嘉、鄜、鄘三州刺史,隴右節度使;大父晟,皇

左衛兵曹，贈太子太保；父璘，皇尚書左僕射、四鎮北庭兼涇原、鄭、穎等州節度使、扶風郡王，贈司徒。"（王育龍、程蕊萍《陝西西安新出唐代墓誌銘五則》，《唐研究》第七卷，北京大學出版社 2001 年版）又《大唐故資敬寺尼常清墓誌銘並序》："尼常清，俗姓馬氏，曾祖正會，隴右節度使、左武衛大將軍，贈光祿卿。……父璘，涇原、鄭□□節度使、尚書左僕射、扶風郡王，贈司徒。"（王育龍、程蕊萍《陝西西安新出唐代墓誌銘五則》，《唐研究》第七卷，北京大學出版社 2001 年版）

杜希望　　開元二十五年—約二十七年(737—約 739)

《新書·杜佑傳》："父希望……右相李林甫方領隴右節度，故拜希望鄯州都督，知留後。"據《元龜》卷三二九，李林甫遥領河西、隴右節度在開元二十五年秋。《舊書·玄宗紀下》則謂在開元二十六年二月。《通鑑·開元二十六年》：正月，"以鄯州都督杜希望知留後"。六月，"以鄯州都督杜希望爲隴右節度使"。《全文》卷三〇九孫逖《授杜希望鴻臚卿攝御史中丞制》稱："使持節都督鄯州諸軍事兼鄯州刺史、隴右節度副使、仍知經略度支營田等留後事、賜紫金魚袋杜希望……可通議大夫、守鴻臚卿員外置同正員、攝御史中丞，餘如故。"又見卷四九六權德輿《大唐銀青光祿大夫檢校司徒同中書門下平章事杜公(佑)淮南遺愛碑銘并序》、卷七五四杜牧《自撰墓銘》，《舊書·玄宗紀下》《吐蕃傳上》，《新書·玄宗紀》《吐蕃傳上》，《元龜》卷九八六。

蓋嘉運　　開元二十八年—二十九年(740—741)

《通鑑·開元二十八年》：六月，"上嘉蓋嘉運之功，以爲河西、隴右節度使，使之經略吐蕃"。《舊書·玄宗紀下》：開元二十九年"十二月丁酉，吐蕃入寇，陷廓州達化縣及振武軍石堡城，節度使蓋嘉運不能守"。

皇甫惟明　　天寶元年—五載(742—746)

《通鑑·天寶元年》："十二月，隴右節度使皇甫惟明奏破吐蕃大嶺等軍。"又《天寶五載》："正月乙丑，以隴右節度使皇甫惟明兼河西節度使。"

王忠嗣　　天寶五載—六載(746—747)

《舊書》本傳："〔天寶〕五年正月，河、隴以皇甫惟明敗衄之後，因忠嗣以持節充西平郡太守，判武威郡事，充河西隴右節度使。"《新書》本傳未及西平郡太守，唯云："俄爲河西、隴右節度使。"《通鑑·天寶六載》：十月，"敕徵〔王〕忠嗣入朝"。上圖藏拓片《唐故監察御史太原王公(永)墓誌銘》(貞元十七年二月十日)："祖忠嗣，天寶中御□□□□□□敕河西隴右節度使，贈太子太師。"

哥舒翰　　天寶六載—十四載(747—755)

《舊書》本傳：天寶六載冬，"玄宗在華清宮，王忠嗣被劾。敕召翰至，與語悅之，遂以爲鴻臚卿，兼西平郡太守，攝御史中丞，代忠嗣爲隴右節度支度營田副大使，知節度使事"。又見《元龜》卷八七一。《新書》本傳未及西平郡太守，唯云："拜鴻臚卿，爲隴右節度副大使。"《通鑑·天寶六載》："十一月辛卯，以〔哥舒〕翰判西平太守，充隴右節度使。"《大詔令集》卷六〇《隴右河西節度使哥舒翰西平郡王制》："開府儀同三司……西平郡太守判武部事、攝御史大夫、持節隴右河西節度……等副大使知節度事、赤水軍使、上柱國、凉國公哥舒翰……可開府儀同三司、太子少保，封西平郡王……餘並如故。天寶十二載七月。"《通鑑·天寶十四載》：十二月，"河西、隴右節度使哥舒翰病廢在家，上藉其威名，且素與祿山不協，召見，拜兵馬副元帥，將兵八萬以討祿山"。

周　佖(周泌)　　至德元載?—二載? (756?—757?)

《姓纂》卷五江陵周氏："泌，隴右節度。"按《舊書·肅宗紀》：至德元載七月甲子，"河西兵馬使周佖爲河西節度使"。二載正月"丙寅，武威郡九姓商胡安門物等叛，殺節度使周佖，判官崔稱率衆討平之"。未及爲隴右。疑其時兼兩節度歟？

郭英乂　至德二載(757)

《舊書》本傳:“至德初,肅宗興師朔野,英乂以將門子特見任用,遷隴右節度使、兼御史中丞。既收二京,徵還闕下,掌禁兵。”《新書》本傳:“至德二年,加隴右節度使。”《舊書・地理志三》渭州:“乾元元年,復爲渭州,鄯州都督郭英乂奏請以渭州、洮州爲都督府,後廢。”又見《太平寰宇記》卷一五一。《全文》卷三六九元載《故定襄王郭英乂神道碑》:“至德二年,詔公爲鳳翔太守,轉西平太守……思明之陷成周矣……詔公兼陜州刺史。”

高　昇　乾元中?

《隋唐五代墓誌匯編・陜西卷》第四册《唐故金紫光禄大夫持節蔚州諸軍事守蔚州刺史河東薛公(坦)墓誌銘并序》(大曆十三年正月二十六日):“隴右軍帥高昇以公仁勇……徵薦左金吾衛將軍節度副使知武州刺史事。”疑爲郭英乂後任。

*****李　侹**　乾元三年(760)

《大詔令集》卷三六《彭王僅等河西節度大使制》:“涇王侹……可充隴右節度大使……乾元三年七月十五日。”

彡且復　上元中

《通志》卷二九《氏族五・彡且氏》:“唐上元中有金吾大將軍關西節度彡且復,弟震、賁。”疑關西節度即指隴右節度。按《姓纂》卷七作“彡氏”。

李　鼎　上元二年(761)

《舊書・肅宗紀》:上元二年六月“己卯,以鳳翔尹李鼎爲鄯州刺史、隴右節度營田等使”。《大詔令集》卷五九《李鼎隴右節度使制》:“開府儀同三司行鳳翔尹兼御史大夫充本府及秦隴興鳳成等州節度觀察使保定郡開國公李鼎……可使持節都督鄯州諸軍事鄯州刺史隴右節度營田等使,餘並如故。上元二年六月。”又見《全文》卷四二。

待考録

彭光耀

《千唐誌・唐故大中大夫行中書舍人裴公夫人彭氏墓誌》（咸通二年四月二十八日）："曾祖光耀，任金吾大將軍、隴右節度使，贈兵部尚書。祖膺，任天德軍使兼御史中丞。父誅，爲河東右職兼殿中侍御史。夫人即侍御府君次女。"夫人咸通二年卒，春秋六十一。按《舊書・肅宗紀》：乾元二年六月，"以右羽林大將軍彭元曜爲鄭州刺史，充陳鄭申光壽等州節度使"。未知是否此人。

卷三二　武州(武都郡)

隋武都郡。武德元年置武州。天寶元年改爲武都郡。乾元元年復爲武州。後没吐蕃,廢。大曆二年復置爲行州,咸通中始得故地,龍紀初遣使招葺之,景福元年更名階州,治皋蘭鎮。領縣三:將利、復津、盤堤。

賀拔亮　　武德五年(622)

《元龜》卷九九〇:武德五年八月"戊辰,吐谷渾陷洮州,還,武州刺史賀拔亮防禦之"。《通鑑·武德五年》八月稱"武州刺史賀亮",奪"拔"字。

趙行德　　貞觀中

上圖藏拓片《大唐故朝散大夫登州司馬趙府君(巨源)墓誌銘并序》(天寶元年四月二十三日):"曾祖覽,隋安平郡太守,襲池陽公;祖行德,皇江、松、武、邵、婺五州刺史,湘陰縣開國男。"巨源卒天寶元年三月十八日,春秋九十四。

楊　師　　約高宗時

《新表一下》楊氏越公房:"師,武州刺史。"乃隋安、温二州刺史楊文偉之孫。

蕭　鍇　　約高宗時

《芒洛四編》卷五《大唐故董府君(守貞)墓誌銘并序》:"夫人蘭陵

縣君蕭氏，即皇唐武、易、蘄、陵四州刺史鍇之第六女也。"開元十一年二月一日鐫。按《新表一下》蕭氏齊梁房："鍇，虞部郎中。"其父蕭瑀，相高祖。

公孫思觀　　開元三年—七年(715—719)

《千唐誌·大唐故正議大夫使持節武州諸軍事行武州刺史上柱國公孫府君(思觀)墓誌》(開元八年三月十九日)："開元三年五月十三日制遷使持節武州諸軍事行武州刺史，勳散如故。"開元七年卒，春秋六十五。

論誠節？　　天寶末

《全文》卷四七九呂元膺《驃騎大將軍論公(惟賢)神道碑銘并序》："父誠節，朔方節度副大使……知階州事，武威郡王。賜太子太傅。天寶季年，安禄山作逆，塵起山東，上皇省方於巴蜀，肅宗巡狩於朔陲。危亂之時，見其臣節。帥子弟家僮，以牧馬千駟，罄其財用，以奉禁旅。"按此時不當有階州，未知是否爲後人所改。

于　邵？　　肅宗時

《全文》卷四二四于邵《武州刺史謝上表》稱："自陛下聖理天下，孝感神明，任人惟舊，在物無棄，故臣得參定洛汭，凱旋鎬京，職分上卿，位列特進。材力之所不足，官謗之所自貽……一年以還，四命爲牧。"按兩《唐書》本傳未及爲武州刺史事，謂邵"累歷使府"，疑爲人代作。

薛　坦　　上元中？

《隋唐五代墓誌匯編·陝西卷》第四册《唐故金紫光禄大夫持節蔚州諸軍事守蔚州刺史河東薛公(坦)墓誌銘并序》(大曆十三年正月二十六日)："隴右軍帥高昇以公仁勇……徵薦左金吾衛將軍節度副使知武州刺史事，招討團練等使。"大曆十一年卒。

臧讓之　　廣德元年(763)

　　《全文》卷三三九顔真卿《東莞臧氏糺宗碑銘》："懷亮五子,曰:勝州都督、朔方節度副使敬廉,金紫文安太守范陽節度副使希莊,左清道率幽州經略副使敬之,太常卿、特進、武州刺史、今上元帥都知兵馬使讓之,左監門將軍敬此。"

卷三三　河州（安鄉郡）

隋枹罕郡。武德二年平李軌，置河州。天寶元年改爲安鄉郡。乾元元年復爲河州。寶應元年陷於西蕃。領縣三：枹罕、大夏、安鄉（鳳林）。

朱惠表　　武德二年？（619?）

《舊書·高昌傳》：“武德二年，伯雅死，子文泰嗣，遣使來告哀，高祖遣前河州刺史朱惠表往吊之。”按馮承鈞《高昌事輯》據《通鑑》辨“二年”爲“六年”之誤（見《西域南海史地考證論著彙輯》，中華書局1957年版）。

盧士良　　武德六年（623）

《新書·高祖紀》：武德六年五月“庚寅，吐谷渾、党項寇河州，刺史盧士良敗之”。又見《通鑑·武德六年》。

裴善昌　　貞觀中？

《新表一上》西眷裴氏：“善昌，河州刺史。”按其父世矩，相高祖。

鮮于匡紹　　高宗時

《姓纂》卷五漁陽鮮于氏：“匡紹，閬、同、河、利四州刺史。”按匡紹儀鳳中爲同州刺史。

冉　實　　約長壽中—證聖元年(?—695)

《姓纂》卷七雲安冉氏："實，河州刺史，娶江夏王〔道〕宗女。"《全文》卷二二八張説《河州刺史冉府君(實)神道碑》："遷使持節河州諸軍事河州刺史……享年七十有一，證聖元年二月一日寢疾終於官舍。"【補遺】《大周故河州刺史冉府君長子(祖求)墓誌》(永淳二年八月十一日)："唐永州刺史天水果公之次孫，大周河州刺史先府君之長子。"(周紹良、趙超《唐代墓誌匯編續集》，上海古籍出版社 2001 年版)按河州刺史即冉實。

王　諂　　開元中?

《千唐誌・王府君(敬仲)墓誌》(寶曆二年十月二十七日)："曾祖朝散大夫使持節河州諸軍事河州刺史諱諂，夫人滎陽鄭氏。祖中散大夫使持節益昌郡諸軍事守益昌郡太〔守〕諱思旭，夫人京兆杜氏。父朝議大夫試光禄寺丞上柱國諱莫，夫人彭城劉氏。"敬仲卒寶曆二年三月廿一日，享齡六十八。其曾祖刺河疑在開元中。

裴守一?　　約開元中

《全文》卷五二○梁肅《侍御史攝御史中丞贈尚書户部侍郎李公(史魚)墓誌銘》："以上元二年七月二十六日遇疾終於揚州官舍，春秋五十六……夫人河東郡君裴氏，河州刺史某之女……天寶二載終於洛陽，至是祔焉。"按《新表一上》東眷裴氏："守一，河州刺史。"乃後魏長平郡丞裴客兒曾孫，疑即此人。

管崇嗣　　天寶十三載(754)

《元龜》卷一二八："〔天寶〕十三年三月，隴右節度使哥舒翰破吐蕃洪濟、大莫門等城……隴右都虞候、左武衛員外大將軍兼安鄉郡太守管崇嗣……並加雲麾將軍。"按至德二載官鴻臚卿同正，見《會要》卷四五。上元二年五月爲太原尹、河東節度副大使，見《舊書・蕭宗紀》及《鄧景山傳》。《姓纂》卷四趙郡越州菅氏稱"唐乾元河東節度使菅崇嗣"，作"菅"，與諸書異。

卷三四　洮州（臨州、臨洮郡）

隋臨洮郡。武德二年置洮州。貞觀五年移州治於洪和城，後又移還洮陽城。永徽元年置都督府。開元十七年州廢。二十年復置，更名臨州。二十七年又改爲洮州。天寶元年改爲臨洮郡。乾元元年復爲洮州。廣德元年陷於西蕃。領縣三：臨潭、美相、密恭。

孔長秀　　貞觀九年（635）

《舊書·太宗紀下》：貞觀九年三月，“洮州羌叛，殺刺史孔長秀”。《新書·太宗紀》同。又見《通鑑·貞觀九年》。

嚴　協（嚴君協）　　約永徽中

《姓纂》卷五馮翊嚴氏：“君協，唐洮州都督。”《全文》卷三九二獨孤及《唐故銀青光禄大夫太子左庶子嚴公（損之）墓誌銘》：“故都督洮州諸軍事洮州刺史協之孫。”損之廣德二年六月二十五日卒。又見卷六五五元積《故金紫光禄大夫檢校司徒兼太子少傅嚴公（綬）行狀》、卷七八四穆員《國子司業嚴公（士元）墓誌銘》。

陶大舉　　咸亨元年（670）

《江蘇金石志》卷四《宣州刺史陶府君（大舉）德政碑》：“至咸亨元年授使持節都督十五州諸軍事守洮州刺史。”《全文》卷九一二誤爲“池州”。

崔智辨　　約武后初

　　《新表二下》博陵崔氏第三房：“智辨，豐、洮等州都督。”按永淳二年智辨爲豐州都督。

陳令哲　　武后時

　　《姓纂》卷三萬年陳氏：“令哲，唐洮州刺史。”按其弟令英，武后時豐安道總管，見《新書·突厥傳上》。

馬神威　　武后時

　　《隋唐五代墓誌匯編·洛陽卷》第七册《大周故冠軍大將軍上柱國褒信郡開國公馬府君（神威）墓誌銘并序》（久視元年十月二十八日）：“遷豐州長史，又除疊州刺史，兼充露谷軍副使……累遷洮、松、戎三州都督，仍充露谷軍大使。”久視元年卒，春秋七十九。

臧懷亮　　約景雲中

　　《全文》卷二六五李邕《右羽林大將軍臧公（懷亮）神道碑》：“轉鄯州都督……加雲麾將軍……兼洮州都督……復以本官兼勝州都督。”開元十七年八月二十二日卒，春秋六十八。又卷二六五《羽林大將軍臧公（懷亮）墓誌銘》：“苊歷單于、安北、靈、勝、洮、鄯、安東七州都督。”《隋唐五代墓誌匯編·陝西卷》第三册《大唐故冠軍大將軍左羽林軍大將軍上柱國東莞郡開國公臧府君（懷亮）墓誌并序》（開元十八年十月二十一日）：“轉鄯州都督兼河源軍經略營田大使，轉左威衛將軍兼洮州都督、莫門軍經略營田大使兼隴右節度副大使。復以本官兼勝州都督。”

安思順　　約開元九年（721）

　　《元龜》卷一二八：“〔開元〕九年夏四月……右監門衛將軍臨洮軍使安思順爲洮州刺史，充莫門使。”

郭英奇　　約開元二十五年—二十六年（約 737—738）

《大唐故壯武將軍守左威衛大將軍兼五原太守郭府君（英奇）墓誌銘并序》（天寶十三載七月廿七日）：“俄以破吐蕃新城之功，除右金吾翊府中郎將，賜紫金魚袋，其年，遷臨州刺史兼莫門軍使，又轉右威衛翊府中郎將。天寶初，奉制充朔方軍討擊副使。”天寶十二載卒，春秋六十二（《文博》1998 年第 3 期）。

彭元昭　　約開元二十七年（約 739）

《全文》卷三〇九孫逖《授彭元昭右羽林軍將軍制》：“中大夫使持節都督洮州諸軍事守洮州刺史……彭元昭……可右羽林軍將軍。”

李思恭　　約開元中

《新表二上》隴西李氏京兆房：“思恭，洮州刺史。”乃貞元初宰相李晟祖。《全文》卷五三八裴度《唐故太尉兼中書令西平郡王贈太師李公（晟）神道碑銘并序》：“祖思恭，皇洮州刺史。”李晟卒貞元九年，春秋六十七。

張　某　　天寶中

《千唐誌·唐故河南府壽安縣尉明府君（希晉）誌文并序》（至德二載十一月十日）：“祖崇儼，正諫大夫，贈侍中。父大隱，蘭谿縣令……公即蘭谿府君之仲子也……始授臨潭尉，時郡守張公以公吐詞泉湧……假公爲推官。”春秋六十四。無卒年。

成如璆　　天寶十三載（754）

《通鑑·天寶十三載》：三月，“哥舒翰亦爲其部將論功……臨洮太守成如璆、討擊副使范陽魯炅、皋蘭府都督渾惟明並加雲麾將軍……七月癸丑，哥舒翰奏：於所開九曲之地置洮陽、澆河二郡及神策軍，以臨洮太守成如璆兼洮陽太守，充神策軍使”。又見《元龜》卷一二八、卷四二九、卷六二六、卷九九二，《會要》卷七二、卷七八。

楊　猷　大曆九年(774)

《舊書・代宗紀》：大曆九年三月"戊子，以澧州刺史楊猷爲洮州刺史"。《通鑑・大曆九年》："以澧朗鎮遏使楊猷爲洮州刺史。"注："洮州時已陷吐蕃，楊猷特領刺史耳。"

【補遺】李　忻　貞元中？

《大唐故朝議郎行慈州長史賜緋魚袋隴西李府君（霸）墓誌銘並序》（長慶四年二月十日）："祖忻，銀青光禄大夫、臨州刺史。"（周紹良、趙超《唐代墓誌匯編續集》，上海古籍出版社 2001 年版）

卷三五　岷州（和政郡）

隋臨洮郡之臨洮縣。義寧二年置岷州。武德四年爲總管府。貞觀十二年廢都督府。天寶元年改爲和政郡。乾元元年復爲岷州。上元二年因羌叛，陷於西蕃。領縣三：溢樂、祐川、和政。

李普定　　武德初

北圖藏拓片《唐故朝議郎行汴州司倉參軍員外置同正員隴西李府君（頡）及夫人南陽張氏墓誌》（貞元十□年）："曾祖普定，國初洮岷六州總管岷州刺史，歷資、眉、□、□等州刺史，封西平郡王。祖玄嗣，鄜州長史。父元明，資州資陽縣令。"頡元年建丑月十一日卒，年五十三。

李長卿　　武德五年（622）

《新書·高祖紀》：武德五年六月"癸丑，吐谷渾寇洮、旭、疊三州，岷州總管李長卿敗之"。《通鑑·武德五年》：六月，"吐谷渾寇洮、旭、疊三州，岷州總管李長卿擊破之"。八月，"吐谷渾寇岷州，敗總管李長卿"。又見《元龜》卷九九〇。

李道彥　　貞觀二年（628）

《舊書》本傳："貞觀初，轉相州都督，例降爵爲公，拜岷州都督。丁父憂……復授岷州都督。"《新書》本傳略同。《新書·太宗紀》：貞觀二年正月"癸丑，吐谷渾寇岷州，都督李道彥敗之"。又見《舊書·

西戎・党項羌傳》,《新書・西域上・吐谷渾傳》,《元龜》卷二八一、卷六九四、卷九八五,《通鑑・貞觀二年》正月。

劉師立　約貞觀五、六年間（約 631、632）

《舊書・西戎・党項羌傳》:"太宗又令岷州都督李道彦説諭之,赤辭從子思頭密送誠款,其黨拓拔細豆又以所部來降。赤辭見其宗黨離,始有歸化之意。後岷州都督劉師立復遣人招誘,於是與思頭並率衆内屬,拜赤辭爲西戎州都督,賜姓李氏,自此職貢不絶。"又見《新書・西域上・党項傳》,《元龜》卷三五八、卷八六二。《舊書》本傳稱:"尋檢校岐州都督。"又謂:"列其（吐谷渾）地爲開、橋二州,又有党項首領拓拔赤辭……師立亦遣人爲陳利害,赤辭遂率其種落内屬。"按岐州未嘗設都督,唐初於隴右置臺、橋二州,則"岐州"當爲"岷州"之誤。《新書》本傳、《元龜》卷四一一、卷六八三、卷八六二均誤。

李道彦　貞觀八年—九年（634—635）

《舊書》本傳:"丁父憂……復授岷州都督。"《新書》本傳略同。《通鑑・貞觀八年》:"十二月辛丑,以〔李〕靖爲西海道行軍大總管,節度諸軍……岷州都督李道彦爲赤水道、利州刺史高甑生爲鹽澤道行軍總管,并突厥、契苾之衆擊吐谷渾。"又見《元龜》卷九八五。《舊書・西戎・吐谷渾傳》作"貞觀九年",《新書・西域上・吐谷渾傳》、《元龜》卷二六九同。

高甑生　貞觀九年（635）

《通鑑・貞觀九年》:七月,"岷州都督、鹽澤道行軍總管高甑生後軍期,李靖按之"。

王有方　約龍朔、麟德間

《舊書・王晙傳》:"祖有方,岷州刺史。"《新表二中》太原王氏:"有方,岷州刺史。"《全文》卷二六四李邕《長安縣尉贈隴州刺史王府君（行果）神道碑》:"考有方府君,皇朝岷州刺史……宅岷州府君憂……三年廬墓……邦牧表異……總章歲,駒麗負海欺天……遷長安尉。"《千唐誌·唐故王府君(行果)墓誌銘并序》(景龍三年十二月二十六日):"父有方,岷州刺史。"行果咸亨三年六月十八日卒,春秋四十七。《寶刻叢編》卷四引《訪碑錄》:"《唐岷州刺史王君碑》,唐李邕撰,梁昇卿八分書,元行冲題額,開元十五年立。"疑即王有方。

陸仁儉(陸乾迪)　儀鳳四年—永淳二年(679—683)

洛陽關林藏《大周故使持節巂州都督陸府君(仁儉)墓誌銘并序》(延載元年十月十日):"儀鳳四年除公岷州刺史……永淳二年除石州刺史。"《隋唐五代墓誌匯編·洛陽卷》第七册《陸公及夫人孫氏墓誌》(延載元年十月二十日):"父乾迪,唐使□歷岷石翼延四州諸軍事岷、石、翼、延等四州刺史,大周使持節巂州都督巂等四十二州諸軍事巂州刺史。"

杜仁則　約高宗時

《千唐誌·唐中大夫安南都護府長史權攝副都護上柱國杜府君(忠良)墓誌銘并序》:"大父文寬,隨舉孝廉第,汴州司兵,遷相州鄴縣令……考仁則,唐正議大夫、岷州刺史。"忠良先天二年卒,年六十六。

李　嵩　約高宗、武后間

《新表二上》隴西李氏京兆房:"嵩,岷州刺史。"乃洮州刺史思恭之父。貞元初宰相李晟曾祖。《全文》卷五三八裴度《唐故太尉兼中書令西平郡王贈太師公(晟)神道碑銘并序》:"曾祖嵩,岷州刺史。"

陰仁協　聖曆三年(700)稍後

榮新江云,敦煌寫本 P2625《敦煌名族志》陰氏條:"〔陰稠〕次子仁協……唐任正議大夫、使持節岷州諸軍事、行岷州刺史、上柱國、〔南〕陽郡開國公。"(錄文見唐耕耦等編《敦煌社會經濟文獻真蹟釋錄》第 1 輯,99—103 頁,北京,書目文獻出版社,1986)按敦煌寫本S87《金剛般若波羅蜜多心經》題記:"聖曆三年五月廿三日,大斗拔谷

副使上柱國南陽縣開國公陰仁協寫經,爲金輪聖神皇帝及七世父母
合家大小……"(《敦煌遺書總目索引》,111 頁,北京,商務印書館,
1962)據此,陰仁協升任岷州刺史、南陽郡公應在聖曆三年以後不久。

張仁楚　　長安二年—三年(702—703)

《千唐誌·周岷州刺史張仁楚墓誌銘并序》:"長安二年改授中大
夫、岷州諸軍事岷州刺史。"長安三年三月十日卒於岷州官舍,春秋七
十七。

陰嗣業　　約神龍—開元初

榮新江云,《敦煌名族志》陰氏條:"〔陰仁〕幹長〔子〕嗣業……唐
任正議大夫、使持節岷州諸軍事、行岷州刺史、上柱國、敦煌郡開國
公。"仁幹係上舉仁協長兄,嗣業任岷州刺史當在仁協後,約在神龍至
開元初。

周以悌　　約開元初

《隋唐五代墓誌匯編·陝西卷》第四册《唐故贊善大夫周府君
(曉)墓誌銘并序》(乾元二年七月十八日):"大父以悌,宕、岷州刺史,
四鎮經略使,右屯衛將軍,西平縣開國男,贈特進。先考佖,河西節度
使。"曉卒乾元二年,年十七。按周以悌中宗時及景雲三年六月在左、
右威衛將軍任,見《舊書·睿宗紀》《郭元振傳》。

任奉國　　開元十八年(730)

《金石補正》卷五七《隴關遊奕使任令則碑》:"岷州刺史奉國,公
之姪也。"李邕撰,開元十八年十月十八日立。

于抱誠　　開元中

《全文》卷四二六于邵《與郭令公書》:"頃年令公先府君刺史於
渭,家世(君)出牧於岷,二境相接,數年修好。睦爲弟兄,契以金石。
則令公之所聞見也久矣。"按"令公先府君"指郭子儀父敬之,開元中

曾刺渭州。"家君"即指于邵之父抱誠。

周訥言　　約玄宗時

《姓纂》卷五汝南安城縣周氏:"訥言,岷州刺史。"乃唐江王友周翼之孫。按江王指李淵第二十子元祥,貞觀十一年封江王,永隆元年卒,知周翼仕貞觀、高宗時,其孫刺岷約在開元天寶間。

韋　汪　　約玄宗時

《姓纂》卷二東眷韋氏彭城公房:"汪,岷州刺史。"《新表四上》同。綿州刺史元晟子。其從兄弟韋堅天寶初爲陝郡太守。

待考録

任令方

《隋唐石刻拾遺》卷上《任令則碑》:"弟令方,岷州刺史。"

卷三六　廓州(寧塞郡)

隋澆河郡。武德二年置廓州。天寶元年改爲寧塞郡。乾元元年復爲廓州,陷於西蕃。領縣三:化成(廣威)、達化、米川。

久且洛生(且洛生)　　貞觀初

《舊書·西戎·党項羌傳》:"及貞觀初,諸羌歸附,而〔拓拔〕赤辭不至。李靖之擊吐谷渾,赤辭屯狼道坡以抗官軍。廓州刺史久且洛生遣使諭以禍福……洛生知其不悟,於是率輕騎襲之。"《新書·西域·党項傳》略同。按《通鑑·武德五年》八月有"渭州刺史且洛生",疑即其人。

柳　楷　　貞觀中?

《新表三上》柳氏:"楷,濟、房、蘭、廓四州刺史。"乃隋黃門侍郎柳旦之子。《柳河東集》卷一一一《故大理評事柳君墓誌》:"其小宗曰楷……刺濟、房、蘭、廓四州。"按《姓纂》卷七河東解縣柳氏稱:"楷,濟州刺史。"

紀　及　　約高宗前期

《新表五上》紀氏:"及,廓州刺史。"乃中宗時宰相紀處訥之父。按《姓纂》卷六天水上邽紀氏:"及,荆州刺史。"與《新表》異,乃隋翼州刺史士騰子。

陶大有　　約高宗前期

《江蘇金石志》卷四《宣州刺史陶府君（大舉）德政碑》："兄諱大有，□□通事舍人，廓州刺史、安西都護。"

【補遺】李謹行　　高宗時

《大唐故積石道經略使□□右衛員外大將軍檢校右羽林軍兼檢校廓州刺史上柱國燕國公贈鎮軍大將軍幽州刺史□□□□□□□》（垂拱元年七月十七日）："公諱謹行，字謹行。……累遷右驍衛、左監門、右衛、右領軍員外大將軍、檢校廓州刺史、積石道經略大使、檢校右羽林軍、右衛大將軍。……以永淳二年七月二日薨於鄯州河源軍，春秋六十有四。"（周紹良、趙超《唐代墓誌匯編續集》，上海古籍出版社 2001 年版）按下文有永淳二年詔李謹行語，知爲李謹行。

陶大舉　　總章元年—二年（668—669）

《全文》卷九一二靈廓《唐宣州刺史陶府君（大舉）德政碑》："總章元年特授使持節廓州諸軍事守廓州刺史……總章二年授使持節渭州諸軍事渭州刺史。"

左感意　　開元初

《全文》卷三四玄宗《誅左感意敕》稱"前廓州刺史左感意"。《元龜》卷一五二：先天三年"三月丙午，廓州刺史左感意坐贓杖殺"。又卷七〇〇作"開元二年"。

蓋思貴　　開元四年（716）

《新書·玄宗紀》：開元四年二月"辛酉，吐蕃寇松州，廓州刺史蓋思貴伐之"。

康承獻　　天寶十三載（754）

《元龜》卷一二八："〔天寶〕十三年三月，隴右節度使哥舒翰破吐蕃洪濟大莫等城……隴右同經略副使、右金吾衛員外大將軍、兼寧塞郡太守康承獻……並加雲麾將軍。"

卷三七　疊州(合川郡)

隋臨洮郡之合川縣。武德二年置疊州。貞觀十三年置都督府。永徽元年罷都督府。天寶元年改爲合川郡。乾元元年復爲疊州。領縣二：合川、常芬。

李　勣　　貞觀二十三年(649)

《舊書·太宗紀》：貞觀二十三年五月，"太子詹事、英國公李勣爲疊州都督"。《通鑑·貞觀二十三年》："五月戊午，以同中書門下三品李世勣爲疊州都督。"六月，"以疊州都督李勣爲特進、檢校洛州刺史"。《隋唐五代墓誌匯編·陝西卷》第一册《大唐故司空太子太師贈司空揚州大都督上柱國英國公勣墓誌銘并序》(總章三年二月六日)："〔貞觀〕廿三年以公事降授疊州都督。宮車既駕，遺詔追復本官。"又見兩《唐書》本傳，《新書·太宗紀》《宰相表上》，《元龜》卷四五。《全文》卷一五高宗《大唐故司空英貞武公李公(勣)碑》："出爲疊州都督，尋除特進，檢校洛州刺史。"《隋唐嘉話》中："太宗病甚，出英公爲疊州刺史……勣奉詔，不及家而行。"又見《唐語林》卷五。《金石録》卷二四有《唐李勣碑跋》。

祖元軌　　約高宗時

《姓纂》卷六京兆祖氏："元軌，疊州刺史。"其曾姪孫自虚，開元中人。王維有《哭祖六自虚》詩，注云："時年十八。"

元仁虔　　高宗時

《姓纂》卷四河南洛陽元氏："仁虔，疊州刺史。"《千唐誌·大唐故信安縣主元府君（思忠）墓誌銘》（開元五年八月五日）："父仁虔，累拜使持節疊州諸軍事疊州刺史。"思忠卒大足元年，年五十四。又《唐故攝楚州長史元公（貞）墓誌銘并序》（大曆四年七月八日）："曾祖仁虔，疊州刺史。王考思忠，滑州靈昌縣令。"貞大曆四年正月卒，春秋五十三。又《唐故杭州錢唐縣尉元公（真）墓誌銘并序》（大曆四年七月八日）："曾祖仁虔，皇朝疊州刺史。"真至德二載卒，春秋四十。拓本《唐故金紫光禄大夫穎王府司馬上柱國元府君（瓌）墓誌銘并序》（大曆四年二月十日）："祖仁虔，皇朝議大夫疊州刺史。父思忠，朝散大夫滑州靈昌縣令。"

丘神勣　　光宅元年（684）

《舊書》本傳："弘道元年，高宗崩，則天使於巴州害章懷太子，既而歸罪於神勣，左遷疊州刺史。"《丘行恭傳》作"嗣聖元年"。又見《李賢傳》。《新書》本傳及《李賢傳》略同。《通鑑·光宅元年》：三月，"貶〔丘〕神勣爲疊州刺史……神勣尋復入爲左金吾將軍"。

馬神威　　武后時

《隋唐五代墓誌匯編·洛陽卷》第七册《大周故冠軍大將軍上柱國褒信郡開國公馬府君（神威）墓誌銘并序》（久視元年十月二十八日）："遷豐州長史，又除疊州刺史、兼充露谷軍副使……累遷洮、松、戎三州都督，仍充露谷軍大使。"久視元年九月十五日卒，年七十九。

象武感　　約代宗初

《全文》卷四一三常衮《授象武感疊宕等州團練使制》："使持節扶州諸軍事兼扶州刺史……象武感……可試殿中監，使持節疊州諸軍事兼疊州刺史。"按常衮寶應二年始爲翰林學士、考功員外郎中、知制誥。

待考録

元　雯

《全文》卷九五二王筠《新安令元瓘頌德碑記》："祖雯，疊州刺史……公能繼大賢，克昌厥後……甲子歲二月，有詔大擇邑長，俾康人庶。公歷試甸服，適多頌聲。"

卷三八　宕州（懷道郡）

隋宕昌郡。武德元年置宕州。天寶元年改爲懷道郡。乾元元年復爲宕州。領縣二：懷道、良恭。

吴黑闥　　貞觀二年—六年（628—632）

昭陵博物館藏《吴黑闥（諱廣）碑》稱：貞觀二年爲宕州刺史，六年除右武衛將軍，永徽元年茂州都督，二年又遷洪州都督。總章二年立。

杜　舉　　貞觀中

《千唐誌・唐故南州刺史杜府君（舉）誌文并序》："隋大業五年對策登科……尋授宋州柘城，又轉亳州城父二縣令……尋加朝散大夫行渝州別駕，又除麟、宕、忻、鄯、南五州諸軍事五州刺史……貞觀十五年九月廿日薨於荆府，春秋五十有五。"上圖藏拓片《大周故滄州弓高縣令杜君（季方）墓誌銘并序》："父舉，唐宋州柘城縣令，渝州別駕，麟、宕、忻、鄯、南等州刺史。"季方卒永昌元年九月二十一日，春秋六十六。按杜舉貞觀十五年在鄯州都督任。

皇甫懷節　　天授二年—長壽二年（691—693）

《全文》卷一六三徐有功《駁皇甫懷節李思徵處斬議》："思徵芳部宣條，懷節宕州分竹，爰因羌叛，奉使討除。暫見思徵屏人共語，即疑懷節與徵同謀。"《元龜》卷六一六："御史郭弘霸奏：宕州刺史皇甫懷節爲芳刑（州）司倉薛璟所告，稱其當州刺史李思徵謀反。"據《舊書・

郭〔弘〕霸傳》，天授二年拜左臺監察御史，長壽二年爲侍御史。

周以悌　　先天中？

《隋唐五代墓誌匯編·陝西卷》第四册《唐故贊善大夫周府君（曉）墓誌銘并序》（乾元二年七月十八日）：“大父以悌，宕、岷州刺史，四鎮經略使，右屯衛將軍，西平縣開國男，贈特進。先考佖，河西節度使。”曉卒乾元元年正月十九日，年十七。按周以悌中宗、睿宗時在左、右威衛將軍任。

許輔德　　約開元中

《姓纂》卷六安陸許氏：“輔德，宕州刺史。”《新表三上》安陸許氏同。乃龍朔中洛州長史許力士之孫，夔州刺史欽寂之子。

【補遺】論布支　　開元中？

《全唐文補遺》第七輯 141 頁《有唐幽州盧龍節度左都衙銀青光禄大夫檢校國子祭酒攝檀州刺史充威武軍使兼御史中丞上柱國晉昌論公（博言）墓誌銘並序》（咸通六年十月廿五日）：“西極金方，地勢峻，山域廣，面統萬里，肘加百蠻。舊惟贊普其雄歟？次有大論者，猶漢之宰相。公即其國尚書令、東道大元帥論欽陵之裔孫，唐左衛大將軍、宕州都督、臨洮王布支之曾孫。……咸通乙酉重五，聘東垣回，喝疾於路，迄秋分永逝於蘇城南郭析津坊，壽六十一。”（師海軍提供）

董　昭　　開元二十二年（734）

北圖藏拓片《大唐故宣威將軍守右武衛中郎將隴西董君（昭）墓誌銘并序》（天寶六載二月十四日）：“轉隰州長史……尋除秦州司馬、充隴右軍器使，又徙長史……時天水地震……既而遷宕州刺史，禄有功褒有德也……解印返於初服，與相國牛公有管鮑之分，欽服厥義，常以兄事公……復徵拜右武衛中郎將，仍充太倉使。”天寶五載九月十八日卒，春秋八十二。按《舊書·五行志》：“開元二十二年二月十八日，秦州地震。”則董昭當於是年遷宕刺。

卷三九　涼州（武威郡）

隋武威郡。武德初改爲涼州，置總管府。七年改爲都督府。咸亨元年升爲大都督府。上元二年爲中都督府。天寶元年改爲武威郡。乾元元年復爲涼州。廣德二年陷於西蕃。領縣五：姑臧、神烏、昌松、嘉麟、番禾（天寶）。

李　軌　　武德元年—二年（618—619）

《舊書·高祖紀》：武德元年八月，“涼州賊帥李軌以其地來降，拜涼州總管，封涼王”。又本傳：“時高祖方圖薛舉，遣使潛往涼州與之相結……又令鴻臚少卿張侯德持節册拜爲涼州總管，封涼王。”《新書》本傳略同。又見《元龜》卷一六四，《通鑑·武德元年》八月。《柳河東集》卷一《唐鐃歌鼓吹曲十二篇并序》：“李軌保河右，師臨之不克。”注：“唐武德元年，高祖與書招撫之，册拜涼州總管，封涼王。二年……高祖怒，始議討之。五月，軌將安興貴執軌以聞，河西悉平。”

＊李世民　　武德二年—四年（619—621）

《新書·太宗紀》：武德二年正月，“進拜左武候大將軍、涼州總管”。《通鑑·武德二年》記此事爲“五月”。《全文》卷一高祖有《秦王兼涼州總管制》，《大詔令集》卷三五稱此爲“武德二年五月”制。《全文》卷三高祖《册秦王天策上將文》：“維武德四年，歲次辛巳，十一月甲申朔二日乙酉……太尉、尚書令、左右武候大將軍、陝東道行臺尚書令、涼州總管秦王世民……命爾爲天册上將，位王公上，領司徒……餘如故。”

安修仁　　武德二年(619)

《元龜》卷一六九：“〔武德〕二年十月，涼州刺史安脩仁獻百年蘇。”《全文》卷四四六董晉《義陽王李公(抱真)德政碑記》：“義陽郡王抱真，字太元，皇朝開府儀同三司涼州都督、河蘭鄯廓瓜沙甘肅九州大總管申國公修仁之元孫。”按李抱真本安氏，至德二載五月賜姓李氏。

楊恭仁　　武德三年—六年(620—623)

《通鑑·武德二年》：閏二月己巳，“拜〔楊恭仁〕黄門侍郎，尋以爲涼州總管”。胡三省注：“按恭仁至長安時，李軌尚據河西，唐未得涼州也……是年五月，安興貴執李軌，方遣楊恭仁安撫河西。”又《通鑑·武德六年》：六月，“瓜州總管賀若懷廣按部至沙州，值州人張護、李通反，懷廣以數百人保子城；涼州總管楊恭仁遣兵救之，爲護等所敗”。按兩《唐書》本傳、《新書·宰相表上》、《通鑑·武德二年》、《通鑑·武德三年》均有楊恭仁爲涼州總管記載。《新書·高祖紀》稱：武德六年四月，“吏部尚書趙恭仁兼中書令、檢校涼州諸軍事”。據《新書·宰相表上》，“趙恭仁”當爲“楊恭仁”之誤。按《隋唐五代墓誌匯編·陝西卷》第一册《大唐故特進觀國公(楊温字恭仁)墓誌》(貞觀十四年三月十二日)：“〔武德〕三年改授侍中……西域未賓，授公河西道安撫大使檢校涼州總管，管內刺史以下皆得便宜從事，隨方選補。”證知武德三年始爲涼州總管。應置於安修仁後。

安興貴　　武德中

《全文》卷二三〇張説《河西節度副大使鄯州都督安公(忠敬)神道碑銘并序》：“祖興貴，右武候大將軍，涼州刺史。”按《舊書·李軌傳》稱：“安修仁之兄興貴先在長安，表請詣涼州招慰軌……興貴知軌不可動，乃與修仁等潛謀引諸胡衆起兵圖軌……河西悉平。詔授興貴右武候大將軍，上柱國，封涼國公……修仁，左武候大將軍，封申國公。"未及爲涼州刺史事。

獨孤義順　　武德中

《唐長安城郊隋唐墓·大周故朝議大夫行乾陵令上護軍公士獨孤府君(思貞)墓誌銘并序》(神功二年正月十日)："祖義順,唐右光禄大夫、太僕卿、涼州都督、虞杭簡三州刺史、上柱國、洛南郡公。"思貞卒萬歲通天二年,春秋五十六。

李幼良　　武德九年—貞觀元年(626—627)

《舊書》本傳："武德初,封長樂王……自後累遷涼州都督……太宗即位,有告幼良陰養死士……詔遣宇文士及代爲都督,並按其事。"又《太宗紀上》:貞觀元年四月,"涼州都督長樂王幼良有罪伏誅"。《新書·高祖紀》:武德九年三月"丁巳,突厥寇涼州,都督長樂王幼良敗之"。又見《新書》本傳、《太宗紀》,《通鑑·武德九年》三月、《貞觀元年》四月癸巳。

宇文士及　　貞觀元年(627)

《舊書》本傳："太宗即位,代封倫爲中書令……尋以本官檢校涼州都督。"《新書·太宗紀》:貞觀元年八月,"宇文士及檢校涼州都督"。又見《新書》本傳、《宰相表上》、《元龜》卷一三〇。《隋唐五代墓誌匯編·陝西卷》第一册《大唐趙王故妃宇文氏墓誌銘》："父士及,皇朝詹事、右衛大將軍、中書令、殿中監、涼州都督,贈左衛大將軍,上柱國,郢國公。"妃卒顯慶五年五月三日。無享年、葬年。

李大亮　　貞觀三年—九年(629—635)

《全文》卷七四二劉軻《大唐三藏遍覺法師塔銘并序》："貞觀三年……至涼州,都督李大亮防禁特切,逼法師還京。"《大慈恩寺三藏法師傳》卷一同。《舊書·西戎·吐谷渾傳》："貞觀九年,詔特進李靖爲西海道行軍大總管……涼州都督李大亮爲且沫道行軍總管。"按《通鑑·貞觀三年》十一月、《貞觀四年》七月有涼州都督李大亮。《會要》卷七三記貞觀五年凉州都督李大亮事。貞觀七年、八年在凉州都督任，見兩《唐書·太宗紀》，《元龜》卷一一九、卷九八五。又見《舊書·李靖傳》。

李元昌　　貞觀十一年(637)

《會要》卷七三:"〔貞觀〕十一年六月六日詔曰……凉州都督漢王元昌。"

李襲譽　　貞觀十五年(641)

《舊書》本傳:"尋轉凉州都督，加金紫光禄大夫行同州刺史。"《舊書·太宗紀下》:貞觀十五年十一月，"凉州都督李襲譽爲凉州道行軍總管"。又見《新書》本傳、《太宗紀》，《通鑑·貞觀十五年》，《元龜》卷一二五，《歷代名畫記》卷三。《全文》卷一五五上官儀《爲朝臣賀凉州瑞石表》:"伏見凉州都督李襲譽表奏，昌松瑞石合百一十字。"又見《廣記》卷三九八引《録異記》。

郭孝恪　　貞觀十六年(642)

《通鑑·貞觀十六年》:九月，"以凉州都督郭孝恪行安西都護"。《姓纂》卷一〇潁川郭氏:"凉州都督、陽翟公郭孝恪，潁川陽翟人。"

李道彦　　貞觀中

《舊書》本傳:"李靖之擊吐谷渾也，詔道彦爲赤水道行軍總管……軍大敗……竟坐減死徙邊。後起爲凉州都督，尋卒。"按《新書》本傳作"召爲嫣州都督。卒"。嫣州屬河北道，未嘗設都督。疑《新書》本傳誤。

許智仁　　貞觀中

《舊書》本傳:"後歷太僕少卿、凉州都督。貞觀中卒。"《新書》本傳略同。

【補遺】于宣道　　貞觀中

《隋唐五代墓誌匯編·陝西卷》第一册《唐故平州刺史煦山公於府君（尚範）墓誌銘並序》（開元二年正月二十六日）：“祖宣道，涼州刺史，城安公。……〔尚范〕俄授滄州司馬、相州長史……遂遷平州刺史，封煦山公。”載初元年卒，春秋七十有七。

吕紹宗　　貞觀中？

《姓纂》卷六馮翊吕氏：“紹宗，唐領軍大將軍、涼州都督。”按武德元年十二月，吕紹宗與韋義節、獨孤懷恩相繼攻隋將堯君素，見《通鑑》。其爲涼州都督疑在貞觀中。

崔延朗　　永徽中

北圖藏拓片《大唐薛王友行珍州榮德縣丞杜君故妻博陵崔氏墓誌銘并序》（顯慶二年七月廿七日）：“夫人諱素，字瑶英……父延朗，左千牛衛將軍，甘、涼、瓜、沙四州刺史，博陵郡開國公。”夫人永徽元年一月適杜詢，顯慶二年三月十五日卒，年二十四。

喬師望　　顯慶三年（658）

《全文》卷一四高宗《册喬師望涼州刺史文》：“維顯慶三年歲次戊午十月庚辰朔十一日庚寅……維爾正議大夫守涼州都督、駙馬都督喬師望……命爾爲使持節八州諸軍事涼州刺史。”又見《大詔令集》卷六三。

趙持滿　　顯慶四年（659）

《通鑑·顯慶四年》：五月，“涼州刺史趙持滿，多力善射，喜任俠……許敬宗恐持滿作難，誣云無忌同反……戊戌，誅之”。按《新書·高宗紀》、《元龜》卷八〇四、《大唐新語》卷一二、《廣記》卷二三五皆作“涼州長史”。

鄭仁泰　　龍朔三年（663）

昭陵博物館藏《大唐故右武衛大將軍使持節都督涼甘肅伊瓜沙

等六州諸軍事涼州刺史鄭府君（廣，字仁泰）墓誌銘并序》（麟德元年十月二十三日）：“除公爲涼甘肅伊瓜沙六州諸軍事涼州刺史，時龍朔三年……以龍朔三年歲次癸亥十一月十九遘疾薨於官舍，春秋六十有三。”《新書·高宗紀》：龍朔三年六月，“吐蕃攻吐谷渾，涼州都督鄭仁泰爲青海道行軍大總管以救之”。又見《新書·吐蕃傳上》，《會要》卷四六，《通鑑·龍朔三年》五月，《續語堂碑錄·大唐故右衛中郎將兼右金吾將軍同安郡開國公鄭府君（玄果，仁泰子）墓誌》。

李　明　　龍朔三年？—麟德元年（663？—664）

《全文》卷一四高宗《册曹王明虢州刺史文》：“維麟德元年歲次甲子正月己酉朔二十二日庚午……惟爾涼州都督、上柱國、曹王明……命爾爲使持節虢州諸軍事虢州刺史，勳封並如故。”

元仁惠　　總章二年（669）

《全文》卷二三二張説《唐故涼州長史元君（仁惠）石柱銘并序》：“遷隆州司馬，尋加朝散大夫，守涼州都督府長史。分乘兩蕃……總章二年終於官舍，春秋七十有三。”

李　賢　　咸亨三年（672）

《舊書》本傳：“咸亨三年，改名德，徙封雍王，授涼州大都督。”《新書》本傳：“徙王雍，仍領雍州牧、涼州大都督，實封千户。上元年，復名賢。”又見《舊書·韋待價傳》。

韋待價　　儀鳳三年（678）

《舊書》本傳：“儀鳳三年，吐蕃又犯塞，待價復以本官檢校涼州都督。”《新書》本傳略同。

裴行儉　　高宗時

《隋唐五代墓誌匯編·洛陽卷》第十五册《大唐故鴻臚卿兼檢校右金吾大將軍上柱國贈兵部尚書曹國公甘府君（元柬）墓誌文》：“中

書舍人盧藏用撰……慨然以功名爲志，乃求使西域。涼州都督裴行
儉，英貴之士，見君一談而奇之，嘆曰：'此乃神仙童子。'"元柬無卒
年、享年、葬年。

竇懷哲　　約高宗末

《新表一下》竇氏三祖房："懷哲，武威郡都督。"《唐姜遐碑》："天
授二年八月十四日薨……夫人竇氏，駙馬都尉、涼州都督之女，母蘭
陵長公主。"按《新書·公主傳》云：蘭陵公主下嫁竇懷悊（哲），薨顯慶
時。稱懷哲官兗州都督。又按《大唐故蘭陵長公主碑》，顯慶四年十
月二十九日立，稱懷哲慶州刺史。又按懷哲永隆元年七月在雲州都
督任，見《新書·高宗紀》。又按《隋唐五代墓誌匯編·陝西卷》第三
冊《大周故隰州刺史建平公于公（遂古）墓誌銘并序》（聖曆二年四月
一日）："夫人竇氏……左衛將軍、涼州都督、駙馬都尉、奉節房陵長公
主之長女。"夫人卒垂拱二年七月三日，無享年。

李光誼　　永昌元年（689）

《新書·則天皇后紀》：永昌元年十月"癸丑，殺涼州都督李
光誼"。

許欽明　　萬歲通天元年（696）

《舊書》本傳："萬歲通天元年，授……涼州都督。"又《則天皇后
紀》：萬歲登封元年九月，"吐蕃寇涼州，都督許欽明爲賊所執"。又見
《吐蕃傳上》、《新書》本傳、《則天皇后紀》，《元龜》卷四二五，《通鑑·
萬歲通天元年》九月、《神功元年》六月，《姓纂》卷六許氏，《太平寰宇
記》卷一八五。《新表三上》安陸許氏誤作"梁州都督"。

楊元琰　　武后時

《舊書》本傳："載初中，累遷安南副都護，又歷蘄、蒲、晉、魏、宣、
許六州刺史，涼、梁二州都督，荊府長史……長安中，張柬之代元琰爲
荊府長史。"又見《元龜》卷六七七。《全文》卷二四〇宋之問《爲楊許

州讓右羽林軍將軍表》：“謬承恩渥，未盈一紀，連刺九州：西涼本六部之樞，南荆乃九州之會，蒲藩關左之重鎮，魏郡山東之奧區……”此“楊許州”當即楊元琰。

唐休璟　　聖曆中—大足元年（約699—701）

《舊書》本傳：“聖曆中，爲司衛卿，兼涼州都督、右肅政御史大夫，持節隴右諸軍州大使。”又《郭元振傳》：“後吐蕃將麴莽布支入寇，涼州都督唐休璟勒兵破之，元振參預其謀。”又見《元龜》卷四二八、卷六五五。按麴莽布支入寇乃久視元年事。又按《通鑑·長安三年》：七月“庚戌，以夏官尚書、檢校涼州都督唐休璟同鳳閣鸞臺三品”。《新書·宰相表上》、《則天皇后紀》同。《全文》卷二五七蘇頲《右僕射太子少師唐璿（字休璟）神道碑》：“遷靈州都督……未幾，攝右肅政大夫檢校涼州都尉（督）、假節隴右諸軍事。”

郭元振　　大足元年—神龍二年（701—706）

《舊書》本傳：“大足元年，遷涼州都督、隴右諸軍州大使……在涼州五年……神龍中，遷左驍衛將軍，兼檢校安西大都護。”又見《新書》本傳，《元龜》卷四二九、卷五〇三，《通鑑·長安元年》十一月，《南部新書》甲，《唐語林》卷二，《全文》卷二三三張説《兵部尚書代國公贈少保郭公（元振）行狀》。

司馬逸客　　約神龍二年—景龍四年（約706—710）

《英華》卷四五九蘇頲《命吕休璟等北伐制》：“赤水軍大使涼州都督司馬逸客外寬内明……景龍四年五月十五日。”《全文》卷二三三張説《兵部尚書代國公贈少保郭公（元振）行狀》：“睿宗即位，徵拜太僕卿。敕至之日，舉家進發……傳呼至涼州……都督司馬逸客聞之，謂公近矣，陳兵出迎。”按《全文》卷二七八劉秀《涼州衛大雲寺古刹功德碑》稱“檢校涼州都督河内司馬名逸實”，當爲“司馬逸客”之訛誤。《金石萃編》卷六九載此文，末署“景雲二年立”。《全詩》卷八七張説有《送王尚一嚴巖二侍御赴司馬都督軍》。

趙彥昭 景雲二年(711)

《舊書》本傳："睿宗時,出爲涼州都督。"《新書》本傳："睿宗立,出爲宋州刺史,坐累貶歸州,俄授涼州都督……入爲吏部侍郎,持節安邊。"

賀拔延嗣 景雲二年—太極元年(711—712)

《新書·兵志》："景雲二年,以賀拔延嗣爲涼州都督、河西節度使。"《會要》卷七八："景雲二年四月,賀拔延嗣除涼州都督,充河西節度使,此始有節度之號。"又見《通典》卷三二州郡上,《南部新書》辛。按《太平寰宇記》卷一五二年作"賀牧嗣",誤。《元龜》卷二五九："睿宗太極元年二月,命皇太子送金仙公主往并州,令……涼州都督賀拔延嗣節度内發三萬兵赴黑山道。"

楊執一 開元二年—三年(714—715)

《會要》卷七八:涼州都督,"至開元二年四月,除陽(楊)執一"。《新書·突厥傳上》："以右羽林軍大將軍薛訥爲涼州鎮軍大總管,節度赤水、建康、河源等軍,屯涼州,以都督楊執一副之。"按《新書·玄宗紀》及《元龜》卷一一九記此事稱開元三年四月。賀知章《大唐故金紫光禄大夫行鄜州刺史楊府君(執一)墓誌銘并序》(開元十五年九月三日):"今上載懷王業,將幸晉陽,起府君爲汾州刺史……徵拜涼州都督兼左衛將軍河西諸軍州節度督察等大使……殆五六年矣……乃加兼御史中丞……久之,轉原州都督,未赴,復授涼州……尋復右衛將軍,餘官如故。"(《西安碑林簡史》,《文物》1961年第8期)《全文》卷二二九張説《贈户部尚書河東公楊君神道碑》略同。

【郭虔瓘 開元二年(714)(未之任)】

《通鑑·開元二年》:七月"壬寅,以北庭都護郭虔瓘爲涼州刺史、河西諸軍州節度使"。又見《新書》本傳。按郭虔瓘除涼州,即楊執一轉原州之時,執一實未離涼州,虔瓘亦實未之任。詳見岑仲勉《唐史餘瀋·新郭虔瓘傳可廢》。

楊敬述　　開元四年—九年(716—721)

《全文》卷二五三蘇頲《命薛訥等與九姓共伐默啜制》："右羽林軍將軍兼涼州都督赤水大使楊敬述……可西道大總管。"《大詔令集》卷一三〇以此爲開元四年正月二日制。《舊書・玄宗紀》：開元八年九月，"涼州都督楊敬述爲〔突厥〕所敗"。《通鑑・開元九年》："正月，制削楊敬述官爵，以白衣檢校涼州都督。"又見兩《唐書・突厥傳》，《新書・玄宗紀》，《通鑑・開元九年》，《元龜》卷九六二，《太平寰宇記》卷一九六，《全文》卷二五八蘇頲《刑部尚書韋公神道碑》。

郭知運　　開元九年(721)

《全詩》卷二七《雜曲歌辭・涼州歌第一》："開元中，西涼府都督郭知運進。"《廣記》卷三三〇引《廣異記》："開元中，涼州節度郭知運……於驛中暴卒。"《通鑑・開元九年》："冬十月，河西、隴西節度大使郭知運卒。"

王君㚟　　開元九年—十年(721—722)

《新書》本傳："〔郭〕知運卒，代爲河西、隴右節度使、右羽林將軍，判涼州都督事。"又見《通鑑・開元九年》，《元龜》卷三八四。

張敬忠　　開元十一年(723)

《通鑑・開元十一年》："九月壬申，〔吐谷渾〕帥衆詣沙州降，河西節度使張敬忠撫納之。"《會要》卷七八："〔開元〕十一年四月，除張敬忠，又加經略使。"《千唐誌・唐故朝散大夫守巴州別駕上柱國朱公（庭瑾）墓誌銘并序》："秩滿轉舒州司馬，河西節度使涼府都督張敬忠奏請充判官。"開元十七年卒，六十六歲。

王君㚟　　開元十二年—十五年(724—727)

《會要》卷七八："〔開元〕十二年十月，除王君㚟〔河西節度使〕，又加長行轉運使。"《舊書・玄宗紀》：開元十五年正月"辛丑，涼州都督王君㚟破吐蕃於青海之西"。《元龜》卷一三九："王君㚟（㚟）判涼州都督，爲吐蕃所殺。"按《舊書·迴紇傳》稱回鶻殺梁州都督王君㚟，誤。《全文》卷二二九張説《右羽林大將軍王公（君㚟）神道碑》："維大唐開元十五年閏九月二十三日庚申，右羽林大將軍……攝御史中丞判涼州都督上柱國晉昌伯薨於鞏筆亭。"王君㚟爲涼州都督，又見《元龜》卷一一〇、卷一三六、卷九八六，《通鑑·開元十五年》，《廣記》卷一九一引《譚賓録》，《寶刻叢編》卷八引《京兆金石録》，《長安志》卷一一。

＊李　琮（李潭）　　開元十五年—天寶元年（727—742）

《舊書》本傳："〔開元〕十五年，遥領涼州都督，兼河西諸軍節度大使。二十一年，加太子太師，改名。二十四年，拜司徒。天寶元年，兼太原牧。十一載薨。"《新書》本傳稱"天寶元年，改節河東"。《舊書·玄宗紀》：開元十五年五月"癸酉，以慶王潭爲涼州都督兼河西諸軍節度大使"。《大詔令集》卷三六有開元十五年五月《慶王潭涼州都督制》，又有《慶王琮司徒制》，卷三八張九齡有《慶王等食實封制》。又見《全文》卷二二、卷二三，《會要》卷七八。

蕭　嵩　　開元十五年—十六年（727—728）

《舊書·玄宗紀》：開元十五年閏九月庚申，"制檢校兵部尚書蕭嵩兼判涼州事"。又本傳："玄宗以〔王〕君㚟勇將無謀，果及於難，擇堪邊任者，乃以嵩爲兵部尚書、河西節度使，判涼州事。"《元龜》卷七二："〔開元〕十六年十一月，以河西節度使判涼州蕭嵩爲兵部尚書、同中書門下平章事。"《通鑑·開元十六年》十一月癸巳記載同。《新書》本傳稱"十七年，進兼中書令……然常遥領河西節度"。《全文》卷二九五韓休《梁宣帝明帝二陵碑》："鈞子灌……嗣子曰嵩……吏部尚書兼中書令，河西節度……等副大使、知節度事、判涼州事。"

牛仙客　　開元十六年—二十四年（728—736）

《舊書》本傳："俄而蕭嵩代君㚟爲河西節度，又以軍政委於仙客……稍遷太僕少卿，判涼州別駕事，仍知節度留後事。竟代嵩爲河西節度使，判涼州事……開元二十四年秋，代信安王禕爲朔方行軍大總管."《新書》本傳略同。《全文》卷二九二張九齡《大唐贈涇州刺史牛公碑銘并序》稱:嗣子銀青光禄大夫太僕卿判涼州、持節河西節度兼隴西群牧都使……仙客。又見《新書・張九齡傳》,《元龜》卷一六二,《大唐新語》卷七,《貞元新定釋教目録》卷一四《三藏沙門達摩戰涅羅》。

崔希逸　　開元二十四年—二十六年(736—738)

《舊書・牛仙客傳》:開元二十四年,"右散騎常侍崔希逸代仙客知河西節度事"。又見《吐蕃傳》,《大唐新語》卷七。《通鑑・開元二十六年》:五月丙申,崔希逸爲河南尹。《全文》卷三〇九孫逖《授崔希逸河南尹制》稱:"持節河西節度經略支度營田九姓長行轉運等副大使知節度使判涼州事……崔希逸……可銀青光禄大夫、河南尹。"

＊李林甫　　開元二十六年(738)

《舊書・玄宗紀下》:開元二十六年"五月乙酉,以李林甫遥領河西節度使,兼判梁州事"。按"梁州"當爲"涼州"之誤。《新書・宰相表中》作"涼州",是。《大詔令集》卷五二《李林甫兼河西節度使制》:"晉國公李林甫……可兼充河西節度經略……等使,節度赤水軍事,仍判涼州事,餘並如故。開元二十六年五月。"又見《全文》卷三一〇孫逖行制。

蕭　炅　　開元二十六年—二十七年(738—739)

《舊書・吐蕃傳》:"詔以岐州刺史蕭炅爲户部侍郎判涼州事,代希逸爲河西節度使。"《通鑑・開元二十六年》:六月"辛丑,以岐州刺史蕭炅爲河西節度使總留後事"。《元龜》卷二四:開元二十七年七月"壬午,河西隴右節度使蕭焀(炅)討吐蕃,大破之"。

杜　咸　　開元中

《新表二上》洹水杜氏:"咸,涼州都督。"據《姓纂》卷六,乃唐初長安尉杜正藏之孫。《新書》本傳未及,唯云:"出爲汾州長史。開元中,爲河北按察使。"

蓋嘉運　　開元二十八年—二十九年(740—741)

《通鑑·開元二十八年》：六月，“上嘉蓋嘉運之功，以爲河西、隴右節度使，使之經略吐蕃”。

王　倕　　開元二十九年—天寶二年(741—743)

《新書·韋抗傳》：“所表……新豐尉王倕……後皆爲顯人……倕累遷河西節度使，天寶中，功聞於邊。”《全文》卷三四三顏真卿《遊擊將軍左領軍衛大將軍兼商州刺史歐陽使君(珪)神道碑銘》：“〔開元〕二十九年，河西節度使奏授晉昌郡户曹參軍……轉張掖郡張掖令……節度使王捶(倕)駭焉，奏與上下考。”《通鑑·天寶元年》：十二月“庚子，河西節度使王倕奏破吐蕃漁海及遊奕等軍”。《舊書·哥舒翰傳》：“仗劍之河西，初事節度使王倕。”《新書·哥舒翰傳》略同。

于伯獻　　開元中？

《姓纂》卷二河南洛陽于氏：“伯獻，涼州都督。”《新表二下》于氏同。乃于大猷之姪。大猷聖曆三年爲明堂令。

＊李　琰　　天寶元年(742)

《舊書》本傳：“天寶元年六月，遙領兼武威郡都督、河西隴右經略節度大使。”《新書》本傳略同。又見《元龜》卷二八一。

馬元慶　　天寶初？

《全文》卷三一〇孫逖《授馬元慶河西節度副使制》：“馬元慶……可充河西節度副使判涼州長史。”

皇甫惟明　　天寶五載(746)

《通鑑·天寶五載》：“正月乙丑，以隴右節度使皇甫惟明兼河西節度使……癸酉……貶播川太守。……以王忠嗣爲河西、隴右節度使，兼知朔方河東節度事。”又見兩《唐書·韋堅傳》。

王忠嗣　　天寶五載—六載（746—747）

《舊書》本傳：“〔天寶〕五年正月，河、隴以皇甫惟明敗衄之後，因忠嗣以持節充西平郡太守，判武威郡事，充河西、隴右節度使。……六載……因徵入朝，令三司推訊之，幾陷極刑。……十一月，貶漢陽太守。”

安思順　　天寶六載—九載（747—750）

《通鑑·天寶六載》：十一月辛卯，“以朔方節度使安思順判武威郡事，充河西節度使”。

高仙芝　　天寶十載（751）

《舊書》本傳：“〔天寶〕九載……入朝，拜開府儀同三司，尋除武威太守、河西節度使，代安思順。”《新書》本傳略同。

安思順　　天寶十載—十一載（751—752）

《通鑑·天寶十載》：正月，“尋以仙芝爲河西節度使，代安思順；思順諷群胡割耳剺面請留己，制復留思順於河西”。

哥舒翰　　天寶十二載—十四載（753—755）

《舊書》本傳：天寶十二載，“加河西節度使，尋封西平郡王”。《新書》本傳、《通鑑·天寶十二載》略同。又《天寶十四載》：二月，“隴右、河西節度使哥舒翰入朝，道得風疾，遂留京師，家居不出”。《大詔令集》卷六〇有天寶十二載七月《隴右河西節度使哥舒翰西平郡王制》。《貞元新定釋教目録》卷一五《大唐特進試鴻臚卿不空三藏和尚》：“天寶十二載，河西節度使、御史大夫、西平郡王哥舒翰奏：不空三藏行次染患，養疾韶州。”

＊李　珙　　天寶十五載（756）

《大詔令集》卷三六《命三王制》：“豐王珙宜充武威郡大都督……天寶十五載七月十五日。”《舊書》本傳：“天寶十五年六月，玄宗幸蜀，至扶風郡，授珙武威郡都督……以隴右太守鄧景山爲之副，兼武威長史、御史中丞，充都副大使。珙竟不行。"又見兩《唐書・玄宗紀》，《新書》本傳，《通鑑・至德元載》，《元龜》卷一二二、卷二八一，《全文》卷三六六賈至《玄宗幸普安郡制》。

鄧景山　天寶十五載(756)

見上條。

周　賁　至德初(756)

《隋唐五代墓誌匯編・陝西卷》第四冊《唐故金紫光禄大夫持節蔚州諸軍事守蔚州刺史河東薛公(坦)墓誌銘并序》(大曆十三年正月二十六日)："至德初，河西節度使周賁辟公以戎掾，咨謀軍事。"坦卒大曆十一年，春秋四十八。

周　佖　至德元載—二載(756—757)

《舊書・肅宗紀》：至德元載七月甲子，"河西兵馬使周佖爲河西節度使"。二載正月"丙寅，武威郡九姓商胡安門物等叛，殺節度使周佖"。《隋唐五代墓誌匯編・陝西卷》第四冊《唐故贊善大夫周府君(曉)墓誌銘并序》(乾元二年七月十八日)："先考佖，河西節度使，開府儀同三司、鴻臚卿兼御史大夫、上柱國，真陽縣開國男，贈涼州都督。公即涼州府君之第三子也。"乾元元年卒，年十七。又見《唐故静樂寺尼惠因墓誌銘并序》(貞元十八年四月二十九日)。

杜鴻漸　至德二載—乾元元年(757—758)

《舊書》本傳："至德二年，兼御史大夫，爲河西節度使、涼州都督。兩京平，遷荆州大都督府長史、荆南節度使。"又《肅宗紀》：至德二載五月，"以武部侍郎杜鴻漸爲河西節度使"。《新書》本傳略同。

【來　瑱　乾元二年(759)(未之任)】

《舊書》本傳："〔乾元〕二年，初除涼州刺史、河南(西)節度經略副

大使。未行，屬相州官軍爲史思明所敗……乃以瑱爲陝州刺史，充陝
虢等州節度，並潼關防禦、團練、鎮守使。"《新書》本傳略同。

＊李　僊　　上元元年（760）

《舊書》本傳："〔乾元〕三年四月詔曰……彭王僊可充河西節度大
使。"《新書》本傳略同。又見《大詔令集》卷三六。

楊　預　　上元元年（760）

榮新江云，敦煌文書 P4698 殘存題名："使太常卿兼御史大夫楊。
大使彭王，在内。"按在内不出閣的大使彭王，指乾元三年閏四月任命
的河西節度大使彭王李僊。楊某應是當時實際掌權的河西節度使兼
涼州刺史。王小甫推測此楊某即楊預，參看其博士論文《唐吐蕃大食
關係史》。

吕崇賁　　上元元年—廣德元年（760—763）

《舊書·楊炎傳》："釋褐，辟河西節度掌書記……節度使吕崇賁
愛其才。"《新書·楊炎傳》略同。榮新江云，敦煌寫本 P2555 載竇昊
撰《爲肅州刺史劉臣璧答南蕃書》："今我河西節度使吕公，天假奇才，
神資武略……擁旄四載，一變五涼，愍戰仕之勞，不忍征伐；護明主
之國，謹守封疆。"（録文見鄧小楠《爲肅州刺史劉臣璧答南蕃書校
釋》，《敦煌吐魯番文獻研究論集》596—598 頁）吕公即吕崇賁，其任
河西節度共四年。《書》中仍用肅宗乾元二年至上元元年所用尊號，
知其任職在乾元二年以後。因上元元年以前有來瑱、楊某在職，吕崇
賁任河西節度使刺涼應始於上元元年，至廣德元年被楊志烈接替，首
尾四年。竇昊撰此《書》在廣德元年春，時肅宗已死，因河西迴遠，吐
蕃隔絶，尚未得訊。

楊志烈　　廣德元年—永泰元年（763—765）

《新書·代宗紀》：廣德二年十一月，"河西節度使楊志烈及僕固
懷恩戰於靈州，敗績"。《通鑑·廣德二年》：十月，"吐蕃圍涼州，士卒

不爲用；志烈奔甘州，爲沙陀所殺”。《舊書·吐蕃傳上》：“會鎮西節度兼御史中丞馬璘領精騎千餘自河西救楊志烈回……廣德二年，河西節度楊志烈被圍，守數年，以孤城無援，乃跳身西投甘州，涼州又陷於寇。”《新書·代宗紀》：永泰元年“十月，沙陀殺楊志烈”。

趙　某　永泰元年？（765?）

敦煌寫本 P2942《河西巡撫使判集》：“尚書判肅州建康先行文牒……王使君處事精通，固應割己；趙大使在□□，必藉用心。”（《唐永泰元年至大曆元年河西巡撫使判集研究》）

李　某　永泰元年？（765?）

敦煌寫本 P2942《河西巡撫使判集》：“李都督惠甘肅州斛斗一千石。”

朱　某　約中和時

《桂苑筆耕集》卷八《湖南閔頊尚書別紙》：“親故前河西朱大夫到，遠垂書示，深荷眷私。”

胡敬璋　乾寧二年（895）

《通鑑·乾寧二年》：十二月，“河西州縣多爲茂貞所據，以其將胡敬璋爲河西節度使”。

翁　郜　昭宗時

《十國春秋》本傳：“唐昭宗朝官至尚書左僕射、河西節度使。梁篡唐，郜恥事二姓……遂攜家來建陽居焉。”

待考録

甄　某

《新書·甄濟傳》：“叔父爲幽、涼二州都督。”《舊書·甄濟傳》未及。按甄濟，中山無極人，仕天寶中。據張説《唐故廣州都督甄公

（亶，字道一）碑》，亶亦中山無極人。亶先天至開元初曾爲幽州都督，疑甄濟叔即甄亶。然《碑》未及涼州都督，唯稱爲"臨洮大使"，未知《新書》誤否。

卷四〇　甘州（張掖郡）

　　隋張掖郡。武德二年平李軌，置甘州。天寶元年改爲張掖郡。乾元元年復爲甘州。永泰二年陷於西蕃。大中五年歸國。領縣二：張掖、删丹。

成仁重　　貞觀三年（629）

　　《通鑑·貞觀三年》："十一月辛丑，突厥寇河西，肅州刺史公孫武達、甘州刺史成仁重與戰，破之，捕虜千餘口。"又見《元龜》卷六九四。

趙　遙　　貞觀中？

　　北圖藏拓片《大唐故上柱國趙君（字南山）墓誌并序》（開元廿年九月二日）："曾祖遙，甘州刺史。"南山卒年七十。

張臣合　　貞觀十六年—二十三年（642—649）

　　《隋唐五代墓誌匯編·陝西卷》第三册《大唐故正議大夫使持節兼泉州刺史潞成公（張臣合）墓誌銘并序》（總章元年十月四日）："〔貞觀〕十六年轉甘州刺史，廿三年加正議大夫瓜州刺史。"

崔延朗　　永徽初？

　　北圖藏拓片《大唐薛王友行珍州榮德縣丞杜君故妻博陵崔氏墓誌銘并序》（顯慶二年七月廿七日）："夫人諱素，字瑶英……父延朗，左千牛衛將軍，甘、凉、瓜、沙四州刺史，博陵郡開國公。"夫人永徽元年一月適杜詢，顯慶二年三月十五日卒，年二十四。疑其父延朗永徽初爲甘州刺史。

裴履昭　　高宗、武后間？

《新表一上》洗馬裴氏：“履昭，甘州刺史。”乃永徽中幽州都督裴行方子，隋將作大匠弘策之孫。

卜處沖　　武后時

《全文》卷二四二李嶠《授成善威甘州刺史卜處沖龍州刺史制》：“新除中大夫守甘州刺史卜處沖久參武衛……可使持節龍州諸軍事龍州刺史。”按李嶠約神功元年爲鳳閣舍人。

成善威　　武后時

《全文》卷二四二李嶠《授成善威甘州刺史卜處沖龍州刺史制》：“成善威效績藩邸，宣功戎陣……可使持節甘州諸軍事甘州刺史。”

馬大均　　武后時？

《姓纂》卷七陝郡馬氏：“大均，甘州刺史。”按其子馬崇〔臺〕，開元二年爲左羽林將軍。

李漢通　　大足元年（701）

《舊書·郭元振傳》：“大足元年，遷涼州都督……元振又令甘州刺史李漢通開置屯田。”《新書·郭元振傳》略同。又見《通鑑·長安元年》十二月，《大唐新語》卷四。

李釋子　　約長安三年—四年（約 703—704）

《千唐誌·唐故左領軍衛執戟李公（侃侃）墓誌銘并序》（開元十八年十二月二十九日）：“父釋子，皇任鹽、甘、肅三州刺史，使持節䂕州都督。”侃侃卒開元十七年，春秋三十九。按李釋子神龍二年在肅州刺史任，其爲甘州刺史當在此前。

李守徵　　景龍四年(710)

《大詔令集》卷一三〇蘇頲《命呂休璟等北伐制》：“建康軍使甘州刺史李守徵，玉門軍使肅州刺史湯嘉惠……等各領當軍兵馬……景龍四年五月十五日。”又見《全文》卷二五三。

蘇知廉　　約開元中

《千唐誌‧唐故特進行虔王傅兼英武軍右廂兵馬使蘇公（日榮）墓誌銘并序》（貞元十四年八月七日）：“祖知廉，銀青光禄大夫甘州刺史，贈尚書左僕射。”日榮年七十九，貞元十四年六月廿九日卒。

歐陽珪　　約天寶元年(約742)

《全文》卷三四三顏真卿《遊擊將軍左領軍衛大將軍兼商州刺史武關防禦使歐陽使君(珪)神道碑銘》：“〔開元〕二十九年，河西節度使奏授晉昌郡户曹參軍……轉張掖郡張掖令，攝司馬知郡事。按吏贓罪，罪人誣訟於使司，百姓苗秀、康順忠等三十人皆截耳稱冤，節度使王捶駭焉，奏與上下考。轉岳州長史。”

畢　温　　肅宗時？

敦煌寫本 P2942《河西巡撫使判集》：“甘州鎮守畢温、楊珍、魏邈等權知軍州。”（《唐永泰元年至大曆元年河西巡撫使判集研究》）

楊　珍　　肅宗時？

見上條。

魏　邈　　代宗初？

見上條。

寧　憘　　永泰元年(765)十月以前

榮新江云，敦煌寫本 P2942《河西巡撫使判集》34—42 行“建康軍使寧憘，擅給縑布，充防城人賜”條：“尚書所留縑布，令給不濟之人……"據建康軍使例兼甘州刺史的情況，寧憺應是甘州刺史。據安家瑤《唐永泰元年至大曆元年河西巡撫使判集研究》，文中的"尚書"指永泰元年十月被殺的楊志烈（見《敦煌吐魯番文獻研究論集》254—259頁）。則寧憺刺甘應在永泰元年十月以前（《河西巡撫使判集》録文除上引《論集》232—243頁安家瑤校録者外，又見於池田温《中國古代籍賬研究》，東京，1979年，493—497頁）。

張　瓛　　永泰元年（765）十月前後

榮新江云，《河西巡撫使判集》59—60行"甘州地稅勾徵，耆壽訴稱納不濟"條："彼州户人，頗聞辛苦。應緣張瓛稗政，遂令百姓艱勤。今既李牧撫臨，亦冀蒼生蘇息。"又181—189行"張瓛詐稱節度"條："張使君性本凶荒，志非忠謹……僞立符敕，矯授旄麾……仍所在收禁訖報……甘州臣僚，尤須擇地。"據《判集》前後順序，張瓛刺甘應在寧憺後。又其詐稱節度，必在永泰元年十月河西節度使楊志烈被殺以後。同年閏十月唐朝遣使巡撫河西，張瓛大概很快就被收禁。其任甘州刺史應在永泰元年十月前後很短時間内。

李　某　　永泰元年—二年（765—766）

榮新江云，《河西巡撫使判集》59—66行"甘州地稅勾徵，耆壽訴稱納不濟"條："應緣張瓛稗政，遂令百姓艱勤。今既李牧撫臨，亦冀蒼生蘇息。尚頻申訴，何以而然……牒到，請使君審與耆壽商量，穩便處置。"又104—110行"甘州欠年支糧及少冬裝"條："李使君長材廣度，是以請行。"又110—112行"甘州請專使催糧"條："李開府悉心奉公，威名宿著。既典彼郡，何事不臧。"稱"使者"，指其任建康軍使，言"典郡""牧臨"，指其任甘州刺史。文中明記李某繼張瓛刺甘，又據《元和郡縣圖志》卷四十，甘州永泰二年陷蕃，則其任職在永泰元、二年。

吳緒芝　　永泰二年—貞元二年（766—786）

榮新江云：敦煌寫本P4640《吳僧統碑》："皇考諱緒芝，前唐王府司馬上柱國賜紫金魚袋,即千夫長,使在列城。百乘之軍,揚旌鎮遠……因授建康軍使廿餘載。屬大漠風烟,陽關路阻,元戎率武,遠守敦煌,警候安危,連年匪解,隨勞久滯,因爲敦煌縣人也。"(錄文見蔣斧《沙州文錄》)按吳僧統法名洪䛒,是吐蕃統治敦煌後期和歸義軍初期的沙州僧團領袖,約逝於咸通三年(862)(見拙稿《關於沙州歸義軍都僧統年代的幾個問題》,《敦煌研究》1989 年第 4 期)。據碑文,其父緒芝是在永泰二年甘州失守後隨軍退到沙州,其任建康軍使兼甘州刺史二十餘年。因永泰二年以前有寧愯、張瓘、李某等人任職,吳緒芝刺甘只能始於永泰二年。按沙州以貞元二年(786)陷蕃(見下沙州卷),所以緒芝實際是在沙州遙領甘州二十年。碑文接著説:"復遇人經虎噬,地没於蕃,元戎從城下之盟,士卒屈死休之勢。"即説沙州陷吐蕃事。

李宏諫 乾寧元年(894)

《全文》卷九九〇闕名《沙州千佛洞唐李氏再修功德碑》:"大中之初……府君春秋纔方弱冠……享齡五十有二,終於燉煌之私第……次男使持節甘州刺史兼御史中丞上柱國宏諫……□□□元年歲次甲寅拾月庚申朔伍……"又見《西陲石刻錄》。按大中後的甲寅年爲乾寧元年。

卷四一　肅州（酒泉郡）

　　武德二年分隋張掖郡置肅州。八年置都督府。貞觀元年罷都督府。天寶元年改爲酒泉郡。乾元元年復爲肅州。大曆元年陷於吐蕃。大中五年歸國。領縣二：酒泉、福禄。

公孫武達　　貞觀三年（629）

　　《舊書》本傳：“貞觀初，檢校右監門將軍，尋除肅州刺史。”《新書》本傳略同。《通鑑・貞觀三年》：“十一月辛丑，突厥寇河西，肅州刺史公孫武達、甘州刺史成仁重與戰，破之，捕虜千餘口。”又見《元龜》卷三八四、卷六九四。

史　藏　　貞觀中？

　　《大唐故右驍衛大將軍雁門縣開國公上柱國左萬騎使河東薛君（莫）、故武昌郡夫人史氏合葬墓誌銘并序》：“夫人諱□，字□，武昌人也。洎周室衰微，遷於隴右。祖藏，左驍衛中郎將攝肅州刺史。父□，夏州長史。兄思謙，右領軍衛大將軍……夫人〔開元〕五年封武昌郡夫人……十二年六月薨……開元十六年……合葬。”（《西安東郊唐墓清理記》，《考古通訊》1956 年第 6 期）

韋待價　　約咸亨四年（約 673）

　　《舊書》本傳：“高宗以沛王賢爲涼州大都督，以待價爲司馬。俄又遷肅州刺史。”《新書》本傳略同。按沛王李賢咸亨三年授涼州大都督,知待價其年爲司馬,則爲肅州刺史約在咸亨四年。

王方翼　　儀鳳中—調露中

《舊書》本傳:"永徽中累授安定令,誅大姓皇甫氏,盜賊止息,號爲善政。五遷肅州刺史。"《新書》本傳:"再遷肅州刺史……儀鳳間,河西蝗,獨不至方翼境。"《元龜》卷六七五略同。《通鑑·調露元年》:六月,"命行儉冊立波斯王,仍爲安撫大食使。行儉奏肅州刺史王方翼以爲己副,仍令檢校安西都護"。《全文》卷二二八張説《唐故夏州都督太原王公(方翼)神道碑》:"樂成公東討新羅,薦爲將帥,詔公持節鷄林道總管。軍停不行,授沙州刺史,未至,改拜肅州……儀鳳歲……詔公爲波斯軍副使兼安西都護。"

王本立　　垂拱三年(687)

《舊書·劉禕之傳》:"垂拱三年,或誣告禕之受歸誠州都督孫萬榮金,兼與許敬宗妾有私,則天特令肅州刺史王本立推鞫其事。"《新書·劉禕之傳》略同。又見《會要》卷五四,《通鑑·垂拱三年》六月。

劉玄意　　長壽二年(693)

拓本《唐故左衛劉府君(僧)墓誌銘并序》(長壽二年二月二十一日):"子玄意,唐左鷹揚衛郎將,皇朝西州都督府司馬,西州長史,肅州刺史。"

柳存業　　約武后時

《新表三上》柳氏:"存業,肅州刺史。"按《姓纂》卷七河東解縣柳氏:"存業,宿州刺史。"其祖穎之,屯田員外郎;伯祖謩之,隋黃門侍郎。存業至遲約仕於武后時。其時無宿州,當以《新表》爲是,疑《姓纂》音近訛誤。

李釋子　　神龍二年(706)

《千唐誌·唐故左領軍衛執戟李公(侃侃)墓誌銘并序》:"父釋

子，皇任鹽、甘、肅三州刺史，使持節肅州都督。"侃侃卒開元十七年，年三十九。《隋唐五代墓誌匯編·陝西卷》第三册《大唐故左監門率上柱國李府君（長雄）墓誌銘并序》（神龍二年十一月六日）："嫡孫肅州諸軍事肅州刺史釋子，血灑高堂。"證知神龍二年李釋子在肅州任。

湯嘉惠　　景龍四年（710）

《大詔令集》卷一三〇蘇頲《命呂休璟等北伐制》："玉門軍使、肅州刺史湯嘉惠，墨離軍使、瓜州都督李思明，伊吾軍使、伊州刺史李奮交等各領當軍兵馬……景龍四年五月十五日。"又見《全文》卷二五三。

韓　某　　天寶中

《全詩》卷一九九岑參有《贈酒泉韓太守》。

史繼先　　天寶中

《金石録》卷二八《唐右神武將軍史繼先碑》："玄宗時爲左金吾衛大將軍、酒泉郡太守、河西節度副使。肅宗初知神武軍士，賜姓史氏……卒於建中元年。"

劉臣璧　　約乾元二年—廣德元年（約759—763）

敦煌寫本P2555《爲肅州刺史劉臣璧答南蕃書》："昔我開元聖文神武太上皇帝登極之際，與先贊普神運契和……我乾坤（元）大聖光〔天〕文武孝感皇帝麟躍鳳翔，龍飛河朔……三年已前七月十五日，勞贊摩大軍遠辱弊邑……今我河西節度使呂公，天假奇才……擁旄四載，一變五涼……肅州刺史劉臣璧頓首。"（《敦煌吐魯番文獻研究文集》）按"乾元大聖光天文武孝感皇帝"乃乾元二年正月群臣上肅宗的尊號，見《舊書·肅宗紀》；"河西節度使呂公"指呂崇賁，約上元元年至廣德元年在河西節度使任。

王崇正　　永泰元年？（765？）

敦煌寫本P2942《河西巡撫使判集》："尚書判肅州建康先行文

牒……王使君處事精通，固應割己，趙大使在□□，必藉用心。""肅州刺史王崇正錯用官張瓛僞官銜。"（《唐永泰元年至大曆元年河西巡撫使判集研究》）

楊 顥 永泰二年？（766？）

《敦煌石室寫經題記》上輯《般若波羅蜜多心經題記》："破落官、前同河西節度副使、銀青光禄大夫、試鴻臚卿兼肅州刺史楊顥寫訖。"

待考録

裴 清

《嘉泰吳興志》卷一四郡守題名："裴清，大曆二年自宿州刺史授；除鄂州刺史。《統記》云：六年，選兵部郎中。"按大曆初尚無宿州，《吳興志》誤。未知是否肅州之音訛，姑列於此，待考。

卷四二　瓜州(晉昌郡)

隋燉煌郡之常樂縣。武德五年置瓜州，仍立總管府。八年罷都督府。貞觀中復爲都督府。天寶元年改爲晉昌郡。乾元元年復爲瓜州。大曆十一年陷於西蕃。大中五年歸國。領縣二:晉昌、常樂。

賀若懷廓　　武德五年—六年(622—623)

《通鑑·武德六年》:六月，"瓜州總管賀若懷廣按部至沙州，值州人張護、李通反，懷廣以數百人保子城;涼州總管楊恭仁遣兵救之，爲護等所敗"。七月，"張護、李通殺賀拔(若)懷廣，立汝(沙)州別駕竇伏明爲主，進逼瓜州，長史趙孝倫擊却之"。按《新書·高祖紀》:武德六年"七月丙子，沙州別駕竇伏明反，殺其總管賀若懷廓"。又按《姓纂》卷九河南洛陽賀蘭氏(岑校爲"賀若氏"):"懷廓，唐禮部郎中。"則《通鑑》之"懷廣"當爲"懷廓"之訛誤。岑仲勉《元和姓纂四校記》據《新紀》謂懷廓爲沙州總管，亦誤，沙州未嘗設總管，《通鑑》作"瓜州總管"，是。

許世緒　　約武德七、八年(約 624、625)

《千唐誌·唐故太府卿真定郡公許府君(緒)墓誌銘并序》:"於時高祖經綸大寶……太宗翊贊靈圖……歷司農、太府卿，轉鄂、瓜、豫三州刺史。因入朝，遂嬰重疾。承明謁帝，方獻替於紫廬;鈞天動心，奄□□於金奏，春秋六十三，追贈靈州都督……顯慶五年十二月十三日遷奉北邙北平樂里。"不言卒年。又《滄州東光縣令許行本墓誌銘》

稱:"父緒,散騎常侍,司農、太府等卿,瓜州都督,上柱國、真定郡公。"
行本卒高宗上元二年,未言享壽。又《行本與崔氏合葬墓誌》云:"考
緒,太原佐命恕死一等功臣,左侍極,外府、司農卿,瓜州都督,豫州刺
史。"按《姓纂》卷六中山許氏:"緒,太府少卿、蔡州刺史、左常侍。"又
按兩《唐書》作"世緒",謂武德中累除蔡州刺史。

【補遺】于義固　　武德中

《隋唐五代墓誌匯編·陝西卷》第一册《唐故平州刺史煦山公於
府君(尚範)墓誌銘並序》(開元二年正月二十六日):"曾祖義固,直閣
將軍、瓜州刺史,建平公。祖宣道,涼州刺史,城安公。……〔尚範〕俄
授滄州司馬、相州長史……遂遷平州刺史,封煦山公。"載初元年卒,
春秋七十有七。

王　直　　武德、貞觀間?

《新表二中》京兆王氏:"直,瓜州刺史。"按其孫德真,相高宗、
武后。

獨孤達(獨孤僧達)　　貞觀三年(629)

《大慈恩寺三藏法師傳》卷一:"貞觀三年秋八月,將欲首塗……
乃晝伏夜行,遂至瓜州。時刺史獨孤達聞法師至,甚歡喜,供事殷
厚。"按《姓纂》卷一〇京兆獨孤氏有獨孤僧達,疑即此人。

秦孝言　　約貞觀中

《元龜》卷三鄜州洛川秦氏:"唐瓜州刺史秦孝言。"按其子懷洛咸
亨二年爲婺州司馬,坐贓被斬,見《元龜》卷一五二。又其子相如,顯
慶四年上第,見《會要》卷二六。

張臣合　　貞觀二十三年—顯慶元年(649—656)

《隋唐五代墓誌匯編·陝西卷》第三册《大唐故正議大夫使持節
兼泉州刺史潞城公(張臣合)墓誌銘并序》(總章元年十一月四日):

"〔貞觀〕廿三年加正議大夫瓜州刺史……顯慶元年授朗(?)州刺史,龍朔三年改授泉州刺史。"

崔延朗　約顯慶元年(約 656)

北圖藏拓片《大唐薛王友行珍州榮德縣丞杜君故妻博陵崔氏墓誌銘并序》(顯慶二年七月廿七日):"夫人諱素,字瑶英……父延朗,左千牛衞將軍,甘、涼、瓜、沙四州刺史,博陵郡開國公。"夫人永徽元年一月適杜詢,顯慶二年卒,年二十四。

陳某　聖曆中?

《文史》第 29 輯王素《吐魯番所出武周時期吐谷渾歸朝文書史實考證》:"1972 年新疆吐魯番阿斯塔那 225 號墓出土了一組有關武周時期吐谷渾歸朝事迹的文書……第一件題爲《武周豆盧軍牒爲吐谷渾事一》……'(上闕)〔州〕陳都督處,可汗語弘〔德〕(下闕)'……第二件題爲《武周豆盧軍牒爲吐谷渾歸朝事二》……'向瓜州陳都督處,可汗〔語〕〔弘〕(下闕)'……同墓所出紀年文書,最早爲武周聖曆二年(699),最晚爲武周長安三年(703)。因此,這三件文書寫成的時間又可限在武周聖曆二年至長安三年之間。"

李思明　景龍四年(710)

《大詔令集》卷一三〇蘇頲《命呂休璟等北伐制》:"墨離軍使瓜州都督李思明,伊吾軍使伊州刺史李睿交等各領當軍兵馬……景龍四年五月十五日。"又見《全文》卷二五三。

陰嗣璋　開元初?

榮新江云,《敦煌名族志》陰氏條:"〔陰仁〕果子嗣璋……唐任朝散大夫、使持節瓜州諸軍事、檢校瓜州刺史、上柱國。"仁果爲仁協兄,據陰仁協、陰嗣業任職時間(見上岷州卷),嗣璋刺瓜應在神龍至開元初。

田元獻　　開元十五年(727)

《舊書・玄宗紀上》：開元十五年“九月丙子，吐蕃寇瓜州，執刺史田元獻及王君㚟父壽”。《大唐新語》卷七：“玄宗東封回……至十五年九月，吐蕃果犯瓜州，殺刺史田元獻。”又見《新書・玄宗紀》《王君㚟傳》《蕭嵩傳》，兩《唐書・吐蕃傳上》，《姓纂》卷四五三，《通鑑・開元十五年》九月。

張守珪　　開元十五年—十七年(727—729)

《舊書》本傳：“〔開元〕十五年，以守珪爲瓜州刺史、墨離軍使……仍以瓜州爲都督府，以守珪爲都督。”《通鑑・開元十五年》：十一月，“〔蕭〕嵩又奏以建康軍使河北張守珪爲瓜州刺史”。《開元十七年》：“三月，瓜州都督張守珪……擊吐蕃大同軍，大破之。”又見《新書》本傳，兩《唐書・玄宗紀》《蕭嵩傳》《吐蕃傳上》，《元龜》卷一一九、卷一二八、卷三八四，《通鑑・開元十六年》七月。《全文》卷四〇玄宗有《賜瓜州刺史墨離軍使張守珪沙州刺史賈思順書》，《元龜》卷一三三引此書稱開元十七年三月。《隋唐五代墓誌匯編・洛陽卷》第十册《唐故輔國大將軍右羽林大將軍幽州長史兼御史大夫括州刺史（下闕）》（開元二十八年十月二十日）：“〔開元〕十五年拜瓜州刺史……加宣威將軍、左領衛率兼瓜州都督……拜右羽林將軍兼鄯州都督。”

楊如權　　約玄宗時

《新表一下》楊氏越公房：“如權，瓜州刺史。”乃鄜州刺史楊九思子。

樂庭瓌　　天寶中

敦煌寫本 P3720《莫高窟記》第一身畫像題記：“朝議大夫使持節晉昌郡諸軍事守晉昌郡太守兼墨離軍使賜紫金魚袋上柱國樂庭瓌供養時。”

季廣琛　　約天寶十三載(約754)

《酉陽雜俎》前集卷六“器奇”：“開元中，河西騎將宋青春〔有神劍〕……青春死後,劍爲瓜州刺史李(季)廣琛所得……哥舒鎮西知之,求易以他寶,廣琛不與。”又見《廣記》卷二三一引。《南部新書》乙記載同。按哥舒翰天寶十二載至十四載爲河西節度使。鎮西,當爲河西之誤。又按季廣琛至德二載在永王璘幕,乾元二年爲溫州刺史,上元二年爲浙西節度。

楊　預　　至德元載?—乾元元年?(756?—758?)

《全文》卷四二二楊炎《四鎮節度副使右金吾大將軍楊公神道碑》:“以〔天寶〕十四載五月薨於鎮西之官舍……嗣子預……初以右武衛郎將見於行在,天子美其談説……特拜左衛將軍兼瓜州都督……又遷伊西北庭都護。”

張　銑　　代宗時

《舊書‧德宗紀上》:建中三年五月“丙申,詔:‘故伊西北庭節度使楊休明、故河西節度使周鼎、故西州刺史李琇璋、故瓜州刺史張銑等,寄崇方鎮,時屬殷憂,固守西陲,以抗戎虜,殁身異域,多歷歲年……休明可贈司徒,鼎贈太保,琇璋贈戶部尚書,銑贈兵部侍郎。’皆隴右牧守,至德已來陷吐蕃而殁故,至是西蕃通和,方得歸葬也”。又見《元龜》卷一三九,《全文》卷五〇德宗《贈楊休明等官詔》。

閻　某　　大中、咸通間

榮新江云:敦煌寫本 P4660 有《銀青光禄大夫檢校國子祭酒使持節瓜州諸軍事守瓜州刺史御史中丞賜紫金魚袋上柱國閻公貌真贊》,爲悟真在大中十年(856)至咸通十年(869)任河西都僧録期間所撰,閻公任職約在此期間(録文見 Chen Tsu-Lung, *Eloges de Porsonnages eminents de Touen-houang sous les Tanget les Cing Dynasties*, Paris 1970 P.35;參看拙稿《龍家考》,《中亞學刊》第 4 輯)。

康　某　　咸通十年以後(869 以後)

榮新江云:敦煌寫本 P4660 有《銀青光禄大夫檢校太子賓客使持

節瓜州諸軍事守瓜州刺史兼左威衛將軍賜紫金魚袋上柱國康使君貌
真贊》,爲咸通七年始任河西都僧統的悟真所撰(録文見 Chen Tsu-
lung 上引書 37—38 頁)。

索　勛　　約光啓四年—景福元年(約 888—892)

《唐文拾遺》卷六三《大唐河西道歸義軍節度索公紀德之碑》:"公
則□河西節度張太保之子聳也……上襃厥功,特授昭武校尉,持節瓜
州諸□□□□□墨釐軍押蕃落(缺七字)。"曹元忠《沙州石室文字記》
謂:索勛爲義潮之婿,昭宗景福元年八月由瓜州刺史遷歸義軍節度
使。榮新江云,敦煌寫本 P4638《瓜州牒狀》:"索中丞出身隴上,文武
雙兼……況當親懿,德合潘陽……切以晉昌古郡……事須請守,使持
節瓜州刺史,仍便交割印文,表次聞奏。"(《沙州文録》)索中丞當指索
勛,是歸義軍節度使張議潮女婿,故云"親懿"。按敦煌寫本 S1824
《受十戒文》題記:"光啓四年戊申五月八日,三界寺比丘僧法信於城
東索使君佛堂頭寫記。"索使君應指使持節瓜州諸軍事瓜州刺史索
勛,則其任職瓜州至少始於光啓四年。據《索勛紀德碑》,景福元年索
勛升任歸義軍節度使。

李弘定　　乾寧元年(894)

《西陲石刻録·隴西李氏再修攻(功)德記碑》:"次男使持節瓜州
刺史墨離軍押蕃落等使兼御史大夫弘定……□□□元年歲次甲寅拾
月庚申朔伍日。"按甲寅歲爲乾寧元年。《敦煌莫高窟供養人題記》第
九窟:"瓜州刺史……光禄大夫檢校右散騎常侍兼御史大夫上柱國隴
西郡李弘定一心供養。"

卷四三　沙州（瓜州、燉煌郡）

隋燉煌郡。武德二年置瓜州。五年改爲西沙州。貞觀七年去
"西"字。天寶元年改爲燉煌郡。乾元元年復爲沙州。建中二年陷於
吐蕃。大中五年八月張義潮遣使歸國，沙州爲歸義軍節度使治所。
領縣二：燉煌、壽昌。

賀拔行威　　武德三年—五年（620—622）

《新書·高祖紀》：武德三年"十二月己酉，瓜州刺史賀拔行威
反"。五年五月"庚寅，瓜州人王幹殺賀拔行威以降"。又見兩《唐
書·楊恭仁傳》，《通鑑·武德三年》十二月。

元　韶　　武德中

《姓纂》卷四河南洛陽元氏："韶，沙州刺史。"按武德五年六月元
韶爲瓜州道行軍總管，見《新書·高祖紀》。疑在誅賀拔行威後，元韶
爲沙州刺史。

劉德敏　　貞觀十四年（640）

《西陲石刻録·姜行本紀功碑》："詔使持節光禄大夫吏部尚書上
柱國陳國公侯君集……乃統沙州刺史上柱國望都縣開國侯劉德
敏……等，並率驍雄，鼓行而進，以貞觀十四年五月十日師次伊
吾……貞觀十四年歲次庚子六月丁卯朔廿五日辛丑立。"又見《全文》
卷一六二《司馬太貞紀功碑》。

張　才　　貞觀中？

《隋唐五代墓誌匯編・洛陽卷》第十二册《唐故開府儀同三司檢校户部尚書知省事贈太子太師御史大夫鄧國公張公（獻誠）墓誌銘并序》（大曆四年二月三日）：“公則沙州刺史才之曾孫，同昌軍使贈蔚州刺史義福之孫，御史大夫幽州節度等使南陽郡開國公贈兵部尚書守珪之子也。”按張守珪開元二十一年至二十七年爲幽州節度使，其祖疑仕貞觀中。

蘇海政　　貞觀二十一年—二十二年（647—648）

《舊書・西戎・龜兹傳》：“〔阿史那〕社爾進軍逼之，王乃輕騎而走，遂下其城，令孝恪守之。遣沙州刺史蘇海政、尚輦奉御薛萬備以精騎逼之。”《新書・西域上・龜兹傳》略同。又見《通鑑・貞觀二十二年》十二月。《元龜》卷九八五作貞觀二十一年閏十二月。

平原公　　永徽中

《全文》卷一八五王勃《常州刺史平原郡開國公行狀》：“永徽中，改沙州刺史……龍朔中，授公熊津道總管。”

崔延朗　　顯慶二年？（657？）

北圖藏拓片《大唐薛王友行珍州榮德縣丞杜君故妻博陵崔氏墓誌銘并序》（顯慶二年七月廿七日）：“夫人諱素，字瑶英……父延朗，左千牛衛將軍，甘、涼、瓜、沙四州刺史，博陵郡開國公。”夫人永徽元年一月適杜詢，顯慶二年三月十五日卒，年二十四。

李祖隆　　咸亨四年（673）

《沙州志・魚泉驛》：“右唐咸亨四年刺史李祖隆奏，奉敕置。”

【王方翼　　儀鳳元年（676）（未之任）】

《全文》卷二二八張説《唐故夏州都督太原王公（方翼）神道碑》：“授沙州刺史。未至，改拜肅州……儀鳳歲……詔公爲波斯軍副使兼安西都護。”按王方翼儀鳳至調露間爲肅州刺史，見《新書》本傳及《通鑑·調露元年》。

【補遺】蘇　績　　高宗時？

《大唐故左武衛郎將京兆蘇公（通）墓誌銘並序》（景龍三年二月十五日）：“父績，唐任沙州刺史；清以勵俗，惠以安人，化往移風，恩流曳雨。氐羌引領，如聞鄧訓之名；戎羯洗心，似見然明之面。”（許自然、張藴《西安市周圍出土的三合唐志》，《考古與文物》1990 年第4 期）本卷著録貞觀二十一年至二十二年蘇海政，曾以精騎逼龜兹，未知與蘇績有關否。

李無虧　　天授二年（691）

《沙州圖經·五色鳥》：“大周天授二年一月，百姓陰嗣鑑於平康鄉武孝通園内見五色鳥……刺史李無虧表奏。”又《日揚光·慶雲》：“大周天授二年冬至日……卯時，有五色雲扶日……刺史李無虧表奏。”又《清泉驛》《東泉驛》《蒲昌海五色》《白狼》，均有天授二年刺史李無虧表奏之記載。

陳玄珪　　證聖元年（695）

《沙州圖經·橫澗驛》：“刺史陳玄珪爲中間迂曲，奏請奉證聖元年十二月三十日敕置，驛側有澗，因以爲名。”

李庭光　　聖曆元年（698）

《唐文拾遺》卷六三《大（缺八字）上柱國李君墓高窟□龕碑并序》：“有法良禪師從東届此，又於傅師窟側更即營建，伽藍之起，濫觴於二僧。復有刺史建平公東陽王（缺七字）……大周聖曆之辰，樂傅法良發其宗，建平東陽宏其迹……聖曆元年五月十四日脩葺功畢。”乃周張掖太守李穆之曾孫。榮新江云：敦煌寫本 S1523 抄有《通義大夫使持節沙州諸軍事沙州刺史兼豆盧軍使上柱國李庭光莫高窟靈巖佛窟之碑并序》，其中“國”字爲武周新字，年代當在武周後期。

李思貞　　長安四年(704)

《隋唐五代墓誌匯編·陝西卷》第一册《大唐故沙州刺史李府君(思貞)墓誌銘并序》(神龍元年七月五日)："檢校庭州刺史，又檢校沙州刺史……以長安四年七月十日卒於沙州刺史之官舍，春秋□十有三。"證知長安四年七月前在沙州刺史任。

能昌仁　　景雲二年(711)

《千唐誌·唐故朝散大夫試光禄寺丞譙郡能府君(政)墓誌銘并序》(長慶三年十二月十日)："曾祖諱昌仁，皇正議大夫使持節沙州諸軍事守沙州刺史兼充豆盧軍使，上柱國，贈太保。"乃乾元間齊州刺史能元皓父。北圖藏拓片《唐故女道士前永穆觀主能師銘誌并序》(大和四年十月二十日)："曾祖昌仁，皇沙州刺史，贈太子太保。"能師卒大和四年二月十五日，享年六十三。按榮新江提供英國圖書館藏敦煌寫本 S11287 號《景雲二年七月九日賜沙州刺史能昌仁敕》："敕沙州刺史能昌仁，使人主父童至，省表所奏額外支兵者，別有處分，使人今還。指不多及。敕。景雲二年七月九(別筆)日開府儀同三司中書令兼太子左庶子監修國史上柱國郇國□□□□□(公臣韋安石宣)……"證知景雲二年在任。

杜楚臣　　開元二年(714)

《沙州志·張芝墨池》："開元二年九月，正議大夫使持節沙州諸軍事行沙州刺史兼豆盧軍使上柱國杜楚臣赴任……訪睹此池，未獲安惜。"敦煌寫本 P3721《瓜沙兩郡大事記并序》殘卷："玄宗開元二年九月，正議大夫、使持節沙州諸軍事行沙州刺史、兼豆盧軍使、上柱國杜楚臣赴任。"

張孝嵩　　開元三年(715)

敦煌寫本 P3721《瓜沙兩郡大事記并序》殘卷："開元三年，張嵩刺史赴任敦煌。到郡日，問郡人曰……"此"張嵩"當即張孝嵩。但敦煌寫本 S5448《敦煌錄》云："神龍中，〔沙州〕刺史張孝嵩下車求□，郡人告之。太守怒曰：豈有川源妖怪，害我生靈……親詣闕進上，玄宗嘉稱再三，遂賜龍舌，敕號龍舌張氏。"此"神龍中"顯爲"開元中"之誤，因有"玄宗嘉稱"云云。

賈師順　　開元十七年(729)

《通鑑·開元十七年》："三月，瓜州都督張守珪、沙州刺史賈師順擊吐蕃大同軍，大破之。"《全文》卷四○玄宗有《賜瓜州刺史墨離軍使張守珪沙州刺史賈師順書》。《元龜》卷一三三引此書稱開元十七年三月，又見卷一二八。兩《唐書》本傳未及。

王懷亮　　永泰元年前(765 前)

敦煌寫本 P2942《河西巡撫使判集》："故沙州刺史王懷亮擅破官物充使料，徵半放半。"（《唐永泰元年至大曆元年河西巡撫使判集研究》）

楊休明　　大曆元年(766)

《通鑑·大曆元年》："五月，河西節度使楊休明徙鎮沙州。"《千唐誌·故朝散大夫使持節丹州諸軍事丹州刺史弘農楊公(乾光)墓誌銘并序》(大中九年八月)："祖休明，河西伊庭節度使，贈司空。"《全文》卷五○德宗有《贈楊休明等官詔》，又見《舊書·德宗紀上》，《元龜》卷一三九。

周　鼎　　大曆二年—十二年(767—777)

《金石萃編·唐廣平文貞公碑側記》稱：第八子衡，謫居沙州，參佐戎幕，以功累拜工部郎中、河西節度行軍司馬，與節度周鼎保守燉煌十餘歲，遂有中丞、常侍之拜。恩命未達，而吐蕃圍城，兵盡矢窮，爲所陷，大曆十二年十二月，吐蕃以二百騎護歸。《西陲石刻錄·唐隴西李府君(大賓)修攻(功)德碑》："時節度觀察處置使開府儀同三司御史大夫蔡國公周公，道洽生知，才膺命世。"大曆十一年立。此"周公"當即周鼎。《舊書·德宗紀上》建中三年五月丙申詔稱："故河西節度使周鼎……固守西陲，以抗戎虜。殞身異域，多歷歲年……鼎贈太保。"又見《元龜》卷一三九，《全文》卷五〇德宗《贈楊休明等官詔》，《大詔令集》卷一一六常袞《喻安西北庭諸將制》。

閻　朝　　大曆十二年—貞元二年(777—786)

《新書·吐蕃傳下》："始，沙州刺史周鼎爲唐固守，贊普徙帳南山，使尚綺心兒攻之。鼎請救回鶻，逾年不至，議焚城郭，引衆東奔，皆以爲不可。鼎遣都知兵馬使閻朝領壯士行視水草……〔閻朝〕執鼎而縊殺之，自領州事。城守者八年……又二歲，糧械皆竭……於是出降。自攻城至是凡十一年，贊普以綺心兒代守。後疑朝謀變，置毒靴中而死。"

張義潮　　大中二年—五年(848—851)

《舊書·宣宗紀》：大中五年八月，"沙州刺史張義潮遣兄義澤(潭)以瓜、沙、伊、肅等十一州户口來獻，自河、隴陷蕃百餘年，至是悉復隴右故地，以義潮爲瓜沙伊等州節度使"。《通鑑·大中五年》："正月壬戌，天德軍奏攝沙州刺史張義潮遣使來降……以義潮爲沙州防禦使。"又見《新書·吐蕃傳下》，《太平寰宇記》卷一五三沙州，《元龜》卷二〇，《會要》卷七一、卷七八。《西陲石刻録·隴西李氏再修攻(功)德記碑》："妻父河西隴右一十一州節度管内觀察處置押蕃落、營田、支度等使……南陽張公諱義潮。"《通鑑·咸通八年》："二月，歸義節度使張義潮入朝，以爲右神武統軍，命其族子淮深守歸義。"《新書·方鎮表四》：大中五年，"置歸義軍節度使，領沙甘瓜肅鄯伊西河蘭岷廓十一州，治沙州"。榮新江云，敦煌寫本 S3329《張淮深碑》："敦煌、晉昌收復已訖，時當大中二載，題箋修表，紆道馳函，上達天聞。"(録文見藤枝晃《敦煌千佛洞的中興》，《東方學報》，京都，第 35 册，1964 年，64—70 頁)《通鑑》：大中五年正月壬戌，"天德軍奏攝沙州刺史張義潮遣使來降"。按大中五年到達天德軍的沙州使人，即張議

（義）潮在大中二年派出"紆道馳函"的使者。從天德軍奏文看，議潮大中二年已稱刺史。又諸書所記大中五年唐朝任命議潮爲歸義軍節度使，均未言及沙州刺史，應有他故，疑五年以後議潮專任節度使，而刺史職則讓與其兄議潭。

張義潭（張議潭）　　大中五年—七年（851—853）

榮新江云，敦煌寫本 P2762《張淮深碑》："皇考諱議潭，前沙州刺史、金紫光禄大夫、檢校鴻臚大卿、守左散騎常侍、賜紫金魚袋。入陪龍鼎，出將虎牙，武定文經，語昭清史。推夷齊之讓，戀荆樹之榮，手足相扶，同營開關。先身入質，表爲國之輸忠；葵心向陽，俾上帝之誠信。"據下條引《張淮深墓誌銘》，淮深於大中七年繼其父任沙州刺史，此爲議潭任此職下限。其始任時間疑在大中五年唐任命議潮爲歸義軍節度使的同時。議潭爲議潮兄，下任沙州刺史，可謂"推夷齊之讓"了。

張淮深　　大中七年—大順元年？（853—890？）

《新書·吐蕃傳下》："〔咸通〕八年，義潮入朝，爲右神武統軍，賜第及田，命族子淮深守歸義。"《敦煌變文集·張淮深變文》："自從司徒歸闕後，有我尚書獨進奏，□（持）節河西理五州，德化恩沾及飛走。"按司徒當指張義潮。《西陲石刻録·隴西李氏再修攻（功）德記碑》稱："伊西等州節度使兼司徒張淮深。"榮新江云，敦煌寫本 P2913《歸義軍節度使檢校司徒南陽張府君墓誌銘》："府君諱淮深，字禄伯……大中七載便任敦煌太守……公以大順元年二月廿二日殞斃於本郡，時年五十有九。"《張淮深碑》："詔令承父之任，充沙州刺史、左驍衛大將軍。"又 P3720《唐咸通十年十二月廿五日中書門下牒》："右河西道沙州諸軍事兼沙州刺史御史中丞張淮深奏白。"又 P3425《金光明變相一鋪銘并序》記有"清信弟子使持節沙州刺史充歸義軍兵馬留後當管營田等使守左驍衛大將軍賜紫金魚袋清河張某"，即張淮深，時在咸通七、八年間（以上録文均見拙稿《沙州歸義軍歷任節度使稱號研究》，1988 年中國敦煌吐魯番學術討論會論文，21—26 頁）。按歸義軍的制度，節度使似未必兼沙州刺史，淮深咸通十年以後是否仍在此職不明，姑存疑。

曹義金？　　大順元年？（890？）

《新書·吐蕃傳下》："〔張義潮〕命族子淮深守歸義。十三年卒。沙州長史曹義金領州務。"《通鑑·咸通十三年》："八月，歸義節度使張義潮薨，沙州長史曹義金代領軍府；制以義金爲歸義節度使。"據《敦煌石室真迹錄》寫本《張淮深傳》，淮深卒大順元年二月二十二日，則咸通十三年卒者，乃張義潮。疑義金代領軍府在張淮深死後，非咸通十三年，《新書》《通鑑》均誤。

索　勛？　　景福元年？（892？）

《唐文拾遺》卷六三《大唐河西道歸義軍節度索公紀德之碑》："公則□河西節度張太保之子聟也……上褒厥功，特授昭武校尉，持節瓜州諸□□□□墨釐軍押蕃落（缺）……景福元祀，白藏無射之末，公特奉絲綸，就加（下缺）。"曹元忠《沙州石室文字記》謂："〔索〕勛爲義潮之婿……當是昭宗景福元年八月授勛歸義軍節度。"《敦煌莫高窟供養人題記》第一九六窟："敕歸義軍節度沙瓜伊西等州管內觀察處置押蕃落營田等使、守定遠將軍、檢校吏部尚書兼御史大夫、鉅鹿郡開國公、食邑二千户實封二百户、賜紫金魚袋上柱國索勛一心供養。"按榮新江謂歸義軍節度使未必兼沙州刺史，故索勛及曹義金爲沙州刺史，不足信。

李弘願　　乾寧元年（894）

《西陲石刻錄·隴西李氏再修攻（功）德記碑》："長男使持節沙州諸軍事□沙州刺史兼節度副使檢校右散騎常侍、御史大夫、上柱國弘願……□□□□元年歲次甲寅拾月庚申朔伍日。"《全文》卷九九〇作《沙州千佛洞唐李氏再修功德碑》。按甲寅歲爲乾寧元年。

張承奉　　光化三年—天祐四年（900—907）

《舊書·昭宗紀》：光化三年八月"己巳，制前歸義軍節度副使、權

知兵馬留後、銀青光禄大夫、檢校國子祭酒、監察御史、上柱國張承奉
爲檢校左散騎常侍，兼沙州刺史、御史大夫，充歸義節度、瓜沙伊西等
州觀察處置押蕃落等使。"按《舊五代史・吐蕃傳》稱：梁開平中有沙
州節度使張承奉自號金山白衣天子。張承奉乾寧二年已自稱節度
使，見敦煌寫本 S4470《乾寧二年張承奉李弘愿布施疏》；天祐二年自
立爲白衣天子，號西漢金山國，見王重民《金山國墜事零拾》（《國立北平
圖書館館刊》9 卷 6 號）。《敦煌莫高窟供養人題記》第九窟："光禄大夫
檢校司徒同中書門下平章事……南陽郡開國公張承奉一心供養。"

卷四四　伊州(伊吾郡)

隋伊吾郡。隋末,西域雜胡據之,貞觀四年歸化,置西伊州。六年去"西"字。天寶元年改爲伊吾郡。乾元元年復爲伊州。領縣三:伊吾、柔遠、納職。

謝叔方　　約貞觀十六年—十八年(約 642—644)

《舊書》本傳:"太宗誅隱太子及元吉於玄武門,叔方率府兵與馮立合軍,拒戰於北闕下……歷遷西、伊二州刺史……貞觀末,累加銀青光禄大夫,歷洪、廣二州都督。永徽中卒。"《新書》本傳略同。

韓　威　　貞觀二十年—二十二年(646—648)

《舊書·西戎·龜兹傳》:"〔貞觀〕二十年,太宗遣左驍衛大將軍阿史那社爾爲昆山道行軍大總管……以伐龜兹。社爾既破西蕃處月、處密……社爾進屯磧石,去其(龜兹)都城三百里。遣伊州刺史韓威率千餘騎爲前鋒,右驍衛將軍曹繼叔次之。"《新書·西域上·龜兹傳》作"貞觀二十年"。又見《新書·阿史那社爾傳》,《通鑑·貞觀二十二年》十月,《元龜》卷九八五等記載。

蘇海政　　永徽六年(655)

《元龜》卷九八六:永徽六年"五月,遣左屯衛大將軍程知節爲葱山道行軍總管,率……左武衛將軍王文度、伊州都督蘇海政等討西突厥阿史那賀魯"。按貞觀二十一年或二十二年在沙州刺史任。

衡義整　　永昌元年(689)

《千唐誌·大周朝議大夫使持節伊州諸軍事伊州刺史上柱國衡府君(義整)墓誌銘并序》（天授二年二月十八日）："加朝散大夫行普州長史，勝州都督府司馬，西州都督府長史……恩制授朝議大夫使持節伊州諸軍事伊州刺史……以永昌元年四月廿一日薨於官舍。"《寶刻叢編》卷四引《訪碑録》："《周伊州刺史衡府君碑》，彭元覺撰，趙楚英書，天授二年立。"疑即衡義整，"衛"或"衡"之訛。

李眘交　　景龍四年(710)

《大詔令集》卷一三〇蘇頲《命呂休璟等北伐制》："墨離軍使瓜州都督李思明、伊吾軍使伊州刺史李眘交等各領當軍兵馬，與突騎施守忠、呂休璟等計會，共爲表裏……所以問不賓誅道惡……景龍四年五月十五日。"又見《全文》卷二五三，唯未署年月日。

士　暎　　開元初？

北圖藏拓片《大唐故朝散郎試平盧軍司馬賞緋魚袋士府君太原郭夫人墓誌銘》（天寶三載四月廿七日）："公諱如珪，字瓊……祖嶷，皇朝散大夫、守大理正、上柱國……父陳，皇朝議大夫、使持節伊州諸軍事伊州刺史、上柱國……公即刺史之第九息。"如珪卒天寶二年，春秋五十九。

郭知運　　開元二年(714)

《全文》卷二二七張説《贈涼州都督上柱國太原郡開國公郭君(知運)碑奉敕撰》："尋改朝散大夫伊州長史伊吾副使，以軍累破虜，即授其州刺史……默啜之寇北庭也，公奔命解圍，軍威大振，加雲麾將軍……開元二年，吐蕃入隴右掠坰牧，公兵以奇勝……拜右羽林將軍持節隴右諸州節度大使兼鄯州都督。"《元龜》卷一二八："開元二年四月戊午……制曰：右驍衛中郎將檢校伊州刺史兼伊吾軍使郭知運。"又卷三八四："郭知運爲檢校伊州刺史兼伊吾軍使，開元二年……〔秋〕，拜鄯州都督、隴右諸軍節度大使。"又見《舊書·郭虔瓘傳》，《全文》卷二〇玄宗《封郭虔瓘郭知運制》。

張楚賓（張賓）　　開元二十年—二十二年(732—734)

《全文》卷二八四張九齡《敕伊吾軍使張楚賓書》：“敕伊州刺史伊
吾軍使張楚賓，近得卿表，知沙陀入界，此爲劉渙凶逆處置狂疏……
今劉渙伏法，遠近知之……可具宣朝旨。”按北庭都護劉渙伏誅事在
開元二十二年，見《舊書·玄宗紀上》。榮新江云，吐魯番阿斯塔那
509 號墓出土《唐開元二十年石染典過所》：“四月六日，伊州刺史張
賓押過。”（錄文見池田溫《中國古代籍賬研究》363 頁）按此張賓疑即
開元二十二年刺伊之張楚賓。

袁光庭　　天寶十四載(755)

《舊書》本傳：“天寶末爲伊州刺史。禄山之亂，西北邊戍兵入赴
難，河、隴郡邑，皆爲吐蕃所拔。唯光庭守伊州累年……及矢石既盡，
糧儲並竭，城將陷没，光庭手殺其妻子，自焚而死。朝廷聞之，贈工部
尚書。”《新書》本傳略同。又見《舊書·郭幼明傳》，《御覽》卷二五五，
《元龜》卷一三九、卷六八六，《通鑑·建中二年》七月。

王和清　　大中十一年(857)

《敦煌掇瑣》十二《張義潮變文》：“至〔大中〕十一年八月五日，伊
州刺史王和清差報云：有背叛回鶻五百餘帳首領翟都督等將回鶻百
姓已到伊州側云。”

左　某　　大中、咸通年間

榮新江云，敦煌寫本 P4660 有《故前伊州刺史改授左威衛將軍銀
青光禄大夫檢校太子賓客殿中侍御〔使〕臨留左公贊》（錄文見陳祚龍
《敦煌銘贊小集》，《大陸雜志》第 63 卷第 4 期，1981 年，173 頁）。據
P5007 詩題記載，伊州在乾符三年(876)被回鶻攻占。左某刺伊當在
大中、咸通年間。參看拙稿《歸義軍及其與周邊民族的關係初探》，
《敦煌學輯刊》1986 年第 2 期 33 頁。

待考録

刁　緬

《廣記》卷三三三引《紀聞》："宣城太守刁緬，本以武進。初爲玉門軍使，有廁神形見外厩……緬歸，祭以祈福，廁神乃滅。緬旬日遷伊州刺史，又改左衞率、右驍衞將軍、左羽林將軍，遂貴矣。"

卷四五　西州（交河郡）

本高昌國。貞觀十四年平高昌，置西州，并置安西都護府。顯慶三年安西都護府移治龜兹，西州改置都督府。天寶元年改爲交河郡。乾元元年復爲西州。貞元七年没於吐蕃。領縣五：高昌（前庭）、柳中、交河、蒲昌、天山。

謝叔方　　約貞觀十四年（約 640）

《舊書》本傳："太宗誅隱太子及元吉於玄武門，叔方率府兵與馮立合軍，拒戰於北闕下……歷遷西、伊二州刺史……貞觀末，累加銀青光禄大夫，歷洪、廣二州都督。永徽中卒。"《新書》本傳略同。

喬師望　　貞觀十五年—十六年（641—642）

榮新江云，《文館詞林》卷六六四《貞觀年中巡撫高昌詔》："宜遣五品一人，馳驛往西州，宣揚朝旨，慰勞百姓……高昌舊官人並首望等，有景行淳直、及爲鄉閭所服者，使人宜共守。安西都護喬師望，景（量）擬騎都尉以下官奏聞。"據《新書·太宗紀》貞觀十六年正月"乙丑（九日），遣使安撫西州"的記載，喬師望守安西都護當在貞觀十五年末到十六年初。按安西都護官階爲從三品到正四品上，西州刺史爲正四品下。據《唐六典二》"階卑而擬高者則曰守"的制度，喬師望應是以西州刺史守安西都護的。參看土肥義和《貞觀十四年九月西州安苦呴延手實考》，《鈴木俊先生古稀紀念東洋史論叢》（東京，1975 年，305 頁，313—314 頁注㉖）。

郭孝恪　　貞觀十六年—二十三年(642—649)

　　《舊書》本傳:"貞觀十六年,累授金紫光禄大夫,行安西都護、西州刺史。"《新書》本傳略同。《元龜》卷四四七:"郭孝恪爲安西都護,太宗貞觀二十三年,阿史那社爾既擒龜兹王,孝恪守之。龜兹相那利潛引西突厥之衆并其國兵萬餘人來襲,孝恪……爲胡寇所殺,孝恪子待詔亦同死於陣中。"又見《舊書·太宗紀》,兩《唐書·龜兹傳》《突厥傳下》《沙陀傳》,《會要》卷九四,《元龜》卷一三六、卷九七三、卷九八五,《太平寰宇記》卷一五六,《通鑑·貞觀十六年》九月,《貞觀十八年》九月、《貞觀二十一年》十二月、《貞觀二十二年》十二月,《全文》卷八太宗《伐龜兹詔》。

柴哲威　　貞觀二十三年—永徽二年(649—651)

　　《文物》1984年第5期《唐天山縣南平鄉令狐氏墓誌考釋》附拓本:"貞觀廿三年九月七日……敕使使持節西伊庭三州諸軍事兼安〔西〕都護、西州刺史、上柱國譙國公柴哲威。"榮新江謂:《吐魯番出土文書》第4册294—295頁《唐永徽元年後付宋貿等物賬》記有"譙公"云云,即柴哲威,文書年代應在永徽二年。

麴智湛　　永徽二年—麟德元年(651—664)

　　《元龜》卷九九一:"永徽二年十一月丁丑,以高昌故地置安西都護府,以尚舍奉御天山縣公麴智湛爲左驍衛大將軍兼安西都護、府(西)州刺史,往鎮撫焉。"顯慶三年,"又移安西都護府於龜兹國,舊安西復爲西州都督府,左驍衛大將軍兼安西都護天山縣公麴智湛爲西州都督,以統高昌之故地"。《舊書·西戎·高昌傳》:"〔麴〕智湛,麟德中終於左驍衛大將軍、西州刺史。"又見《新書·西域上·龜兹傳》、《高昌傳》,《會要》卷七三、卷九五,《元龜》卷九六四。《西陲石刻録·大周故中散大夫行茂州都督府司馬上柱國張府君(懷寂)墓誌并序》:"餘裔遷波,奄居蒲渚,遂爲高昌人也。永徽之初,再還故里,都督麴〔智〕湛以公衣纓望重,才行可嘉……奏授本州行參軍。"

崔智辯　　麟德二年(665)

《新書·高宗紀》:麟德二年,"是春,疏勒、弓月、吐蕃攻于闐,西州都督崔智辯、左武衛將軍曹繼叔救之"。又見《通鑑·麟德二年》三月。

唐休璟(唐璿)　　永昌元年—長壽元年(689—692)

《通鑑·永昌元年》:七月,"太后以〔唐〕休璟爲西州都督"。又《長壽元年》:九月,"會西州都督唐休璟請復取龜兹、于闐、疏勒、碎葉四鎮。敕以〔王〕孝傑爲武威軍總管,與武衛大將軍阿史那忠節將兵擊吐蕃"。《全文》卷二五七蘇頲《右僕射太子少師唐璿(字休璟)神道碑》:"長壽中,武威軍大總管王孝傑之復四鎮,實賴其謀,表公爲西州刺史。"又見《舊書》本傳,《新書·吐蕃傳上》,《元龜》卷四〇五。《新書》本傳未及。

【補遺】鄧　温　　約武后時

《大唐故忠武將軍右衛率鄧府君(温)墓誌之銘並序》(延和元年七月十五日):"公諱温,字恭,南陽新野人也。……除遊擊將軍、淮陰府折衝都尉,尋拜朝散大夫、檢校西州都督,加朝議大夫、使持節西州諸軍事、西州刺史。……除使持節杭州諸軍事、杭州刺史。……除使持節貝州諸軍事、貝州刺史。……除使持節秦州諸軍事、秦州刺史。……以太極元年五月十二日遘疾薨於萬年縣之安興里第,春秋五十有六。"(李思宇、樊維岳《藍田縣出土唐故忠武將軍右衛率鄧温墓誌銘》,《文博》1993年第3期)

高　某　　開元十二年(724)

榮新江云,吐魯番文書大谷3786—3號《唐開元十二年西州官人差使録》:"(上殘)試西州刺史上柱國高:京兆府、長安縣,開元十二年六月廿九日准格充使。"(池田温《中國古代籍賬研究》,東京,1979年,351頁)

王斛斯　　開元二十年—二十一年(732—733)

《1973年吐魯番阿斯塔那古墓群發掘簡報》:"509號墓所出開元

二十一年正月二十七日《岸頭府界都游弈所爲查獲無過所人王奉仙等解州狀》……下署‘斯示，廿八日’……這‘斯’就是當時的西州都督府都督。開元二十一年正月二十三日《准石染典往伊州市易判諮》後，依次有四人通判，自右至左的批示簽名人爲延禎(?)、齊晏、崇、斛斯。從筆迹來看，這‘斛斯’與上一件的‘斯’爲同一人。斛斯是都督，則崇、齊晏、延禎當順次爲別駕、長史、司馬。唐開元二十一年時西州都督可能就是開元二十一年十二月被任命爲安西四鎮節度使的王斛斯。”(《文物》1975 年第 7 期)

張待賓　　約開元二十三年（約 735）

《全文》卷二八四張九齡有《敕西州都督張待賓書》兩篇。又卷二八七張九齡《敕西州都督張待賓書》稱：“敕天山軍使西州刺史張待賓。”

元　載　　肅宗時？

《舊書》本傳：“大曆八年，蕃戎入邠寧之後，載嘗爲西州刺史，知河西、隴右之要害。”《新書》本傳略同。又見《元龜》卷九九二，《通鑑·大曆八年》。

李秀璋（李琇璋）　　約大曆中

《舊書·德宗紀上》：建中三年五月“丙申，詔：‘……故西州刺史李琇璋、故瓜州刺史張銑等……固守西陲，以抗戎虜。殁身異域，多歷歲年……琇璋贈户部尚書，銑贈兵部侍郎。’皆隴右牧守，至德已來陷吐蕃而殁故。至是西蕃通和，方得歸葬也”。又見《元龜》卷一三九，《全文》卷五〇。

待考録

韋行式

《廣記》卷四五引《廣異記》：“唐大曆中，有韋行式爲西州採訪使。”按韋行式乃韋皋兄韋聿之子，見《舊書·韋皋傳》，則當仕於貞元中。

卷四六　安西大都護府(鎮西都護府)

貞觀十四年平高昌。置安西都護府,治西州。顯慶三年移安西都護府於龜兹。咸亨元年陷於吐蕃。長壽二年收復安西四鎮,依前於龜兹置安西都護府。至德元載更名鎮西,後復爲安西。貞元三年陷於吐蕃。

喬師望　　貞觀十五年—十六年(641—642)
見上"西州"卷。

郭孝恪　　貞觀十六年—二十三年(642—649)
見上"西州"卷。

柴哲威　　貞觀二十三年—永徽二年(649—651)
見上"西州"卷。

麴智湛　　永徽二年—顯慶三年(651—658)
見上"西州"卷。

匹婁武徹(婁武徹)　　高宗前期?
《千唐誌・唐左戎衛右郎將古夫人匹婁氏墓誌》:"父武徹……秦府庫真,驃騎將軍,右衛中郎將,檀、雲、朔等州刺史,安西都護使持節,上柱國、濟源縣開國公。"夫人卒證聖元年,年六十六。按《姓纂》

卷五河南婁氏稱：“武徹，唐崇道府統軍，武安公。”

高　賢　　龍朔三年（663）

《新書·高宗紀》：龍朔三年十二月“壬寅，以安西都護高賢爲行軍總管，以擊弓月”。又見《元龜》卷四一四，《通鑑·龍朔三年》十二月。

陶大有　　約高宗前期

《江蘇金石志》卷四《宣州刺史陶府君德政碑》：“兄諱大有，□□通事舍人，廓州刺史，安西都護。”

裴行儉　　麟德二年—乾封元年（665—666）

《舊書》本傳：“麟德二年，累拜安西大都護。”《新書》本傳同。又見《元龜》卷三九七，《宣和書譜》卷一八。《全文》卷二二八張説《贈太尉裴公（行儉）神道碑》：“出爲西州長史，又改金山副都護，又拜安西大都護。西域從政七八年……乾封歲徵爲同文少卿。”

董寶亮　　總章中？

《姓纂》卷六隴西董氏：“寶亮，安西都護，隴州刺史，天水公。”按《金石録》卷四有《戎州刺史董寶亮碑》，咸亨四年立。

杜懷寶　　儀鳳四年（679）

《全文》卷二二八張説《唐故夏州都督太原王公（方翼）神道碑》：“儀鳳歲……以安西都護杜懷寶爲庭州刺史。”《新書·王方翼傳》：“裴行儉討遮匐，奏爲副，兼檢校安西都護；徙故都護杜懷寶爲庭州刺史。”

王方翼　　調露元年—約永隆中（679—？）

《通鑑·調露元年》：六月，“〔裴〕行儉奏肅州刺史王方翼以爲己副，仍令檢校安西都護”。又《永淳元年》：四月，“阿史那車薄圍弓月城,安西都護王方翼引軍救之"。據《新書》本傳,是時王方翼在庭州刺史任。以張説《唐故夏州都督太原王公（方翼）神道碑》"無何,詔公爲庭州刺史"證之,疑《通鑑》誤。又見兩《唐書》本傳,《元龜》卷三六六、卷四一四,《會要》卷九四。《新書・地理志七下》焉耆都督府注:"有碎葉城,調露元年,都護王方翼築"。

杜懷寶　　約永隆中—永淳中

《全文》卷二二八張説《唐故夏州都督太原王公（方翼）神道碑》:"無何,詔公爲庭州刺史……前使杜懷寶更統安西。"

王　果（王世果）　　垂拱初

《新書・王雄誕傳》:"〔子〕世果,垂拱初至廣州都督,安西大都護。"按《舊書・王雄誕傳》作"王果"。

閻温古　　垂拱三年—永昌元年(687—689)

《新書・則天皇后紀》:垂拱三年十二月"壬辰,韋待價爲安息道行軍大總管,安西大都護閻温古副之,以擊吐番"。《通鑑・永昌元年》:七月,"韋待價至寅識迦河,與吐蕃戰,大敗……太后大怒,丙子,待價除名,流綉州,斬副大總管安西大都護閻温古"。又見兩《唐書・吐蕃傳上》,《元龜》卷四四五。《會要》卷七三作"長壽二年",誤。

昝　斌　　約天授元年(約690)

《芒洛四編》卷四《大周絳州稷山縣右豹韜衛翊□□郎將昝君（斌）墓誌銘并序》:"大周啓祚,定鼎開祥,以公雄略,除右豹韜衛翊府右郎將,別檢校安西都護,檢校巂州都督,敕西京皇城留守……長壽二年八月廿一日終於私第,春秋五十有六。"

許欽明　　約證聖元年(約695)

《舊書》本傳:"少以軍功歷左玉鈴衛將軍、安西大都護。"《新書》本傳同。《姓纂》卷六安陸許氏:"欽明,涼州都督,安西大都護。"又見

《新表三上》安陸許氏。按欽明萬歲通天元年爲涼州都督，九月被突厥擒殺，見《舊書》本傳及《通鑑》。其爲安西都護當在此以前。

【鄭孝本　　武后時（未之任）】

《全文》卷三一三孫逖《滄州刺史鄭公（孝本）墓誌銘》：“尋除貝州刺史，轉安西都護，以疾不堪詣部，轉滄州刺史。”聖曆元年卒，春秋六十七。

公孫雅靖　　武后時？

《姓纂》卷一櫟陽公孫氏：“雅靖，安西都護。”按：其父武達，貞觀三年爲肅州刺史，永徽中卒於右武衛大將軍任，兩《唐書》有傳。疑雅靖爲安西都護在武后時。

田揚名　　武后時

《舊書·西戎·龜茲傳》：“其安西都護，則天時有田揚名，中宗時有郭元振……皆有政績，爲夷人所伏。”《新書·西域上·龜茲傳》略同。

郭元振　　神龍二年——景龍四年（706—710）

《舊書》本傳：“神龍中，遷左驍衛將軍，兼檢校安西大都護……睿宗即位，徵拜太僕卿，加銀青光禄大夫。”《通鑑·神龍二年》：十二月，“安西大都護郭元振詣突騎施烏質勒牙帳議軍事”。又見《新書》本傳，《舊書·宗楚客傳》，兩《唐書·龜茲傳》，《會要》卷九四，《元龜》卷三八八、卷六六一。《全文》卷二三三張說《兵部尚書代國公贈少保郭公（元振）行狀》：“拜公涼州都督、兼隴右諸軍大使……景龍中……授公驍騎大將軍兼安西大都護……睿宗即位，徵拜太僕卿。”《千唐誌·唐故中大夫使持節江華郡諸軍事江華郡太守上柱國和府君（守陽）墓誌銘并序》（天寶四年十月十三日）：“景龍之歲，以軍功授義陽別將，磧西支度營田判官……時安西大都護郭元振與宰臣宗楚客有間……〔楚客〕令誣元振實有反端……君以爲危人啖利，貪夫敗迹……而乃堅明元振，遂得脱禍。"

【周以悌　　景龍二年(708)（未之任）】

《姓纂》卷五江陵周氏："姒娣，安西都護。"岑仲勉《姓纂四校記》謂"姒娣"應正作"以悌"。按《舊書·郭元振傳》謂宗楚客受闕啜之賂，除牛師獎爲安西副都護，娑葛擒闕啜，殺牛師獎。"楚客又奏請周以悌代元振統衆，徵元振，將陷之……元振奏娑葛狀。楚客怒，奏言元振有異圖。元振使其子鴻間道奏其狀，以悌竟得罪，流於白州。復以元振代以悌。"按景雲三年周以悌爲左威衛將軍，見《舊書·睿宗紀》。

張玄表　　景雲元年(710)

《通鑑·景雲元年》：十二月，"安西都護張玄表侵掠吐蕃北境，吐蕃雖怨而未絶和親"。又見《舊書·吐蕃傳上》。

吕休璟　　開元三年(715)

《通鑑·開元三年》二月《考異》引《實録》："宜令北庭都護湯嘉惠與葛邏禄、胡屋等相應，安西都護吕休璟與鼠尼施相應。"又十一月，"拔汗那王兵敗，奔安西求救。〔張〕孝嵩謂都護吕休璟曰：'不救則無以號令西域。'遂帥旁側戎落兵萬餘人，出龜兹西數千里，下數百城，長驅而進"。

郭虔瓘　　開元三年—五年(715—717)

《通鑑·開元三年》：十一月"丁酉，以左羽林大將軍郭虔瓘兼安西大都護"。《大詔令集》卷六三蘇頲《加郭虔瓘食實封制》稱"右羽林大將軍兼安西大都護四鎮經略大使上柱國太原郡開國公郭虔瓘"，開元三年十月十八日。《全文》卷二五三、兩《唐書》本傳同。《元龜》卷一五七："開元五年六月，突騎施奠長蘇禄潛窺亭障，安西都護郭虔瓘及十姓可汗阿史那獻皆反側不安，各以表聞。"

＊李　琮(李嗣直)　　開元四年(716)

《舊書》本傳：“開元四年正月，遙領安西大都護，仍充安撫河東、關內、隴右諸蕃大使……十五年，遙領涼州都督，兼河西諸軍節度大使。”《新書》本傳略同。

＊李　亨(李嗣昇)　　開元四年(716)

《舊書·肅宗紀》：“五歲拜安西大都護、河西四鎮諸蕃落大使。”《新書·肅宗紀》：“開元四年，爲安西大都護。”《通鑑·開元四年》：正月丙午，“陝王嗣昇爲安西大都護、安撫河西四鎮諸蕃大使，以安西都護郭虔瓘爲之副”。又見《會要》卷七八。《大詔令集》卷三五《郯王嗣直安北大都護等制》：“陝王嗣昇……可安西大都護……右羽林大將軍兼安西大都護四鎮經略大使上柱國潞國公郭虔瓘……可安西副大都護，仍兼陝王府長史……開元四年正月二十一日。”

湯嘉惠　　開元五年—七年(717—719)

《通鑑·開元五年》：七月，“安西副大都護湯嘉惠奏突騎施引大食、吐蕃，謀取四鎮，圍鉢換及大石城，已發三姓葛邏祿兵與阿史那獻擊之”。《會要》卷七八：“安西四鎮節度使，開元六年三月，楊(湯)嘉惠除四鎮節度經略使，自此始有節度之號。”《新書·西域上·焉耆傳》：“開元七年，龍嬾突死，焉吐拂延立。於是十姓可汗請居碎葉，安西節度使湯嘉惠表以焉耆備四鎮。”

張孝嵩?　　開元七年?—十二年(719?—724)

《新書·郭虔瓘傳》：“久之，卒軍中。以張孝嵩爲安西副都護。”《舊書·郭虔瓘傳》稱“以張嵩爲安西都護以代虔瓘”，“俄又以黃門侍郎杜暹代嵩爲安西都護”。據《新書·方鎮表四》，開元四年，“安西都護領四鎮節度、支度、經略使，副大都護領磧西節度、支度、經略等使，治西州”。正副都護分兼兩節度使都在西州，據《元龜》卷三五八和《廣記》卷四二〇都稱張嵩爲北庭節度使。故吳氏《方鎮年表》安西四鎮節度不著録張孝嵩、杜暹。從開元五年至九年著録湯嘉惠，十年至十七年缺，十八年又著録湯嘉惠，十九年至二十年又缺。由此可知張孝嵩、杜暹、趙頤貞先後相代爲安西副都護、磧西節度使。而其時可能兼安西都護、行安西四鎮節度使事歟？

杜　暹？　　開元十二年—十四年（724—726）

《舊書》本傳：“〔開元〕十二年，安西都護張孝嵩遷爲太原尹，或薦暹往使安西，蕃人服其清慎……乃奪情擢拜黄門侍郎，兼安西副大都護……暹在安西四年。”《通鑑·開元十二年》：“三月甲子，起〔杜〕暹爲安西副大都護、磧西節度等使。”又《開元十四年》：十二月，“杜暹爲安西都護，突騎施交河公主遣牙官以馬千匹詣安西互市……會暹入朝，趙頤貞代爲安西都護”。《舊書·西戎·龜兹傳》：“其安西都護……開元初有張孝嵩、杜暹，皆有政績，爲夷人所伏。”又見《新書·西域上·龜兹傳》，兩《唐書·突厥傳下》。參見上條。

趙頤貞　　開元十四年—十五年（726—727）

《通鑑·開元十四年》：十二月，“趙頤貞代爲安西都護”。《開元十六年》：“正月壬寅，安西副大都護趙頤貞敗吐蕃於曲子城。”又見兩《唐書·突厥傳下》，《太平寰宇記》卷一九七，《元龜》卷三五八。《姓纂》卷七中山趙氏：“顗（頤）貞，員外職方郎中，安西都護。”《新書·方鎮表四》：開元十五年，“分伊西、北庭置二節度使”。《全詩》卷四九張九齡有《送趙都護赴安西》，卷一一八孫逖有《送趙大夫護邊》，卷一二二盧象有《送趙都護赴安西》，皆指趙頤貞。

＊李　玢（李泗）　　開元十五年—二十三年（727—735）

《舊書》本傳：“〔開元〕十五年，遥領安西大都護、磧西節度大使。”《新書》本傳略同。《大詔令集》卷三六《慶王潭涼州都督等制》：“延王泗爲安西大都護兼四鎮節度大使……開元十五年五月。”《全文》卷二二同。《元龜》卷二七七：“〔開元〕二十三年……安西大都護延王泗（泗）……並加開府儀同三司。”按《會要》卷七八作“延王泗”，《元龜》卷二八一作“延王汾”，皆稱“安西大都護、磧西節度大使”，“泗”“汾”

當爲“洄”“玢”之訛。

趙含章　　開元十五年—十七年（727—729）

　　《遊方記抄》慧超《往五天竺國傳》：“又從疏勒東行一月，至龜兹國，即是安西大都護府……於是節度大使趙君且於安西，有兩所漢僧住持。”《全文》卷三三八顏真卿《唐故太尉廣平文貞公宋公神道碑側記》：“開元末，安西都護趙含章冒於貨賄，多以金帛賂遺朝廷之士，九品以上悉皆有名。其後節度范陽，事方發覺。”又見《金石録》卷二八，《金石補正》卷六三。按趙含章節度幽州在開元十八年至二十年，則其爲安西都護當在此前。

吕休琳（吕休林）　　開元十七年—十八年（729—730）

　　《貞元新定釋教目録》卷一四《三藏沙門達摩戰涅羅（唐言法月）》：“開元十八年，安西節度使吕休林表薦入朝。”按《姓纂》卷六馮翊吕氏：“唐領軍大將軍、涼州都督紹宗生休璟、休琳。”則“休林”當即“休琳”。

湯嘉惠　　開元十八年（730）

　　《顏魯公集》卷七《遊擊將軍左領軍衛大將軍兼商州刺史歐陽使君（珪）神道碑銘》：“開元十八年，解褐安西大都護府參軍，充湯嘉惠節度推勾官。”

來　曜　　開元十九年？（731？）

　　北圖藏拓片《故朝議郎行太原府文水縣主簿上柱國崔府君（水）墓誌銘并序》（天寶七年七月八日）：“解褐曹州乘氏縣尉……時安西都護來曜以嘉聲□駿，奏充節度判官。”《新書·李嗣業傳》：“開元中，從安西都護來曜討十姓蘇禄。”

徐欽識　　開元十九年？—二十一年？（731？—733？）

　　《全文》卷三四三顏真卿《遊擊將軍左領軍衛大將軍兼商州刺史

武關防禦使上柱國歐陽使君（琟）神道碑銘》："夫人高平徐氏，安西都護高平縣公欽識之女。"夫人卒大曆二年，享年五十有六。

王斛斯　　開元二十一年—二十六年？（733—738？）

《會要》卷七八："至〔開元〕二十一年十二月，王斛斯除安西四鎮節度使。"《全文》卷三〇九孫逖有《授王斛斯太僕卿仍兼安西都護制》。又卷二八四張九齡有《敕安西節度王斛斯書》，卷二八五又有同題四篇，卷二八六又有同題五篇。

蓋嘉運　　開元二十六年—二十七年（738—739）

《舊書·突厥傳下》："〔開元〕二十六年夏，莫賀達干勒兵夜攻蘇祿，殺之……莫賀達干遣使告安西都護蓋嘉運。"

田仁琬　　開元二十八年—天寶元年（740—742）

《全文》卷三〇五徐安貞《正議大夫使持節易州諸軍事守易州刺史田公（琬）德政之碑并序》："〔開元〕廿八年春二月，制攝御史中丞，遷安西都護。"《元龜》卷二四："天寶元年正月戊申，安西都護田仁琬（琬）於于闐東王河獲瑞玉龜一，畫以獻。"又卷四五〇有天寶元年《貶田仁琬舒州刺史制》。《全詩》卷二一一高適《東平留贈狄司馬》注："曾與田安西充判官。"田安西，當即安西都護田仁琬。按《舊書·王忠嗣傳》稱：開元二十九年以田仁琬充河東節度使，疑誤。《新書·高仙芝傳》："仙芝年二十餘，從至安西……初事節度使田仁琬、蓋嘉運等，不甚知名。後事夫蒙靈詧，乃善遇之。"

夫蒙靈詧　　天寶元年—六載（742—747）

《舊書·封常清傳》："年三十餘，屬夫蒙靈詧為四鎮節度使……開元末，會達奚部落背叛……玄宗敕靈詧邀擊之。"《貞元新定釋教目錄》卷一四《三藏沙門達摩戰涅羅》："以天寶二年歲次癸未十一月二十三日卒於此寺（于闐國金輪寺）矣，時本道節度副大使夫蒙靈詧監護葬儀。"《通鑑·天寶六載》："十二月己巳，上以〔高〕仙芝為安西四鎮節度使，徵靈詧入朝。"

高仙芝　　天寶六載—九載（747—750）

《舊書》本傳："年二十餘即拜將軍……事節度使田仁琬、蓋嘉運，
未甚任用，後夫蒙靈詧累拔擢之……天寶六載……制授仙芝鴻臚卿、
攝御史中丞，代夫蒙靈詧爲四鎮節度使，徵靈詧入朝。"《新書》本傳略
同。又見《通鑑‧天寶六載》十二月記載。又《天寶十載》：正月，"安
西節度使高仙芝入朝……加仙芝開府儀同三司。尋以仙芝爲河西節
度使"。《全詩》卷二一六杜甫《高都護驄馬行》："安西都護胡青驄。"
題下注："高仙芝，開元末爲安西副都護。"

王正見　　天寶十載—十一載（751—752）

《舊書‧封常清傳》："〔天寶〕十載，仙芝改河西節度使，奏常清爲
判官。王正見爲安西節度，奏常清爲四鎮支度營田副使、行軍司馬。
十一載，正見死。"《全文》卷五四五王顏《追樹十八代祖晉司空太原王
公神道碑銘》："虞卿房，安西、北庭二節度正見。"《敦煌唐人詩集殘
卷》有《非所寄王都護姨夫》（佚名），疑即王正見。

封常清　　天寶十一載—十四載（752—755）

《舊書》本傳："〔天寶〕十一載，〔王〕正見死，乃以常清爲安西副大
都護，攝御史中丞，持節充安西四鎮節度、經略、支度、營田副大使，知
節度事……十四載，入朝……以常清爲范陽節度，俾募兵東討。"《新
書》本傳略同。又見《通鑑‧天寶十一載》十二月、《天寶十四載》十一
月。《新書‧方鎮表四》：天寶十三載，"安西四鎮復兼北庭節度。是
年，復置二節度"。

梁　宰　　至德元載（756）

《舊書‧段秀實傳》："肅宗即位於靈武，徵安西兵節度使梁宰，宰
潛懷異圖。"《新書‧段秀實傳》略同。

＊**李嗣業** 至德二載（757）

《舊書》本傳：“至德二年九月，嗣業從廣平王收復京城……嗣業時爲鎮西、北庭行營節度使。”《新書·段秀實傳》：“肅宗在靈武，詔〔李〕嗣業以安西兵五千走行在……嗣業爲節度使，而秀實方居父喪，表起爲義王友，充節度判官。安慶緒奔鄴，嗣業與諸將圍之……嗣業中流矢卒。”《唐語林》卷八：“自安禄山之亂，則内地始置九節度以討之。曰：朔方郭子儀……滑濮許叔冀，鎮西李嗣業……”《廣記》卷一九二引《譚賓録》：“唐李嗣業領安西北庭行營。”《新書·方鎮表四》：至德二載，“更安西曰鎮西”。

＊**荔非元禮** 乾元二年（759）

《舊書·段秀實傳》：“〔李〕嗣業爲流矢所中，卒於軍，衆推安西兵馬使荔非元禮代之。”《新書·段秀實傳》略同。《舊書·肅宗紀》：乾元二年三月“辛卯，以衛尉卿荔非元禮爲懷州刺史，權鎮西、北庭行營節度使”。

郭 昕 約寶應元年—貞元三年（約 762—787）

《舊書》本傳：“肅宗末爲四鎮留後。自關、隴陷虜，爲虜所隔，其四鎮、北庭使額，李嗣業、荔非元禮皆遥領之。昕阻隔十五年，建中二年，與伊西北庭節度使李元忠俱遣使於朝，德宗嘉之。詔曰：‘……伊西北庭節度使李元忠，可北庭大都護；四鎮節度留後郭昕，可安西大都護、四鎮節度使。’”《新書》本傳略同。又見《舊書·德宗紀上》，兩《唐書·地理志》安西大都護府，《會要》卷七三，《全文》卷五一，《通鑑·建中二年》七月。《新書·方鎮表四》：大曆二年，“鎮西復爲安西”。貞元六年，“涇原節度使兼領安西四鎮、北庭節度”。《通鑑·貞元六年》：五月，“安西由是遂絶，莫知存亡”。按《新表四上》華陰郭氏：“昕，檢校左僕射，磧西節度。”“磧西”當爲“安西”之誤。《遊方記抄·悟空入竺記》稱：“次至安西，四鎮節度使開府儀同三司檢校右散騎常侍安西副大都護兼御史大夫郭昕。”

卷四七　北庭都護府(庭州)

貞觀二十年,西突厥泥伏沙鉢羅葉護阿史那賀魯率衆内附,乃置庭州,處葉護部落。長安二年改爲北庭都護府。貞元六年陷於吐蕃。領縣三:金滿、輪臺、蒲類(後庭)。

駱弘義　　貞觀末—永徽中

《新書‧突厥傳下》:"帝方崩,〔賀魯〕即謀取西、庭二州,刺史駱弘義以聞。"《通鑑‧永徽二年》:正月,"左驍衛將軍、瑤池都督阿史那賀魯……聞太宗崩,謀襲取西、庭二州。庭州刺史駱宏義知其謀,表言之"。按《元龜》卷三六六作"處州刺史","處州"當爲"庭州"之誤。《姓纂》卷一〇梁泉駱氏:"知義,亮州刺史。""知義"當爲"弘義"之誤,亮州"亦當爲"庭州"之誤。

來　濟　　顯慶五年—龍朔二年(660—662)

《元和郡縣志》卷四〇庭州:"明(顯)慶中重修置,以來濟爲刺史。"《舊書》本傳:"〔顯慶〕五年,徙庭州刺史。龍朔二年,突厥入寇,濟總兵拒之……没於陣。"《新書》本傳略同。又見《元龜》卷四二五,《書史會要》卷五。《通鑑‧龍朔二年》作"十二月",《會要》卷九四作"龍朔三年十月"。

袁公瑜　　約上元、儀鳳中

《千唐誌‧故相州刺史袁府君(公瑜)墓誌銘并序》(久視元年十

月二十八日）："俄以君爲中書舍人，又遷西臺舍人……尋出君爲代州長史，又除西州長史……俄轉庭州刺史，無何，遷安西副都護……永隆歲遂流君於振州……又徙居白州，竄迹狼荒。"垂拱元年七月廿五日卒於白沙，享年七十三，如意初追贈相州刺史。按《姓纂》卷四京兆袁氏稱："公瑜，刑部侍郎。"《誌》稱由西臺舍人遷司刑少常伯。又按龍朔中公瑜爲西臺舍人，見《元龜》卷三三七。嚴氏《僕尚丞郎表》稱公瑜約龍朔、總章間在司刑少常伯任，則公瑜刺庭州約在上元或儀鳳年間。

杜懷寶　　調露元年（679）

《新書·王方翼傳》："裴行儉討遮匐，奏爲副，兼檢校安西都護，徙故都護杜懷寶爲庭州刺史。"《舊書·王方翼傳》未及。《全文》卷二二八張說《唐故夏州都督太原王公（方翼）神道碑》："儀鳳歲……詔公爲波斯軍副使兼安西都護……以安西都護杜懷寶爲庭州刺史。"按裴行儉討遮匐在調露元年六月，見《通鑑》。

王方翼　　永徽中

《新書》本傳："兼檢校安西都護……未幾，徙方翼庭州刺史，而〔杜〕懷寶自金山都護更鎮安西……永淳初，十姓阿史那車簿啜叛，圍弓月城，方翼引軍戰伊麗河，敗之……西域平，以功遷夏州都督。"按《通鑑·永淳元年》四月記此事仍稱"安西都護王方翼"，誤。《全文》卷二二八張說《唐故夏州都督太原王公（方翼）神道碑》："無何，詔公爲庭州刺史……前使杜懷寶更統安西……公在磧西，獻捷無虛……遷夏州都督。"

唐休璟（唐璿）　　約垂拱中

《全文》卷二五七蘇頲《右僕射太子少師唐璿（字休璟）神道碑》："尋以朝散大夫檢校朔州刺史……轉安西副都護，庭州刺史。長壽中，武威軍大總管王孝傑……表公爲西州刺史。"兩《唐書》本傳未及庭州刺史，唯云垂拱中爲安西副都護。按唐休璟永昌元年七月爲西州都督，見《通鑑》。

張仁楚　　如意元年—聖曆元年（692—698）

《千唐誌·周岷州刺史張府君（仁楚）墓誌銘并序》（長安三年十月十二日）："如意元年授寧遠將軍檢校庭州刺史兼營田大使，延載元年授平狄軍副使，聖曆元年改授朝議大夫依（？）州刺史。"

李思貞　　約聖曆中—長安初

《隋唐五代墓誌匯編·陝西卷》第一册《大唐故沙州刺史李府君（思貞）墓誌銘并序》（神龍元年七月五日）："遷秦州司馬，□檢校庭州刺史，又檢校沙州刺史……以長安四年七月十日卒於沙州刺史之官舍，春秋□十有三。"

解　琬　　約武后末神龍初

《舊書》本傳："聖曆初，遷侍御史，充使安撫烏質勒及十姓部落，咸得其便宜，蕃人大悦，以功擢拜御史中丞，兼北庭都護、持節西域安撫使。琬素與郭元振同官相善，遂爲宗楚客所毁，由是左遷滄州刺史。"《新書》本傳略同。

吕休璟　　景龍四年（710）

《全文》卷二五三蘇頲《命吕休璟等北伐制》："右領軍衛將軍兼檢校北庭都護、碎葉鎮守使、安撫十姓吕休璟……可爲金山道行軍大總管。"《英華》卷四五九注此制爲"景龍四年五月"。

阿史那承獻（史獻）　　先天元年—開元二年（712—714）

《新書·突厥傳下》："長安中，以阿史那〔承〕獻爲右驍衛大將軍，襲興昔亡可汗、安撫招慰十姓大使、北庭大都護……四年……未幾，擢獻磧西節度使。"《舊書·突厥傳下》未及。《會要》卷七八："先天元年十一月，史獻除伊西節度兼瀚海軍使。"《元龜》卷一三三："開元二年六月丁卯，北庭大都護、瀚海軍使阿史那獻梟都擔首獻於闕下。"又見卷一七〇。《全文》卷二五〇蘇頲《授阿史那承獻特進制》稱：“北庭大都護瀚海軍使……興昔可汗阿史那承獻……可特進。”《新書·方鎮表四》：先天元年，“北庭都護領伊西節度等使”。

郭虔瓘 開元二年—三年(714—715)

《舊書》本傳：“開元初，累遷右驍衛將軍，兼北庭都護。”《新書》本傳略同。《新書·玄宗紀》：開元二年二月壬辰，“突厥寇北庭，都督郭虔瓘敗之”。《元龜》卷四二：“〔開元〕三年二月，北庭都督郭虔瓘破吐蕃及突厥默啜，以其俘來獻。”又見《新書·突厥傳上》，《元龜》卷四二、卷一三三、卷三五八、卷三八四。《全文》卷二〇玄宗《封郭虔瓘郭知運制》稱“雲麾將軍檢校右驍衛將軍兼北庭都護……郭虔瓘”，卷二五二蘇頲《授郭虔瓘右驍衛大將軍制》所稱同。又卷二六有《賜北庭都護郭虔瓘手詔》。按開元三年四月郭虔瓘已離任，見《元龜》卷一一九。又按《姓纂》卷一〇諸郡郭氏稱“北庭都護郭虔”，奪“瓘”字。《通鑑·開元二年》：七月“壬寅，以北庭都護郭虔瓘爲涼州刺史”。按時楊執一由涼州除原州，實未離涼州，虔瓘除涼州，亦未赴任，仍在北庭。參見“涼州”卷。

湯嘉惠 開元三年—五年(715—717)

《通鑑·開元三年》：四月，“默啜發兵擊葛邏禄、胡禄屋、鼠尼施等，屢破之；敕北庭都護湯嘉惠、左散騎常侍解琬等發兵救之”。《新書·突厥傳下》：“以〔阿史那〕獻爲定遠道大總管，與北庭都護湯嘉惠等掎角。”

郭虔瓘 開元六年(718)

《舊書》本傳：“虔瓘俄轉安西副大都護、攝御史大夫、四鎮經略安撫使……尋遷右威衛大將軍，以疾卒。”《新書》本傳：“陝王爲安西都護，詔虔瓘爲副……久之，卒軍中，以張孝嵩爲安西副都護。”《新書·方鎮表四》：開元六年，“安西都護領四鎮節度、支度經略使，副大都護領磧西節度、支度、經略等使，治西州”。

張孝嵩(張嵩)　　開元六年—十年(718—722)

《舊書·郭虔瓘傳》:"以疾卒。其後,又以張嵩爲安西都護以代虔瓘。"《新書·玄宗紀》:開元十年九月"癸未,吐蕃攻小勃律,北庭節度使張孝嵩敗之"。《廣記》卷四二〇:"唐開元中,南陽張嵩奉詔都護於北庭。"《元龜》卷三五八:"張嵩爲北庭節度使,開元十年九月,吐蕃圍小勃律,王没謹忙求救於嵩。"

楊楚客　　開元十年?(722?)

榮新江云,《吐魯番出土文書》第 8 册 206 頁《唐北庭都護支度營田使文書》殘牘尾記有:"(上缺)副大使銀青光禄大夫檢校北庭都護□(支)□(度)營田等使上柱國楊楚客。"殘文書無年代,但同墓所出《開元十年殘狀》中提到的"楊大〔夫〕"當即楊楚客,據此推知本件爲開元十年前後文書(參看程喜霖《從吐魯番出土文書中所見的唐代烽堠制度之二》,《武漢大學學報》1983 年第 5 期,110 頁)。疑楊楚客即在開元十年繼張嵩任北庭都護,而嵩則轉任安西。

杜　暹　　開元十二年—十四年(724—726)

《舊書》本傳:"〔開元〕十二年,安西都護張孝嵩遷爲太原尹,或薦暹往使安西,蕃人服其清慎……乃奪情擢拜黃門侍郎,兼安西副大都護。"《新書》本傳略同。《通鑑·開元十二年》:"三月甲子,起〔杜〕暹爲安西副大都護、磧西節度等使。"《全文》卷七二〇陳鴻祖《東城老父傳》:"老人見黃門侍郎杜暹出爲磧西節度攝御史大夫。"《舊書·玄宗紀上》:開元十四年"九月己丑,檢校黃門侍郎兼磧西副大都護杜暹同中書門下平章事"。又見《舊書·郭虔瓘傳》。

趙頤貞　　開元十四年—十六年(726—728)

《通鑑·開元十四年》:十二月,"會〔杜〕暹入朝,趙頤貞代爲安西都護"。又見兩《唐書·突厥傳下》。又《開元十六年》:"正月壬寅,安西副大都護趙頤貞敗吐蕃於曲子城。"又見《元龜》卷三五八。

來　曜　　開元十八年—十九年？（730—731？）

《舊書・來瑱傳》："父曜,起於卒伍。開元十八年,爲鴻臚卿同正員、安西副都護、持節磧西副大使。"《新書・來瑱傳》略同。

鄭乾觀　　開元十九年？—二十年？（731？—732？）

《廣記》卷三三二引《通幽記》："唐晅者,晉昌人也……開元十八年,晅以故入洛,累月不得歸。夜宿主人,夢其妻隔花泣……居數日,果有凶信。晅悲慟倍常。後數歲,方得歸衛南,追其陳迹,感而賦詩……忽聞暗中若泣聲……須臾,聞言曰:'兒郎張氏也。'……晅曰:'婦人没地,不亦有再適乎?'答曰:'……且兒亡,堂上欲奪兒志,嫁與北庭都護鄭乾觀姪明遠,兒誓志確然,上下矜閔,得免。'"

劉　渙　　約開元二十一年—二十二年（約733—734）

《舊書・玄宗紀上》:開元二十二年四月"甲寅,北庭都護劉渙謀反,伏誅"。《新書・玄宗紀》同。《金石萃編》卷九〇《劉元尚墓誌》:"北庭使劉渙躬行勃逆,委公斬之。"《曲江集》卷五《敕安西節度王斛斯書》《敕伊吾軍使張楚賓書》《敕北庭將士百姓等書》,卷六《敕突騎施毗伽可汗書》等皆提及劉渙勃逆伏法事。

蓋嘉運　　開元二十二年—二十八年（734—740）

《顔魯公集》卷七《遊擊將軍左領軍衛大將軍兼商州刺史歐陽使君（琟）神道碑銘》:"開元十八年,解褐安西大都護府户曹參軍,充湯嘉惠節度推勾官。外憂去職。服闋,補北庭大都護府户曹參軍,節度使蓋嘉運奏授金滿令,仍充營田判官。"《舊書・玄宗紀上》:開元二十四年正月,"北庭都護蓋嘉運率兵擊突騎施,破之"。《新書・玄宗紀》、《元龜》卷九八六、《通鑑》同。《通鑑・開元二十七年》:"八月乙亥,磧西節度使蓋嘉運擒突騎施可汗吐火仙。"又《開元二十八年》:六月,"上嘉蓋嘉運之功,以爲河西、隴右節度使"。《全文》卷三〇九孫逖有《授蓋嘉運金吾衛將軍兼北庭都護制》。又卷二八四、卷二八六張九齡有《敕瀚海軍使蓋嘉運書》及《敕北庭都護蓋嘉運書》五篇。又卷九九九薛延陀可汗夷男《請内屬表》稱"磧西節度使蓋嘉運"。

王正見　　天寶七載—十載（748—751）

《新書·西域傳上》："西有碎葉城，天寶七載，北庭節度使王正見伐安西，毀之。"《太平寰宇記》卷一八六"石國"同。按天寶十載王正見爲安西節度，見《舊書·封常清傳》。《全文》卷五四五王顔《追樹十八代祖晉司空太原王公神道碑銘》："虞卿房，安西、北庭二節度正見。"

程千里　　天寶十二載—十三載（753—754）

《舊書》本傳："天寶十一載，授御史中丞。十二載，兼北庭都護，充安西北庭節度使。"《新書》本傳略同。《舊書·玄宗紀下》：天寶十三載三月，"北庭都護程千里擒阿布思獻於樓下"。《元龜》卷九八六、《通鑑》同。《新書·玄宗紀》作"五月"，誤。按程千里於天寶十三載三月甲子爲金吾大將軍，見《通鑑》。

封常清　　天寶十三載—十四載（754—755）

《舊書·玄宗紀下》：天寶十三載三月"乙丑，左羽林上將軍封常清權北庭都護、伊西節度使"。本傳："俄而北庭都護程千里入爲右金吾大將軍，仍令常清權知北庭都護，持節充伊西節度等使……十四載，入朝。十一月，謁玄宗於華清宮。"《新書》本傳略同。又見《通鑑·天寶十三載》三月記載。《會要》卷七八："天寶十二載三月，始以安西四鎮節度封常清兼伊西北庭節度、瀚海軍使。"按"十二載"當爲"十三載"之誤。

＊李嗣業　　至德二載（757）

見"安西大都護府"卷。

＊荔非元禮　　乾元二年（759）

見"安西大都護府"卷。

***李　僩**　　乾元三年(760)

《大詔令集》卷三六《彭王僅等河西節度大使制》："充王僩可充北庭節度大使……乾元三年閏四月。"《舊書》本傳："至德二年十二月，進封充王。乾元三年，領北庭節度大使。寶應元年薨。"《新書》本傳未及。

楊　預　　約乾元、上元間

《英華》卷九一七楊炎《四鎮節度副使楊公碑》："以〔天寶〕十四載五月薨於鎮西之官舍……嗣子預……初以右武衛郎將見於行在，天子美其談說，問以中興……特拜右衛將軍兼瓜州都督、關西兵馬使，又遷伊西北庭都護。"

朱　某　　永泰元年？(765？)

敦煌寫本 P2942《河西巡撫使判集》："朱都護請放家口向西……朱都護久典軍州。"(《唐永泰元年至大曆元年河西巡撫使判集研究》)

周　逸　　永泰元年(765)

敦煌寫本 P2942《河西巡撫使判集》："伊西庭留後周逸構突厥煞使主……周逸與逆賊僕固懷恩書。"

楊休明　　約大曆二年—四年(約767—769)

《舊書·德宗紀上》：建中三年五月"丙申，詔：'故伊西北庭節度使楊休明……固守西陲，以抗戎虜。殁身異域，多歷歲年……休明可贈司徒。'"又見《元龜》卷一三九，《全文》卷五〇德宗《贈楊休明等官詔》。按大曆元年五月，楊休明以河西節度使徙鎮沙州。見《通鑑》。《千唐誌·唐故朝散大夫使持節丹州諸軍事守丹州刺史楊公(乾光)墓誌銘》(大中九年八月二十四日)："祖休明，河西伊庭節度使，贈司空。"

李元忠(曹令忠)　　大曆五年？—貞元二年(770？—786)

《舊書·代宗紀》：大曆七年"八月庚戌，賜北庭都護曹令忠姓名曰李元忠”。又《德宗紀上》：建中二年“秋七月戊子朔，詔曰：‘……伊西北庭節度觀察使李元忠可北庭大都護……’自河、隴陷虜，伊西北庭爲蕃戎所隔，間者李嗣業、荔非元禮、孫志直、馬璘輩皆遥領其節度使名。初，李元忠、郭昕爲伊西北廷留後，隔絶之後，不知存亡，至是遣使歷迴紇諸蕃入奏，方知音信，上嘉之”。又見兩《唐書·郭昕傳》，《新書·地理志四》，《會要》卷七三，《通鑑·建中二年》七月記載。《舊書·地理志三》作“建中元年”，誤。《大詔令集》卷一一六常袞《喻安西北庭諸將制》、《全文》卷五一德宗《賜李元忠郭昕詔》內容同。《舊書·德宗紀上》：貞元二年五月，“伊西北庭節度使李元忠卒，贈司空”。

楊襲古　　貞元二年—六年（786—790）

《舊書·德宗紀上》：貞元二年五月“丁酉，以伊西北庭節度留後楊襲古爲北庭大都護、伊西北庭節度、度支、營田、瀚海等使”。又《德宗紀下》：貞元六年，“是歲，吐蕃陷我北庭都護府，節度使楊襲古奔西州。迴紇大相頡干迦斯給襲古，請合軍收復北庭，乃殺襲古，安西因是阻絶，唯西州猶固守之”。又見《元龜》卷四四四。《遊方記抄·悟空入竺記》：“次至安西……從此又發至北庭州，本道節度使御史大夫楊襲古。”

第四編

都畿道

卷四八　東都（洛陽宮、神都、東京）

東都，隋置。武德四年廢。貞觀六年號洛陽宮。顯慶二年詔改洛陽宮爲東都。光宅元年改東都爲神都。神龍元年改神都復爲東都。天寶元年改東都爲東京。上元二年罷東京，復爲東都。其長官稱留守。

藺　謩　　約貞觀初期

《大唐新語》卷七："劉童爲御史東都留臺時，藺謩爲留守。"《元龜》卷六九七："藺謩爲武侯大將軍，令于雒陽宮留守。"按"蘭謩"當爲"藺謩"之誤。又按藺謩武德五年自太子左衞率爲亳州總管，八年爲代州都督，見《元龜》卷九九〇；貞觀初遣將軍藺謩討馮盎，見《貞觀政要》卷九。則其爲洛陽宮留守約在貞觀初期。

閻武蓋　　貞觀十□年

《龍門造像目録》："洛陽宮留守、右領軍將軍、柱國、□□公閻武蓋造阿彌陀像。貞觀十□年□月□五日正書。"（《文物》1961 年第 4、第 5 期）又見《寰宇訪碑録》卷三。

蕭　瑀　　貞觀十七年(643)

《會要》卷六七："貞觀十七年，太宗親征遼東……東都留守，以蕭瑀爲之。"按此時東都留守當稱洛陽宮留守。據此記載，可知唐初之洛陽宮留守或東都留守似非常設。

周　護　　貞觀二十一年(647)

昭陵博物館 1964 年出土許敬宗撰《周護碑》："〔貞觀〕廿一年，奉敕於洛陽留守。"

李　勣　　貞觀二十三年(649)

《舊書·高宗紀》：貞觀二十三年六月辛巳，"疊州都督、英國公〔李〕勣爲特進、檢校洛州刺史，仍於洛陽宮留守"。

李　晦　　咸亨、上元間？

《全文》卷九九二闕名《大唐故秋官尚書河間公（李晦）碑》："檢校雍州長史……尋檢校洛州長史兼知東都留守。"兩《唐書》本傳未及。唯云：乾封中爲營州都督，遷右金吾將軍，兼檢校雍州長史。則天臨朝，遷户部尚書。由此知其爲東都留守當在乾封後，則天臨朝前。

韋弘機　　儀鳳元年(676)

《會要》卷六七："儀鳳元年十一月四日，司農卿韋宏（弘）機爲東都留守。"又見《御覽》卷二五二。按兩《唐書》本傳未及。

楊再思　　聖曆中

《舊書·徐堅傳》："聖曆中，車駕在三陽宮，御史大夫楊再思、太子左庶子王方慶爲東都留守，引堅爲判官。"《新書·徐堅傳》略同。

王方慶　　聖曆中

《元龜》卷七二八："聖曆中，車駕在三陽宮……王方慶爲東都留守，引〔徐〕堅爲判官。"又見兩《唐書·徐堅傳》。

李　嶠　　久視元年(700)

《舊書》本傳："久視元年……嶠轉成均祭酒，罷知政事及修史……尋檢校文昌左丞、東都留守。"

韋巨源　　長安元年（701）

《舊書》本傳：“證聖初，出爲郇州刺史。尋拜地官尚書、神都留守。長安二年，詔入轉刑部尚書，又加太子賓客，再爲神都留守。”《新書》本傳未及。按久視元年十月丁巳，韋巨源罷爲地官尚書，見《新書·宰相表上》。武后於長安元年十月西幸長安，至三年十月還神都，見《舊書·則天皇后紀》。巨源爲東都留守當在長安元年十月。

敬　暉　　長安二年？（702？）

《舊書》本傳：“大足元年，遷洛州長史。天后幸長安，令暉知留守事。”《新書》本傳：“武后幸長安，爲副留守。”按長安元年武后幸長安時，韋巨源爲留守，疑敬暉時爲副留守；至長安二年巨源爲刑部尚書時，敬暉知留守。

韋安石　　長安三年（703）

《舊書》本傳：“久視年，遷文昌右丞，尋拜鸞臺侍郎、同鳳閣鸞臺平章事，兼太子左庶子。長安三年，爲神都留守，兼判天官、秋官二尚書事。”《新書》本傳未及。《新書·宰相表上》：長安三年閏四月“丁丑，〔韋〕安石爲神都留守，判天官、秋官二尚書事”。《全文》卷二二五張説《鄴公園池餞韋侍郎神都留守序》：“鸞臺侍郎兼左庶子韋公，國之楨幹，人之表儀……頃以五星東聚，八月西巡，武皇既入於鎬京，君陳當往於洛邑。”即指韋安石。

李懷遠　　神龍二年（706）

《舊書》本傳：“中宗將幸京師，又令以本官知東都留守。”《新書》本傳及《忠義傳上》略同。《通鑑·神龍二年》：七月，“左散騎常侍李懷遠同中書門下三品，充東都留守”。

蘇　瓌　　約景龍元年（約707）

《全文》卷二三八盧藏用《太子少傅蘇瓌神道碑》：“維唐景雲元年歲在庚戌十一月己巳，太子少傅許國蘇公薨於崇仁里之私第……遷

尚書左丞……又拜侍中、京師留守……轉吏部尚書、東都留守。"又卷
二五五蘇頲《代家君讓左僕射表》："拜守三秦，興駕來旋……猶假位
選曹，留臺洛邑。"兩《唐書》本傳未及東都留守事。按景龍元年九月，
蘇瓌由侍中爲吏部尚書，見《舊書・中宗紀》，其留守東都亦約於
此時。

韋巨源　　景龍三年(709)

《新書・宰相表上》：景龍三年九月，"〔韋〕巨源爲神都留守"。按
《舊書》本傳叙巨源"再爲神都留守"在神龍前，疑次序有誤。

平貞眘　　景龍中

《全文》卷二二九張説《常州刺史平君(貞眘)神道碑》："景龍中復
起……可銀青光禄大夫，又攝詹事、東都留守。拜常州刺史，居歲餘，
優詔致仕。享年八十，先天元年仲冬薨於河南之正平里第。"

張　錫　　中宗時

《舊書》本傳："中宗時，累遷工部尚書，兼修國史，尋令於東都留
守。中宗崩，韋庶人臨朝，詔錫與刑部尚書裴談並同中書門下三品。"
《新書》本傳："神龍中，累遷工部尚書，兼修國史，東都留守。"

裴　談　　景雲元年(710)

《舊書・李重福傳》："睿宗即位……重福乃遣家臣王道先赴東
都……王道等率衆隨重福徑取左右屯營兵作亂……明日，東都留守
裴談等大出兵搜索，重福窘迫，自投漕河而死。"《新書・李重福傳》
略同。

盧　玢　　景雲元年(710)

《芒洛四編》卷五《大唐故左屯衛將軍盧府君(玢)墓誌》："拜左屯
衛將軍東都留守，兼判左衛及太常卿事……春秋五十有四，景雲元年
十一月廿九日遘疾終於東都官舍。"

崔日知　　景雲元年(710)

《通鑑・景雲元年》：八月，“洛州長史崔日知獨帥衆討之(重福)……日知，日用之從父兄也，以功拜東都留守”。

韋安石　　景雲二年—先天元年(711—712)

《舊書》本傳：“景雲二年……其冬，罷知政事，拜特進，充東都留守。”《新書》本傳略同。《通鑑・景雲二年》：“十月甲辰，上御承天門……宣制……安石可左僕射、東都留守。”又見《元龜》卷三三三，《全文》卷一八睿宗《韋安石等罷相制》，《大唐新語》卷一〇，《會要》卷五七。《全詩》卷八七張説《東都酺宴四首并序》：“先天元祀孟冬十月，東都留守韋公，寅奉聖朝，述宣嘉旨。乃合洛京之五省，招河伊之二縣，將史咸集，佩章有序。”按先天元年韋安石由東都留守貶蒲州刺史。《全文》卷二五六蘇頲《素木盤盂銘》：“先天歲夏五月，頲蒙恩旨，傳還洛京。時韋祭酒丈人任膺居守，嘗撰素木盤盂，分諸好事。”

張　説　　先天元年—開元元年(712—713)

《舊書》本傳：“睿宗……下制皇太子監國，明年，又制皇太子即帝位。俄而太平公主引蕭至忠、崔湜等爲宰相，以説爲不附己，轉爲尚書左丞，罷知政事，仍令往東都留司。”《新書》本傳：“皇太子即皇帝位，太平公主引蕭至忠、崔湜等爲宰相，以説不附己，授尚書左丞，罷政事，爲東都留守。”疑張説先爲分司東都，後又爲留守歟？

宋　璟　　開元元年—二年(713—714)

《舊書》本傳：“尋拜國子祭酒，兼東都留守。歲餘，轉京兆尹。”《新書》本傳略同。《會要》卷七五：“開元元年十二月……便令擬宋璟爲東都留守。”《全文》卷三四三顏真卿《有唐開府儀同三司行尚書右丞相上柱國贈太尉廣平文貞公宋公(璟)神道碑銘》：“入爲國子祭酒，東都留守。開元二年，尋拜御史大夫、兼京兆尹。”又卷二五一蘇頲《授宋璟御史大夫制》：“東都留守宋璟……可御史大夫。”

蕭 璿 開元二年？—三年？（714？—715？）

《全文》卷二五二蘇頲《授蕭璿京兆尹制》：“左散騎常侍上柱國東都留守蕭璿……可京兆尹，勳如故。”

薛 登（薛謙光） 開元三年（715）

《舊書》本傳：“開元初，爲東都留守。”《新書》本傳略同。《全文》卷二一玄宗有《授薛謙光東都留守元行冲副留守制》。《元龜》卷六七一：“開元三年詔曰……太子賓客、昭文館學士薛謙光……宜充東都留守。”

劉知柔 開元四年（716）

《舊書》本傳：“歷荊、揚、曹、益、宋、海、唐等州長史，刺史，户部侍郎，國子司業，鴻臚卿，尚書右丞，工部尚書，東都留守，卒，贈太子少保，謚曰文。”《新書》本傳未及。《元龜》卷五〇一開元四年十一月詔曰：“如聞東都用錢漸有變動，留守及河南尹作何檢校，宜敕劉知柔、單思遠稍自勖勵，嚴加捉搦。”

韋 湊 開元六年—八年（718—720）

《全文》卷九九三闕名《唐太原節度使韋湊神道碑》：“〔開元〕六年充東都留守，八年遷右衛大將軍。”《元龜》卷一一三：開元六年“九月辛卯，以將作大匠韋湊（湊）爲東郡（都）留守”。兩《唐書》本傳未及。

元懷景？ 開元九年？—十年（721？—722）

《全文》卷二三二張説《唐故左庶子贈幽州都督元府君（懷景）墓誌銘》：“維開元十年正月己未，左庶子武陵公河南元公薨於東京留守之内館。”

王 怡 開元十年？—十一年？（722？—723？）

《金石補正》卷六六《大唐華州下邽縣丞京兆韋公夫人墓誌銘并序》：“夫人姓王氏……祖怡，河南尹、東都留守。”夫人卒大曆十三年。

《唐文拾遺》卷二六韋紓《唐故朝散大夫祕書省著作郎致仕京兆韋公（端）玄堂誌》：“太夫人〔王氏〕……祖怡，河南尹、東都留守。”

張　琦　開元十一年(723)

《全文》卷九三三杜光庭《歷代崇道記》：“開元中……東都留守張琦奏：汝州魯山縣因修仙居古觀，獲玉瑛。”朱玉麒按，宋謝守灝編《混元聖紀》卷八：“〔開元〕十一年癸亥，蒲州奏……後東都留守張琦奏汝州魯山縣修仙居古觀，獲玉瑛。”該書爲編年體，下條記開元十四年事，知此處記載東都所奏與蒲州奏同年而稍晚，則張琦之在東都留守任亦爲開元十一年。

盧從愿　開元十一年—十三年(723—725)

《舊書》本傳：“〔開元〕十一年，拜工部尚書，加銀青光禄大夫，仍令東都留守。十三年，從升泰山……代韋抗爲刑部尚書。”《新書》本傳：“以工部尚書留守東都。”

韋　抗　開元十三年(725)

《全文》卷二五八蘇頲《刑部尚書韋抗神道碑》：“上將登封岱山，留眷洛邑……因謂公曰：朕思久之，罔出卿者，乃仗公作鎮，還贈武陽伯，兼吏部銓……開元十四年八月某日，薨於洛之永義里第，享年六十。”兩《唐書》本傳未及。

盧從愿　開元十六年—十八年(728—730)

《舊書》本傳：“〔開元〕十六年，東都留守。”《新書》本傳：“〔開元〕十八年，復爲東都留守。”《全文》卷九六二闕名《爲盧從愿請替東都留守表》：“臣才輕位重，效淺恩深，鑾駕西巡，猥忝居守……臣初辭之日，伏奉德音，限以周年，許遵舊例。”

李　暠　開元十八年—二十年(730—732)

《舊書》本傳：“久之，轉太常卿。旬日，拜工部尚書、東都留守。

開元二十一年正月,制曰……工部尚書李暠……宜持節充入吐蕃使。"又見《元龜》卷六五四、卷七九四。《新書》本傳未及。《全文》卷三一三孫逖《太子少傅李公(暠)墓誌銘》:"歷……汝、汴二州刺史……太原尹……東都留守……以開元二十八年五月十日薨於位。"

崔隱甫　　開元二十四年(736)

《舊書》本傳:"〔開元〕二十四年,車駕還京,以隱甫爲東都留守。"《新書》本傳略同。又見《元龜》卷六七七、卷六八九。《千唐誌·唐故登仕郎常州司士參軍崔府君(千里)墓誌銘并序》(貞元十九年十月二十日):"大父隱甫,刑部尚書、東都留守,贈太子太保。"又見《唐故登仕郎前守河南府陽翟縣尉清河崔公(行規)夫人榮陽鄭氏合祔墓誌銘并序》(長慶四年八月七日),《芒洛遺文》卷中《大唐故嶺南觀察支使試大理評事崔君(恕)墓誌銘》。《千唐誌·唐故將仕郎守江陵府江陵縣尉清河崔公(莒)合祔墓誌銘并序》(大中六年二月十七日):"皇刑部尚書東都留守贈太子太保忠公諱隱甫,公祖也……公皇考諱渙,忠公第九子,官至南和縣令。公南和第五子。"大中五年卒,享年六十四。

李尚隱　　開元二十四年—二十八年(736—740)

《舊書》本傳:"〔開元〕二十四年,拜户部尚書、東都留守。二十八年,轉太子賓客。"《新書》本傳:"前後更揚、益二州長史,東都留守,爵高邑伯。開元二十八年,以太子賓客卒。"

韋虛心　　開元二十九年(741)

《舊書》本傳:"歷户部尚書、東都留守,卒,年六十七。"《新書》本傳作工部尚書、東都留守。又見《元龜》卷六七三。《全文》卷三一三孫逖《東都留守韋虛心神道碑》:"命公作歙、曹二州刺史,荆、潞、揚三州長史,以至於太原尹……以至於工部尚書。其餘,掌吏部選,採訪處置使,東都留守,皆大任也……享年七十,以開元二十九年某月日遘疾薨於東都寧仁里之私第。"又卷三七五韋建《黔州刺史薛舒神道碑》:"夫人京兆韋氏,故工部尚書、東都留守虛心之次女。"

裴仙先　　開元二十九年—天寶二年(741—743)

《新書》本傳:"久乃擢范陽節度使,太原、京兆尹……進工部尚書。年八十六,以東京留守累封翼城縣公,卒官下。"《舊書》本傳未及。按《舊書·玄宗紀下》:開元二十九年四月"丙辰,以太原〔尹〕裴仙先爲工部尚書,〔東都留守。工部尚書、東都留守〕韋虛心卒"。嚴氏《僕尚丞郎表》謂仙先以工部尚書兼東都留守,代韋虛心,《舊紀》當有闕文而補之。《廣記》卷一四七引《紀聞》:"及唐室再造,有裴炎……求其後,仙先乃出焉……遂至秦州都督,再節制桂廣。一任幽州帥,四爲執金吾,一兼御史大夫,太原、京兆尹,太府卿,凡任三品官向四十政,所在有聲績,號曰'唐臣'。後爲工部尚書、東京留守,薨。壽八十六。"【補遺】《唐研究》第五卷(1999年版)《西安新發現唐裴仙先墓誌考述》引《故銀青光禄大夫、守工部尚書、上柱國、翼城縣開國公贈江陵郡大都督裴府君(仙先)墓誌銘並序》(天寶三載閏二月八日):"會親累,出秦州都督。……貶雅州名山丞,久之,上知無罪,乃盡還封爵,拜右驍衛將軍,尋改定州刺史,遷京兆尹。……轉太僕卿、右金吾大將軍、太府卿,進爵爲子。時上怒褚師,公固爭無罪,由是忤旨,出爲絳州刺史,改蒲州刺史,進爵爲伯。俄遷太原尹,兼河東道節度等副使,使停,即授本道采訪處置使。……遷工部尚書,東京留守,兼判省事。……詔賜考,進爵爲公,征還知京官考使。……以天寶二載九月廿二日薨於永寧里第,春秋八十。"

楊　先　　開元中

《全文》卷三〇九孫逖《授楊先司農少卿仍東都留守制》:"楊先……可守司農少卿、東都留守。"按孫逖開元二十四年至天寶初爲中書舍人。

蘇　咸　　開元中

《千唐誌·唐故壯武將軍判左威衛將軍上柱國平陵縣開國男留守蘇公(咸)墓誌銘并序》(開元二十九年十一月二十三日):"屬上幸鎬京,擇公留副東都,居守事……春秋六十一,以開元廿九年歲次辛巳六月廿四日癸卯因疾薨於公第。"

王　倕　　天寶二年（743）

《通鑑·天寶元年》：正月"甲寅，陳王府參軍田同秀上言：'見玄元皇帝於丹鳳門之空中，告以我藏靈符，在尹喜故宅。'……問一歲，清河人崔以清復言：'見玄元皇帝於天津橋北……'東都留守王倕知其詐，按問，果首服"。《新書·徐浩傳》："歷河陽令，治有績。東都留守王倕表署其府。"

陸景融　　天寶四載（745）

《舊書·陸象先傳》：弟景融，"歷大理正、滎陽郡太守、河南尹……工部尚書、東都留守"。《新書》略同。按天寶四載秋在檢校工部尚書充東京留守任，見《金石萃編》卷八七《石臺孝經》。

崔　翹　　約天寶七載—九載（約 748—750）

《舊書·崔慎由傳》："曾祖翹，位終禮部尚書、東都留守。"又《崔融傳》："二子：禹錫、翹，開元中相次爲中書舍人。"《新書》未及。上圖藏拓片《唐故朝散大夫太子左贊善大夫隴西李府君（眣）墓誌銘并序》（天寶十四載十一月十一日）："東都留守、禮部尚書崔翹，又奏爲判官。"李眣卒天寶十三載。按天寶八載六月及九載正月崔翹在禮部尚書任，見《元龜》卷一六及卷三六。其時當兼東都留守。【補遺】《洛陽新獲墓誌 125·唐故太子太師贈太尉清河崔公（安潛）墓誌銘並序》（光化元年八月五日）："曾王父諱翹，禮部尚書、東西二京留守，諡曰成。"

張齊丘　　約天寶九載—十載（約 750—751）

《舊書·張鎰傳》："父齊丘，朔方節度使，東都留守。"又《張後胤傳》："孫齊丘，歷監察御史，朔方節度使，終東都留守，諡曰貞獻。"又見《吳郡志》卷二四、《姑蘇志》卷五四。據《通鑑》及《會要》，齊丘爲朔方節度使在天寶五載至九載，其爲東都留守當在九載以後。又按《新表二下》吳郡張氏："府上，朔方節度使，東京留守。"乃張鑑之父，當即齊丘。

裴　迥　　天寶十載—十三載（751—754）

《全文》卷三一九李華《唐故東光縣主神道碑銘》："少子德位兼盛曰迥，今河南尹兼東都留守。"《御覽》卷五七九引《琴書》："潁陽西北界李氏處女……七月不食，魂飛冥冥如昇上景在雲霧中。於女仙人蘆藕笛間受琴清風弄等五十曲。至天寶十五載五月，留守悲（裴）迥、御史中丞蔣列駬騎上聞。玄宗度爲女道士。"按天寶十載裴迥爲河南尹，李華《碑銘》稱迥爲河南尹兼東都留守，則其爲東都留守亦當在此時。《御覽》之"十五載"疑爲"十三載"之訛。北圖藏拓片《大唐嵩陽觀紀聖德感應頌》："開府儀同三司行尚書左僕射兼右相吏部尚書崇玄館大學士集賢院學士朔方節度等副大使修國史上柱國晉國公臣林甫上，大中大夫守河南尹河□水陸運使上柱國賜□金魚袋兼東京留守判留司尚書省事臣裴迥題額……天寶三載二月五日建。"按李林甫天寶六載始加開府儀同三司，十載至十一載遥領朔方節度使，十一載十一月卒。此稱"天寶三載"，顯然有誤，疑爲"十三載"之奪。此頌當在十一載時上，十三載二月建碑。

苗晉卿　　天寶十三載—十四載（754—755）

《舊書》本傳："入爲尚書、東京留守，徵爲憲部尚書。屬禄山叛逆……出爲陝州刺史。"《新書》本傳略同。又見《元載傳》。《全文》卷三八六獨孤及《故太保贈太師韓國苗公謚議》："洛陽居守，東夏輯睦。天寶之季，二京爲戎。"又見《南部新書》庚。

李　憕　　天寶十四載（755）

《舊書》本傳："〔天寶〕十四載，轉光禄卿，東京留守、判尚書省事。"又《玄宗紀》：天寶十四載十二月"丁酉，禄山陷東京，殺留守李憕。"又見《顏真卿傳》、《安禄山傳》，《元龜》卷五一三，《新書》本傳、《玄宗紀》，《通鑑·天寶十四年》，《舊五代史·李琪傳》，《全文》卷三四一顔眞卿《攝常山郡大守衛尉卿兼御史中丞顔公（杲卿）神道碑銘》、卷三九四令狐峘《光禄大夫太子太師顔眞卿墓誌銘》、卷五一四殷亮《顔魯公行狀》、卷七〇〇李德裕《薦處士李源表》，《宋高僧傳》卷二〇《唐洛京慧林寺圓規傳》等。

崔光遠　　至德中

《唐代墓誌彙編・大燕故朝議郎前行大理寺丞司馬府君（望）墓誌銘并序》（顯聖元年六月十九日）：“時東京居守崔光遠奏公復舊官，見公隱見之節也。”

李　巨　　乾元元年—二年（758—759）

《舊書・肅宗紀》：乾元元年四月癸卯，“以太子少師、嗣虢王巨爲東京留守、河南尹，充京（東）畿採訪處置使”。二年二月壬子，“貶東京留守、嗣虢王巨以遂州刺史，苛政也”。本傳同。《新書》本傳未及。又見《通鑑・乾元元年》四月。

崔　圓　　乾元二年（759）

《舊書・肅宗紀》：乾元二年正月“庚子，以太子少師崔圓充東京留守，判尚書省事”。又本傳：“遷太子少師，留守東都。會官軍不利於相州……圓棄城南奔襄陽，詔削除階封。”《新書》本傳略同。《新書・肅宗紀》：乾元二年三月壬申，“東京留守崔圓、河南尹蘇震、汝州刺史賈至奔於襄鄧”。又見《蘇震傳》，《元龜》卷四四三，《通鑑・乾元二年》三月。《全文》卷三一八李華《唐贈太子少師崔公（景晊）神道碑》：“嗣子圓……東京留守，尋爲工部尚書、揚州長史。”又《淮南節度使尚書左僕射崔公（圓）頌德碑銘有序》：“輔肅宗掃除凶穢，紹享太平……居守洛京，乃傅濟王。”

郭子儀　　乾元二年（759）

《舊書・肅宗紀》：乾元二年三月“丙申，以郭子儀爲東畿、山南東、河南等道節度、防禦兵馬元帥，權東京留守，判尚書省事”。又本傳:"子儀以朔方軍保河陽,斷浮橋,有詔令留守東都。"《新書》本傳略同。又見《通鑑·乾元二年》三月。《大詔令集》卷五九《郭子儀東京畿山東河南諸道元帥制》:"司徒兼中書令、朔方節度副大使子儀……可充東京畿及山南東道并河南諸道元帥,仍權知東京留守。乾元元年三月三日。"按"元年"當爲"二年"之誤。又見《元龜》卷一一九,《全文》卷四二肅宗詔。

韋　陟　　乾元二年—上元元年(759—760)

《舊書·肅宗紀》:乾元二年七月,"以禮部尚書韋陟充東京留守"。又本傳:"乾元二年,入爲太常卿。吕諲再入相,薦爲禮部尚書、東京留守,判尚書省事,兼東京畿觀察處置等使。逆賊史思明寇逼河洛,副元帥李光弼議守河陽,令陟率東宫官屬入關回避,乃領兵守陝州。有詔遷吏部尚書,留守如故……候光弼收復河洛,令陟依前居守……上元元年八月卒於虢州。"《新書》本傳略同,又見《李光弼傳》,《元龜》卷七七五、卷九〇九,《通鑑·乾元二年》。《全文》卷四六代宗《贈韋陟尚書左僕射詔》稱:金紫光禄大夫吏部尚書兼御史大夫充東京留守兼判留司尚書省事韋陟。《全詩》卷一二五王維有《送韋大夫東京留守》,即指韋陟。

郭英乂　　寶應元年(762)

《舊書·代宗紀》:寶應元年十月,乙亥,收東京,"乙酉,陝西節度使郭英乂權知東京留守"。兩《唐書》本傳略同。又見《舊書·迴紇傳》,《元龜》卷四四五。《全文》卷三六九元載《故定襄王郭英乂神道碑》:"寶應之歲……進户部尚書……詔領東京留守,又兼河南尹……永泰元年兼集賢待制。夏五月……加成都尹。"

盧正己　　寶應元年(762)

《全文》卷三六六賈至《授盧正己工部尚書河南尹東都留守制》:"今寇逆始平……盧正己忠肅恭懿……可守工部尚書、東都留守。"按《新書·賈至傳》,寶應初賈至復爲中書舍人,次年爲尚書左丞。此制當作於寶應元年。又見《全文》卷四二〇常袞《太子賓客盧君（正己）墓誌銘》,《千唐誌・唐故朝散大夫光禄卿致仕上柱國崔廷墓誌》(長慶四年二月十六日)。《舊書・宣宗紀》:"東都太廟者,本武后家廟……安禄山陷洛陽,以廟爲馬厩,棄其神主……賊平,東京留守盧正己又募得之。"《元龜》卷三一:"中宗反正,廢武氏廟主,立太祖已下神主祔之。安禄山陷洛陽,以廟爲馬厩,棄其神主。而協律郎嚴郢收而藏之。史思明再陷洛陽,尋又散失。賊平,東京留守盧正己又募得之。時廟已焚毀,乃寄主於太微宫。"

【李光弼　　廣德元年—二年(763—764)(未之任)】

《舊書》本傳:"代宗幸陝……吐蕃退,乃除光弼東都留守。"《新書》本傳略同。《全文》卷三四二顔真卿《唐故開府儀同三司太尉兼侍中河南副元帥東都留守臨淮武穆王李公(光弼)神道碑銘》:"廣德元年……冬十一月,上在陝州,以公兼東都留守。制書未下,久待命於徐州。將赴東都,屬痢疾增劇……廣德二年秋七月五日己亥薨於徐州之官舍。"

王　縉　　廣德二年—大曆三年(764—768)

《舊書・代宗紀》:廣德二年八月"癸巳,王縉兼領東京留守"。大曆三年八月,"兼東都留守、齊國公王縉兼太原尹、北都留守"。又本傳:"廣德二年……李光弼薨於徐州,以縉爲侍中,持節都統河南、淮西、山南東諸節度行營事。縉懇讓侍中,從之。加上柱國,兼東都留守。"《新書》本傳略同。又見《通鑑・廣德二年》,《元龜》卷三二二。《新書・宰相表中》稱廣德二年八月甲午,王縉兼東都留守。《大詔令集》卷五二楊炎《王縉兼幽州節度副使制》稱:"兼東都留守王縉……可兼幽州長史持節充幽州節度副大使知節度事。"又見《全文》卷四二一。

【杜鴻漸　　大曆三年(768)(未之任)】

《舊書・代宗紀》:大曆三年八月,"杜鴻漸兼東都留守"。又本傳:"〔大曆〕三年八月,代王縉爲東都留守……竟不之任。"《新書》本傳略同。又見《元龜》卷四〇九。《大詔令集》卷五二《杜鴻漸兼東都留守制》：“衛國公杜鴻漸……出鎮梁益，西南晏然……可兼東都留守，餘如故。”又見《全文》卷四二一楊炎行制。

裴　冕　　大曆四年（769）

《舊書・代宗紀》：大曆四年十一月“丙子，以左僕射、冀國公裴冕同中書門下平章事，充東都留守……十二月……戊戌，裴冕卒”。兩《唐書》本傳同。又見《新書・忠義傳上》。《全文》卷三六九元載《冀國公贈太尉裴冕碑》：“大曆四年冬十一月……詔復入相，旬有二日兼河南江淮副元帥東都留守，是月辛酉薨於長安。”又卷四一七常袞《代裴相公讓河南等道副元帥表》：“伏奉今月恩制，以臣兼東都留守，河南、淮西、山南東道副元帥。”

張延賞　　大曆五年—六年（770—771）

《舊書・代宗紀》：大曆五年正月“壬申，河南尹張延賞兼御史大夫，充東都留守”。又本傳：“時罷河南、淮西、山南副元帥，以其兵鎮東都，延賞權知東都留守以領之。”《新書》本傳略同。又見《通鑑・大曆五年》。《大詔令集》卷一〇一及《全文》卷四一〇常袞《停河南等道副元帥制》：“今萬里無塵，思解戎備……張延賞宜權知東都留守事。”

蔣　渙　　大曆七年—九年（772—774）

《舊書・代宗紀》：大曆七年五月“癸亥，以檢校禮部尚書蔣渙充東都留守”。八年九月“甲午，東都留守蔣瓊（渙）兼知東都貢舉”。兩《唐書》本傳未及。《姓纂》卷七義興蔣氏：“渙，禮部尚書，東都留守。”“渼”，當爲“渙”之訛誤。《元龜》卷二五：大曆八年“七月丙戌，東都留守蔣澳上言：太廟殿柱生芝草二莖”。“澳”亦當爲“渙”之訛誤。《唐詩記事》卷二四史延：“大曆九年，留守蔣渙試進士於東都，延登第。”《千唐誌・唐故楚州長史源公夫人樂安蔣氏（婉）墓誌銘》（貞元十年九月二日）：“唐故延州都督公諱挺之順孫，東都留守禮部尚書贈太師公諱渙之愛女。”貞元九年卒，年五十七。

路嗣恭 大曆十四年—建中二年（779—781）

《舊書·德宗紀上》：大曆十四年閏五月“庚寅，以兵部尚書路嗣恭爲東都留守”。建中二年春正月，“以兵部尚書、東都留守路嗣恭爲鄭汝陝河陽三城節度、東畿觀察等使”。又本傳：“及德宗即位，楊炎受其貨，始叙前功，除兵部尚書、東都留守。尋加懷鄭汝陝四州、河陽三城節度及東都畿觀察使。徵至京師，卒。”《新書》本傳略同。又見《元龜》卷三一、卷三三八，《舊書·宣宗紀》，《通鑑·建中二年》正月。

張獻恭 建中二年（781）

《舊書·德宗紀上》：建中二年正月“丁亥，檢校户部尚書張獻恭爲東都留守”。又見兩《唐書》本傳。《千唐誌·大唐故監察侍御史河南元府君（袞）夫人張氏墓誌銘并序》（某年十一月十四日）：“父獻恭，吏部尚書，節制山南西道，東都留守。”

鄭叔則 建中二年—四年（781—783）

《舊書·德宗紀上》：建中二年五月“丙午，以檢校祕書少監鄭叔則爲御史中丞、東都畿觀察使”。《通鑑·建中四年》：正月“庚寅，李希烈遣其將李克誠襲陷汝州……東都士民震駭，竄匿山谷；留守鄭叔則入保西苑”。又見《新書·李希烈傳》。《全文》卷七八四穆員《福建觀察使鄭公（叔則）墓誌銘》：“俄領東都留守兼河南尹……罷鎮歸省，轉尚書左丞……轉京兆尹。”貞元八年卒於福建觀察使任。又見卷七八五《河南府洛陽主簿鄭君（約）墓誌銘》，卷四七八杜黄裳《東都留守顧公（少連）神道碑》，《羯鼓録》（《廣記》卷二〇五引《羯鼓録》作“鄭叔明”，誤），《芒洛遺文·唐故試祕書省祕書郎兼河中府寶鼎縣令趙郡李府君（方乂）墓誌銘并序》（元和九年十一月十八日）、《李府君夫人滎陽鄭氏墓誌銘并序》（大中十年十一月二十七日）。

哥舒曜 建中四年—貞元元年（783—785）

《通鑑·建中四年》：正月“戊戌，以左龍武大將軍哥舒曜爲東都、汝州節度使”。《新書》本傳：“李希烈陷汝州……詔拜曜東都、汝州行營節度使。京師亂，帝幸奉天，襄城陷，曜走洛陽。會母喪，奪爲東都畿、汝節度使。遷河南尹……貞元元年，部將叛，夜焚河南門，曜挺身免。帝以汴州刺史薛珏代之。"按《姓纂》卷五哥舒氏作"曄，尚書、東郡（都）汝州節度使"。岑仲勉《姓纂四校記》云："曜官尚書、汝州節度使，此作曄，誤。"《新書·方鎮表一》：建中四年，"置東畿汝州節度"。貞元元年，"廢東都畿汝州節度，置都防禦使，以東都留守兼之"。

薛　珏　　貞元元年(785)

見上條引《新書·哥舒曜傳》。

賈　耽　　貞元元年—二年(785—786)

《舊書·德宗紀上》：貞元元年六月"壬午，以工部尚書賈耽兼御史大夫、東都留守、都畿汝州防禦使"。貞元二年七月，"加東都留守賈耽東都畿唐汝鄧都防禦觀察使"。《通鑑·貞元二年》：九月"丁酉，以東都留守賈耽爲義成節度使"。又見兩《唐書》本傳。《全文》卷三九四賈耽《進海內華夷圖及古今郡國縣道四夷述表》："去興元元年，伏奉進止，令臣修撰國圖，旋即充使魏州、汴州，出鎮東洛東郡。"又卷四六二陸贄有《賈耽東都留守制》、卷四七八鄭餘慶有《左僕射賈耽神道碑》、卷七八五穆員有《爲留守賈尚書祭顔太師文》。

崔　縱　　貞元二年—五年(786—789)

《舊書·德宗紀上》：貞元二年九月"戊戌，以吏部侍郎崔縱檢校禮部尚書、東都留守、東都畿唐鄧汝防禦觀察使"。又見《舊書》本傳。《新書》本傳未及。《全文》卷四六二陸贄有《崔縱東都留守制》。又卷六二〇劉宇《河東監池靈慶公神祠碑陰記》稱："東都留守禮部尚書崔公縱頃知河中院。"又卷七八五穆員有《爲留守崔尚書祭袁給事文》。《韓昌黎集》卷三三《唐故國子司業竇公墓誌銘》："始佐崔大夫縱留守東都。"

杜　亞　　貞元五年—十二年(789—796)

《舊書·德宗紀下》：貞元五年十二月"辛未，以淮南節度使杜亞

爲東都留守、畿汝州都防禦使"。十四年五月"甲午，前東都留守、東
畿汝都防禦使、檢校吏部尚書杜亞卒"。本傳同。《新書》本傳："以檢
校吏部尚書留守東都……又賂中人求兼河南尹。帝審其妄，使禮部
尚書董晉代之。"又見《舊書·張弘靖傳》、《穆員傳》，兩《唐書·李元
素傳》，《元龜》卷五一一、卷五一五、卷六九七。《會要》卷六二稱："元
和五年四月"，"時杜亞爲東都留守"。"元和"當爲"貞元"之誤。《全
文》卷四九七權德輿有《唐故東都留守東都汝州防禦使杜公（亞）神道
碑銘并序》，又卷五二二梁肅有《爲杜東都祭竇廬州文》。

董　晉　　貞元十二年（796）

《舊書·德宗紀下》：貞元十二年三月"戊申，以兵部尚書董晉充
東都留守，判東都尚書省、東畿汝州都防禦使……七月乙未，以東都
留守、兵部尚書董晉檢校左僕射、同中書門下平章事、汴州刺史、宣武
軍節度使、宋亳潁觀察使"。又見《舊書·杜亞傳》，兩《唐書》本傳，
《通鑑·貞元十二年》七月，《元龜》卷一二八。《韓昌黎集》卷三七《贈
太傅董公（晉）行狀》："爲禮部四年，拜兵部尚書……既二日，拜東都
留守……由留守未盡五月，拜……汴州刺史。"又見外集卷五《祭董相
公文》，《全文》卷四九九權德輿《唐故宣武軍節度副大使知節度事董
公（晉）神道碑銘并序》，卷六三九《故正議大夫行吏部侍郎韓公
（愈）行狀》，《廣記》卷一七七引《譚賓錄》。

王　翃　　貞元十二年—十八年（796—802）

《舊書·德宗紀下》：貞元十二年七月，"以太子賓客王翃爲東都
留守、判東都尚書省事、東畿汝都防禦使"。十八年六月，"前東都留
守、檢校禮部尚書王翃卒"。又見兩《唐書》本傳，《新表二中》太原王
氏，《元龜》卷六九六。《全文》卷四九九權德輿《唐故楚州淮陰縣令王
府君（光謙）神道碑銘》："公之才子五人……次曰翃……貞元十二年
檢校禮部尚書東都留守。"

顧少連　　貞元十八年—十九年（802—803）

《舊書·德宗紀下》：貞元十八年"六月癸巳，以吏部尚書顧少連

爲兵部尚書、東都留守、東都畿汝防禦使"。又見《新書》本傳。《全文》卷四七八杜黃裳《東都留守顧公（少連）神道碑》："以貞元癸未年十月四日薨於洛陽崇讓里之私第。"按癸未年爲貞元十九年。又卷四三八韋夏卿有《東都留守顧公神道碑銘》，卷六三一吕温有《祭座主兵部尚書顧公文》。《韓昌黎集》外集卷四《河南府同官記》稱："故吏部尚書東都留守顧公……由京兆尹至吏部尚書、東都留守。"

韋夏卿　　貞元十九年—二十一年（803—805）

《舊書·德宗紀下》：貞元十九年"冬十月乙未，以太子賓客韋夏卿爲東都留守、東都畿汝都防禦使"。又《憲宗紀上》：貞元二十一年十二月"庚子，以東都留守韋夏卿爲太子太保"。又見兩《唐書》本傳。《全文》卷六三〇吕温《故太子少保京兆韋府君神道碑》："充東都留守、東都畿汝州都防禦使。"元和元年薨於東都。《舊書·路隨傳》、《韋辭傳》皆謂東都留守韋夏卿辟爲從事。《全文》卷四八六權德輿《奏孝子劉敦儒狀》稱："貞元二十年留守韋夏卿具狀奏聞。"又見《元龜》卷六八〇，《唐語林》卷三。

王　紹　　貞元二十一年—元和元年（805—806）

《舊書·憲宗紀上》：貞元二十一年十二月庚子，"以兵部尚書王紹爲東都留守"。元和元年十一月，"以東都留守王紹檢校右僕射，兼徐州刺史、武寧軍節度使、徐泗濠等州觀察等使"。又見兩《唐書》本傳。《全文》卷六四六李絳《兵部尚書王紹神道碑》："今上即位……檢校吏部尚書東都留守判都省事……充東都畿汝州防禦使……遷檢校尚書右僕射、徐州刺史……充武寧軍節度。"又卷五〇〇權德輿《故尚書工部員外郎贈禮部尚書王公（端）神道碑銘并序》："有三子……次曰紹……以檢校吏部尚書爲東都留守、東都畿內防禦使。以檢校右僕射爲徐州刺史。"

趙宗儒　　元和元年—三年（806—808）

《舊書·憲宗紀上》：元和元年十一月"庚戌，以吏部侍郎趙宗儒爲東都留守、東畿汝防禦使"。又見兩《唐書》本傳。《會要》卷七五："元和二年九月詔：東都留守趙宗儒權知吏部，令掌東都選事，銓試畢日停。"《唐文拾遺》卷六同。

鄭餘慶　　元和三年—六年（808—811）

《舊書·憲宗紀上》：元和三年六月"甲戌，以河南尹鄭餘慶爲東都留守"。元和六年十月，"以東都留守鄭餘慶爲吏部尚書"。又本傳："〔元和〕三年，檢校兵部尚書、兼東都留守。六年四月，正拜兵部尚書。"《新書》本傳未及。又見《新書·孟郊傳》，《元龜》卷七二九。《韓昌黎集》卷一五有《上留守鄭相公啓》、《上鄭尚書相公啓》，又外集卷四《河南府同官記》稱："鄭公以工部尚書留守東都。"又見卷三三《唐故國子司業竇公墓誌銘》，卷二五《登封縣尉盧殷墓誌》、《集賢院校理石君（洪）墓誌銘》，《全文》卷六三九李翺《兵部侍郎贈工部尚書武公（儒衡）墓誌銘》、《故河南府司録參軍盧君（士瓊）墓誌銘》，《宋高僧傳》卷一一《唐南陽丹霞山天然傳》。

韓　皋　　元和六年—八年（811—813）

《舊書·憲宗紀上》：元和六年十月"戊辰，以户部尚書韓皋爲東都留守，判東都尚書省事"。又《憲宗紀下》：元和八年六月"丙戌，以東都留守韓皋檢校吏部尚書，兼許州刺史，充忠武軍節度使"。又見兩《唐書》本傳，《元龜》卷四八四、卷八五七。北圖藏拓片《唐故河南府司録參軍盧君（士瓊）墓誌銘并序》（大和元年九月一日）："鄭少師之留守東都，奏爲□官，得大理評事。韓尚書代爲留守，請君如初。尚書節將陳許，奏充觀察判官，得監察御史。""鄭少師"指鄭餘慶，"韓尚書"即指韓皋，此爲韓皋第一次任東都留守。

權德輿　　元和八年—九年（813—814）

《舊書·憲宗紀下》：元和八年七月"癸丑，以權德輿檢校吏部尚書、東都留守"。又見兩《唐書》本傳，《舊書·劉敦儒傳》，《元龜》卷七五六，《韓昌黎集》卷三〇《唐故相權公墓銘》。《全詩補編上·全詩續補遺》卷五權德輿有《貞元七年蒙恩除太常博士自江東來朝時與郡君同行西岳廟停車祝謁元和八年拜東都留守途次祠下追計前事因代書却寄》。《全文》卷四八七權德輿有《東都留守舉人自代狀》。又卷四八六權德輿《東都留守謝上表》:"伏奉今月三日制命,授臣檢校吏部尚書兼御史大夫充東都留守……以今月二十四日到東都上訖。"

吕元膺 元和九年—十二年(814—817)

《舊書·憲宗紀下》:元和九年十月"戊辰,以尚書左丞吕元膺檢校工部尚書、東都留守"。十年十二月"壬子,東都留守吕元膺請募置三河子弟以衛宮城"。又本傳:"代權德輿爲東都留守、檢校工部尚書、兼御史大夫、都畿防禦使……數年,改河中尹、充河中節度等使。"又見《舊書·孔敏行傳》,《新書·憲宗紀》、本傳,《通鑑·元和九年》,《元龜》卷六〇,《會要》卷六七,《樊南文集》卷一《爲僕射彭陽公遺表》,《廣記》卷四九七引《芝田録》。按元膺約元和十二年改河中尹。

許孟容 元和十二年—十三年(817—818)

《舊書·憲宗紀下》:元和十二年五月"己亥,以尚書左丞許孟容爲東都留守,充都畿防禦使"。十三年四月"壬戌,前東都留守許孟容卒"。又見兩《唐書》本傳。

鄭絪 元和十三年—長慶元年(818—821)

《舊書·憲宗紀下》:元和十三年三月"丙申,以同州刺史鄭絪爲東都留守、都畿汝防禦使"。又《穆宗紀》:長慶元年十月"壬申,以東都留守鄭絪爲吏部尚書"。又見《舊書》本傳、《禮儀志六》,《廣記》卷一〇六引《報應記》。《新書》本傳未及。《白居易集》卷五〇《鄭絪可吏部尚書制》稱:"東都留守、防禦使、檢校刑部尚書兼御史大夫、滎陽縣開國公鄭絪……可吏部尚書。"《隋唐五代墓誌匯編·洛陽卷》第十四册《唐故范陽盧氏滎陽鄭夫人墓誌銘》(大中十二年五月十二日):"祖絪,皇太子太傅,贈大師……後爲嶺南節度使,同州刺史,東都留守。"夫人卒大中十二年閏二月十五日,享年三十二。【補遺】《唐故銀青光禄大夫、檢校户部尚書、使持節鄆州諸軍事、守鄆州刺史,充天平軍節度、鄆曹濮等州觀察處置等使、御史大夫、上柱國、弘農郡開國公、食邑二千户弘農楊公（漢公）墓誌銘並序》（咸通二年十一月廿日）:"丁太尉府君憂……服闋,荆南裴大夫復請爲從事。……府罷,入故相國鄭公東都留守幕。後故相國李公絳代鄭公居守,留公仍舊職,轉殿中侍御史,賜緋魚袋。"（周紹良、趙超《唐代墓誌匯編續集》,上海古籍出版社 2001 年版）按"相國鄭公"即鄭絪,其爲東都留守。

李　絳　　長慶元年(821)

《舊書·穆宗紀》:長慶元年十月壬申,"以吏部尚書李絳檢校右僕射,判東都尚書省事、東都留守、都畿防禦使"。又見兩《唐書》本傳。《國史補》卷中:"長慶初,李尚書絳議置郎官十人,分判南曹,吏人不便,出爲東都留守。"又見《唐語林》卷六。【補遺】《唐故銀青光禄大夫、檢校户部尚書、使持節鄆州諸軍事、守鄆州刺史,充天平軍節度、鄆曹濮等州觀察處置等使、御史大夫、上柱國、弘農郡開國公、食邑二千户弘農楊公（漢公）墓誌銘並序》（咸通二年十一月廿日）:"入故相國鄭公東都留守幕。後故相國李公絳代鄭公居守,留公仍舊職,轉殿中侍御史,賜緋魚袋。移府,又以舊秩署華州防禦判官。李公入拜大兵部,故相國崔公群替守華下,喜曰:吾真得楊侍御矣。又署舊職。府移宣城,以禮部員外郎副團練使。"（周紹良、趙超《唐代墓誌匯編續集》,上海古籍出版社 2001 年版）按李絳爲東都留守。

裴　度　　長慶二年(822)

《舊書·穆宗紀》:長慶二年二月"丁亥,以河東節度使、司空、兼門下侍郎、平章事裴度守司徒、平章事,充東都留守,判東都尚書省事、都畿汝防禦使、太微宮等使"。三月"壬子,以新授東都留守裴度爲揚州大都督府長史,充淮南節度使"。又見兩《唐書》本傳,《新書·盧弘宣傳》,《通鑑·長慶二年》,《元龜》卷七六、卷七八。

李　絳　　長慶二年（822）

《舊書·穆宗紀》：長慶二年三月，“前東都留守李絳復拜舊官”。八月，“以前東都留守李絳爲華州刺史，充潼關防禦、鎮國軍等使”。又本傳：“〔長慶〕三年，復爲東都留守。四年，就加檢校司空。”按“三年”當爲“二年”之誤。《新書》本傳：“歷東都留守，徙東川節度使，復爲留守。”

陳　楚　　長慶二年（822）

《舊書·穆宗紀》：長慶二年七月，“以前義武軍節度使陳楚爲東都留守、判尚書省事、東畿汝防禦使”。八月，“以東都留守陳楚爲河陽懷節度使”。又見《元龜》卷六七一，《會要》卷六七。兩《唐書》本傳未及。

韓　皋　　長慶二年—四年（822—824）

《舊書·穆宗紀》：長慶二年八月“戊辰，以左僕射韓皋爲東都留守、判尚書省事、東畿汝防禦使”。又本傳：“長慶元年正月，正拜尚書右僕射。二年四月，轉左僕射，赴尚書省上事……其年，以本官東都留守，行及戲源驛暴卒。”《新書》本傳：“長慶四年，復爲東都留守，卒於道。”《全詩》卷二七一竇庠有《東都嘉量亭獻留守韓僕射》、《陪留守韓僕射巡內至上陽宮感興二首》，《全文》卷七六一褚藏言《竇庠傳》：“昌黎公留守東都，又奏授公爲汝州防禦判官。”此“韓僕射”、“昌黎公”皆指韓皋，證知韓皋長慶間在東都留守任。《舊傳》謂“行及戲源驛暴卒”，《新傳》謂“卒於道”，當指長慶四年奉召入京爲左僕射之時。《舊唐書·敬宗紀》：長慶四年正月“甲戌，左僕射韓皋卒”。證知其卒於左僕射任，非卒於東都留守任。

楊於陵　　長慶四年—寶曆二年（824—826）

《舊書》本傳：“長慶初，拜太常卿，充東都留守。年高，拜章辭位。寶曆二年，授檢校右僕射兼太子太傅。”又《敬宗紀》：寶曆二年十一月“癸巳，以前東都留守楊於陵爲太子少傅”。又見《舊書·楊嗣復傳》，

《新書》本傳。《全文》卷六三九李翱《唐故金紫光禄大夫尚書右僕射致仕楊公（於陵）墓誌銘》："改東都留守……既三年，方將告休，會以疾而罷。"

崔　從　　寶曆二年—大和三年（826—829）

《舊書・敬宗紀》：寶曆二年八月"癸丑，以太常卿崔從檢校吏部尚書、判東都尚書省事、兼御史大夫、東都留守、東畿汝都防禦使"。又《文宗紀上》：大和三年三月壬辰，"以前東都留守崔從爲户部尚書"。又見兩《唐書》本傳。【補遺】《洛陽新獲墓誌 100・唐故隴西郡夫人李氏墓誌銘》："皇唐大和四年閏十二月十五日，檢校右僕射淮南節度使清河崔公夫人隴西郡夫人李氏終於揚州官舍。……夫人年十七歸於清河崔公。……清河公由憲丞再遷廉察陝服，四遷制興元，由興元入爲尚書左丞，出拜鄜坊節度。凡三年，入除吏部侍郎，太常卿，東都留守。……大和二年罷留守。……明年徵詣長安，拜淮南節度使。"按此"崔公"當爲崔從。

令狐楚　　大和三年（829）

《舊書・文宗紀上》：大和三年"三月辛巳朔，以户部尚書令狐楚爲東都留守"。十二月"己丑，以東都留守令狐楚檢校右僕射、天平軍節度使"。又見兩《唐書》本傳。《白居易集》卷二六有《送東都留守令狐尚書赴任》詩。《全文》卷六〇八劉禹錫有《東都留守令狐楚家廟碑》。又卷六〇五《唐故相贈司空令狐公集序》："文宗纂服，三年冬上表……入覲，遷户部尚書，俄爲東都留守，又轉檢校尚書右僕射兼鄆州刺史。"又見卷六〇六《天平軍節度廳壁記》。

崔弘禮　　大和三年—四年（829—830）

《舊書・文宗紀上》：大和三年十二月"己丑，以東都留守令狐楚檢校右僕射、天平軍節度使，代崔弘禮，〔崔弘禮〕爲東都留守"。又《文宗紀下》：大和四年四月"辛未，以前東都留守崔弘禮爲刑部尚書"。又見兩《唐書》本傳。《千唐誌・唐故東都留守東都畿汝州都防

禦使檢校尚書左僕射判東都尚書省事兼御史大夫崔公（弘禮）墓誌銘
并序》（大和五年四月二十八日）：“詔自華馳傳節制東平……賊平，除
東都留守。”又見《唐故東都留守檢校尚書左僕射贈司空博陵崔公（弘
禮）小女（遷）墓誌銘并序》（大中元年九月十日）、《崔彦温誌》（大中十
二年十月二十六日）。

崔元略　　大和四年（830）

《舊書·文宗紀下》：大和四年四月庚申，“以〔崔〕元略檢校吏部
尚書，爲東都留守……冬十月壬寅朔，戊申，以東都留守崔元略檢校
吏部尚書，兼滑州刺史、義成軍節度使”。又本傳：“五年，檢校吏部尚
書，出爲東都留守……是歲，又遷滑州刺史。”按：“五年”當爲“四年”
之誤。《新書》本傳：“大和三年，以户部尚書判度支，出爲東都留守，
改義成節度使。”

崔弘禮　　大和四年（830）

《舊書·文宗紀下》：大和四年十月“庚戌，以前刑部尚書崔弘禮
爲東都留守”。十二月“癸亥，東都留守崔弘禮卒”。又見兩《唐書》本
傳。《千唐誌·唐故東都留守東都畿汝州防禦使檢校尚書左僕射判
東都尚書省事兼御史大夫崔公（弘禮）墓誌銘并序》（大和五年四月二
十八日）：“今聖嗣位之四載，詔公再釐東周。其年十二月十七日以疾
薨于位。”又見《唐故東都留守檢校尚書左僕射贈司空博陵崔公（弘
禮）小女墓誌銘并序》、《唐故博陵崔府君（彦温）墓誌銘并序》。

韋弘景　　大和四年—五年（830—831）

《舊書·文宗紀下》：大和四年十二月戊辰，“以〔韋〕弘景守刑部
尚書、東都留守”。五年五月“辛酉，東都留守、刑部尚書韋弘景卒”。
又見兩《唐書》本傳，《元龜》卷四五八。

温　造　　大和五年（831）

《舊書·文宗紀下》：大和五年七月“辛丑，以兵部侍郎温造檢校

户部尚書,爲東都留守"。八月壬申,"以温造爲河陽三城懷州節度使"。又見兩《唐書》本傳。

李逢吉　　大和五年—八年(831—834)

《舊書·文宗紀下》:大和五年八月壬申,"以〔李〕逢吉檢校司徒、兼太子太師,充東都留守,代温造"。八年三月庚午,"以東都留守李逢吉檢校司徒,兼右僕射"。又見兩《唐書》本傳,《元龜》卷九三八。

裴　度　　大和八年—開成二年(834—837)

《舊書·文宗紀下》:大和八年三月"庚午,以山南東道節度使裴度充東都留守,依前守司徒兼侍中"。開成二年五月"乙丑,以東都留守裴度爲太原尹、北都留守、河東節度使,依前守司徒、中書令"。又見兩《唐書》本傳,《通鑑·大和九年》,《元龜》卷四一七、卷八一五,《唐詩紀事》卷三九白居易。

牛僧孺　　開成二年—三年(837—838)

《舊書·文宗紀下》:開成二年五月"辛未,詔以前淮南節度使牛僧孺爲檢校司空、東都留守"。三年九月"戊寅,以東都留守牛僧孺爲左僕射"。又見兩《唐書》本傳,《元龜》卷四六一,《會要》卷六七,《全文》卷七二〇李珏《故丞相太子少師贈太尉牛公(僧孺)神道碑銘并序》。又卷七五五杜牧《唐故太子少師奇章郡開國公贈太尉牛公墓誌銘并序》:"開成二年……夏五月……除檢校司空留守東都……明年,拜左僕射。"

崔　珙　　開成三年—五年(838—840)

《舊書·文宗紀下》:開成三年"冬十月乙酉朔,以尚書左丞崔珙檢校户部尚書,充東都留守"。又見兩《唐書》本傳。《千唐誌·唐故東都畿汝防禦使都押衙兼都虞候正議大夫檢校太子賓客張府君(季戎)墓誌銘并序》(大中五年十月十一日):"開成五祀,東都留守尚書崔公□□府君幹能,補河陰鎮遏副十將……及冬,僕射王公權充留守衙前將。"

王　起　　開成五年—會昌元年（840—841）

《舊書》本傳：“武宗即位，八月，充山陵鹵簿使……尋檢校左僕射、東都留守，判東都尚書省事。會昌元年，徵拜吏部尚書，判太常卿事。”《新書》本傳略同。

李　程　　會昌元年—二年（841—842）

《新書》本傳：“武宗立，爲東都留守，卒。”《舊書》本傳未及，唯謂大和九年“加檢校司徒”。《千唐誌·張季戎墓誌》：“開成五祀，東都留守尚書崔公……及冬，僕射王公……會昌，司徒李公又加留守討擊使兼河陰鹽鐵留後……三年，太傅牛公惑聽小人之譖，降爲衙前將；四年夏，請公檢覆苑内營田。”按崔公指崔珙，王公指王起，牛公指牛僧孺，王起與牛僧孺之間尚有司徒李公爲東都留守者，當即李程。《匋齋藏石記》卷三四《李畫墓誌》（大中十年六月）：“王父東都留守、檢校司徒，贈太保。皇考廓，徐州節度。”畫卒大中九年，年三十八。據《舊書》本傳，子廓。則畫之王父當即李程。

牛僧孺　　會昌二年—四年（842—844）

《新書》本傳：“會昌元年……下遷太子少保，進少師。明年，以太子太傅留守東都。劉稹誅，而石雄軍吏得從諫與僧孺、李宗閔交結狀……武宗怒，黜爲太子少保，分司東都，累貶循州長史。”《舊書》本傳未及。《通鑑·會昌四年》：十月，“李德裕怨太子太傅、東都留守牛僧孺……以僧孺爲太子少保，分司……戊子，再貶僧孺汀州刺史”。《全文》卷七五五杜牧《唐故太子少師奇章郡開國公贈太尉牛公（僧孺）墓誌銘并序》：“〔會昌二年〕以檢校官兼太子太傅留守東都。劉禎（稹）以上黨叛，誅死……〔僧孺〕三貶至循州員外長史。”

李固言　　會昌四年—五年（844—845）

《舊書》本傳：“宣宗即位，累授檢校司徒、東都留守、東畿汝都防禦使。大中末，以太常卿孫簡代之，拜太子太傅，分司東都，卒。”《新書》本傳：“以疾復爲少師，遷東都留守。宣宗初，還右僕射。後以太子太傅分司東都,卒。"其初爲東都留守當在宣宗即位前。

李　石　　會昌五年—六年(845—846)

《舊書·武宗紀》:會昌五年正月,"以前太原節度使、檢校司空李石以本官充東都留守"。又《宣宗紀》:會昌六年四月,"東都留守李石奏修奉太廟畢,所司迎奉太微宮神主祔廟訖"。又見兩《唐書》本傳,《元龜》卷三一,《全文》卷七二五陳商《東都置太廟議》。《千唐誌·張季戎墓誌》(大中五年十月十一日):"至五年十月武宗皇帝遷太微宮,相國李公改補同押衙。"此相國李公當即李石。

狄兼謩　　會昌六年(846)

《新書》本傳:"俄領天平節度使,辭疾,以祕書監歸洛陽,遷東都留守,卒。"《舊書》本傳未及。《千唐誌·張季戎墓誌》(大中五年十月十一日):"〔會昌〕六年秋,狄公尚書又加右廂兵馬使。"

李德裕　　會昌六年—大中元年(846—847)

《舊書·宣宗紀》:會昌六年十月,"以荆南節度使李德裕爲東都留守"。又本傳:"宣宗即位,罷相,出爲東都留守、東畿汝都防禦使……大中初……乃罷德裕留守,以太子少保分司東都,時大中元年秋。尋再貶潮州司馬。"《新書》本傳略同。又見《元龜》卷七七五,《通鑑·會昌六年》。《千唐誌·張季戎墓誌》(大中五年十月十一日):"〔會昌〕六年……十月,太尉李公自荆楚拜留守,又加正押衙兼知客。"

孫　簡　　大中元年—二年(847—848)

《新書》本傳:"歷河中、興元、宣武節度使,檢校尚書右僕射、東都留守。"《舊書》本傳未及。《新表三下》孫氏:"簡,東都留守,太子太保。"《全文》卷七六一褚藏言《竇鞏傳》:"元和二年舉進士,與今東都留守左僕射孫公簡、故吏部侍郎興元節度使王公源中……同年上第。"按《孫讜墓誌》稱其父孫簡兩任東都留守,此當爲第一次。

李固言　　大中三年—四年（849—850）

　　《千唐誌・張季戎墓誌》（大中五年十月十一日）：“大中三年，司徒李公再理留務。”此司徒李公當即李固言。《金石録》卷三〇《唐贈太尉李固言碑跋》：“以碑考之，其初爲東都留守，數月即以本官分司，而史不書。宣宗時爲右僕射，再遷東都留守，而史亦不書。”

崔　琪　　大中五年—六年（851—852）

　　《新書》本傳：“〔崔〕鉉復執政，琪懼，以疾自乞……下除太子少師，分司東都，就拜留守，復節度鳳翔，卒於官。”《舊書》本傳未及。《千唐誌・張季戎墓誌》（大中五年十月十一日）：“〔大中〕五年春正月，相國崔公以公道可兼人，加勾當衙事。”季戎卒大中五年六月十五日，年六十二。《廣記》卷二四四引《芝田録》：“唐崔琪爲東都留守，判尚書省事。”

孫　簡　　大中七年—十年（853—856）

　　北圖藏拓片《唐故朝議郎前守蓬州刺史樂安孫府君（讜）墓誌銘并序》（某年七月三十日）：“烈考府君諱簡……三授太常卿，兩任東都留守，後除檢校司空、太子少師，薨於位，累贈太師。蓬州府君即太師公第三子也。”《隋唐五代墓誌匯編・洛陽卷》第十三册《唐銀青光禄大夫檢校司空兼太子少師分司東都上柱國樂安縣開國侯孫公（簡）墓誌銘并序》（大中十一年）：“聖敬文思和武光孝皇帝御宇之十一年，□□東都居守左僕射孫公……天子優寵元老，乃拜檢校司空兼太子少師分司東都……〔公〕檢校兵部尚書節度宣武軍，及受代……加正議大夫檢校右僕射，又爲之加銀青光禄大夫，又封樂安縣開國男，又進封樂安縣侯，出拜東京留守，檢校左僕射，再爲吏部尚書，又爲東都留守，檢校左僕射如故……享年八十二。”此爲第二次任東都留守。

杜　悰　　大中十一年—十三年（857—859）

　　《舊書・宣宗紀》：大中十一年六月，“以特進、檢校司空、兼太子

太傅分司東都、上柱國、扶風郡開國公、食邑二千戶杜悰本官判東都
尚書省、兼御史大夫，充東都留守、東畿汝都防禦使"。《新書》本傳：
"徙西川，復鎮淮南……罷，兼太子太傅，分司東都。逾歲，起爲留守，
復節度劍南西川。"《舊書》本傳未及，按杜悰鎮淮南在大中九年前，復
節度西川在大中十三年。

盧　鈞　　大中十三年—咸通元年(859—860)

《新書》本傳："爲山南西道節度使。俄檢校司徒，爲東都留守。
懿宗初，復節度宣武，辭不拜。"

蔣　係　　約咸通二年(約861)

《新書》本傳："乃檢校尚書右僕射，節度山南東道，封淮陽郡公。
徙東都留守，卒。"《舊書》本傳未及。

【白敏中　　咸通四年(863)(未之任)】

《新書》本傳："咸通二年……乃出爲鳳翔節度使。三奏願歸守墳
墓，除東都留守，不敢拜，許以太傅致仕。詔書未至，卒。"《舊書》本傳
未及。按白敏中咸通二年至四年在鳳翔尹任。

柳仲郢　　咸通四年(863)

《新書》本傳："爲山南西道節度使……頃之，以太子賓客分司東
都，起爲虢州刺史，以檢校尚書左僕射東都留守。會盜發父墓，棄官
歸華原。徙華州刺史，不拜。咸通五年，爲天平節度使。"《舊書》本傳
同。又見《御覽》卷九二〇。

孔溫裕　　咸通八年前(867前)

《千唐誌·唐故華州衙前兵馬使魏公(虔威，字遵令)誌銘》(咸通
九年十一月八日)："丁亥歲，鄒魯尚書自東都留守節鎮天平，遵令獲
事旌麾。"按丁亥歲爲咸通八年。鄒魯尚書當指孔溫裕。

李　福　　約乾符元年—三年（約 874—876）

《新書》本傳："僖宗初，以檢校尚書左僕射就拜留守，改山南東道節度使。"《舊書》本傳未及。《舊書·楊授傳》："李福爲東都留守，奏充判官。"按乾符三年七月李福在山南東道節度使任。

王　諷（王渢）　　乾符三年—約五年（876—約 878）

《大詔令集》卷一一七《宣撫東都官吏敕》："敕東都留守王渢、河南尹劉允章……今差左諫議大夫楊授、工部員外郎李巢，專往宣慰……乾符三年。"又見《全文》卷八八。《新書·藝文志二·實錄》："《文宗實錄》四十卷。"注："盧耽、蔣偕、王渢、盧告、牛叢撰……渢，字中德，歷東都留守。"

李　蔚　　乾符五年—六年（878—879）

《舊書·僖宗紀》：乾符五年"九月，門下侍郎、吏部尚書、平章事李蔚檢校尚書左僕射，充東都留守"。又本傳："四年，復爲吏部尚書，尋遷檢校司空、東都留守……六年，河東軍亂……八月，以蔚爲太原尹、北都留守、河東節度觀察等使。"又見《新書·僖宗紀》、本傳，《元龜》卷一二三、卷三二二，《通鑑·乾符五年》、《乾符六年》。

劉允章　　廣明元年（880）

《舊書·黃巢傳》：廣明元年"十一月十七日，陷洛陽，留守劉允章率分司官迎之"。《新書·僖宗紀》：廣明元年十一月"丁卯，東都留守劉允章叛附於黃巢"。又見本傳、《李磎傳》、《黃巢傳》，《通鑑·廣明元年》十一月。

崔　充　　中和初？

《舊書·崔群傳》："子充，亦以文學進，歷三署，終東都留守。"《新表二下》崔氏清河小房："充字茂用，東都留守。"按崔充咸通十三年九月爲東川節度使，見《承旨學士壁記》。

崔安潛　　中和三年(883)

《新書》本傳：“僖宗避賊劍南，召爲太子少師。王鐸任都統，表以自副。鐸解兵，安潛復爲少師、東都留守。青州王敬武卒，詔拜平盧節度使。”《舊書》本傳未及。《通鑑·中和三年》：正月乙亥，“又以副都統崔安潛爲東都留守”。【補遺】《洛陽新獲墓誌125·唐故太子太師贈太尉清河崔公(安潛)墓誌銘並序》（光化元年八月五日）：“僖宗皇帝出狩於蜀，……詔起公檢校右僕射、留守東都。……守左僕射兼鳳翔尹隴州事……”

鄭從讜　　中和三年(883)

《新書·宰相表下》：中和三年“五月，東都留守、檢校司空兼侍中鄭從讜爲司空，兼門下侍郎、同中書門下平章事”。又《僖宗紀》同。

李罕之　　中和四年—光啓元年(884—885)

《新書》本傳：“〔諸葛爽〕又表爲河南尹、東都留守。”《舊五代史》本傳：“中和四年，爽表罕之爲河南尹、東都留守。”《新五代史》本傳同。《通鑑·光啓元年》：六月，“東都留守李罕之與秦宗權將孫儒相拒數月；罕之兵少食盡，棄城，西保澠池，宗權陷東都”。

張全義(張言)　　光啓三年(887)

《新書·李罕之傳》：“〔李克用〕得河陽，克用表罕之爲節度使、同中書門下平章事……又表〔張〕言爲河南尹、東都留守。”《全文》卷八二一李綽《昇仙廟興功記》：“今河陽行軍懷州刺史、僕射清河張公，即留守太保相君之令弟……乾寧四年正月三日記。”按留守太保相君即張言。張言後賜名全義。

韋昭度　　龍紀元年—景福二年(889—893)

《舊書·昭宗紀》：龍紀元年正月，“以劍南西川節度、兩川招撫制置使韋昭度檢校司空，爲東都留守”。又見兩《唐書》本傳。《通鑑·大順二年》：四月，“昭度至京師，除東都留守”。《新書·昭宗紀》：景福二年九月“壬辰，東都留守、檢校司徒韋昭度爲司徒……同中書門下平章事”。又見《新書·宰相表下》，《通鑑·景福二年》九月。

張全義　　約乾寧元年—天祐元年（約 894—904）

《通鑑·天祐元年》：“上在華州，朱全忠屢表請上遷都洛陽。上雖不許，全忠常令東都留守佑國軍節度使張全義繕修宮室。”

待考録

姚齊梧

《全文》卷四三五姚齊梧小傳：“齊梧，貞元中自給事中除御史中丞、東都留守。”按《新表四下》姚氏：“齊梧，左金吾大將軍。”又按《舊書·德宗紀下》：貞元十一年“六月癸丑，以絳州刺史姚齊梧爲晉慈隰都防禦觀察使”。皆未載東都留守事。

盧　某

《樊南文集補編》卷一一《請盧尚書撰曾祖妣誌文狀》：“夫人姓盧氏……父諱某，兵部侍郎、東都留守……曾孫商隱以會昌二年由進士第判入等。”

韓　琮

《全詩》卷五六五韓琮《柳》詩注：“一作《和白樂天詔取永豐柳植上苑》，時爲東都留守。”按《通鑑·大中十二年》韓琮爲湖南觀察使。《樊南文集》卷三有《爲舉人獻韓郎中琮啓》。

李士素

上圖藏拓片《唐故留守李大使夫人曲氏墓誌銘并序》：“及笄之年，初嫁劉僕射昌裔之幼子曰紓……俾歸於李大使士素之室……大中十三年十月十八日殞於東都……享年五十九。”李士素事迹不詳。

卷四九　河南府(洛州)上

隋河南郡。武德四年討平王世充,置洛州總管府。其年十一月罷總管府,置陝東道大行臺。九年罷行臺,置洛州都督府。十八年廢都督府。顯慶二年置洛州牧,改刺史爲長史,理州事。開元元年改洛州爲河南府,改洛州長史爲河南尹。領縣二十五:河南、洛陽、偃師、鞏、緱氏、告成、登封、陸渾、伊闕、伊陽、壽安、新安、福昌、澠池、長水、永寧、密、河清、穎陽、河陽、濟源、王屋、氾水、河陰、陽翟。

李道玄　　武德四年—五年(621—622)

《舊書》本傳:"東都平,拜洛州總管。及府廢,改授洛州刺史。五年,劉黑闥引突厥寇河北,復授山東道行軍總管。師次下博,與賊軍遇……道玄遇害,年十九。"《新書》本傳略同。又見《御覽》卷四三六,《元龜》卷二六九、卷二七一、卷二八一,《會要》卷六八。《通鑑·武德四年》:七月,"以淮陽王道玄爲洛州總管"。

＊李世民　　武德四年—九年(621—626)

《舊書·高祖紀》:武德四年"十月己丑,加秦王天策上將……領司徒、陝東道大行臺尚書令"。兩《唐書·太宗紀》同。

田世康　　武德五年(622)

《元龜》卷一二六:武德五年"十月己未,逆賊張大智侵洛州,刺史田世康……討之"。

屈突通　武德九年—貞觀二年（626—628）

《舊書》本傳：“貞觀元年，行臺廢，授洛州都督……明年卒。”《新書》本傳略同。又見《忠義傳上》，《元龜》卷一三〇、卷一三八。《千唐誌·唐左光禄大夫蔣國公屈突府君（通）墓誌銘》：“〔武德〕九年，除刑部尚書，轉工部尚書，俄授陝東道大行臺尚書右僕射。行臺廢，授使持節十一州諸軍事洛州刺史，加左光禄大夫。”貞觀二年卒，春秋七十二。又見《故朝議郎行辰州司倉參軍事屈突府君（伯起）墓誌銘并序》。《會要》卷六八：“〔武德〕九年六月十三日，廢行臺，置都督府，以屈突通爲之。”

竇　軌　貞觀二年—四年（628—630）

《舊書》本傳：“〔貞觀〕二年，出爲洛州都督……四年，卒官。”《新書》本傳略同。又《忠義傳上》稱“洛州都督、右衛大將軍、鄓國公竇軌”。又見《元龜》卷六七八、卷八六六。《文館詞林》卷四五九李百藥《洛州都督竇軌碑銘并序》：“〔貞觀〕二年拜使持節行都督洛、鄭、伊、懷四州諸軍事洛州刺史，左光禄大夫如故……四年以疾薨於館舍。”

楊恭仁　貞觀八年（634）

《舊書》本傳：“〔貞觀〕五年，遷洛州都督……後以老病乞骸骨，聽以特進歸第。十三年卒。”《新書》本傳略同。又見《元龜》卷六七一、卷八二四。《元龜》卷七八：“貞觀八年十一月，以恭仁行雒州都督。”按《隋唐五代墓誌匯編·陝西卷》第一册《大唐故特進觀國公（楊温，字恭仁）墓誌》（貞觀十四年三月十二日）：“〔貞觀〕八年，以公爲河北道大使……尋除使持節都督洛懷鄭汝四州諸軍事洛州刺史。未幾又謝病言歸。”證知《元龜》卷七八“貞觀八年十一月，以恭仁行洛州都督”是，《舊書》本傳誤。

張　亮　貞觀十七年（643）

《通鑑·貞觀十七年》：二月，“以太子詹事張亮爲洛州都督”。八月，“以洛州都督張亮爲刑部尚書”。《舊書》本傳：“〔貞觀〕十四年，入

爲工部尚書。明年,遷太子詹事,出爲洛州都督。"又《侯君集傳》稱
"十七年,張亮以太子詹事出爲洛州都督",本傳誤。又見《新書》本
傳,《舊書·長孫無忌傳》,《新書·侯君集傳》,《會要》卷四五,《歷代
名畫記》卷九。

裴懷節　　貞觀十七年—二十一年（643—647）

《新表一上》東眷裴氏:"懷節,洛州刺史,謚定。"《全文》卷五〇一
權德輿《唐故朝議郎使持節溫州諸軍事溫州刺史充靜海軍使賜緋魚
袋河東裴府君(希先)神道碑銘并序》:"四代祖懷節,皇給事中,工部
侍郎,荆、揚二州大都督府長史,洛州刺史,謚曰定。"又卷七八四穆員
《河南少尹裴公(濟)墓誌銘》:"高祖懷節,皇朝洛州刺史。"《會要》卷
六八:"〔貞觀〕十七年五月十三日,廢都督府,復爲洛(陽)州,以裴懷
節爲長史。"按"陽"字衍,"長史"當爲"刺史"之誤。《隋唐五代墓誌匯
編·山西卷·大唐故宮府大夫兼檢校司馭少卿裴君(皓)墓誌銘并
序》(龍朔三年十月五日):"父懷節……皇朝授秦王府録事參軍,轉太
子詹事丞,門下給事中,爲揚、荆二大都督府司馬,遷荆府長史,徵拜
工部侍郎,太子少詹事,太常少卿,銀青光禄大夫行揚州都督府長史
兼越王府長史,除洛州諸軍事洛州長史,加上護軍。薨,謚曰定……
貞觀廿一年……告以定公之患,君歔欷哽咽,悲慟聖衷,馳驛遣殿中
醫人賚藥往洛救療。及丁艱罰,毀悴過禮。"證知裴懷節於貞觀二十
一年卒於洛州刺史任。

李　緯　　貞觀二十一年（647）

《舊書·房玄齡傳》:"〔貞觀〕二十一年,太宗幸翠微宮,授司農卿
李緯爲民部尚書。玄齡時在京城留守,會有自京師來者,太宗問曰:
'玄齡聞李緯拜尚書如何?'對曰:'玄齡但云李緯好髭鬚,更無他語。'
太宗遽改授緯洛州刺史。"又見《御覽》卷三七四,《元龜》卷六九,《通
鑑·貞觀二十一年》六月。《新書·房玄齡傳》謂改李緯太子詹事。
《全文》卷二〇一李尚一《開業寺碑并序》:"曾孫緯,皇朝宗正、衛尉、
司農三寺卿,金紫光禄大夫、荆州大都督府長史,幽州都督……懷、

洛、蒲三州刺史。"

李　勣　　貞觀二十三年(649)

《舊書・高宗紀》：貞觀二十三年六月辛巳，"疊州都督、英國公勣為特進、檢校洛州刺史，仍於洛陽宮留守"。又見兩《唐書》本傳，《元龜》卷四五，《通鑑・貞觀二十三年》六月。《新書・高宗紀》：貞觀二十三年六月"癸巳，檢校洛州刺史李勣為開府儀同三司，參掌機密"。又見《宰相表上》。《隋唐五代墓誌匯編・陝西卷》第一册《大唐故司空太子太師贈太尉揚州大都督上柱國英國公李勣墓誌銘并序》（總章三年二月六日）："皇上纂圖，以特進檢校洛州刺史。尋加開府儀同三司，仍知國事。"

段孝叡　　永徽初?

《姓纂》卷九遼西段氏："孝叡，洛州刺史。"乃武德二年散騎常侍段確之子，疑其刺洛在貞觀末或永徽初。

周　護　　永徽三年(652)

昭陵博物館 1964 年出土許敬宗撰《周護碑》："出為黎州刺史，歷遷黔□二府都督……永徽三年……檢校洛州刺史。"顯慶三年立。上圖藏拓片《大周故益州大都督府郫縣丞周君（履潔）墓誌銘并序》（長安三年二月二十八日）："祖護，唐起義并州，翼高旗而披荆棘，初開府幕……轉受左千牛將軍、洛州刺史、右金吾大將軍、左驍衛大將軍，嘉川郡開國公。薨贈輔國大將軍、荆州大都督。"《姓纂》卷五華陰周氏："護仁，唐右武衛大將軍、洛州長史、嘉川公。"此"護仁"當即"護"。

賈敦頤　　永徽五年(654)

《舊書》本傳："永徽五年，累遷洛州刺史。"《新書》本傳："徙瀛州刺史……永徽中，遷洛州。"按賈敦頤永徽二年在瀛州刺史任。《金石錄》卷四有《唐洛州刺史賈公清德頌》，卷二五《跋》云："此碑載：初除洛川，制書云：三川之境是稱都會，六條之記允屬時英，蒲州刺史賈敦頤體業强正，識用優敏。"知由蒲州刺史遷洛州。

＊李　顯　　顯慶二年—儀鳳二年（657—677）

《舊書·高宗紀》：顯慶二年十二月"庚午，以周王顯爲洛州牧"。龍朔元年九月壬子，"以洛州牧、周王顯爲并州都督"。又見《中宗紀》。按《大詔令集》卷三七及《全文》卷一五四《册周王顯并州都督文》稱："維龍朔元年歲次辛酉十月癸亥十七日己卯，皇帝若曰……咨爾洛州牧上柱國周王顯……命爾爲使持節都督并汾箕嵐等四州諸軍事并州刺史，牧及勳封並如故。"知其時仍兼洛州牧。儀鳳元年三月，李顯爲洮河道行軍元帥，仍兼洛州牧，見《通鑑》及《元龜》卷一一九、卷九八六。《大詔令集》卷三七及《全文》卷一四《册周王顯左衛大將軍文》稱："維儀鳳二年歲次丁丑二月甲午朔十二月乙巳，天皇若曰：……惟爾洛州牧、益州大都督、兼太子左衛率、使持節洮河道行軍元帥、蔡州鎮撫、上柱國周王顯……是用命爾爲左衛大將軍，餘官勳封如故。"則其時尚兼洛州牧。

段寶玄　　顯慶二年—三年（657—658）

《會要》卷六八："顯慶二年六月五日敕：洛陽州及河南、洛陽二縣官，同京官，以段寶元爲長史。"《大詔令集》卷六二及《全文》卷一四顯慶三年七月十九日《册段寶玄越州都督文》稱"銀青光禄大夫行洛州長史段寶玄"。《會稽掇英總集·唐太守題名》："段寶命（玄），顯慶三年六月十一日自洛州長史授。"《嘉泰會稽志》同。《金石補正》卷五五《北嶽神廟碑》："碑陰又稱段公諱恬，字崇簡……王父乾，字寶元，唐刑部郎中，遷給事中，刑部侍郎，尚書右丞，洛州刺史。"

盧承業　　約顯慶中

《千唐誌·大中大夫使持節房州諸軍事房州刺史上柱國魏縣開國子盧府君（全操）誌銘》（開元二十三年九月十八日）："皇父承業，皇銀青光禄大夫，尚書左、右丞，雍、洛二州長史，使持節同、陝二州諸軍事。"又見《唐故兗州鄒縣尉盧君（仲容）墓誌銘并序》（乾元二年二月十二日），《范陽盧氏女子歿後記》（燕聖武元年三月六日）。按兩《唐書》本傳並未及洛州長史，唯云：“貞觀末，官至雍州長史，檢校尚書左丞……顯慶初，復爲雍州長史。”則其爲洛州長史約在顯慶中。【補遺】《唐代墓誌彙編·唐故朝議郎平原郡長河縣令盧府君（全貞）墓誌銘並序》（天寶十載十月廿四日）：“祖銀青光禄大夫、尚書左右丞、雍洛州長史承業；父銀青光禄大夫、虢貝絳州刺史、并州大都督府長史玢。……公即絳州先府君之第四子也。”

許力士　　龍朔二年（662）

《舊書·許紹傳》：“嫡孫力士襲爵，官至洛州長史，卒。”《新書·許紹傳》略同。又見《姓纂》卷六安陸許氏，《新表三上》。《全文》卷九三三杜光庭《歷代崇道記》：“高宗龍朔二年，詔洛州長史譙國公許力士於邙山建上清宮以鎮鬼。”《會要》卷六二：“龍朔二年十月，秦令言新除監察御史，推雒州長史許力士子犯法。”《元龜》卷五二二：“雒州長史譙國公許力士，以子欽明犯奸贓，配流建州。”

崔知機　　龍朔中？

《新表二下》博陵安平崔氏第二房：“知機，洛州刺史。”乃隋左領軍大將軍崔彭之幼子，疑最遲約仕至龍朔間。按《郎官柱》金部郎中有崔知機，在李緯、王德表後，殷令名、柳子房前。倉部郎中又有崔知機，在韋素立、趙弘□後，崔義起前。

韓孝威　　麟德元年（664）

《續高僧傳》卷二二《洛州天宫寺釋明導傳》：“麟德元年，今上造老子像敕送芒山，仍令洛下文物備列，時長史韓孝威妄託天威，黃巾扇惑，私囑僧尼普令同送。”静泰《大唐東京大敬愛寺一切經論目序》：“又奉麟德元年正月二十六日敕取履味沙門十人……並選翹楚尤閑文義、參覆量校，首末三年，又置官寮是塗供給。敕使洛州長史銀青光禄大夫南康郡開國公韓威……等精加檢覆。”（《大正藏》二一四八號《衆經目録》卷首）韓威，當即《續高僧傳》之“韓孝威”。

崔　深　　高宗前期？

洛陽關林藏石刻《周故使持節巂州都督陸公夫人崔氏墓誌銘》：
"父深，唐朝散大夫洛州長史。"夫人卒萬歲通天二年，年七十。

賈敦實　　咸亨元年—四年（670—673）

《舊書》本傳："咸亨元年，累轉洛州長史，甚有惠政……四年，遷
太子右庶子。初，敦頤爲洛州刺史，百姓共樹碑於大市通衢，及敦實
去職，復刻石頌美，立於兄之碑側，時人號爲'棠棣碑'。"《新書》本傳
略同。又見《舊書·張仁愿傳》，《元龜》卷六八一、卷六八三、卷六八
八、卷七〇七。《隋唐五代墓誌匯編·洛陽卷》第十五册《賈伯饒墓
誌》（某年十一月十九日）："考敦實，太子左庶子，洛州長史，潁川男。
伯敦賾（頤），洛州刺史……頌德洛京，豐碑並列；昆季迭牧，墮淚見
思。"按賈敦頤永徽五年爲洛州刺史。顯慶二年，置洛州牧，改刺史爲
長史，故賈敦實咸亨年間任爲洛州長史。

李　晦　　咸亨、上元間？

《全文》卷九九二闕名《大唐故秋官尚書河間公（李晦）碑》："……
檢校雍州長史……尋檢校洛州長史兼知東都留守……及高宗晏
駕……授户部尚書。"上圖藏拓片《大唐皇四從姑故正議大夫鄡郡太
守賀蘭君夫人隴西李氏墓誌銘并序》（天寶四年十月二十五日）："〔右
僕射、河間元王孝恭〕生皇金紫光禄大夫、京兆河南尹、刑户二尚書河
間公晦。"兩《唐書》本傳未及。

＊李　旦(李輪)　　儀鳳三年（678）

《舊書·高宗紀》：儀鳳三年五月，"以相王輪爲洛州牧"。又《睿
宗紀》："儀鳳三年，遷洛牧；改名旦，徙封豫王。"又見《新書·睿宗
紀》。《全文》卷二一八崔融《代皇太子賀石龜負圖表》："伏見洛州牧
相王所奏，嵩山下頂封禪壇側掘得石龜負圖。"

辛文陵　　高宗時

《姓纂》卷三隴西狄道辛氏："文陵，左武衛大將軍，并、洛二州長

史,長山公。"按文陵顯慶中與薛仁貴破契丹於黑山,見《元龜》卷三九三。龍朔三年防吐蕃,見《通鑑》。其爲洛州長史當在高宗時。

蘇良嗣　　高宗時

《新書》本傳:"始良嗣爲洛州長史,坐僚婿累,下徙冀州刺史。"又見《元龜》卷八五〇。《大唐新語》卷七:"蘇良嗣爲洛州長史,坐妻犯贓,左遷冀州刺史……後爲荆州長史。"按《舊書》本傳未及洛州長史。

權懷恩　　高宗時

《舊書》本傳:"咸亨初,累轉尚乘奉御……後歷慶、萊、衛、邢四州刺史,洛州長史。"《新書》本傳略同。又見《廣記》卷二六三引《朝野僉載》。

李仲玄　　永淳二年(683)

《舊書·高宗紀》:永淳二年"二月甲午,洛州長史李仲玄爲宗正卿"。

韋泰真(韋知道)　　光宅元年—垂拱元年(684—685)

《隋唐五代墓誌匯編·洛陽卷》第六册《大唐故使持節懷州諸軍事懷州刺史上柱國臨都縣開國男京兆韋公(泰真)墓誌銘并序》(垂拱四年一月三日):"光宅元年事畢,蒙授正議大夫行洛州長史……垂拱初……乃以公爲雍州刺史。"又按《千唐誌·大唐延王府户曹參軍李君故妻京兆韋夫人墓誌之銘并序》(天寶十三載八月三日):"故夫人京兆韋氏,皇朝户部侍郎、京兆河南尹知道曾孫,皇朝考功郎中瓊之之孫,故馮翊郡朝邑縣令光俗之子。"夫人卒天寶十三載七月廿一日,春秋二十。按《姓纂》卷二韋氏閬公房:"祖歡曾孫世師,唐博州刺史;生太真,户部侍郎。太真生瓊之、修業。瓊之,考功郎中。"《新表四上》東眷韋氏:"世師,博州刺史;子真泰,户部侍郎;子瓊,考功郎中。"《郎官柱》户部郎中有韋泰真。則瓊之父應名泰真。上引《韋夫人誌》中之曾祖父韋知道,曾任户部侍郎、京兆尹(即雍州長史)、河南尹(即

洛州長史），有子名瓊之，與韋泰真仕歷和家世全同。由此證知，《韋
夫人誌》中韋知道當即韋泰真，“知道”或爲泰真之字。

武懿宗　　約天授元年（約 690）

《隋唐五代墓誌匯編・陝西卷》第三册《大唐故懷州刺史贈特進
耿國公武府君（懿宗）墓誌銘并序》（景龍元年十一月廿六日）：“天授
建元之初……封河内郡王……三爲洛州長史，歷魏、汴、同、許四州刺
史，三爲懷州刺史。”神龍二年卒，年六十六。第一次任約在天授
元年。

薛元嗣　　約武后時

《新表三下》薛氏：“元嗣，洛州長史。”乃虢州刺史元宗兄。《千唐
誌・大唐故右領軍衛將軍薛府君（璿）墓誌文并序》：“大父元嗣，司
農、太常卿，岐、貝州刺史，洛州長史。”璿卒開元二十年，年五十二。

龐同本　　約武后時

《姓纂》卷一南安今潁州龐氏：“同本，洛州刺史，左千牛衛將軍。”
按其兄同福，約高宗末爲安北都護。

王方慶　　證聖元年—萬歲登封元年（695—696）

《舊書》本傳：“證聖元年，召拜洛州長史。尋加銀青光禄大夫，封
石泉縣男。萬歲登封元年，轉并州長史，封琅邪縣男。未行，遷鸞臺
侍郎、同鳳閣鸞臺平章事。”《新書》本傳略同。

武懿宗　　約萬歲通天二年（約 697）

《舊書》本傳：“天授年，封士逸爲蜀王，懿宗封爲河内郡王，歷遷
洛州長史、左金吾衛大將軍。”《新書》本傳：“懿宗以司農卿爵爲郡王，
歷懷、洛二州刺史。神功元年，孫萬榮敗王孝傑兵，詔懿宗爲神兵道
大總管討之。”《全文》卷二〇九陳子昂《爲河内王等論軍功表》稱：“右
金吾衛大將軍兼檢校洛州長史河内郡王臣懿宗加爵一等，勳五轉。”

又卷二二五張説《爲河内郡王武懿宗平冀州賊契丹等露布》稱“大總管右金吾衞大將軍兼檢校洛州長史河内郡王”。又卷二四二李嶠《授武懿宗武重規左右金吾衞大將軍制》：“右金吾衞大將軍兼檢校洛州長史上柱國河内郡王懿宗……可左金吾衞大將軍，依舊檢校洛州長史。”第二次任約在萬歲通天二年。

宋元爽　　神功元年（697）

《舊書·姚璹傳》：“神功初……則天又令洛州長史宋元爽、御史中丞霍獻可等重加詳覆。”又見《新書·姚璹傳》，《元龜》卷六一九。《姓纂》卷八扶風宋氏：“元爽，尚書左丞，秋官侍郎，揚、洛二州長史。”

李道廣　　神功元年（697）

《新書·宰相表上》：神功元年六月，“〔李〕道廣兼檢校洛州長史”。兩《唐書》本傳未及。

劉守敬　　聖曆二年（699）

《嘉泰吳興志》卷一四郡守題名：“劉守敬，貞觀二十一年自洛州刺史授；遷太常少卿。《統記》云：聖曆二年授。”按《姓纂》卷五彭城劉氏有“守敬”，岑仲勉《姓纂四校記》云：“由其先代歷官推之，《統記》較可信。”

魏元忠　　久視元年（700）

《舊書》本傳：“聖曆二年，擢拜鳳閣侍郎、同鳳閣鸞臺平章事，檢校并州長史。未幾，加銀青光禄大夫，遷左肅政臺御史大夫，兼檢校洛州長史，政號清嚴。”《新書》本傳略同。又見《元龜》卷六七四、卷六八九。《新書·宰相表上》：久視元年“三月癸丑，〔魏〕元忠兼洛州長史”。《通鑑·長安三年》：九月，“初，左臺大夫、同鳳閣鸞臺三品魏元忠爲洛州長史”。按此乃倒叙。

敬　暉　　大足元年—長安二年（701—702）

《舊書》本傳：“大足元年，遷洛州長史。天后幸長安，令暉知留後事。”又見《元龜》卷六七三。《新書》本傳略同。《通鑑·長安二年》：九月“庚辰，以太子賓客武三思爲大谷道大總管，洛州長史敬暉爲副”。

武懿宗　　約長安中

《隋唐五代墓誌匯編·陝西卷》第三册《大唐故懷州刺史贈特進耿國公武府君（懿宗）墓誌銘并序》（景龍元年十一月廿六日）：“三爲洛州長史。”第三次任約在長安中。

徐　昕？　　武后時？

《新表五下》北祖上房徐氏：“昕字光烈……洛州長史。”按《姓纂》卷二東海郯州徐氏稱：“昕，萬年令。”又按天授二年昕自并州録事參軍授著作郎，見《會要》卷六七。《金石録》卷八有《萬年縣令徐昕碑》，大曆四年立。其子《徐琇碑》謂昕爲庫部郎中、萬年令、太子詹事，未及洛州長史。未知《新表》所記是否可信。

王希儁　　武后末？

《全文》卷二九三張九齡《故太僕卿上柱國華容縣男王府君（希儁）墓誌銘并序》：“稍遷蒲州司馬、洛州長史、蒲州長史。三爲郡佐，一以貫之……俄遷隨州刺史……再領遂、綿二州刺史……乃拜相州刺史。先是，景雲歲……遂作越州都督。”

薛季昶　　長安末—神龍元年（704—705）

《舊書》本傳：“長安末，爲洛州長史。”《新書》本傳：“遷文昌左丞，爲洛州長史。預誅易之等功，進户部侍郎。”又見《新書·桓彥範傳》，《舊書·敬暉傳》，《通鑑·神龍元年》，《元龜》卷三三六、卷六七七，《廣記》卷一七〇引《定命録》。

＊李重俊　　神龍元年（705）

《舊書·中宗紀》：神龍元年三月“庚寅，衛王重俊上洛州牧”。又本傳：“神龍初，封衛王，拜洛州牧，賜實封千户，尋遷武衛大將軍，兼遥授揚州大都督。二年秋，立爲皇太子。”《新書》本傳略同。又見《通鑑·神龍元年》。

楊隆禮（楊崇禮）　　約神龍中

《舊書·楊慎矜傳》：“父隆禮，長安中天官郎中，神龍後，歷洛、梁、滑、汾、懷五州刺史。”又見《元龜》卷八二五。《新書·楊慎矜傳》唯云“歷州刺史”。景雲中以名犯玄宗上字，故改爲崇禮。

張仁愿（張仁亶）　　神龍二年—三年（706—707）

《舊書》本傳：“神龍二年，中宗還京，以仁愿爲左屯衛大將軍，兼檢校洛州長史……三年，突厥入寇，朔方軍總管沙吒忠義爲賊所敗，詔仁愿攝御史大夫，代忠義統衆。”又見《舊書·中宗紀》，《新書》本傳，《通鑑·神龍二年》十月，《元龜》卷六九七、卷一一九、卷四二〇。

李承嘉　　神龍中

《朝野僉載》卷六：“神龍中，户部尚書李承嘉不識字，不解書。爲御史大夫兼洛州長史，名判司爲狗，罵御史爲驢，威振朝廷。”又見《廣記》卷二五九引。

張知謇　　景龍二年（708）

《舊書》本傳：弟知泰，景龍二年卒。“時知謇爲洛州長史、東都副留守”。《元龜》卷六八八：“張知謇，天授以後歷房、和、舒、延、德、定、稷、晉、雒、宣、貝十二州刺史。”按《舊書》本傳“雒”作“洛”，稱“十一州刺史”。

宋　璟　　景龍四年（710）

《舊書》本傳：“中宗晏駕，拜洛州長史。睿宗踐祚，遷吏部尚書、同中書門下三品。”又《睿宗紀》：景龍四年七月，“以洛州長史宋璟爲檢校吏部尚書、同中書門下三品”。《新書》本傳及《睿宗紀》略同。《新書·宰相表》：景雲元年七月“丁巳，洛州長史宋璟檢校吏部尚書、同中書門下三品”。又見《通鑑·景雲元年》,《元龜》卷七二。《全文》卷三四三顏真卿《有唐開府儀同三司行尚書右丞相上柱國贈太尉廣平文貞公宋公(璟)神道碑銘》:“尋入爲洛州長史,唐隆初,拜吏部尚書。”

崔日知　　景雲元年(710)

《通鑑·景雲元年》:八月,譙王重福作亂,“群官皆逃匿,洛州長史崔日知獨帥衆討之……以功拜東都留守”。《全文》卷二七三崔沔有《爲崔日知謝洛州長史表》。按兩《唐書》本傳皆作“洛州司馬”,誤。

盧某　　景雲二年(711)

《金石録》卷五:“《唐洛州長史盧公善政頌》,撰人姓名殘缺,蘇詵八分書,景雲二年。”

皇甫知常　　景雲中?

《姓纂》卷五壽春皇甫氏:“知常,洛州長史。”《新表五下》皇甫氏:“知常,洛州、揚州長史。”《全文》卷四二二楊炎《安州刺史杜公(鵬舉)神道碑》:“洛州長史皇甫知常,人之標準,美公志行,嘗與請交。”《千唐誌·監門衛長史安定皇甫公(慎)墓誌銘》(開元十九年四月七日):“父知常,汾、懷、汴等六州刺史,揚、洛二州長史。”慎卒開元十九年。

陸餘慶　　約先天元年—二年(約712—713)

《廣記》卷三二八引《御史臺記》:“陸餘慶,吳郡人,進士擢第……久視中,遷鳳閣舍人,歷陝州刺史,洛州長史,大理卿,少府監。主睿宗輼車不精,出爲沂州刺史。”《朝野僉載》卷二:“尚書右丞陸餘慶轉洛州長史,其子嘲之。”又見《廣記》卷二五九引。按《英華》卷二六八蘇頲有《餞洛州陸長史再守汾州》詩。當即陸餘慶。《全詩》卷七三誤作“潞州陸長史”。先天二年餘慶官太子右庶子,見《元龜》卷一六二。開元四年官少府監,見《全文》卷二五八蘇頲《李乂碑》。

李　傑　　開元元年—開元三年(713—715)

《會要》卷六八："開元元年十二月一日,改〔洛州〕爲河南府,以李傑爲尹。"又卷八七："開元二年,河南尹李傑爲水運使,大興漕事。"又卷七〇："先天元年十二月二十三日,洛州長史李傑奏割陸渾置〔伊陽縣〕。"按同書卷八七,先天二年十月李傑尚在陝州刺史任。此處"先天元年"疑"開元元年"之誤。《舊書》本傳："開元初,爲河南尹。"《新書》本傳："先天中,進陝州刺史、水陸發運使,置使自傑始。改河南尹。"又見兩《唐書·食貨志》,《元龜》卷六七八,《新書·地理志三》孟州河陰縣注,《廣記》卷一七一引《國史纂異》。《全文》卷二五二蘇頲有《授李傑河南尹制》。又卷二五一《授李傑御史大夫制》稱："河南府尹上柱國武威縣開國子李傑……可御史大夫。"《金石萃編》卷七〇《周公祠碑》稱祈雨人爲"尹、上柱國武威縣開國子隴西李傑",開元二年十二月五日建。

畢　構　　開元三年—四年(715—716)

《舊書》本傳："玄宗即位,累拜河南尹,遷户部尚書。開元四年遇疾。"《新書》本傳略同。又見兩《唐書·孟詵傳》。《會要》卷八七："〔開元〕三年九月,畢構爲河南尹。"又見《元龜》卷四八三。《全文》卷二五二蘇頲有《授畢構河南尹制》。又《授畢構户部尚書制》稱:河南尹畢構可守户部尚書。

單思遠　　開元四年(716)

《姓纂》卷四濟陽單氏："思遠,河南尹、岐州刺史。"《元龜》卷五〇一："開元四年十一月詔曰:如聞東都用錢漸有變動,留守及河南尹作何檢校,宜敕劉知柔、單思遠稍自勖勵,嚴加捉搦。"又見《唐文拾遺》卷二。

李朝隱　　開元五年—六年(717—718)

《舊書》本傳："轉同州刺史。駕幸東都,路由同州,朝隱蒙旨召見賞慰,賜衣一副、絹百匹。尋遷河南尹……十年,遷大理卿。"《新書》

本傳略同。《舊書·宋璟傳》：開元五年秋，"駕幸東都……河南尹李朝隱、知頓使王怡並失於部伍。"又見《新書·宋璟傳》。《會要》卷二七記此事作"開元五年正月十日"，《元龜》卷三一五作"開元四年秋"，均誤。《全文》卷三四三顏真卿《有唐開府儀同三司行尚書右丞相宋公（璟）神道碑銘》作"開元六年"。《南部新書》戊亦作"開元六年"。

崔 較 約開元七年—八年（約 719—720）

《元龜》卷七〇〇："崔較爲河南尹，開元八年貶代州都督，受賄故也。"

韋 湊 開元九年—十年（721—722）

《全文》卷九九三闕名《唐太原節度使韋湊神道碑》："〔開元〕九年正月遷河南尹……十年，以屬官有犯，出爲杭州刺史。"又見兩《唐書》本傳，《元龜》卷五二二，《姓纂》卷二東眷韋氏南皮公房。

王 怡 開元十年—十一年（722—723）

《通鑑·開元十年》：九月"壬午，遣河南尹王怡如京師，按問宣慰"。又見兩《唐書·宋璟傳》，《元龜》卷六一八。《元龜》卷一〇五："〔開元〕十一年正月，詔河南府遭水百姓……宜令王怡簡問不支濟者，更賑給，務使安存。"《金石補正》卷六六《大唐華州下邽縣丞京兆韋公夫人墓誌銘并序》（貞元六年二月二十三日）："夫人姓王氏，其先太原晉陽人也……祖怡，河南尹，東都留守。"又見《唐文拾遺》卷二六韋紓《唐故朝散大夫祕書省著作郎致仕京兆韋公（端）玄堂誌》（元和十五年五月一日）。

李尚隱 約開元十一年—十三年（約 723—725）

《舊書》本傳："尚隱尋轉兵部侍郎，再遷河南尹……十三年夏，妖賊劉定高夜犯通洛門，尚隱坐不能覺察所部，左遷桂州都督。"《新書》本傳略同。

崔隱甫　　開元十三年—十四年(725—726)

《舊書》本傳:"〔開元〕十二年,入爲河南尹。"《新書》本傳:"入爲河南尹,居三歲,進拜御史大夫。"又見《舊書·崔日知傳》。《通鑑·開元十四年》:二月,"上召河南尹崔隱甫……丁巳,以隱甫爲御史大夫"。又見《元龜》卷九五二。據《舊書·玄宗紀》及《李尚隱傳》,開元十三年五月劉定高亂時李尚隱在河南尹任,則《舊書·崔隱甫傳》之"十二年"當爲"十三年"之誤,《新書》本傳之"居三歲"亦誤。

張敬忠　　開元十四年(726)

《大詔令集》卷七四《命盧從愿等祭嶽瀆文》:"宜令工部尚書盧從愿祭東嶽,河南尹張敬忠祭中嶽……開元十四年正月。"又見《全文》卷二九玄宗《遣官祭五嶽四瀆風伯雨師詔》。《元龜》卷一四四以此詔爲"開元十四年六月丁未"。

＊李　璲(李瀦)　　開元十五年(727)

《舊書·玄宗紀》:開元十五年五月,"儀王瀦爲河南牧……並不出閣"。又本傳:"〔開元〕十五年授河南牧。二十三年加開府儀同三司兼河南牧,其年改名璲。永泰元年二月薨。"又見《新書》本傳,《元龜》卷二八一,《會要》卷七八,《大詔令集》卷三六,《全文》卷二二玄宗《慶王潭等涼州都督制》。

裴　寬　　開元十五年(727)

《宋高僧傳》卷五《唐中嶽嵩陽一行傳》:"開元十五年九月於華嚴寺疾篤,將輿病入辭,小間而止……時河南尹裴寬正謁寂。"按兩《唐書》本傳謂寬尹河南僅開元二十七年一次,此次未及。

霍廷玉　　開元十七年(729)

《姓纂》卷一〇蜀郡新繁霍氏:"唐河南尹霍廷玉。"《山右石刻》卷六《慶唐觀銘碑》,開元十七年立,稱"河南尹上柱國霍廷玉"。

孟温禮　　開元十九年—二十年（731—732）

《元龜》卷二四：開元十九年二月“壬辰，河南府登封縣……石文舊有帝字，新生上字，識者以爲聖明之應，河南尹孟温禮奏賀”。又卷一五八：“〔開元〕二十年正月敕曰……河南尹孟温禮，雖不覺察，狀異知情，宜特寬捨。”《全文》卷三五稱此爲《戒州縣擾民敕》。《唐語林》卷五：“玄宗嘗幸東都，天大旱……上遣力士疾召無畏請雨……風雨亦隨馬而至矣，街中大樹多拔……孟温禮爲河南尹，目見其事。”

李適之　　開元二十一年—二十三年（733—735）

《舊書》本傳：“開元中，擢拜秦州都督，俄轉陝州刺史，入爲河南尹……歲餘，拜御史大夫。”《新書》本傳略同。又見《元龜》卷六八〇。《大詔令集》卷一一三及《全文》卷三五《禁三元日屠宰敕》：“都城内應有屠宰，宜令河南尹李適之勾當……開元二十一年十月。”《元龜》卷五三作“二十二年十月敕”。《全文》卷三六〇杜甫《唐故德儀贈淑妃皇甫氏神道碑》：開元二十三年十月薨於東京某宮院，某月二十七日己酉卜葬，“河南尹李適之充使監護”。

崔隱甫　　開元二十三年—二十四年（735—736）

《舊書》本傳：“〔開元〕二十一年，起復太原尹，仍爲河東採訪處置使。復爲刑部尚書兼河南尹。”《新書》本傳略同。《全文》卷三〇九孫逖有《授崔隱甫河南尹制》。《元龜》卷七五七：“開元二十四年正月，河南尹崔隱甫奏榮璧兩代同居凡四十餘年。”

李適之　　開元二十四年—約二十六年（736—約738）

《廣記》卷六二引《紀聞》：“唐開元二十四年春二月，駕在東京，以李適之爲河南尹。”《元龜》卷二六：“〔開元〕二十四年六月，命河南尹李適之祭嶽瀆祈雨。”

崔希逸　　開元二十六年（738）

《通鑑·開元二十六年》：五月，“以崔希逸爲河南尹”。《舊書·

吐蕃傳》：“希逸以失信快快，在軍不得志，俄遷爲河南尹。行至京師，與趙惠琮俱見白狗爲祟，相次而死。”《新書·吐蕃傳》略同。《全文》卷三〇九孫逖有《授崔希逸河南尹制》。又卷三一六李華《杭州刺史廳壁記》、卷三一九《杭州餘姚縣龍泉寺故大律師碑》稱“崔河南希逸”。又卷三二〇《揚州龍興寺經律院和尚碑》及《宋高僧傳》卷一四《唐揚州龍興寺法慎傳》稱“河南尹崔希逸”。

裴　寬　　開元二十七年(739)

《舊書》本傳：“遷河南尹……一年，除太原尹。”《新書》本傳略同。《舊書·普寂傳》：“二十七年，終于都城興唐寺……及葬，河南尹裴寬及其妻子，並衰麻列於門徒之次。”又見《嚴挺之傳》，《元龜》卷九二七，《宋高僧傳》卷九《唐京師興唐寺普寂傳》，《全文》卷二六二李邕《大照禪師塔銘》，《酉陽雜俎》前集卷五，《廣記》卷九二引《開天傳信記》。《全文》卷三〇九孫逖有《授裴寬河南尹裴仙先蒲州刺史制》，又卷二七三崔沔有《代河南裴尹謝墨敕賜衣物表》。

蕭　炅　　開元二十八年—天寶元年(740—742)

《舊書·李憕傳》：“〔開元〕二十八年，爲河南少尹。時蕭炅爲尹。”《新書·李憕傳》略同。《舊書·吉溫傳》：“天寶初，爲新豐丞……時蕭炅爲河南尹。”《新書·吉溫傳》略同。又見《通鑑·天寶四載》。

陸景融　　約天寶二年(約743)

《舊書·陸象先傳》：弟景融，“歷大理正、滎陽郡太守、河南尹、兵吏部侍郎、左右丞、工部尚書、東都留守、襄陽郡太守、陳留郡太守，並兼採訪使。”《新書》本傳未及。

裴敦復　　天寶三載(744)

《新書·玄宗紀》：天寶三載二月“丁丑，河南尹裴敦復、晉陵郡太守劉同昇、南海郡太守劉巨鱗討吳令光”。《通鑑·天寶三載》二月同。又見《元龜》卷三五八、《大詔令集》卷一一八《遣裴敦復往江東招討海賊敕》。《千唐誌·河東裴鎬墓誌銘并序》：“天寶三載，天子在鎬京，盜□海隅……君之家叔河南尹兼攝御史大夫……當授命秉節，握兵守□律撫□邊。”《全文》卷三〇八孫逖《授裴敦復刑部尚書制》稱“朝議大夫守河南尹持節江南東道宣撫招討處置使上柱國賜紫金魚袋裴敦復”。按《舊書·玄宗紀》謂天寶三載二月，“河南尹裴敦復卒”，疑誤。

李齊物　　天寶三載—五載（744—746）

《會要》卷八七：“天寶三載十一月，李齊物除河南尹。”《通鑑·天寶五載》：七月，“河南尹李齊物貶竟陵太守”。《全文》卷三四二顏真卿《金紫光禄大夫守太子太傅兼宗正卿李公（齊物）神道碑銘》：“拜河南尹，仍水陸運使。屬左相李公適之、尚書裴公寬、京兆尹韓公朝宗與公爲飛語所中，公遂貶竟陵郡太守。”又見兩《唐書》本傳，《廣記》卷四五七引《廣異記》，《全文》卷四三三陸羽《陸文學自傳》。

韓朝宗　　天寶中

《新書·蔣沇傳》：“以孝廉授洛陽尉，遷監察御史，與兄演、溶、弟清俱爲才吏，有名天寶間。始，河南尹韓朝宗、裴迴嘗委訊覆檢句，而處事平，剖斷精允，群寮莫能望也。”

韋　濟　　天寶七載—九載（748—750）

《舊書》本傳：“天寶七載，又爲河南尹，遷尚書左丞。”《新書》本傳未及。《元和郡縣志》卷五河南府偃師縣：“天寶七年四月，河南尹韋濟奏：於偃師縣東山下開驛路……”又見《太平寰宇記》卷五，《新書·地理志二》。《會要》卷八六記此事作“齊澣”，當爲“韋濟”之誤。《隋唐五代墓誌匯編·陝西卷》第四册《大唐故正議大夫行儀王傅上柱國奉明縣開國子賜紫金魚袋京兆韋府君（濟）墓誌銘并序》（天寶十三載十一月十一日）：“天寶七載，轉河南尹，兼水陸運使。九載，遷尚書左丞。”天寶十三載十月十一日卒，春秋六十七，證知任河南尹至天寶九載。

裴　迴　　天寶九載—十四載（750—755）

《通典》卷一〇："天寶九年九月，河南尹裴迴以遞重恐傷牛，於是以遞場爲交場。"證知天寶九載已在任。《隋唐五代墓誌匯編·河南卷·李洪鈞墓誌》（天寶十四載七月九日）："以天寶十四載六月廿二日遘疾夭於洛陽政平里外祖父河南尹裴公迴之私第。"證知十四載上半年尚在任。按北圖藏拓片《大唐嵩陽觀紀聖德感應頌》："開府儀同三司、行尚書左僕射兼右相、吏部尚書、崇玄館大學士、集賢院學士、朔方節度等副大使、修國史、上柱國、晉國公臣林甫上，大中大夫守河南尹、河□水陸運使上柱國賜□金魚袋兼東京留守判留司尚書省事臣裴迴題額……天寶三載二月五日建。"按李林甫天寶六載始加開府儀同三司，十載至十一載遙領朔方節度使，十一載十一月卒。此稱"天寶三載"顯然有誤，疑爲"十三載"之奪。此頌當在十一載上，十三載二月建碑。《新書·地理志二》河南府河南縣："龍門山東抵天津，有伊水石堰。天寶十載，尹裴迴置。"又見《食貨志三》。《全文》卷三一九李華《唐故東光縣主神道碑銘》："少子德位兼盛曰迴，今河南尹兼東都留守。"又卷三二二蕭穎士《庭莎賦并序》："天寶十載……求參河南府軍事，府尹裴公以予浮名，枉顧遇焉。"《會要》卷八六："〔天寶〕十載十一月，河南尹裴迴請稅本府戶錢。"《千唐誌·唐故朝請郎行太原府文水縣尉裴府君（誼）墓誌銘并序》："祖迴，皇河南尹，贈工部尚書。"《全文》卷五四〇令狐楚《代河南裴尹請拜掃表》："伏維開元天寶聖文神武應道皇帝陛下……不以臣微劣無取，累擢大官，位高尹京，職重居守。"按"開元天寶聖文神武應道皇帝"乃天寶七載上玄宗之尊號，令狐楚生大曆元年，不相及，署名誤。疑此文中之"河南裴尹"即裴迴。

達奚珣　　天寶十四載（755）

《舊書·李憕傳》：天寶十四載"十一月，安祿山反於范陽，人心震懼……憕與留臺御史中丞盧奕、河南尹達奚珣綏輯將士，完繕城郭，遏其侵逼”。《新書·李憕傳》同。《舊書·安禄山傳》：“禄山入東京，殺李憕、盧奕、蒋清，召河南尹達奚珣，使之蒞事。”又見《新書·玄宗紀》，《通鑑·天寶十四載》七月、十二月。按兩《唐書·刑法志》云：至德二載十月收復兩京後，達奚珣及韋恒處腰斬。

張萬頃　　天寶十四載—至德二載（755—757）

《通鑑·天寶十四載》：“十二月，禄山以其黨張萬頃爲河南尹。”又《至德二載》：十二月，“安禄山所署河南尹張萬頃獨以在賊中能包庇百姓不坐”。《新書·安禄山傳》略同。又見《元龜》卷一四九。

薛伯連　　至德中

《白居易集》卷四一《唐贈尚書工部侍郎吴郡張公神道碑銘并序》：“及肅宗嗣位，詔河南尹薛伯連搜訪不仕賊庭、隱藏山谷者。”《新表三下》薛氏：“伯連，河東尹。”按“河東”當爲“河南”之誤。

李　巨　　乾元元年—二年（758—759）

《舊書·肅宗紀》：乾元元年四月，“以太子少師嗣虢王巨爲東京留守、河南尹，充京畿採訪處置使”。乾元二年二月壬子，“貶東京留守、嗣虢王巨以遂州刺史，苛政也”。又見兩《唐書》本傳，《元龜》卷二九七，《通鑑·乾元元年》。

蘇　震　　乾元二年（759）

《新書》本傳：“二京平，封岐陽縣公，改河南尹。九節度兵敗相州，震與留守崔圓奔襄鄧，貶濟王府長史。”《通鑑·乾元二年》：三月，“〔東都〕留守崔圓、河南尹蘇震等官吏南奔襄鄧”。又見《新書·肅宗紀》，《元龜》卷四四三。

李國貞（李若幽）　　乾元二年（759）

《舊書》本傳：“乾元中，累遷長安令，尋拜河南尹……數月，徵爲京兆尹。”《新書》本傳略同。《通鑑·乾元二年》：九月，李光弼“牒河南尹李若幽使帥吏民出城避賊，空其城”。《大詔令集》卷五九《李若幽朔方節度使賜名國貞制》：“尹正兩京，奸豪屏息。”《全文》卷五〇一權德輿《唐故通議大夫守戶部尚書兼御史大夫李公(國貞)神道碑銘并序》：“累命爲河南、京兆、成都尹。”

劉　晏　　上元元年(760)

《舊書》本傳：“杭、隴、華三州刺史，尋遷河南尹。時史朝義盜據東都，寄理長水。入爲京兆尹。”《新書》本傳略同。《新書·食貨志三》：“肅宗末年……河南尹劉晏爲戶部侍郎，兼勾當度支、轉運、鹽鐵、鑄錢使。”

嚴　武　　上元元年(760)

《歷代名畫記》卷一〇：“陳曇……河南尹嚴武薦爲參軍。”《全詩》卷一二七王維有《河南嚴尹弟見宿弊廬訪別人賦十韻》，又卷二〇〇岑參有《稠桑驛喜逢嚴河南中丞便別》，卷二〇一又有《使君席夜送嚴河南赴長水》、《虢州南池候嚴中丞不至》，知嚴武爲河南尹在寄理長水時期。據上條引《劉晏傳》可知，寄理長水在上元元年史朝義盜據東都時。兩《唐書》本傳未及爲河南尹。

李光弼　　上元二年(761)

《舊書》本傳：“光弼自河中入朝，抗表請罪，詔釋之。光弼懇讓太尉，遂加開府儀同三司、侍中、河南尹、行營節度使；俄復拜太尉，充河南、淮南、山南東道、荆南等副元帥，侍中如故，出鎮臨淮。”

郭英乂　　寶應元年(762)

《全文》卷三六九元載《故定襄王郭英乂神道碑》：“寶應之歲……進戶部尚書……詔領東京留守，又兼河南尹。”

盧正己　　寶應元年—廣德元年(762—763)

《全文》卷三六六賈至《授盧正己工部尚書河南尹東都留守制》：

“今逆寇始平……盧正己忠肅恭懿……可守工部尚書、東都留守。”按
賈至於寶應初復爲中書舍人，次年爲尚書左丞，見《新書·賈至傳》。
此制當作於寶應元年。《千唐誌·唐故朝散大夫光禄卿致仕崔廷墓
誌》（長慶四年二月十六日）：“母范陽盧氏，工部尚書、東都留守兼河
南尹、贈太子少保正己之女也。”

李　勉　　廣德元年—二年（763—764）

《舊書》本傳：“出歷汾州、虢州刺史，改京兆尹、檢校右庶子、兼御
史中丞、都畿觀察使。尋兼河南尹。明年罷尹，以中丞歸西臺，又除
江西觀察使。”《新書》本傳略同。《全文》卷四一二常袞《授李勉河南
尹制》：“敕四方取則，千里分折，實惟卜洛之都，咨爾尹京之任，御史
中丞、東都畿内觀察使李勉……可守河南尹兼御史中丞，勳封如故。”

【蘇　震　　廣德二年（764）（未之任）】

《新書》本傳：“爲泰陵、建陵鹵簿使，以勞封岐國公，拜太常卿。
代宗將幸東都，復以震爲河南尹，未行，卒。”《舊書·代宗紀》：廣德二
年十月“甲申，河南尹蘇震卒”。又見《姓纂》卷三鄴西蘇氏，《新表四
上》蘇氏。《元龜》卷六七一：“蘇震爲太常卿，是歲，東都耆老表乞行
幸，帝重違其心，乃選耆舊勳賢爲之牧守，遂以震爲河南尹兼御史中
丞，仍充東都畿内觀察使。”《全詩》卷二〇〇岑參有《故河南尹岐國公
贈工部尚書蘇公挽歌二首》。

魏少遊　　廣德二年?—永泰元年?（764?—765?）

《全文》卷四一八常袞《爲河南魏尹謝官陳情表》：“臣少遊言，伏
奉恩旨除某州刺史，尋即有替，又蒙恩除臣京兆尹……頃者獲罪於
天，踏身無地，曲承鴻霈，仍佐隼旟……豈圖昭洗瑕穢，發生羽毛，不
次之恩，九霄橫落……且河洛軍興，京尹寄切……以七月一日發自渠
州。”兩《唐書》本傳未及尹河南事。唯《舊書》本傳謂乾元二年十月貶
渠州長史。

崔　昭　　大曆初？

《全文》卷三九一獨孤及《唐故大理寺少卿兼侍御史河南獨孤府君（璵）墓誌銘》：“崔公昭之尹河南也……表府君爲太常丞。”又卷四四三李舟《爲崔大夫陳情表》：“肅宗委臣方面，擢尹兩京。”按崔昭大曆三年爲京兆尹，尹河南當在此前。《表》中“肅宗”，疑有誤。

張延賞　　大曆二年—六年（767—771）

《舊書·代宗紀》：大曆二年七月，“以中書舍人張延賞檢校河南尹”。五年正月，“河南尹張延賞兼御史大夫，充東都留守”。六年五月，“以河南尹張延賞爲御史大夫”。兩《唐書》本傳同。《全文》卷四一二常袞有《授張延賞河南尹制》。又見《舊書·齊映傳》，《新書·李栖筠傳》，《令狐彰傳》，《通鑑·大曆五年》，《元龜》卷三三七、卷六七七、卷六八〇、卷六八四、卷六九二，《歷代名畫記》卷一〇，《全文》卷四四一韓雲卿《河南尹張公碑》、卷六三一吕温《銀青光禄大夫守工部尚書致仕博陵崔公（渾）行狀》、卷七九〇張彦遠《三祖大師碑陰記》，《封氏聞見記》卷九，《唐語林》卷一、卷四。

相里造　　約大曆七年（約 772）

《南部新書》癸：“大曆年中，河南尹相里造剥洛陽尉苗登。”又見《廣記》卷二五五引《嘉話録》。《全文》卷六四六李絳《兵部尚書王紹神道碑》：“夫人相李（里）氏……故河南少尹知府事贈工部侍郎造之女。”《姓纂》卷一〇相里氏：“造，河南少尹。”按相里造大曆三年爲户部郎中，見《舊書·魚朝恩傳》；又曾爲杭州刺史。今按獨孤及有《祭相里造文》，獨孤及自稱舒州刺史，獨孤及任舒州刺史在大曆五年至八年，證知相里造卒於大曆八年前。

李　廙　　大曆中

《舊書·劉滋傳》：“吏部侍郎楊綰薦滋堪爲諫官，拜左補闕，改太常卿，復爲左補闕。辭官侍親還東都，河南尹李廙署奏功曹參軍。”《新書·劉滋傳》同。按楊綰約大曆二年爲吏部侍郎。又按李廙至德二載由給事中貶江華郡太守，上元中爲歙州刺史，寶應元年改處州刺史。

元　湛　　大曆中？

《姓纂》卷四河南洛陽元氏：“湛，試太府卿兼河南尹，衡州刺史。”乃永徽時汾州刺史、蘄春公元武榮之曾孫。

嚴　郢　　約大曆十年—十四年（約 775—779）

《新書》本傳：“〔郭〕子儀鎮邠州，檄郢主留務……歲餘，召至京師，元載薦之帝，時載得罪，不見用。御史大夫李栖筠亦薦郢……即日拜河南尹、水陸運使。”又見《元龜》卷五一三、卷八二〇。《舊書·代宗紀》：大曆十四年三月“庚戌，以河南尹嚴郢爲京兆尹”。《唐才子傳》卷三《嚴維傳》稱：“嚴中丞節度河南，辟佐幕府。”此“嚴中丞”即指嚴郢。嚴維有《贈別劉長卿時赴河南中丞幕府》詩，劉長卿亦有《送嚴維赴河南嚴中丞幕府》詩。又按李栖筠薦嚴郢，即日拜河南尹。而李栖筠卒大曆十一年二月辛亥，見《新書·代宗紀》，故劉乾認爲李栖筠薦郢約在大曆十年或九年。

趙惠伯　　大曆十四年—建中二年（779—781）

《舊書·代宗紀》：大曆十四年三月，“河中少尹知府事趙惠伯爲河南尹”。又《德宗紀上》：建中二年正月丁亥，“以河南尹趙惠伯爲河中尹”。又見兩《唐書·楊炎傳》、《新書·孔述睿傳》，《元龜》卷九八、卷九二五，《通鑑·建中二年》。《姓纂》卷七趙氏：“懋伯，河南尹。”岑仲勉《姓纂四校記》謂即惠伯。《全文》卷四三〇李翰《河中鸛鵲樓集序》：“河南尹趙公受帝新命，宣風三晉。”即指趙惠伯由河南尹遷河中尹。

于　頔　　建中二年（781）

《舊書·德宗紀上》：建中二年正月丁亥，“以前鄭州刺史于頔爲河南尹”。又本傳：“及〔元〕載得罪後，出鄭州刺史，遷河南尹，以無政

績代還。"《新書》本傳同。北圖藏拓片《唐故朝議郎行尚書屯田員外
郎上柱國梁縣開國子賜緋魚袋河南于君(申)墓誌銘并序》(貞元九年
十月十五日):"父金紫光〔祿〕大夫太子少保譙國公曰頎……譙公歷
京兆、河南尹,御史大夫。"申卒貞元九年,春秋四十。

鄭叔則　　約建中二年—四年(約 781—783)

　　《全文》卷七八四穆員《福建觀察使鄭公(叔則)墓誌銘》:"俄領東
都留守兼河南尹……罷鎮歸省,轉尚書左丞。"又卷五一四殷亮《顔魯
公行狀》:建中四年,"李希烈以十四州叛,襲陷汝州……朝廷詔公爲
淮寧軍宣慰使……河南尹鄭叔則勸公曰:'反狀已然,去必陷禍。'"又
見《新書·顔真卿傳》,《全文》卷七八五穆員《河南府洛陽縣主簿鄭君
(約)墓誌銘》,《芒洛遺文》卷中《唐故祕書郎兼河中府寶鼎令趙郡李
府君夫人滎陽鄭氏(秀實)墓誌銘并序》,《廣記》卷二一四引《宣
室志》。

哥舒曜　　興元元年—貞元元年(784—785)

　　《新書》本傳:"京師亂,帝幸奉天。襄城陷,曜走洛陽。會母喪,
奪爲東都畿汝節度使,遷河南尹……貞元元年,部將叛,夜焚河南門,
曜挺身免。帝以汴州刺史薛珏代之。"《柳河東集》卷九《唐故朝散大
夫永州刺史崔公墓誌》:"哥舒曜尹河南……表公尉河南。"

薛　珏　　貞元元年(785)

　　《舊書·德宗紀上》:貞元元年六月,"以汴州刺史薛珏爲河南
尹"。七月,"以河南尹薛珏爲河南水陸運使"。又本傳:"遷河南尹,
入爲司農卿。"《新書》本傳略同。又見《哥舒曜傳》。

薛　播　　貞元二年(786)

　　《舊書》本傳:"及祐甫輔政,用爲中書舍人。出汝州刺史,以公事
貶泉州刺史。尋除晉州刺史,河南尹,遷尚書左丞,轉禮部侍郎。遇
疾,貞元三年卒,贈禮部尚書。"《新書》本傳略同。《元龜》卷六八〇:

"薛播,德宗建中初爲晉州刺史,遷河南尹,皆爲政簡肅,甚獲當時之稱。"

崔　縱　　貞元二年(786)

《舊書・德宗紀上》:貞元二年九月"戊戌,以吏部侍郎崔縱檢校禮部尚書、東都留守、東都畿唐鄧汝防禦觀察使"。《舊書》本傳:"貞元元年……除吏部侍郎。尋檢校禮部尚書、東畿唐汝鄧都觀察使,河南尹。"《新書》本傳略同。《元龜》卷六八八稱崔縱爲河南尹。

杜黄裳　　貞元五年(789)

《舊書・德宗紀下》:貞元五年三月,"以給事中杜黄裳爲河南尹"。《全文》卷五一四顧少連《嵩嶽少林寺新造廚庫記》稱"河南尹杜公黄裳"。《唐文拾遺》卷二八吳皋《爲盧坦紀事銘》:"盧坦爲河南尉,時杜黄裳爲尹,然以受餉見庇也。"又見《全文》卷六四〇李翱《故東川節度使盧公(坦)傳》,《新書・盧坦傳》。

裴　諝　　貞元五年—九年(789—793)

《舊書・德宗紀下》:貞元五年十二月,"兵部侍郎裴諝爲河南尹"。九年十一月,"河南尹、東都留守裴諝卒"。又見兩《唐書》本傳,《元龜》卷六八〇,《廣記》卷二五〇引《開天傳信記》,《南部新書》乙,《歷代名畫記》卷一〇。《千唐誌・權氏殤子墓誌銘并序》(元和十二年七月十五日):"母河東裴氏,河南尹諝之孫。"《全文》卷六一五薛長孺《唐故鴻臚少卿張敬詵墓誌銘》:"東都副留守、河南尹裴公諝命公爲押衙。"《金石補正》卷六六、《中州金石記》卷三同。

齊　抗　　貞元十年—十二年(794—796)

《舊書・德宗紀下》:貞元十年二月,"以給事中齊抗爲河南尹"。《新書・食貨志二》:"〔貞元〕十二年,河南尹齊抗復論其弊。"又見兩《唐書》本傳,《全文》卷四九九權德輿《唐故中書侍郎同中書門下平章事太子賓客齊成公(抗)神道碑銘》,《會要》卷八七。按《全文》卷六二七吕温《上族叔齊河南書》稱"大尹叔父閣下",即指齊抗。吕、齊兩姓同出於齊,故吕温稱齊抗曰"族叔"。

鄭珣瑜　　貞元十二年—十六年(796—800)

《舊書·德宗紀下》:貞元十一年三月"乙(己)丑,以吏部侍郎鄭〔珣〕瑜爲河南、淮南水陸轉運使"。《新書》本傳:"四遷吏部侍郎。爲河南尹,未入境,會德宗生日,尹當獻馬⋯⋯不聽⋯⋯既至河南,清静惠下,賤斂貴發以便民。方是時,韓全義將兵伐蔡,河南主饋運,珣瑜密儲之陽翟,以給官軍。"又見《南部新書》癸,《唐語林》卷四,《元龜》卷六七四、卷六八八。按德宗生於天寶元年四月癸巳。又按韓全義伐蔡在貞元十六年二月,見《舊書·德宗紀》。《芒洛遺文》卷中《唐故河南府河南縣主簿崔公(程)墓誌銘并序》(貞元十五年八月十三日):"公兩娶一門,女弟繼室,即潁川太守長裕之曾孫⋯⋯洛州司兵叔向之長女。今相國餘慶、河南尹珣瑜、信安守式瞻、高平守利用,皆諸父也。"

張　式　　貞元十六年(800)

《舊書·德宗紀下》:貞元十六年九月,"以河南少尹張式爲河南尹、水陸轉運使"。《全文》卷六九一符載《尚書比部郎中蕭府君(存)墓誌銘》:"今相國齊公抗、河南尹張式⋯⋯投分許與,期於莫逆。"蕭存貞元十六年十月卒。《柳河東集》卷一二《先君石表陰先友記》:"〔張〕式至河南尹。"

卷五〇 河南府(洛州)下

王　權　　元和元年(806)

《舊書・憲宗紀上》：元和元年十一月"己巳，以簡王傅王權爲河南尹"。

鄭餘慶　　元和元年—三年(806—808)

《舊書・憲宗紀上》：元和元年十一月庚戌，"以國子祭酒鄭餘慶爲河南尹"。元和三年六月，"以河南尹鄭餘慶爲東都留守"。《舊書》本傳、《新書・宰相表中》同。《新書》本傳未及。又見《全文》卷六三九李翱《兵部侍郎贈工部尚書武公(儒衡)墓誌銘》、卷六三六《勸河南尹復故事書》、《韓昌黎集》卷三四《中大夫陝府左司馬李公(郱)墓誌銘》、卷二八《殿中侍御史李君墓誌銘》、卷二九《貞曜先生墓誌銘》、《柳河東集》卷一二《先君石表陰先友記》、《白居易集》卷五七《與鄭餘慶詔》。

杜　兼　　元和三年—四年(808—809)

《舊書》本傳："元和初，入爲刑部、吏部郎中，拜給事中，除金商防禦使，旋授河南少尹、知府事，尋正拜河南尹，皆杜佑在相位所借護也。元和四年，卒於官。"又見《舊書・憲宗紀上》。《韓昌黎集》卷二六《故中散大夫河南尹杜君(兼)墓誌銘》："改河南少尹、行大尹事，半歲，拜大尹。元和四年十一月二十二日疾暴薨，年六十。"又見《新書・憲宗紀》、本傳，《元龜》卷三三七，《新表二上》洹水杜氏，《韓昌黎集・遺文・迓杜兼題名》，《柳河東集》卷一四《杜兼對》，《全文》卷七〇八李德裕《掌書記廳壁記》。《白居易集》卷五六有《答杜兼謝授河南尹表》、卷五七又有《答杜兼謝上河南少尹知府事表》。

房　式　元和四年—五年(809—810)

《舊書・憲宗紀上》：元和四年十二月壬申，"以陝虢觀察使房式爲河南尹"。五年十二月，"以河南尹房式爲宣州刺史、宣歙池觀察、采石軍等使"。兩《唐書》本傳略同。又見《通鑑・元和五年》正月，《舊書・元稹傳》，《全文》卷六五三元稹《文稿自叙》，《元龜》卷五二〇、卷五二二，《韓昌黎集》卷二五《興元少尹房君(武)墓誌》，《白居易集》卷五六《與房式詔》。《寶刻叢編》卷五引《集古錄目》有《唐房琯碑陰記》，稱："元和六年，琯從祖子式，以河南尹奉詔祠濟源，〔石〕洪等刻此記於碑陰。"疑五年十二月詔下，六年尚未離洛陽而刻此碑陰歟？

郗士美　元和五年—六年(810—811)

《舊書・憲宗紀上》：元和五年十二月，"以鄂岳觀察使郗士美爲河南尹"。六年"三月乙未朔，以河南尹郗士美檢校工部尚書，兼潞府長史、昭義軍節度使"。兩《唐書》本傳略同。《全文》卷七二七舒元輿《鄂政記》："高平公以今皇帝三年春出鎮鄂……五年冬十二月下詔徵公尹河南。"按"高平公"即郗士美。

李　素　元和六年—七年(811—812)

《韓昌黎集》卷二五《河南少尹李公(素)墓誌銘》："元和七年二月一日，河南少尹李公卒，年五十八……公諱素，字某……拜河南少尹，行大尹事。"注："六年三月，以河南尹郗士美爲昭義軍節度使，以素爲少尹，行大尹事。七年二月，許孟容自兵部侍郎代素爲尹。"《廣記》卷一七四引《傳載》："李河南素替杜公兼，時韓吏部愈爲河南令，除職方員外。"按杜兼與李素間隔三年，不相接替，中有房式、郗士美兩人，《傳載》誤。

許孟容　　元和七年—八年(812—813)

　　《舊書·憲宗紀下》:元和七年二月"壬寅,以兵部侍郎許孟容爲河南尹"。又本傳:"出爲河南尹,亦有威名。俄知禮部選事,徵拜禮部侍郎。"《新書》本傳未及。《姓纂》卷六晉陵許氏:"孟容,兵部侍郎,京兆、河南尹。"《元龜》卷一四:"〔元和〕八年五月,河南尹許孟容進東都圖。"《白居易》卷五四有《除許孟容河南尹兼常侍制》。《寶刻叢編》卷一〇引《集古錄目》:"《唐冠軍將軍烏承玭碑》,唐左散騎常侍河南尹許孟容撰。"

裴次元　　元和八年—九年(813—814)

　　《舊書·憲宗紀下》:元和八年十一月"丙辰,以福建觀察使裴次元爲河南尹"。《會要》卷六七:"〔元和〕九年十月……令河南尹裴次元以本官充東都副留守。"《全文》卷四八七權德輿有《謝河南尹裴次元充東都副留守狀》。北圖藏拓片《唐故朝散大夫守尚書吏部郎中兼侍御史知雜事王府君(袞)墓誌銘并序》(大和六年十月二十六日):"補伊闕主簿,許孟容尚書、裴次元常侍尹河南,皆署爲從事,府中之務悉委焉。"證知裴次元爲許孟容後任。

崔　某　　元和九年? (814?)

　　《全詩》卷三二九權德輿有《河南崔尹即安喜從兄宜於室家四十餘歲一昨寓書病傳永寫告身既枉善祝因成絶句》。

鄭　權　　元和十年?—十一年(815?—816)

　　《舊書》本傳:"入朝爲倉部郎中,累遷至河南尹。十一年,代李遜爲襄州刺史、山南東道節度使。"《新書》本傳略同。《舊書·憲宗紀下》:元和十一年七月,"以河南尹鄭權爲襄州刺史,充山南東道節度使"。《通鑑·元和十一年》同。

辛　祕　　元和十一年—十二年(816—817)

　　《舊書》本傳:"〔元和〕九年,徵拜諫議大夫,改常州刺史,選爲河南尹."《舊書·憲宗紀下》:元和十二年八月,"以河南尹辛祕爲潞府長史、昭義軍節度使,代郗士美".《新書》本傳、《元龜》卷六七一略同.《全文》卷六八二牛僧孺有《昭義軍節度使辛公(祕)神道碑》.《金石萃編》卷八八《唐少林寺靈運禪師功德塔碑銘并序》碑側有辛祕題名,稱"元和十二年閏五月廿九日河南尹辛祕奉敕祭中嶽,散齋於此寺".又見《金石補正》卷五八,《中州金石記》卷三,《寰宇訪碑錄》卷四.

張正甫　　元和十二年(817)

《舊書·憲宗紀下》:元和十二年八月"戊辰,以同州刺史張正甫爲河南尹".又本傳:"遷户部郎中,改河南尹.由尚書右丞爲同州刺史."歷官次序與《紀》異.《廣記》卷一八〇引《摭言》:"張正甫爲河南尹,裴度銜命伐淮西."又見《唐語林》卷三.

韋貫之　　元和十五年—長慶元年(820—821)

《舊書·穆宗紀》:元和十五年三月,"以太子詹事分司東都韋貫之爲河南尹".又本傳:"上即位,擢爲河南尹.徵拜工部尚書.未行,長慶元年卒於東都."《新書》本傳略同.又見《元龜》卷一七二、卷七七一、卷八二五.《白居易集》卷四九《韋貫之可工部尚書制》稱"河南尹韋貫之".《元龜》卷四八四:長慶元年"四月己丑,河南尹韋貫之請以去年夏末至今年夏初供館驛外殘錢".知長慶元年四月尚在河南尹任.

鄭　權　　長慶元年—二年(821—822)

《舊書》本傳:"長慶元年,使還,出爲河南尹,入拜工部侍郎."《新書》本傳未及.按鄭權長慶二年十月己卯由工部侍郎遷工部尚書,見《舊書·穆宗紀》.《韓昌黎集》卷二一《送鄭尚書序》:"鄭公嘗以節鎮襄陽,又帥滄景德棣,歷河南尹,華州刺史……工部尚書."叙歷官次序與《舊紀》、本傳異.

崔　倰　　長慶二年(822)

《舊書·穆宗紀》：長慶二年三月，"以鳳翔節度使崔倰爲河南尹"。又本傳："出爲鳳翔節度等使。不期歲，召爲河南尹，時年七十，抗疏致仕，詔以户部尚書歸第。明年暴卒。"《新書》本傳略同。《全文》卷六五四元稹《有唐贈太子少保崔公(倰)墓誌銘》："以公爲檢校禮部尚書兼鳳翔尹……爲檢校禮部尚書河南尹……七月抗疏云：臣七十當致仕……明年春暴疾薨於家。"《白居易集》卷五一有《崔陵(倰)可河南尹制》。《千唐誌·唐故朝議郎使持節光州諸軍事守光州刺史李公(潘)墓誌銘并序》："新婦崔氏，故河南尹檢校户部尚書贈太子太保倰之女。"潘卒開成五年。

崔弘禮　　長慶二年—長慶三年(822—823)

《舊書·穆宗紀》：長慶二年"八月己未朔，以絳州刺史崔弘禮爲河南尹，兼東畿防禦副使"。又見《元龜》卷四六九。《舊書》本傳："汴州李齐反，急詔追弘禮爲河南尹……齐平，遷河陽節度使。"《新書》本傳略同。《千唐誌·唐故東都留守東都畿汝州都防禦使銀青光禄大夫檢校尚書左僕射判尚書省事兼御史大夫崔公(弘禮)墓誌銘并序》(大和五年四月二十八日)："長慶二祀，特遷河南尹兼大夫……明年，拜河陽三城懷州節度使。"

丁公著　　長慶三年？(823？)

《舊書》本傳："穆宗即位……公著知將欲大用，以疾辭退，因求外官，遂授浙江西道都團練觀察使。二年，授河南尹。皆以清静爲理。改尚書右丞，轉兵部、吏部侍郎，遷禮部尚書、翰林侍講學士。上以浙西灾寇，詢求良帥，命檢校户部尚書領之。"《新書》本傳略同。按《舊書·文宗紀上》及丁居晦《重修承旨學士壁記》並謂大和三年丁公著爲浙西觀察。兩《唐書》本傳長慶初"浙西"爲"浙東"之誤。又按長慶二年河南尹有鄭權、崔倰、崔弘禮相銜接，疑《舊書》本傳之"二年"或爲"三年"之訛。

令狐楚　　長慶四年(824)

《舊書·敬宗紀》:長慶四年三月,"分司東都太子賓客令狐楚爲河南尹"。九月"庚戌,以河南尹令狐楚檢校禮部尚書、汴州刺史、宣武軍節度、宋汴亳觀察等使"。《全文》卷六〇五劉禹錫《唐相國贈司空令狐公集序》:"長慶四年改河南尹。其秋,授檢校禮部尚書兼汴州刺史。"又見兩《唐書》本傳,《元龜》卷一七二,《全文》卷六〇六劉禹錫《汴州刺史廳壁記》、卷九〇一朱閏《歸解書彭陽公碑陰》,《樊南文集》卷一《代彭陽公遺表》。

王　起　　長慶四年—寶曆二年(824—826)

《舊書·敬宗紀》:長慶四年九月"己巳,以兵部侍郎王起爲河南尹"。寶曆二年八月,"以起爲吏部侍郎"。又見兩《唐書》本傳,《元龜》卷五〇一,《新書·食貨志》。

王　璠　　寶曆二年—大和二年(826—828)

《舊書·敬宗紀》:寶曆二年八月,"以工部侍郎王播(璠)爲河南尹,代王起"。又《文宗紀上》:大和二年十月"己卯,以河南尹王璠爲右丞"。本傳作寶曆二年七月出爲河南尹。《廣記》卷一五六引《續定命錄》:"王璠以元和五年登科,夢爲河南尹……後二十年,果爲河南尹。"又見《新書》本傳,《會要》卷七五,《元龜》卷四五七、卷六三一。《因話錄》卷五:"王并州璠,自河南尹拜右丞相。""相"字衍。《唐語林》卷六誤同。《廣記》卷二五六不誤。

馮　宿　　大和二年—四年(828—830)

《舊書·文宗紀上》:大和二年十月己卯,"以左散騎常侍馮宿爲河南尹"。又《文宗紀下》:四年十二月"丙寅,以前河南尹馮宿爲工部侍郎"。又見兩《唐書》本傳,《元龜》卷六九六。《全詩》卷三六〇劉禹錫《同樂天送河南馮尹學士》注:"馮自館閣出爲河南尹。"又卷三六二有《遥賀白賓客分司初到洛中戲呈馮尹》。《白居易集》卷二六有《送河南尹馮學士赴任》詩,卷二七有《分司初到洛中偶題六韻兼戲呈馮尹》。又見《唐詩紀事》卷四三。

韋弘景　　大和四年(830)

《舊書·文宗紀下》：大和四年十二月“戊辰，以太子賓客分司白居易爲河南尹，以代韋弘景；以弘景守刑部尚書、東都留守”。按兩《唐書》本傳未及弘景爲河南尹，僅謂東都留守。疑其在馮宿與白居易間短期爲河南尹。

白居易　　大和四年—七年(830—833)

《舊書·文宗紀下》：大和四年十二月“戊辰，以太子賓客分司白居易爲河南尹，以代韋弘景”。七年四月“壬子，以河南尹白居易爲太子賓客，分司東都”。本傳作大和五年除河南尹。《白居易集》卷二八有《早飲醉中除河南尹敕到》、《六十拜河南尹》詩。又卷二一《六年春贈分司東都諸公》詩注云：“時爲河南尹。”又卷二九《詠興五首并序》：“七年四月，予罷河南府。”又卷六九大和五年十月乙丑《祭元微之文》稱：中大夫守河南尹白居易。

嚴休復　　大和七年(833)

《舊書·文宗紀下》：大和七年三月“丙辰，以散騎常侍嚴休復爲河南尹”。十二月“丁未，以河南尹嚴休復檢校禮部尚書，充平盧軍節度、淄青登萊棣觀察等使”。

王　質　　大和七年—八年(833—834)

《舊書·文宗紀下》：大和七年十二月“戊申，以給事中王質權知河南尹”。八年九月“辛酉，以權知河南尹王質爲宣歙觀察使”。兩《唐書》本傳略同。又見《元龜》卷六八三，《唐詩紀事》卷五一。《全文》卷六〇九劉禹錫《唐故宣歙池等州都團練觀察處置使宣州刺史王公(質)神道碑》：“遷河南尹。又未幾，鎮宛陵。”

鄭　澣　　大和八年—開成元年(834—836)

《舊書·文宗紀下》：大和八年九月“癸亥，以尚書吏部侍郎鄭澣爲河南尹”。開成元年“夏四月庚午朔，以河南尹鄭澣爲左丞”。又本傳：“轉兵部侍郎，改吏部，出爲河南尹，皆著能名。”《新書》本傳未及。《寶刻叢編》卷五引《集古録目》有《唐高瑀神道碑》，大和八年立，稱“河南尹鄭澣書”。《中州金石目》卷四有《河南尹鄭澣宿少林寺詩》，大和九年六月正書。《闕史》卷上：“滎陽公尚書鄭澣，以清規素履，嗣續門風。尹正圻南日，有從父昆弟之孫自覃懷來謁者，力農自瞻爾。”《廣記》卷一六五引作“尹河南日”。《隋唐五代墓誌匯編·陝西卷》第二册《姚存古墓誌》：大和九年三月五日卒，“正議大夫守河南尹兼御史大夫上柱國陽武縣開國男賜紫金魚袋鄭澣撰”。證知大和九年在任。

李　紳　　開成元年（836）

《舊書·文宗紀下》：開成元年四月庚午，“以太子賓客分司東都李紳爲河南尹”。六月“癸亥，以河南尹李紳檢校禮部尚書、汴州刺史，充宣武軍節度使”。兩《唐書》本傳略同。《全詩》卷四八二李紳《拜三川守詩序》：“開成元年三月二十五日，蒙恩除河南尹。”《全文》卷六〇八李德裕《懷崧樓記》：“元和庚子歲，予獲在内庭，同僚九人……十年間零落將盡，今所存者，惟三川守李公而已。”當指李紳。《白居易集》卷七一《淮南節度使檢校尚書右僕射趙郡李公家廟碑銘并序》稱“尹正河洛”。

李　珏　　開成元年—二年（836—837）

《舊書》本傳：“開成元年四月，以太子賓客分司東都，遷河南尹。二年五月，李固言入相，召珏復爲户部侍郎、判本司事。”《新書》本傳略同。《舊書·文宗紀下》：開成二年三月“戊子，以河南尹李珏爲户部侍郎”。《白居易集》卷三三有《開成二年三月三日河南尹李待價以人和歲稔將禊于洛濱》詩。按待價乃李珏字。又見《唐詩紀事》卷三九白居易。《全詩》卷三六二劉禹錫《三月三日與樂天及河南李尹奉陪裴令公泛洛禊飲各賦十二韻》、卷三五九《奉送李户部侍郎自河南尹再除本官歸闕》，皆指李珏。《南部新書》丙：“李珏爲河南尹。”

裴　潾　　開成二年（837）

《舊書·文宗紀下》：開成二年三月壬辰，"以兵部侍郎裴潾爲河南尹。"又本傳："〔開成〕二年，加集賢院學士，判院事。尋出爲河南尹，入爲兵部侍郎。三年四月卒。"《新書》本傳略同。《李文饒集》卷一〇有裴潾《題平泉山居詩後》云："開成二年，潾自兵部侍郎除河南尹，乃於河南廨中，自書於石，立於平泉之山居。開成二年九月二十五日，河南尹裴潾題。"又見《全詩》卷五〇七。《全詩》卷三五五劉禹錫《和河南裴尹侍郎宿齋天平寺詣九龍祠祈雨二十韻》、又卷三六五《裴侍郎大尹雪中遺酒一壺兼示喜眼疾平一絶斐然仰酬》，《白居易集》卷三〇《偶以拙詩數首寄呈裴大尹侍郎蒙以盛製四篇一時酬和》，皆指裴潾。

韋　長　　開成三年—四年（838—839）

《舊書·文宗紀下》：開成三年正月"丁丑，以前荆南節度使韋長爲河南尹"。四年七月"壬寅，以河南尹韋長爲平盧軍節度使"。《白居易集》卷三四有《自罷河南已換七尹兼呈韋尹長侍》詩，當指韋長，"侍"字衍。

高　銖　　開成四年—五年（839—840）

《舊書·文宗紀下》：開成四年七月壬寅，"以刑部侍郎高鍇爲河南尹"。按兩《唐書·高鍇傳》皆未及爲河南尹事。此處"高鍇"當爲"高銖"之誤。《舊書·高銖傳》："〔開成〕四年七月，出爲河南尹。會昌末，爲吏部侍郎。"《新書》本傳未及。《會要》卷六八："開成五年四月，東都奏：河南尹高銖與知臺御史盧罕街衢相逢，高銖乘肩輿，無所避。"

孫　簡　　開成五年—會昌元年（840—841）

《隋唐五代墓誌匯編·洛陽卷》第十三册《唐故銀青光禄大夫檢校司空兼太子少師分司東都上柱國樂安縣開國侯孫公（簡）墓誌銘并序》（大中十一年）："遷陝虢觀察使……徵拜刑部侍郎……真除吏部

侍郎,拜河南尹,其政如同陝之素……加中散大夫階,遷鎮節制河中。"按孫簡開成三年爲陝虢,會昌元年已在河中任。其爲河南尹當在開成五年至會昌元年。

盧 某　　會昌元年(841)

《白居易集》卷三五《會昌元年春五絕句》之三《盧尹賀夢得會中作》:"病聞川守賀筵開,起伴尚書飲一杯。任意少年長笑我,老人自覓老人來。"朱金城《白居易年譜》謂即盧貞。按盧貞會昌五年爲河南尹,其前會昌三年河南尹爲敬昕,疑此"盧尹"或爲另一人;若爲盧貞,則盧貞兩任河南尹歟? 姑作另一人處理。

敬 昕　　會昌三年(843)

《全文》卷七二八封敖《批敬昕謝上表》:"洎尹正洛汭,臨戎孟津,治行推高,號令有律……既聞至此,當慰予懷。"《通鑑·會昌三年》:九月"戊申,以河南尹敬昕爲河陽節度、懷孟觀察使"。《新書》本傳未及。

盧 貞　　會昌四年—五年(844—845)

《樊南文集》卷一《爲河南盧尹上尊號表》:"伏惟仁聖文武章天成功神德明道大孝皇帝陛下……臣幸丁昌運,方守洛京。"按《舊書·武宗紀》:會昌五年春正月,"宰臣李德裕、杜悰、李讓夷、崔鉉、太常卿孫簡等率文武百僚上徽號曰仁聖文武章天成功神德明道皇帝"。知此表必作於會昌五年正月,則盧某約於四年冬已尹河南。《白居易集》卷三六《宴後題府中水堂贈盧尹中丞》詩注:"昔余爲尹日創造之。"詩云:"從我到君十一尹,相看自置府來無。"注:"自予罷後,至中丞,凡十一尹也。"又卷三七有"河南尹盧貞"和詩。同卷白居易《胡吉鄭劉盧張等六賢皆多年壽予亦次焉偶於弊居合成尚齒之會七老相顧既醉甚歡》詩注:"河南尹盧貞,以年未七十,雖與會而不及到。"則《樊南文集》之"盧尹"亦必爲盧貞。《南部新書》庚:"白傅葬龍門山,河南尹盧貞刻《醉吟先生傳》,立於碑側,至今猶存。"又見《唐語林》卷四。《中州金石目》卷四〇云:"河南尹鄭澣《宿少林寺詩》……下有會昌五年盧貞題名。"《羯鼓録》："會昌元年，卓因爲洛陽令，數陪劉賓客、白少傅宴遊……卓因談往前三數事，二公亦應和之……時過而未録。及陝府盧尚書任河南尹，又話之，因遣爲紀，即粗爲編次，尚未脱稿。至東陽，因曝書見之，乃詳列而竟焉。"據卞孝萱《南卓考》，南卓於大中四年前爲婺州刺史，則前此之盧尚書爲河南尹亦當在會昌中，疑即盧貞。北圖藏拓片《唐故興元府南鄭縣丞扶風馬府君（攽）墓誌銘并序》（大中十一年二月二十二日）："後任河南府鞏縣丞……果爲尹長盧公貞之知……會河南尉（府）洛陽尉闕，是委公假之。"大中八年正月卒，年四十九。

崔　璪　　約會昌六年—大中元年（約 846—847）

《舊書》本傳："會昌初，出爲陝虢觀察使，遷河南尹，入爲御史中丞，轉吏部侍郎。"《新書》本傳未及。《樊南文集補編》卷四有《爲滎陽公與河南崔尹狀》，按滎陽公即鄭亞，大中元年春李商隱始入鄭亞幕，此狀必作於是年。崔尹當即崔璪。《全文》卷七四八杜牧《崔璪除刑部尚書蘇滌除左丞崔嶼除兵部侍郎等制》有崔璪"分憂陝服，尹兹東郊"語。

柳仲郢　　大中二年（848）

《舊書》本傳："俄而〔周〕墀入輔政，遷爲河南尹。涖事逾月，召拜户部侍郎。居無何，墀罷知政事。"《新書》本傳略同。按周墀輔政在大中二年正月至三年四月。

孫　毅　　大中二年—三年（848—849）

丁居晦《重修承旨學士壁記》："孫毅……〔大中〕二年七月六日特恩遷户部侍郎知制誥並依前充，其年十二月二十四日除河南尹兼御史大夫。"《新表三下》孫氏："毅，字子相，河南尹。"又見《唐語林》卷一。《千唐誌·唐故銀青光録大夫工部尚書致仕孫府君（公乂）墓誌銘》（大中五年七月三日）："次子毅，職參内署，渥澤冠時。天子寵公之歸，輒自近侍，除爲河南尹。"公乂大中三年秋以工部尚書致仕，大中五年卒,享年八十。

柳仲郢　　大中三年—四年(849—850)

《舊書》本傳:"〔周〕墀罷知政事。同列有疑仲郢與墀善,左授祕書監。數月,復出爲河南尹……大中年,轉梓州刺史、劍南東川節度使。"《新書》本傳略同。又見《舊書·李商隱傳》,《元龜》卷七二九。《金石補正》卷七五《再建圓覺塔誌》:"大中庚午歲八月十五日,詔河南尹河東公再建斯塔。"又見大中七年正月五日《陳寬誌》,《唐文拾遺》卷三一。按庚午歲爲大中四年,河東公即柳仲郢。《全文》卷七九〇崔珝《授柳仲郢東川節度使制》稱:"正議大夫守河南尹柳仲郢……出入十載,尹正兩京。"

劉　瑑　　約大中六年—七年(約852—853)

《舊書》本傳:"大中初,轉刑部侍郎……出爲河南尹,遷檢校工部尚書、汴州刺史、宣武軍節度使。"《新書》本傳略同。《舊書·宣宗紀》謂大中九年十一月劉瑑由河南尹遷宣武軍節度,據吳氏《方鎮年表》考證,劉瑑於大中七年至十年爲宣武,《舊紀》誤。按大中五年四月在刑部侍郎任,見《舊書·宣宗紀》。《全詩》卷五三〇許渾《玩殘雪寄江(河)南尹劉大夫》,當指劉瑑。

鄭　魯　　約大中七年—九年(約853—855)

《新書·崔鉉傳》謂:宣宗時鉉復相,鉉所善者鄭魯等頗參議論。"是時,魯爲刑部侍郎,鉉欲引以相,帝不許,用爲河南尹。它日,帝語鉉曰:'魯去矣,事由卿否?'鉉惶懼謝罪"。又見《東觀奏記》卷中。據《新書·宰相表下》,崔鉉於大中三年四月同平章事,至九年七月出爲淮南節度使。嚴氏《僕尚丞郎表》謂鄭魯爲刑部侍郎不能早過大中六、七年。

鄭　薫　　大中九年—十年(855—856)

《全文》卷七九〇鄭薫《祭梓華府君神文》:"薫以丙子歲自河南尹蒙恩擢受宣歙觀察使,至止之後修祀府君。"按丙子歲爲大中十年。

《新書》本傳未及。

李　訥　　約大中十年—十一年（約 856—857）

《新書》本傳：“爲浙東觀察使……爲下所逐，貶朗州刺史。召爲河南尹。”《舊書》本傳未及。按浙東軍亂逐李訥事在大中九年七月。大中十年在華州刺史任。則其爲河南尹約在十至十一年間。《唐語林》卷七：“李納（訥）爲河南尹，是年大水，納觀水於魏王堤上。”

柳　憙　　大中十一年（857）

《舊書·宣宗紀》：大中十一年四月，“以前邠寧節度使、朝議大夫、檢校工部尚書、邠州刺史、上柱國、賜紫金魚袋柳憙可檢校禮部尚書、河南尹”。

曹　確　　大中十一年（857）

《舊書·宣宗紀》：大中十一年八月，“以翰林學士、朝散大夫、中書舍人、賜紫金魚袋曹確權知河南尹”。丁居晦《重修承旨學士壁記》：“曹確，大中五年八月十一日自起居郎充……九年閏四月六日拜中書舍人依前充……十一年八月二十一日授河南尹出院。”《舊書》本傳：“正拜中書舍人，賜金紫，權知河南尹事。入爲兵部侍郎。”《新書》本傳未及。

孔温裕　　大中十二年（858）

《重修承旨學士壁記》：“孔温裕，大中九年二月二十九日自禮部員外郎、集賢院直學士充……十二年正月十八日遷中書舍人，其年八月三十日除河南尹出院。”兩《唐書》本傳並未及。《因話録》卷六：“河南孔尹温裕任補闕日，諫討党項事，貶郴州司馬。”又見《廣記》卷一三八引《玉堂閑話》。

鄭　顥　　大中十三年（859）

《舊書·懿宗紀》：大中十三年十月，“又以兵部侍郎鄭顥爲河南尹”。又本傳：“大中十三年，檢校禮部尚書、河南尹。”《新書》本傳略同。又見《舊五代史·鄭韜光傳》，《元龜》卷八六六。

崔　碣　　咸通初？

《新書》本傳：“武宗方討澤潞，碣建請納劉稹降，忤旨，貶鄧城令。稍轉商州刺史。擢河南尹、右散騎常侍。”

韋　澳　　約咸通三年（約862）

《舊書》本傳：“出爲邠州刺史、邠寧節度使。宰相杜審權素不悦於澳……以祕書監分司東都……拜河南尹。制出，累上章辭疾，以松檟在秦川，求歸樊川別業，許之。”《新書》本傳略同。按杜審權自大中十三年十二月同中書門下平章事，至咸通四年五月出爲鎮海節度使。《元龜》卷七七一：“韋貫之穆宗長慶初爲河南尹；子澳，咸通中爲河南尹。”又見《新表四上》韋氏逍遥公房。

曹　汾　　咸通四年—五年（863—864）

《舊書·懿宗紀》：咸通四年三月，“以刑部侍郎曹汾爲河南尹”。又《曹確傳》：“弟汾，亦進士登第，累官尚書郎、知制誥，正拜中書舍人。出爲河南尹，遷檢校工部尚書、許州刺史、忠武軍節度觀察等使。”《新書·曹確傳》未及。《金石補正》卷七六《唐咸通五年京兆修中嶽廟記》：“上四年，用大司計侍郎爲丞相，其明年，以我相秉樞機，我公掌綸誥，宜爲避嫌，遂自閣下拜河南尹。”又見《全文》卷五一〇李方郁《修中嶽廟記》。按《新書·宰相表下》：咸通四年閏六月，“兵部侍郎、判度支曹確本官同中書門下平章事”，《舊傳》又謂汾由中書舍人出爲河南尹，與《記》合。大司計侍郎爲丞相秉樞機者，指曹確；掌綸誥者，指曹汾。

韓　乂　　咸通五年—六年（864—865）

《宋高僧傳》卷一〇《唐天台山佛窟巖遺則傳》：“時歲在庚戌季夏十有二日……至十五日夜遂坐殁……後開元寺僧正法光於咸通乙酉

歲遂遷碑于今所，河南尹韓乂爲《碑》文。"按"咸通乙酉"爲咸通六年。

楊知温　咸通六年—七年（865—866）

《舊書·懿宗紀》：咸通六年"五月，以左丞楊知温爲河南尹"。又本傳："入爲翰林學士、户部侍郎，轉左丞。出爲河南尹、陝虢觀察使。"《新書》本傳未及。按吴氏《方鎮年表》謂咸通七年楊知温始爲陝虢觀察。

侯　備　咸通七年（866）

《重修承旨學士壁記》："侯備，咸通五年六月五日自吏部員外郎賜紫充……七年三月九日授河南尹出院。"

李　當　咸通七年—八年（866—867）

《金石補正》卷六〇《李當等詩并魏深書事》："公（李當）嘗自中書舍人乘廉車問俗湖南，他日宣皇帝注意急徵，值公南風中足，不克見。久之，乃有金貂之拜。洎足力如常，除户部侍郎，尋出尹河南，移宣□，鎮褒斜……咸通十四年十一月廿五日魏深題。"又見《唐文續拾》卷六。按吴氏《方鎮年表》列李當於咸通八年起爲宣歙觀察，則其尹河南當在七至八年。北圖藏拓片《唐故宣德郎前守孟州司馬樂安孫府君墓誌銘并序》（咸通十一年八月二十二日）："次任河南府户曹參軍，未幾轉倉曹參軍。時也，李公當尹正周圻，鋭精求理，繁劇之務，一以咨之。"咸通十一年六月八日卒。

崔　碣　咸通九、十年（868、869）

《新書》本傳："擢河南尹、右散騎常侍，再爲河南尹。邑有大賈王可久，轉貨江湖間。值龐勛亂，盡亡其貨，不得歸。妻詣卜者楊乾夫咨在亡。乾夫……誘聘之，妻乃嫁乾夫，遂爲富人。它年徐州平，可久困甚，丐衣食歸閭里，往見妻……可久反得罪。再訴，復坐誣……碣之來，可久陳冤……悉發賕姦，一日殺之，以妻還可久……徙陝虢觀察使。"又見《闕史》卷下《崔尚書雪冤獄》及《廣記》卷一七二引。按龐勛之亂在咸通九年。

王　凝　　咸通十一年(870)

《廣記》卷一三三引《三水小牘》:"唐咸通庚寅歲,洛師大饑,穀價騰貴……命付河南尹正琅邪王公凝,令綱紀鞠之。"按咸通庚寅歲,爲咸通十一年。

趙　隱　　約咸通十二年—十三年(約 871—872)

《舊書》本傳:"累遷郡守、尚書郎、給事中、河南尹,歷户、兵二侍郎,領鹽鐵轉運等使。咸通末,以本官同平章事。"《新書》本傳略同。

李　朋　　咸通末?

鄭谷《雲臺編自序》:"谷勤苦於《風》、《雅》者,自騎竹之年,則有賦詠。雖屬對音律未暢,而不無旨諷。同年丈人故川守李公朋、同官丈人馬博士戴嘗撫頂嘆勉,謂他日必垂名……乾寧甲寅三月望鄭谷自序。"鄭谷尚有《谷卯歲受同年丈人故川守李侍郎教諭衰晏龍鐘益用感嘆遂以章句自貽》詩云:"多感京河李丈人,童蒙受教便書紳。"按李朋大中五、六年爲刑部員外郎,見杜牧《李朋除刑部員外郎制》。其爲侍郎、河南尹疑在咸通末期。

李　晦　　約咸通末—乾符二年(?—875)

《舊書·僖宗紀》:乾符二年四月,"河南尹李晦檢校左散騎常侍,兼福州刺史、福建都團練觀察使"。又見《淳熙三山志》卷二一郡守。

崔　充　　乾符二年(875)

《舊書·僖宗紀》:乾符二年四月,"以東川節度使、檢校户部尚書崔充爲河南尹"。《舊書》本傳未及河南尹,唯云:終東都留守。

馮　緘　　乾符二年?—三年? (875?—876?)

《新書》本傳:"乾符初,歷京兆、河南尹。"

劉允章 乾符三年—四年（876—877）

《大詔令集》卷一一七《宣撫東都官吏敕》："敕東都留守王諷、河南尹劉允章……今差左諫議大夫楊綬、工部員外郎李巢專往宣慰……乾符三年。"又見《全文》卷八八。兩《唐書》本傳未及。按乾符三年六月劉允章由撫王府長史爲涼王傅，見《舊書·僖宗紀》。

王 凝 乾符四年（877）

《新書》本傳："以祕書監分司東都，即拜河南尹。遷宣歙池觀察使，時乾符四年也。"《舊書》本傳略同。

楊 授 約乾符五年—六年（約878—879）

《舊書》本傳："李福爲東都留守，奏充判官，改兵部郎中。由吏部拜左諫議大夫、給事中，出爲河南尹。盧攜作相，召拜工部侍郎。黃巢犯京師，僖宗幸蜀，徵拜户部侍郎。"《新書》本傳未及。按李福爲東都留守在乾符初。

裴 瓚 中和初？

《唐文拾遺》卷三六崔致遠《吏部裴瓚尚書》第二啓："而況侍郎雲鶴性情，天驥行止……洎湖湘察俗，瀍洛尹都，便宜入秉化權，坐匡聖略。""湖湘察俗"指爲湖南觀察使，"瀍洛尹都"則指爲河南尹而言。其爲湖南觀察使在乾符元年至三年，疑其爲河南尹在中和初。

李罕之 中和四年—光啓二年（884—886）

《舊五代史》本傳："中和四年，〔諸葛〕爽表罕爲之河南尹、東都留守。"《新書》本傳、《新五代史》本傳略同。《元龜》卷三九三："李罕之，僖宗末爲河南尹。"《廣記》卷二六四引《北夢瑣言》稱李罕之"累歷郡侯、河南尹、節將，官至侍中"。

張全義（張言） 光啓三年—天祐元年（887—904）

《通鑑·光啓三年》：六月，"罕之據河陽，全義據東都，共求援於河東；李克用以其將安金俊爲澤州刺史，將騎助之，表罕之爲河陽節度使，全義爲河南尹”。《元龜》卷九一：“天祐元年閏四月甲辰，帝至雒，乙巳，御光政殿大赦改元，制曰……東都守佑國軍節度使檢校太師兼中書令河南尹張全義，保釐東雒二十餘年。”《全文》卷九二昭宗《改元天祐赦文》同。又見《舊書·昭宗紀》、《舊五代史·梁太祖紀一》、《唐武皇紀上》、《李罕之傳》、《元龜》卷一八七、《通鑑·文德元年》、《乾寧三年》。

韋　震　　天祐元年（904）

《通鑑·天祐元年》：閏四月，“以韋震爲河南尹兼六軍諸衛副使”。《舊書·哀帝紀》：天祐元年九月，“權知河南尹韋震充橋道使”。十二月，“權知河南尹、天平軍節度副使韋震權知鄆州軍州事”。又見《新五代史》本傳。

張廷範　　天祐元年（904）

《舊書·哀帝紀》：天祐元年九月，“山陵橋道使改差權河南尹張廷範”。十月，“河南尹張廷範收彥威等殺之”。十二月，“權知河南府尹、和王傅張廷範宜復本官”。《新書》本傳：“〔張〕廷範者，以優人爲全忠所愛，扈東遷爲御營使，進金吾衛將軍、河南尹。”又見《宣和書譜》、《書史會要》。

張全義　　天祐元年—四年（904—907）

《舊五代史》本傳：“昭宗至洛陽，梁祖將圖禪代，慮全義心有異同，乃以判官韋震爲河南尹，移全義爲天平軍節度使……其年八月，昭宗遇弒，輝王即位。十月，復以全義爲河南尹、兼忠武軍節度使……梁祖建號，以全義兼河陽節度使。”又見《舊書·哀帝紀》、《全文》卷九三哀帝《答河南尹張全義進嘉禾合穗詔》、卷九四《令張全義攝太尉中書令敕》。《舊五代史·梁太祖紀二》：天祐三年正月，“天子詔河南尹張全義部署修制相國魏王法物”。又見《元龜》卷一八六。《舊五代史·梁太祖紀三》：開平元年五月，“進封河南尹兼河陽節度使張全義爲魏王”。

待考録

唐　昭

《新表四下》唐氏：“昭，河南尹。”乃洋州刺史唐嘉會之孫。

宋守儉

《姓纂》卷八廣平宋氏：“守儉，洛州刺史。”乃邛州刺史大辯之子。《新表五上》宋氏作“洛州司馬”。

李　程

《北夢瑣言》卷七：“李程以《日五色賦》擢第。爲河南尹日，試舉人，有浩虛舟卷中《行日五色賦》。”按兩《唐書》本傳並未及爲河南尹，疑當爲東都留守。

鄭　某

《全文》卷四七六韋行儉《新修嵩嶽中天王廟記》：“滎陽鄭公由滎陽守而尹洛邑……今徵鄭公崇飾蕭祇之旨……庚申歲，行儉作吏……款識於石。”按“庚申歲”乃建中元年，其時河南尹爲趙惠伯。“庚申”字誤歟？

卷五一　陝州（陝郡）

武德元年置陝州總管府。後改都督府。貞觀元年罷都督府。天寶元年改爲陝郡。乾元元年復爲陝州。廣德元年十月，吐蕃犯京師，車駕幸陝州，置陝州大都督府。天祐初，昭宗遷都洛陽，駐蹕陝州，改爲興唐府。哀帝即位，復爲大都督府。領縣五：陝、峽石、桃林（靈寶）、芮城、河北（平陸）。

党仁弘　武德元年（618）

《通鑑·貞觀十六年》：初，“高祖之入關也，隋武勇郎將馮翊党仁弘將兵二千餘人歸高祖於蒲阪，從平京城，尋除陝州總管。大軍東討，仁弘轉餉不絕，歷南寧、戎、廣州都督”。又見《元龜》卷四九八。《姓纂》卷七馮翊党氏：“仁弘，唐陝、瀛等州刺史，廣都公。”

李孝基　武德元年（618）

《舊書》本傳：“武德元年，封永安王，歷陝州總管、鴻臚卿，以罪免。二年，劉武周將宋金剛來寇汾、澮……復以孝基爲行軍總管討之。”《新書》本傳略同。又見《元龜》卷二八一。《通鑑·武德元年》：六月，“以永安王孝基爲陝州總管”。

于　筠　武德二年—三年（619—620）

《舊書·李孝基傳》：“〔武德〕二年，劉武周將宋金剛來寇汾澮……復以孝基爲行軍總管討之，工部尚書獨孤懷恩、内史侍郎唐儉、陝州總管于筠悉隸焉。”又見《劉武周傳》、《唐儉傳》、《新書·高祖紀》、《李孝基傳》、《通鑑·武德二年》、《元龜》卷一二二、卷四四四。《舊書·高祖紀》：武德二年“十二月丙申，永安王孝基、工部尚書獨孤懷恩、〔陝州〕總管于筠爲劉武周將宋金剛掩襲，並没焉”。《通鑑·武德三年》：四月“丙辰，陝州總管于筠自〔宋〕金剛所逃來”。《元龜》卷一二六略同。

任　瓌　　武德中

《新書》本傳：“〔輔〕公祐平，拜邠州都督，遷陝州。瓌弟璪，爲隱太子典膳監。太子廢，璪得罪，瓌亦左授通州都督。貞觀四年卒。”《舊書》本傳未及。《姓纂》卷五廬江任氏：“懷（瓌），唐陝州都督、管國公。”

長孫操　　武德末

《舊書》本傳：“武德中，爲陝東道行臺金部郎中，出爲陝州刺史……貞觀中，歷洛州刺史、益揚二州都督府長史。”《新書》本傳略同。又見《元龜》卷六七八。

【補遺】崔世樞　　武德中或貞觀初期

北圖藏拓片《唐故正議大夫行太子右贊善大夫判太子率更令上柱國清河崔府君（孝昌）墓誌銘并序》（太極元年二月二十一日）：“曾祖樞，皇朝使持節陝州諸軍事陝州刺史，司農卿，散騎常侍，上大將軍，武城縣開國公。祖義直，皇朝長安縣令、紀越二府長史、使持節陝州諸軍事陝州刺史，武城縣開國公。父知温……”孝昌卒景雲二年，年四十。又見《隋唐五代墓誌匯編·洛陽卷》第九册《□□大夫太府卿少府監趙國公崔府君（□之）墓誌》（開元七年十月二十二日）。【補遺】唐故銀青光禄大夫太府卿少府監贈兗州都督上柱國趙國公崔府君（諤之）墓誌銘並序》：“君諱諤之，字元忠，清河東武城人也。……公乃皇朝司農卿、散騎常侍、陝州刺史、清河郡開國公世樞之曾孫，紀越二王府長史、陝州刺史、清河郡開國公義直之孫也。……以開元七年歲己未八月景戌朔三日戊子，薨於東都永豐里私第。"（李獻奇《唐崔諤之墓誌考釋》，《考古與文物》2000 年第 2 期）墓誌於 1996 年在孟津縣平樂鎮劉坡村被發現。按崔樞因避太宗諱，故省"世"字，現應正作"崔世樞"。

崔善爲　　貞觀元年（627）

《舊書》本傳："貞觀初，拜陝州刺史……後歷大理、司農二卿，名爲稱職。"《新書》本傳略同。《會要》卷八四："貞觀元年，朝廷議户殷之處，聽徙寬鄉。陝州刺史崔善爲上表。"又見《元龜》卷一七二、卷四八六。

竇德冲　　約貞觀前期

《姓纂》卷九河南洛陽竇氏："〔德〕冲，陝州刺史。"《新表一下》竇氏三祖房同。按德冲乃隋駕部侍郎竇彦之子。其爲陝刺約在貞觀中。其子義節爲虢州刺史，又爲寧州刺史，陪葬昭陵，見《會要》卷二一。

楊　懽　　約貞觀前期

《千唐誌·大唐故朝議郎守邛州司馬楊公（瑤）墓誌銘并序》（開元二十一年十月二十七日）："曾祖懽，青、陝、青三州刺史，湖城公，贈太常卿。"瑤開元十八年卒，春秋六十七。

房仁裕　　貞觀十四年（740）

《會要》卷二八："〔貞觀〕十四年二月十四日，陝州刺史房仁裕奏：所管界内二百餘里，正月元日，黄河載清，四日乃止。"又見《元龜》卷二四、卷三七，《全文》卷一三六長孫無忌《賀河清表》。《金石補正》卷三六《房仁裕母清河太夫人李氏碑并陰》："太夫人八女一男。洎於弱冠，位□方嶽，□□鄜、坊、秦、陝五州諸軍事□□□史。"

崔義直（崔義真）　　約貞觀中

《芒洛四編》卷五《唐故正議大夫行太子右贊善大夫判太子率更

令上柱國清河崔府君（孝昌）墓誌銘并序》：“祖義直，皇朝長安縣令，紀、越二府長史，使持節陝州諸軍事陝州刺史，武城縣開國公。父知溫。”《千唐誌·大唐故銀青光禄大夫守工部尚書崔公（泰之）墓誌銘并序》（開元十一年十月五日）：“祖義直，紀、越二王長史，陝州刺史，嗣武城侯。”崔沔撰。按《舊書·崔知溫傳》：“父義真，陝州刺史。知溫初爲左千牛。麟德中，累轉靈州都督府司馬……永淳三年三月卒，年五十七。”“義真”當爲“義直”之訛。按《新表二下》崔氏許州鄢陵房：“義直，峽州刺史。”“峽”當爲“陝”之説。按其子知溫卒高宗末，則義直約仕貞觀中，不能遲過高宗初。

丘行恭　　貞觀中？

《舊書》本傳：“高宗嗣位，歷遷右武候大將軍、冀陝二州刺史，尋請致仕，拜光禄大夫。麟德二年卒，年八十。”《新書》本傳略同。《新書·忠義傳上》有“陝州刺史、天水郡公丘行恭”。《姓纂》卷五河南邱氏：“行恭，首從義旗，以殊功左右武候大將軍、陝州刺史、天水襄公。”按《新書·地理志二》陝州陝縣謂：“有南、北利人渠。南渠，貞觀十一年太宗東幸，使武候將軍丘行恭開。”《通典·州郡七》陝郡陝縣：“今郡西四十五里有曹陽澗，曹公改爲好陽澗，北大陽橋，貞觀中丘行恭造。”則貞觀中已爲陝刺，未知誤否。

孫伏伽　　貞觀二十二年（748）

《舊書》本傳：“〔貞觀〕十四年，拜大理卿，後出爲陝州刺史。永徽五年，以年老致仕。顯慶三年卒。”《新書》本傳略同。《舊書·東夷傳》：貞觀二十二年，“太宗又命江南造大船，遣陝州刺史孫伏伽召募勇敢之士”。《新書·東夷傳》略同。又見《元龜》卷一三五、卷一六一。

長孫操　　永徽初

《新書》本傳：“從秦王征討，常侍旁，與聞祕謀。徙陝州……以母喪解……服除，封樂壽縣男。爲齊、揚、益三州刺史……永徽初，以陝州刺史卒。”則長孫操先後兩任陝州刺史。《舊書》本傳唯記一任。

盧承業　麟德二年（655）

《芒洛四編》卷三《大唐故銀青光禄大夫行揚州大都督府長史魏縣子盧公（承業）墓誌銘并序》（咸亨三年八月十四日）：“今上嗣曆，拜雍州司馬，仍遷長史……出爲忠州刺史……復爲雍州司馬，頃除長史……又兼邢州刺史……尋爲淮南道大使，仍拜同州刺史……久之，除陝州刺史……又詔爲銀青光禄大夫、行揚州大都督府長史……以咸亨二年龍集辛未八月己未朔十四日壬申葬。”《隋唐五代墓誌匯編·山西卷·大周故桃林縣博士楊君（政）墓誌銘并序》（萬歲通天二年十月二十一日）：“遂隱於中條山道士郭雅舊修道所……至麟德二年，被本州刺史盧承業追召補桃林縣博士。”《千唐誌·大中大夫使持節房州□□□州刺史盧府君（全操）誌銘并序》（開元二十三年九月十八日）：“皇父承業，皇銀青光禄大夫，尚書左、右丞，雍、洛二州長史，使持節同陝二州諸軍事。”又見《唐故兗州鄒縣尉盧君（仲容）墓誌銘并序》（乾元二年二月十二日），《范陽盧氏女子歿後記》（燕聖武元年三月六日）。按兩《唐書》本傳未及。《舊書》本傳稱：承慶弟承業，貞觀末官至雍州長史、檢校尚書左丞。兄弟相次居此任，時人榮之。俄坐承慶事左遷忠州刺史。顯慶初，復爲雍州長史。總章中，卒於揚州大都督府長史。

王　當　咸亨四年（673）

《廣記》卷二二一引《定命録》：“陝州刺史王當有女，集州縣文武官，令〔袁〕天綱揀婿。天綱曰：此無貴婿，唯識果毅姚某者，有貴子，可嫁之……乃元崇也，時年二十三。”據兩《唐書·姚崇傳》，崇卒開元九年（721），年七十二。則其年二十三時在咸亨四年（673）。

李崇義　調露時？

《新書·宗室世系表上》蔡王房：“蒲同絳陝幽夏六州刺史、益州長史、譙國公崇義。”按崇義弘道元年時爲夏州都督，見《通鑑》。《隋唐五代墓誌匯編·山西卷·大周故桃林縣博士楊君（政）墓誌銘并序》（萬歲通天二年十月二十一日）：“至調露年中，復被刺史譙國公李崇義准制舉君爲學綜古今,送至都。"

李徽伯　開耀二年(682)

《金石補正》卷三九《開業寺碑》(開耀二年立)碑陰:"伽藍主陝州刺史司徒公李徽伯,息徐州刺史北海郡子旦,息豪州刺史兵部尚書子碓。"

李冲寂　高宗時

《楊炯集》卷九《李懷州(冲寂)墓誌銘》:"服闋,歷青、德、齊、徐四州刺史……遷宣州刺史……巡察使以尤異聞,遷陝州刺史……檢校營州都督。"永淳元年卒。《郎官柱》金部郎中有李冲寂,在殷令名、柳子房後,劉公彥、竇暉(惲)前。勞格以爲即此冲寂。

温　璥　約高宗時

《新表二中》温氏:"璥,職方郎中,陝州刺史。"按《姓纂》卷四太原祁縣温氏作"鄭州刺史"。乃武德元年中書侍郎温彥將之子。彥將卒武德元年,年六十四,見《舊書·温彥博傳》。

郭正一　垂拱中—永昌元年(?—689)

《舊書》本傳:"則天臨朝,轉國子祭酒,罷知政事。尋出爲晉州刺史,入爲麟臺監,又檢校陝州刺史。永昌元年,爲酷吏所陷,配流嶺南而死。"《新書》本傳略同。又《則天皇后紀》:永昌元年八月"辛丑,殺陝州刺史郭正一"。又見《通鑑·永昌元年》八月,《元龜》卷七七七。

劉延景　永昌元年(689)

《舊書·劉審禮傳》:"〔繼母男〕延景,官至陝州刺史"。又《后妃傳上》:"睿宗肅明順聖皇后劉氏,刑部尚書德威之孫也。父延景,陝州刺史。"《新書》本傳略同。又見《元龜》卷一四一,《姓纂》卷五彭城劉氏,《新表一上》劉氏。《新書·則天皇后紀》:永昌元年十月"丁巳,殺陝州刺史劉延景"。《金石録》卷二五有《唐陝州刺史劉延景碑》。上圖藏拓片《鴻臚少卿陽濟故夫人彭城縣君劉氏墓誌銘》(建中二年

十一月三十日）：“曾祖延景，皇銀青光禄大夫、陝州刺史，贈開府、左
僕射、沛國公。”夫人卒建中二年十月廿一日，春秋四十。

李游道　　長壽元年（692）

《通鑑·長壽元年》：正月“庚辰，司刑卿、檢校陝州刺史李游道爲
冬官尚書、同平章事”。

武嗣宗　　武后時

《全文》卷二四四李嶠《爲武嗣宗讓陝州刺史表》：“臣謬延殊奬，
改牧大藩……實慚淮南好古之意，有謝東平爲善之樂。”

郃弘基　　武后時

《姓纂》卷九安定郃氏：“唐殿中侍御史、陝州刺史郃弘基。”岑仲
勉《姓纂四校記》引拓本久視元年《吳續誌》云：“夫人郃氏，唐陝州桃
林縣令師之長女，侍御史弘基之歸妹。”夫人卒聖曆三年，年六十五。
由此知弘基仕於武后時。

宗楚客　　大足元年（701）

《舊書·崔日用傳》：“大足元年，則天幸長安，路次陝州。宗楚客
時爲刺史。”《新書·崔日用傳》略同。又見《新書》本傳，《元龜》卷八
四四。《舊書》本傳未及。

薛季昶　　長安中

《舊書》本傳：“久視元年，季昶自定州刺史入爲雍州長史，威名甚
著……俄遷文昌左丞，歷魏、陝二州刺史。長安末，爲洛州長史。”《新
書》本傳未及。又見《元龜》卷六七七、卷六八九。

陸越賓　　武后時？

《姓纂》卷一〇陸氏：“越賓，陝州刺史。”《新表三下》陸氏同。按
其父敦信，龍朔中官至左侍極，同東西臺三品，見《舊書·陸德明傳》。

李辟邪 武后時？

《新表二上》趙郡李氏：“辟邪，陝州刺史。”乃李栖筠四從伯，其祖仕於隋。

蘇　瓌 長安末—神龍元年（？—705）

《全文》卷二三八盧藏用《太子少傅蘇瓌神道碑》：“維唐景雲元年歲在庚戌十一月己巳，太子少傅許國蘇公薨於崇仁里之私第……〔公〕累遷汾、鼎、同、汴、揚、陝，以累最入尚書右丞……九爲牧而循良之績著於州郡。”兩《唐書》本傳未及。《舊書》本傳稱：長安中累遷揚州大都督府長史。按大足元年在同州刺史任。神龍元年六月二十七日已在尚書右丞任，見《會要》卷三九，《元龜》卷六一二。

韋玄泰 約中宗時

《姓纂》卷二東眷韋氏南皮公房：“玄奉，度支郎中，陝州刺史。”《新表四上》同。按玄泰乃隋倉部侍郎南皮公瓚堂孫，其子光，天寶三載官至資州刺史，則玄泰約仕至中宗時。

楊祗本 景龍二年（708）

《會稽掇英總集·唐太守題名》：“楊祗本，景龍二年七月自陝州刺史授。”《嘉泰會稽志》同。按《新表一下》楊氏越公房：“祗本，吏部郎中。”《會要》卷五八：“司勳員外郎……長安二年閏四月十二日，文昌丞李嶠奏加一員，以楊祗本爲之。”

畢　構 景龍中

《舊書》本傳：“景雲初，召拜左御史大夫，轉陝州刺史，加銀青光禄大夫，封魏縣男。頃之，復授益州大都督府長史，兼充劍南道按察使。”按“景雲”疑“景龍”之誤。《新書》本傳：“出爲潤州刺史，政有惠愛。徙衛、同、陝三州，遷益州府長史。景龍末，召爲左御史大夫……封魏縣男。復爲益州長史，按察劍南。”《全文》卷二五七蘇頲《陝州龍興寺碑》：有唐神龍元年，“因制天下州盡置大唐龍興寺。陝州者，以宏福寺爲之寺……前刺史東平畢使君名構字其,忠謇士也"。

元行沖（元澹）　　約景龍中

《舊書》本傳:"九遷至陝州刺史,兼隴右、關内兩道按察使,未行,拜太常少卿……開元初,自太子詹事出爲岐州刺史。"《新書》本傳未及。《全文》卷二五七蘇頲《陝州龍興寺碑》:有唐神龍元年,"因制天下州盡置大唐龍興寺。陝州者,以宏福寺爲之寺……前刺史東平畢使君名構字其,忠謇士也……今刺史河南元使君名澹字行冲,精粹士也。"由此知元行冲爲畢構後任,亦約在景龍中。

岑　羲　　約景雲元年—二年（約710—711）

《舊書》本傳:"睿宗即位,出爲陝州刺史。復歷刑部、户部二尚書,門下三品,監修國史。"《新書》本傳:"睿宗立,罷爲陝州刺史,再遷户部尚書。景雲初,復召同三品,進侍中,封南陽郡公。"按《新書·宰相表上》:景雲元年,岑羲罷爲右散騎常侍。先天元年正月,户部尚書岑羲同中書門下三品。

員半千　　約景雲二年（約711）

《姓纂》卷三平凉員氏:"水部郎中員半千……唐右諭德,陝州刺史。"按兩《唐書》本傳未及。《舊書》本傳云:"中宗時,爲濠州刺史。睿宗即位,徵拜太子右諭德,兼崇文館學士,加銀青光禄大夫,累封平原郡公。開元二年卒。"

岑　翔（岑仲翔）　　先天元年（712）

《舊書·岑羲傳》:"睿宗即位,出爲陝州刺史。復歷刑部、户部二尚書,門下三品,監修國史……時義兄獻爲國子司業,弟翔爲陝州刺史。"《新書·岑羲傳》略同。《姓纂》卷五南陽棘陽岑氏:"仲翔,陝州刺史。"《新表二中》岑氏同。按岑羲先天元年正月乙未同中書門下三品,見《新書·宰相表上》。

韋　湊　　先天中

《舊書》本傳：“睿宗即位，拜鴻臚少卿，加銀青光禄大夫。景龍（雲）二年，轉太府少卿，又兼通事舍人……明年春，起金仙、玉真兩觀，用工巨億。湊進諫……尋出爲陝州刺史，無幾，轉汝州刺史。”《新書》本傳略同。《全文》卷九九三闕名《唐太原節度使韋湊神道碑》：“先天中又歷陝、汝二州刺史……開元二年，遷岐州刺史。”

陸餘慶　　先天二年（713）

《元龜》卷六七三：“成大琬爲同州刺史。先天二年，太上皇命有司頒賞諸州朝集使有善政者，道（遂）以大琬爲陝州刺史陸餘慶、魏州刺史單思遠、宋州刺史劉知柔、澤州刺史岑翔等各賜物一百段。”《廣記》卷三二八引《御史臺記》：“陸餘慶，吳郡人，進士擢第……久視中，遷鳳閣舍人，歷陝州刺史、洛州長史、大理卿、少府監，主睿宗輼車不精，出授沂州刺史。”兩《唐書》本傳未及。

李　傑　　先天二年（713）

《新書》本傳：“先天中，進陝州刺史、水陸發運使。置使自傑始。改河南尹。”《舊書》本傳未及。《全文》卷二五二蘇頲《授李傑河南尹制》稱：“銀青光禄大夫、陝州刺史、上柱國、武威縣開國子李傑……可河南尹。”《會要》卷八七：“陝州水陸運使……先天二年十月，李傑爲刺史，充水陸運使。”又見《元龜》卷四八三。

韋岳子（韋岳、韋嶽）　　約開元初

《舊書》本傳：“睿宗時，入爲殿中少監，甚承恩顧。及竇懷貞、李晉等伏誅，以岳嘗與交往，爲姜皎所陷，左遷渠州別駕，稍遷陝州刺史。開元中，卒於潁州別駕。”《新書》本傳略同。《全文》卷四九七權德輿《唐故光禄大夫檢校太尉兼中書令成都尹劍南西川節度副使知節度事韋公先廟碑銘并序》：“〔祖諱嶽〕，在武后時……由太原令移佐睢陽。出入四紀，績宣中外，歷殿中監，剖符八州：盧、海、潮、虢、眉、徐、衛、陝，所至之邦，有威有懷。”又卷七六四蕭鄴《嶺南節度使韋公

（正貫）神道碑》：“入唐有爲陝州刺史者，諱子岳，於公爲曾祖。”按“子岳”應是“岳子”之倒。《新書》作“韋岳子”，是。《舊書》等作“韋岳”，省“子”字。又按《姓纂》卷二東眷韋氏鄖城公房：“岳子，峽州刺史。”“峽州”當爲“陝州”之訛。

劉守悌　　約開元初

《舊書·岑羲傳》：“羲長安中爲廣武令，有能名……鳳閣侍郎韋嗣立薦羲，且奏曰：‘恨其從父長倩犯逆爲累。’則天曰：‘苟有材幹，何恨微累。’……由是緣坐近親，相次入省，登封令劉守悌爲司門員外郎……守悌後至陝州刺史。”《郎官柱》祠部員外有劉守悌，在楊隆禮後，鄭休遠前。《新表一上》彭城劉氏：“守悌，刑部侍郎。”嚴氏《僕尚丞郎表》謂高宗末守悌爲刑部侍郎，誤。

姜師度　　開元四年—六年（716—718）

《舊書》本傳：“開元初，遷陝州刺史……六年，以蒲州爲河中府，拜師度爲河中尹。”《新書》本傳略同。《全文》卷二八玄宗《禁刺史進奉詔》：“去年從京向都，嘗亦處分。蒲州刺史程行湛、同州刺史李朝隱、陝州刺史姜師度，至其州界，咸有進奉。”《元龜》卷一一三稱此爲開元六年七月辛酉詔。卷一五九同。《全文》卷三二九及《金石補正》卷五〇田義暕《先聖廟堂碑并序》稱：開元四年銀青光禄大夫使持節陝州諸軍事陝州刺史上柱國金城郡開國公姜師度。又見《新書·地理志一》華州鄭縣注，《朝野僉載》卷二，《廣記》卷二四九。

王　抗　　約開元前期

《匋齋藏石記》卷三一《唐故蘇州司户參軍王府君（逖）墓誌銘并序》（大和四年二月二十七日）：“高祖抗，金紫光禄大夫、殿中監、陝州刺史。”逖卒大和四年三月廿七日。

靳　恒　　開元十一年（723）

《全文》卷二九一張九齡《故襄州刺史靳公（恒）遺愛碑銘并序》：

"開元十二年,以理迹尤異,廉使上達,天子嘉之,稍遷陝州刺史。"據《金石補正》卷五二,石刻實作"開元十一年"。

李適之 約開元十八年—二十年(約 730—732)

《舊書》本傳:"開元中,累遷通州刺史,以強幹見稱。時給事中韓朝宗爲按察使,特表薦之,擢拜秦州都督。俄轉陝州刺史,入爲河南尹……歲餘,拜御史大夫。開元二十七年,兼幽州大都督府長史,知節度事。"《新書》本傳略同。

崔希逸 開元二十三年(735)

《元龜》卷一二八:"〔開元〕二十三年十二月,命十道採訪使舉良刺史縣令,以陝州刺史崔希逸……等聞上。降書宣慰,刺史各賜帛八十匹。"按開元二十二年希逸爲鄭州刺史。開元二十四年以左散騎常侍爲河西節度,見《舊書·牛仙客傳》及《吐蕃傳》。

盧 奂 開元二十四年(736)

《舊書》本傳:"開元中,爲中書舍人、御史中丞、陝州刺史。二十四年,玄宗幸京師,次陝城頓,審其能政,於廳事題贊而去……尋除兵部侍郎。天寶初,爲晉陵太守。"《新書》本傳略同。又見《元龜》卷六七三。《通鑑·開元二十四年》記此事爲"十月戊申"。《寶刻叢編》卷一〇引《集古録目》:"《唐刺史盧奂廳事贊》,唐玄宗御製御書……碑以開元二十四年十月立。"按《大唐新語》卷三誤作"盧夐"。

裴令溫 約開元末

《新表一上》南來吳裴氏:"令溫,房、豫、陝三州刺史。"乃裴守真再從姪,玄宗相裴耀卿再從兄弟。

李齊物 開元二十九年—天寶元年(741—742)

《舊書·玄宗紀下》:"陝郡太守李齊物先鑿三門,〔天寶元年正月〕辛未,渠成放流。"又見《通鑑·天寶元年》,《會要》卷八七。《舊書》本傳："開元二十四年後，歷懷、陝二州刺史。齊物天寶初開砥柱之險，以通流運……加齊物銀青光禄大夫，爲鴻臚卿、河南尹。"又見《新書》本傳、《地理志二》陝州平陸縣注，《食貨志三》，《太平寰宇記》卷六，《御覽》卷一五八，《元龜》卷四九七，《會要》卷七〇，《南部新書》辛，《廣記》卷一七六引《談賓録》。《舊書·地理志一》陝州平陸縣稱"天寶三載太守李齊物"，誤。《全文》卷三四二顏真卿《金紫光禄大夫守太子太傅兼宗正卿贈司空上柱國隴西郡開國公李公（齊物）神道碑銘》："〔遷〕懷、陝二州刺史……拜河南尹……京兆尹韓公朝宗與公爲飛語所中，公遂貶竟陵郡太守。"

韋　堅　　天寶元年—四載（742—745）

《舊書》本傳："天寶元年三月，擢爲陝郡太守、水陸轉運使……三年正月，堅又加兼御史中丞，封韋城男。九月，拜守刑部尚書，奪諸使，以楊慎矜代之。"《新書》本傳、《食貨志》略同。《通鑑·天寶元年》："三月，以長安令韋堅爲陝郡太守。"《天寶四載》："九月癸未，以陝郡太守、江淮租庸轉運使韋堅爲刑部尚書。"又見《舊書·玄宗紀下》，《元和郡縣志》卷二華州華陰縣，《元龜》卷三七八、卷四八三、卷四九七，《會要》卷八四、卷八七，《全文》卷三六玄宗《褒賜韋堅等敕》。

楊慎矜　　天寶四載（745）

《通鑑·天寶四載》：九月癸未，以御史中丞楊慎矜代韋堅爲陝郡太守。又見兩《唐書》本傳、《韋堅傳》，《元龜》卷四八二。

崔無詖　　天寶十載—十二載（751—753）

《會要》卷八七："天寶十載，崔無詖除〔陝郡〕太守，不帶水陸運使……至十二載正月二十一日，敕陝運使宜令陝郡太守崔無詖充使。"又見《元龜》卷四八三。《舊書》本傳："〔楊〕國忠因事引用之，累轉陝郡太守、少府監、滎陽郡太守。安禄山率衆南向，無詖召募拒之。"《新書》本傳未及。

趙良弼　　約天寶中

《全文》卷四五二邵説《唐故同州河西縣丞天水趙公（叡冲）神道碑并序》："以景雲二年冬十月二旬有一日終於縣館，享年五十二……二子良器、良弼……洎公即世適三十歲，而良器官至中書舍人；未五十歲，而良弼官至陝、華等七州刺史。"《山右石刻七》有《唐陝華盧澧撫越廣等州刺史御史中丞嶺南浙東兩道節度使太子賓客襄武縣開國男贈揚州大都督趙良弼碑》，顔真卿撰。

竇廷芝　　天寶十四載（755）

《舊書·安禄山傳》：天寶十四載十二月，"陝郡太守竇廷芝走投河東"。《新書·安禄山傳》同。《通鑑·天寶十四載》：十二月，"封常清率餘衆至陝，陝郡太守竇廷芝已奔河東"。又見《姓纂》卷九河南洛陽竇氏。《廣記》卷一五〇引《感定録》："及禄山亂，肅宗收西京，將還秦，收陝府，獲刺史竇廷芬，肅宗令誅之而籍其家。又以玄宗外家而事賊，固因誅戮。"按"廷芬"當即"廷芝"之訛。【補遺】《洛陽新獲墓誌83·故朝散大夫國子司業守河東縣令竇伯陽夫人太原郭氏誌銘》（貞元十年七月十四日）："天寶中適扶風竇伯陽爲妻。伯陽貫河南府洛陽縣人也。曾祖諱義節，行鄂州刺史。祖諱誠盈，守青州刺史。父諱庭芝，守陝州刺史、御史中丞。"貞元十年四月廿日卒。"一女適前韶州刺史李昌幽，早亡"。

【苗晉卿　　天寶十四載（755）（未之任）】

《舊書》本傳："屬禄山叛逆……遂出爲陝州刺史、陝虢兩州防禦使。及入對，固辭老病，由是忤旨，改憲部尚書致仕。"《新書》本傳："安禄山反，竇廷芝棄陝郡不守，楊國忠本忌其有望，即奏：'東道賊衝，非大臣不可鎮遏。'授陝郡太守、陝虢防禦使。晉卿見帝，以老辭，忤旨，聽致仕于家。"又見《通鑑·至德二載》。

薛　某　　天寶十四載（755）

《全文》卷三二四王維《爲薛使君謝婺州刺史表》："當賊逼温洛，

兵接河潼,拜臣陝州,催臣上道。驅馬才至,長圍已合,未暇施力,旋
復陷城……今於抱釁之中,寄以分憂之重。"

崔乾祐　　天寶十四載(755)

《舊書·安禄山傳》:天寶十四載十二月,"賊使崔乾祐守陝州"。

楊務欽　　至德二載(757)

《通鑑·至德二載》:七月"丁巳,賊將安武臣攻陝郡,楊務欽戰
死,賊遂屠陝"。《元龜》卷七六二:"楊務欽本安慶緒將也。至德六
(二?)年二月内,務欽等爲賊守陝郡,潛圖歸順,河東太守馬承光應
之……即日翻城爲我守陝……賊將〔安〕武臣領兵攻,務欽苦戰
而死。"

魏少遊　　乾元元年(758)

《新書》本傳:"兩京平,封鉅鹿縣侯,遷陝州刺史。王師潰於鄴,
河、洛震駭,少遊鎮守自若。擢京兆尹。李輔國以其不附己,改衛尉
卿。"《舊書》本傳未及。

來　瑱　　乾元二年—上元元年(759—760)

《舊書·肅宗紀》:乾元二年三月丙申,"以河西節度副使來瑱爲
陝州刺史,充虢華節度、潼關防禦團練等使"。上元元年四月"己未,
以陝州刺史來瑱爲襄州刺史,充山南東道襄鄧等十州節度觀察處置
等使"。又見兩《唐書》本傳,《元龜》卷一一九、卷一二二,《通鑑·乾
元二年》。

＊李　佖　　上元元年(760)

《舊書·肅宗紀》:上元元年閏四月甲子,"杞王佖陝西節度大
使……並不出閤"。《大詔令集》卷三六《彭王僅等河西節度大使制》:
"杞王佖,可充陝西節度大使……乾元三年閏四月。"又見《舊書·李
僅傳》。

郭英乂　　上元元年—寶應元年（760—762）

《舊書・肅宗紀》：上元元年四月“庚申，以右羽林大將軍郭英乂爲陝州刺史、陝西節度、潼關防禦等使”。又《代宗紀》：寶應元年十月辛酉，“會軍於陝州……戊辰，元帥雍王率諸軍進發，留郭英乂、魚朝恩鎮陝州……乙酉，陝西節度使郭英乂權知東京留守”。又見兩《唐書》本傳，《元龜》卷八六二。《全文》卷三六九元載《故定襄王郭英乂神道碑》：“〔史〕思明之陷成周矣……詔公兼陝州刺史……寶應之歲……進户部尚書。”《寶刻叢編》卷一〇引《集古録目》有“《唐郭英乂紀德碣》，稱英乂“嘗爲陝州刺史”。

皇甫温　　廣德元年—大曆九年（763—774）

《通鑑・廣德元年》：十月“己亥，以魚朝恩部將皇甫温爲陝州刺史”。《舊書・代宗紀》：大曆五年正月“辛卯，以陝州節度使皇甫温判鳳翔尹，充鳳翔、河隴節度使”。三月辛卯，“以京西兵馬使李忠臣爲鳳翔尹，代皇甫温；温移鎮陝州”。九年八月“戊寅，以陝州大都督府長史皇甫温爲越州刺史，充浙東觀察使”。《全文》卷五二二梁蕭《爲獨孤郎中祭皇甫大夫文》：“分陝牧越，統戎鎮俗。”按皇甫大夫即皇甫温。《寶刻叢編》卷一〇引《集古録目》有《唐德宗起陝州佛堂院壁詩》，稱“帝時爲雍王、天下兵馬元帥。大曆七年陝虢觀察使皇甫温刻”。《會要》卷七〇：陝州，“廣德元年二月升爲大都督府，以皇甫温爲長史”。按“二月”當爲“十月”之誤。又見《舊書・周智光傳》。

李國清　　大曆九年—十年（774—775）

《舊書・代宗紀》：大曆九年十一月“庚子，以商州刺史李國清爲陝州大都督府長史，充陝州觀察使”。十年“三月甲午，陝州軍亂，逐觀察使李國清，縱兵大掠。國清卑詞遍拜將士，方免禍，一夕而定”。《新書・代宗紀》略同。

杜　亞　　大曆十四年（779）

《舊書・德宗紀上》：大曆十四年五月甲午，“以江西觀察使杜亞爲陝州長史,充轉運使"。十一月"丁丑,以陝州長史杜亞爲河中尹、河中晉絳慈隰都防禦觀察使"。又見兩《唐書》本傳,《元龜》卷九三六。《全文》卷四九七權德輿《唐故東都留守東都汝州防禦使銀青光禄大夫檢校吏部尚書判東都尚書省事兼御史大夫杜公(亞)神道碑銘并序》:"函關陝服,介於周秦,命公以藩屏之任。"

李齊運　　約建中元年—二年(約780—781)

《舊書·德宗紀上》:建中二年十一月"丁丑,以陝州長史李齊〔運〕爲河中尹,充河中晉絳防禦觀察使"。又本傳:"歷京兆少尹、陝府長史。建中末,改河中尹、晉絳慈隰觀察使。"《新書》本傳未及。北圖藏拓片《唐故朝議大夫守國子祭酒致仕上騎都尉賜紫金魚袋贈右散騎常侍楊府君(寧)墓誌銘并序》(元和十二年八月十五日):"公左右就養,退居於陝服,勤孝敬弟達州里,觀察使李公齊運雅聞其賢,即改弓旌,從遷於蒲。"

姚明燨　　建中二年—四年(781—783)

《舊書·德宗紀上》:建中二年十一月丁丑,"以商州刺史姚明燨爲陝州長史、本州防禦、陸運使"。《通鑑·建中四年》:"上之出幸奉天也,陝虢觀察使姚明燨以軍事委都防禦副使張勸,去詣行在。"

張　勸　　建中四年—貞元元年(783—785)

《通鑑·建中四年》:十一月,"以〔張〕勸爲陝虢節度使"。又《貞元元年》:六月,"陝虢都兵馬使達奚抱暉鴆殺節度使張勸"。

李　泌　　貞元元年—三年(785—787)

《舊書·德宗紀上》:貞元元年七月"辛丑,以左散騎常侍李泌爲陝州長史、陝虢都防禦觀察陸運使"。三年六月丙戌,"以陝虢觀察使李泌爲中書侍郎、平章事"。又見兩《唐書》本傳,《通鑑·貞元元年》、《貞元三年》,《新書·宰相表中》,《大詔令集》卷四五《李泌平章事制》,《廣記》卷三八。《元龜》卷二五:"〔貞元〕三年閏五月,陝虢觀察使李泌獻瑞麥一莖五穗。"

盧　嶽（盧岳）　　貞元三年—四年（787—788）

《舊書·德宗紀上》：貞元三年閏五月"辛巳，以少府監盧嶽爲陝
虢觀察使"。又見《新表三上》盧氏。《全文》卷七八四穆員《陝虢觀察
使盧公（嶽）墓誌銘》："唐貞元四年夏六月，陝虢都防禦觀察轉運等
使、陝州刺史、兼御史中丞范陽盧公，壽六十，中疾於位……貞元三年
來朝，拜少府監。上以陝郊之守，藩垣二京，冠冕諸夏……府君於是
乎有由衷之拜……惜乎其自下車及遘瘻，不十月焉。"《芒洛遺文》卷
中《唐故給事郎守永州司馬賜緋魚袋范陽盧府君（嶠）墓誌銘并序》
（貞元八年二月十八日）："公之令季陝虢觀察處置等使兼御史中丞
岳……先公而薨。越三歲而公又長往。"嶠卒貞元七年五月二十六
日，享年七十六。

杜　佑　　貞元四年—五年（788—789）

《舊書·德宗紀下》：貞元四年六月"乙酉，以尚書左丞杜祐
（佑）爲陝州長史、陝虢觀察使"。五年十二月"壬申，以陝虢觀察使杜
祐（佑）檢校禮部尚書、兼揚州長史、淮南節度使"。又見《舊書》本傳。
《新書》本傳未及。《全文》卷四九六權德輿《大唐銀青光禄大夫檢校
司徒同中書門下平章事太清宫及度支鹽鐵轉運等使崇文館大學士
上柱國岐國公杜公淮南遺愛碑銘并序》："領陝府長史陝虢都防禦觀
察使，歲在庚午，以禮部尚書至於是邦。"按庚午歲爲貞元六年。知杜
佑貞元五年十二月壬申授揚州長史、淮南節度，至任已爲貞元六
年初。

李　翼　　貞元五年—七年（789—791）

《舊書·德宗紀下》：貞元五年十二月辛未，"司農卿李翼爲陝虢
都防禦觀察使"。《全文》卷三七一李軫《泗州刺史李君（孟犨）神道
碑》："開元十九年十一月十九日終……享年五十有五……〔有子六
人，〕季曰翼，陝府長史、宣侍御史丞、陝府都防禦觀察陝虢等使。"《通

鑑·貞元七年》：十二月"丁酉，以〔吳〕湊爲陝虢觀察使，以代〔竇〕參黨李翼"。

吳　湊　　貞元七年—八年（791—792）

《舊書·德宗紀下》：貞元七年十一月"丁酉，以前福建觀察使吳湊爲陝州長史、陝虢觀察使"。八年二月"己卯，以陝虢觀察使吳湊爲汴州刺史、宣武軍節度、汴宋等州觀察使"。《通鑑·貞元七年》作"十二月丁酉"。又見兩《唐書》本傳。

姚南仲　　貞元八年—十三年（792—797）

《舊書·德宗紀下》：貞元八年二月"辛巳，以同州刺史姚南仲爲陝虢觀察使"。十三年四月"庚辰，以陝虢都防禦觀察轉運等使姚南仲爲滑州刺史、義成軍節度、鄭滑觀察使"。又見《新書》本傳，《通鑑·貞元十三年》四月。《舊書》本傳謂"貞元十五年，代李復爲鄭滑節度使"。"十五年"當爲"十三年"之誤。《全文》卷四八九權德輿《右僕射贈太子太保姚公（南仲）集序》："由左馮翊理陝州，教化清平，分閫東郡。"又卷五○○有《故中散大夫守尚書右僕射姚公（南仲）神道碑銘并序》。又卷五四六崔教《邵伯祠碑記》稱："貞元九年，龍集癸酉，連率姚公南仲宣風於陝。"

于　頔　　貞元十三年—十四年（797—798）

《舊書·德宗紀下》：貞元十三年四月"己卯，以大理卿于頔爲陝州長史、陝虢觀察使"。十四年九月"丙辰，以陝虢觀察使于頔爲襄州刺史、山南東道節度使"。兩《唐書》本傳略同。又見《會要》卷八七，《通鑑·貞元十四年》九月。《全文》卷四九七權德輿《唐金紫光禄大夫守司空同中書門下平章事燕國公于公先廟碑銘并序》："司空公即第三子也……惠綏外服，則湖、蘇、虢、陝二千石察廉克宣功化，縣山南東道節度使平章事入覲。"《芒洛遺文》卷中《唐故懷州録事參軍清河崔府君（秤）故夫人滎陽鄭氏合祔墓誌銘并序》："釋褐參陝州大都督府軍事，時則相國于公坐棠而賦政，分陝以按俗……俄而于公授鉞漢南。"元和十二年七月既望鐫。《南部新書》辛："姚峴爲于頓陝州掾。"

崔　淙（崔宗）　　貞元十四年—元和元年（798—806）

《舊書·德宗紀下》：貞元十四年九月"乙卯，以同州刺史崔宗爲陝州大都督府長史、陝虢觀察水陸轉運使"。《芒洛遺文》卷中《唐故懷州録事參軍清河崔府君（稃）故夫人滎陽鄭氏合祔墓誌銘并序》："釋褐參陝州大都督府軍事……俄而于公授鉞漢南，崔公淙由左馮翊實爲交待，鑽仰才度，用之如不及。"《全文》卷六三一吕温《銀青光禄大夫守工部尚書致仕博陵崔公（淙）行狀》："擢同州刺史……朝議陟明，遷於陝服。"按勞格《讀書雜識》卷一、岑仲勉《貞石證史》皆以"淙"爲是。

李上公　　元和元年—二年（806—807）

《舊書·憲宗紀上》：元和元年十一月"丁未，以司農卿李上公爲陝州大都督府長史，充陝虢觀察使"。又《李蔚傳》："祖上公位司農卿，元和初爲陝虢觀察使。"

房　式　　約元和三年—四年（約808—809）

《舊書·憲宗紀上》：元和四年十二月壬申，"以陝虢觀察使房式爲河南尹"。又本傳："李吉甫薦式爲給事中，將命於河朔。式歷使數鎮諷諭之，還奏愜旨，除陝虢觀察使、兼御史中丞，轉河南尹。"《新書》本傳略同。

張弘靖　　元和四年—六年（809—811）

《舊書·憲宗紀上》：元和四年十二月"壬申，以户部侍郎張弘靖爲陝府長史、陝虢觀察陸運等使，賜金紫"。六年二月"癸巳，以陝虢觀察使張弘靖檢校禮部尚書、河中尹、晉絳慈等州節度使"。又本傳："拜工部侍郎，轉户部侍郎、陝州觀察、河中節度使。"《新書》本傳略同。《白居易集》卷五四《除張弘靖門下侍郎平章事制》："某官張弘靖……洎出刺陝部，移鎮蒲坂，政不苛細，甚得人心。"

衛次公　　元和六年—八年(811—813)

《舊書·憲宗紀上》:元和六年二月癸巳,"以右丞衛次公爲陝府長史、陝虢觀察使"。又見兩《唐書》本傳。《寶刻叢編》卷一〇引《集古錄目》:"《唐立衛伯玉遺愛頌》,伯玉裔孫唐陝虢觀察使次公撰,河中節度使張弘靖書……碑以元和六年立。"《姓纂》卷八安邑衛氏:"次公,今陝虢觀察。"知林寶元和七年修《姓纂》時次公正在陝州任。

寶易直　　元和八年—十一年(813—816)

《舊書·憲宗紀下》:元和八年九月"戊辰,以給事中寶易直爲陝虢防禦使,仍賜金紫"。又本傳:"〔元和〕八年,改給事中。九月,出爲陝虢都防禦觀察使,仍賜紫。入爲京兆尹。"《新書》本傳略同。

崔　從　　元和十二年—十三年(817—818)

《舊書》本傳:"〔元和〕九年,裴度爲中丞,奏從爲侍御史知雜,守右司郎中。度作相,用從自代爲中丞……改給事中,數月,出爲陝州大都督府長史、陝虢團練觀察使、兼御史中丞,賜紫金魚袋。入爲尚書右丞。淄青賊平……憲宗選使臣宣諭,以從中選……其年八月,出爲興元尹、御史大夫、山南西道節度觀察等使。"《新書》本傳略同。按元和十一年八月崔從在御史中丞任,見《會要》卷九三。十三年三月已爲尚書右丞出使宣慰,見《舊書·王承宗傳》。北圖藏拓片《唐故朝散大夫守尚書吏部郎中兼侍御史知雜事王府君(袞)墓誌銘并序》(大和六年十月二十六日):"今寶司空之分陝也,薦授監察御史裏行充判官;崔淮南繼寶爲陝,又從而辟署。"按寶司空指寶易直,大和五年至六年檢校司空爲鳳翔尹。崔淮南指崔從,大和四年至六年爲淮南節度。證知崔從繼寶易直爲陝虢觀察使。【補遺】《洛陽新獲墓誌100·唐故隴西郡夫人李氏墓誌銘》:"皇唐大和四年閏十二月十五日,檢校右僕射淮南節度使清河崔公夫人隴西郡夫人李氏終於揚州官舍。……夫人年十七歸於清河崔公。……清河公由憲丞再遷廉察陝服,四遷制興元,由興元入爲尚書左丞,出拜鄜坊節度。凡三年,入除吏部侍郎,太常卿,東都留守。……大和二年罷留守。……明年征詣長安,拜淮南節度使。"按此"崔公"當爲崔從。

裴　向　　元和十三年—十五年（818—820）

《舊書》本傳：“拜同州刺史，充本州防禦使。入爲大理寺卿，出遷陝虢都防禦觀察使。三歲，拜左散騎常侍，自常侍復爲大理。”《新書》本傳略同。《全文》卷六四八元稹《授裴向左散騎常侍制》：“前陝虢等州都防禦觀察處置等使、中散大夫、守陝州大都督府長史⋯⋯裴向⋯⋯可守左散騎常侍，餘如故。”按元稹自元和十五年五月爲祠部郎中、知制誥，長慶元年二月爲中書舍人、翰林承旨學士。

衛中行　　元和十五年—長慶二年（820—822）

《舊書·穆宗紀》：元和十五年十一月辛亥，“以華州刺史衛中行爲陝州長史，充陝虢觀察使”。長慶二年十二月“乙卯，以前陝虢觀察使衛中行爲尚書右丞”。《全文》卷六四八元稹《授衛中行陝州觀察使制》：“華州刺史兼御史中丞衛中行⋯⋯〔可〕守陝州大都督府長史、兼御史大夫，充陝虢等州都防禦觀察處置等使。”

令狐楚　　長慶二年（822）

《舊書·穆宗紀》：長慶二年閏十月“丙辰，以太子賓客令狐楚爲陝虢觀察使”。十一月丁卯，“令狐楚復爲太子賓客，分司東都。楚已至陝州視事一日，追改之”。又本傳：“〔長慶〕二年十一月，授陝州大都督府長史、兼御史大夫、陝虢觀察使。制下旬日⋯⋯復授賓客，歸東都。”《新書》本傳略同。《全文》卷六〇五劉禹錫《唐故相國贈司空令狐公集序》：“轉太子賓客分司東都，尋起爲陝虢觀察使。”

庾承宣　　長慶二年—寶曆二年（822—826）

《舊書·穆宗紀》：長慶二年十一月“丁卯，尚書左丞庾承宣爲陝虢觀察使”。《寶刻叢編》卷八引《集古録目》：“《唐魏博節度田布碑》，唐陝州大都督府長史、陝虢觀察使庾承宣撰，前鄉貢進士吕價書⋯⋯碑以長慶四年立。”又卷五引《集古録目》：“《唐嶺南節度鄭權碑》，唐陝州大都督府長史庾承宣撰，萬年縣令姚向書⋯⋯碑以寶曆二年立。”知寶曆二年承宣尚在任。按承宣大和元年三月丙申由吏部侍郎爲京兆尹，見《舊書·文宗紀上》。

韋弘景　　寶曆二年—大和二年(826—828)

《舊書·敬宗紀》：寶曆二年三月"丙申，以吏部侍郎韋弘景爲陝虢觀察使"。又《文宗紀上》：大和二年二月丁亥，"以弘景爲尚書左丞"。兩《唐書》本傳略同。

王　起　　大和二年—四年(828—830)

《舊書·文宗紀上》：大和二年二月丁亥，"以兵部侍郎王起爲陝虢觀察使，代韋弘景"。又《文宗紀下》：大和四年正月"癸卯，以前陝虢觀察使王起爲左丞"。又見兩《唐書》本傳。《白居易集》卷二七有《同崔十八寄元浙東王陝州》詩。"王陝州"即王起。

崔　郾　　大和四年—五年(830—831)

《舊書·文宗紀下》：大和四年正月"壬辰，以兵部侍郎崔郾爲陝虢觀察使"。五年八月"戊寅，以陝虢觀察使崔郾爲鄂岳安黄觀察使"。又本傳："出爲陝州觀察使……居二年，政績聞於朝，遷鄂岳安黄等州觀察使。"《新書》本傳作"出爲虢州觀察"，誤。《全文》卷七五六杜牧《唐故銀青光禄大夫檢校禮部尚書御史大夫充浙江西道都團練觀察處置等使崔公(郾)行狀》："今上即位四年……除陝虢觀察使、兼御史大夫……凡二年，改岳鄂安黄蘄申等州觀察使。"

崔　咸　　大和五年—七年(831—833)

《舊書·文宗紀下》：大和五年八月"甲申，以中書舍人崔咸爲陝州防禦使"。七年二月癸酉，"以咸爲右散騎常侍"。又本傳："累遷陝州大都督府長史、陝虢觀察等使……入爲右散騎常侍，祕書監。大和八年十月卒。"《新書》本傳略同。又見《元龜》卷九一四。

李　詵　　大和七年(833)

《舊書·文宗紀下》：大和七年二月"癸酉，以宗正卿李詵爲陝州防禦使，代崔咸"。

舒元輿　　大和九年(835)

《舊書·文宗紀下》:大和九年正月"癸酉,以右散騎常侍舒元輿爲陝州防禦觀察使"。七月"癸丑,以右司郎中、兼侍御史知雜事舒元輿爲御史中丞"。兩《唐書》本傳未及。

鄭　肅　　開成元年—二年(836—837)

《舊書·文宗紀下》:開成元年五月"丁巳,以尚書右丞鄭肅爲陝虢都防禦觀察使"。又本傳:"開成初,出爲陝虢都防禦觀察使、兼御史大夫。二年九月,召拜吏部侍郎。"《新書》本傳略同。

盧周仁(盧行術)　　開成二年—三年(837—838)

《舊書·文宗紀下》:開成二年八月"己巳,以前湖南觀察使盧行術爲陝虢觀察使"。三年二月丁未,"以〔行〕術爲福王傅,分司東都"。

孫　簡　　開成三年—四年(838—839)

《舊書·文宗紀下》:開成三年二月"丁未,以同州刺史孫簡爲陝虢觀察使,代盧行術"。兩《唐書》本傳未及。按會昌元年孫簡已在河中尹任。《隋唐五代墓誌匯編·洛陽卷》第十三册《唐故銀青光禄大夫檢校司空兼太子少師分司東都上柱國樂安縣開國侯孫公(簡)墓誌銘并序》(大中十一年):"拜同州刺史兼御史中丞……遷陝虢觀察使、檢校右散騎常侍、兼御史中丞,其理如馮翊……徵拜刑部侍郎。"證知孫簡由同州刺史遷陝虢觀察使。《僕尚丞郎表》謂孫簡開成四年七八月由陝虢遷刑侍。

姚　合　　開成四年(839)

《舊書·文宗紀下》:開成四年"八月庚戌朔,以給事中姚合爲陝虢觀察使"。本傳未及。《新書》本傳:"歷陝虢觀察使,終祕書監。"《全詩》卷三五四劉禹錫有《寄陝州姚中丞》,注云:"時分司東都。"卞孝萱《劉禹錫年譜》繫此詩於開成四年。

韋　溫　　開成五年—會昌三年（840—843）

《舊書》本傳："出爲陝虢觀察使。武宗即位，李德裕用事，召拜吏部侍郎……居無何，出溫爲宣歙觀察使。"《新書》本傳略同。《全文》卷七五五杜牧《唐故宣州觀察使御史大夫韋公（溫）墓誌銘并序》："出爲陝州防禦使、兼御史大夫，服章金紫。回鶻窺邊，劉積繼以上黨叛，東徵天下兵，西出禁兵，陝當其衝……入爲吏部侍郎，典一冬選……復以御史大夫出爲宣歙池等州觀察使。"按劉積叛亂在會昌三年四月。

李　拭　　會昌四年—五年（844—845）

《通鑑・會昌五年》："四月壬寅，以陝虢觀察使李拭爲册黠戞斯可汗使。"

崔　鉉　　會昌五年—六年（845—846）

《舊書・武宗紀》：會昌五年"三月，崔鉉罷知政事，出爲陝虢觀察使"。又本傳："會昌末，以本官同平章事，爲同列李德裕所嫉，罷相，爲陝虢觀察使、檢校刑部尚書。宣宗即位，遷檢校兵部尚書、河中尹、博陵縣開國子，食邑五百户。"《新書》本傳略同。上圖藏拓片《唐祕書省校書郎崔隋妻趙氏墓誌》（崔隋撰）："唐會昌六年歲次景寅五月五日戊□河中晉絳慈隰等州觀察支使、試祕書省校書郎清河崔隋妻趙氏夫人終于上都常樂里之第，享年卅有五……夫人開成元年年廿五適予，至于終，凡十一載……予乃爲陝服宗相府署從事，簡幣至，夫人以疾作而神耗矣，未及途而歿。"按崔鉉爲陝虢前曾爲相，故云"宗相"。

崔　璪　　會昌六年（846）

《舊書》本傳："會昌初（末？）出爲陝虢觀察使，遷河南尹，入爲御史中丞，轉吏部侍郎，大中初，改兵部侍郎，充諸道鹽鐵轉運使。"《新書》本傳未及。《全文》卷七四八杜牧《崔璪除刑部尚書蘇滌除左丞崔瑣除兵部侍郎等制》：崔璪"分憂陝服，尹兹東郊，政既安人，化能被

俗……可守刑部尚書"。按吳氏《方鎮年表》據此制列崔璪於會昌六
年至大中元年下,疑有誤。

陳 商　　會昌六年—大中元年(846—847)

《金石萃編》卷八〇《華嶽題名》:"司門郎中、史館修撰陳商,會昌
元年七月廿五日,商祗召赴闕,與盧溪處士鄧君蟠同題……商題後六
年,自禮部侍郎出鎮□分陝,又與鄧支使同來。十月□□。"又見《關
中金石記》卷四引。會昌五年陳商爲禮部侍郎,見《舊書·武宗紀》、
《宣宗紀》,大中九年卒於祕書監,見《舊書·宣宗紀》。

李 續　　大中二年?(848?)

上圖藏拓片《唐故鄂岳團練判官將仕郎試大理評事太原王公
(譚)墓誌銘并序》(咸通五年十月二十日):"咸通五年五月廿四日終
於鄂州官舍,享年五十二……娶陝州觀察使趙郡李公續之次女。"按
大和元年李續由山南東道節度副使貶涪州刺史,見《舊書·文宗紀
上》;李訓用事,復召爲尚書郎,訓敗,復貶,見《舊書·張又新傳》;大
中時李續爲同州刺史,有《和于興宗見寄》詩,見《唐詩紀事》卷五三。

韋有翼　　大中二年—三年(848—849)

《英華》卷三九三杜牧《授韋有翼御史中丞制》:"朝請大夫、守尚
書刑部侍郎、上柱國、賜紫金魚袋韋有翼……願試左輔,移理陝郊,馮
翊之恐失倪寬,潁川之喜得黃霸。壺漿迎路,緪屬攀車。徵爲公卿,
愈見風采……可御史中丞,散官勳如故。"按大中三年十一月以刑部
侍郎韋有翼爲御史中丞,見《舊書·宣宗紀》。

盧 貞　　大中四年(850)

《羯鼓錄》:"會昌元年,卓因爲洛陽令,數陪劉賓客、白少傅宴
遊……卓因談往前三數事,二公亦應和之……時過而未錄。及陝府
盧尚書任河南尹,又話之,因遂爲紀,即粗爲編次。"按盧貞會昌五年
爲河南尹,大中四年前爲婺州刺史。疑曾任河南尹之陝府盧尚書或

即盧貞。《文物》1995 年第 11 期閻金安《孫瑝墓誌介紹》載襄樊市博物館藏拓本《孫瑝墓誌》云：“一貢第進士於李公褒，議者不以爲速。其後，從盧公貞于甘棠，敬公晦于浙右。”甘棠，用召伯分陝聽訟于甘棠之下事，知盧貞確曾爲陝州刺史。李褒以禮部侍郎掌大中三年貢舉，見《登科記考》卷二二，孫瑝爲該年進士；敬晦大中五年至七年爲浙西節度使，孫瑝入其幕在此數年中。按唐人進士及第後須經吏部試後方可授官，故孫瑝從盧貞陝虢幕約在大中四年。

夏侯孜　　大中五年—七年（851—853）

《英華》卷四四九《玉堂遺範·夏侯孜拜相制》：“東陽故絳，惠愛洽聞。洎甘棠政成，會府徵命，兼領臺轄之任，再居邦憲之尊……可尚書左僕射同中書門下平章事，散官勳封如故。”兩《唐書》本傳未及。吳氏《方鎮年表考證》卷上云：“〔大中〕十一年兼御史中丞，兼領臺轄也；遷右丞，再居邦憲也。則孜爲陝虢在刑侍前。唐人文謂棠下、某棠，皆陝虢。《孔紓墓誌》：‘紫微舍人，觀風棠下。’《韋有翼東川制》：‘右陝繼某棠之愛。’是疑在韋有翼後，高少逸前。”

高少逸　　大中八年—九年（854—855）

《通鑑·大中八年》：“九月丙戌，以右散騎常侍高少逸爲陝虢觀察使。有敕使過硤石，怒餅黑，鞭驛吏見血；少逸封其餅以進。”又見《新書》本傳，《唐語林》卷二〇。《舊書》本傳未及。按少逸大中十一年十月自華州刺史爲左散騎常侍，見《舊書·宣宗紀》。

杜審權　　大中十一年—十三年（857—859）

《舊書·宣宗紀》：“大中十一年九月，以中散大夫、尚書禮部侍郎、上柱國、賜紫金魚袋杜審權爲陝州大都督府長史、兼御史大夫、陝虢都防禦觀察處置等使。”本傳：大中十一年，“正拜禮部侍郎。其年冬，出爲陝州大都督府長史、陝虢都團練觀察使……懿宗即位，召拜吏部尚書”。《新書》本傳未及。

【補遺】裴　寅　　大中末至咸通初

《唐故徐宿濠泗觀察判官試大理評事兼監察御史李府君（悦）墓誌銘》（咸通十四年十二月七日）：“登進士籍，以試秘書省校書郎觀察推官從裴大夫寅於陝虢府。裴公移帥江西，又以君爲支使。”（中國社會科學院考古研究所河南第二工作隊《河南偃師杏園村的六座紀年唐墓》，《考古》1986 年第 5 期）

蕭　傲　　咸通五年—六年（864—865）

《唐摭言》卷一四：“咸通四年，蕭傲雜文榜中數人有故，放榜後發覺……貶蘄州刺史；五年五月量移虢略。”據嚴氏《僕尚丞郎表》考證，蕭傲咸通六年由陝虢觀察入爲户部侍郎。

楊知温　　咸通七年—九年（866—868）

《舊書》本傳：“出爲河南尹、陝虢觀察使。遷檢校兵部尚書、襄州刺史、山南東道節度使。”《新書》本傳未及。按知温咸通六年五月以左丞爲河南尹；十年十二月，以吏部侍郎考試宏詞選人，見《舊書·懿宗紀》。其爲陝虢當在此之間。

崔　蕘　　咸通九年（868）

《全文》卷八一二鄭仁表《左拾遺魯國孔府君（紓）墓誌銘并序》：“仁表與拾遺同歲爲東府鄉薦，策第不中等，再罷去。明年偕宴於東堂，宴之日，博陵崔公蕘出紫微，直觀風甘棠下，表爲支使校芸閣書。拾遺始及第，乞假拜慶……時僕射太常公節制天平軍。”按孔紓咸通九年進士，見《登科記考》卷二三。“僕射太常公”謂孔温裕，其節制天平在咸通九年至十一年間。又按《通鑑·咸通十年》：“六月，陝民作亂，逐觀察使崔蕘。蕘以器韻自矜，不親政事……民怒，故逐之。”據岑氏《方鎮年表正補》，陝民逐崔蕘事在乾符四年蕘再爲陝虢時，《通鑑》誤以蕘、碣兩事互易。《古刻叢鈔·知鹽鐵嘉興監事張府君（中立）墓誌》：“大中初調武康尉，歷麗水令、武康宰，旋丁内憂。服闋，今常侍祭酒廉問陝郊，奏爲郡記，值將受代，事遂不行。今左丞韋公蟠時爲中丞，奏爲臺主簿。”按岑仲勉以爲“常侍祭酒廉問陝郊”即崔蕘初爲陝虢事。兩《唐書》本傳未及。

崔　碣　　咸通十年—十二年？（869—871？）

《新書》本傳：“擢河南尹、右散騎常侍，再爲河南尹……徙陝虢觀察使。軍亂，貶懷州司馬，卒。”按《通鑑·咸通十年》記陝民逐崔蕘事，岑仲勉以爲《通鑑》誤以碣、蕘二事互易。

韋　晦　　約咸通末

上圖藏拓片《唐故温州刺史清河崔府君（紹）墓誌銘并序》（乾符四年十一月二十三日）：“有唐乾符紀元龍集丁酉，故温州太守崔府君終於鄭州滎陽縣之傳舍，享年四十四……故刑部韋侍郎晦廉問陝郊，聆府君之譽。”按丁酉歲爲乾符三年。

陸　墉　　乾符元年？—三年（874？—876）

《舊書·僖宗紀》：乾符三年十二月，“前陝西虢觀察使陸墉爲太子賓客”。《姓纂》卷一〇嘉興陸氏：“墠，陝府觀察。”按“墠”當爲“墉”之訛誤。

崔　蕘　　乾符四年（877）

《舊書》本傳：“乾符中，自尚書右丞遷吏部侍郎……出爲陝州觀察使……時河南寇盜蜂起，王仙芝亂漢南，朝綱不振，而蕘自恃清貴，不恤人之疾苦……既而爲軍人所逐……以失守貶端州司馬，復入爲左散騎常侍，卒。”《新書》本傳略同。按《通鑑·乾符四年》：四月，“陝州軍亂，逐觀察使崔碣，貶碣懷州司馬。”《新書·僖宗紀》同。岑仲勉以爲《通鑑》誤以蕘、碣二事互易。

楊　損　　乾符四年—五年（877—878）

《通鑑·乾符四年》：“五月甲子，以給事中楊損爲陝虢觀察使。”《舊書》本傳：“出爲陝虢觀察使。時軍亂，逐前使崔蕘……逾年，改青州刺史、御史大夫、淄青節度使。”《新書》本傳略同。《雲溪友議》卷中《彰術士》：“獨楊損尚書，三十年來，兩爲給事，再任京尹，防禦三峰，青州節度使，年逾耳順，宦歷藩垣。”按楊損約咸通末至乾符初爲京兆尹，乾符五年爲青州節度。所謂“防禦三峰”，疑即指陝虢觀察，因陝虢觀察嘗領華州。

高　潯　　乾符五年—六年（878—879）

《通鑑·乾符六年》：二月“辛巳，以陝虢觀察使高潯爲昭義節度使”。

盧　渥　　乾符六年—廣明元年（879—880）

《舊書·司空圖傳》：“乾符六年，宰相盧攜罷免，以賓客分司，圖與之遊……明年，攜復入朝，路由陝虢，謂陝帥盧渥曰：‘司空御史，高士也，公其厚之。’渥即日奏爲賓佐。”《全文》卷八〇九司空圖《故太子太師致仕盧公（渥）神道碑》：“拜陝虢觀察使、兼御史中丞……〔廣明元年〕冬十月，拜禮部侍郎。”《闕史》卷下有《盧左丞赴陝郊詩》。《北夢瑣言》卷九：“乾符中盧攜在中書，歉宗人無掌文柄，乃擢群從陝虢觀察使盧渥知禮闈。是歲十二月，黃巢犯闕。”又見《廣記》卷三五一引，《南部新書》已。

盧　沆　　廣明元年?—中和元年？（880?—881?）

《北夢瑣言》卷八：“唐陝州廉使盧沆，在舉場甚有時稱，曾於澠水逆旅遇宣宗皇帝微行，意其貴人，斂身迴避，帝揖與相見。”《新表三上》盧氏：“沆，字德遠。”乃盧渥之弟。

王重盈　　中和元年—光啓三年（881—887）

《新書·王重榮傳》：“黃巢度淮，擢〔重盈〕陝虢觀察使……未幾，同中書門下平章事。及代重榮，留長子珙領節度事。”《通鑑·光啓元年》：五月，“加陝虢節度使王重盈同平章事”。《光啓三年》：六月甲寅，“制以陝虢節度使王重盈爲護國節度使”。《全文》卷八一〇司空

圖《故鹽州防禦使王縱追述碑》："咸通三年三月三日薨，享年六十
八……〔五子，〕次曰重盈，今任陝虢觀察使、檢校左僕射。"又《太尉琅
邪王公（重盈）河中生祠碑》："課實最於西河，榮遂臨於分陝。車未及
境，寇已陷城。"

王　珙　　光啓三年—光化二年（887—899）

《舊五代史》本傳："屬世多故，遂代伯父重霸（盈）爲陝州節度
使。"《通鑑·光啓三年》：六月甲寅，"制以陝虢節度使王重盈爲護國
節度使，又以重盈子珙權知陝虢留後"。《光化二年》：六月丁丑，"保
義節度使王珙……爲麾下所殺"。又見兩《五代史·梁太祖紀》、《王
珂傳》，兩《唐書·王重榮傳》。《全文》卷八一〇司空圖《蒲帥燕國太
夫人石氏墓誌銘》：太傅相公"次子今任陝州節度使珙"。按《新書·
方鎮表一》："龍紀元年，賜陝虢節度爲保義軍節度。"

李　璠　　光化二年（899）

《通鑑·光化二年》：六月丁丑，"保義節度使王珙……爲麾下所
殺，推都將李璠爲留後"。十一月，"陝州都將朱簡殺李璠，自稱留
後"。《舊五代史·朱友謙傳》："〔光化〕二年六月，〔李〕璠殺〔王〕珙歸
附汴人，梁祖表璠爲陝州節度使。"《新五代史·梁太祖紀上》、《朱友
謙傳》略同。

朱友謙（朱簡）　　光化二年—天祐四年（899—907）

《舊書·昭宗紀》：光化二年"十一月，陝州衙將朱簡殺李璠，自稱
留後，降汴，〔朱〕全忠表簡爲帥守"。三年"六月丁巳，朱全忠表陝州
兵馬留後朱簡鄉里同宗，改名友謙，乞眞授節鉞，從之"。十月"癸未，
制以保義軍節度留後、銀青光禄大夫、檢校户部尚書、兼御史大夫、上
柱國朱友謙爲金紫光禄大夫、檢校尚書右僕射、兼陝州大都督府長
史、御史大夫，充保義軍節度、陝虢觀察處置等使"。《舊五代史》本
傳："〔光化〕三年，梁祖表簡爲陝州留後。九月，天子授以旌鉞……梁
祖建號，移授河中節度使。"《新五代史》本傳略同。又見《新五代史·

梁太祖紀上》，《通鑑·光化三年》。

待考録

辛　某

《宋高僧傳》卷一九《唐陝府辛七師傳》：“釋辛七者……其父爲陝郡守。”

劉布進

《長安志》卷八：“次南宣陽坊……西門之北，尚書左僕射舒國公韋巨源宅。”注：“宅東有陝州刺史劉布進、少府監楊務廉宅。”

李　勉

《因話録》卷三：“裴澥爲陝府録事參軍。李汧公勉除長史充觀察……令別召裴録事坐與之語。”又見《唐語林》卷三。兩《唐書》本傳未及。按李勉於安史之亂後仕歷明確可考：由梁州刺史召爲大理少卿，擢太常少卿，出爲汾州刺史，廣德元年爲河南尹；廣德二年爲江西觀察，大曆二年由江西觀察使遷京兆尹，三年十月遷廣州刺史，七年十一月以嶺南節度爲工部尚書，八年三月以工部尚書爲滑州刺史，十四年由滑州遷汴州，建中四年爲司徒平章事。貞元四年卒。未知何時爲陝州。

卷五二　懷州（河内郡）

隋河内郡。武德二年没王世充，於濟源西南柏崖城僑置懷州。其年置總管府。四年平世充，移懷州於舊治野王城。貞觀元年罷都督府。天寶元年改爲河内郡。乾元元年復爲懷州。領縣五：河内、武德、武陟、獲嘉、修武。

黄君漢　　武德元年—六年（618—623）

《新書·崔義玄傳》："隋大業亂，往見李密，密不用。河内賊黄君漢爲密守柏崖……因説君漢以城歸，乃拜君漢懷州刺史、行軍總管，以義玄爲司馬。"《通鑑·武德六年》：八月，"懷州總管黄君漢出譙、亳，齊州總管李世勣出淮、泗，以討輔公祏"。又見《新書·輔公祏傳》，《元龜》卷一二二。《文館詞林》卷四五九李百藥《夔州都督黄君漢碑銘并序》："大業數窮，朝危國蹙，公深嘆橫流，方期義舉……及魏公（李密）喪律，方效誠款……詔除上柱國、使持節總管懷州諸軍事懷州刺史，封東郡開國公……以功拜使持節總管懷、陟、恭、西濟四州諸軍事懷州刺史，封虢國公……自淮肥成破竹之效，軍還，除使持節都督潞澤蓋韓遼五州諸軍事潞州刺史。"又見《千唐誌·唐故洪州都督府兵曹參軍黄君（承緒）墓誌銘并序》，《全文》卷五二二梁肅《外王父贈祕書少監東平吕公神道表銘》。按《元龜》卷八一二有"黄居漢……位懷州刺史"，當爲"黄君漢"之訛。

陸善宗　　武德中

《通鑑·武德四年》：二月"乙卯，王世充懷州刺史陸善宗以城

637

降”。又見《元龜》卷一二六。《千唐誌・大唐故韓王府兵曹參軍延陵縣開國公陸君（紹）墓誌銘并序》（垂拱四年五月十五日）：“祖善宗，皇朝駕部郎中，使持節德、光、懷三州刺史，洛州長史，上柱國，延陵縣開國公。”紹卒顯慶四年十二月一日，春秋四十四。

張　亮　武德九年—貞觀五年（626—631）

《舊書》本傳：“〔李〕元吉告亮欲圖不軌……事釋，遣還洛陽。及〔李〕建成死，授懷州總管，封長平郡公。貞觀五年，歷遷御史大夫，轉光禄卿。”又見《元龜》卷六九〇。《新書》本傳未及。《續高僧傳》卷一五《唐澤州清化寺釋智徽傳》：“僞鄭之初……徽以聽侣不安，爲營別院。四方學士，同萃其中……懷州都督郳國公張亮，欽抱德教，遠延講說。道俗屯赴，又結河陽。”貞觀十二年三月二十日卒，春秋七十九。

李安遠　約貞觀五年—七年（約 631—633）

《舊書》本傳：“貞觀初，歷潞州都督、懷州刺史。歷任頗有聲績，然傷於嚴急，時論少之。七年卒。”《新書》本傳略同。又見《元龜》卷八一一。

崔信明　貞觀中

《新表二下》清河崔氏青州房：“信明，懷州刺史。”乃後魏殷州別駕崔滔之孫；天官鸞臺侍郎冬日之父。按兩《唐書》本傳未及懷州刺史。唯云：“貞觀六年應詔舉，授興世丞，遷秦川令，卒。”未知《新表》誤否？

李　緯　貞觀中

《全文》卷二〇一李尚一《開業寺碑并序》：“開業寺者……李公捨山第之所立也……曾孫緯，皇朝宗正、衛尉、司農三寺卿，金紫光禄大夫，荆州大都督府長史，幽州都督……懷、洛、蒲三州刺史。”按《新表二上》李氏：“緯，户部尚書。”又按緯貞觀二十一年爲洛州刺史。

許智仁　　貞觀中

《姓纂》卷六安陸許氏：“智仁，右屯田（衛）將軍、懷州刺史，許（孝）昌公。”《會要》卷八〇稱懷州刺史孝昌縣男許智仁。《全文》卷二一八崔融《爲許智仁奏懷州黄河清表》：“臣以去月得河内縣申云，自太平村已下三十餘里河水變清。”兩《唐書》本傳未及懷州刺史，唯稱封孝昌縣公。按《舊書》本傳謂智仁貞觀中卒。然崔融生於高宗時，不可能爲智仁作《表》。疑署名誤。

鄭弘禮　　約貞觀中

《新表五上》南祖鄭氏：“弘禮，懷州刺史。”後周温州刺史子規之曾孫，藍田令德仁之子。其叔乾嘉，隋侍御史。

李　寬　　約顯慶初—四年（？—659）

《全文》卷一四高宗《册李寬太子詹事文》：“維顯慶四年歲次己未三月戊寅朔二十五日壬寅……金紫光禄大夫、懷州刺史、上原縣開國侯李寬……命爾爲太子詹事。”又見《大詔令集》卷六二。

郭齊宗　　上元中

《舊書·員半千傳》：“上元初，應八科舉，授武陟尉。屬頻歲旱饑，勸縣令殷子良開倉以賑貧餒，子良不從。會子良赴州，半千便發倉粟以給饑人。懷州刺史郭齊宗大驚，因而按之。”又見《元龜》卷七〇四，《御覽》卷二六九。《姓纂》卷一〇京兆郭氏：“齊宗，司農郎中、懷州刺史。”

鮮于緒　　高宗時？

《唐長安城郊隋唐墓·大唐故雲麾將軍右領軍衛將軍上柱國北平縣開國公鮮于公（庭誨）墓誌銘并序》：“公諱廉，字庭誨……祖緒，使持節驃騎大將軍開府儀同三司大都督懷州刺史，贈大都督涼河渭三州諸軍事涼州刺史，謐曰景公。考仁敏，高尚不仕。”庭誨開元十一年六月一日卒，享年六十四。其祖疑仕高宗時。

薛懷讓　　約高宗時

《新表三下》薛氏：“懷讓，懷州刺史。”其父德聞，約隋代人；其子薛侃，官尚書左丞，約仕於玄宗朝。嚴氏《僕尚丞郎表》謂約肅宗前後侃爲左丞，疑非是。

賈敦實　　調露中—永淳初

《舊書》本傳：“後爲懷州刺史，永淳初，以年老致仕。”《新書》本傳略同。又見《元龜》卷七八四、卷八九五。《集古録目》有《河內大雲寺碑》，大足元年立，撰文者稱太子中舍人賈膺福。文云：“先君敦實，早膺朝寄，調露之際，出牧茲邦。”又見拓本《直祕書省韋君妻賈氏玄堂誌》（景龍四年二月二十八日）。

李文暕　　約嗣聖元年（約 684）

《舊書・杜暹傳》：“父承志，則天初爲監察御史。時懷州刺史李文暕以皇枝近屬，爲仇人所告，承志推出之。俄而文暕得罪，承志坐貶，授方義令。”又《李敬玄傳》稱：李元素爲武德令時，李文暕爲懷州刺史。《新書・杜暹傳》、《李敬玄傳》略同。《唐文續拾》卷一四闕名《大唐司空開府儀同三司揚州荊州二大都督并州大總管襄邑恭王（神符）之碑銘》：“〔神符〕以永徽二年五月薨於私第……〔子〕懷州刺史上柱國文暕等並擢秀藩枝。”按《舊書》本傳唯云：“歷幽州都督，魏郡公。垂拱中，坐事貶滕州別駕，尋被誅。”《新書》本傳略同。

【李義琰　　垂拱元年（685）（未之任）】

《舊書》本傳：“垂拱初，起爲懷州刺史。義琰自以失則天意，恐禍及，固辭不拜。四年，卒於家。”《新書》本傳略同。似義琰未曾赴任。

韋泰真　　垂拱二年—三年（686—687）

《隋唐五代墓誌匯編・洛陽卷》第六册《大唐故使持節懷州諸軍事懷州刺史上柱國臨都縣開國男京兆韋公（泰真）墓誌銘并序》（垂拱四年一月十三日）：“〔垂拱〕二年疾甚，七月遷授懷州刺史。即以其年入計，三年正月三十日薨於神都崇政坊私第，春秋六十一。”

鄧　愇　　約垂拱三年—四年（約 687—688）

《朝野僉載》卷三：“張利涉性多忘，解褐懷州參軍……又一時畫寢驚，索馬入州，扣刺史鄧愇門。”又見《廣記》卷二四二引。《後村詩話續集》卷三引《朝野僉載》：“尚書左丞張庶廉子利涉爲懷州參軍，刺史鄧愇曰：‘名父出如此物。’”《全文》卷二五九路敬淳《大唐懷州河內縣木澗魏夫人祠碑銘并序》稱：“秋官尚書、檢校懷州刺史南陽鄧府君，道光天爵，慶登地靈。”《中州金石記》卷二云：“垂拱四年正月立……碑應懷州刺史南陽鄧府君祈雨之驗，因爲立銘。”按鄧府君當即鄧愇。

陶大舉　　垂拱四年（688）

《全文》卷九一二靈廓《唐宣州刺史陶府君德政碑》：“至垂拱四年轉授使持節相州諸軍事相州刺史……其年十月□□□州刺史。”據《江蘇金石志》卷四，由相州轉懷州刺史。永昌元年二月十三日立。《金石錄》卷五：“《唐懷州刺史陶大舉碑》，姚崇撰，徐嶠之正書，開元八年。”又見《寶刻叢編》卷四引。《樊南文集》卷一《爲懷州李中丞謝上表》：“遠徵三紀，間有兩人：陶某以吏理當材；鄭某以名家正授。”“陶某”，當指大舉。北圖藏拓片《大唐故銀青光禄大夫持節陳州諸軍事陳州刺史上柱國陶府君（禹）墓誌銘并序》（開元十九年二月十二日卒）：“公則介州司馬贈滄州刺史瓚之孫，銀青光禄大夫懷州刺史大舉之子。”

武懿宗　　約長壽中

《隋唐五代墓誌匯編·陝西卷》第三册《大唐故懷州刺史贈特進耿國公武府君（懿宗）墓誌銘并序》（景龍元年十一月廿六日）：“天授建元之初……封河内郡王……三爲洛州長史，歷魏、汴、同、許四州刺史，三爲懷州刺史……轉太子詹事，重牧於懷。”神龍二年卒，春秋六十六。其第一次任懷州刺史約在長壽中。

盧師丘　　約武后時

《新表三上》盧氏："師丘，金部郎中、懷州刺史。"《唐文續拾》卷一
五闕名《大唐故襄陽郡襄陽縣令滎陽鄭府君（逞）墓誌銘并序》（天寶
十三載正月二十五日）："北齊開府儀同三司魏州刺史襄城公□五代
孫、湘陰府君第四子、懷州刺史盧師丘之自出也……開元十五載四月
遘疾，其月廿六日終於襄陽官舍，享年七十。"《郎官柱》金部郎中有盧
師立，金部員外亦有盧師丘，勞格疑爲同一人。前者在劉守敬、楊守
節後，杜從則、柳秀誠前；後者在徐昭、游祥後，宇文有意前。

皇甫知常　　武后時

《千唐誌·監門衛長史安定皇甫公（慎）墓誌銘并叙》（開元十九
年四月七日）："父知常，汾、懷、汴等六州刺史，揚、洛二州長史。"慎卒
開元十九年三月二日。按《姓纂》卷五壽春皇甫氏："知常，洛州長
史。"《全文》卷四二二楊炎《杜鵬舉碑》有"洛州長史皇甫知常"。又卷
二四一宋之問《送懷州皇甫使君序》："皇甫使君累司寵職……歷刺於
外臺。"又卷二四〇宋之問《爲皇甫懷州讓官表》："伏奉今月一日制
書，除臣使持節懷州諸軍事懷州刺史。"按此文又見卷八三五，以爲錢
翊作，誤。又按岑仲勉以爲皇甫懷州即《姓纂》卷五安定朝那縣皇甫
氏之潙州刺史皇甫忪，誤。《讓官表》中有"作鎮西河，未寬人隱"之
語，與《皇甫慎志》謂知常歷"汾、懷、汴六州刺史"合，知常任懷州前當
爲汾州（西河郡）刺史。

竇懷亮　　武后時？

《隋唐五代墓誌匯編·陝西卷》第四册《大唐故左金吾衛長史裴
利物故妻竇夫人墓誌并序》（乾元二年十月十日）："河南（內）郡太守
懷亮之孫，駙馬都尉延祚之女。"夫人卒乾元二年九月九日，春秋五十
七。按唐無河南郡，當爲"河內郡"之訛。

武懿宗　　約證聖元年（約 695）

《武懿宗墓誌》："三爲懷州刺史。"此當爲第二次。《新書》本傳：

"以司農卿爵爲郡王,歷懷、洛二州刺史。神功元年……"

武嗣宗　　約聖曆中

《全文》卷二五九賈膺福《大雲寺碑》:"河内大雲寺者,本隋文皇帝所置長壽寺也……前刺史臨川郡王諱嗣宗,今刺史河内郡王諱懿宗,好賢樂善。"又見《金石萃編》卷六四,稱大足元年立。

武懿宗　　大足元年(701)

《舊書》本傳:"神龍初,隨例降爵,封耿國公,累轉懷州刺史,尋卒。"《金石萃編》卷六四賈膺福《河内大雲寺碑》(大足元年立)稱"今刺史河内郡王諱懿宗。"按《武懿宗墓誌》:"三爲懷州刺史……轉太子詹事,重牧於懷。"證知在大足元年爲第三次,神龍初爲另一次。

武懿宗　　神龍元年—二年(705—706)

《大唐故懷州刺史贈特進耿國公武府君(懿宗)墓誌銘并序》:"三爲懷州刺史……轉太子詹事,重牧於懷。"神龍二年卒,春秋六十六。《舊書》本傳:"神龍初,隨例降爵,封耿國公,累轉懷州刺史,尋卒。"證知神龍初"重牧於懷",卒於任。

梁載言　　景龍三年(709)

《舊書》本傳:"歷鳳閣舍人,專知制誥……中宗時爲懷州刺史。"《新書》本傳略同。《朝野僉載》卷六:"懷州刺史梁載言晝坐廳事,□□□忽有物如蝙蝠從南飛來,直入口中……數日而卒。"《千唐誌·大唐故朝議大夫行洋州長史上柱國王府君(震)墓誌銘并序》(景龍三年十月二十六日):"使持節懷州諸軍事懷州刺史梁載言撰。"

裴　談　　約中宗時

《廣記》卷四〇〇引《紀聞》:"裴談爲懷州刺史……而談妻有疾,請道家奉章請命。"

李 嶠　　景雲元年—先天二年（710—713）

《舊書·睿宗紀》：景雲元年七月"丙寅，貶李嶠爲懷州刺史"。又本傳："睿宗即位，出爲懷州刺史，尋以年老致仕……尋起爲廬州別駕而卒"。《新書》本傳略同。又見《新書·睿宗紀》、《宰相表上》，《通鑑·景雲元年》。《元龜》卷三三九："李嶠景龍末爲兵部尚書同中書門下三品。韋庶人臨朝，嶠密表請置相王諸子，勿令在京。及玄宗踐祚，獲其表，以示侍臣。矜其老疾，赦之，令隨子虔州刺史暢赴任。"

楊隆禮（楊崇禮）　　開元初

《舊書·楊慎矜傳》："父隆禮，長安中天官郎中，神龍後，歷洛、梁、滑、汾、懷五州刺史……開元初，擢爲太府少卿。"又見《元龜》卷八二五。《新書·楊慎矜傳》未及。

張 珪　　開元六年（718）

《新表二下》張氏："珪，户部郎中、懷州刺史。"《全文》卷三一二孫逖《唐故幽州都督河北節度使燕國文貞張公（説）遺愛頌并序》："開元六祀，宅於幽朔……友于兄弟，則國子祭酒懷州刺史致美於當代。"按張珪乃張説之兄。

崔子源　　開元十年（722）

《元龜》卷一〇五：開元十年"四月，詔曰：朕聞懷州去年偏併不熟，宜令刺史崔子源察審問貧下不支濟者，量加賑貸"。又見《全文》卷二八。上圖藏拓片《唐故魏州貴鄉縣尉隴西李府君墓誌銘并序》（貞元五年十二月廿三日）："夫人清河崔氏，父子源，禮部侍郎，魏、同、懷三州牧。"

王 丘　　開元十二年—十三年（724—725）

《舊書》本傳："〔開元〕十一年，拜黄門侍郎。其年，山東旱儉……於是以丘爲懷州刺史……俄又分知吏部選事，入爲尚書左丞。"《新書》本傳略同。《元龜》卷六七一："王丘，開元十二年以黄門侍郎爲懷州刺史。”《通鑑·開元十三年》：十一月，“上還，至宋州，宴從官於樓上……酒酣，上謂張説曰：‘……懷州刺史王丘，饋牽之外，一無他獻。’”又見《舊書·齊澣傳》，《新書·宇文融傳》。

崔　晈　　開元中

《大唐新語》卷四：“崔晈爲長安令，邠王守禮部曲數輩盜馬……晈命就擒之……出爲懷州刺史。”

明　珪　　開元中

《舊書·明崇儼傳》：子珪，“開元中仕至懷州刺史”。按明崇儼高宗時爲正諫大夫。

崔　珪　　開元中

《新表二下》南祖崔氏：“珪，懷州刺史。”武后時宰相崔神基之姪。司刑卿神慶之子。神慶神龍中卒，年七十餘。

崔　球　　開元中

《全文》卷六三八李翱《皇祖實録》：“公諱楚金，諮議詔第二子……夫人清河崔氏，父球，兖、鄆、懷三州刺史。”按球乃崔珪之弟，《新表二下》清河崔氏：“球，鄆州刺史。”乃司刑卿崔神慶子。

鄭　曾　　開元中

《全文》卷九九三闕名《唐故慈州刺史光禄卿鄭公（曾）碑》：“降璽書加朝散大夫懷州□□□□□□□□□刺史……春秋七十有三□歲也……粵十有七載。”又見《金石萃編》卷八一。按《新表五上》鄭氏有“曾，慈州刺史。”又按《中州金石記》云：“《慈州刺史光禄卿鄭曾碑》，開元二十四年五月立，梁昇卿撰并隸書。”

曲　彬　　開元中？

河南博物館藏石刻《唐故河南府河清縣丞曲府君（元縝）墓誌銘

并序》（會昌二年八月二十三日）：“曾祖彬，皇太僕寺南史七正監、懷州刺史……祖環，皇檢校左僕射、陳許等州節度觀察處置等使。”按曲環貞元二年至十五年爲陳許節度，見《舊書·德宗紀》。其父彬刺懷疑在開元中。

崔　沔　　開元二十三年—二十四年（735—736）

《全文》卷三三八顔真卿《通議大夫守太子賓客東都副留守雲騎尉贈尚書左僕射博陵崔孝公（沔）宅陋室銘記》：“〔開元〕二十一年遷祕書監……遷太子賓客，出兼懷州刺史。二十四年罷州，又以本官充東都副留守。”又見卷三一五李華《贈禮部尚書清河孝公崔沔集序》。北圖藏拓片《大唐尚書左僕射崔沔墓誌》（大曆十三年四月八日重刻）：“特詔公魏州刺史。皇上有事泰山……入爲左散騎常侍兼判國子祭酒……太子賓客兼懷州刺史……以開元二十七年十一月十七日薨於居守之内館。”兩《唐書》本傳未及爲懷刺事。

李齊物　　開元二十四年（736）

《舊書》本傳：“開元二十四年後，歷懷、陝二州刺史。”又《高尚傳》：“李齊物爲懷州刺史，舉高尚不仕，送京師，並助錢三萬。”《新書》本傳未及。又見《全文》卷三四二顔真卿《金紫光禄大夫守太子太傅兼宗正卿隴西郡開國公李公（齊物）神道碑銘》。

常　泰　　開元中？

北圖藏拓片《唐故正議大夫蘄州刺史兼御史中丞孫府君夫人河内常氏墓誌銘并序》（元和五年十一月廿□日）：“曾祖泰，懷州刺史。祖光輔，贈兵部尚書。父慈，贈坊州刺史。季父願，將作監，贈工部尚書。”

李　禕　　開元二十八年（740）

《舊書·玄宗紀下》：開元二十八年“六月，懷州刺史、信安王禕爲太子少師”。又見兩《唐書》本傳，《元龜》卷二八一。

鄭　溥　　約開元末

《全文》卷七四四陳齊之《故右内率府兵曹鄭君（準）墓誌銘》："王
父溥，尚書右部郎中，歷青、邢、相、衛、兗、幽、懷七州刺史，入爲左庶
子。"鄭準大和四年卒，享年六十三。又見《金石補正》卷七二，《吴郡
金石目》。《英華》卷三九五蘇頲《授鄭溥殿中侍御史等制》稱奉議郎
行監察御史鄭溥。其刺懷約在開元末。

崔　翹　　天寶初

《全文》卷三〇八孫逖《授崔翹尚書右丞制》："大中大夫守河南郡
太守……崔翹……可守尚書右丞。"按唐無河南郡，疑爲"河内郡"
之訛。

王　象　　約天寶中

《千唐誌・唐故處士太原王府君（修本）墓誌銘并序》（開成二年
十月十日）："曾祖象，銀青光禄大夫、京兆少尹、右金吾衛將軍、懷魏
等七郡太守。"修本卒開成二年五月十三日。

李　積　　天寶中

《新表二上》隴西李氏姑臧房："積，河内太守。"上圖藏拓片《前河
南府河陽縣丞崔公夫人隴西姑臧李氏墓誌銘并序》（大中元年三月十
三日）："祖積，皇諫議大夫、河内太守；父恓，前任婺州金華縣尉。夫
人即少公之長女也。"夫人會昌五年九月十一日卒，享年三十一。《國
史補》卷上："李積，酒泉公義琰姪孫……官至司封郎中、懷州刺史。"
又見《廣記》卷一八四引。按《舊書・禮儀志四》：天寶十載正月……
大理少卿李積祭吴嶽山成德公。《大唐郊祀録》卷八作大理卿李積。

元　璟　　天寶中

《隋唐五代墓誌匯編・陝西卷》第一册《唐故金紫光禄大夫穎王
府司馬上柱國元府君（璟）墓誌銘并序》（大曆四年二月十日）："祖仁
虔，皇朝議大夫疊州刺史。父思忠，朝散大夫滑州靈昌縣令……公即

靈昌府君之第三子也。拜衛尉少卿，除虢州刺史，改懷州刺史……加銀青光禄大夫，除豐王府長史。屬狂寇稱亂，中原不安。”上元元年七月八日卒。未言享年。按元瓘開元四、五年爲邠王府掾，見開元五年八月五日《大唐故信安縣主元府君墓誌銘并序》。

韋幼成　　約天寶十二載（約 753）

《全文》卷三九〇獨孤及《唐故朝議大夫申王府司馬上柱國贈太常卿韋公（縝）神道碑銘并序》：“孟子幼成……天寶十年自尚書兵部郎出守漢中、兼山南西道採訪處置使，移典河内。河内人至今頌之。”

裴　恂（裴珣）　　天寶十四載（755）

《新表一上》南來吳裴氏：“恂，河内太守。”乃裴寬之弟。《舊書·裴寬傳》：“寬歿之後，弟珣爲河内太守，安禄山反，以執父喪，將投闕庭，恐累其母，乃詣河東節度訴誠而退。”按裴寬卒天寶十四載，見《舊書·裴寬傳》。

王奇光　　乾元元年（758）

《元龜》卷二五：乾元元年四月“己未，懷州刺史王奇光奏：河内縣王昇清種麥數畝，皆一莖三穗”。

李嗣業　　乾元元年—二年（758—759）

《通鑑·乾元元年》：六月，“以開府儀同三司李嗣業爲懷州刺史，充鎮西、北庭行營節度使”。《全文》卷四三肅宗《贈李嗣業武威郡王詔》：“故衛尉卿兼懷州刺史充北庭行營節度使虢國公李嗣業……死於王事，禮有可嘉……可贈武威郡王。”按嗣業乾元二年正月中流矢卒，見兩《唐書》本傳，《新書·忠義傳上》，《元龜》卷一三九，《通鑑·乾元二年》。

段秀實　　乾元二年（759）

《舊書》本傳：“安慶緒奔鄴，〔李〕嗣業與諸軍圍之，安西輜重委於

河內。乃奏秀實爲懷州長史，知軍州，加節度留後……嗣業爲流矢所
中，卒於軍，衆推安西兵馬使荔非元禮代之……元禮多其義，奏試光
禄少卿，依前節度判官。”《新書》本傳略同。《通鑑·乾元二年》：正
月，“鎮西節度使李嗣業攻鄴城，爲流矢所中。丙申，薨；兵馬使荔非
元禮代將其衆。初，嗣業表段秀實爲懷州長史，知留後事”。

荔非元禮　　乾元二年（759）

《舊書·肅宗紀》：乾元二年三月“辛卯，以衛尉卿荔非元禮爲懷
州刺史，權鎮西、北庭行營節度使”。又見《通鑑·乾元二年》。《新
書》本傳：“以功累遷驃騎大將軍、懷州刺史，知鎮西、北庭行營節度使。
上元二年，〔李〕光弼進收洛陽，軍敗，元禮徙軍翼成，爲麾下所害。”

安太清　　上元元年（760）

《全文》卷三四二顔真卿《唐故開府儀同三司太尉兼侍中李公神
道碑銘》：“其年改元上元。冬十一月攻拔懷州，擒其僞節度安太清。”

崔　圓　　上元元年（760）

《舊書》本傳：“李光弼用爲懷州刺史，除太子詹事，改汾州刺史，
皆以理行稱。”《新書》本傳略同。按上元二年二月以太子詹事崔圓爲
淮南節度，見《舊書·肅宗紀》。

張　禹　　寶應元年（762）

《全文》卷三六六賈至《授張禹兵部郎中丘據兵部員外郎制》：“澤
州刺史張禹……可守兵部郎中、懷州刺史。”

楊承仙　　廣德元年—大曆二年（763—767）

《元龜》卷六七三：“楊承仙大曆初爲懷州刺史。”《全文》卷三九〇
獨孤及《唐故開府儀同三司試太常卿懷州刺史楊公（承仙）遺愛碑頌
并序》：“皇帝嗣位二載，河內得賢二千石曰狢氏楊承仙者……相國梁
公拔公於戎馬之上，表爲刺史……上奇其能，以璽書勞勉，封弘農郡

公……不遏其福，大曆二年八月六日公薨於州，春秋五十四。"

李抱真　　大曆二年—四年（767—769）

《舊書》本傳："改授澤州刺史，兼爲澤潞節度副使。居二年，轉懷州刺史，復爲懷澤潞觀察使留後，凡八年。〔澤潞節度〕抱玉卒，抱真仍領留後。"《新書》本傳略同。《全文》卷四四六董晉《義陽王李公（抱真）德政碑記》："永泰初，又兼御史中丞……改澤州刺史……遷懷州刺史。"又卷七八四穆員《相國義陽郡王李公（抱真）墓誌銘》："代宗器公之才，將試其用，詔兼御史中丞充陳鄭澤潞節度留後……罷請留府，願效列郡，優詔從之，拜澤州，換覃懷……復統留府之政，累加御史中丞、左散騎常侍，併領磁、邢二州。"

馬　燧　　大曆四年—六年（769—771）

《舊書》本傳："遷鄭州刺史……大曆四年，改懷州刺史……〔李〕抱玉移鎮鳳翔，以汧陽被邊，署奏隴州刺史、兼御史中丞。"《新書》本傳略同。按李抱玉移鎮鳳翔乃大曆六年二月事。又見《御覽》卷二五八、卷八三九，《元龜》卷六七五。《全文》卷五〇七權德輿《司徒兼侍中馬公（燧）行狀》："大曆中，改懷州刺史。其夏大旱……拜隴州刺史兼御史中丞。"

崔　朝　　約大曆中

《新表二下》崔氏清河小房："朝字懿忠，鄭、懷二州刺史。"《芒洛遺文》卷中《唐故河南府河南縣主簿崔公（程）墓誌銘并序》（貞元十五年八月十三日）："父朝，懷州刺史、左庶子，贈祕書監。"《全文》卷六八二牛僧孺《崔相國群家廟碑》："奉懷州刺史贈太子少師府君神主祔於第二室……曰王考廟……懷州公諱朝，字守忠……四遷檢校倉部郎中兼侍御史、知鄭穎兩州節度使觀察留後録刺史事……移試國子司業兼懷州刺史。"又見《寶刻叢編》卷八引《集古録目》，《千唐誌·唐崔氏十六女墓誌》、《唐泗州下邳縣尉鄭君故夫人清河崔氏墓誌銘并序》、《唐故懷州録事參軍清河崔府君後夫人范陽盧氏墓誌銘并序》、

《有唐盧氏故崔夫人墓銘并序》。上圖藏拓片《曹州刺史崔鞏墓誌》：
"祖府君諱朝，皇懷州刺史、檢校左庶子。"鞏大中八年卒，享齡六十
八。《隋唐五代墓誌匯編‧洛陽卷》第十二册《大唐故侍御史江西道
都團練副使鄭府君（高）墓誌并序》（貞元二十一年正月二十六日）：
"夫人清河崔氏，懷州刺史朝之孫，檢校金部郎中積之女。"又見《鄭高
夫人崔氏墓誌》（元和二年五月十日）、《鄭高及夫人崔氏合祔誌》（長
慶三年十月十六日），北圖藏拓片《唐故溫州刺史清河崔府君（紹）墓
誌銘》（乾符四年十一月二十三日）等。

元　液　　大曆中？

　　《姓纂》卷四河南洛陽元氏："液，懷州刺史。"按其父元瓘爲廬州
刺史，卒於乾元初。

王　崟　　約大曆中

　　《新表二中》烏丸王氏："崟，懷州刺史。"稱左千牛將軍仁忠弟，
誤。《英華》卷九一三李邕《贈安州都督王仁忠神道碑》（玄宗王皇后
季父，開元十年卒）稱：子崟。《全詩》卷二六九耿湋有《和王懷州觀西
營秋射》。按獨孤及有《海上懷華中舊游寄鄭縣劉少府造渭南王少府
崟》詩，又有《自東都還濠州奉酬王八諫議見贈》詩云："關西仕時俱稚
容，彪彪之譽始相逢。天地變化縣城改……"此王八諫議當即王崟。
詩作於大曆間獨孤及爲濠州刺史時，距天寶末已隔十五年，王崟已由
渭南尉累遷諫議大夫（詳見拙著《李白叢考‧黃錫珪李太白年譜附録
三文辨僞》）。

常休明　　大曆十年（775）

　　《元龜》卷四一："大曆十年二月乙巳……河陽三城使嘗（常）休明
至自河陽，素服待罪。"

楊　鉢　　大曆十年—十一年（775—776）

　　《通鑑‧建中三年》："初，李抱真爲澤潞節度使，馬燧領河陽三

城；抱真欲殺懷州刺史楊鈇，鈇奔燧，燧納之，且奏其無罪，抱真怒。及同討田悦，數以事相恨望，二人怨隙遂深，不復相見。由是諸軍逗撓，久無成功。”按馬燧爲河陽三城使在大曆十年至十一年間，見《舊書·代宗紀》。又見《新書·馬燧傳》，《元龜》卷四二二。

喬　琳　　約大曆十二年—十四年（約 777—779）

《舊書·德宗紀上》：大曆十四年八月甲辰，“以懷州刺史喬琳爲御史大夫、同平章事、京畿觀察使”。《舊書》本傳：“入爲大理少卿、國子祭酒。出爲懷州刺史。琳素與張涉友善，上在春宮，涉嘗爲侍讀。及嗣位，多以政事詢訪於涉，盛稱琳識度材略，堪備大用，因拜御史大夫、平章事。”《新書》本傳：“歷果、綿、遂、懷四州刺史。”又見《舊書·張涉傳》，《新書·德宗紀》《宰相表中》，《通鑑·大曆十四年》，《元龜》卷三三、卷七三，《唐詩紀事》卷五三。《廣記》卷一五〇引《前定錄》：“喬琳以天寶元年冬自太原赴舉……大曆中，除懷州刺史，時〔劉〕彦莊任修武令……建中初，徵拜中書侍郎平章事。”

李若初　　大曆十四年—建中元年（779—780）

《舊書》本傳：“〔李〕芃遷河陽三城使，奏若初爲從事，軍中之事，多以委之。累授檢校郎中、兼中丞、懷州刺史。轉虢州刺史，坐公事爲觀察使劾奏，免歸。”《新書》本傳未及。按李芃大曆十四年五月爲河陽三城使。

路　恕　　建中二年—約貞元元年（781—約 785）

《舊書》本傳：“嶺南衙將哥舒晃反……賊平，恕功居多，年纔三十，爲懷州刺史。久之，轉京兆少尹、監門衛大將軍、兼御史中丞、教練招討等使。其後爲鄜坊觀察使、太子詹事。”《新書》本傳：“嗣恭節度河陽也，恕爲懷州刺史，年纔三十。”按路嗣恭節度河陽在建中二年正月。《元龜》卷三三六：“自建中已後，方隅之起兵者皆天下劇賊，而楊琰以路恕爲懷州刺史，使捍諸田……談者以爲笑。”《全文》卷六二〇獨孤良弼《并州太原縣令路公（太一）神道碑》：“建中三年夏五月，

孝孫前祕書省著作郎應、洎令弟懷州刺史恕……旌樹先塋。"又見《元
龜》卷四二二、卷八五五。

雍希顏　　貞元元年（785）

《舊書・德宗紀上》：貞元元年五月"辛酉，以河陽都知兵馬使雍
希顏爲河陽懷都團練使"。《姓纂》卷一雍氏："河陽三城使、懷州刺
史、兼御史大夫雍希顥。"按"雍希顥"當即"雍希顏"之訛。《新書・方
鎮表一》：貞元元年，"罷河陽節度，置都團練使"。

李　康　　貞元中

《唐語林》卷一：韋皋薨，劉闢反，乃命高崇文爲西川行營節度使。
"師次綿州，斬梓州節度使李康，疏康擅離征鎮，不爲拒敵"。原注：
"當時議者云：康任懷州刺史，收殺武陟尉，即崇文判官宋君平之父。
崇文乘此事爲之報仇。"按李康貞元十八年至二十一年在梓州刺史、
東川節度使任。兩《唐書・高崇文傳》記斬李康，未及李康刺懷事。

崔　某　　貞元中

《廣記》卷四三四引《宣室志》："有崔君者，貞元中爲河内守，崔君
貪而刻，河内人苦之……未幾，崔君卒於郡。"

李元淳（李長榮）　　貞元五年—十五年（789—799）

《舊書・德宗紀下》：貞元四年十月"丙戌，以右神策將軍李長榮
爲河陽三城懷州團練使，仍賜名元〔淳〕"。十五年三月"戊辰，以河陽
三城節度使李元〔淳〕爲潞州長史、昭義軍節度、澤潞磁邢洺觀察使"。
《乾隆孟縣志》卷四下引潘孟陽撰《祁連郡王李公（元淳）墓誌》："〔貞
元〕四年，制除河陽三城懷州都團練使兼御史大夫。明年，兼懷州刺
史，仍加管内營田使……十二年，制除檢校工部尚書、河陽三城懷州
節度使。十五年，改昭義軍節度、澤潞等州觀察處置使。"知賜名元
淳，因避諱省"淳"。北圖藏拓片《唐故河陽軍節度衙前將朝散大夫試
殿中監樂府君（昇進）墓誌銘并叙》（大和元年四月九日）："貞元中，河

陽節度祁連王□其絶倫，倚惟厚行，特補署同十將，試太常卿。”《新書·方鎮表一》：貞元十二年，“復置河陽節度，治河陽”。

衡　濟　貞元十五年—二十年（799—804）

《舊書·德宗紀下》：貞元十五年三月戊辰，“以河陽節度押衙衡濟爲懷州刺史、河陽三城懷州節度使”。《孟縣志》引潘孟陽《祁連郡王李公（元淳）墓誌》：“貞元二十年七月薨，以其年十一月歸葬太平鄉。今河陽節度使衡濟出公麾下，昔盡事人之禮，今備送終之儀。”北圖藏拓片《河陽軍節度故左馬軍虞候秦府君（士寧）夫人太原王氏墓誌銘并序》（元和八年二月二十五日）：“節度使御史大夫衡公濟補馬軍十將。”士寧元和七年卒，享年三十四。

元　韶　貞元二十一年（805）

《舊書·順宗紀》：貞元二十一年二月“甲申，以河陽三城行軍司馬元韶爲懷州刺史、河陽懷州節度使”。又《憲宗紀上》：永貞元年九月“辛未，河陽三城節度使元韶卒”。《姓纂》卷四是云元氏：“韶，河陽節度、中丞。”北圖藏拓片《唐故昭義節度衙前先鋒兵馬使滎陽鄭府君（仲連）墓誌銘并序》（寶曆二年十一月七日）：“會尚書元公韶拜河陽節度使，乃公之陽也，思我舅氏，日志三城，留署節度押衙。”

孟元陽　永貞元年—元和五年（805—810）

《舊書·憲宗紀上》：永貞元年九月“癸酉，以陳州刺史孟元陽爲懷州刺史、河陽三城孟懷節度使”。元和五年四月壬申，“以河陽節度使孟元陽爲潞州長史、昭義軍節度、澤潞磁邢洺觀察使”。又見兩《唐書》本傳。《山右冢墓遺文·鄭仲連墓誌》：“會尚書元公韶拜河陽節度使……後右僕射孟公董戎三城，署公都虞候……孟公移鎮澤潞，又隨之充節度押衙。”按孟公即元陽。北圖藏拓片《唐故河陽軍節度衙前將朝散大夫試殿中監樂府君（昇進）墓誌銘并叙》（大和元年四月九日）：“至元和五年，僕射孟公改遷衙前將、朝散大夫試殿中監……元和六年孟秋初旬，大夫烏公……遂請一見，依前職舊。”

烏重胤　　元和五年—九年（810—814）

　　《舊書·憲宗紀上》：元和五年四月“壬申，以昭義都知兵馬使、潞州左司馬烏重胤爲懷州刺史、河陽三城懷州節度使”。又《憲宗紀下》：元和九年閏八月“辛酉，以河陽節度使烏重胤兼汝州刺史”。又見兩《唐書》本傳，《元龜》卷一二八，《通鑑·元和九年》。《韓昌黎集》卷二六《烏氏廟碑銘》：“詔用烏公〔重胤〕爲銀青光禄大夫、河陽軍節度使、兼御史大夫，封張掖郡開國公。居三年，河陽稱治。”《姓纂》卷三河南烏氏：“重允，今爲河陽節度。”證知元和七年林寶修《姓纂》時烏重胤在懷州任。《全文》卷五六憲宗《授烏重允河陽節度使制》：“銀青光禄大夫檢校太子賓客兼潞州大都督府左司馬、御史中丞、上柱國、張掖郡開國公烏重允……可使持節懷州刺史、御史大夫，充河陽三城懷州節度營田等使。”又見卷六四五李絳《請授烏重允河陽節度使疏》、卷六四六《論澤潞事宜狀》。北圖藏拓片《河陽軍節度故左馬軍虞候秦府君（士寧）墓誌銘并序》：“元和四年，節度使兼御史大夫烏公補署左馬軍虞候。”此“四年”疑爲“五年”之誤。

鄭膺甫　　約元和九年—十三年（約814—818）

　　《舊書·鄭餘慶傳》：“弟膺甫，官至主客員外郎中。楚、懷、鄭三州刺史。”《元龜》卷六七三：“鄭膺甫爲懷州刺史，元和十二年以理績有聞，賜紫。”按元和四年膺甫爲睦州刺史。《樊南文集》卷一《爲懷州李中丞謝上表》：“齋壇將節，重加廉郡之雄；皂蓋朱轓，各有爲州之貴。遠徵三紀，間有兩人：陶某以吏理當材，鄭某以名家正授。清塵不遠，餘烈猶存。”鄭某當即膺甫。

烏重胤　　元和十三年（818）

　　《通鑑·元和十三年》：六月“丁丑，復以烏重胤領懷州刺史，鎮河陽”。十一月“壬寅，以河陽節度使烏重胤爲橫海節度使”。《舊書·憲宗紀下》：元和十三年十一月“壬寅，以河陽節度烏重胤爲滄州刺史、橫海軍節度、滄景德棣觀察等使”。又見兩《唐書》本傳。

令狐楚　元和十三年—十四年(818—819)

《舊書·憲宗紀下》：元和十三年十一月"丁未，以華州刺史令狐楚爲懷州刺史，充河陽三城懷孟節度使"。十四年七月"丁酉，以河陽三城懷州節度使、朝議郎、使持節懷州諸軍事守懷州刺史、兼御史大夫，賜紫金魚袋令狐楚可朝議大夫、守中書侍郎、同中書門下平章事"。又見兩《唐書》本傳，《通鑑·元和十三年》、《元和十四年》。《大詔令集》卷四七《令狐楚平章事制》："河陽三城懷州節度使、朝議郎、使持節懷州諸軍事守懷州刺史、兼御史大夫、賜紫金魚袋令狐楚……可朝議大夫、守中書侍郎、同中書門下平章事。元和十四年七月。"《全文》卷五九、《元龜》卷七三同。《全文》卷五四〇令狐楚有《河陽節度使謝上表》。卷六〇五劉禹錫《唐故相國贈司空令狐公〔楚〕集序》："〔公〕乃牧華州兼御史中丞，錫以金紫。居鎮七月，遷大夫，充河陽三城懷州節度使。又七月，急召抵京師，拜中書侍郎、同中書門下平章事。"又見《因話録》商下。

魏義通　元和十四年—十五年(819—820)

《舊書·憲宗紀下》：元和十四年七月"癸卯，以前黔中觀察使魏義通爲懷州刺史、河陽三城懷孟節度使"。《因話録》商下："相國令狐公楚自河陽徵入……旋大拜。時魏義通以檢校常侍代鎮三城。"

田　布　元和十五年—長慶元年(820—821)

《舊書·穆宗紀》：元和十五年十月乙酉，"以左金吾將軍田布爲檢校左散騎常侍、兼懷州刺史、御史大夫，充河陽三城懷孟節度使"。長慶元年正月"癸卯，以河陽懷節度使田布爲涇州刺史，充四鎮北庭行營涇原節度使"。又見兩《唐書》本傳。《元氏長慶集》卷五三《田弘正墓誌》："〔元和〕十五年，今上新即位，成德喪帥……命子布節度河陽以張之。"

郭　釗　長慶元年—二年(821—822)

《舊書·穆宗紀》：長慶元年正月癸卯，"以刑部尚書兼司農卿郭釗檢校户部尚書、懷州刺史，充河陽三城懷節度使"。二年九月"癸卯，以前河陽節度使郭釗爲河中尹，兼河中絳隰等州節度使"。又本傳："穆宗即位，册皇太后南内，推崇外氏，以釗兼司農卿。未幾，檢校户部尚書，充河陽三城懷節度使。歲中，换河中尹、河中晉絳慈隰節度使。"《新書》本傳略同。

陳　楚　　長慶二年—三年（822—823）

《舊書·穆宗紀》：長慶二年八月戊辰，"以東都留守陳楚爲河陽懷節度使"。三年二月，"河陽節度使陳楚奏：移使府於三城，未有門戟，欲移懷州門戟於河陽。從之"。兩《唐書》本傳謂：入爲龍武統軍，長慶三年卒。《千唐誌·唐故權知沂州長史銀青光禄大夫檢校太子賓客兼殿中侍御史潁川郡陳公（諭）墓誌》（大中十一年八月六日）："祖楚，河陽軍節度使、檢校左僕射、兼御史大夫，贈太子太保。"諭大中十年三月四日卒，享年四十三。

崔弘禮　　長慶三年—寶曆二年（823—826）

《舊書》本傳：長慶二年，"汴州李㝏反，急詔追弘禮爲河南尹、兼御史大夫、東都畿汝州都防禦副使。㝏平，遷河陽節度使……數歲，拜檢校户部尚書、華州刺史"。《新書》本傳略同。《舊書·文宗紀上》：大和元年二月丙辰，"以前河陽節度使崔弘禮爲華州鎮國軍使"。《千唐誌·唐故東都留守東都畿汝州都防禦使銀青光禄大夫檢校尚書左僕射判東都尚書省事兼御史大夫崔公（弘禮）墓誌銘并序》（大和五年四月二十八日）："長慶二祀，特遷河南尹兼大夫……明年，拜河陽三城懷州節度使……大和初，除華州刺史、檢校户部尚書兼大夫。"

楊元卿　　寶曆二年—大和五年（826—831）

《舊書·敬宗紀》：寶曆二年五月"甲戌，以涇原節度楊元卿爲河陽三城懷州節度使"。又《文宗紀下》：大和五年八月"壬申，以河陽三城懷州節度使楊元卿爲宣武軍節度使，代李逢吉"。又本傳：長慶初，授涇原節度使，"居六年……移授懷州刺史，充河陽三城節度觀察等使。大和五年，就加檢校司空，進階光禄大夫……是歲，改授汴宋亳觀察等使"。《新書》本傳略同。北圖藏拓片《唐故桂州員外司户滎陽鄭府君（當）墓誌銘并叙》（開元五年三月二十一日）："時故汴州節度使楊公元卿前鎮三城，辟署營田巡官。"【補遺】《唐故光禄大夫太子太保贈司徒弘農楊公（元卿）墓誌銘》（大和八年七月二十八日）："寶曆二年，拜左僕射、河陽三城節度使、懷州刺史。……進光禄大夫、檢校司空。大和五年以本官作宣武軍節度、汴宋亳等州觀察使。"（趙君平《唐楊元卿墓誌拓本跋》，《書法叢刊》2001 年第 4 期，文物出版社2001 年版）

温　造　　大和五年—八年（831—834）

《舊書·文宗紀下》：大和五年八月壬申，"以温造爲河陽三城懷州節度使"。八年十一月癸丑，"以前河陽節度使温造爲御史大夫"。又見兩《唐書》本傳，《全文》卷五三八裴度《請釋王賞狀》。《新表二中》温氏："造字簡輿，河陽節度使，禮部尚書，祁縣子。"

蕭　洪　　大和八年—九年（834—835）

《舊書·文宗紀下》：大和八年十一月"辛亥，以左金吾衛大將軍蕭洪爲河陽三城節度使"。九年十月"己亥，以前河陽節度使蕭洪爲鄜坊節度使"。《全文》卷七五五杜牧《唐故平盧節度巡官隴西李府君墓誌銘》："河陽節度使蕭洪移鎮鄜州。"

李　泳　　約大和九年—開成二年（約 835—837）

《舊書·文宗紀下》：開成二年六月"丙午，河陽軍亂，逐節度使李泳"。又見《新書·文宗紀下》、《通鑑·開成二年》六月。按吳氏《方鎮年表》以爲大和九年始爲河陽節度，姑從之。

李執方　　開成二年—會昌三年（837—843）

《舊書·文宗紀下》：開成二年六月"戊申，以左金吾衛將軍李執方爲河陽三城懷州節度使”。又見《通鑑·開成二年》。按會昌三年十月，李執方已在定州刺史任。《樊南文集》卷五有《爲懷州李使君祭城隍神文》；又卷三有《爲韓同年瞻上河陽李大夫啓》。按“李使君”、“李大夫”皆指李執方。

王茂元　　會昌三年（843）

《通鑑·會昌三年》：四月“丁亥，以忠武節度使王茂元爲河陽節度使”。九月，“丙午，河陽奏王茂元薨”。《舊書·武宗紀》：會昌三年九月，“河陽節度使王茂元以本軍屯萬善……卒，贈司徒”。又見兩《唐書》本傳。《樊南文集》卷一《代僕射濮陽公遺表》：“昨者分領許昌，兼領河内，當上黨阻兵之始，是孽童拒詔之初。”又《補編》卷一二《祭外舅贈司徒公文》：“維某年月日，子婿李商隱……昭祭於故河陽節度使贈司徒之靈。”按“濮陽公”、“司徒公”，皆謂王茂元。

李　璟　　會昌三年（843）

《樊南文集》卷一有《爲懷州李中丞謝上表》。按《舊書·武宗紀》云：會昌二年“十月，吐蕃贊普卒。〔十二月，〕遣使論普熱入朝告哀，詔將作少監李璟入蕃吊祭”。《表》云：“將聖代懷柔之德，率昆夷畏慕之心，萬里以遥，三時而還”，正指此事，則還期當在三年之深秋。《表》又云：“仍其柏署之雄，賜以竹符之重。”指加御史中丞，爲懷州刺史。則“懷州李中丞”當即李璟。又按《表》云：“仁聖文武至神大孝皇帝”，乃會昌二年四月所加武宗尊號。由此證知李璟爲懷刺當在會昌三年。又卷二有《爲懷州刺史舉人自代狀》，又《補編》卷一一有《爲李懷州祭太行山神文》；卷五有《爲懷州刺史上後上門下狀》。

鄭　珛　　會昌末？大中初？

《芒洛補遺·唐故邵州鄭使君（珛）墓誌》：“使君貞元辛未年生，大中景子年歿……遷侍御史，爲營田副使，知懷州事……歷太子中允、鳳翔少尹，改榮州，轉邵州。秋滿卧病，終於滎澤之別墅。”按景

（丙）子年爲大中十年。

李　鞏　　大中初？

《新書·宗室世系表上》大鄭王房：“懷州刺史鞏。”乃文宗時宰相李石之弟。

李君奭　　大中九年（855）

《通鑑·大中九年》：“二月，以醴泉令李君奭爲懷州刺史。”《東觀奏記》卷中：“上校獵城西……父老曰：‘臣醴泉縣百姓，本縣令李君奭有異政。’……逾歲，宰執以懷州刺史闕，請用人，御筆批：醴泉縣令君奭可懷州刺史。”又見《會要》卷六九，《唐語林》卷二。

李從矩　　約大中、咸通間

《新書·宗室世系表上》大鄭王房：“懷州刺史從矩。”乃咸通時山南西道節度使李從晦之兄。

盧　告　　約咸通四年—五年（約863—864）

《隋唐五代墓誌匯編·河北卷·何弘敬墓誌》（咸通六年三月卒）：“左諫議大夫盧告册贈公太師……册禮畢，留後致謝於使臣……上曰：‘全皞年幾？’對以所聞之年二十有七……告即言：‘臣頃任懷州刺史，東接衛州，往來□賓，皆遊於魏，聞何某教諸子，皆付與先生。’”

劉仁規　　咸通八年（867）

《新書·懿宗紀》：咸通八年七月“乙巳，懷州民亂，逐其刺史劉仁規”。《通鑑·咸通八年》：七月，“懷州民訴旱，刺史劉仁規揭榜禁之，民怒，相與作亂，逐仁規，仁規逃匿村舍。民入州宅，掠其家貲，登樓擊鼓，久之乃定”。

【湯　群　　中和二年（882）（未之任）】

《舊書·僖宗紀》：中和二年十月，“以嵐州刺史湯群爲懷州刺史”。《通鑑·中和二年》：“初，朝廷以龐勛降將湯群爲嵐州刺史，群潛通沙陀，朝廷疑之，徙群懷州刺史，鄭從讜遣使齎告身授之。冬十月庚子朔，群殺使者，據城叛，附於沙陀。”

李罕之　　中和三年(883)

《新書》本傳：“隨黄巢度江，降於高駢，駢表知光州事。爲秦宗權所迫，奔項城，收餘衆依諸葛爽，署懷州刺史。爽伐宗權，即表以自副，屯睢陽，無功。又表爲河南尹、東都留守。”又見兩《五代史》本傳。《通鑑·中和三年》：“初，光州刺史李罕之爲秦宗權所攻，棄州奔項城，帥餘衆歸諸葛爽，爽以爲懷州刺史。”

張全義　　光啓三年(887)

《舊書·僖宗紀》：光啓三年五月，“懷州刺史張全義收洛陽”。《通鑑考異·光啓三年》引《實録》：“以澤州刺史李罕之爲河陽節度使，懷州刺史張全義爲河南尹。”《考異》按：“諸葛爽表全義爲澤州刺史，及仲方敗，罕之據澤州，全義據懷州耳，非刺史也。”

丁　會　　文德中

《舊五代史》本傳：“文德中，表授懷州刺史。歷滑州留後、河陽節度使、檢校司徒。自河陽以疾致政於洛陽。”

葛從周　　乾寧二年(895)

《舊五代史》本傳：乾寧二年十月，圍兗州，“生擒都將孫漢筠。從周累立戰功，自懷州刺史歷曹、宿二州刺史，累遷檢校左僕射”。又見《元龜》卷三四六。《全文》卷八三八薛廷珪《贈太尉葛從周神道碑》：“改授懷州刺史，屢立殊勳，繼膺賞典。”

張　某　　乾寧四年(897)

《全文》卷八二一李綽《昇仙廟興功記》：“今河陽行軍懷州刺史僕射清河張公即留守太保相君之令弟……乾寧四年正月三日記。”按“留守太保”即張全義。

劉知俊　　約天復元年—三年(901—903)

《舊五代史》本傳:"天復初,歷典懷、鄭二州。從平青州,以功奏授同州節度使。"又見《元龜》卷三六〇。《新五代史》本傳略同。《十國春秋》本傳:"降全忠,全忠以爲左開道指揮使……歷海、懷、鄭三州刺史。從破青州,以功表匡國軍節度使。"

卷五三　鄭州（滎陽郡）

隋滎陽郡。武德四年平王世充，置鄭州，治虎牢城。貞觀七年徙治管城。天寶元年改爲滎陽郡。乾元元年復爲鄭州。領縣七：管城、滎陽、滎澤、新鄭、中牟、原武、陽武。

張　亮　　武德初

《舊書》本傳：“及〔徐〕勣以黎陽歸國，亮頗贊成其事，乃授鄭州刺史。會王世充陷鄭州，亮不得之官，孤軍無援，遂亡命於共城山澤。”又見《元龜》卷九四九。《新書》本傳略同。

趙孝舉　　武德中

《隋唐五代墓誌匯編·北京大學卷》第二册《唐故許州扶溝縣令天水趙府君（季康）隴西李氏合祔墓誌銘并序》（貞元十八年十一月二十九日）：“曾祖粲，隋朝常州□□。王父孝舉，國初滑、鄭二州刺史。先考謙光，皇朝尚書户部郎中、楚州刺史。”季康卒天寶初。未言享年。

梁　巘　　約貞觀初

《北史·梁昕傳》：“子巘，仕隋爲給事郎。貞觀中，終於鄭州刺史。”《芒洛四編·唐故黄岡縣令梁君（有意）墓誌銘并序》：“父巘，周任右侍伯中士，司服上司；隋符璽郎、符璽監，慈博懷三州長史，給事中；皇朝上柱國，濛、鄭二州刺史，安定郡開國公。”有意卒永徽三年十二月十九日，春秋六十六。

李元禮　　貞觀六年(632)

《舊書》本傳："貞觀六年，賜實封七百戶，授鄭州刺史。徙封徐王，遷徐州都督。"《新書》本傳略同。又見《元龜》卷二八一。

李元懿　　貞觀十年(636)

《舊書》本傳："貞觀七年，授兗州刺史，賜實封六百戶。十年，改封鄭王，歷鄭、潞二州刺史。"《新書》本傳略同。又見《元龜》卷二八一。《全文》卷六太宗《荆王元景等子孫代襲刺史詔》："鄭州刺史鄭王元懿……其所任刺史咸令子孫代代承襲。"又見兩《唐書·李元景傳》。《金石萃編》卷五八有《大唐故贈司徒荆州大都督兗安二州都督鄭絳潞三州刺史上柱國鄭惠王石記》。按鄭惠王即李元懿。《會要》卷四六："〔貞觀〕十一年六月六日詔曰……鄭州刺史鄭王元懿。"

房仁裕　　約貞觀中期

《金石補正》卷三六《贈兵部尚書房忠公(仁裕)神道碑并序》："是以建德受縛，王充請降(闕)毀擯從，授□麟州刺史……制葬事官給，尋而奪禮，授金紫光禄大夫、行(闕)江左制命，公杖鉞出征，賜寶刀七口。(闕)帝用嘉之，遷鄭州刺史。"

王思泰　　貞觀中?

《新表二中》烏丸王氏："思泰，字知約，鄭州刺史。"《隋唐五代墓誌匯編·陝西卷》第四册《大唐睿宗大聖真皇帝賢妃王氏墓誌銘并序》(天寶四載十二月七日)："賢妃諱芳媚……國子司業、鄭州刺史諱思泰之孫，司封郎中、潤州刺史贈益州大都督薛公諱美暢之中女也。"賢妃卒天寶四載八月八日，春秋七十三。按美暢武后時仕至潤州刺史，其父疑仕於貞觀中。

李元名　　約貞觀二十年(約646)

《舊書》本傳：貞觀十一年，"拜壽州刺史。後歷滑、許、鄭三州刺史。二十三年，加實封滿千戶，轉石州刺史"。《新書》本傳未及。《元龜》卷二八一作"歷許、滑、宋三州刺史"。

元　震　　約貞觀中

《姓纂》卷四河南洛陽元氏："震，鄭州刺史。"乃武德間瓜州道行軍總管沙州刺史元韶之弟。

許敬宗　　永徽二年—三年（651—652）

《舊書》本傳："高宗嗣位，代于志寧爲禮部尚書。敬宗嫁女與蠻酋馮盎之子，多納金寶，爲有司所劾，左授鄭州刺史。永徽三年，入爲衛尉卿。"又見《元龜》卷四八二。《新書》本傳："有司劾舉，下除鄭州刺史，俄復官，爲弘文館學士。"《廣記》卷二六五引《國史纂異》："〔許敬宗〕爲有司所劾，左授鄭州刺史。永徽間，復拜禮部尚書。"

顔　振　　高宗初？

《唐文拾遺》卷六五闕名《大唐故秦州都督府士曹參軍顔君（瑤）墓誌銘》："皇朝鄭州刺史振之孫，□州都督府長史思貞之子。"景龍二年二月三日卒。

温　璥　　高宗時？

《姓纂》卷四太原祁縣温氏："璥，職方郎中、鄭州刺史。"按《新表二中》温氏作"陝州刺史"。其父彦將，武德元年爲中書舍人，卒。疑璥刺鄭在高宗時。

元思齊　　高宗時？

《姓纂》卷四河南洛陽元氏："思齊，鄭州刺史。"乃元思哲之兄。按《集古録目》有《元府君（思哲）德政碑》，謂思哲以絳州夏縣令卒於官，縣人立碑以頌德，碑以調露二年立。則思哲兄思齊疑亦仕於高宗時。

李元祥　　永隆元年（680）

《舊書》本傳："高宗時，又歷金、郇、鄭三州刺史。"又見《元龜》卷二八一。《新書》本傳未及。《通鑑·永隆元年》：七月"丙申，鄭州刺史江王元祥薨"。

雲弘胤（雲弘嗣、雲洪嗣）　　高宗、武后間？

《嘉泰吳興志》卷一四郡守題名："雲洪（弘）嗣，武德七年自右庶子授，遷鄭州刺史。"按天授二年，雲弘嗣被殺，見《新書·則天皇后紀》及《通鑑》。上距武德七年六十七年，疑《吳興志》誤，姑置於高宗武后間。又按"弘嗣"、"洪嗣"即"弘胤"避諱改。

李元名　　垂拱中

《舊書》本傳："垂拱年，除青州刺史，又除鄭州刺史……轉滑州刺史。"又見《會要》卷五，《元龜》卷二八一。《新書》本傳："治石州二十年……垂拱中，徙鄭州。"

李　琨　　武后時

《舊書》本傳："則天朝歷淄、衛、宋、鄭、梁、幽六州刺史，有能名。聖曆中，嶺南獠反，敕琨爲招慰使。"又見《元龜》卷二八一。《新書》本傳未及。《新書·宗室世系表下》吳王房："淄、衛、宋、鄭、梁、幽六州刺史贈吳王琨。"

武重規　　武后時

《新書》本傳："重規爲汴、鄭二州刺史，未至，役人營繕，后怒，貶廬州刺史。自是著令：諸王爲州，不得擅營治。"

段嗣元　　武后時

《姓纂》卷九段氏："嗣元，地官侍郎、鄭州刺史。"乃顯慶二年洛州長史、三年越州都督段寶玄之子。《郎官柱》户部郎中有段嗣元，在劉延祐、于思言、劉基後，石暈、孫元亨、唐奉一前。

令狐思撫　　武后時

《姓纂》卷五燉煌效穀縣令狐氏："思撫，唐地官郎中、鄭州刺史。"

乃貞觀時汾州長史令狐文軌之子。《郎官柱》户部郎中有思撫，在逯仁傑、周子恭後，紀全經、衛畿道、崔行成前。

韋安石　　約聖曆中—久視元年（698?—700）

《舊書》本傳：“俄拜并州刺史，又歷德、鄭二州刺史……久視年，遷文昌左丞，尋拜鸞臺侍郎、同鳳閣鸞臺平章事。”《新書》本傳略同。

李　瑜　　約武后末

《新書·宗室世系表上》大鄭王房：“鄭州刺史瑜。”乃靈州都督孝節之子，汝州刺史頊、幽州都督琬之弟，吏部尚書李昌之父。《全文》卷三九一獨孤及《唐故特進太子少保鄭國李公（遵）墓誌銘》：“祖瑜，鄭州刺史。”李遵卒大曆二年七月。按李昌仕開元中，則其父約仕至武后末。

朱敬則　　神龍元年（705）

《舊書》本傳：“神龍元年，出爲鄭州刺史，尋以老致仕。二年，侍御史冉祖雍素與敬則不協，乃誣奏云與王同皎親善，貶授廬州刺史。”《新書》本傳略同。又見《元龜》卷四六六。

源匡友　　約中宗、睿宗時

《千唐誌·大唐西河郡平遥縣尉慕容故夫人源氏墓誌銘并序》（天寶九載八月二十八日）：“天寶九載秋八月廿三日，夫人河南源氏夭折於洛陽城，時年廿有七……夫人高祖誠心，洛州司馬；曾祖匡友，□（字不清，疑爲“鄭”字）州刺史；祖晉賓，鄭州別駕；父俊，聖朝前晉陵郡義興縣令。”按《新表五上》源氏有匡度，未署官職。按其父誠心，龍朔中官萬年縣令，則匡友約仕中宗、睿宗時。

王思恭　　景雲中？

《寶刻叢編》卷八引《金石録》：“《唐鄭州刺史王思恭碑》，唐李振撰并書，景雲二年。”則思恭當在景雲中仕至鄭州刺史。按《新表二中》王氏："思恭，峨嵋丞。"乃顯慶中魏州刺史弘直孫，隋州司馬緘子，武后時宰相方慶姪，未知是否此人？

孟温禮　　約景雲、先天間

《元龜》卷三二○："宋璟開元初爲侍中……奏曰：臣伏見詔州奏事云：廣州與臣立遺愛頌……請敕廣府即停。從之。時鄭州百姓亦爲前刺史孟温禮樹碑，因是亦命罷之。"按開元元年孟温禮爲京兆尹。

温慎微　　開元初？

《新表二中》温氏："慎微，鄭州刺史。"乃武德元年中書舍人温彦將之孫，鄭州刺史温璥之子。彦將卒武德元年，其孫疑仕至開元初。

劉嘉言　　約開元四年—五年（約716—717）

《元龜》卷九九二："〔開元〕五年三月庚戌，復置營州於柳城，詔曰：'鄭州刺史劉嘉言……爰精衆官之選，任一方之役。'"又見《全文》卷二七玄宗《命柳城復置營州詔》。

李　範　　開元六年（718）

《舊書·玄宗紀上》：開元六年正月，"以太子少師兼許州刺史、岐王範兼鄭州刺史"。十二月，"以太子少師兼鄭州刺史、岐王範爲岐州刺史"。又本傳："開元初，拜太子少師，帶本官，歷絳、鄭、岐三州刺史。八年，遷太子太傅。"《新書》本傳未及。《大詔令集》卷三五《邠王守禮等兼晉州刺史制》："太子少師兼鄭州刺史上柱國岐王範……可使持節岐州諸軍事岐州刺史……開元元年十二月。"按"元年"疑爲"六年"之誤。

源光裕（源光俗）　　開元十三年（725）

《舊書》本傳："初爲中書舍人，與楊滔、劉令植等同删定《開元新格》。歷刑部、戶部二侍郎，尚書左丞，累遷鄭州刺史，稱爲良吏，尋卒。"《新書》本傳略同。《新書·許景先傳》："〔開元〕十三年，帝自擇

刺史，景先由吏部侍郎爲刺史治虢州，大理卿源光裕鄭州。"又見《元
龜》卷六七一。按《唐詩紀事》卷二謂帝擇廷臣爲諸州刺史，源光裕鄭
州，事在開元十六年，誤。《千唐誌·大唐故鄭州刺史源公故夫人鄭
氏墓誌銘》（開元二十年九月二日）："年十三歸吾從祖兄之子光俗。"
夫人開元二十年五月五日卒。作"光俗"，與諸書異。

賈　曾　　開元十三年（725）

《舊書》本傳："開元六年，玄宗念舊，特恩甄叙，繼歷慶、鄭等州刺
史。入拜光禄少卿，遷禮部侍郎。十五年卒。"《新書》本傳略同。《新
書·宇文融傳》："會帝封太山還，融以選限薄冬，請分吏部爲十銓。
有詔融與禮部尚書蘇頲……鄭州刺史賈曾、懷州刺史王丘分總，而不
得參事，一決於上。"按玄宗封泰山回，宇文融上策，請吏部置十銓，事
在開元十三年，見《會要》卷七四。又按開元十一年賈曾在徐州刺史
任，約開元十四年由光禄少卿遷禮部侍郎，十五年卒官。

崔　尚　　約開元十六年（約728）

《全詩》卷二二杜甫《壯遊》詩："往昔十四五，出遊翰墨場，斯文崔
魏徒，以我似班揚。"原注："崔鄭州尚、魏豫州啓心。"按杜甫生於先天
元年，十四五歲即開元十三四年，時鄭州刺史爲源光裕、賈曾，疑崔尚
開元十五六年爲鄭刺。又按《新表二下》南祖崔氏："尚，祠部郎中。"
天寶元年三月二日崔尚在祠部郎中任，見《唐天台山桐柏觀頌》。

宋　遥　　約開元十八—二十年（約730—732）

《千唐誌·唐故上黨郡大都督府長史宋公（遥）墓誌銘并序》（天
寶七載正月十一日）："出博平、滎陽、絳、魏、陳留、襄陽、貶武當七郡
太守，河北、河南、山南三採訪，上黨郡大都督府長史……天寶六載二
月五日終上黨，公享齡六十有五。"按開元二十二年至二十三年在魏
州刺史、河北採訪使任；天寶元年冬在吏部侍郎任，二載貶武當太守，
見《通鑑》，天寶三載由户部侍郎遷尚書左丞。《全詩》卷一三七儲光
羲《晚次東亭獻鄭州宋使君文》，"宋使君"即宋遥。

席　豫　　開元二十年—二十一年(732—733)

《舊書》本傳："與韓休、許景先、徐安貞、孫逖相次掌知誥,皆有能名。轉户部侍郎,充江南東道巡撫使,兼鄭州刺史。入爲吏部侍郎……典選六年,復有令譽。天寶初,改尚書左丞。"《新書》本傳略同。《全文》卷三〇五徐安貞《授席豫尚書右丞等制》："朝散大夫使持節鄭州諸軍事守鄭州刺史上柱國席豫等……可依前件。"按嚴氏《僕尚丞郎表》謂開元二十年席豫由户侍爲鄭州刺史,二十一年由鄭州刺史入爲右丞。

崔希逸　　開元二十一年—二十二年(733—734)

《舊書·食貨志下》:開元二十二年八月,"以〔裴〕耀卿爲黄門侍郎、同中書門下平章事,充江淮、河南轉運都使,以鄭州刺史崔希逸、河南少尹蕭炅爲副"。《新書·食貨志三》作開元二十一年。《會要》卷八七、《元龜》卷四八三皆作開元二十二年。

宋温瑾　　開元中

《姓纂》卷八河南宋氏："温瑾,户部侍郎、鄭州刺史。"乃玄宗時梓州刺史温璥之兄。

【柳　澤　　開元中(未之任)】

《舊書》本傳："開元中,累遷太子右庶子。出爲鄭州刺史,未行病卒。"《新書》本傳略同。《新表三上》柳氏："澤,太子右庶子、華州刺史。"

尹日昇　　約開元中

《姓纂》卷六河間尹氏："日昇,鄭州刺史、光禄少卿。"按其父元貞,高宗末爲曲阿令,爲徐敬業所殺,《舊書》有傳。

魏　恬　　開元中

《姓纂》卷八西祖魏氏："恬,給事中、鄭州刺史。"《新表二中》魏氏略同。按兩《唐書》本傳未及鄭刺，唯云："開元中，官至潁王傅。"

劉體微　　開元中

《全文》卷三〇九孫逖《授劉體微等諸州刺史制》："前使持節鄭州諸軍事守鄭州刺史……劉體微……可依前件。"

張敬輿　　開元中

《全文》卷三〇九孫逖《授張敬輿等諸州刺史制》："前使持節鄭州諸軍事守鄭州刺史上柱國張敬輿等……可依前件。"

段崇簡　　約開元末

《姓纂》卷九段氏："崇簡，右衛將軍、鄭州刺史。"按《廣記》卷三八一引《廣異記》謂李適之拜相之年，崇簡在衛州刺史任。

陸景融　　開元末—天寶元年(?—742)

《舊書·陸象先傳》：弟景融，"歷大理正、滎陽郡太守、河南尹、兵吏部侍郎、左右丞、工部尚書、東都留守、襄陽郡太守、陳留郡太守。"《新書》本傳未及。《全文》卷三〇八孫逖《授陸景融尚書右丞等制》："滎陽郡太守陸景融等……可依前件。"《廣記》卷二二一引《定命錄》："陸景融爲新鄭令，有客謂之曰：公從今三十年，當爲此州刺史……後果三十年爲鄭州刺史。"

吳從衆　　約天寶元年—三載(約742—744)

《嘉泰吳興志》卷一四郡守題名："吳從衆，開元二十八年自蘄州刺史授，遷密州刺史，充党項使。《統紀》云：天寶三年自鄭州刺史授，遷安化郡太守，即密州刺史也。"按《統記》說近是。唯安化郡乃慶州，非密州。

趙冬曦　　約天寶四載—六載(約745—747)

《趙冬曦墓誌銘》："以親累，貶合州刺史，歷眉、濮、亳、許、宋等州刺史，弘農、滎陽、華陰等郡太守。"天寶九載卒，年七十四。天寶十載四月葬（《中原文物》1986 年第 4 期）。按趙冬曦天寶二年在弘農太守任。

源 洧　　天寶中

《舊書》本傳："天寶中爲給事中、鄭州刺史、襄州刺史、本道採訪使。"《新書》本傳未及。

鄭遠思　　天寶中？

《白居易集》卷四二《唐河南元府君夫人滎陽鄭氏墓誌銘并序》："夫人曾祖諱遠思，官至鄭州刺史。"疑在天寶中。

崔無詖　　約天寶十三載—十四載（約 754—755）

《舊書·玄宗紀下》：天寶十四載十二月"甲午，陷滎陽郡，殺太守崔無詖"。又見兩《唐書》本傳，《舊書·安禄山傳》，《新書·玄宗紀》，《通鑑·天寶十四載》十二月。《新表二下》博陵安平崔氏大房："無詖，滎陽郡太守。"

武令珣　　天寶十四載（755）

《舊書·崔無詖傳》："及賊陷陳留郡後……兩宿及滎陽，乘城自墜如雨，故無詖及官吏盡爲賊所虜。賊以其將武令珣鎮之。"《通鑑·天寶十四載》：十二月"癸巳，禄山陷滎陽，殺〔崔〕無詖，以其將武令珣守之"。

季廣琛　　乾元元年—二年（758—759）

《舊書·肅宗紀》：乾元元年九月"庚寅，大舉討安慶緒於相州。命朔方節度郭子儀……鄭蔡節度使季廣琛等九節度之師，步騎二十萬"。二年四月，"貶季廣琛宣州刺史"。《唐語林》卷八："自安史之亂，則内地始置九節度以討之。曰：朔方郭子儀，鄭蔡李（季）廣琛。"按《新書·方鎮表》：乾元元年，"淮南西道節度徙治鄭州"。乾元二年，"置鄭陳節度使……治鄭州"。

魯　炅　　乾元二年(759)

《舊書·肅宗紀》：乾元二年四月“甲辰，以鄧州刺史魯炅爲鄭州刺史，充陳鄭蔡潁亳節度使”。《新書》本傳：“乾元元年，又加淮西節度、鄧州刺史……〔明年，〕徙炅鄭陳亳節度使。至新鄭，聞郭子儀整軍屯穀水，李光弼還太原，炅羞怖，仰藥死，年五十七。”按《舊書》本傳云：“乾元元年，兼鄭州刺史、充鄭陳潁亳等州節度使。上元二年，爲淮西襄陽節度使、鄧州刺史。”疑時序有誤。

彭元曜　　乾元二年(759)

《舊書·肅宗紀》：乾元二年六月，“以右羽林大將軍彭元曜爲鄭州刺史，充陳鄭申光壽等州節度使”。《金石録》卷七：“《唐鄭陳節度使彭元曜墓誌》，李潮撰并八分書，乾元二年十一月。”又見《寶刻叢編》卷八。

李抱玉　　乾元二年(759)

《舊書·肅宗紀》：乾元二年九月，“右羽林將軍李抱玉爲鄭州刺史、鄭陳潁亳四州節度使”。又本傳：“自特進、右羽林大將軍、知軍事，遷鴻臚卿員外置同正員，持節鄭州諸軍事兼鄭州刺史、攝御史中丞、鄭陳潁亳四州節度……遷澤州刺史、兼御史中丞。代宗即位，擢爲澤潞節度使、潞州大都督府長史、兼御史大夫。”《新書》本傳略同。

陳少遊　　廣德元年?—永泰元年(763?—765)

《舊書》本傳：寶應二年，“遷晉州刺史，改同州刺史，未視事，又歷晉、鄭二州刺史……無幾，澤潞節度使李抱玉表爲副使、御史中丞、陳鄭二州留後。永泰二年，抱玉又奏爲隴右行軍司馬，拜檢校左庶子，依前兼中丞”。《新書》本傳略同。又見《元龜》卷六九三。

馬　燧　　永泰元年—大曆四年(765—769)

《舊書》本傳：“遷鄭州刺史……大曆四年，改懷州刺史。”《新書》

本傳略同。《全文》卷五〇七權德輿《司徒兼侍中上柱國北平郡王馬公（燧）行狀》：“永泰中，拜鄭州刺史兼侍御史……大曆中，改懷州刺史。”《全詩》卷二三七錢起有《送馬使君赴鄭州》，又卷二四七獨孤及有《送馬鄭州》，當即馬燧。

＊馬　璘　　大曆五年（770）

《舊書·段秀實傳》：“〔馬璘〕遷涇州。既至其理所，人烟復絶，兵無廩食。朝廷憂之，遂詔璘遥管鄭、穎二州，以贍涇原軍。”《新書·方鎮表一》：“大曆五年，涇原節度使馬璘訴地貧軍廩不給，遥領鄭、穎二州。”兩《唐書》本傳未及。按馬璘實未至鄭州。

段秀實　　大曆五年（770）

《舊書》本傳：“〔馬璘〕遥管鄭、穎二州，以贍涇原軍，俾秀實爲留後，二州甚理。璘思其績用，又奏行軍司馬，兼都知兵馬使。”《新書》本傳略同。

徐　向　　大曆六年（771）

《新表五下》北祖上房徐氏：“向字文伯，衢、江、陳、穎、鄭、宋六州刺史。”按大曆七年徐向爲宋州刺史。

崔　朝　　大曆中

《新表二下》崔氏清河小房：“朝字懿忠，鄭、懷二州刺史。”《全文》卷六八二牛僧孺《崔相國群家廟碑》：“奉懷州刺史贈太子少師府君神主祔於第二室……曰王考廟……懷州公諱朝字守忠……四遷檢校倉部郎中兼侍御史、知鄭穎兩州節度使觀察留後，録刺史事。”

王　某　　大曆中

《唐詩紀事》卷二八朱長文有《宿新安江深渡館寄鄭州王使君》詩，又見《全詩》卷二七二。按朱長文爲大曆中江南詩人。

李　韜　大曆中？

《新書·宗室世系表下》虢王房：“鄭州刺史韜。”乃虢莊王鳳之曾孫，疑仕於大曆中。

于　頎　建中元年—二年（780—781）

《舊書·德宗紀上》：建中二年正月丁亥，“以前鄭州刺史于頎爲河南尹”。又本傳：“及〔元〕載得罪後，出爲鄭州刺史，遷河南尹。”《新書》本傳略同。又見《元龜》卷九四五。

孫　液　貞元元年（785）

《新書·李希烈傳》：“賊戍將孫液挈鄭州降，帝即拜液爲刺史。”《元龜》卷一六五：“貞元元年三月己未，以光州固始縣令孫液爲鄭州刺史、兼御史中丞。”

李　融　貞元七年—九年（791—793）

《全詩續補遺》卷七權德輿《貞元七年蒙恩除太常博士自江東來朝時與郡君同行西岳廟停車祝謁元和八年拜東都留守途次祠下追記前事已二十三年於茲矣時郡君以疾恙續發因代書却寄》：“憶昔辛未歲，詔書下江濡，盡室赴禮官，脂車雜輜軿，行役過梁苑，淹留經圃田。”注：“郡君從壻李融，時爲鄭州，各淹留累日。”按“辛未歲”即貞元七年。《舊書·德宗紀下》：貞元九年五月，“以鄭州刺史李融爲滑州刺史，義成軍節度使”。《元龜》卷六七八：“李融爲鄭州刺史，作賦稅法。”按《舊書·李適之傳》唯云：“孫融……貞元十年，歷官至渭（‘滑’之訛）州節度使。”未及鄭刺。

趙　植　貞元九、十年（793、794）

《舊書》本傳：“貞元初，遷鄭州刺史。鄭滑節度使李融奏兼副使。十年，融病，軍府之政委於植。大將宋朝晏構三軍爲亂……遲明，亂卒自潰，即日誅斬皆盡。帝優詔嘉之，入爲衛尉少卿，三遷尚書工部侍郎。”《新書·趙隱傳》：祖植，“渾瑊引在幕府。累擢鄭州刺史。鄭滑節度使李融奏以自副，融疾病，委以軍政”。又見《元龜》卷四三七、卷七二九。

李朝則　　貞元中？

《新書·宗室世系表上》蜀王房：“鄭州刺史朝則。”乃大曆福建觀察使李椅三從姪，疑仕貞元中。

裴　向　　貞元末

《舊書》本傳：“德宗季年，天下方鎮副倅多自選於朝……向已選爲太原少尹，德宗召見喻旨，尋用爲行軍司馬、兼御史中丞，改汾州刺史，轉鄭州。又復爲太原少尹，兼河東節度副使。”《新書》本傳未及。

鄭　權　　元和初？

《神仙感遇傳》卷三：“御史姚生，失其名。鄭州刺史鄭權叙云。”按鄭權元和十一年在河南尹任。

李少和　　約元和三年—五年（約808—810）

《寶刻叢編》卷五引《集古錄》：“《唐京河水門記》，唐祕書省校書郎直史館韋處厚撰，處士唐衢八分。鄭州刺史李少和引京水注於管城之北，爲石水門，以節其出入。元和五年正月立此碑。”按元和五年六月戊寅，太府卿李少和爲江西觀察使，見《舊書·憲宗紀上》。

楊　寧　　元和六、七年？（811、812?）

《千唐誌·故朝議大夫守國子祭酒致仕上騎都尉賜紫金魚袋楊府君（寧）墓誌銘并序》（元和十二年八月十五日）：“永貞初，有詔徵拜殿中侍御史，遷侍御史……以公爲鄭州刺史，期而報政，就增御史中丞，賜金印紫綬……遷太僕卿，尋轉國子祭酒。”乃汝士、虞卿、漢公、殷士之父，元和丁酉（十二年）四月丁卯卒，年七十四。按兩《唐書·楊虞卿傳》未及楊寧爲鄭刺。《新書·楊虞卿傳》謂：“父寧……順宗初召爲殿中侍御史，終國子祭酒。”又按陽城爲右諫議大夫時，楊寧爲長安尉，見《新書·陽城傳》；杜亞爲東都留守時（貞元五年—十二年），楊寧爲監察御史，見《舊書·李元素傳》。《郎官柱》户部郎中有楊寧，在李元素、熊□錫（執易）後，于皋謨、潘孟陽前。

鄭膺甫　　約元和七、八年（約 812、813）

《舊書·鄭餘慶傳》：“弟膺甫，官至主客員外郎中，楚、懷、鄭三州刺史。”按元和四年爲睦州刺史，見《嚴州圖經》；元和十二年在懷州刺史任，見《元龜》卷六七三。《新表五上》鄭氏北祖房：“膺甫，楚州刺史。”疑刺楚在刺懷前。《郎官柱》度支郎中有鄭膺甫，在夏侯審後，張正甫前。主客郎中在源休後，陳鴻前。

韋　屺　　元和中

《隋唐五代墓誌匯編·洛陽卷》第十三册《右監門衛胄曹參軍故夫人京兆韋氏墓銘》（寶曆元年二月）：“光禄卿、宋鄭虢三州刺史屺之季女，監察御史楚材之妹。”甲辰年（長慶四年）卒，春秋廿七。

崔　祝　　約元和十年—十二年（約 815—817）

《元龜》卷七〇〇：“崔祝爲鄭州刺史，元和十二年御史臺奏祝坐贓三萬餘貫，敕崔祝抵犯刑章，宜加貶逐。”《廣記》卷一五三引《續定命録》：“唐渭北節判崔朴，故滎陽太守祝之兄也。”

裴　乂　　元和十二年—十四年（817—819）

《舊書·憲宗紀下》：元和十四年六月庚申，“以鄭州刺史裴乂爲福州刺史、福建觀察使”。《全文》卷六五五元稹《唐故福建等州都團練觀察處置等使中大夫使持節都督福州諸軍事福州刺史裴公（乂）墓誌銘》：“在鄭時，朝廷有事淄蔡……義成節度〔李〕光顔將出師，乞自副……義成換帥，仍爲副，皆帶刺史事。理鄭凡三年，鄭人宜便。觀察福建時……五載不失所。”

崔弘禮　　元和十五年—長慶元年（820—821）

《舊書》本傳："會田弘正請入覲，請副使，乃授弘禮衛州刺史，充魏博節度副使，歷鄭州刺史。長慶元年……復加弘禮檢校左散騎常侍，充幽州盧龍軍節度副使。未及境，幽、鎮兵亂，改爲絳州刺史。"又見《元龜》卷七一六。《新書》本傳未及。《全文》卷六四九元稹《授崔弘禮鄭州刺史制》："相州刺史……崔弘禮……可使持節鄭州刺史。"《千唐誌・唐故東都留守東都畿汝州都防禦使銀青光禄大夫檢校尚書左僕射判東都尚書省事兼御史大夫崔公（弘禮）墓誌銘并序》（大和五年四月二十八日）："〔元和〕十五年秋拜鄭州……改絳州，時議以公七典州邦，四倅戎律……長慶二祀，特遷河南尹兼大夫。"

殷　祐　　長慶元年—二年（821—822）

《白居易集》卷四九有《前廬州刺史殷祐可鄭州刺史制》。

傅良弼　　長慶二年—三年（822—823）

《白居易集》卷五一《傅良弼可鄭州刺史制》："金紫光禄大夫、使持節沂州諸軍事行沂州刺史、兼御史中丞、騎都尉傅良弼……可使持節鄭州諸軍事、行鄭州刺史、兼御史大夫。"《全文》卷六三八李翱《唐故橫海軍節度使持節齊州諸軍事兼齊州刺史傅公（良弼）神道碑》："長慶初，幽州繼亂……以功遷沂州刺史。未到，遽以爲左神策將軍，數月，拜鄭州刺史……明年，改爲鹽州刺史。"

張仲方　　長慶四年?—寶曆二年（824?—826）

《舊書・張九皋傳》：曾孫仲方，"入爲度支郎中，駁李吉甫諡，吉甫之黨惡之，出爲遂州司馬。稍遷復、曹、鄭三郡守。爲諫議大夫"。又本傳："拜鄭州刺史……及敬宗即位，李程作相，與仲方同年登進士第，召仲方爲右諫議大夫。"《新書》本傳略同。《全文》卷七一三李聽《修大海佛寺石像奏》稱"今滎陽縣令李元慶新加嚴飾，刺史張仲方立石爲文"。《元龜》卷五二謂此爲"〔寶曆〕二年三月庚午，鄭滑觀察使李聽上言"。《白居易集》卷七〇《唐故銀青光禄大夫祕書監曲江縣開國伯范陽張公(仲方)墓誌銘并序》:"改曹州刺史、河南少尹、鄭州刺史,入爲諫議大夫……京兆尹。"

狄兼謨　　約寶曆二年—大和元年(約 826—827)

《舊書》本傳:"長慶、大和中,歷鄭州刺史,以治行稱,入爲給事中。開成初……遷御史中丞。"《新書》本傳:"歷刑部郎中、蘄鄧鄭三州刺史。歲旱饑,發粟賑濟,民人不流徙。改蘇州,以治最,擢給事中。"又見《元龜》卷六七五。《吴郡志》卷一一:"狄兼謨,文宗時自鄭州刺史改蘇州,以治最,擢給事中。"

楊歸厚　　大和二年—四年(828—830)

《會要》卷八六:"大和二年二月,鄭州刺史楊歸厚奏。"《全文》卷六〇六劉禹錫《管城新驛記》謂"大和二年閏三月,滎陽守〔楊〕歸厚上言"。又《鄭州刺史東廳壁記》:"今年鄭州刺史楊君作東廳,既成而落之,且以書抵余爲記……大和四年某月日。"又卷六一〇劉禹錫《祭虢州楊庶子文》:"維大和六年月日,蘇州刺史劉禹錫……敬祭於故虢州楊公之靈……五剖竹符,皆有聲績。南湘潛化,巴人啞啞;比陽布和,戰地盡闢;壽春武斷,姦吏奪魄;滎波砥平,士庶同適;朝典陟明,俾臨本州。"所謂"滎波砥平,士庶同適",即指任鄭州刺史之政績,並由此證知由鄭刺轉虢刺。《全詩》卷五七二賈島有《永福湖和楊鄭州》,當謂楊歸厚。

李　翱　　大和四年—五年(830—831)

《舊書》本傳:"〔大和〕三年二月,拜中書舍人……坐謬舉,左授少府少監。俄出爲鄭州刺史。五年,出爲桂州刺史、御史中丞,充桂管都防禦使。"《文宗紀下》:大和五年十二月"癸巳,以鄭州刺史李翱爲桂管觀察使"。《新書》本傳未及。又見《唐詩紀事》卷三五。

蕭　澣　　大和七年(833)

《舊書·文宗紀下》:大和七年三月"丁巳,以給事中蕭澣爲鄭州

刺史"。《通鑑·大和七年》同。又見《新書·李宗閔傳》，《南部新書》
戊。《全詩》卷五四〇李商隱《夕陽樓》詩原注："在滎陽，是所知今遂
寧蕭侍郎牧滎陽日作矣。蕭侍郎，蕭瀚也。"

權　璩　　大和九年（835）

《舊書·文宗紀下》：大和九年八月"甲午，貶中書舍人權璩爲鄭
州刺史"。又見《新書》本傳，《新表五下》權氏，《元龜》卷一四七。《全
詩》卷三六三劉禹錫《酬鄭州權舍人見寄十二韻》注："鄙人轉臨汝，舍
人牧滎陽。"

盧弘止（盧弘正）　　開成中

《南部新書》乙："鄭滑盧弘正尚書《題柳泉驛》云：余自歙州刺史
除度支郎中，八月十七日午時過永濟渡，却自度支郎中除鄭州刺史，
亦以八月十七日午時過永濟渡。從吏部郎中除楚州刺史，以六月十
四日宿湖城縣，今天從楚州刺史除給事中，計程亦合是六月十四日湖
城縣宿。事雖偶然，亦冥數也。"又見《唐文拾遺》卷二九引。兩《唐
書》本傳并未及刺史事，唯云其爲給事中在會昌時。

李　款（李穎）　　開成三年（838）

《元龜》卷一五三：開成三年"六月詔曰：鄭州中牟縣私置壇場度
僧一百六十人，並仰勒歸俗色役，其刺史李款罰一季俸料"。卷六九
九作"李穎"。又見《唐文拾遺》卷七引。

李　福　　會昌中

《舊書》本傳："大和七年登進士第，累辟使府。〔李〕石爲宰相，自
薦弟於延英……累遷尚書郎，出爲商、鄭、汝、潁四州刺史。大中時，
檢校工部尚書、滑州刺史、兼御史大夫，充義成軍節度、鄭滑潁觀察
使。"《新書》本傳未及。按大中五年諫議大夫李福爲夏綏節度，見《通
鑑》，由夏綏徙鄭滑，見《新書》本傳。

崔　瑨　　約會昌中

《全詩》卷四九六姚合《送崔中丞赴鄭州》："僕射陂前郡，清高越四鄰。丹霄鳳詔下，太守虎符新。霧濕關城月，花香驛路塵。連枝相庭樹，歲歲一家春。"陶敏謂此崔中丞爲崔瑨。《舊書》本傳："會昌中，歷三郡刺史，位終方鎮。"鄭州即爲其中之一。按其兄崔珙時爲相。

李　褒　　會昌四年—六年（844—846）

《唐文續拾》卷五李潛《尊勝經幢後記》："若先君志行盛業，先姚懿德門風，具在鄭州刺史李公褒所撰石誌……唐會昌四年歲次甲子十二月己卯朔十九日丁酉，孤子李潛泣血長號書。"又見《金石補正》卷四七。〔日〕圓仁《入唐求法巡禮行記》卷四：會昌六年六月"九日，到鄭州，刺史李舍人處有楊卿書"。李舍人即李褒。《千唐誌・唐故綿州刺史江夏李公（正卿）墓誌銘并序》稱："朝散大夫使持節鄭州諸軍事守鄭州刺史上柱國賜紫金魚袋李褒撰。有唐會昌四年四月十一日左綿守李公歿于位，其孤潛狀公之理行請銘于褒。"按李商隱有《鄭州獻從叔舍人褒》詩，《樊南文集》卷五《爲舍人絳郡公鄭州禱雨文》稱"鄭州刺史李某"，《樊南文集補編》卷六有《上鄭州李舍人狀》四篇，皆指李褒。

柳仲郢　　會昌六年—大中二年（846—848）

《舊書》本傳："宣宗即位，德裕罷相，出仲郢爲鄭州刺史……俄而〔周〕墀入輔政，遷爲河南尹。"《新書》本傳略同。按李德裕罷相在會昌六年，周墀入相在大中二年。

蘇　特　　約大中四年（約 850）

《嘉泰吳興志》卷一四郡守題名："蘇特，大中二年五月自陳州刺史拜；除鄭州刺史。"

韋　曈　　大中時？

《新表四上》韋氏龍門公房："曈，字賓之，鄭州刺史。"乃順宗時宰相韋執誼之子。

劉　潼　　大中十一年（857）

《舊書·宣宗紀》：大中十一年"六月，以朔方、靈武、定遠等城節度使、朝散大夫、檢校左散騎常侍、靈州大都督府長史、上柱國、賜紫金魚袋劉潼爲鄭州刺史，馳驛赴任，以給邊兵糧不及時也"。《東觀奏記》卷上："劉潼自鄭州刺史除桂州觀察使，右參（諫）議大夫鄭裔綽疏言不可，中使至，頒誥已數日，却命追制。"又見《唐語林》卷一，《新書·鄭裔綽傳》。《新書》本傳："出爲朔方靈武節度使。坐累貶鄭州刺史，改湖南觀察使。"

鄭　某　　咸通二年（861）

《千唐誌·唐故鄭州陽武尉張府君（勛）墓誌銘并序》（咸通二年八月七日）："咸通二年五月廿四日暴終於新鄭縣官舍……次授鄭州陽武縣尉……攝新鄭縣尉，用能也。縣之重事，公皆總焉。涖事凡四十五日，日有其能。太守鄭公嘉其清廉。"

馮　緘　　咸通中

《劇談錄》卷下《李生見神物遺酒》："咸通中，有中牟尉李潯寓居圃田別墅，稟性剛戾，不以鬼神爲意……馮給事爲鄭州刺史，親召李生而說之。"按馮緘乾符初歷京兆、河南尹，見《新書》本傳。又嘗爲給事中，見《劇談錄》卷上。

盧　攜　　咸通中

《舊書》本傳："咸通中，入朝爲右拾遺、殿中侍御史，累轉員外郎中、長安縣令、鄭州刺史。召拜諫議大夫。乾符初，以本官召充翰林學士，拜中書舍人。"《新書》本傳未及。《玉泉子》："故相盧攜爲監察御史……後自郎官除洛陽縣令，改鄭州刺史。"又見《廣記》卷一七七引《聞奇錄》。

杜真符　　中和元年(881)

《廣記》卷一二三引《三水小牘》："中和辛丑歲(元年)，詔丞相晉國公王鐸爲諸道行營都統……又詔軍容使西門季玄爲都監。秋七月，鐸至滑，都監次於臨汝……暮秋月，都監遷於滎陽郡……會太守杜真府符(按："真"當爲"貞"之諱改，"府"字衍)請都監夜宴。"按杜貞符乾符二年七月由左司員外郎爲都官郎中，見《舊書·僖宗紀》。

盧　某　　中和三年(883)

《全詩》卷六五六羅隱《鄭州獻盧舍人》注："時本官王令公收復兩京後。"據友人陶敏考證，注中之"王令公"指王鐸，中和元年七月以侍中檢校太尉、中書令，兼滑州刺史、義成軍節度、鄭滑觀察處置，兼充京城四面行營都統。據《舊書·僖宗紀》，中和三年四月庚辰"收復京城"，證知羅隱此詩爲中和三年之作。

李　璠　　光啓二年(886)

《舊書·僖宗紀》：光啓二年十一月，"蔡賊孫儒隱鄭州，刺史李璠遁免"。《通鑑·光啓二年》：十二月，"〔秦〕宗權遣〔孫〕儒攻陷鄭州，刺史李璠奔大梁"。又見《新書·孫儒傳》，《舊五代史·梁太祖紀一》，《元龜》卷一八七。

孟從益(孫從益)　　光啓三年(887)

《舊書·僖宗紀》：光啓三年五月詔："汴將孟從益權知鄭州事。"《通鑑·光啓三年》：五月，"朱全忠以其將孫從益知鄭州事"。"孟"、"孫"未知孰是。

趙克裕　　約文德中

《舊五代史》本傳：光啓中，"率所部歸於〔梁〕太祖……數年之內，繼領亳鄭二州刺史。時關東藩鎮，方爲蔡寇所毒"。《元龜》卷六九二："趙克裕，唐末領亳、鄭二州刺史。"

【張　諫　　景福元年(892)(未之任)】

《新書·時溥傳》:大順二年,昭宗以宰相劉崇望代時溥鎮徐州,溥諭軍中固留,詔可。"泗州刺史張諫聞溥已代,即上書請隸全忠,納質子焉。溥既復留,諫大懼,全忠爲表徙鄭州刺史。諫畏兩怨集己,乃奔楊行密。行密以諫爲楚州刺史,并其民徙之,以兵屯泗"。《通鑑》記此事在景福元年十一月及乾寧元年十一月。

劉知俊　　約天復三年—天祐元年(約 903—904)

《舊書·昭宗紀》:光化三年七月,"宣武押衙劉知俊檢校右僕射,爲鄭州刺史,從全忠奏也"。按光化中劉知俊爲海州刺史,天復初又爲懷州刺史,疑《舊紀》誤。《通鑑·天祐元年》:三月,"以鄭州刺史劉知俊爲匡國節度使"。《舊五代史》本傳:"天復初,歷典懷、鄭二州,從平青州,以功奏授同州節度使。"《新五代史》本傳謂"歷海、懷、鄭三州",《十四春秋》本傳同。《元龜》卷三六〇誤作"劉知柔"。

閻　寶　　約天祐三、四年(約 906、907)

《舊五代史》本傳:"自梁祖陳師河朔,爭霸關西,寶與葛從周、丁會、賀德倫、李思安各爲大將,統兵四出,所至立功,歷洺、隨、宿、鄭四州刺史。天祐六年,梁祖以寶爲邢洺節度使。"疑閻寶刺鄭或在唐末。

待考録

鄭　某

《全文》卷四七六韋行儉《新修嵩嶽中天王廟記》:"滎陽鄭公由滎陽守而尹洛邑……今徵鄭公崇飾肅祗之旨……庚申歲,行儉作吏……款識於石。"按"庚申歲"爲建中元年,時河南尹爲趙惠伯,未知"庚申"字誤否。

廉 範

《全文》卷九七六闕名《對仲夏百姓弋獵判》：“得鄭州刺史廉範以仲夏月令百姓弋獵，觀察使糾其違令，云爲苗除害。”

嚴 某

《全詩》卷六五六羅隱有《送鄭州嚴員外》。

卷五四　汝州(伊州、臨汝郡)

隋襄城郡。武德初改爲伊州。貞觀八年改伊州爲汝州。天寶元年改爲臨汝郡。乾元元年復爲汝州。領縣六：梁、郟城、魯山、葉、龍興、臨汝。

張善相　　武德二年(619)

《舊書》本傳："〔李〕密敗，以城歸國，高祖授伊州總管。王世充數攻之，善相頻遣使請救，兵既不赴……尋被害。"《新書》本傳略同。《通鑑·武德元年》：十二月，"〔李密〕遣人馳告故將伊州刺史襄城張善相，令以兵接應"。《武德二年》：正月"丙寅，李密所置伊州刺史張善相來降"。四月，"王世充數攻伊州，總管張善相拒之……城陷，善相罵世充極口而死"。又見《新書·高祖紀》，《元龜》卷一二六、卷一三○、卷一三四、卷三七三、卷六九四。

張　殷　　武德二年—三年(619—620)

《舊書·李公逸傳》："〔王〕世充遣其從弟辨率衆攻之，公逸遣使請援，高祖以其懸隔賊境，未即出兵。公逸乃留善行居守，自入朝請援，行至襄城，爲世充伊州刺史張殷所獲，送於洛陽。"又見《通鑑·武德二年》。

柏季纂　　約武德中

《姓纂》卷一○魏郡柏氏："季纂，唐司農卿，汝、遂、宜、虞四州刺史,武陽公。"按《元龜》卷六二〇云:"武德中,歷屯田農圃監,再爲司農少卿。"又卷八九九:"爲司農卿,乞骸,拜虞州刺史致仕。"其爲汝刺約在武德中。

杜某　　約武德、貞觀間

《全文》卷九九一闕名《大唐故左戎衛大將軍兼太子左典戎衛率杜公(君綽)碑》:"□,皇朝拜使持節汝州諸軍事汝州刺史……〔公〕春秋六十有二,以龍朔□□□□廿五□□朝薨。"又見《金石萃編》卷五四,王昶按:"皇朝以上,必是叙其父事。"碑龍朔三年二月立。則其父刺汝當在貞觀中。

馮某　　貞觀中?

北圖藏拓片《馮安墓誌》(誌1117):"祖□,汝州刺史。父□,永嘉府校尉。"馮安卒麟德元年。

封言道　　約貞觀中

《新表一下》封氏:"言道,汝、宋二州刺史,駙馬都尉。"《姓纂》卷一渤海蓨縣封氏:"言道,駙馬,司門郎中,汝、汴二州刺史。"按兩《唐書》本傳唯云:"尚淮南長公主,官至宋州刺史。"未及汝州。

劉玄意　　永徽元年(650)

《舊書·劉政會傳》:子玄意,"尚南平公主,授駙馬都尉。高宗時爲汝州刺史"。《新書》本傳略同。《新表一上》河南劉氏:"玄意字深之,汝州刺史、駙馬都尉。"龍門石窟造像:"永徽元年十月五日,汝州刺史、駙馬都尉、渝國公劉玄意,敬造金剛力士。"(《文物》1980年第1期《龍門石窟的新發現及其他》)

盧承慶　　約顯慶初

《舊書》本傳:"永徽初,爲褚遂良所構,出爲益州大都督府長史。遂良俄又求索承慶在雍州舊事奏之,由是左遷簡州司馬。歲餘,轉洪州長史。會高宗將幸汝州之溫湯，擢承慶爲汝州刺史，入爲光禄卿。顯慶四年，代杜正倫爲度支尚書，仍同中書門下三品。"《新書》本傳略同。

楊孝仁　　約高宗時

《新表一下》楊氏觀王房："孝仁，濟、汝二州刺史。"後周驃騎大將軍楊紹之孫。

李脩行　　約高宗時

《新表二上》隴西李氏丹楊房："脩行，汝州刺史。"乃李靖之姪，李藥王之子。

丘義餘　　約高宗時

《姓纂》卷五河南丘氏："義餘，汝州刺史。"按高宗上元時有右衛中郎將邱義，或即此人。其祖師利，冀州刺史。《舊書·高祖紀》大業十三年有"鄜縣賊帥丘師利"；《會要》卷四五武德九年褒賢詔中有將軍丘師利；則其孫義餘約仕高宗時。

橋　某　　約高宗、武后時

上圖藏拓片《故萊州長史王府君妻墓誌銘并序》（開元六年）："夫人梁郡睢陽人，故汝州刺史橋府君第十一女……大足之歲歲有八月六日溘從朝露。"又見《芒洛三編》。

雲弘業　　約武后時

《姓纂》卷三定興雲氏："弘業，汝州刺史。"按其兄弘嗣，天授二年被殺，見《新書·則天皇后紀》及《通鑑》。則弘業刺汝亦約在武后時。

李　頊　　約武后時

《新書·宗室世系表上》大鄭王房："汝州刺史頊。"按其父孝節貞觀中爲靈州都督。

盧弘懌　　約聖曆中

《新表三上》盧氏：“弘懌，汝州刺史。”《全文》卷七八四穆員《刑部郎中李府君墓誌》：“李府君春秋四十有三……上元元年秋八月十三日遘疾終……夫人范陽盧氏，先府君三年而少六歲、至德二年九月乙亥捐於吳興郡長史之館……夫人皇朝刑部郎中、瀛汝二州刺史宏懌之孫。”北圖藏拓片《唐朝散大夫守汝州長史崔公（暟）墓誌》（大曆十三年四月九日重刻誌石）：“遷潤州司馬，加朝散大夫、汝州長史。范陽盧弘擇，雅曠之守也……及盧公□亡，公哭之慟，因有歸歟之志。”

張昌期　　長安中

《新表二下》中山張氏：“昌期，岐、汝二州刺史。”北圖藏拓片《唐朝散大夫守汝州長史崔公（暟）墓誌》：“及盧公〔弘懌〕□亡……無何，張昌期乃涖此州。公喟然嘆曰：‘吾老矣，安能折腰□此豎子。’遂抗疏而歸，惡權凶也。皇聖中興，舊德咸秩，以安平之三百户爵公爲開國男焉。”神龍元年卒，春秋七十四。由此知張昌期乃盧弘懌後任，其爲汝州刺史當在武后末期、中宗復位前。《朝野僉載》卷四：“汝州刺史張昌期，易之弟也，恃寵驕貴，酷暴群僚。”又見《廣記》卷四六一引。

衛弘敏　　神龍二年（706）

《姓纂》卷八安邑衛氏：“知敏，唐給事中、吏部郎中、汝州刺史。”按《姓纂》下文作“弘敏”，“知敏”當爲“弘敏”之誤。《嘉泰吳興志》卷一四郡守題名：“衛弘敏，顯慶元年自豫州刺史授；遷右清道府率。《統記》云：神龍二年汝州刺史授。”按豫州刺史自貞觀十八年至顯慶三年爲李鳳，衛弘敏不可能插入。今從《統記》。

嚴善思　　約景龍二年—四年（約 708—710）

《舊書》本傳：“景龍中，遷禮部侍郎，出爲汝州刺史……〔睿宗踐祚，〕召拜右散騎常侍。”《新書》本傳略同。又見《舊書・韓思復傳》，《元龜》卷四六九、卷六一六。

韋嗣立 景雲中

《新書》本傳："韋后敗，幾死於亂，寧王爲救免。出爲許州刺史，以定策立睿宗，賜封百户，徙汝州。入爲國子祭酒、太子賓客。坐宗楚客等削遺制事不執正，貶岳州別駕。"《舊書》本傳未及。

韋　湊 開元元年—二年（713—714）

《舊書》本傳："出爲陝州刺史，無幾，轉汝州刺史。開元二年夏，救靖陵建碑……飛表極諫，工役乃止。尋遷岐州刺史。"《新書》本傳略同。又見《全文》卷九九三闕名《唐太原節度使韋湊神道碑》。

孔若思 開元二、三年間？（714、715？）

《舊書》本傳："歷汝州刺史、太子右諭德，封梁郡公。開元十七年卒。"《新書》本傳謂"開元七年卒"，未及汝州刺史。

李　暠 約開元四、五年間（約716、717）

《舊書》本傳："開元初，授汝州刺史，爲政嚴簡，州境肅然……俄入授太常少卿，三遷黄門侍郎，兼太原尹，仍充太原已北諸軍節度使。"《新書》本傳略同。又見《元龜》卷六八九，《御覽》卷二五五。《全文》卷三一三孫逖《太子少傅李公（暠）墓誌銘》："神龍興，復拜通事舍人……〔歷〕汝、汴二州刺史……太原尹。"《風穴七祖千峰白雲禪院記》："開元年有貞禪師襲衡陽三昧行化於此，溘然寂滅，示以闍維。有崔相國、李使君名暠與門人等收舍利數千粒建塔九層，玄宗謚爲七祖塔，見今存焉。"（《文物》1961年第2期《臨汝白雲寺》）

崔日用 開元六年—十年（718—722）

《新書·劉知柔傳》："開元六年，河南大水，詔知柔馳驛察民疾苦及吏善惡，所表陳州刺史韋嗣立、汝州刺史崔日用……止二十七人有治狀。"又見《元龜》卷六五八。《舊書》本傳："出爲常州刺史，削實封三百户，轉汝州刺史。開元七年，差降口賦……十年，轉并州大都督長史。"《新書》本傳略同。《寶刻叢編》卷七引《集古録目》："《唐太子左庶子韋維碑》，唐汝州刺史崔日用撰，國子監丞郭謙光八分書……碑以開元六年立。"《金石萃編》卷八三《大唐開元寺故禪師貞和上寶塔銘》："〔禪師〕居於洛陽白馬寺……前刺史故丞相齊公崔日用、吏部尚書李暠皆頂奉山宇……〔禪師〕以開元十三年九月十八日□滅於開元□舍，春秋八十有四。"又見《中州金石記》卷二。

宇文融　　開元十七年(729)

《舊書·玄宗紀上》：開元十七年"九月壬子，宇文融左遷汝州刺史"。《新書·玄宗紀》《宰相表中》《通鑑·開元十七年》同。《舊書》本傳：開元十七年，"拜黃門侍郎，與裴光庭並兼同中書門下平章事……出爲汝州刺史，在相凡百日而罷"。《新書》本傳略同。又見《元龜》卷三三五、卷三三七。《全文》卷二二玄宗有《貶宇文融汝州刺史制》。又見《大詔令集》卷五七。

蘇　晉　　約開元十九年（約 731)

《舊書》本傳："開元十四年，遷吏部侍郎。時開府宋璟兼尚書事……俄而侍中裴光庭知尚書事……晉遂榜選院云：'門下點頭者，更引注擬。'光庭以爲侮己，甚不悦，遂出爲汝州刺史。三周遷魏州刺史，加銀青光禄大夫，入爲太子左庶子，二十二年卒。"《新書》本傳略同。按裴光庭開元十八年知吏部尚書事，則蘇晉刺汝約在十九年。

桓臣範　　開元中

《廣記》卷一四七引《定命録》："汝州刺史桓臣範自説，前任刺史入考，行至常州，有瞽生者，善占事……至東京，改瀛州刺史，方始信之。"按《會稽掇英總集·唐太守題名》："桓臣範，開元三年二月自殿中少監授，改瀛州刺史。"

張栖貞　　約開元中

《新表二下》河間張氏："栖貞，汝州刺史。"乃洪州都督知久之子。其孫張應，貞元中爲安南都護。《郎官柱》吏部員外有張栖貞，在蕭至忠、崔澄後，司馬鍠、杜承志前。户部員外在魏克己、裴奐後，張昌期、狄光嗣前。《廣記》卷二五八引《朝野僉載》：“員外郎張揃貞被訟，詐遭母憂不肯起對。”當即此人。

王　昕　　開元中

《長安志》卷七：“次南安仁門……東南隅，贈尚書左僕射劉延景宅，坊西南汝州刺史王昕宅。”注：“昕即薛王業之舅。”又卷一〇昭行坊：“街之南汝州刺史王昕園。”按《新表二中》烏丸王氏：“昕，司農卿，薛公。”乃王美暢之子，睿宗王德妃之兄弟。

李行休　　開元中

《新書·宗室世系表下》紀王房：“鄧國公汝州刺史行休。”乃紀王慎之孫，義陽王琮之子。其父琮被武后所殺，開元四年，行休親赴桂林迎父柩，見《新書·李慎傳》。《千唐誌·大唐故汝州刺史李府君夫人鄧國夫人韋氏墓誌銘并序》：“〔夫人〕年十八歸我汝州府君……逮府君冥寞朝露，而夫人低徊畫哭……天寶九載六月廿八日寢疾終於洛陽縣履順里之私第。”其年十一月十一日合祔。按封鄧國夫人，其子爲筅、兢、眤等，據《宗室世系表下》紀王房，證知即鄧國公李行休妻。

盧　僎　　開元中

《全文》卷七八四穆員《刑部郎中李府君墓誌銘》：“李府君春秋四十有三……上元元年秋八月十三日遘疾終揚州官舍之次。夫人范陽盧氏，先府君三年而少六歲、至德二年九月乙亥捐於吳興郡長史之館……〔夫人〕吏部員外郎汝州刺史僎之子。”按開元集賢學士有盧僎，終吏部員外郎，見《新書》本傳。疑即此人。又按《新表三上》盧氏稱：“僎，汝州長史。”未知孰是。

李津容（李津客）　　開元中

《新書·宗室世系表上》蔡王房：“隴西郡公、青衛慈邢汝五州刺史、永王傅津客。"《全文》卷五〇二權德輿《金紫光禄大夫司農卿邵州長史李公（鋁）墓誌銘并序》："隴西郡公津容，公之王父也……隴西仕至慈、衛、汝、邢、青五州刺史，終永王傅。"

侯莫陳知節　　約開元中

《姓纂》卷五河南侯莫陳氏："知節，汝州刺史。"乃貞觀時相州刺史侯莫陳蕭之孫、丹州刺史嗣忠之子。

楊　愿　　約開元中

《新表一下》楊氏觀王房："愿，汝州刺史。"《芒洛三編·前京兆府藍田縣丞寶公夫人弘農楊氏（瑩）墓誌銘并序》（大曆十二年十一月二十二日）："曾祖冲寂，皇司衛卿。大父愿，汝州刺史。烈考廙，太子右贊善大夫……夫人即贊善之第四女也。"夫人大曆十二年三月卒，春秋三十一。則其祖刺汝約在開元中。

源光乘　　開元末

《千唐誌·唐故通議大夫守太子詹事上柱國源府君（光乘）墓誌銘并序》（天寶六載二月癸酉）："轉淄、廬二州刺史，揚州大都督府司馬，陳、汝二州持節。天寶改元，官號復古，除絳郡太守、馮翊太守……入拜太子詹事……五載二月庚戌薨於宣陽里第，春秋七十有七。"

蕭　諒　　約天寶中

《新表一下》蕭氏齊梁房："諒，汝州刺史。"《全文》卷三九二獨孤及《唐故給事中贈吏部侍郎蕭公（直）墓誌銘》："有唐御史中丞臨汝郡守諒之孟子……〔公〕歲在丁酉（至德二載）二月二日終於静安里正寢，春秋四十六。"又卷三八八獨孤及《唐故殿中侍御史贈考功郎中蕭府君（立）文章集録序》："御史中丞汝州刺史府君之仲子。"按蕭諒天寶三載爲御史中丞，見兩《唐書·楊慎矜傳》。

盧 寰　　約天寶中

周紹良藏拓本《范陽盧府君（景修）墓誌》："曾祖諱寰，臨汝郡太守；祖諱政，太子中允，贈越州都督；父諱琬，檢校太子右庶子，致仕……君即庶子之第四子也……以太和五年十月二日遘疾，終於先福坊西南隅李氏之廟，享年三十四。"（《文史》第 29 輯周紹良《唐志校史》）

李踐中　　天寶中

《新表二上》隴西李氏姑臧房："踐中，臨汝太守。"

盧全義　　天寶中

《新表三上》盧氏："全義，臨汝太守。"乃絳州刺史玢之子。

韋 斌　　天寶十四載（755）

《舊書·安禄山傳》：天寶十四載十二月，"臨汝太守韋斌降于賊"。又本傳："天寶五載，右相李林甫構陷刑部尚書韋堅，斌以親累貶巴陵太守，移臨安太守，加銀青光禄大夫……十四載，安禄山反，陷洛陽，斌爲賊所得，僞授黃門侍郎，憂憤而卒。"按"臨安太守"當爲"臨汝太守"之誤。《新表四上》韋氏郿公房："斌，臨安太守。"其誤同。《新書》本傳作"臨汝"，不誤。《姓纂》卷二東眷韋氏郿公房："斌，中書舍人、汝州刺史。"《寶刻叢編》卷七引《訪碑録》有《唐臨汝太守贈祕書監郇國公韋斌碑》，王維撰。《全文》卷三二六王維《大唐故臨汝太守韋公（斌）神道碑銘》："累貶巴陵太守，稍遷壽春太守，又遷臨汝太守。"《唐文拾遺》卷二五韋同翊《唐故龍花寺内外臨壇大德韋和尚墓誌銘并序》："大德姓韋氏……大父諱斌，皇中書舍人、臨汝郡太守。"又見《金石補正》卷六九。《千唐誌·唐故知鹽鐵福建院事王府君（師正）墓誌銘并序》稱："汝州刺史韋公斌，公之外祖也。"師正卒大和二年，四十九歲。《隋唐五代墓誌匯編·洛陽卷》第十四册《大唐故天平軍節度副大使知節度事鄆曹濮等州觀察處置等使使持節鄆州諸軍事兼鄆州刺史楊公夫人韋氏墓誌銘并序》（中和三年十一月二十一日）：

"曾王父諱斌，皇任中書舍人、臨汝郡太守，贈太子太保。"夫人卒廣明
二年五月二十一日，年七十二。

賈　至　　約乾元元年—二年（約 758—759）

《新書·肅宗紀》：乾元二年三月壬申，"東京留守崔圓、河南尹蘇
震、汝州刺史賈至奔於襄、鄧"。又見《元龜》卷四四三。兩《唐書》本
傳未及。《全文》卷三六七賈至有《汝州刺史謝上表》。

劉　展　　乾元二年(759)

《舊書·肅宗紀》：乾元二年五月，"乃以汝州刺史劉展爲滑州刺
史"。《通鑑·乾元二年》：五月，"以試汝州刺史劉展爲滑州刺史，充
副使"。

田南金　　乾元二年(759)

《新書·蘇源明傳》："及史思明陷洛陽，有詔幸東京，將親征。源
明因上書極諫曰：'……汝州刺史田南金逾闕口，遏二室。'"又見《元
龜》卷五五二，《全文》卷三七三蘇源明《諫幸東京疏》。

高　晃　　肅宗時

《元龜》卷六九四："高晃爲汝州刺史，破逆賊史思明賊衆三千，生
擒賊帥八十人。"

韋　霸　　代宗初？

《新表四上》韋氏逍遥公房："霸，汝州刺史。"《姓纂》卷二京兆杜
陵東眷韋氏："〔元祚〕曾孫霸，吏部郎中、汝州牧。"《郎官柱》吏部郎中
有韋霸，在畢宏、閻伯璵後，蕭直、崔翰前。

孟　皞　　大曆初—四年（?—769）

《舊書·代宗紀》：大曆四年"冬十月乙卯，以汝州刺史孟皞爲京
兆尹"。《全文》卷四一二常衮《授孟皞京兆尹制》："正議大夫守汝州

刺史兼御史中丞……上柱國、平昌縣開國男、賜紫金魚袋孟皞……可守京兆尹。”

李　深　　大曆中

《舊書·王虔休傳》：“大曆中，汝州刺史李深用之爲將。久之，澤潞節度李抱真聞名，厚以財帛招之。”《新書·王虔休傳》略同。《金石錄》卷八：“《唐汝州刺史李深遺愛碑》，撰人名缺，韓秀弼八分書，大曆十二年三月。”又見《寶刻叢編》卷五引。

蕭　淑　　大曆十二年前（777 前）

《寶刻叢編》卷八引《京兆金石錄》：“《唐汝州刺史蕭淑墓誌》，唐裴郁撰，吳通微書，大曆十二年。”

庾　準　　大曆十二年—十四年（777—779）

《舊書》本傳：“昵於宰相王縉……縉得罪，出爲汝州刺史。復入爲司農卿，與楊炎厚善……乃用爲荆南節度。”《新書》本傳略同。按王縉大曆十二年三月貶爲括州刺史；楊炎建中二年二月入相，見《新書·宰相表中》。又按建中元年三月甲戌，以前司農卿庾準爲荆南節度使，二年二月乙未，以前荆南節度使庾準爲左丞，三年六月丁巳，尚書左丞庾準卒，均見《舊書·德宗紀上》。

李　某　　約大曆末

《全文》卷三七六任華《送李侍御充汝州李中丞副使序》：“是以命華州牧兼御史中丞李公亞乘轅於汝，所以輟於華而急於汝者何？蓋由華已致理而汝久缺人……然則州有兵而刺史爲之使，使不可以獨理，爰命前監察御史李公爲之副。”據友人陶敏考證，任華文作於大曆末或建中時，時任華在桂林李昌巙幕，則李某刺汝亦當在此時。

薛　播　　約建中元年—二年（約 780—781）

《舊書》本傳：“及〔崔〕祐甫輔政，用爲中書舍人。出汝州刺史，以公事貶泉州刺史。尋除晉州刺史、河南尹，遷尚書左丞，轉禮部侍郎。遇疾，貞元三年卒。”《新書》本傳略同。按崔祐甫大曆十四年閏五月甲戌爲門下侍郎、同中書門下平章事，建中元年六月甲午薨，見《新書・宰相表中》。

韋光裔　　建中二年—三年(781—782)

《舊書・李元平傳》：“時〔李〕希烈反叛，朝廷以汝州與賊接壤，刺史韋光裔懦弱不任職，〔關〕播乃盛稱元平，特召見……不數日，擢爲檢校吏部郎中、兼汝州別駕、知州事。”又見《元龜》卷六九八。按《寶刻叢編》卷七引《京兆金石録》有《唐太子賓客韋光裔碑》，貞元十一年立。

李元平　　建中四年(783)

《新書・關播傳》：“會淮西節度李希烈叛亂，上以汝州要鎮，令選擇刺史。播薦〔李〕元平爲汝州刺史。尋加檢校吏部郎中、汝州別駕、知州事。元平至州旬日，爲希烈所擒，汝州陷賊，中外哂之。”《新書・德宗紀》：建中四年正月“庚寅，李希烈陷汝州，執刺史李元平”。又見兩《唐書》本傳，《元龜》卷三三六、卷六九八，《通鑑・建中四年》，《全文》卷五一四殷亮《顏魯公行狀》。《柳河東集》卷八《故銀青光禄大夫右散騎常侍輕車都尉柳公(惟深)行狀》：“宰相以大理評事李元平者有名，以爲才堪攘寇，拜爲汝州……未幾，盜襲汝州，以元平歸。”

周　晃　　建中四年(783)

《新書・哥舒曜傳》：“李希烈陷汝州，以周晃爲僞刺史……曜擊賊，收汝州，禽晃以獻。”又見《通鑑・建中四年》正月、二月。《全文》卷五一四殷亮《顏魯公行狀》：建中四年，“及哥舒曜收復汝州，擒檢校刺史周晃已下百人”。

閻　宷　　建中四年—興元元年(783—784)

《全文》卷六八四董侹《閻貞範先生(宷)碑》：“面拜汝州刺史……

爲節將挾憤奏替,改澧州刺史……星歲七稔……轉吉州刺史……乃上
言乞以皇帝誕慶之辰,度爲武陵桃源觀道士……以貞元七年十一月三
日,順化於鍾陵宗華觀。"按宋貞元七年爲吉州刺史,見《會要》卷五〇。

崔　淙（崔琮）　　貞元初

《御覽》卷二五五:"貞元初,德宗以……華原縣令崔琮爲汝州刺
史……録善政也。"

陳利貞　　貞元元年—五年(785—789)

《新書》本傳:"朱泚反,利貞及張廷芝所統士皆幽薊、河隴人,故
與廷芝合謀應泚……難作,利貞拔劍當軍門……衆畏其勇,乃止……
德宗嘉之,擢汝州防禦使。貞元五年,疽發首,卒。"《全文》卷七八五
穆員有《汝州刺史陳公(利貞)墓誌銘》。又卷七八三《爲汝州刺史謝
上表》:"伏奉正月九日敕,授臣使持節汝州諸軍事守汝州刺史……以
今月二十五日到州訖。"按是表蓋爲利貞作。

陸長源　　貞元五年—十二年(789—796)

《寶刻叢編》卷五引《集古録目》:"《唐則天幸流杯亭宴詩》……以
久視元年九月刻石,碑後没於汝中。貞元五年,刺史陸長源輦出之,
有記在碑陰,字爲八分書。"《元和郡縣志》卷六、《太平寰宇記》卷八稱
貞元七年、八年汝州刺史陸長源。《舊書·德宗紀下》:貞元十二年八
月"丙子,以汝州刺史陸長源爲宣武行軍司馬"。又見兩《唐書》本傳、
《董晉傳》,《元龜》卷七一六、卷九四四,《廣記》卷一七七引《譚賓録》,
《通鑑·貞元十二年》八月,《韓昌黎文集校注》卷六《崔評事翰墓銘》、
卷八《同中書門下平章事兼汴州刺史董公(晉)行狀》,《全文》卷六五
四元稹《唐故使持節萬州諸軍事萬州刺史劉君墓誌銘》。《全文》卷五
一〇陸長源《上宰相書》稱"大中大夫守汝州刺史……陸長源",又卷
六三六元稹有《賀行軍陸大夫書》。《全詩》卷三七六孟郊有《汝州南
潭陪陸中丞宴》《汝州陸中丞席喜張從事至同賦十韻》。《金石萃編》
卷一〇三《嵩山會善寺戒壇記》:"汝州刺史兼御史中丞陸長源撰",

“時貞元十一祀龍集乙亥大火西流之月也”，可證貞元十一年在任。

李　晉　　貞元中？

《新表二上》隴西李氏姑臧房：“晉，汝州刺史。”乃鄆州刺史李紹之姪孫。

宋　泛　　貞元中？

《姓纂》卷八樂陵宋氏：“泛，汝州刺史。”乃大曆九年至十二年同州刺史宋晦之子。

盧　虔　　貞元十八年—元和元年（802—806）

《舊書·盧從史傳》：“父虔……歷御史府三院，刑部郎中，江、汝二州刺史。”《新書·盧從史傳》未及。《寶刻叢編》卷五引《集古錄目》：“《唐復黃陂記》……貞元十八年，刺史盧虔築而復之。碑以元和三年立。”按《記》云：“至貞元辛未，刺史盧虔始復之。”辛未，貞元七年，時陸長源爲汝州刺史，“辛未”誤。《韓昌黎集》卷三七有《與汝州盧郎中論薦侯喜狀》。“盧郎中”當即盧虔。按白居易元和四年有《祭盧虔文》。《丙寅稿·祕書監盧虔神道碑跋》：“尋除復州刺史，改江州刺史，歲課第一，就加朝散大夫，尋除刑部郎中，除太府少卿，□□州刺史充本州防禦使兼東都畿汝州都防禦副使……元和元年拜左散騎常侍。”四年三月卒，年七十六。證知其爲汝州刺史至元和元年。

薛　平　　元和初

《舊書》本傳：“在南衙凡三十年。宰相杜黃裳深器之，薦爲汝州刺史、兼御史中丞，理有能名。”《新書》本傳略同。又見《元龜》卷三二四。按杜黃裳永貞元年七月爲相，元和二年罷，見《新書·宰相表中》。又按《元龜》卷六七七作“薛華”，誤。

任迪簡　　約元和三年—四年（約 808—809）

《舊書》本傳：“除豐州刺史、天德軍使……追入，拜太常少卿、汝州刺史、左庶子。及張茂昭去易定,以迪簡爲行軍司馬。既至,屬虞候楊伯玉以府城叛,俄而衆殺之……尋加檢校工部尚書,充節度使。"《新書》本傳未及。按貞元二十年正月任迪簡爲豐州刺史,見《舊書·德宗紀下》;元和五年十月,張茂昭以易、定二州歸於有司,見《新書·憲宗紀》;是月以迪簡爲義武節度,見《舊書·憲宗紀》。

魏義通　　約元和四年—五年(約 809—810)

白居易《論周懷義狀·周懷義除汝州刺史》:"右臣伏知,汝州自薛平以後,百姓不安。又從魏義通已來,政事敗亂……蓋緣魏義通是一凡將,不解理人,拔自軍中,命爲刺史,球酒之外,餘無所知。遂令汝州日受其弊。今者又命周懷義爲汝州刺史。懷義本是徐泗一小將,近入左軍,無大功能,忽與刺史至於會解,與義通不殊。"證知薛平之後,周懷義之前,有魏義通爲汝州刺史。按魏義通元和十四年七月癸卯自黔中觀察使爲懷州刺史,見《舊書·憲宗紀》。

周懷義　　約元和五、六年(約 810、811)

《白居易集》卷五五《除周懷義豐州刺史天德軍使》稱:前汝州刺史周懷義可豐州刺史、天德軍使。《新書》本傳未及。按懷義元和九年卒於豐州刺史任,見《舊書·憲宗紀》。

辛　祕　　約元和六年—九年(約 811—814)

《白居易集》卷五五有《京兆少尹辛祕可汝州刺史制》。《舊書》本傳:"及太原節度范希朝領全師出討王承宗,徵祕爲河東行軍司馬,委以留務。尋召拜左司郎中,出爲汝州刺史。九年,徵拜諫議大夫,改常州刺史,選爲河南尹。"《新書》本傳略同。《姓纂》卷三隴西狄道辛氏:"祕,汝州刺史。"《全文》卷六八二牛僧孺《昭義軍節度使辛公(祕)神道碑》:"元和皇帝初元年高選刺史,公出爲湖州……就拜爲左司郎中,更京兆、汝州刺史、本州防禦、諫議大夫,出爲常州刺史……升改河南尹。時天子大舉伐趙。"

烏重胤　　元和九年—十三年(814—818)

　　《舊書·憲宗紀下》：元和九年閏八月“辛酉，以河陽節度使烏重胤兼汝州刺史”。又見《通鑑·元和九年》，《元龜》卷一二〇。兩《唐書》本傳未及。《舊書》本傳云：“遷懷州刺史，兼充河陽三城節度使。會討淮、蔡，用重胤壓境，仍割汝州隸河陽。”《柳河東集》卷三六《上河陽烏尚書啓》：“進臨汝上，控制東方。”按“烏尚書”當即烏重胤。《新書·方鎮表一》：元和九年，“河陽節度增領汝州，徙治汝州”。元和十三年，“汝州隸東畿，復置東都畿汝州都防禦使，兼東都留守如故，罷河陽節度”。

孔　戡　　約元和十三年—十四年(約818—819)

　　《舊書》本傳：“遷京兆尹，出爲汝州刺史、大理卿。出爲潭州刺史、湖南觀察使。時兄戣爲嶺南……入爲右散騎常侍，拜京兆尹。”《新書》本傳未及。《元龜》卷七七一：“孔戣元和中自華州刺史入爲大理卿，穆宗長慶中自吏部侍郎爲右散騎常侍；弟戡自汝州刺史爲大理卿、湖南觀察，爲右散騎常侍。”按孔戡元和中由京兆少尹出爲汝州刺史，非由京兆尹出刺，《舊書》本傳誤。又按戡元和十五年七月由大理卿爲潭州刺史、湖南觀察使。

柳　凌　　約元和末、長慶初

　　《酉陽雜俎》前集卷八：“司農卿韋正貫應舉時，嘗至汝州，汝州刺史柳凌留署軍事判官。”又見《廣記》卷二七九引。按韋正貫長慶元年賢良方正能言極諫科登第，又於寶曆元年詳閑吏理達於教化科登第，見《登科記考》卷一九、卷二〇。

王正雅　　約長慶末

　　《舊書》本傳：“會柳公綽爲京兆尹，上前襃稱，穆宗命以緋衣銀章，就縣宣賜。遷户部郎中，尋加知臺雜事，再遷太常少卿，出爲汝州刺史，充本州防禦使。有中人爲監軍，怙權干政，正雅不能堪，乃謝病免。入爲大理卿，會宋申錫事起。”《新書》本傳略同。又見《元龜》卷

701

八〇五。按長慶三年正雅在户部郎中任，見《會要》卷三九。

李　諒　　寶曆元年—二年（825—826）

《白居易集》卷二六《重答汝州李六使君見和憶吴中舊遊五首》："何况蘇州勝汝州。"句下注："李前刺蘇，故有是句。"按"汝州李六使君"即汝州刺史李諒，長慶二年至寶曆元年爲蘇州刺史。葉奕苞《金石録補》卷一九《唐李諒跋胡証詩》稱：右汝州刺史李諒《跋胡証少室詩》，寶曆二年冬，胡証自户部尚書判度支，"出鎮交廣，麾旌過汝"。

裴　通　　約寶曆末—大和初

《舊書·盧簡辭傳》："寶曆中，故京兆尹黎幹男熲詣臺治父葉縣舊業，臺司莫知本末。簡辭曰：'幹坐魚朝恩黨誅，田産籍没……而熲恃中助而冒論耶！'乃移汝州刺史裴通，準大曆元年敕給百姓。"

裴　潾　　大和四年—五年（830—831）

《舊書》本傳："寶曆初，拜給事中。大和四年，出爲汝州刺史、兼御史中丞，賜紫。坐違法杖殺人，貶左庶子，分司東都。七年，遷左散騎常侍，充集賢殿學士。"《新書》本傳略同。

郭行餘　　大和五年（831）

《舊書》本傳："大和初，累官至楚州刺史。五年，移刺汝州，兼御史中丞。九月，入爲大理卿。"《新書》本傳略同。

張元夫　　大和七年—八年（833—834）

《舊書·文宗紀下》：大和七年三月庚戌，出"中書舍人張元夫汝州刺史"。《新書·李宗閔傳》："〔李〕德裕爲相，與宗閔共當國……帝曰：'衆以楊虞卿、元夫、蕭澣爲黨魁。'德裕因請皆出爲刺史，帝然之。即以虞卿爲常州，元夫爲汝州，蕭澣爲鄭州。"又見《舊書·張毅夫傳》、《通鑑·大和七年》三月、《南部新書》戊。

劉禹錫　　大和八年—九年（834—835）

　　《全文》卷六〇五劉禹錫《汝洛集引》：“大和八年予自姑蘇轉臨汝，樂天罷三川守。”又見《彭陽唱和集後引》。《舊書·文宗紀下》：大和九年十月乙未，“以汝州刺史劉禹錫爲同州刺史”。又見兩《唐書》本傳，《舊書·劉三復傳》，《元龜》卷七二九，《姑蘇志》卷三。《全文》卷六〇一劉禹錫有《汝州刺史謝上表》、卷六〇三有《汝州上後謝宰相狀》、《汝州舉裴大夫自代狀》；卷六〇八《許州文宣王新廟碑》稱“近年牧汝州，道許昌”；又卷六一〇《子劉子自傳》：“轉蘇州刺史……移汝州……又遷同州。”《白居易集》卷三二有《和劉汝州酬侍中見寄長句》。《廣記》卷四九七引《雲溪友議》謂劉禹錫轉汝州時，牛僧孺鎮漢南。

崔　蠡　　大和九年—開成元年（835—836）

　　《舊書》本傳：“大和初，爲侍御史，三遷戶部郎中，出爲汝州刺史。開成初，以司勳郎中徵，尋以本官知制誥。明年，正拜舍人。三年，權知禮部貢舉。”《新書》本傳未及。

盧　貞　　約開成二年（約837）

　　《太平寰宇記》卷八汝州梁縣：“崆峒山在縣西南四十里，有廣成子廟，即黄帝問道於廣成子之所也。按唐開元二年汝州刺史、充本州防禦使盧貞立碑。”又見《寶刻叢編》卷五引。按盧貞會昌五年爲河南尹，“開元”當係“開成”之誤。

李仍叔？　　開成三年（838）

　　《白居易集》卷三四有《天寒晚起引酌詠懷寄許州王尚書汝州李常侍》詩，據友人陶敏考證，“許州王尚書”乃王彦威，開成三年在許州任；“汝州李常侍”疑指李仍叔，劉禹錫亦有《和陳許王尚書酬白少傅侍郎長句因通簡汝洛舊遊之什》。按李仍叔大和八年十二月爲湖南觀察使，見《舊紀》。

李　福　　會昌中

《舊書》本傳：“大和七年登進士第，累辟使府。〔李〕石爲宰相，自薦弟於延英，言福才堪理人，授監察御史。累遷尚書郎，出爲商、鄭、汝、潁四州刺史。大中時，檢校工部尚書、滑州刺史、兼御史大夫，充義成軍節度、鄭滑潁觀察使。”按李福大中五年由右諫議大夫出爲夏綏節度使，由夏綏遷鄭滑。

任　琬　　約大中初

《全詩》卷五五九薛能《塞上蒙汝州任中丞寄書》：“三省推賢兩掖才，關東漫許稍遲回……投札轉京憂不遠，枉緘經虜喜初開。”據友人陶敏見告，“任中丞”爲任琬。曾爲兵部郎中，爲河中節度留後，例兼中丞。薛能曾在大中年間入太原幕，詩當寫於此間。《全詩》卷八一三無可《送薛秀才遊河中兼投任郎中留後》云：“詩古賦縱橫，令人畏後生。駕言遊禹迹，知己在蒲城。”此薛秀才當即薛能。薛能長於詩賦，自負甚高，見《唐摭言》卷一二、《北夢瑣言》卷四及卷六等。《全詩》卷六七六鄭谷《讀故許昌薛尚書詩集》：“篇篇高且真，真爲國風陳。澹薄雖師古，縱橫意且新。剪裁成幾篋？唱和是誰人？”亦以“縱橫”二字許之。河中任留後則是任琬，會昌四年在河中留後任，見《會昌一品集》卷一七《任琬李丕與臣狀共三道》。知薛能與任琬確有交往。能爲會昌六年進士，四、五年時猶是白衣，故呼之爲秀才。

【補遺】皇甫曙　　約大中初

《洛陽新獲墓誌112·唐故朝議郎使持節撫州諸軍事守撫州刺史柱國皇甫公（煒）墓誌銘並序》（咸通六年七月三十日）：“諡以高尚稱晋代，皇朝齊州刺史諱胤，公之曾大父也。齊州生蜀州刺史諱徹，永泰初登進士科，首冠群彦，由尚書郎出爲蜀郡守。文學政事爲時表儀。蜀州生汝州刺史贈尚書右丞諱曙……五典劇郡。……公即右丞第三子也。諱煒，字重光。……（大中）六年，丁右丞府君憂。……咸通六年十月二十二日捐館於撫州官舍，享年五十三。

兩娶太原白氏,並故中書令敏中之女。"

錢　某　　大中八年(854)

《全詩》卷五三五許渾《酬錢汝州并序》:"汝州錢中丞以渾赴郢城(一作"幾"),見寄佳什。"按《新書·藝文志四》:許渾,"字用晦,圉師之後,大中睦州、郢州二刺史"。則錢某刺汝與許渾刺郢約同時。

令狐緒　　大中十一年(857)

《舊書》本傳:"以蔭授官,歷隨、壽、汝三郡刺史。在汝州日,有能政,郡人請立碑頌德。緒以弟綯在輔弼,上言曰:'……臣任隨州日,郡人乞留,得上下考。及轉河南少尹,加金紫。此名已聞於日下,不必更立碑頌,乞賜寢停。'宣宗嘉其意,從之。"《新書》本傳略同。又見《御覽》卷二五八。《全文》卷七五九令狐緒《請停汝郡人碑頌表》:"臣伏睹詔書,以臣刺汝州日粗立政勞,吏民求立碑頌,尋乞追罷。"按緒弟綯大中四年同平章事,十三年出爲河中節度使,見《新書·宰相表下》。《舊書·宣宗紀》:大中十一年八月,"汝州防禦使令狐緒有善政,郡人詣闕請立德政碑頌。緒以弟綯在中書,上表乞寢,從之。"知大中十一年在任。

【補遺】崔　壽　　大中時

《唐故刑部尚書崔公府君(凝)墓誌並序》(乾寧二年八月廿日):"皇考壽,皇任汝州防禦史、大夫,累贈司徒。"(偃師商城博物館《河南偃師縣四座唐墓發掘簡報》,《考古》1992年第11期)按崔壽大中六年在衢州刺史任。

張安封　　約大中時

上圖藏拓片《張氏第五房墓誌》(光啓四年三月十二日):"曾安封,爲貝州清河侯,守汝州刺史;祖歡用,爲登仕郎,守滄州刺史。"又見《山右冢墓遺文》。

李近仁　　約咸通中

《新表二上》趙郡李氏：“近仁，汝州刺史。”乃貞元九、十年間蘇州刺史李事舉之孫，曹州刺史李續之子。其父李續，大和元年涪州刺史，長慶時八關十六子之一，李訓用事時復爲尚書郎，訓敗復貶。

崔彦冲　　乾符二年（875）

《舊書·僖宗紀》：乾符二年四月，“汝州刺史崔彦冲爲太子賓客分司”。

王　鐐　　乾符二年—三年（875—876）

《舊書》本傳：“累官至汝州刺史。王仙芝陷郡城，被害。”《新書》本傳、《黄巢傳》略同。《舊書·僖宗紀》：乾符三年七月，“〔王仙芝〕逼潁、許，攻汝州，下之，虜刺史王鐐”。《新書·僖宗紀》作乾符三年九月丙子，《通鑑·乾符三年》同。又見《廣記》卷三五一引《三水小牘》，《唐詩紀事》卷六六，《新表二中》太原王氏。

游　邵　　中和初

《廣記》卷四五九：“汝州魯山縣所治……至中和初歲，釁起東夏，郡邑騷然。刺史游邵，許將也，令屬縣伐木爲柵以自固。”按原闕出處，明鈔本謂“出《三水小牘》”。

李　某　　約光啓中

《全詩》卷六六五羅隱《送汝州李中丞十二韻》：“群盜方爲梗，分符奏未寧。黄巾攻郡邑，白梃掠生靈……一凶雖剪滅，數縣尚凋零。”

朱友恭（李彦威）　　乾寧中—光化初

《新書》本傳：“乾寧中，授汝州刺史，檢校司空……遷潁州刺史、感化軍節度留後。”《舊五代史》本傳：“乾寧中，授汝州刺史……〔光化初，〕途經安陸，因襲殺刺史武瑜，盡收其衆，以功爲潁州刺史。”《新五代史》本傳略同。又見《元龜》卷三六〇、卷三八六。

張慎思　　天復三年—天祐元年(903—904)

《舊五代史》本傳：天復三年，"尋除汝州防禦使。天祐元年，授左龍武統軍。其冬，除許州匡國軍節度使"。

裴　迪　　天祐二年(905)

《舊書·哀帝紀》：天祐二年二月"壬子，制以汝州刺史裴迪爲刑部尚書"。